破産法大系

第II巻

破産実体法

編集代表
竹下守夫
藤田耕三

編集委員
小川秀樹
松下淳一

青林書院

はしがき

　倒産法制の全面的見直しは，平成8年に始まったが，まず再生型倒産手続の一般法としての民事再生法が成立して，平成12年4月1日から施行され，ついで株式会社を対象として，その再建を図る特別法としての会社更生法が見直されて，平成15年4月1日から新会社更生法が施行された。新会社更生法の特色は，更生手続の迅速化，手続の合理化そして再建手法の強化とされている。そうして，これらの再建型倒産手続によって再建を図ることが困難な事案について債務者の財産等を適正，公平に清算することを図る清算型手続を規定する新破産法が倒産法制の中で基本法の地位を占めるものとして，平成17年1月1日から施行された。これによって，体系的な倒産法の構築が一応完成されたことになる。なお，その後，平成18年5月1日施行の会社法により，特別清算に関する規定が設けられている。

　新破産法の施行以来，関係する研究者，実務家，立法担当者らによる多くの体系書，教科書，注釈書，実務解説書等が刊行され，また，多くの問題点に関する判例，実務の運用も蓄積が重ねられつつある。青林書院としても，かつて注釈書として，「大コンメンタール　破産法」を平成19年11月に刊行している。そうして，今般，今までの多くの蓄積を踏まえて，倒産法につき造詣の深い研究者，裁判官，弁護士等の実務家，立法担当者らにより，理論と実務の両面から，新法の趣旨，規律内容，その理論上及び実務上の問題点，さらにはその解決の指針等を示す解説をしていただくことを企画した。本書は，新法の骨格をなす重要な事項を網羅的に取り上げ，新法の規律の趣旨，内容を明らかにし，実務上及び理論上の問題点に即して，旧法以来の判例，学説及び実務の成果を踏まえつつ，在るべき法の解釈，運用を掘り下げて解き明かした本格的な実務的，理論的解説書を目指している。執筆をお引き受けいただいた執筆者は，この目的に最もふさわしい方々であると確信している。

　本書の刊行は，諸般の事情により，また，予想外の障害もあって，当初の予定から大幅に遅れてしまい，執筆者，編集委員各位にご迷惑をおかけした。ことに一部の執筆者の方々には，早く原稿を提出していただいたのに編集作業が

はしがき

遅れ，校正の時間を十分にとっていただくことができなくなってしまった。深くお詫び申し上げる次第である。

　最後に，本書の企画の段階からご協力いただいた編集委員各位に厚く御礼申し上げる。また第2巻の事項索引の作成についても，信州大学の河崎祐子教授にお世話になった。感謝の意を表する。さらに，本書の早期刊行にご努力いただいた青林書院社長逸見慎一氏，編集の事務的作業を全面的に引き受けてくださった同社編集部の大塚和光氏，長島晴美氏に謝意を表する次第である。

　平成26年12月

編集代表

竹　下　守　夫

藤　田　耕　三

第2巻 は し が き

　破産法が規律する法分野は，様々な角度から分類が可能である。その一つが，破産者，破産管財人及び各種の権利者等の利害関係人の間の実体的な権利義務関係を規律する破産実体法と，破産手続という裁判上の手続を規律する破産手続法という分類であり，この『破産法大系』の第Ⅰ巻と第Ⅱ巻とはこの分類に対応する。他に，消費者破産や国際倒産等，対象となる法律分野による分類もあり，第Ⅲ巻はこの分類に対応する。

　本巻は，破産実体法の分野における重要な22のテーマを取り上げて，破産法の理論上・実務上の諸問題につき造詣の深い研究者，現行倒産法の制定に関与した立案担当者，弁護士の方々に，それぞれのテーマにおける理論上あるいは実務上の問題点について，幅広くかつ深い解説をして頂いている。

　本巻は6つの章から成っている。第1章から第4章までは，破産財団に対する各種の権利をテーマとしている。

　第1章は，破産財団全体を目的とする権利である破産債権（1）と財団債権（2）とを取り上げ，次にその両方にまたがり，理論上も実務上も問題の多い租税債権（3）と労働債権（4）とを取り上げ，最後に人的担保と破産債権に関する多数債務者関係（5）を取り上げている。

　第2章から第4章までは，破産財団に属する個別の財産を目的とする権利を扱うものであり，具体的には，第2章が別除権で，別除権総論（6）と非典型担保（7）を取り上げている。第3章が取戻権（8），第4章が相殺権であり，そこでは相殺権（9）と相殺禁止（10）とを取り上げている。相殺禁止は，内容的には偏頗行為否認に類似するが，教科書や体系書等においては相殺禁止が相殺権の直後に置かれることが多いと思われることから，本巻でも相殺権の次に配してある。

　第5章は，破産手続開始時に存続中の契約関係の処理の問題を扱う。まず，総論的な破産管財人の選択権（11）を取り上げ，次に各論的なテーマ，具体的には，賃貸借（12），ライセンス契約（13），請負（14），そして継続的給付を目的とする双務契約や市場の相場のある商品の取引に係る契約等の特殊な契約

第2巻 はしがき

(15) を取り上げている。

　第6章は，破産手続開始前の破産者の行為で破産債権者を害するものの効力を否定する破産管財人の権利である否認権に関する諸問題を扱う。まず，否認権総論 (16) を取り上げ，次いで否認権の類型毎のテーマを取り上げる。具体的には，詐害行為否認 (17)，偏頗行為否認 (18)，無償否認 (19)，そして対抗要件否認 (20) である。さらに，否認権の行使方法 (21) と否認権行使の効果 (22) を取り上げている。

　本巻における各論稿が，破産実体法に関する理論上の問題の検討を深化させ，そして実務運用を一層適切なものとすることに貢献できれば幸いである。

　平成26年12月

第2巻編集委員

小 川 秀 樹

松 下 淳 一

◇ 編 集 代 表 ◇

竹下　守夫　一橋大学名誉教授，駿河台大学顧問
藤田　耕三　弁護士，元広島高等裁判所長官

◇第 2 巻編集委員◇

小川　秀樹　東京地方裁判所判事
松下　淳一　東京大学大学院法学政治学研究科教授

◇ 執　筆　者 ◇

八田　卓也　神戸大学大学院法学研究科教授
小川　秀樹　東京地方裁判所判事
伊藤　　尚　弁護士
蓑毛　良和　弁護士
河崎　祐子　信州大学大学院法曹法務研究科教授
中西　　正　神戸大学大学院法学研究科教授
山野目章夫　早稲田大学大学院法務研究科教授
髙田　賢治　大阪市立大学大学院法学研究科教授
岡　　正晶　弁護士
松下　淳一　東京大学大学院法学政治学研究科教授
竹内　康二　弁護士
堂薗幹一郎　法務省民事局参事官
金子　宏直　東京工業大学大学院社会理工学研究科准教授
小林　信明　弁護士
中島　弘雅　慶應義塾大学大学院法務研究科教授
村田　典子　成蹊大学法学部准教授
三木　浩一　慶應義塾大学大学院法務研究科教授
垣内　秀介　東京大学大学院法学政治学研究科教授
田頭　章一　上智大学法科大学院教授
山本　　研　早稲田大学法学部教授
水元　宏典　一橋大学大学院法学研究科教授
世森　亮次　大分家庭裁判所判事
佐藤　鉄男　中央大学大学院法務研究科教授

（執筆順。肩書は本書印刷時）

凡　例

1　文　体　等

　用字用語は常用漢字・現代仮名遣いによることを原則としたが，法令，判例及び文献等の引用文は原文どおりとした。

2　段落構成

　本文中の段落番号はⅠ1(1)(a)の順に，原則として小見出しを付して記述した。

3　本文の注記

　本文解説中さらに補足・関連説明や文献・判例引用等の注記を必要とする場合は，本文当該個所には注番号として（1）…の通し番号を付し，本文段落の末尾に注番号に対応する別注をまとめた。ただし，法令条項の注記や学説の呼称（「○○説」など）等は本文中に（　）書きで表した。

4　法令の引用方法

　(1)　引用法令は，原則として平成26年6月末日現在のものによった。
　(2)　法令の引用表記は，本文解説中においては原則として破産法を含め正式名称を用いた。
　(3)　（　）内で注記する法令名は，後掲の「法令名略語表」によった。

5　判例の引用方法

　判例の引用表記は，後掲の「判例集等略語表」を用い次のように表記した。
　　　〔例〕最判平15・3・14民集57巻3号286頁・判タ1120号100頁

6　文献の引用方法

　文献の引用表記は，後掲の「文献略語表」を用いたほか，次のように表記した。
　(1)　単行本　　著者名『書名〔版表示〕』(発行所，発行年)　頁
　(2)　論　文　　執筆者名「論文タイトル」雑誌名（『書名』）巻　号（発行年）　頁
　(3)　その他　　注釈書や編集書については，引用箇所の執筆者名を〔　〕に示した。

凡　例

〔法令名略語表〕

意匠	意匠法	健保	健康保険法
一般法人	一般社団法人及び一般財団法人に関する法律	小	小切手法
		鉱業	鉱業法
恩給	恩給法	航空	航空法
会計士	公認会計士法	工抵	工場抵当法
会更	会社更生法	鉱抵	鉱業抵当法
外国倒産	外国倒産処理手続の承認援助に関する法律	厚年	厚生年金保険法
		国健保	国民健康保険法
外国倒産規	外国倒産処理手続の承認援助に関する規則	国年	国民年金法
		雇保	雇用保険法
会社	会社法	裁	裁判所法
会社規	会社法施行規則	採石	採石法
確定拠出年	確定拠出年金法	資金決済	資金決済に関する法律
家事	家事事件手続法	資金決済令	資金決済に関する法律施行令
貸金業	貸金業法	自治	地方自治法
仮登記担保	仮登記担保契約に関する法律	自抵	自動車抵当法
関税	関税法	借地借家	借地借家法
企業担保	企業担保法	種苗	種苗法
軌道抵	軌道の抵当に関する法律	商	商法
旧会更	〔旧〕会社更生法（昭和27年法律172号）	商標	商標法
		所税	所得税法
旧破	〔旧〕破産法（大正11年法律71号）	所税令	所得税法施行令
		新案	実用新案法
旧不登	〔旧〕不動産登記法（明治32年法律24号）	人訴	人事訴訟法
		信託	信託法
旧和議法	〔旧〕和議法（大正11年法律72号）	信託業	信託業法
		生活保護	生活保護法
供則	供託規則	税徴	国税徴収法
金商	金融商品取引法	税通	国税通則法
金商令	金融商品取引法施行令	税通令	国税通則法施行令
金融更生特	金融機関等の更生手続の特例等に関する法律	税特措	租税特別措置法
		税特措令	租税特別措置法施行令
刑	刑法	税理士	税理士法
刑訴	刑事訴訟法	ダイオキシン	ダイオキシン類対策特別措置法
刑訴規	刑事訴訟規則		
警備	警備業法	宅建業	宅地建物取引業法
憲	日本国憲法	宅建業令	宅地建物取引業法施行令
建設	建設業法	地税	地方税法

凡　例

中信保	中小企業信用保険法	不登	不動産登記法
中信保規	中小企業信用保険法施行規則	不登令	不動産登記令
中倒共済	中小企業倒産防止共済法	弁護	弁護士法
中倒共済規	中小企業倒産防止共済法施行規則	弁理士	弁理士法
		法税	法人税法
中倒共済令	中小企業倒産防止共済法施行令	法税令	法人税法施行令
著作	著作権法	保険	保険法
賃確	賃金の支払の確保等に関する法律	保険業	保険業法
		保険業規	保険業法施行規則
賃確規	賃金の支払の確保等に関する法律施行規則	保護命令	保険契約者等の保護のための特別の措置等に関する命令
賃確令	賃金の支払の確保等に関する法律施行令	民再	民事再生法
		民再規	民事再生規則
手	手形法	民執	民事執行法
鉄事	鉄道事業法	民執規	民事執行規則
鉄抵	鉄道抵当法	民執令	民事執行法施行令
道交事抵	道路交通事業抵当法	民訴	民事訴訟法
特定調停	特定債務等の調整の促進のための特定調停に関する法律	民訴規	民事訴訟規則
		民訴費	民事訴訟費用等に関する法律
土壌汚染	土壌汚染対策法	民	民法
特許	特許法	預金保険	預金保険法
独禁	私的独占の禁止及び公正取引の確保に関する法律	預金保険令	預金保険法施行令
		立木法	立木ニ関スル法律
動産債権譲渡特	動産及び債権の譲渡の対抗要件に関する民法の特例等に関する法律	旅行	旅行業法
		旅行規	旅行業法施行規則
		旅行令	旅行業法施行令
破	破産法	労基	労働基準法
破規	破産規則	労組	労働組合法
半導体	半導体集積回路の回路配置に関する法律	労保徴	労働保険の保険料の徴収等に関する法律
非訟	非訟事件手続法	労派遣	労働者派遣事業の適正な運営の確保及び労働者の保護等に関する法律
風俗	風俗営業等の規制及び業務の適正化等に関する法律		

凡　例

〔判例集等略語表〕

●裁判所名等

大	大審院
最	最高裁判所
最大	最高裁判所大法廷
高	高等裁判所
地	地方裁判所
支	支部
判	判決
決	決定

●出典判例集等

民録	大審院民事判決録
刑録	大審院刑事判決録
行録	行政裁判所判決録
民集	大審院民事判例集，最高裁判所民事判例集
刑集	大審院刑事判例集，最高裁判所刑事判例集
新聞	法律新聞
裁判集民	最高裁判所裁判集民事
裁判集刑	最高裁判所裁判集刑事
高民	高等裁判所民事判例集
高刑	高等裁判所刑事判例集
東高民時報	東京高等裁判所民事判決時報
東高刑時報	東京高等裁判所刑事判決時報
下民	下級裁判所民事裁判例集
下刑	下級裁判所刑事裁判例集
行集	行政事件裁判例集
家月	家庭裁判月報
刑月	刑事裁判月報
訟月	訟務月報
民月	民事月報
労裁集	労働関係民事事件裁判集
労判	労働判例
労民	労働関係民事裁判例集
NBL	NBL
金判	金融・商事判例
金法	旬刊金融法務事情
銀法	銀行法務21
刑法	刑法雑誌
現刑	現代刑事法
最判解説民	最高裁判所判例解説民事篇
	＊最判解説民平成（昭和）○○年度　と表記。
自正	自由と正義
重判解	重要判例解説（ジュリスト臨時増刊）
	＊平成（昭和）○○年度重判解（ジュリ○○号）　と表記。
主判解	主要民事判例解説（判例タイムズ臨時増刊）
	＊平成（昭和）○○年度主判解（判タ○○号）　と表記。
ジュリ	ジュリスト
商事	旬刊商事法務
信研	信託法研究
税弘	税務弘報
税理	税理
曹時	法曹時報
登研	登記研究
登情	登記情報
判タ	判例タイムズ
判評	判例評論（判例時報付録）
ひろば	法律のひろば
法教	法学教室
法協	法学協会雑誌
法時	法律時報
法セ	法学セミナー
法曹	法曹
民主解	民事主要判例解説（判例タイムズ臨時増刊）
民商	民商法雑誌
民情	民事法情報
民訴	民事訴訟雑誌
労研	日本労働研究雑誌

凡　例

〔文献略語表〕

青山ほか・概説　→　青山善充＝伊藤眞＝井上治典＝福永有利『破産法概説〔新版増補2版〕』（有斐閣，2001）

麻上監修・破産法　→　麻上正信監修『破産法――実務と理論の問題点〔新版〕〔金融・商事判例別冊No.2〕』（経済法令研究会，1990）

石川・　→　石川明『破産法』（日本評論社，1987）

石原・　→　石原辰次郎『破産法和議法実務総攬〔第3版〕』（酒井書店，1983）

一問一答　→　小川秀樹編著『一問一答　新しい破産法』（商事法務，2004）

伊藤・　→　伊藤眞『破産法・民事再生法〔第2版〕』（有斐閣，2009）

伊藤・〔第3版〕　→　伊藤眞『破産法・民事再生法〔第3版〕』（有斐閣，2014）

伊藤・破　→　伊藤眞『破産法〔第4版補訂版〕』（有斐閣，2006）

井上・基本問題　→　井上直三郎『破産・訴訟の基本問題〔学術選書〕』（有斐閣，1971）

井上・綱要　→　井上直三郎『破産法綱要第1巻　実体破産法』（弘文堂書房，1925）

井上追悼　→　井上治典先生追悼論文集『民事紛争と手続理論の現在』（法律文化社，2008）

今中古稀　→　今中利昭先生古稀記念『最新倒産法・会社法をめぐる実務上の諸問題』（民事法研究会，2005）

運用と書式〔新版〕　→　大阪地方裁判所・大阪弁護士会破産管財運用検討プロジェクトチーム編『破産管財手続の運用と書式〔新版〕』（新日本法規出版，2009）

小川ほか・概説　→　小川秀樹＝沖野眞已＝菅家忠行＝高山崇彦＝堂薗幹一郎＝中島基至『概説新破産法』（金融財政事情研究会，2004）

小野木・概論　→　小野木常『破産法概論』（酒井書店，1957）

小野木＝中野・講義　→　小野木常＝中野貞一郎『強制執行法・破産法講義〔新版〕』（有斐閣，1963）

加藤・研究（Ⅰ）〜（11）　→　加藤正治『破産法研究第1巻〜第11巻』（有斐閣，1912〜1953）第1巻（1912），第2巻（1912），第3巻（1912），第4巻（1912），第5巻〔増訂〕（1938），第6巻（1927），第7巻（1927），第8巻（1932），第9巻（1936），第10巻（1943），第11巻（1953）

加藤・講義　→　加藤正治『破産法講義　完〔訂正増補〕』（有斐閣，1924）

加藤・要論　→　加藤正治『破産法要論〔第16版〕』（有斐閣，1952）

加藤（哲）・　→　加藤哲夫『破産法〔法律学講義シリーズ〕〔第6版〕』（弘文堂，2012）

兼子・　→　兼子一『強制執行法・破産法〔法律学講座双書〕〔新版〕』（弘文堂，1987）

兼子＝恒田・　→　兼子一＝恒田文次『破産法・和議法〔改訂増補版〕』（青林書院新社，1964）

河合古稀　→　河合伸一判事退官・古稀記念『会社法・金融取引法の理論と実務』（商事法務，2002）

基本構造と実務　→　伊藤眞＝松下淳一＝山本和彦編『新破産法の基本構造と実務〔ジュリスト増刊〕』（有斐閣，2007）

基本法コンメ破産法　→　中野貞一郎＝道下徹編『基本法コンメンタール　破産法〔第2版〕〔別冊法学セミナー〕』（日本評論社，1997）

凡　例

講座・倒産（2）～（4） →　高木新二郎＝伊藤眞編集代表『講座・倒産の法システム』（日本評論社）（2）清算型倒産処理手続・個人再生手続（2010），（3）再建型倒産処理手続（2010），（4）倒産手続における新たな問題・特殊倒産手続（2006）

河野＝中島・ →　河野正憲＝中島弘雅編『倒産法大系―倒産法と市民保護の法理』（弘文堂，2001）

斎藤＝伊東編・演習 →　斎藤秀夫＝伊東乾編『演習破産法〔演習法律学大系〕』（青林書院新社，1973）

裁判実務大系（6） →　道下徹＝高橋欣一編『破産訴訟法〔裁判実務大系（6）〕』（青林書院，1985）

司研編・諸問題 →　司法研修所編『破産事件の処理に関する実務上の諸問題』（法曹会，1985）

実務事典 →　高木新二郎＝山崎潮＝伊藤眞編集代表『倒産法実務事典』（金融財政事情研究会，1999）

実務と理論 →　石川明＝田中康久＝山内八郎編『破産・和議の実務と理論〔臨時増刊判例タイムズ830号〕』（判例タイムズ社，1994）

霜島・体系 →　霜島甲一『倒産法体系』（勁草書房，1990）

条解更生法（上）（中）（下） →　兼子一監修／三ケ月章＝竹下守夫＝霜島甲一＝前田庸＝田村諄之輔＝青山善充『条解会社更生法』（弘文堂，上巻・中巻　1973，下巻　1974）

詳解再生法〔第2版〕 →　福永有利監修／四宮章夫＝髙田裕成＝森宏司＝山本克己編『詳解民事再生法―理論と実務の交錯〔第2版〕』（民事法研究会，2009）

条解再生法 →　園尾隆司＝小林秀之編『条解民事再生法〔第2版〕』（弘文堂，2007）

条解再生法〔第3版〕 →　園尾隆司＝小林秀之編『条解民事再生法〔第3版〕』（弘文堂，2013）

条解破産法 →　伊藤眞＝岡正晶＝田原睦夫＝林道晴＝松下淳一＝森宏司『条解破産法』（弘文堂，2010）

条解破産規則 →　最高裁判所事務総局民事局監修『条解破産規則―付　民事再生規則等の一部を改正する規則〔民事裁判資料第242号〕』（法曹会，2005）

少額管財手続の理論と実務 →　園尾隆司＝杉浦徳宏＝國井恒志＝植村京子編『少額管財手続の理論と実務』（経済法令研究会，2001）

新・裁判実務大系（10） →　園尾隆司＝中島肇編『破産法〔新・裁判実務大系（10）〕』（青林書院，2000）

新・裁判実務大系（21） →　門口正人＝西岡清一郎＝大竹たかし編『会社更生法・民事再生法〔新・裁判実務大系（21）〕』（青林書院，2004）

新・裁判実務大系（28） →　園尾隆司＝西謙二＝中島肇＝中山孝雄＝多比羅誠編『新版破産法〔新・裁判実務大系（28）〕』（青林書院，2007）

新・実務民訴講座（13） →　鈴木忠一＝三ケ月章監修／木川統一郎＝新堂幸司＝園部逸夫＝高野耕一＝中野貞一郎＝西村宏一＝野崎幸雄＝三好達＝吉井直昭編『倒産手続〔新・実務民事訴訟講座（13）〕』（日本評論社，1981）

新注釈再生法（上）（下）〔第2版〕 →才口千晴＝伊藤眞監修／全国倒産処理弁護士ネットワー

　　　　　　　　　　　凡　　例

ク編『新注釈民事再生法〔第2版〕』(金融財政事情研究会，上巻・下巻　2010)
新破産法の理論と実務　→　山本克己＝山本和彦＝瀬戸英雄編『新破産法の理論と実務』(判例タイムズ社，2008)
宗田・概説　→　宗田親彦『破産法概説〔新訂第4版〕』(慶應義塾大学出版会，2008)
竹内・倒産契約処理　→　竹内康二『倒産実体法の契約処理』(商事法務，2011)
竹下古稀　→　竹下守夫先生古稀祝賀『権利実現過程の基本構造』(有斐閣，2002)
竹下・大コンメ　→　竹下守夫編集代表／上原敏夫＝園尾隆司＝深山卓也＝小川秀樹＝多比羅誠編『大コンメンタール破産法』(青林書院，2007)
谷口・　→　谷口安平『倒産処理法〔現代法学全集〕〔第2版〕』(筑摩書房，1980)
田原古稀(上)(下)　→　田原睦夫先生古稀・最高裁判事退官記念論文集『現代民事法の実務と理論』(金融財事情研究会，上巻・下巻　2013)
中間試案　→　『破産法等の見直しに関する中間試案と解説〔別冊NBL74号〕』(商事法務，2002)
注釈再生法(上)(下)　→　伊藤眞＝才口千晴＝瀬戸英雄＝田原睦夫＝桃尾重明＝山本克己編著『注釈民事再生法〔新版〕』(金融財政事情研究会，上巻・下巻　2002)
注解破産法(上)(下)　→　斎藤秀夫＝麻上正信＝林屋礼二編『注解破産法〔第3版〕』(青林書院，上巻　1998，下巻　1999)
倒産法全書(上)(下)　→　藤原総一郎監修／森・濱田松本法律事務所＝㈱KPMG FAS編著『倒産法全書』(商事法務，上巻・下巻　2008)
倒産法全書〔第2版〕(上)(下)　→　藤原総一郎監修／森・濱田松本法律事務所＝㈱KPMG FAS編著『倒産法全書〔第2版〕』(商事法務，上巻・下巻　2014)
東弁編・入門(上)(下)　→　東京弁護士会編『入門新破産法―新しい破産手続の理論と実務』(ぎょうせい，上巻・下巻　2004)
中島Ⅰ・　→　中島弘雅『体系倒産法Ⅰ　破産・特別清算』(中央経済社，2007)
中田・　→　中田淳一『破産法・和議法〔法律学全集37〕』(有斐閣，1959)
日弁連編・要点解説　→　日本弁護士連合会倒産法制検討委員会編『要点解説新破産法』(商事法務，2004)
破産管財の実務〔改訂版〕　→　第一東京弁護士会編『破産管財の実務―破産手続の基本と実際〔改訂版〕』(金融財政事情研究会，2010)
破産管財の手引〔増補版〕　→　鹿子木康＝島岡大雄編／東京地裁破産実務研究会『破産管財の手引〔増補版〕』(金融財政事情研究会，2012)
破産・再生の実務(上)(下)　→　園尾隆司＝深沢茂之／東京地裁破産再生実務研究会著『破産・民事再生の実務』(金融財政事情研究会，上巻・下巻　2001)
破産・再生の実務〔新版〕(上)　→　西謙二＝中山孝雄編／東京地裁破産再生実務研究会著『破産・民事再生の実務(上)破産編Ⅰ〔新版〕』(金融財政事情研究会，2008)
破産・再生の実務〔新版〕(中)　→　西謙二＝中山孝雄編／東京地裁破産再生実務研究会著『破産・民事再生の実務(中)破産編Ⅱ〔新版〕』(金融財政事情研究会，2008)
破産・再生の実務〔新版〕(下)　→　西謙二＝中山孝雄編／東京地裁破産再生実務研究会著『破産・民事再生の実務(下)民事再生・個人再生編〔新版〕』(金融財政事情研究

凡　例

会, 2008)
破産・再生の実務〔第3版〕破産編　→　東京地裁破産再生実務研究会編著『破産・民事再生の実務〔第3版〕破産編』(金融財政事情研究会, 2014)
破産・再生の実務〔第3版〕民事再生・個人再生編　→　東京地裁破産再生実務研究会編著『破産・民事再生の実務〔第3版〕民事再生・個人再生編』(金融財政事情研究会, 2014)
破産実務 Q&A150問　→　全国倒産処理弁護士ネットワーク編『破産実務 Q&A150問―全倒ネットメーリングリストの質疑から』(金融財政事情研究会, 2007)
破産実務 Q&A200問　→　全国倒産処理弁護士ネットワーク編『破産実務 Q&A200問―全倒ネットメーリングリストの質疑から』(金融財政事情研究会, 2012)
破産・和議の基礎知識　→　高木新二郎編『破産・和議の基礎知識〔法律知識ライブラリー〕』(青林書院, 1996)
花村・要説　→　花村良一『民事再生法要説』(商事法務研究会, 2000)
林屋ほか・　→　林屋礼二＝上田徹一郎＝福永有利『破産法〔青林法学双書〕』(青林書院, 1993)
判例百選〔初版〕　→　新堂幸司＝霜島甲一＝青山善充編『倒産判例百選』(有斐閣, 1976)
判例百選〔第2版〕　→　新堂幸司＝霜島甲一＝青山善充編『新倒産判例百選』(有斐閣, 1990)
判例百選〔第3版〕　→　青山善充＝伊藤眞＝松下淳一編『倒産判例百選〔第3版〕』(有斐閣, 2002)
判例百選〔第4版〕　→　青山善充＝伊藤眞＝松下淳一編『倒産判例百選〔第4版〕』(有斐閣, 2006)
判例百選〔第5版〕　→　伊藤眞＝松下淳一編『倒産判例百選〔第5版〕』(有斐閣, 2013)
福永・研究　→　福永有利『倒産法研究』(信山社出版, 2004)
松岡・(上)　→　松岡義正『破産法論上巻(手續規定)』(巌松堂書店, 1929)
松下・入門　→　松下淳一『民事再生法入門』(有斐閣, 2009)
深山編著・国際倒産　→　深山卓也編著『新しい国際倒産法制―外国倒産承認援助法等の逐条解説＆一問一答』(金融財政事情研究会, 2001)
宮脇＝竹下編・基礎　→　宮脇幸彦＝竹下守夫編『破産・和議法の基礎〈実用編〉〔基礎法律学大系〕〔新版〕』(青林書院新社, 1982)
宮脇ほか編・注解更生法　→　宮脇幸彦＝井関浩＝山口和男編『注解会社更生法〔注解民事手続法〕』(青林書院, 1986)
民再逐条研究　→　伊藤眞編集代表『民事再生法逐条研究―解釈と運用〔ジュリスト増刊〕』(有斐閣, 2002)
柳川編・実態　→　柳川真佐夫編『破産手続の実態〔法曹実務シリーズ〕』(判例タイムズ社, 1962)
山木戸・　→　山木戸克己『破産法〔現代法律学全集〕』(青林書院新社, 1974)
山本・国際倒産　→　山本和彦『国際倒産法制』(商事法務, 2002)
山本・倒産処理法〔第4版〕　→　山本和彦『倒産処理法入門〔第4版〕』(有斐閣, 2012)
山本ほか・概説　→　山本和彦＝中西正＝笠井正俊＝沖野眞已＝水元宏典『倒産法概説』(弘

凡　例

　　文堂，2006)
山本ほか・概説〔第2版〕　→　山本和彦＝中西正＝笠井正俊＝沖野眞已＝水元宏典『倒産法概説〔第2版〕』(弘文堂，2010)
山本ほか・理論と実務　→　山本克己＝山本和彦＝瀬戸英雄編『新会社更生法の理論と実務〔臨時増刊判例タイムズ1132号〕』(判例タイムズ社，2003)
論点解説（上）（下）　→　全国倒産処理弁護士ネットワーク編『論点解説新破産法』(金融財政事情研究会，上巻・下巻　2005)

第2巻 目　　次

第1章　破産債権・財団債権

1　破産債権 ──────────八田卓也　5

Ⅰ　破産債権の意義 ………………………………………………………… 5
Ⅱ　破産債権の要件 ………………………………………………………… 6
　1　概　説 ……………………………………………………………………… 6
　2　詳説──各論 …………………………………………………………… 6
　　(1)　「破産者に対する」「請求権」　6
　　(2)　「財産上の請求権」　7
　　(3)　破産財団に対する執行可能性　8
　　(4)　「破産手続開始前の原因に基づいて生じた」請求権であること　8
Ⅲ　破産債権の手続上の地位 …………………………………………… 12
　1　権利行使方法の制限 ……………………………………………………… 12
　2　既に開始していた強制的満足の手続の失効 ………………………… 14
　3　権利行使方法の制限の例外 ……………………………………………… 14
　4　破産財団・破産者以外による満足 ……………………………………… 16
　5　議決権行使 ………………………………………………………………… 16
　6　免　責 ……………………………………………………………………… 17
Ⅳ　破産債権の等質化 …………………………………………………… 17
　1　金　銭　化 ………………………………………………………………… 17
　2　現　在　化 ………………………………………………………………… 18
　3　条件付債権の扱い ………………………………………………………… 19
　　(1)　停止条件付債権・将来の請求権　19
　　(2)　解除条件付債権　19
　4　破産手続外への意味 ……………………………………………………… 20
Ⅴ　破産債権の優先順位 ………………………………………………… 21
　1　優先的破産債権 …………………………………………………………… 21
　2　一般の破産債権 …………………………………………………………… 22

目　次

　　　3　劣後的破産債権 …………………………………………… 23
　　　4　約定劣後破産債権 ………………………………………… 25
　　　5　内部者債権の劣後化 ……………………………………… 26

2　財団債権 ————————————————小川秀樹　28

Ⅰ　財団債権の意義 ……………………………………………… 28
　　　1　財団債権の定義 …………………………………………… 28
　　　2　財団債権の種類 …………………………………………… 29
　　　　(1)　一般の財団債権と特別の財団債権　*29*
　　　　(2)　性質による分類　*34*
　　　3　弁済による代位と財団債権 ……………………………… 35

Ⅱ　財団債権の権利行使 ………………………………………… 38
　　　1　強制執行　*38*
　　　　(1)　強制執行の禁止　*38*
　　　　(2)　詐害行為取消訴訟及び債権者代位訴訟の中断　*41*
　　　　(3)　免責手続中の取扱い　*42*
　　　　(4)　配当要求　*42*
　　　2　相　　殺　*43*

Ⅲ　財団債権と破産債権 ………………………………………… 44
　　　1　破産法における債権の優先順位 ………………………… 44
　　　2　財団債権と破産債権 ……………………………………… 45
　　　　(1)　破産手続開始申立て　*45*
　　　　(2)　担保権消滅の申立て　*47*

Ⅳ　財団債権の取扱い …………………………………………… 48
　　　1　財団債権の弁済 …………………………………………… 48
　　　2　財団不足が明らかな場合 ………………………………… 49
　　　3　財団債権相互間の優先順位 ……………………………… 49
　　　　(1)　旧破産法における優先順位　*49*
　　　　(2)　破産法における優先順位　*50*
　　　　(3)　DIPファイナンスの取扱い　*51*

Ⅴ　財団債権の債務者 …………………………………………… 51

目　次

   1　財団債権の債務者 …………………………………………………… *51*
   2　財団債権の最終的な義務者 ………………………………………… *53*

3　租税債権　　　　　　　　　　　　　　　　　　　　　　伊藤　尚　55

 Ⅰ　はじめに ……………………………………………………………… *55*
 Ⅱ　破産手続における租税債権の取扱い ……………………………… *55*
   1　旧破産法における租税債権の取扱いと現行破産法による改正 …… *55*
   2　現行破産法における債権の区分 …………………………………… *56*
     ⑴　破産手続開始前の原因に基づく租税等の請求権　*56*
     ⑵　破産手続開始後の原因に基づく租税等の請求権　*58*
   3　租税債権の行使 ……………………………………………………… *62*
     ⑴　滞納処分の可否　*62*
     ⑵　破産債権たる租税等の請求権の行使　*63*
     ⑶　債権の届出　*63*
     ⑷　免責との関係　*64*
 Ⅲ　破産管財人の源泉徴収義務 ………………………………………… *64*
   1　所得税法の規定と論点の把握 ……………………………………… *64*
     ⑴　所得税法の規定　*64*
     ⑵　個別執行における取扱い　*65*
   2　大阪高判平20・4・25民集65巻1号94頁・金法1840号36頁 …… *66*
     ⑴　高裁判決の判示　*66*
     ⑵　高裁判決の検討　*66*
   3　最判平23・1・14民集65巻1号1頁・判タ1343号96頁・判時2105号
     3頁 …………………………………………………………………… *68*
     ⑴　退職手当等に関する源泉徴収義務　*68*
     ⑵　破産管財人の報酬に関する源泉徴収義務　*69*
   4　破産管財人の源泉徴収義務に関する検討 ………………………… *70*
     ⑴　最高裁判決の考え方　*70*
     ⑵　財団債権として支払う場合について　*71*
     ⑶　「支払」に該当するかという論点について　*72*
     ⑷　最高裁判決の射程距離　*73*
     ⑸　今後の課題　*76*

目　次

Ⅳ　租税債権を第三者が弁済した場合の代位に関する問題 …………… 79
　1　問題点の把握 ……………………………………………………………… 79
　2　第三者弁済がなされた場合の原債権と事後求償権との関係 ……… 80
　3　事後求償権の破産手続における扱い ………………………………… 81
　4　代位によって取得した原債権の破産手続における扱い …………… 82
　　(1)　租税債権以外の場合　82
　　(2)　租税債権への代位の可否　83

4　労働債権 ─────────────────────── 蓑毛良和　91

Ⅰ　労働債権の法的性質（財団債権・優先的破産債権） ……………… 91
　1　旧破産法における労働債権の法的性質とその問題点 ……………… 91
　2　現行破産法における労働債権の法的性質 …………………………… 91

Ⅱ　労働債権（雇用関係に基いて生じた債権）に該当するか否か … 92
　1　破産者との間の雇用関係の有無 ……………………………………… 92
　　(1)　問題の所在　92
　　(2)　「雇用関係にある使用人」と「委任関係にある役員等」との区別　92
　　(3)　「雇用関係にある使用人」と「請負関係にある個人事業主」との区別　94
　　(4)　業務請負契約，偽装請負の問題　95
　　(5)　専門家による労務提供と雇用契約との関係　96
　2　使用人と破産者との間で雇用関係と無関係に生じる債権（社内預金
　　　の問題） ……………………………………………………………………… 97

Ⅲ　財団債権に該当するか否か（給料請求権，退職手当の請求権） … 98
　1　給料請求権 ………………………………………………………………… 98
　　(1)　給料請求権の意義　98
　　(2)　解雇予告手当の問題　98
　　(3)　給料請求権のうち財団債権となる範囲　100
　2　退職手当の請求権 ……………………………………………………… 100
　　(1)　退職手当の請求権の意義　100
　　(2)　退職手当の請求権のうち財団債権となる範囲　101

Ⅳ　労働債権に対する弁済・配当に関わる問題 ………………………… 103
　1　財団債権である労働債権に対する弁済 ……………………………… 103

目　　次

　　2　他の財団債権との間の優先順位 …………………………………… *104*
　　3　優先的破産債権である労働債権に対する配当 …………………… *104*
　　4　他の優先的破産債権との間の優先順位 …………………………… *104*
　　5　労働債権に対する弁済・配当の際の源泉徴収義務等 …………… *105*
　　　⑴　破産管財人の源泉徴収義務（所得税）　*105*
　　　⑵　破産管財人の特別徴収義務（住民税）　*105*
　　　⑶　破産管財人による源泉控除（社会保険料）　*105*
　Ⅴ　給料の請求権等の弁済の許可 ……………………………………… *106*
　　1　弁済許可制度の趣旨 ………………………………………………… *106*
　　2　弁済許可の要件 ……………………………………………………… *106*
　　　⑴　優先的破産債権である給料の請求権又は退職手当の請求権　*106*
　　　⑵　債権届出　*107*
　　　⑶　生活維持に困難を生ずるおそれ　*107*
　　　⑷　最初の配当の許可がされていないこと　*107*
　　　⑸　同順位以上の他の債権者の利益を害するおそれの不存在　*108*
　　3　弁済許可の手続 ……………………………………………………… *108*
　　4　配当の代替手段として弁済許可を活用することの可否 ………… *109*
　Ⅵ　労働者健康福祉機構の未払賃金立替払制度に関する問題点 …… *110*
　　1　労働者健康福祉機構による立替払制度の概要 …………………… *110*
　　2　未払賃金立替払制度における破産管財人の役割 ………………… *110*
　　3　立替金の充当先 ……………………………………………………… *110*
　　4　機構が代位取得した債権の法的性質 ……………………………… *111*

5　多数債務者関係　　　　　　　　　　　　　　　河崎祐子　*113*

　Ⅰ　現行規定の趣旨 ……………………………………………………… *113*
　　1　手続開始時現存額主義 ……………………………………………… *113*
　　2　現行法の規定趣旨 …………………………………………………… *114*
　　　⑴　破産法104条の構造　*114*
　　　⑵　破産法104条1項及び2項──債権者による破産手続参加　*116*
　　　⑶　破産法104条3項及び4項──求償権者による破産手続参加　*117*
　　　⑷　破産法104条5項──物上保証人が求償権者の場合　*118*

目　次

Ⅱ　理論的背景 …………………………………………… 119
1　問題の所在 …………………………………………… 119
2　歴史的展開 …………………………………………… 121
　(1)　通説の形成　*121*
　(2)　債権者平等原則の侵食　*123*
　(3)　物上保証人が求償権者である場合　*126*

Ⅲ　理論的再検討 …………………………………………… 127
1　手続開始時現存額主義の意義 ……………………… 127
　(1)　控除説による問い直し　*127*
　(2)　控除説の理論的帰結　*129*
2　手続開始時現存額主義の射程 ……………………… 133
　(1)　物上保証人が求償権者である場合　*133*
　(2)　債務が複数ある場合の「全部」　*135*

Ⅳ　結　　語 ……………………………………………… 136

第2章　別　除　権

6　別除権総論　　　　　　　　　　　　　　　　中西　正　*139*

Ⅰ　別除権の概念 …………………………………………… 139
1　定　　義 ……………………………………………… 139
2　位置づけ ……………………………………………… 139
3　他の権利との異同 …………………………………… 140

Ⅱ　別除権の根拠・取扱い ………………………………… 141
1　はじめに ……………………………………………… 141
2　別除権の根拠 ………………………………………… 141
3　別除権の取扱い ……………………………………… 143
　(1)　はじめに　*143*
　(2)　優先弁済権能　*143*
　(3)　担保権の実行　*144*
4　担保価値維持義務 …………………………………… 144
　(1)　問題の所在　*144*

目　次

　　⑵　検　　討　*144*
　　⑶　最判平18・12・21民集60巻10号3964頁・判タ1235号148頁・判時1961
　　　　号53頁　*146*
Ⅲ　不足額責任主義と配当参加………………………………………………　*148*
　1　不足額責任主義……………………………………………………………　*148*
　2　不足額の確定………………………………………………………………　*149*
　　⑴　はじめに　*149*
　　⑵　予定不足額の届出　*149*
　　⑶　不足額への配当　*150*
　3　被担保債権の変更…………………………………………………………　*150*
　　⑴　はじめに　*150*
　　⑵　破産手続開始後に担保されなくなった場合　*151*
　　⑶　登記・登録の必要性　*151*
　4　根抵当権の特則……………………………………………………………　*152*
　　⑴　はじめに　*152*
　　⑵　根抵当権の特則　*153*
Ⅳ　個別の担保権………………………………………………………………　*154*
　1　はじめに……………………………………………………………………　*154*
　2　特別の先取特権（動産売買の先取特権）………………………………　*154*
　　⑴　別除権の付与　*154*
　　⑵　動産売買先取特権の実行手続　*155*
　　⑶　物上代位　*156*
　　⑷　破産管財人による担保目的物の売却の問題　*159*
　3　留　置　権…………………………………………………………………　*161*
　　⑴　商事留置権　*161*
　　⑵　民事留置権　*162*
　4　質　　権……………………………………………………………………　*163*
　5　抵　当　権…………………………………………………………………　*163*
　　⑴　普通抵当権　*163*
　　⑵　根抵当権　*165*
　　⑶　物上代位　*165*
Ⅴ　費用の分担…………………………………………………………………　*167*
　1　はじめに……………………………………………………………………　*167*

2　費用分配の基準 …………………………………………… *167*
　　3　検　　討 ………………………………………………………… *168*
　　　(1)　設問 1　*168*
　　　(2)　設問 2　*169*

7　非典型担保 ——————————————————山野目章夫　*170*

I　非典型担保の破産法上の処遇という問題の意味 …………… *170*
　1　実体法上の担保の諸形態とその破産手続上の処遇 ………… *170*
　2　非典型担保の別除権としての処遇／その可能性と根拠 …… *171*
　3　別除権としての処遇／その要件と効果 ……………………… *172*
　　(1)　破産手続において別除権として処遇することの要件　*172*
　　(2)　破産手続において別除権として処遇するための効果　*172*
　4　各種の非典型担保についての考察の順序 …………………… *173*

II　譲渡担保（一般） …………………………………………………… *174*
　1　譲渡担保の意義 ………………………………………………… *174*
　2　譲渡担保の対抗要件 …………………………………………… *174*
　3　譲渡担保の実行 ………………………………………………… *175*
　　(1)　清算の原則　*175*
　　(2)　担保物の所有権の取得の時期　*175*
　　(3)　清算の方法　*176*
　　(4)　清算の終了時期　*177*
　4　譲渡担保の設定者が破産した場合の法律関係 ……………… *177*
　　(1)　基本原則／別除権としての処遇　*177*
　　(2)　別除権としての処遇の具体的帰結　*178*
　5　附説／譲渡担保権者が破産した場合の法律関係 …………… *179*

III　集合動産譲渡担保 ………………………………………………… *180*
　1　集合動産譲渡担保の意義 ……………………………………… *180*
　2　集合動産譲渡担保の対抗要件 ………………………………… *181*
　3　集合動産譲渡担保の実行 ……………………………………… *181*
　4　集合動産譲渡担保の破産手続における処遇 ………………… *182*

IV　集合債権譲渡担保 ………………………………………………… *183*

　　　　　　　　　目　次

　　1　集合債権譲渡担保の意義 ································· *183*
　　2　集合債権譲渡担保の対抗要件 ····························· *183*
　　3　集合債権譲渡担保の破産手続における処遇 ················· *185*
　　4　集合債権譲渡担保における実行の概念····················· *185*
　Ⅴ　手形の譲渡担保 ··· *186*
　Ⅵ　仮登記担保 ··· *187*
　　1　仮登記担保の意義 ····································· *187*
　　2　仮登記担保の対抗要件 ································· *188*
　　3　仮登記担保の実行 ····································· *188*
　　4　仮登記担保の破産手続における処遇······················· *189*
　Ⅶ　所有権留保 ··· *191*
　　1　所有権留保の意義 ····································· *191*
　　2　所有権留保の対抗要件 ································· *192*
　　3　所有権留保の法的構成と実行の手順······················· *193*
　　　⑴　所有権留保の法的構成　*193*
　　　⑵　所有権留保の実行　*194*
　　　⑶　附・当然解除特約の効力　*195*
　　4　所有権留保の破産手続における処遇······················· *195*
　　5　附説／双方未履行の契約の解除権の成否 ·················· *196*
　Ⅷ　ファイナンス・リース ··································· *197*

第3章　取戻権

8　取戻権──────────────高田賢治　*203*

　Ⅰ　取戻権の意義 ··· *203*
　　1　狭義の取戻権 ··· *203*
　　2　広義の取戻権 ··· *204*
　Ⅱ　一般の取戻権 ··· *205*
　　1　取戻権の基礎 ··· *205*
　　　⑴　各倒産処理手続における取戻権の基礎　*205*

(2) 取戻権の基礎となる権利　*206*
　　(3) 破産管財人の第三者性と取戻権　*207*
　2　取戻権と別除権の交錯 ………………………………………… *208*
　　(1) 取戻権と別除権の相違　*208*
　　(2) 譲渡担保権者の破産　*209*
　　(3) 譲渡担保設定者の破産と譲渡担保権の扱い　*211*
　3　受託者の破産と信託財産の扱い ……………………………… *212*
　　(1) 受託者（破産により解散するものを除く。）の破産における破産管財人の地位　*212*
　　(2) 受託者（破産により解散するものに限る。）の破産における破産管財人の地位　*214*
　　(3) 信託財産の取戻しの要件　*215*
　　(4) 信託法理が適用される局面　*215*
　4　財産分与と取戻権 ……………………………………………… *216*
　Ⅲ　特別の取戻権 …………………………………………………… *217*
　1　売主・問屋の取戻権 …………………………………………… *217*
　2　代償的取戻権 …………………………………………………… *218*
　　(1) 意　義　*218*
　　(2) 反対給付が未履行の場合　*219*
　　(3) 反対給付が既履行の場合　*219*

第4章　相　殺　権

9　相　殺　権 ――――――――――――――――――――― 岡　正晶　*223*

　Ⅰ　本項目で取り上げる論点 ……………………………………… *223*
　Ⅱ　破産法67条の趣旨 ……………………………………………… *223*
　1　破産債権者の相殺権 …………………………………………… *223*
　2　財団債権者の相殺 ……………………………………………… *224*
　Ⅲ　自働債権に関する諸問題 ……………………………………… *225*
　1　期限付破産債権 ………………………………………………… *225*
　2　解除条件付破産債権 …………………………………………… *226*

	3	非金銭債権・金額不確定債権等 ………………………………… *227*
	4	破産手続開始決定後の利息・損害金債権……………………… *228*
	5	停止条件付債権・将来の請求権 ………………………………… *229*
		(1) 破産法70条前段の趣旨　*229*
		(2) 停止条件の成就・未成就の見極め　*230*
		(3) 敷金返還請求権者（賃借人）による賃料債務の弁済　*231*
Ⅳ	受働債権に関する諸問題 ………………………………………………… *235*
	1	期限付債務 ………………………………………………………… *235*
	2	条件付債務・将来の請求権に関する債務 ……………………… *235*
		(1) 破産法67条2項後段の趣旨　*235*
		(2) 解除条件付債務　*236*
		(3) 停止条件付債務，将来の請求権に関する債務　*236*
	3	非金銭債務・金額不確定債務等 ………………………………… *240*
	4	破産手続開始決定後の利息・損害金債務 ……………………… *240*
	5	自由財産に対する債務 …………………………………………… *240*
	6	物上保証責任 ……………………………………………………… *241*
Ⅴ	破産管財人がとり得る2つの措置 ……………………………………… *241*
	1	催　　告 …………………………………………………………… *241*
	2	破産管財人からの相殺 …………………………………………… *242*

10　相殺禁止 ――――――――――――――――――松下淳一　*244*

Ⅰ	総　　説 ………………………………………………………………… *244*
	1 相殺禁止の趣旨 …………………………………………………… *244*
	2 相殺禁止の適用範囲――自動債権の態様 ……………………… *245*
Ⅱ	破産債権者による債務負担の場合――相殺禁止の要件(1) ………… *246*
	1 破産手続開始後の債務負担 ……………………………………… *246*
	(1) 意　　義　*246*
	(2) 開始決定後の受働債権の停止条件成就　*247*
	2 支払不能後の債務負担 …………………………………………… *249*
	(1) 概　　観　*249*
	(2) 支払不能　*249*

        (3) 債務負担原因である契約　251
    3　支払停止後の債務負担 …………………………………………… 253
    4　破産手続開始申立て後の債務負担 …………………………… 255
    5　相殺禁止の解除事由 …………………………………………… 255
        (1) 概　　観　255
        (2) 法定の原因　255
        (3) 危機時期より前に生じた原因　257
        (4) 破産手続開始申立て後の1年以上前　263
  Ⅲ　破産者に対して債務を負担する者の破産債権取得の場合
    ──相殺禁止の要件(2) ……………………………………………… 264
    1　破産手続開始後の破産債権取得 ……………………………… 264
    2　支払不能等の後の破産債権取得 ……………………………… 265
    3　相殺禁止の解除事由 …………………………………………… 266
        (1) 破産法72条2項1号から3号　266
        (2) 破産法72条2項4号　267
  Ⅳ　相殺禁止の効果 ………………………………………………………… 268

第5章　契約関係の処理

11　破産管財人の選択権　　　　　　　　　　　　　　竹内康二　273

  Ⅰ　事業活動と契約 ………………………………………………………… 273
    1　事業活動の基盤を形成する双務契約 ………………………… 273
    2　破産法律関係の基礎としての双務契約 ……………………… 274
    3　他の法令の破産規定 …………………………………………… 275
  Ⅱ　契約処理の現実的指針と理論 ………………………………………… 275
    1　実務的，実践的観点からする指針 …………………………… 275
    2　破産法53条の性質 ……………………………………………… 278
        (1) 契約の効力論に依拠したときの破産法53条の趣旨　278
        (2) 契約法独自の論理　279
        (3) 破産と双方未履行契約の債務不履行　281
        (4) 印　象　論　287

目　次

- Ⅲ　「双務契約」とは何か ……………………………………………… *287*
  - 1　「双務契約」 ……………………………………………………… *288*
    - (1)　契約の中に存在する約束の検出　*288*
    - (2)　1個の契約単位の合成　*288*
    - (3)　契約書の単数,複数　*289*
    - (4)　制定法の分類から自由な分析　*289*
    - (5)　基　準　時　*290*
  - 2　「双方未履行」 …………………………………………………… *291*
    - (1)　未履行の程度　*291*
    - (2)　理由の検討　*293*
    - (3)　双方未履行を肯定させる重要な義務の例示　*295*
    - (4)　双方未履行の外観があるが双方未履行契約とならないもの　*297*
  - 3　解除あるいは履行選択につき支障となる事実関係 ………… *297*
    - (1)　解除につき支障となる事実　*297*
    - (2)　履行選択につき支障となる事実関係　*298*
  - 4　履行選択,解除の判断基準 …………………………………… *299*
  - 5　具体的な設例による双方未履行の確認 ……………………… *300*
    - (1)　不動産売主の破産（例1）　*300*
    - (2)　不動産売主の破産（例2）　*300*
- Ⅲ　履行選択及び解除の効果 …………………………………………… *301*
  - 1　履行選択の効果論（破産法148条1項7号論） ……………… *301*
    - (1)　新規性の有無　*301*
    - (2)　財団債権の範囲　*302*
    - (3)　部分的履行選択　*302*
  - 2　解除の効果論（破産法54条論） ……………………………… *303*
    - (1)　問題の所在　*303*
    - (2)　通説について　*303*
    - (3)　異なる発想　*303*
    - (4)　わが法の通説によったときの分析と問題点　*305*
    - (5)　結果として財団債権を制限する観点によったときの構成　*307*
    - (6)　通説によったときの実務的指針　*308*

目　次

12　賃貸借 ──────────────────堂薗幹一郎　309

- Ⅰ　賃貸人の破産 …………………………………………………… 310
  - 1　賃貸借契約の帰趨等 ………………………………………… 310
    - (1) 破産法56条 1 項の要件を満たす場合　310
    - (2) 破産法56条 1 項の要件を満たさない場合　312
    - (3) 優先する担保権との関係　312
  - 2　賃貸人による将来の賃料債権の処分 ……………………… 315
    - (1) 一般原則　315
    - (2) 否認権との関係　316
  - 3　敷金返還請求権の取扱い …………………………………… 317
    - (1) 破産法70条後段の趣旨　317
    - (2) 破産法70条後段の要件及び効果　318
    - (3) 担保権に基づく物上代位との関係　320
    - (4) 他の倒産処理手続における取扱い　321
    - (5) 破産管財人が賃貸目的物を処分した後の法律関係　324
- Ⅱ　賃借人の破産 …………………………………………………… 325
  - 1　賃貸借契約の帰趨 …………………………………………… 325
    - (1) 破産管財人が契約の解除を選択した場合　326
    - (2) 破産管財人が債務の履行を選択した場合　327
    - (3) 賃貸人からの解除の可否　328
  - 2　倒産解除特約の効力 ………………………………………… 329

13　ライセンス契約 ──────────────────金子宏直　331

- Ⅰ　ライセンス契約と破産法56条 ………………………………… 331
  - 1　ライセンス契約の意味 ……………………………………… 331
  - 2　破産法53条とライセンス契約 ……………………………… 332
  - 3　ライセンシーの破産 ………………………………………… 333
  - 4　ライセンサー破産の場合 …………………………………… 334
  - 5　ライセンサー破産での契約の継続 ………………………… 335
  - 6　専用実施権等の取扱い ……………………………………… 336

目　次

Ⅱ　破産法56条の立法の経緯 ………………………………………… *337*
　1　立法過程での議論 ……………………………………………… *337*
　2　平成16年破産法改正前における解釈論 ……………………… *339*
　3　米国におけるライセンサー倒産 ……………………………… *341*
　4　ドイツにおけるライセンサー倒産 …………………………… *343*
Ⅲ　特許法における通常実施権の当然対抗制度 …………………… *343*
　1　通常実施権の当然対抗制度 …………………………………… *343*
　2　平成23年特許法改正以前の対抗要件の整備の試み ………… *345*
　3　特許権の実施形態 ……………………………………………… *346*
Ⅳ　その他の問題 ……………………………………………………… *347*
　1　ライセンシーの破産と事業譲渡 ……………………………… *347*
　2　法人の解散により知的財産権が消滅する場合 ……………… *348*
　3　共有知的財産権とライセンス ………………………………… *348*
　4　登録制度のない知的財産権とライセンシーの保護 ………… *349*
　5　承継される義務の範囲 ………………………………………… *350*

14　請負契約　　　　　　　　　　　　　　　　　　　小林信明　*351*

Ⅰ　はじめに …………………………………………………………… *351*
Ⅱ　注文者の破産 ……………………………………………………… *352*
　1　民法642条による規律 ………………………………………… *352*
　　(1)　請負人の解除権　*352*
　　(2)　請負人の報酬請求権と仕事結果の帰属　*353*
　　(3)　損害賠償請求権　*355*
　2　請負人の商事留置権等 ………………………………………… *356*
　　(1)　商事留置権　*356*
　　(2)　その他の担保権　*358*
　3　注文者破産管財人による解除の制限 ………………………… *358*
　4　注文者破産管財人の履行選択と財団債権の範囲 …………… *359*
　5　注文者破産管財人の実務上の処理（解除か，履行の請求かの選択）… *360*
　6　建設共同企業体 ………………………………………………… *361*

(1)　建設共同企業体の性質と破産法53条の適用の可否　　*361*
　　(2)　建設共同企業体をめぐる問題　　*362*
　Ⅲ　請負人の破産 ……………………………………………………… *364*
　　1　破産法53条の適用の可否 ……………………………………… *364*
　　　(1)　すべての請負契約に破産法53条が適用されるか　　*364*
　　　(2)　破産法53条が適用されない場合の処理　　*365*
　　2　請負人破産管財人が履行の請求を選択した場合 ……………… *365*
　　3　請負人破産管財人が解除を選択した場合 ……………………… *366*
　　4　過払いの前払金 ………………………………………………… *366*
　　5　請負人破産管財人の実務上の処理（解除か，履行の請求かの選択）… *367*
　　6　下請会社が破産した場合において元請会社が孫請会社に立替払いを
　　　　したときの相殺 ………………………………………………… *368*
　　　(1)　立替払約款と相殺約款　　*368*
　　　(2)　下請会社の危機時期後破産手続開始前の立替払い　　*369*
　　　(3)　下請会社の破産手続開始後の立替払い　　*371*
　　　(4)　立替払約款と相殺約款にかかる合意がない場合　　*372*
　　7　注文者の任意解除権 …………………………………………… *372*

15　特殊な契約　　　　　　　　　　　　　　　中島弘雅＝村田典子　*373*

　Ⅰ　継続的給付を目的とする双務契約 …………〔中島弘雅＝村田典子〕*373*
　　1　はじめに ………………………………………………………… *373*
　　2　継続的給付を目的とする双務契約に係る規律の導入に至る経緯 …… *374*
　　　(1)　問題状況　　*374*
　　　(2)　昭和42年改正による旧会社更生法104条の2の新設　　*375*
　　3　現行破産法への導入 …………………………………………… *378*
　　4　継続的給付を目的とする双務契約に該当する契約 …………… *380*
　　　(1)　継続的給付を目的とする双務契約　　*380*
　　　(2)　継続的給付を目的とする双務契約の相手方　　*382*
　　5　供給義務者による履行拒絶 …………………………………… *382*
　　　(1)　手続開始申立て前の給付に対する支払がないことを理由とすること　　*383*
　　　(2)　給付義務者が手続開始後に履行を拒絶すること　　*383*
　　6　財団債権となる範囲の拡張 …………………………………… *384*

(1) 申立て後手続開始前の給付に係る債権の財団債権化　*384*
　　　(2) 破産法55条2項括弧書の趣旨　*385*
　　　(3) 契約の解除と財団債権化　*386*
　　7　「継続的給付の義務を負う双務契約」の範囲・再考 ………………… *387*
　Ⅱ　**市場相場のある商品の取引に係る契約** ……………〔中島弘雅〕 *390*
　　1　市場相場がある商品の取引に係る契約の破産法上の処理 ………… *390*
　　　(1) はじめに　*390*
　　　(2) 趣　　旨　*390*
　　　(3) 商法525条との関係　*393*
　　2　対象となる取引 ……………………………………………………… *393*
　　　(1) 取引所の相場その他の市場の相場がある商品の取引　*394*
　　　(2) 定期行為性　*395*
　　　(3) 破産手続開始後に履行期が到来すること　*396*
　　3　損害賠償額の算定及び損害賠償請求権の行使 ……………………… *397*
　　4　取引所あるいは市場における別段の定め …………………………… *398*
　Ⅲ　**一括清算ネッティング** ……………………………〔中島弘雅〕 *399*
　　1　導入に至る経緯 ……………………………………………………… *399*
　　2　趣　　旨 …………………………………………………………… *400*
　　3　規律の内容 …………………………………………………………… *401*

第6章　否　認　権

16　**否認権総論**　　　　　　　　　　　　　　　　　三木浩一　*405*

　Ⅰ　**はじめに** ……………………………………………………………… *405*
　Ⅱ　**否認権の基本類型** …………………………………………………… *406*
　　1　詐害行為否認と偏頗行為否認 ……………………………………… *406*
　　2　現行法と旧法の分類思想の差異 …………………………………… *407*
　　3　一元論と二元論 ……………………………………………………… *407*
　Ⅲ　**基本類型と個別規定** ………………………………………………… *409*
　　1　詐害行為否認 ………………………………………………………… *409*
　　　(1) 詐害行為否認第1類型　*409*

目　次

　　　(2)　詐害行為否認第2類型　*410*
　　2　詐害行為否認の特別類型 …………………………………… *412*
　　　(1)　対価的均衡を欠く債務消滅行為　*412*
　　　(2)　無償行為の否認　*414*
　　　(3)　相当価格処分行為の否認　*416*
　　3　偏頗行為否認 ………………………………………………… *423*
　　　(1)　立法の経緯と規定の意義　*423*
　　　(2)　同時交換的取引の除外　*424*
　　　(3)　偏頗行為否認に関して問題となる事件類型　*426*
　Ⅳ　否認の一般的要件 ……………………………………………… *429*
　　1　有　害　性 …………………………………………………… *430*
　　　(1)　「有害性」の意義　*430*
　　　(2)　「有害性」概念の機能　*431*
　　　(3)　現行法と「有害性」概念　*432*
　　2　不　当　性 …………………………………………………… *435*
　　3　破産者の行為 ………………………………………………… *437*
　Ⅴ　転得者否認 …………………………………………………… *439*
　　1　立法過程における議論 ……………………………………… *439*
　　2　解釈上の問題 ………………………………………………… *441*

17　詐害行為否認 ―――――――――――――垣内秀介　*443*

　Ⅰ　詐害行為否認の概念 …………………………………………… *443*
　Ⅱ　一般的な財産減少行為の否認 ………………………………… *444*
　　1　財産減少行為の意義 ………………………………………… *444*
　　2　対象行為の時期及び主観的要件 …………………………… *447*
　　　(1)　1号否認　*447*
　　　(2)　2号否認　*456*
　Ⅲ　詐害的な債務消滅行為の否認 ………………………………… *461*
　　1　意　　義 ……………………………………………………… *461*
　　2　対象行為 ……………………………………………………… *462*
　　　(1)　債務の消滅に関する行為　*462*
　　　(2)　給付の過大性　*463*

3　行為の時期及び主観的要件 ……………………………… *465*
　Ⅳ　相当対価による財産処分の否認 ………………………………… *466*
　　1　意　義 …………………………………………………………… *466*
　　2　客観的要件 ……………………………………………………… *467*
　　　(1)　財産処分行為　*467*
　　　(2)　対価の相当性　*468*
　　　(3)　隠匿等の処分のおそれ　*471*
　　3　対象行為の時期 ………………………………………………… *474*
　　4　主観的要件 ……………………………………………………… *475*
　　　(1)　隠匿等の処分をする意思及び相手方の悪意　*475*
　　　(2)　内部者に関する証明責任の転換　*475*

18　偏頗行為否認 ───────────── 田頭章一　*477*

　Ⅰ　はじめに ……………………………………………………………… *477*
　Ⅱ　否認の一般的要件と偏頗行為 ……………………………………… *478*
　Ⅲ　偏頗行為否認の基本類型とその要件 ……………………………… *480*
　　1　偏頗行為否認の通則 …………………………………………… *480*
　　　(1)　偏頗行為否認の対象となる行為　*481*
　　　(2)　「同時交換的行為」の否認対象からの除外　*482*
　　　(3)　偏頗行為否認の時期　*484*
　　　(4)　受益者たる債権者の悪意　*485*
　　2　破産者の義務に属せず，又はその時期が破産者の義務に属しない
　　　　偏頗行為の否認 ………………………………………………… *486*
　Ⅳ　偏頗行為否認に関する重要問題 …………………………………… *487*
　　1　借入金による弁済と偏頗行為否認 …………………………… *487*
　　2　担保目的財産による別除権者への代物弁済 ………………… *489*
　　3　集合債権譲渡担保契約と偏頗行為否認 ……………………… *491*
　　　(1)　集合債権譲渡担保と偏頗行為否認　*491*
　　　(2)　停止条件付集合債権譲渡担保契約の否認　*492*

19　無償否認 ─────────────────── 山本　研　*494*

目　次

I　はじめに …………………………………………………………… *494*
II　無償否認概説 ……………………………………………………… *496*
　1　無償否認の位置づけ ………………………………………………… *496*
　2　無償否認の要件 ……………………………………………………… *497*
　　(1)　行為の無償性　*497*
　　(2)　時的要件　*497*
　　(3)　主観的要件の排除　*498*
　　(4)　否認の一般的要件—有害性・不当性—との関係　*499*
III　保証等と無償否認に関する裁判例 ……………………………… *500*
　1　判例の基本的立場——無償否認を肯定する裁判例 …………… *501*
　　(1)　大判昭11・8・10民集15巻1680頁　*501*
　　(2)　最判昭62・7・3民集41巻5号1068頁・判タ647号113頁・判時1252号41頁　*502*
　　(3)　大阪高判平22・2・18金法1895号99頁　*505*
　　(4)　東京地判平23・3・1判タ1348号236頁・判時2116号91頁　*507*
　2　無償否認の成立を否定した裁判例 ………………………………… *509*
　　(1)　東京高判昭37・6・7東高民時報13巻6号82頁　*509*
　　(2)　名古屋地判昭60・2・15金判717号31頁　*509*
　　(3)　最判平8・3・22金法1480号55頁　*510*
　　(4)　東京高判平12・12・26判時1750号112頁・金判1114号14頁　*511*
　　(5)　大阪高判平13・12・21（平成13年（ネ）第310号）裁判所ホームページ　*511*
　3　小　活 ………………………………………………………………… *512*
IV　保証等の無償否認に関する学説と検討 ………………………… *513*
　1　無償性の判断の対象者 ……………………………………………… *513*
　　(1)　学　説　*513*
　　(2)　検　討　*516*
　2　求償権の対価性 ……………………………………………………… *517*
　　(1)　学　説　*517*
　　(2)　検　討　*518*
　3　同族会社の代表者による保証等をめぐる問題 …………………… *519*
　　(1)　学　説　*519*
　　(2)　検　討　*521*

4 保証等の無償性が否定される場合 …………………………………… *522*
      (1) 保証等の対価として相当額の保証料が支払われている場合　*523*
      (2) 保証人に対して保証料以外の直接的な経済的利益が供与されている場合　*523*
      (3) 実質的には保証人に対する融資であると認められる場合　*523*
      (4) 保証等に基づく融資により保証人が自己の債務を直接的に免れた場合　*524*
      (5) 保証人と主債務者とを法的に同視することができる場合又はそれに準ずる場合　*524*
      (6) 保証等に基づく融資により，保証人にとっての対価というべき経済的利益が直接的・間接的に生ずることが客観的に期待し得る場合　*525*
      (7) そ の 他　*526*
  V おわりに ……………………………………………………………………… *526*
    1 本項目における検討結果 ………………………………………………… *526*
    2 その他の問題 ……………………………………………………………… *527*
      (1) 保証等の無償否認が認められた場合の相手方の価格償還義務　*527*
      (2) 債権放棄　*529*

20　対抗要件否認　　　　　　　　　　　　　　　　　　水元宏典　*531*

  I 制度趣旨論——秘密取引の防止 ………………………………………… *531*
    1 秘密取引の防止 …………………………………………………………… *531*
    2 公示原則における対抗要件主義と効力要件主義 ……………………… *532*
  II 対抗要件具備行為の性質論——制限説の再構成 ……………………… *534*
    1 創設説と制限説の位置づけ ……………………………………………… *534*
    2 現行破産法の否認規定と制限説の再構成 ……………………………… *535*
    3 学説の現況 ………………………………………………………………… *536*
    4 【事例】の設定 …………………………………………………………… *538*
    5 【事例】の検討 …………………………………………………………… *540*
      (1) 要 件 論　*540*
      (2) 効 果 論　*541*
      (3) 支払停止等前の対抗要件具備行為の否認　*543*
  III 破産手続開始後の対抗要件具備行為の否認 …………………………… *544*

目　次

21　否認権の行使方法　　世森亮次　547
  Ⅰ　概　　説　547
  Ⅱ　否認権のための保全処分　547
  　1　制度趣旨　547
  　2　否認権のための保全処分の手続　548
  　3　保全処分に係る手続の続行と担保の取扱い　550
  　　(1)　制度趣旨　550
  　　(2)　保全処分に係る手続の続行　550
  　　(3)　担保の取扱い　551
  　　(4)　民事保全法及び民事保全規則の準用等　552
  Ⅲ　否認権の行使方法　553
  　1　当事者　553
  　　(1)　行使主体　553
  　　(2)　行使の相手方　554
  　2　訴えによる行使　554
  　　(1)　法的性質　554
  　　(2)　否認の訴えの手続　555
  　3　抗弁による行使　557
  　4　否認の請求による行使　557
  　　(1)　制度趣旨　557
  　　(2)　否認の請求の制度の活用　558
  　　(3)　否認の請求の手続　559
  　　(4)　否認の請求を認容する決定に対する異議の訴え　560
  　5　否認権の裁判外行使　562
  Ⅳ　詐害行為取消訴訟の受継　563
  　1　詐害行為取消訴訟の受継　563
  　2　詐害行為取消訴訟を本案とする民事保全の取扱い　566

22　否認権行使の効果　　佐藤鉄男　567
  Ⅰ　はじめに　567

目　次

Ⅱ　否認権行使の効果の基本的な考え方 …………………………… 568
　1　破産財団の原状回復 ……………………………………………… 568
　2　否認権行使の可能性と限界（現物か価額か）………………… 569
　3　否認の効果が及ぶ範囲 …………………………………………… 571
Ⅲ　詐害行為否認の効果 ………………………………………………… 572
　1　詐害行為否認の原状回復 ………………………………………… 572
　　(1)　財産が現存する場合　*572*
　　(2)　財産が現存しない場合　*573*
　　(3)　無償行為の否認の場合　*574*
　2　詐害行為否認における相手方の地位…………………………… 574
　　(1)　反対給付の返還　*575*
　　(2)　反対給付によって生じた利益の返還　*576*
　　(3)　差額償還の方法　*577*
Ⅳ　否認の登記 …………………………………………………………… 579
　1　否認の登記の意義 ………………………………………………… 579
　2　否認の登記の性質と対応 ………………………………………… 580
　3　否認の登記の効力と抹消 ………………………………………… 582
Ⅴ　偏頗行為否認の効果 ………………………………………………… 583
　1　偏頗行為否認の原状回復 ………………………………………… 583
　　(1)　本旨弁済の場合　*583*
　　(2)　代物弁済の場合　*584*
　　(3)　担保供与の場合　*585*
　2　偏頗行為否認における相手方の地位…………………………… 585
　　(1)　相手方の債権の復活　*585*
　　(2)　債権の復活に伴う担保の復活　*587*
Ⅵ　否認権行使の効果の事後処理 ……………………………………… 588

事項索引 …………………………………………………………………… 591
判例索引 …………………………………………………………………… 603

破産法大系

第2巻

破産実体法

第1章

破産債権・財団債権

破産債権

I 破産債権の意義

　破産債権とは，破産者に対し破産手続開始前の原因に基づいて生じた財産上の請求権であって，財団債権に該当しないものをいう（破産法97条各号に掲げるものを含む。以上につき，破2条5項）。

　破産債権とされることの主たる意義(効果)は，破産手続外での行使が禁止され，破産手続における配当による満足に甘んじなければならないこと，及び，免責の対象となること，である（ただし，免責の対象とならない破産債権もある。）。

　破産債権には，優先的破産債権，一般の破産債権，劣後的破産債権，約定劣後破産債権があり，これらの順位で配当がなされる。破産債権に優先して破産財団から満足を受ける債権として財団債権がある（本章「**2**　財団債権」参照）。

　破産者に関連する請求権は，まず，破産財団を責任財産とするか，破産者の自由財産を責任財産とするかで，破産債権・財団債権と，破産者の自由財産を責任財産とする債権（本項目では，以下，これを「対破産者債権」と呼ぶ。）に分かれる。次いで，破産財団を責任財産とする請求権のうち，上述の効果を及ぼすべきものが破産債権とされ，破産手続外での随時弁済及び破産債権に対する優先性を認めるべき債権が，財団債権とされる。

Ⅱ　破産債権の要件

1　概　　説

　破産手続は，破産手続開始時を基準時として，破産者の積極財産・消極財産を清算する手続である。破産手続開始時を基準時として，このときに破産者が有していた積極財産を破産財団としてこれを引当てに，この時点で破産者が負っていた債務を破産債権としてこれの弁済にあてるのである。したがって，破産者に対して破産手続開始の時点で生じている債権を破産債権とするというのが，破産法の基本的なコンセプトである（ただし，破産手続開始の時点で完全に債権が成立している必要はなく，主たる発生原因が備わっていればよい。）。しかし，この原則の例外として，破産手続開始の時点で生じている債権ではあるが破産債権ではなく財団債権とされるもの，破産手続開始の時点では生じていなかった債権ではあるが破産債権とされるもの，がある。

2　詳説――各論

　以上を以下で詳しくみていく。

(1)　「破産者に対する」「請求権」

　破産債権は，「破産者に対する」「請求権」でなければならない。したがって，破産者以外の第三者に対する請求権は，破産債権とはならない。また，ここでいう「請求権」は「人的請求権」であるとされ，実体法にいう「債権」を意味する。したがって，物権は破産債権とならず，また物的請求権も破産債権とはならない。物的請求権は，破産手続上は「取戻権」として扱われ，破産手続外で行使できる（破62条）（第3章「**8**　取戻権」参照）。破産者の特定財産に対する担保物権は「別除権」として扱われ，これも破産手続外で行使できる（破65条）（第2章「**6**　別除権総論」参照。なお，被担保債権が破産債権となる場合には，別除権の行使によって弁済を受けられない分についてのみ，破産債権としての行使が認められる。不足額責任主義〔破108条1項〕。詳しくは，本章「**5**　多数債務者関係」参照）。破産

1　破産債権

債権者が破産者の一般財産に対して一般の先取特権を有している場合には，当該破産債権者は別除権を有さず，破産債権者の破産債権が優先的破産債権として扱われる（破98条1項）。

　この関連で，破産者の特定の財産のみを責任財産とする一般債権が破産債権となるかについて議論がある。肯定説が現在では多数説であり[1]，妥当である。ただし，責任対象財産の価額の限度でのみ，破産債権とするべきである[2]。なお，この問題の具体例として，船舶積荷の海難救助者による救助料債権が挙げられるのが通常である（救助料債権の責任財産が被救助物に限定されているからである〔商812条〕。）。しかし，救助料債権者は被救助物に動産先取特権を有するという特殊性がある（商810条）。この特殊性に鑑みれば，救助料債権者は被救助物について別除権を行使できるのみで，不足額について破産債権者としての権利行使はできないとするのが適当であると思われる[3]。

（1）　伊藤・195頁，条解破産法29頁，谷口・154頁，基本法コンメ破産法49頁〔徳田和幸〕，注解破産法（上）113頁〔石川明＝三上威彦〕，新破産法の理論と実務359頁〔田邊誠〕，加藤（哲）・142頁。
（2）　例えば，債権の額が500万円で，責任対象財産の額が100万円であれば，100万円の限度でのみ，破産債権となり，破産配当に与ることができる。
（3）　商法607条における預り証券所持人の質入証券所持人に対する責任の場合も，質入証券所持人は寄託物について質権をもっているのであるから，同様に解することができよう。
　　なお，信託における受益債権も受託者の財産のうち信託財産のみを責任財産とするため，旧信託法においてこの問題の具体例として挙げられることがあったが（谷口・154頁），受託者破産の場合に信託財産は破産財団を構成しない以上，受託者の破産手続において受益債権が破産債権となることは，否定するべきである（現行破産法では，このことにつき明文の規定がある〔信託25条1項・2項〕。）。

(2)　「財産上の請求権」

　破産債権は，「財産上の請求権」でなければならない。ここで「財産上の請求権」とは，金銭的な評価が可能な請求権を意味する。上記のとおり，破産手続は，破産者の積極財産を換価して破産債権の満足にあてる手続である。したがって，破産債権は金銭という形での満足が可能な請求権でなければならないのである。このような請求権としては，まず金銭債権があるが，金銭債権に限られない。物の引渡請求権も，引渡対象たる物を金銭的に評価することが可能である。代替的作為請求権も，代替的実現にかかる費用を金銭的に評価すれば

よい。しかし，不代替的作為請求権・不作為請求権はこのような形での金銭的評価が不可能なので，破産債権とはならないと考えられている。

(3) 破産財団に対する執行可能性

　破産手続は権利の強制的実現という性格を有するので，強制的実現が不可能な請求権は，破産債権となり得ない。したがって，自然債務は破産債権とはならない。有効な不執行特約が付された請求権も同様である。ただし，債務名義は不要である。

　仮執行宣言付判決に基づく強制執行により満足を得た債権も，破産債権となる。その満足が暫定的なものにとどまるため当該債権についてその存否・額を確定する必要があり，そのための手続としては破産債権の調査・確定手続を用いるのが適当であるからである。

(4) 「破産手続開始前の原因に基づいて生じた」請求権であること

(a) 原　　則

　上記のとおり破産手続は破産手続開始時における積極・消極財産の清算を行う手続であるから，破産債権となるのは，原則として，破産手続開始時に生じている破産者に対する請求権である。ただし，請求権が完全に成立している必要はなく，当該請求権の主たる発生原因が破産手続開始時以前に生じていればよい。具体的には，破産手続開始の時点で履行期未到来の請求権，条件付請求権で破産手続開始の時点で条件未成就のものも，請求権の発生原因が破産手続開始前にあれば，破産債権となる[4]。これに対し，破産手続開始の時点で単なる期待権としてしか成立していないものは，破産債権とはならない。遺贈者が生存中の受遺者の地位などが，これに当たる[5]。

　以上に対し，破産手続開始後の原因に基づく請求権は，原則として，財団債権もしくは，対破産者債権となる。手続開始後の破産者の行為によって生じた請求権は破産者の自由財産を責任財産とするのが相当であるので，対破産者債権となる。これに対し，破産財団に関して生じた請求権は，破産財団を責任財産とするのが相当であるので，財団債権となる。

　例えば，破産手続開始前から継続して行われる不法行為に基づく損害賠償請

求権は，破産手続開始前の不法行為によるものは，破産債権となる。破産手続開始後のものは，破産財団に帰責できるかどうかで区別され，帰責できるもの（例えば，破産財団所属財産による不法占拠に基づく損害賠償請求権など）は財団債権となり，帰責できないもの（破産者個人による継続的不法行為など）は破産者の自由財産を責任財産とする債権となる。

　この要件との関連で問題を生じているものに，手続開始前の原因（不法行為等）に基づく損害賠償請求権で，いまだ損害が顕在化していないもの，がある。このような請求権も手続開始前の原因に基づく以上，破産債権である。しかし，破産債権届出期間終了までに損害が顕在化しなければ，破産債権者は事実上債権届出ができず，破産手続による満足を受けることができない。かかる不当性を回避するため，破産管財人がこのような破産債権者のために信託財産を設定するという方策を提案する学説もある[6]。

　また，不代替的作為・不作為を目的とする請求権は，たとえ破産手続開始前から存在するものであっても，上述(2)のとおり「財産上の請求権」という要件を満たさないため破産債権にならないが，この請求権が破産手続開始後の破産者の不履行により損害賠償請求権に転化した場合に，破産債権になるかどうかにつき議論がある[7]。破産手続開始による破産財団と自由財産への責任財産の分離が生じた後に，破産者が履行義務を負っている債権が損害賠償請求権に転化しているのであるから，否定説が妥当であろう。

　取戻権の目的物が破産手続開始後に毀損された場合に取戻権者の有する損害賠償請求権が破産債権となるかという問題もあり，肯定説も主張されているが[8]，取戻権については，破産手続開始の時点で，取戻権目的物に相当する価値の満足が保障されている以上，破産債権として処遇するのは妥当でない。破産財団に帰責すべきものは財団債権となり，破産者に帰責すべきものは対破産者債権となると考えるべきである。それが代償的取戻権制度（破64条）にも親和的であろう。

(b) 例　　外

以上の原則に対し，例外がある。

　(ｱ)　まず，手続開始後の原因に基づくが，破産債権となるものがある。①破産財団に関して破産手続開始後に生じた租税債権で，破産財団の管理・換

価・配当に関する費用に該当しないもの（破97条4号。劣後的破産債権になる〔破99条1項1号〕）。破産財団の管理・換価・配当に関する費用に該当するものは，破産法148条1項2号により，財団債権となる(9)。），②破産手続参加の費用（破97条7号。劣後的破産債権になる〔破99条1項1号〕。），③双方未履行双務契約が破産管財人により解除された場合の相手方の損害賠償請求権（破54条1項・97条8号），④市場の相場がある商品の取引に係る契約が解除されたものとみなされる場合の相手方の損害賠償請求権（破58条2項・3項・97条8号），⑤委任者が破産した場合の受任者による委任事務処理に基づく債権（破57条・97条9号）(10)，⑥交互計算が破産手続開始によって閉鎖された場合の相手方の残額支払請求権（破59条2項・97条10号），⑦為替手形の振出人・裏書人について破産手続が開始した場合に開始決定につき善意で引受け又は支払をした支払人等による求償権（破60条1項〔同条2項で準用される場合を含む。〕・97条11号），⑧破産管財人が否認権を行使した場合の相手方の反対給付についての価額償還請求権で，破産者に財産隠匿等の意思がありそれについて相手方が悪意であった場合のもの（破168条2項2号・3号・97条12号），がそれである。

　これらは，破産手続開始後の原因に基づくものではあるが，破産者の自由財産ではなく，破産財団を責任財産とするのが相当である。かつ，財団債権として他の破産債権の負担になることを認めるのは相当ではない。そこで，破産債権とされる。このうち①②は，さらに劣後的破産債権となる。

　(イ)　次に，破産手続開始前の原因に基づくが，財団債権となるものがある。①破産手続開始前の原因に基づく租税債権の一部（破148条1項3号。残りは優先的破産債権又は劣後的破産債権となる〔破98条1項・97条3号・99条1項1号〕。），②破産者の使用人の給料・退職金請求権の一部（破149条1項・2項。残りは，優先的破産債権となる〔破98条1項〕。中間利息に相当する部分が劣後的破産債権になることもある〔破99条1項4号〕。），③破産管財人が双方未履行双務契約の履行を選択した場合の相手方の請求権（破148条1項7号），④破産管財人が負担付遺贈の履行を受けた場合の当該負担に係る請求権（破149条2項），がそれである。

　これらが財団債権となる理由は，一様ではない。①②については，政策的判断ということができる。③は，双方未履行双務契約の理解によって考えが分かれるが，近時有力となっている，破産法53条1項は，破産管財人が相手方に契

1 破産債権

約の本旨に従った給付を提供して反対給付の履行を求めることを可能にするためにあるとの理解[11]に依拠するとすれば、まさにこのために破産債権ではなく財団債権に格上げされていると考えられる。④も、③と同様の根拠づけができるのではないか[12]。

(4) なお、破産法は、停止条件が付された請求権のうち停止条件が約定のものを「停止条件付債権」、法定のものを「将来の請求権」と呼んでいる。求償事由が未発生の破産者に対する保証人の求償権などが、後者の例に当たる（山本ほか・概説〔第2版〕56頁〔沖野眞已〕、条解破産法716頁）。

(5) 新破産法の理論と実務359頁〔田邊〕、基本法コンメ破産法50〜51頁〔徳田〕、加藤（哲）・143頁。

(6) 伊藤眞「不法行為に基づく損害賠償請求権と破産・会社更生」判時1194号（1986）174頁。

(7) 一般の破産債権となるとする見解として、山木戸・90頁・101〜102頁、劣後的破産債権になるという見解として、中田・200頁、注釈破産法(上)111頁〔石川＝三上〕ほか。ならないとする見解として、条解破産法683頁、伊藤・194頁、加藤（哲）・143頁、基本法コンメ破産法50頁〔徳田〕（ただし、留保を付す。）。

(8) 新破産法の理論と実務359頁〔田邊〕、井上・基本問題214頁。

(9) その区別の基準について、最判昭62・4・21民集41巻3号329頁・判タ639号107頁・判時1236号43頁。劣後的破産債権に振り分けられるものの具体例として、予納法人税があり、また、土地の重課税のうち、譲渡益のうち別除権者に対する優先弁済分に課される部分がある。

なお、この観点からオーバーローン物件についての固定資産税が劣後的破産債権になるという説がある（配当原資を捻出できない財産を保有し続けることが破産債権者の共同の利益に資するものとはいえないことを理由とする。日弁連編・要点解説170頁、論点解説(下)31頁）。しかし、オーバーローン物件も破産財団所属財産であり、固定資産税は不動産の保有に対して課されるので、「破産財団の管理・換価・配当に関する費用」に該当し財団債権に振り分けられるというべきである。実質論としても、担保権消滅の制度の利用（破186条）により当該資産が破産債権者の利益に資することがあることに鑑みれば、当該資産の保有は「破産債権者の共同の利益に資する」ものといえる（基本構造と実務335〜336頁〔松下淳一発言〕、条解破産法685頁）。劣後的破産債権になるという説の主眼は、固定資産税を免れるためのオーバーローン物件の財団からの放棄をなくすことにあるが、これに対しては、現行破産法の下では、担保権消滅の制度を利用することで対応するべきだ、と応答することになろうか（山本ほか・概説〔第2版〕116頁〔沖野〕、基本構造と実務336〜337頁〔田原睦夫発言〕）。

(10) ただし、委任事務が破産財団の利益のためになされたときには、破産法148条1項5号により財団債権となる（条解破産法687頁）。

(11) 水元宏典「破産および会社更生における未履行双務契約法理の目的(1)（2・完）」法学志林93巻2号（1995）63頁、3号（1996）69頁。

(12) 破産管財人が負担を完全に履行しなければ、相続人の請求により遺言が取り消される（民1027条後段）。これを回避するため、破産管財人が負担を完全に履行できるように③は破産債権から財団債権に格上げされていると考えられる。ただし、破産財団

が遺贈による利益を完全に受けることとの均衡が理由とされるとする見解もある（伊藤・231頁）。

Ⅲ　破産債権の手続上の地位

　破産債権は，破産手続外の行使が禁止され，破産手続による行使のみが認められるというのが原則である（破100条1項・103条1項）。「破産手続による行使」とは，破産手続における破産管財人による金銭配当によって満足を受けること，を意味する。破産債権者は，まず自らの有する破産債権について裁判所に届け出なければならない（破111条～114条）。届け出られた破産債権について調査・確定手続（破115条～134条）が行われ，それを経て存在・額が確定した破産債権について，破産管財人の行う配当において破産債権に対する金銭による満足がなされる（破193条～215条）。

1　権利行使方法の制限

　破産手続外の行使が禁止されるとは，まず，破産管財人から上述の破産配当から離れた個別の任意弁済を受けることができないことを意味する。さらに，破産債権者が個別の強制的満足を図ることもできない。具体的には，破産者の財産（破産財団，自由財産の双方を含む。）に対する強制執行，仮差押え及び国税滞納処分並びに，一般先取特権及び企業担保権の実行の申立てもできず，また，破産債権を被保全債権とする仮処分の申立てもできない（破42条1項）。破産債権について給付訴訟や確認訴訟を提起することも禁止される（破産管財人を被告とすることも，破産者を被告とすることもいずれも禁止される。）。執行文の簡易付与を受けることは禁止されないが，執行文付与の訴えを提起することは禁止される[13]。破産者の権利に対する債権者代位権の行使や，破産者による財産処分に対する詐害行為取消権の行使も，禁止されると考えられる[14]（破45条1項・2項参照）。破産債権を自働債権とする相殺は一定の限度で可能であり（破67条～72条）（詳細は，第4章「**9**　相殺権」「**10**　相殺禁止」を参照），破産管財人からの破産債権を受働債権とする相殺は，破産債権者一般の利益に適合することを条件として，裁判所の許可を得てすることができる（第4章「**9**　相殺権」参照）。

1　破産債権

　この個別の強制的満足の禁止は，破産手続の終了まで続く。さらに，破産手続の終了後も，破産免責の申立てがあった場合には，免責の許否についての裁判が確定するまでは破産者の自由財産を責任財産とする強制的満足の実行も禁止される（一般の留置権に基づく競売を含む。）（破249条1項）。破産者の自由財産を責任財産とする強制的満足の実行で，破産手続終了前に開始されたものは，免責許否についての裁判が確定するまで中止され，免責許可決定が確定すれば失効する（同条1項・2項）。

　破産者が自由財産に所属する財産を財源として任意弁済することの可否については，争いがある。問題の焦点は，本当に破産者が自由意思に基づいて弁済をしているのかどうか，である。したがって任意性の判断を厳密にしつつこれを認める見解もあるが[15]，自由意思に基づくことを客観的に完全に担保することは不可能であるので，否定説が妥当ではなかろうか（にもかかわらず破産者が自由財産から任意弁済をした場合には，不当利得が成立する。）。条文上の解釈としては，破産法100条1項の解釈による帰結である[16]。なお，破産手続外の権利行使を禁止する破産法100条1項の文言は，「破産債権は……，行使することができない」となっている。民事再生手続についてこれに対応する規定である民事再生法85条1項は，「再生債権については……，弁済をし，弁済を受け，その他これを消滅させる行為……をすることができない」という文言である。すなわち，民事再生法85条1項は明文で弁済を禁止しているのに対し，これに対応する文言が破産法100条1項にはない。これは，「弁済をすることができない」旨の文言を破産法に入れた場合には，立法で破産者の自由財産からの任意弁済を禁止したと解釈される可能性があるため，これを避けたものだといわれている[17]。したがって，裏から任意弁済を許容したものでもなく，任意弁済の可否は解釈に委ねられている。

(13)　条解破産法701～702頁。
(14)　伊藤・204頁。
(15)　伊藤・184頁。判例として，最判平18・1・23民集60巻1号228頁・判タ1203号115頁・判時1923号37頁。
(16)　破産手続終了後，免責の許否についての裁判の確定までの期間についても，破産法100条ないし249条1項の類推適用により任意弁済を禁止するべきであろう。
(17)　山本ほか・概説〔第2版〕60頁〔沖野〕。

2 既に開始していた強制的満足の手続の失効

1のコロラリーとして，破産債権について破産手続開始の時点で進行していた破産者の財産に対する強制執行，仮差押え，仮処分，一般先取特権及び企業担保権の実行の手続は失効する（ただし，破産財団に対する強制執行・一般の先取特権の実行手続については，破産管財人がこれを続行できる。）（破42条2項）。破産債権について訴訟が係属していた場合や，破産債権者による債権者代位訴訟，詐害行為取消訴訟が係属していた場合には，これらの訴訟は中断する（破44条1項・45条1項）。

しかし，国税滞納処分はこの例外であり，租税債権たる破産債権に基づき破産手続開始の時点で進行していた破産財団に対する国税滞納処分[18]は失効せず，そのまま続行される（破100条2項1号）（詳細については，本章「**3 租税債権**」参照）。これは，特定財産について国税滞納処分がなされれば滞納処分のもととなる租税債権は，特定財産に対する担保権付債権と同等の地位を取得するという考えにより，正当化されている[19]。

(18) 参加差押え（税徴86条）を含む。交付要求（税徴82条）は含まない。最判平9・11・28民集51巻10号4172頁・判タ961号123頁・判時1626号77頁，最判平9・12・18裁判集民186号685頁・判タ964号102頁・判時1628号21頁参照（前者は破産宣告前に開始した抵当権の実行としての競売手続，後者は破産宣告前に開始した滞納処分において，租税債権に基づいて破産宣告後に交付要求がなされたという事案について，交付要求自体は可能だが，それに対する配当金は交付要求庁ではなく破産管財人に交付される旨を明らかにした。）。
(19) 基本構造と実務328頁〔小川秀樹発言〕，条解破産法704頁，一問一答191〜192頁。

3 権利行使方法の制限の例外

以上のような権利行使方法の制限には，2つの例外がある。

一つ目は，優先的破産債権となる破産者の使用人の給料・退職金請求権である（以下，これを「給料の請求権等」と称する。）。その弁済を受けなければ給料の請求権等の債権者が生活の維持を図るのに困難を生じるおそれがあること，及びその弁済により財団債権，他の先順位・同順位の優先的破産債権者の利益を害するおそれがないこと，という2つの要件を満たす場合，当該給料の請求権等について破産債権としての届出がなされれば，裁判所は，最初に配当の許可が

1　破産債権

あるまでの間，その全部又は一部の弁済を許可することができる（破101条1項）。その弁済により財団債権，他の先順位・同順位の優先的破産債権者の利益を害するおそれがないこと，とは，具体的には，これらの債権に対する配当・弁済が確実に見込まれること，を意味する[20]。この許可は，破産管財人の申立て又は職権によりなされる。給料等の請求権の債権者には申立権はないが，給料等の請求権の債権者が破産管財人に，申立をするように求めた場合には，破産管財人はただちにその旨を裁判所に報告しなければならず，また，申立てをしないことにしたときには，遅滞なくその事情を裁判所に報告しなければならない。この弁済の法律上の性質は，破産配当の前倒しの実施と理解されている[21]（この点で，民事再生法85条2項・5項，会社更生法47条2項・5項に基づく中小企業者・少額債権者に対する弁済許可の制度との相違がある。）。他の同順位の破産債権者を害さないことも弁済許可の要件となっているので，弁済額は当該給料等の請求権の債権者に対する予想配当額を超えることはできないと考えられる[22]。また，後に実施される配当手続において受領額の調整がなされる（破産法101条1項の許可に基づいて弁済を受けた債権者は，他の同順位の破産債権者がその弁済分と同一割合の配当を受けるまでは，配当を受領できない〔破201条4項・205条・209条3項・215条2項〕）。

この条文の実務的な運用として，財団債権をすべて弁済できるが財団不足による異時廃止が見込まれるという場合に，破産者に対する労働債権のみを破産債権として届出させたうえで，そのすべてを破産法101条1項の許可によって弁済してしまい，そのうえで財団を構成できないということで異時廃止をするという運用を実施している裁判所があるという[23]。他方で，労働債権の一部が財団債権化されたこと，破産手続が迅速化されたことから，この規定による前倒し弁済の必要性が薄まり，一般的には実施している裁判所は少ないともいわれている[24]。

二つ目は，租税債権についての例外であり，租税債権の徴収権者が破産財団に対して還付金の支払義務又は過誤納金の返金義務を負っている場合，支払義務のある金額について租税債権への弁済に充当することが認められる（破100条2項2号）。実質的に相殺と同趣旨の行為であり，破産債権を自働債権とする相殺が原則として許容されていること（破67条1項）に鑑みたものだといわれてい

る(25)。

(20) 基本構造と実務348頁〔小川発言〕。
(21) 伊藤・209頁。
(22) 条解破産法706〜707頁。
(23) その理論的な問題も含め，基本構造と実務349頁〔田原発言〕。
(24) 基本構造と実務350頁〔花村良一発言〕。
(25) 伊藤・206頁。

4 破産財団・破産者以外による満足

破産者以外の第三者による弁済は，禁止されない。物上保証人等に対する担保権の実行も可能である。破産手続開始後に第三者が弁済をした場合には，配当の基準となる破産債権の額がその分減額されるのが原則である。しかし，弁済をした第三者が，連帯債務者や連帯保証人等，各自全部の履行義務を負う者である場合には，配当の基準となる破産債権の額は減額されず，破産債権者は，破産手続開始の時点で有していた破産債権額を基準として配当を受けられる（破104条1項・2項）。これを「開始時現存額主義」という。ただし，残存している破産債権額を超える配当を受けることができないのは，当然である。破産債権者が物上保証人等に対する担保権の実行により満足を受けた場合，及び物上保証人等が破産債権者に対して弁済をした場合にも，開始時現存額主義が妥当する（同条5項）（以上につき，詳細は本章「**5** 多数債務者関係」を参照）。

5 議決権行使

破産債権者は，原則として，債権者集会の決議において議決権を行使することができる（破138条・140条1項・2項・141条）。ただし，劣後的破産債権・約定劣後破産債権については破産債権者は議決権を有しない（破142条1項。同条2項も参照）。

議決権の額は，債権者集会の期日を開くかどうかで異なる。開く場合には，①債権調査手続において額の確定した破産債権については，確定額（破140条1項1号），②債権調査手続において額が未確定の債権で，債権者集会の期日において議決権の額について異議を述べられた破産債権については，裁判所の定める額（同項3号），③債権調査手続において額が未確定の債権で，債権者集会の

期日において議決権の額について異議を述べられなかった破産債権については届出額（同項2号）が，議決権の額となる。債権者集会を開かない場合には，①債権調査手続において額の確定した破産債権については，確定額（破141条1項1号），②債権調査手続において額が未確定の破産債権については裁判所が定める額（同項2号）が，議決権の額となる。

6　免　　責

　破産者が破産免責の申立てをし，免責許可決定が確定したときは，破産法253条1項各号に規定する請求権を除いて破産者は破産債権の弁済から免責される（破253条1項本文）（破産免責について詳細は，第1章「**2**　財団債権」〜「**4**　労働債権」を参照）。

　免責されなかった破産債権は，その後は破産者の一般財産を責任財産とする債権として存続することとなる。

Ⅳ　破産債権の等質化

　破産手続は，破産財団に属する財産を金銭に換価して，これを配当により破産債権の満足にあてる手続であるので，配当の時点で破産債権の金銭的な満足が可能になる必要がある。したがって，すべての破産債権を一定額の金銭債権とする必要がある（「金銭化」〔破103条2項〕）。また，弁済期未到来の請求権については，弁済期の到来を擬制する必要がある（「現在化」〔同条2項〕）。「金銭化」と「現在化」を併せて「等質化」という。このほか，条件付請求権をどう扱うか，という問題もある。

1　金　銭　化

　①非金銭債権（破103条2項1号イ），②金銭債権で額が不確定のもの（同号ロ），③金銭債権で額が外国通貨をもって定められたもの（同号ロ），④金額又は存続期間が不確定である定期金債権（同号ハ）は，破産手続開始時の評価額をもって金銭債権とされる。

　④の例として，資産の運用による収益の分配に基づく定期金債権や（金額が

不確定な場合の例），終身定期金債権（存続期間が不確定な場合の例）がある。

②の例としては，将来の一定時期における収益の分配を請求する債権がある。さらに，不法行為に基づく損害賠償請求権が②の例に該当するか，議論がある。肯定説は，損害額算定に関する基礎事実が確定している場合には額の確定した債権として扱ってよいが，損害額算定の基礎事実が将来にわたる予測的なものである場合には②（に準じたもの）として扱うべきであるという[26]。ある債権が②として扱われるか，額の確定した債権として扱われるかは，債権調査の際に，前者の場合には客観的に存在する債権額が問題となり算定の基準時も査定決定時又は異議訴訟の事実審口頭弁論終結時になるのに対し，後者の場合には，破産債権者による評価の合理性が争われ，基準時も破産手続開始時になる（したがって破産管財人も破産債権者による評価の方法が合理的であると思えば異議を述べる必要はない。）という形で差異を生じるが，損害額算定の基礎事実が将来にわたる予測的なものである場合の不法行為に基づく損害賠償請求権では，破産手続開始時における評価の合理性を基準とするのが妥当であるから，というのがその理由である。確かに肯定説に従えば破産管財人や債権調査手続の負担は軽くなるだろうが，破産債権額の算定の基礎となる事実の基準時はできるだけ新しくすることが落ち着きのよい解決をもたらすのではなかろうか。不法行為に基づく損害賠償請求権の額の算定に裁量的要素を認めなければならないとしても，客観的には額の確定した債権が不法行為時に生じているというのが実体法の建前であるとも考えられる（損害賠償請求権の額の算定をあくまで立証の問題として扱う民事訴訟法248条の建前とも，この理解の方が整合的である。）。本項目では，否定説を支持する。

(26) 伊藤・200頁。

2　現　在　化

破産手続開始時に弁済期が到来していない破産債権は，弁済期が到来したものとして扱われる（破103条3項）。これにより弁済期未到来の債権であっても破産手続において配当をすることが可能となる。破産手続開始決定を受ければ，民法137条1号により破産者は期限の利益を主張することができなくなるので，現在化は，破産債権者の側も弁済期未到来を主張できなくなることを意味

する⁽²⁷⁾。

(27)　竹下・大コンメ433頁〔堂薗幹一郎〕。

3　条件付債権の扱い

条件付債権について，条件の成就等が擬制されることはない。

(1)　停止条件付債権・将来の請求権

　停止条件付債権・将来の請求権については，破産債権者は，さしあたってはその全額について破産手続に参加することができ，中間配当ではこれらの破産債権も考慮される。しかし，これらの債権に対して配当すべき金銭は中間配当では寄託される（破214条1項4号）。そして，破産法198条1項に規定する最後配当に関する除斥期間内に条件が成就していないと，中間配当における寄託分は召し上げられ（最後配当において他の破産債権者に対する配当に回される〔破214条3項〕），かつ，最終配当に与ることはできない（破198条2項）。この期間内に条件が成就すれば，寄託額はこれらの破産債権の債権者に配当され，また当該破産債権者は最後配当にも与ることができる（同項）。結局，破産法198条1項に規定する最後配当に関する除斥期間内に条件が成就するかどうかで，これらの破産債権が破産手続における満足に与ることができるかどうかが決まる。

(2)　解除条件付債権

　解除条件付債権は，解除条件が成就していない限りは存在する債権であるので，この債権の全額について破産債権者は破産手続に参加することができる。しかし，解除条件付債権については，相当の担保を提供しない限り，破産債権者は中間配当を受領することができず（破212条1項）（相当の担保が提供されない限りは，かかる破産債権に配当すべき額は中間配当では寄託される〔破214条1項5号〕。そして，破産法198条1項に規定する最後配当に関する除斥期間内に解除条件が成就すれば，破産債権者の提供した担保ないし中間配当における寄託分は召し上げられ〔破212条2項〕，最後配当において他の破産債権者に対する配当に回される。），かつ，最終配当に与ることはできない。この期間内に条件が成就しなければ，破産債権者の提供した担保ないし寄託額はこれらの破産債権の債権者に配当され，また当該破産債権者

第1章 破産債権・財団債権

は最後配当にも与ることができる（破214条4項・201条3項）。結局，破産法198条1項に規定する最後配当に関する除斥期間内に条件が成就するかどうかで，これらの破産債権が破産手続における満足に与ることができるかどうかが決まる。

4 破産手続外への意味

　破産債権の等質化は，破産手続による配当を可能にするためのものであるので，実体的に破産債権の変更をもたらすものではない。したがって，手続外との関係では効力を生じない。例えば，連帯債務者の一人について破産手続が開始したからといって，他の連帯債務者との関係でも，債務の金銭化（非金銭債権の場合）や現在化（弁済期未到来の場合）が生じるわけではない。主たる債務者が破産した場合の保証人や物上保証人との関係でも，同様である。

　ただし，異時廃止（破217条1項）・同意廃止（破218条1項）・配当終了による手続の終結（破220条1項）の場合には，債権調査手続により確定した破産債権については，破産債権者表の記載は，破産者との関係で確定判決と同一の効力を有する（破221条1項）。したがって，破産者との関係では，等質化の効力が及ぶ余地がある（ただし，破産者が債権調査において異議を述べた場合を除く〔破221条2項〕。）[28]。破産者との関係で等質化の効力が及ぶのは，破産債権者表の記載が破産者との関係で確定判決と同一の効力を有することの帰結であるので，金銭化・現在化ともに，債権調査手続により確定した破産債権についてのみ破産手続終了後もその効力が破産者との関係で残存し，確定しないまま破産手続が終了した破産債権については，現在化・金銭化の効力は失われると解するべきであろう[29]。すべての破産債権が同時に確定するわけではないから，破産手続の終了時いかんによっては，破産債権の中に，金銭化・現在化の効力が生じているものと生じていないものとが混在する事態が生じることになる[30]。

(28) 等質化のうち，現在化の効力が及ぶ場合，弁済期未到来の請求権であっても，行使が可能となる。金銭化の効力が及ぶ場合，請求権者は，もともとの請求権を行使することもできるし，破産債権として金銭的に評価された結果としての債権を行使することもできると考えられる。
　後者の金銭化については，非金銭債権が金銭評価された結果の破産債権が一部でも配当という形で満足を受けた場合には，にもかかわらず破産手続終了後に当該債権者がもともとの請求権を行使することはできるというのは不合理だという理由で，もと

もとの請求権の本旨に従った履行を求めることはできないと考える論者もいるが（山木戸・96頁，注解破産法(上)135頁〔石川＝三上〕，竹下・大コンメ430頁〔堂薗〕，条解破産法711〜712頁），この点はもともとの請求権が受領配当額の返還と同時履行の関係に立つと考えればよいのではないか。

(29) 現在化につき，山木戸・96頁，注解破産法(上)129頁〔石川＝三上〕，条解破産法715頁。金銭化につき，山本ほか・概説〔第2版〕62頁〔沖野〕。

なお，現在化については，破産債権の確定後に破産手続が終了した場合も含め，その効力は残らないとする説もあるが（竹下・大コンメ435〜436頁〔堂薗〕），破産債権確定後に破産手続が終了した場合には，即時の給付を命じる確定判決と同一の効力をもつ債務名義が存在する以上，現在化の効力は残ると考えてよいのではないか。逆に，破産債権の確定前に破産手続が終了した場合も含め，現在化の効力が残るとする見解もあるが（現在化が破産手続開始決定の効果だと考えることを理由とする〔谷口・284頁，基本法コンメ破産法53頁〔徳田〕，山本ほか・概説〔第2版〕62頁〔沖野〕〕。），本文に述べた理由により，賛成しない。

(30) 山本ほか・概説〔第2版〕62頁〔沖野〕。

V 破産債権の優先順位[31]

破産債権は，破産手続における配当により満足を受けるが，順位がある。先順位の破産債権がすべて満足を受けてから，後順位の破産債権に対する配当がなされる。同順位の破産債権に対する配当は，それぞれの債権の額の割合に応じて按分的になされる（破194条2項）。

破産債権の順位は，①優先的破産債権，②一般の破産債権，③劣後的破産債権，④約定劣後破産債権の順である（破194条1項）。この優先順位は絶対的であり，個別の手続における変更は民事再生法や会社更生法と異なり（民再155条1項ただし書，会更168条1項ただし書），破産法では認められていない（このことは後述**4**との関係で重要である。）。

(31) 以下の問題の基本的視点につき，高橋宏志「債権者の平等と衡平（特集　倒産法制の見直し）」ジュリ1111号（1997）156頁以下を参照。

1 優先的破産債権

優先的破産債権となるのは，実体法上，破産財団に属する財産につき一般の優先権がある破産債権である（ただし，劣後的破産債権・約定劣後破産債権となるものを除く。）（破98条1項）。ここに一般の優先権がある破産債権とは，民法その他の法律により一般の先取特権又は企業担保権などがある破産債権をいう（例と

して民法306条～310条，放送法42条6項・7項，企業担保法2条1項・7条）。租税債権もここに含まれる（税徴8条）（財団債権となるもの，劣後的破産債権となるものを除く〔破148条1項3号・2条5項・98条1項括弧書・97条4号・99条1項1号〕。）。雇用関係に基づく労働債権は，一般の先取特権を有するので（民306条2号），優先的破産債権となる（財団債権となるものを除く〔破149条・2条5項〕。）。雇用関係に基づく労働債権とは，労務の提供と直接又は間接に関係する従業者の賃金や退職金などを意味し（民308条）(32)，身元保証金返還債権を含むが，取締役などの役員報酬や，社内預金払戻債権を含まない(33)。

優先的破産債権間にも優先順位があり，それは民法・商法その他の実体法の定めによる（破98条2項）(34)。この優先順位も絶対的なものである。

なお，民法310条におけるように，実体法上の優先権が債権のうちの「最後の6箇月間」分等にのみ存在すると定められることがあるが，このように優先権が一定の期間内の債権額につき存在する場合には，その期間は破産手続開始時を基準時として起算する（破98条3項）。

(32) 伊藤・207頁，条解破産法690頁。
(33) 伊藤・207頁，条解破産法690頁。
(34) 具体的優先劣後関係について，条解破産法690～691頁を参照。

2　一般の破産債権

破産債権のうち，優先的破産債権・劣後的破産債権・約定劣後破産債権に該当しないものは，一般の破産債権となる。

社会的に保護の必要性が説かれ，他の破産債権より優先するべきではないかといわれている債権として，下請業者の請負代金請求権や，不法行為に基づく損害賠償請求権などがあるが(35)，現在のところ実体法上の優先権は付与されていないので，破産法上も一般の破産債権とせざるを得ない。ただし，影響を受ける破産債権者全員の同意を得れば，これらの破産債権に他の破産債権に先立って配当をすることは可能である(36)。

(35) 伊藤・208頁。
(36) 条解破産法688頁。

1 破産債権

3 劣後的破産債権

　劣後的破産債権は，一般の破産債権に後れる。破産手続が開始される場合，一般の破産債権を全部満足するだけの財産を破産者が有していないことが通常なので，劣後的破産債権が破産手続において配当を受けるのはまれである。他方で，劣後的破産債権も破産免責の対象となっている（上述Ⅲ6参照）（ただし，租税債権・罰金等の請求権を除く〔破253条1項1号・7号〕。）。よって，劣後的破産債権に相当する破産債権は，通常，満足を受けることのないまま終わる。また，劣後的破産債権には議決権がない（破142条）。

　劣後的破産債権になるのは，①破産手続開始後の利息（破99条1項1号・97条1号），②破産手続開始後の不履行による損害賠償及び違約金（破99条1項1号・97条2号），③破産手続開始後の延滞税，利子税又は延滞金（破99条1項1号・97条3号），④破産財団に関して破産手続開始後に生じた租税債権で，破産財団の管理・換価・配当に関する費用に該当しないもの（破99条1項1号・97条4号）（破産財団の管理・換価・配当に関する費用に該当するものは，破産法148条1項2号により，財団債権となる〔上述Ⅱ2(4)(b)(ア)参照〕。），⑤加算税又は加算金（破99条1項1号・97条5号），⑥罰金等の請求権（破99条1項1号・97条6号），⑦破産手続参加の費用（破99条1項1号・97条7号），⑧無利息の確定期限付債権の破産手続開始から期限までの中間利息相当分（破99条1項2号），⑨無利息の不確定期限付債権のうち，債権額と破産手続開始時の評価額との差額相当部分（同項3号），⑩金額及び存続期間が確定している定期金債権の中間利息相当額（同項4号）である。

　①が劣後的破産債権になる理由については，(1)利息は元本使用の対価としての性質をもつので，開始決定後の利息は本来破産債権になり得ないのを，立法政策から破産債権としたが，他の破産債権を圧迫するのは不当であるので，劣後的破産債権としたのであるという説明[37]と，(2)開始決定後の利息も「破産手続開始前の原因」に基づくので本来的に破産債権であるが，無限定に発生するものであること等を考慮して劣後的な扱いをしたものであるとする説明[38]とがある。しかし，(1)の説明は，破産手続開始決定後は「元本使用」が観念できないことを前提としていると考えられるが，であるとすれば，破産手

続開始決定後(終了までの間)には利息は発生しないとするのが一貫するように思われる。したがって、(2)の説明にあるとおり、開始決定後の利息も「破産手続開始前の原因」に基づくので本来的に破産債権である、という方が正当であろう。しかし、「無限定に発生するものであること」が劣後的な扱いを正当化する理由はあまり釈然としない。むしろ、破産手続開始時が清算の基準時となっているので、この時点における破産債権の額を基準として一般の破産債権となる部分を算出することにした裏返しとして(非金銭債権が破産手続開始時を基準として評価されるのもこの一環である。)、手続開始後の利息相当分を劣後的にした、と考えるのが落ち着きがよいのではなかろうか。①同様の考慮に基づいて劣後的扱いを受ける破産債権として、②③⑧⑨⑩がある。なお、このうち②は、具体的には、破産手続開始前から係属する債務不履行により遅延損害金等が既に継続的に発生している場合に、破産手続開始決定後に生じる部分を指す。破産手続開始後の不履行に基づく損害賠償請求権は、それが破産管財人の不履行によるものであれば財団債権になり(破148条1項4号)(一般の破産債権になる場合もある〔破54条1項〕。上述Ⅱ2(4)(b)(ア)参照)、破産者の不履行に基づくものであれば対破産者債権になるからである[39]。また、③は、本体たる租税債権が優先的破産債権である場合の延滞税等のみを指している。本体たる租税債権が財団債権の場合には、延滞税等も、破産法148条1項4号により財団債権となる[40]。

④が劣後的破産債権となるのは、破産財団を責任財産とするべきであるが、破産財団の管理・換価・配当に関する費用に該当しない以上、破産債権者の負担とすることが妥当でないからである[41]。

⑥が劣後的破産債権となるのは、これが本来的に破産者本人が受けるべき制裁の意味を有するからである。破産債権者の負担のうえにこれを弁済することは、破産者が受けるべき制裁を破産者の一般債権者に転嫁することを意味し、妥当でない[42]。この見合いとして、⑥は免責の対象から除外されている(破253条1項7号)。⑤が劣後的破産債権となる理由も⑥と同様である[43][44]。なお、制裁的性質をもつため、⑥と同様の扱いをするべきかが問題となるものとして、独占禁止法等における制裁金や、労働基準法114条にいう付加金などがある[45]。

⑦は個々の破産債権者が破産手続に参加するために支出した費用（債権届出書の作成・提出の費用，債権者集会等の期日に出頭した費用等）をいう。これは手続開始後の原因に基づき生じたものではあるが，破産債権者が破産債権について満足を受けるために支出したものであるので，破産財団を責任財産とするのが妥当であることから，破産債権となっている。しかし，もともとの破産債権を満足させるのが破産手続の目的であり，⑦はそれに付随して生じる債権であるので，本体たる破産債権を圧迫するのは妥当でないことから，劣後的な扱いを受けている。

(37)　伊藤・211頁，条解破産法682頁。
(38)　山本ほか・概説〔第2版〕64頁〔沖野〕。
(39)　伊藤・211頁。
(40)　基本構造と実務332～333頁，条解破産法684頁，一問一答195頁。
(41)　伊藤・212頁，伊藤・破197頁注115参照。
(42)　伊藤・212頁。
(43)　一問一答195頁。
(44)　したがって，延滞税等の場合と異なり，加算税又は加算金が財団債権になる場合にも，破産手続開始前の破産者の行為が加算の原因である限りは劣後的破産債権となる（条解破産法685頁）。
(45)　基本構造と実務334～335頁。

4　約定劣後破産債権[46]

破産債権者と破産者との間において，破産手続開始前に，当該債務者について破産手続が開始されたとすれば当該破産手続における配当の順位が劣後的破産債権に後れる旨の合意（以下「劣後合意」という。）がされた債権を，約定劣後破産債権という。約定劣後破産債権は，劣後的破産債権に後れる（破99条2項）。債権者集会における議決権も有しない（破142条1項）。

劣後合意が付された社債やローンは，BIS規制及びそれに対応した国内規制において一定の要件の下に自己資本に算入することができるものとされたため，企業において自己資本調達手段としてニーズがある。破産法としても，自己の不利益取扱いを認めるものであるので，その効力を認めて差し支えない。

しかし，旧破産法においては，劣後合意をそのまま破産手続に反映させる規律が存在しなかった。そのため劣後合意は，具体的には，他のすべての破産債権が全額弁済されたことを停止条件として支払請求権の効力が生じるという内

容をとっていた。このような停止条件構成は，実際には停止条件が成就することは稀であるにもかかわらず中間配当において配当額を寄託しなければならないなどの問題があった。そこで，現行破産法では，劣後合意をそのまま手続に反映させる規律を採用することにしたものである。上記のような停止条件構成をとった債権も，新破産法では約定劣後破産債権として扱われる。

劣後合意は，劣後的破産債権を含むすべての破産債権に対して劣後することを内容とするものである必要がある。特定の破産債権のみに後れることを内容とする劣後合意は，効力を有しない。約定劣後破産債権間に順位を付する合意も，効力は認められない[46]。

破産法99条2項は，約定劣後破産債権の要件として，破産手続開始前に劣後合意がなされていることを要求している。しかし，手続開始後の劣後合意であっても，他の破産債権者に有利な効果のみを生じるものであるので，最後配当に係る配当表の更正が可能な限りで，その効力を認め，約定劣後破産債権に準じる扱いをするべきであるといわれている[48]。

なお，約定劣後破産債権は，社団法人等の基金の返還に係る債権には優先する（一般法人145条）。後者の債権の実質は出資だからである。また，信託における受益債権は約定劣後破産債権と同順位とされるが（破244条の7第3項本文），信託行為の定めにより約定劣後破産債権が受益債権に優先することを定めることができる（同項ただし書）。

(46) 約定劣後破産債権については，山本克己「債権劣後化の約定と倒産処理手続（特集 新しい企業金融の取引法的研究）」ジュリ1217号（2002）53頁以下も参照。
(47) 条解破産法697頁。
(48) 新破産法の理論と実務365頁〔松下淳一〕。

5　内部者債権の劣後化

以上の破産債権の順位にかかわらず，親会社の子会社に対する融資金債権，取締役等の会社に対する融資金債権や，金融機関が融資先会社に経営陣を送り込んでいる場合の融資金債権（以下「内部者債権」という。）といった特定の破産債権を他の破産債権に対して劣後的に扱うべきではないか，という議論がある。これらの債権者は，破産者の経営破綻に少なからず責任がある以上，他の破産債権と同順位の配当に与るのは衡平に反する，というのがその理由であ

る。

　現行破産法の立法段階で内部者債権の劣後化についての規定を設けることが検討されたが，断念された。その実質的妥当性についてはコンセンサスが成立していたが，立法技術的に困難だというのが断念の主たる理由である。具体的には，劣後化の実体法上の根拠としては，①過小資本ないし資本代替的貸付の理論，②信義則が考えられるが，①については直接的な実体実定法上の論拠を欠く，②については，個別事情を客観的な基準にして文言にすることが困難である，とされたという[49]。結局現行破産法は，破産債権間の優先順位については絶対的な規律を採用し，内部者性等を理由とした個別の優先関係の変動を認めていない。

　立法で断念された以上，今後この法理を認めていくとすれば解釈論しかないが，その解釈論上の手がかりとしては，①共益的債権の裏返しという考え方，②信義則違反，③劣後合意の擬制，④会社更生法・民事再生法の規定（民再155条1項ただし書，会更168条1項ただし書）の類推といったものが挙げられている[50]。この点についての旧法下の下級審判例として，差別的取扱いを明文で認める会社更生法と異なり条文上の手がかりがない破産法の下では劣後化は不可能であるとした東京地判平3・12・16金判903号39頁（ただし，学説上の議論が十分に尽くされているとは言いがたい現段階では，という留保付である。），破産会社の経営を実際上支配していた破産債権者の破産債権の行使が信義則に反し許されないとした広島地福山支判平10・3・6判時1660号112頁がある。

(49)　基本構造と実務360〜361頁〔小川発言〕。
(50)　基本構造と実務361〜362頁。

〔付記〕本稿は2010年4月7日に脱稿した。校正段階では若干の加筆・修正を施したものの，この間公刊された文献につき網羅的に対処することはできなかった。

〔八田卓也〕

第1章 破産債権・財団債権

財団債権

I　財団債権の意義

1　財団債権の定義

　財団債権とは，破産手続によらないで，破産財団から破産債権に優先して随時に弁済を受けることができる債権である。すなわち，破産手続によらないで随時弁済を受けることができる「随時弁済性」と，破産債権に優先して弁済を受けることができる「優先性」がその特質であり，破産法では，このうち随時弁済性に着目して，財団債権については「破産手続によらないで破産財団から随時弁済を受けることができる債権」と定義している（破2条7項）。なお，優先性については，破産法151条で「財団債権は，破産債権に先立って，弁済する。」と規定されている(1)。

　このような性質を有する財団債権の根拠となるのは，破産債権者の共同の利益に資するものであること（共益性）である。しかし，後述するように，一部の債権については，財団債権の有する随時弁済性と優先性という特質に着目し，政策的な観点から，財団債権とされるものもある(2)。

　再建型の倒産処理手続において，破産手続における財団債権に対応する概念は，共益債権（民再121条等，会更132条等）であるが，再生手続においては，破産手続においてその一部が財団債権とされる租税等の請求権と使用人の給料等の労働債権は，一般優先債権（民再122条）とされ，共益債権とは別個に，手続外で再生手続に優先して随時弁済を受ける債権として取り扱われる。

（1）「先立って」の意味について，伊藤眞「財団債権（共益債権）の地位再考—代位弁済に基づく財団債権性（共益債権性）の承継可能性（大阪地判平21・9・4を契機として）」金法1897号（2010）19頁は，「厳密には，時期において先行して弁済がなされることを意味し，しかも，弁済の内容について破産手続や再生手続による制約を受けないため結果として優先的な弁済を受けること」とする。
（2）財団債権の根拠一般について，中西正「財団債権の根拠」法と政治（関西学院大学）40巻4号（1989）289頁，三木浩一「財団債権の意義と範囲」新破産法の理論と実務165頁参照。

2　財団債権の種類

(1)　一般の財団債権と特別の財団債権

　財団債権は，一般の財団債権と特別の財団債権とに大別される。前者は，破産法148条1項に規定された財団債権で，これらは，旧破産法においては47条各号に規定されていたものを，一部条文（2号と3号）の配置の変更や，租税等の請求権（国税徴収法又は国税徴収の例によって徴収することができる請求権）についての改正（後記(a)(ウ)，扶助料の規定（旧破47条9号）の削除等一定の見直しをした点を除き，基本的に引き継いだものである。また，破産法148条1項以外の規定に基づくものが特別の財団債権である。この分類は，以上のとおり条文上の配置によるものであって，法的性質等に基づいた整理ではない。

(a)　**一般の財団債権**

　一般の財団債権は，以下のとおりである。

　　(ア)　**破産債権者の共同の利益のためにする裁判上の費用の請求権**（破148条1項1号）　破産手続開始申立ての費用，保全処分の費用等，破産手続の遂行に伴う裁判上の手続に要する費用である。

　　(イ)　**破産財団の管理，換価及び配当に関する費用の請求権**（破148条1項2号）　破産管財人に対する報酬等の請求権，財産価格評定や財産目録等の作成費用，配当に関する公告・通知の費用等である。

　なお，破産財団に属する財産の管理や換価に伴って生ずる租税等（破産財団に属する財産についての固定資産税や財産を売却した場合の消費税等）の請求権もこれに含まれる。旧破産法では，47条2号ただし書において，租税等の請求権のうち，破産宣告後（破産手続開始後）の原因に基づくものについては，破産財団に関して生じたものに限って財団債権とされていた（「破産宣告後ノ原因ニ基ク請求

権ハ破産財団ニ関シテ生シタルモノニ限ル」）が，判例は，この文言について，破産財団の管理のうえで当然支出を要する経費に属するものであって，破産債権者において共益的な支出として共同負担するのが相当であるものに限る趣旨と解していた(3)。そこで，破産法においては，この判例の考え方と同様に，破産手続開始後の原因に基づく租税等の請求権については，破産財団の管理又は換価に伴って生ずるものに限定することを前提として，手続開始後の共益債権化という共通の問題を有する民事再生法（119条2号）や会社更生法（127条2号）の規定振りと同じように，その旨を直接示す特別の規定を設けないこととし，破産手続開始の決定後の原因に基づく租税等の請求権が財団債権となる根拠規定は，破産法148条1項2号であると整理した(4)。

(ウ) **破産手続開始前の原因に基づいて生じた租税等の請求権**（破148条1項3号）　破産手続開始前の原因に基づいて生じた租税等の請求権（破産法97条5号に掲げる請求権を除く。）であって，破産手続開始時は，まだ納期限の到来していないもの又は納期限から1年を経過していないものである。

租税等の請求権については，旧破産法の下では，破産手続開始前の原因に基づいて生じた租税等の請求権の全額が財団債権とされていたが，この点に対しては立法論的に批判が強かった。そこで，破産法においては，破産手続開始前の原因に基づいて生じた租税等の請求権については，破産手続開始当時，まだ納期限が到来していないもの又は納期限から1年（その期間中に包括的禁止命令が発せられたことにより国税滞納処分をすることができない期間がある場合には当該期間を除く。）を経過していないものに限って財団債権とし，それ以外の租税等の請求権については優先的破産債権（破98条1項）としている(5)。

(エ) **破産財団に関し破産管財人がした行為によって生じた請求権**（破148条1項4号）　破産管財人が第三者との間で契約等の法律行為をしたときに相手方がもつ請求権，破産管財人の不法行為によって生じた損害賠償請求権等であり，破産管財人の不作為による場合も含まれる(6)。

本税が財団債権である場合の破産手続開始後の延滞税（利子税，延滞金等）の請求権は，私法上の債権の利息又は遅延損害金に該当し，破産管財人が本税につき随時弁済をしなかったという不作為によって生じた債権であり，破産法148条1項4号の財団債権に該当する(7)。

2 財団債権

　また，破産管財人が管財業務の遂行の過程において契約を締結した場合に契約の相手方が有する請求権が破産法148条１項２号の「破産財団の管理，換価及び配当に関する費用の請求権」に該当するか，同項４号の「破産財団に関し破産管財人がした行為によって生じた請求権」に該当するかという解釈上の問題がある。具体的には，破産管財人が破産手続開始決定後にいったん解雇した元従業員を再雇用した場合の賃金債権，破産財団に属する財産を売却する際に場所を借りるために賃貸借契約を締結した場合の賃料債権等が問題となる[8]。これらは，同項２号の請求権に該当すれば，後述するように財団不足が明らかになった場合の優先順位が第１順位になる（破152条２項）（Ⅳ3⑵参照）ことから，実務上も問題となる。

　この点については，破産手続開始後に破産管財人が行った処分行為等によって生じた債権は原則として破産法148条１項２号に該当すると考え，共益的な結果が生じなかった場合に限り同項４号に該当するという考え方[9]もあるが，後述するように，双方未履行双務契約について破産管財人が履行を選択した場合には，相手方の請求権が第２順位であること（Ⅳ3⑵参照），破産管財人が締結する契約から生ずる請求権がすべて２号に該当するとすれば，手続費用も弁済できない異時破産手続廃止事件（破217条１項）が増加すること等を理由として，原則として４号が適用されるとする考え方が２号及び４号の規定の本来の趣旨からすれば適切であろう[10]。

　㋪　**事務管理又は不当利得により破産手続開始後に破産財団に対して生じた請求権**（破148条１項５号）　破産手続開始後に破産財団のためにされた事務管理に基づく費用償還請求権（民702条１項）及び破産財団に不当利得が生じたことによる返還請求権（民703条）である。

　㋕　**委任の終了又は代理権の消滅後急迫の事情があるためにした行為によって破産手続開始後に破産財団に対して生じた請求権**（破148条１項６号）　破産によって委任関係が終了し（民653条２号），又は代理権が消滅した後（民111条），急迫の必要のために受任者又は代理人が行った事務処理に基づく報酬や費用請求権等である。

　㋖　**双方未履行双務契約につき破産管財人が履行を選択した場合の相手方の請求権**（破148条１項７号）　双方未履行の双務契約について破産法53条１項

の規定により破産管財人が履行を選択した場合において相手方が有する請求権である。

　(ク)　**破産手続の開始により双務契約の解約の申入れがあった場合の破産手続開始後その契約の終了までの間に生じた請求権**（破148条1項8号）　賃貸借等の継続的契約関係において，解除等がされた後に契約関係が存続する間の請求権である。

　なお，旧破産法においては，これらの規定のほか，破産者及び破産者に扶養される者の扶助料の規定（旧破47条9号）があったが，破産法においては，扶助料の制度自体が実際上機能していなかったことに加え，破産者の生活保障は，もっぱら自由財産（破34条3項）や免責の制度（破産法12章）によるべきであると考えられたことから，扶助料の制度は廃止された[11]。

(b)　**特別の財団債権**

特別の財団債権を列挙すると，以下のとおりである。

①　破産管財人が負担付遺贈の履行を受けた場合の負担受益者の請求権（破148条2項）

②　保全管理人が債務者の財産に関し権限に基づいてした行為によって生じた請求権（破148条4項）

③　使用人の給料等の請求権及び退職手当の請求権（破149条）

④　破産手続開始前に破産債権者が着手していた強制執行の手続等を破産管財人が続行した場合の当該破産債権者の費用償還請求権（破42条4項）。

⑤　破産者を当事者とする訴訟で破産財団に関しないものを破産管財人が受継した場合の相手方の破産者に対する訴訟費用請求権（破44条2項・3項）。

⑥　債権者代位訴訟又は詐害行為取消訴訟を破産管財人が受継した場合の相手方の破産債権者又は財団債権者に対する訴訟費用請求権（破45条2項・3項）

⑦　破産管財人が双方未履行の双務契約を解除した場合の相手方の反対給付価額償還請求権（原状回復請求権）（破54条2項）

⑧　破産者に対して継続的給付の義務を負う双務契約の相手方が破産手続開始の申立て後破産手続開始前にした給付に係る請求権（破55条2項）

2　財団債権

⑨　賃借権等につき相手方が対抗要件を具備しているため破産管財人が解除することができないものとされている賃貸借契約等につき相手方が有する請求権（破56条2項）
⑩　破産財団が破産債権の確定に関する訴訟によって利益を受けた場合の異議を主張した破産債権者の訴訟費用償還請求権（破132条）
⑪　債権者委員会が破産手続の円滑な進行に貢献する活動があったと認められる場合に当該活動のために必要な費用を支出した破産債権者が裁判所の許可を受けてする費用償還請求権（破144条4項）
⑫　社債管理者の費用及び報酬請求権（破150条4項）
⑬　否認の相手方の価額償還請求権（破168条1項2号）及び否認がされ破産者の受けた反対給付によって生じた利益が破産財団中に現存するときに相手方がその償還等を請求する権利（同条2項1号・3号）
⑭　先行する再生手続又は更生手続の費用等（民再252条6項・254条2項，会更254条6項・256条2項）

　このうち，③の使用人の給料等の請求権及び退職手当の請求権（以下「労働債権」という。）等については，旧破産法の下においても，破産手続開始前の原因に基づく労働債権は，実体法上の優先権（民308条）から，優先的破産債権とされていたが，労働債権は，労働者の生活の基礎となるものであり，保護の必要性が高い等の理由から，新破産法において，新たに，未払給料の請求権については破産手続開始前の3か月間のものと，退職手当の請求権については退職前3か月間の給料の総額に相当する額を財団債権としたもので，従来の優先的破産債権からの「格上げ」ともいうべきものである。もっとも，このような政策的な格上げにより財団債権となるべき債権が増加したこと及びそれに伴う財団不足による異時破産手続廃止（破217条）の可能性の増大は，後に述べる財団債権による強制執行の可否等をめぐる議論（Ⅱ1(1)参照）にも大きな影響を与えているということができる。

　なお，⑫については，新破産法において，会社法等の社債管理者の設置強制等の趣旨に照らし，社債管理者に対する支払を確保する必要があることに加え，社債管理者が社債管理事務を遂行することにより破産管財人の事務負担も軽減され，破産手続の円滑な進行が図られるという共益性の観点から，社債管

第1章　破産債権・財団債権

理者の破産者に対する事務処理費用及び報酬の請求権（会社741条・742条等）を裁判所の許可による財団債権としたものである[12]。

(3) 最判昭62・4・21民集41巻3号329頁・判タ639号107頁・判時1236号43頁参照。
(4) 一問一答196頁、基本構造と実務334頁〔小川秀樹発言〕。
(5) このほか、租税等の請求権に関しては、加算税（国税通則法に規定する過少申告加算税等）及び加算金（地方税法に規定する過少申告加算金等）については、制裁金としての性質を有する附帯税であることに照らし、劣後的破産債権としている（破99条1項1号・97条5号）。
(6) 最判昭43・6・13民集22巻6号1149頁・判タ224号139頁・判時525号56頁。
(7) 一問一答195頁、基本構造と実務333頁〔小川発言〕〔沖野眞已発言〕。
(8) 松下淳一「財団債権の弁済」民訴53号（2007）49頁。
(9) 基本構造と実務353頁〔花村良一発言〕。
(10) 松下・前掲注（8）49頁、竹下・大コンメ580頁〔上原敏夫〕、三木・前掲注（2）168頁。条解破産法948頁は、破産法148条1項2号に該当するか否かは、財団不足の場合に優先弁済を受けられるかどうかに関わることから、厳密に検討されるべきであるとする。
(11) 一問一答210頁。なお、旧破産法においては、扶助料の制度は、破産者を債権者とする財団債権であることから、後述する財団債権の債務者（Ⅴ1）に関する破産者説に対する批判の論拠とされていた。
(12) 一問一答205頁。

(2) 性質による分類

財団債権をその法的性質に応じて分類すると、一般に、(i)破産手続の遂行に必要な費用、(ii)破産管財人が手続の遂行の過程でした行為によって生じた債権、(iii)本来は破産債権の性格を有するが法律が特別の政策的考慮から特定の債権を保護するために財団債権としているものの3種類に分けることができる[13]。このうち、(i)及び(ii)は、破産手続を維持し、遂行していくために必要であり、債権者全体の利益につながる共益性の高いものであることを根拠とするものである。特に、(i)の類型は、破産手続を遂行するうえで不可欠のものということができるが（この点は、財団債権相互間の優先順位〔Ⅳ3(2)参照〕に関わる。）、前記一般の財団債権のうち(1)(a)(ア)及び(イ)がこれに当たる（(1)(b)②のうち債務者の財産の管理及び換価に関する費用の請求権もこれに当たる。）。また、(ii)の類型には、(1)(a)(エ)から(ク)まで並びに(1)(b)①、②及び④から⑭までが該当する。

他方、(iii)の類型としては、(1)(a)(ウ)破産手続開始決定前の原因に基づいて生じた租税等の請求権の一部や、(1)(b)③の労働債権の一部が挙げられる。これらの債権も、租税のもつ公益性や労働者による破産財団の形成への貢献等、破

2 財団債権

産財団の形成や管理の過程においては破産債権者が共同で負担しなければならない費用としての性質も有するものではあるが，当該債権に優先権を付与して財団債権としたのは，実体法上の優先権（租税等の請求権は，担保権にも優先する場合があり，自力執行権も付与されている。）をふまえ，破産手続においても租税等の請求権の保護や労働者の生活の保護を図るべきであるという特別な政策的考慮に基づくものである[14]。

- (13) 三木・前掲注（2）165頁は，財団債権を①絶対的共益性に基づく財団債権，②相対的共益性（及び公平性の見地）に基づく財団債権，③政策的な見地に基づく財団債権に分類する。他方，山本克己編著『破産法・民事再生法概論』（商事法務，2012）138頁は，(i)及び(ii)を①本来的財団債権，(iii)を②政策的財団債権とする。
- (14) (1)(a)(キ)についても，(iii)の政策的な財団債権であると指摘するものとして，竹下・大コンメ583頁〔上原〕。また，条解破産法937頁は，(b)⑫及び⑭についても，同様に(iii)の類型であるとする。

3 弁済による代位と財団債権

財団債権である債権を弁済した第三者が弁済による代位（民501条）によって取得した当該債権について，求償権が破産債権にすぎない場合であっても，財団債権としての行使が認められ，破産手続によらないで支払を求めることができるかが問題となる。

弁済による代位の効果としては，民法501条が，「自己の権利に基づいて求償することができる範囲内において」と規定しているところ，債権者の有していた原債権とその担保権はそのまま代位弁済者に移転し，代位弁済者は，その求償権の範囲内で移転を受けた原債権及びその担保権自体を行使することができるが，これらは，求償権の確保を目的として存続する附従的な性格を有し，その行使は求償権の存する限度によって制約されるとされている[15]。この場合に，論点となるのは，求償権が破産債権である場合に，破産手続において行使できないという手続的な制約は，代位取得された原債権にも及ぶかという点である。すなわち，弁済による代位によって取得した原債権について財団債権性が承継されるのかが問題となる（同様の問題は，再生手続及び更生手続における一般優先債権や共益債権についても生ずる。）。

この点については，債権の種類としては，労働債権，租税等の請求権及び破産法54条2項の原状回復請求権が問題とされ，これらの類型に応じて，裁判例

第1章 破産債権・財団債権

や学説も分かれていた[16]。労働債権については，実務上も，独立行政法人労働者健康福祉機構が未払賃金を立替払した場合（賃確7条参照）には，弁済による代位が生ずると解され，同機構が取得した債権を行使する場合には財団債権として取り扱われているが，財団債権性は，破産法が特別に付与した性質であり，実体法上の債権の効力とは区別されるとして，財団債権の要保護性を当該債権者との関係で捉え，第三者が行使する以上は財団債権性が否定されるべきであるとの見解も有力に主張されている[17]。

最高裁は，近時，①破産手続に関し労働債権について第三者が弁済した事案[18]と，②再生手続に関し民事再生法49条5項（破産法54条2項に相当する。）の原状回復請求権について第三者が弁済した事案[19]で，相次いで，代位取得した原債権について財団債権又は共益債権としての行使を認める判断を示した。その主な理由は，①弁済による代位は，原債権を求償権の行使を確保するための一種の担保として機能させる趣旨であり[20]，求償権の行使が手続上の制約を受けるとしても，破産手続によらないで原債権を行使することは妨げられない，②破産手続によらないで行使できるとしても，他の破産債権者は，もともと原債権者による財団債権の行使を甘受せざるを得ない立場にあったのであるから，不当に不利益を被るということはできないということにある[21]。判例が指摘した②の理由については，一般論としても，弁済による代位による債権の移転につき債権の属性が承継されないとするのは，関係者間の公平という観点から問題があるといえよう[22]。

このほかにも，③弁済による代位によって法律上生ずるのは原債権の移転であり，当該債権が譲渡された場合との均衡という点からみても，原債権が実体法上の内容も含めて移転するのが相当であると考えられること[23]，④第三者が行使する場合も財団債権性を認めることが当該債権の弁済を促進し，財団債権の要保護性の要請に応えるものであること等からすると，破産法54条2項の原状回復請求権はもとより，労働債権についても，財団債権として行使することを認めるべきである[24]。

なお，租税等の請求権については，下級審の裁判例では財団債権の行使は否定されているが[25]，最高裁の判断は示されていない。財団債権の行使を否定する考え方には二つのものがある。一つは，そもそも第三者が弁済したとして

2 財団債権

も，国税等の効力として国等が有していた権利につき一般私人が代位することは認められないとして（税通41条2項参照），租税等の請求権を弁済により代位すること自体を否定する考え方であり，もう一つは，租税等の請求権についての破産法の手続上の優先的な効力は，専ら国等の租税等の請求権であることにより付与されたものであるから，国又は地方公共団体以外の第三者に移転したときは優先的な効力を付与する理由はないとして，弁済による代位は肯定しつつも，取得された原債権は破産債権であるとする考え方である[26]。前記最高裁判決の理由②に関する「関係者間の公平」という点との関係では議論があり得るものの，公法上の債権としての租税等の請求権の特殊性からみて，弁済による代位を否定する考え方が相当であると思われる[27]。

(15) 最判昭59・5・29民集38巻7号885頁・判タ530号133頁・判時1117号3頁，最判昭61・2・20民集40巻1号43頁・判タ592号71頁・判時1184号53頁。
(16) これまでの裁判例については，村田利喜弥「弁済による代位の問題点――倒産手続における二つの最高裁判決を中心として」『現代民事法の理論と実務下巻』（金融財政事情研究会，2013）104頁に詳細な整理がされている。
(17) 山本和彦「労働債権の立替払いと財団債権」判タ1314号（2010）5頁，「求償債権が破産債権（再生債権）である場合において財団債権（共益債権）である原債権を手続外で行使することの可否（積極）」金法1953号（2012）52頁，長谷部由起子「弁済による代位（民法501条）と倒産手続」学習院大学法学会雑誌46巻2号（2011）223頁。
(18) 最判平23・11・22民集65巻8号3165頁・判タ1361号131頁・判時2134号62頁。
(19) 最判平23・11・24民集65巻8号3213頁・判タ1361号136頁・判時2134号67頁。
(20) 前記①判決における田原睦夫裁判官の補足意見は，この関係について，「弁済による代位により求償権者に移転する原債権と求償権との関係は，求償権を担保するべく原債権が移転するもので，その移転の法的構成は，譲渡担保に類するものと解される」とする。
(21) 2つの最高裁判例につき，榎本光宏「求償権が破産債権である場合において財団債権である原債権を破産手続によらないで行使することの可否――最三小判平成23・11・22ほか」ジュリ1444号（2012）92頁，髙部眞規子「求償権が破産債権である場合において財団債権である原債権を破産手続によらないで行使することの可否――二つの最高裁判決に寄せて」金法1947号（2012）41頁等，粟田口太郎「弁済による代位により取得された原債権の倒産法上の取扱い」東京弁護士会倒産法部編『倒産法改正展望』（商事法務，2012）353頁，村田・前掲注（16）104頁等。
(22) 非免責債権を第三者が弁済した場合にも，代位取得した債権について非免責債権性の承継という同様の問題があるが，弁済による代位の性質論のほか，関係者間の公平という観点からみても，基本的に非免責債権性を承継するとすべきであろう。杉本純子「優先権の代位と倒産手続――日米の比較による一考察」同志社法学59巻1号（2007）228頁，小川秀樹「破産免責をめぐる諸問題」前掲注（16）『現代民事法の理論と実務下巻』494頁。

(23) 債権の移転原因としての弁済による代位と譲渡とを区別するものとして、杉本・前掲注（22）222頁、野村剛司「弁済による代位と民事再生——大阪高裁平成22年5月21日判決の事案から」銀法727号（2011）30頁。
(24) 山本ほか・概説〔第2版〕91頁〔沖野眞己〕、伊藤・227頁、伊藤・前掲注（1）12頁、松下淳一「共益債権を被担保債権とする保証の履行と弁済による代位の効果——大阪高判平22・5・21をめぐって」金法1912号（2010）20頁、中西正「財団（共益）債権性・優先的倒産債権性の承継可能性」銀法727号（2011）38頁等。
(25) 村田・前掲注（16）116頁。
(26) 前者につき東京高判平17・3・9金法1747号84頁等、後者につき東京高判平17・6・30金法1752号54頁等。なお、租税等の請求権について代位を肯定したうえで、財団債権としての行使を認める説として、村田・前掲注（16）132頁。
(27) 租税等の請求権について、自力執行力が財団債権性の根拠の一つであることから、労働債権と別異の取扱いをすることを肯定する見解として、山本ほか・概説〔第2版〕91頁〔沖野〕。前記①判決の田原睦夫裁判官の補足意見は、租税等の請求権については、弁済による代位自体がその性質上生じないとする。榎本・前掲注（21）95頁、志場喜徳郎ほか編『国税通則法精解〔平成25年改訂〕』（大蔵財務協会）492頁参照。

Ⅱ　財団債権の権利行使

1　強制執行

(1)　強制執行の禁止

財団債権については、破産債権に先立って、随時弁済される（破2条7項・151条）が、破産管財人が弁済を拒絶する場合に、財団債権者として、どのように破産管財人に対して権利行使をすることができるかが問題となる。

訴えの提起については可能とされており、財団債権者は、訴訟において権利を行使することができる。しかし、財団債権について債務名義がある場合でも、破産財団に属する財産に対して強制執行をすることができるかについては、旧破産法の下では見解が分かれていた。

消極説は、①破産法は、財団債権については、破産手続において破産管財人の判断により弁済がされることを前提としており、最終的には、裁判所の監督作用が期待できること、②強制執行がされると、財団債権の平等弁済を達成することができなくなるおそれがあること等を理由として、強制執行をすることができないとしていた。これに対し、積極説は、①財団債権者は破産手続によ

2 財団債権

らないで弁済を求めることができること、②破産債権より保護されるべき財団債権が強制的実現の保障を欠くのは適当ではないこと、③訴えの提起が可能であるとすれば、強制執行の相手方にもなり得ること、④破産管財人に対する裁判所の監督権の発動や損害賠償請求では実効性が期待できないこと等を理由としていた[28]。

新破産法では、この点について立法的に解決し、消極説の立場を明文化した。すなわち、破産債権と同様に、財団債権に基づく強制執行、仮差押え、仮処分、企業担保権の実行等及び財団債権を被担保債権とする一般先取特権の実行は禁止され、破産手続開始後に新たに開始することはできないこととした（破42条1項）。また、破産手続開始前の原因に基づく財団債権について既に開始されている強制執行も、破産財団に対して効力を失い、中止されるものとした（同条2項）。このほか、財団債権に基づく財産開示手続も失効する（同条6項）。

これは、破産手続においては、財団債権の全額を弁済できない場合は決して稀ではないという状況に照らし[29]、平等弁済の原則を徹底する趣旨に基づくとともに、破産手続を円滑に進行させる趣旨に基づくものである[30]。特に、前述のとおり、労働債権の一部が財団債権とされたこと（Ⅰ2(1)(b)③）からも、財団不足の場合の平等弁済を徹底する必要性が強まったことが新破産法における財団債権による強制執行の禁止の大きな理由と考えられる。また、このような考え方は、租税等の請求権に基づく滞納処分が破産手続開始後は禁止されること（破43条1項）[31]にも適合するものである。

後述するように最優先の財団債権とされた破産法148条1項1号及び2号の財団債権（Ⅳ3(2)参照）については、立法論としては、強制執行の可能性を保障すべきであるとする見解もある[32]。しかし、強制執行の禁止の理由については、①財団債権者間の公平という観点と、②破産手続の円滑な遂行という2つの観点があり、前記の見解は、公平の観点からは根拠づけられるものの、手続の円滑な遂行（次々と強制執行がされると、破産管財人の円滑な換価に支障が生ずるおそれがある。）という観点に照らすと、妥当とはいいがたい面があり、やはり、財団債権の種類によらずに、一律に禁止する必要性は大きいと考えられる[33]。

第1章 破産債権・財団債権

また，平等弁済の必要性と手続の円滑な遂行という理由は，破産手続開始前の保全段階にもあてはまるものであり，したがって，保全段階においても強制執行を禁止する必要性は大きいと考えられる。そこで，破産手続開始の決定後と平仄を合わせ，破産手続開始決定前の保全処分についても，財団債権となるべき債権に係る強制執行及び一般先取特権の実行の手続の中止命令（破24条1項1号）をすることができるとともに，破産手続開始の「前倒し」ともいうべき包括的禁止命令については，財団債権者を含めたすべての債権者をその対象とすることとしている（破25条1項）。

なお，再建型の手続においては，共益債権に基づく強制執行等が許容されることを当然の前提として，個別的に中止又は取消しを認めることとされており（民再121条3項，会更132条3項），破産手続と再建型手続とで異なる規律となっている。これは，破産財団のみが弁済の原資となる財団債権と異なり，共益債権の場合は，手続開始後の取得財産すべてを含む債務者の財産に対する権利行使を禁止する理由がなく，むしろ，事業の継続のために取引の相手方である債権者の保護を図る必要があると考えられるという両手続の性質の差異によるものである。

このように財団債権について強制執行等は禁止されるが，財団債権について付された担保権の実行は，破産手続中も可能である。財団不足の場合でも，後述（**Ⅳ2**）するように担保権が付された財団債権は優先的に弁済される（破152条1項ただし書）ので，財団債権者が担保権を実行することは可能である。

(28) 山木戸・140頁，中田・142頁等。むしろ，旧破産法の下では，積極説の方が通説的な立場を占めていた。
(29) 実務上いわゆる少額管財事件が普及し，異時破産手続廃止事件が増加していることを指摘するものとして松下・前掲注（8）44頁。
(30) 一問一答73頁，基本構造と実務354頁〔小川発言〕。
(31) 破産法43条1項は，破産法において新たに設けられた規定であるが，旧破産法下での判例（最判昭45・7・16民集24巻7号879頁・訟月16巻9号1085頁）の考え方を明文化したものである。
(32) 中西正「債権の優先順位（特集　破産法改正と倒産実体法の見直し）」ジュリ1273号（2004）74頁。
(33) 三木・前掲注（2）167頁，基本構造と実務357頁〔花村発言〕。

2　財団債権

(2) 詐害行為取消訴訟及び債権者代位訴訟の中断

　財団債権の多くは破産手続開始後に生ずるものであるが，例えば，労働債権については，破産手続開始前の財団債権となるべき債権である状態の下で既に訴訟が追行されている場合がある。このような破産者を当事者とする破産財団に関する訴訟のうち，財団債権に係るものは，破産手続開始により中断し，破産管財人によって受継される（破44条1項・2項）。

　債務者が詐害行為をしたことを理由に詐害行為取消訴訟が提起され，又は債務者が財産上の行為をしないために債権者代位訴訟が提起されている場合において，当該債務者につき破産手続が開始したときは，当該債務者は被告ではないので，訴訟の当事者について破産手続が開始した場合にはあたらないが，破産債権者について訴訟が中断し，受継が行われる（破45条1項）[34]。これは，責任財産の範囲をめぐる当事者適格が取消債権者や代位債権者から破産債権者の利益を代表する破産管財人に移転したことによるものである。

　この場合，財団債権者についても訴訟が中断し，受継が行われる。これは，当事者適格の移転ということによるものではなく，財団債権に基づく強制執行が禁止されることと同様の考えに基づくものである[35]。詐害行為取消訴訟は，債務者の責任財産の回復を目的とし，債権者代位訴訟は，債権の保全を目的として，いずれについても債務者の財産に対する強制執行の準備としての性格を有する。そうすると，財団債権による強制執行が禁止されることとの均衡を考慮するときは，破産手続が開始した場合には，これらの追行は財団債権者ではなく，破産管財人に委ねるべきものであると考えられる。そこで，詐害行為取消訴訟と債権者代位訴訟は，財団債権についても中断の対象としている。

　なお，再建型の手続においては，前述のとおり，共益債権による強制執行が禁止されず，したがって，詐害行為取消訴訟と債権者代位訴訟について，共益債権によるものが中断することはない（民再40条の2第1項，会更52条の2第1項）。

[34]　債権者代位訴訟の中断についての規定は，破産法において新たに設けられたものである。
[35]　一問一答74頁，基本構造と実務90頁〔小川発言〕，伊藤・313頁，竹下・大コンメ188頁〔菅家忠行〕。

(3) 免責手続中の取扱い

　旧破産法の下では，破産手続が終了すると，債権者の個別執行禁止の効果が失われるため，破産手続終了後免責許可決定が確定するまでの間に破産者の財産に対する強制執行がされるおそれがあった[36]。そこで，破産法では，債務者の経済生活の再生の機会を確保する趣旨で，免責許可の申立てがされた場合には，同時破産手続廃止決定，異時破産手続廃止決定又は破産手続終結決定があったときであっても，破産債権については強制執行を禁止することとした（破249条1項）。これは，免責手続中についての個別執行禁止効を認めたものである。

　しかし，この場合，財団債権については，強制執行の禁止の対象とされていない（破249条1項）。これは，免責の効果は，破産手続終了後に生ずるものであるところ，免責は破産債権をその対象とするもので，破産手続中に弁済されなかった財団債権は免責の対象にはならず（破253条1項），免責手続中に財団債権による強制執行を禁止する必要性もないことによるものである[37]。

(36)　最判平2・3・20民集44巻2号416頁・判タ725号59頁・判時1345号68頁参照。
(37)　一問一答337頁，竹下・大コンメ1069頁〔花村良一〕，小川・前掲注(22) 505頁。

(4) 配当要求

　「強制執行」の禁止との関係では，別除権者が財団所属の財産に対して担保権を実行したときに財団債権者が当該担保権の実行手続に配当要求（民執51条1項・188条）をすることができるかという点が問題となる。

　破産法42条の条文上は，この点は明らかではないが，破産手続中の交付要求（税徴82条）については，これを認め，破産管財人に配当金を交付して，当該破産管財人が交付要求をした債権者に弁済するという判例[38]の考え方と同様に，配当金を破産管財人に交付し，破産管財人が財団債権者に弁済することを可能とする見解[39]と，破産法42条1項の主な趣旨は，担保余剰を含む破産財団の全体的な価値に対する財団債権者の平等の確保にあるとして，配当要求を強制執行と同様のものとみて，配当要求は禁止の対象となるとする見解[40]とがある。

　この点に関しては，基本的には，交付要求に関する前掲注(38)最判平9・

2　財団債権

11・28の考え方が配当要求についても妥当し，配当要求自体は可能であると解することができるものと思われる（もっとも，この考え方によれば，配当要求をすること自体の意味は乏しいことになろう。）。

(38)　最判平9・11・28民集51巻10号4172頁・判タ961号123頁・判時1626号77頁。
(39)　基本構造と実務355頁〔山本和彦発言〕。
(40)　松下・前掲注（8）47頁，伊藤・238頁，三木・前掲注（2）167頁。

2　相　　殺

　財団債権者による権利行使の場面としては，財団債権と破産財団に属する当該財団債権者に対する債権とを相殺することができるかについても問題となる。

　この点については，旧破産法下から解釈論上争いがあり，財団債権者は随時弁済を受けられること，相殺について債権者が有する期待はこのような場面でも保護されるべきであることから認めるべきであるとする積極説[41]と，財団不足の場合には財団債権者相互間の平等の観点から相殺を禁止すべきであるとの消極説[42]とがあった。

　新破産法の下においても財団債権者の公平の観点を強調し，相殺を禁止すべきであるとの見解もあり得るところであるが，①破産債権についても相殺が可能とされること（破67条），②相殺は強制執行とは異なって，その担保的機能を重視する必要があり，相殺への期待に対する保護の必要性は，財団債権者が財団債権について設定されている担保権を実行することが可能である（破152条ただし書）のと同様と考えられることからすると，財団債権者は，自らの有する財団債権と破産財団に属する自らに対する債権とを相殺することができると考えるべきである[43]。

(41)　大阪地判昭45・3・13下民21巻3・4号397頁。
(42)　基本コンメ破産法157頁〔山本克己〕。
(43)　伊藤・361頁，山本ほか・概説〔第2版〕93頁〔沖野〕等，竹下・大コンメ298頁〔山本克己〕等。なお，法制審議会倒産法部会においても，この点が議論され，積極説の考え方が採られたことについて基本構造と実務355頁〔沖野眞已発言〕。

第1章 破産債権・財団債権

Ⅲ 財団債権と破産債権

1 破産法における債権の優先順位

　破産債権と財団債権は，前述のとおり，本来の性質を異にするものであるが，破産手続における債権の優先順位という観点からみると，配当手続により按分的に弁済される破産債権と比べて，財団債権は優先的に弁済されるのであり，破産手続においては最優先の地位を有する（別除権〔破65条〕も破産財団から担保権の作用として優先的に行使されるが，あくまで担保権の目的である特定財産に対するものである。）。また，他方では，破産債権のうち，実体法上の優先性をもつのが優先的破産債権（破98条1項）で，その優先権に従った取扱いを受け，先順位の破産債権がすべて満足を受けなければ次順位の破産債権には配当がされないことから，手続における満足についての優先順位としては，財団債権，優先的破産債権，一般の破産債権，劣後的破産債権（破99条1項），約定劣後債権（同条2項）という順序となる。

　新破産法の制定過程においては，従来から立法論的な指摘のあった労働債権と租税等の請求権の優先性の見直しが重要な改正テーマとされ，優先的破産債権ではあるものの，財団債権とされていた租税等の請求権の一部については引下げを行い，他方で，本来優先的破産債権である労働債権の一部を政策的に引き上げて財団債権化した。この労働債権に関する改正により，破産手続終了前に退職した使用人の退職手当の請求権は，退職前3か月間の給料の総額に相当する額が財団債権化され，この結果，一つの債権が部分的に（優先的）破産債権と財団債権とに分かれることになった(44)。このことを逆に捉えれば，従来は，破産債権と財団債権は異なる性質のものとの理解がされていたが，財団債権と破産債権が一種の連続性をもつものとなり，「財団債権と破産債権の相対化」ともいうべき現象が生じているとみることも可能であろう(45)。

　また，労働債権の一部の財団債権化という状況を背景として，前述（Ⅱ1(1)）のとおり，破産法においては，財団債権の強制執行が禁止されることが明文化（破42条1項）されたが，これにより財団不足が明らかになった場合の平等弁済

の場面だけでなく，財団債権者が破産手続開始によって権利行使の面で受ける影響も顕著になり，破産手続における利害関係は従来よりも相当程度強まったとみることができる。

(44) この点についての管財実務上の問題点を指摘するものとして基本構造と実務338〔田原睦夫発言〕。
(45) 同様の趣旨の指摘をするものとして小林秀之＝沖野眞已『わかりやすい新破産法─倒産実体法はこう変わった』（弘文堂，2005）83頁〔沖野眞已発言〕。

2 財団債権と破産債権

破産法上は，原則として，破産債権（となるべき債権）か財団債権（となるべき債権）を明示して規定を設けているが，破産手続開始前については，単に「債権」や「債権者」と規定している条文もある。これらの規定の大部分は，通常は破産手続において最大の利害関係を有する破産債権（となるべき債権）を想定していると考えられるが，必ずしも明らかではないものもある。また，破産債権を念頭において設けられた規定が財団債権にも妥当するかという点も問題となる。

これらの検討をするうえでは，労働債権が優先的破産債権から財団債権に引き上げられた経緯に照らし，財団債権者としてより保護されるべきであるにもかかわらず，労働債権が破産債権のままであれば本来可能であったことが，かえって財団債権化されたためにできなくなる点があるとすれば，その不都合についても考慮する必要があろう。

この問題は，破産手続における財団債権者の地位，ひいては破産手続は誰のためにあるのかという問題にも関連するものといえよう。以下問題となる場合について検討する。

(1) 破産手続開始申立て

破産手続開始の申立権者については，「債権者」と規定する（破18条1項）のみであり，条文上は，開始されるべき破産手続において財団債権となるべき債権を有する者が申立権を有するかどうかは明らかではない。

この点については，破産手続が開始されれば財団債権となるべき債権は，手続開始後においては，破産手続によらないで随時優先弁済を受けられることを

第1章　破産債権・財団債権

根拠として，旧破産法のときから，これを否定する見解が有力である[46]。もっとも，実際上，破産手続開始の申立て前から存在する債権で，手続開始後に財団債権となるべきものとして考慮する必要があるのは，租税等の請求権と，牽連破産の場合における先行手続の共益債権と，破産法において財団債権とされるに至った労働債権である[47]。

このうち，租税等の請求権については，破産手続の開始前は自力執行が可能であり，しかも，その滞納処分は破産手続開始後も続行可能である（破43条2項）から，破産手続開始を申し立てる法律上の利益はないと考えられる[48]。しかし，労働債権については，手続中に財団債権の全額弁済ができないことが判明した時点では，債権額に応じて按分弁済されるほか，新破産法においては，破産手続開始の効果として，強制執行が禁止されるようになったこと（破42条1項）からすると，財団債権となるべき労働債権を有する者についても破産手続開始についての法律上の利益があるものとして，申立権を認めるべきであろう[49]。また，先行手続の共益債権についても，同様に申立権を認めるべき法律上の利益自体があるものと考えられる[50]。

このほか，財団債権者間の公平が強調される状況，すなわち平等弁済が求められる財団不足が明らかな場合（Ⅳ2参照）に財団債権者が破産手続に対して有する利害関係も強いとみて，財団債権者による破産手続開始の申立てを認めるという考え方もあるが，申立権の有無の判断をする段階で，財団不足か否かを判断するのは事実上困難であり，適当とはいえないであろう[51]。

(46) 中田・56頁，基本法コンメ破産法204頁〔林泰民〕，注解破産法（下）173頁〔谷合克行〕。新破産法下の解釈として，伊藤・90頁，山本ほか・概説〔第2版〕343頁〔山本和彦〕，竹下・大コンメ74頁〔世森亮次〕，山本ほか編著・前掲注（13）61頁。
(47) 松下淳一「優先権を有する債権者の倒産手続についての権利」青山善充先生古稀祝賀『民事手続法学の新たな地平』（有斐閣，2009）842頁。
(48) 松下・前掲注（47）846頁。
(49) 松下・前掲注（47）848頁，条解破産法126頁。松下教授は，旧破産法の下であれば破産債権者として破産手続開始の申立権を有するとされていたにもかかわらず，労働債権の一部の格上げにより申立権を有しないことになることの不均衡も指摘される。なお，松下・前掲注（47）849頁は，類似する問題となる再生手続における一般優先債権を有する者の再生手続開始の申立権については，一般優先債権は，個別執行が可能であり，破産法152条1項本文に相当する規定がない（一般優先債権は再生手続との関係で「外側」の権利である。）ことを根拠にこれを否定する。
(50) 松下・前掲注（47）848頁。もっとも，牽連破産によって破産手続が開始される

（民再250条，会更252条）のが通常であろうとされる。
(51) 宮川勝之「破産手続開始申立権者」新破産法の理論と実務76頁，松下・前掲注(47) 848頁。

(2) 担保権消滅の申立て

　担保権消滅の申立てにおいては，破産債権者の一般の利益に適合することが，積極的要件とされている（破186条1項本文）。この「破産債権者の一般の利益」とは，一般に破産財団を増殖させることを意味するが，迅速な換価により当該財産の所有に伴う負担を免れる場合等をも含むと解される[52]。さらに，担保目的財産の担保権を消滅させて換価して，破産財団を増殖させても結果として異時破産手続廃止が見込まれる場合にこの要件を満たすかが問題となる。この場合には，破産債権者の配当の増加にはつながらないが，財団債権者への弁済に充てられる破産財団に属する財産は増加することになり，このことが「破産債権者の一般の利益」といえるかが問題となる。

　このような場合には，財団債権者の利益にしかならないとしても，破産財団の換価の促進から，これを肯定する見解[53]がある。これに対し，担保権消滅制度はあくまで破産債権者の利益のために破産手続の中で担保権に制約を加え，実体法上の優先関係と異なる形での弁済が行われるものであるから，異時破産手続廃止が見込まれる場合まで，このような趣旨から，破産手続を利用して実体法が予定している弁済順序を変更することを認めるべきではないとして，否定する見解[54]がある。

　たしかに，担保権消滅という効果の大きさに照らすと，否定説には説得力があるが，前記のとおり，財団債権と破産債権とが連続し，一般的には，財団債権の方が保護されるべきであるという両者の保護の必要性のバランスの観点からみると，少なくともこの場面では，破産債権と財団債権の区別には大きな意味はないと考えられるところであり，財団不足が予測される場合を排除する趣旨であるとまでする必要はなく，肯定説も十分考えられるであろう。

(52) 一問一答252頁。
(53) 基本構造と実務190頁〔小川発言，松下発言〕，山本ほか・概説〔第2版〕116頁〔沖野〕，竹下・大コンメ774頁〔沖野眞已〕。
(54) 基本構造と実務190頁〔伊藤眞発言〕・191頁〔山本和彦発言〕。

第1章 破産債権・財団債権

Ⅳ　財団債権の取扱い

1　財団債権の弁済

　前記のとおり，財団債権に対する弁済は，破産手続によらないで破産管財人によってされ，破産管財人は，随時弁済する義務を負う。弁済は，財団不足が明らかになるまでは破産管財人の裁量によるが，破産管財人が理由なく財団債権に係る債務の弁済を拒絶するときは，裁判所の監督権の発動によることになる（破75条1項）。また，理由のない拒絶は，破産管財人の善管注意義務違反（破85条1項）となるので，破産管財人に対する損害賠償請求が可能となる。

　財団債権は，破産債権と異なり，届出，調査，確定の手続を必要としない。しかし，破産管財人は，その善管注意義務に従って承認を行う必要があり，100万円以上の財団債権の承認をするには裁判所の許可が必要となる（破78条2項13号，破規25条）。また，破産管財人が財団債権を承認し，弁済するには，その存在が知れていることが必要である。もっとも，典型的には，手続開始前の原因に基づく労働債権等についてみると，破産管財人にとって，財団債権の存在及び内容を知ることは容易でなく，把握することが困難なものも多い。そこで，破産管財人による財団債権の調査の契機を得ることを目的として，財団債権者は，破産手続開始決定があったことを知ったときは，速やかに財団債権を有する旨を破産管財人に申し出ることとされている（破規50条1項）（額や原因等の詳細を申し出る必要はない。）[55]。なお，この申出については，これを怠っても財団債権の失権等の不利益を受けることはない。

　このように，財団債権者は，破産債権者に対して優先するが，破産管財人が配当率又は配当額の通知をするまでに破産管財人に知れていない財団債権者は，配当すべき金銭から弁済を受けることができない（破203条）。

　最後配当によって破産手続が終了した場合と異なり，破産手続開始の決定の取消し又は破産手続廃止の決定が確定した場合には，なお財団債権の弁済を終えていないことが考えられる。このような場合には，破産管財人は，財団債権を弁済しなければならず（破90条2項本文），その存否や額について争いのある

財団債権については供託しなければならない（同項ただし書）(56)。

(55) 条解破産規則119頁。
(56) この場合に弁済の対象となるのは、破産手続開始後に生じた共益費用的なものに限るべきであるとの見解がある（注解破産法(下)778頁〔谷合〕）。

2 財団不足が明らかな場合

　破産財団が財団債権の総額を弁済するのに不足することが明らかになった場合には、法令に定める優先権にかかわらず、債権額の割合により平等弁済（按分弁済）をする（破152条1項本文）。ただし、財団債権について留置権、特別の先取特権、質権、抵当権等の特定財産上の担保権が成立するときはその効力が認められる（同項ただし書）。条文上明記されているのは典型担保のみであるが、非典型担保についてもあてはまるものと解される。

　財団不足か否かは、破産管財人の判断によることになる。「債権額の割合により」というのは、財団不足が明らかになった時点での各財団債権の未払部分の額を意味し(57)、按分弁済を行う場合には、それまでに弁済された額は考慮されない。財団不足による破産手続の廃止が見込まれるようになった時点で既にされていた弁済は破産手続上有効であり、財団不足が明らかになった場合に弁済の効力が否定されることもない。

(57) この点は旧破産法の解釈と異なるところはない（一問一答207頁）。

3 財団債権相互間の優先順位

(1) 旧破産法における優先順位

　旧破産法では、財団不足が明らかな場合の財団債権間の優先関係については、旧破産法47条1号から7号まで（破産法148条各号に相当する。）に掲げる請求権が他の財団債権に優先するものとされていた（旧破51条2項）。

　しかし、判例(58)は、破産管財人の報酬と財団債権である破産宣告前の租税等の請求権（旧破47条2号本文）との優劣が問題とされた事案において、「共益費用が国税その他の公課に優先すべきことは、元来自明のこと」として、破産管財人の報酬が共益費用であること等の理由から、破産管財人の報酬が租税等の請求権に優先する旨を判示した。

　そして、旧破産法下の通説的見解では、この判例の趣旨は、旧破産法47条1

第1章　破産債権・財団債権

号及び3号の財団債権とその他の財団債権との関係にも及ぶものと解されていた[59]。すなわち，破産手続の手続費用に該当するものは最優先の地位を与えられるものとされていた。

したがって，財団債権の優先順位は，旧破産法の下では，①共益的性格を有する手続費用に相当する破産管財人の報酬等の財団債権，②租税等の請求権等の旧破産法47条2号，4号から7号までの債権，③同条8号及び9号の債権及び同条以外の条文に規定されていた特別の財団債権というように，3段階に区分されていたことになる。

しかし，旧破産法51条2項に関するこの考え方については，共益性の強い手続費用である旧破産法47条1号及び3号の財団債権を他の財団債権に優先させている点は当然であるとしても，同条2号及び4号から7号までの財団債権とそれ以外の財団債権の区別については，根拠も明らかではなく，これらの債権間で優先関係を設ける合理性は乏しいとの指摘が立法当初からされていた[60]。

(58)　最判昭45・10・30民集24巻11号1667頁・判タ255号159頁・判時613号58頁。
(59)　山木戸・140頁，谷口・150頁等。
(60)　加藤・要論117頁。

(2)　破産法における優先順位

そこで，破産法では，この問題について立法的な解決を図るため，破産財団が財団債権の総額を弁済するのに不足することが明らかになった場合における財団債権間の優先関係については，旧破産法下の解釈論と同様に，「破産債権者の共同の利益のためにする裁判上の費用の請求権」（破148条1項1号）及び「破産財団の管理，換価及び配当に関する費用の請求権」（同項2号）を他の財団債権に優先させることを条文上も明らかにした（破152条2項）。また，保全管理命令が発令され，選任された保全管理人が権限に基づいてした行為によって生じた請求権（破148条4項）のうち，債務者の財産の管理及び換価に関する費用の請求権についても，破産法148条1項及び2項の財団債権と同様に，他の財団債権に優先して弁済することとした（破152条2項括弧書）。

この結果として，破産法の下での財団債権の優先順位は，①破産法148条1項1号及び2号の財団債権（保全管理人が権限に基づいてした行為によって生じた請求

権を含む。）と②それ以外の財団債権の2段階に区分されることになった。

(3) DIPファイナンスの取扱い

　再生手続又は更生手続が開始され，再生債務者や更生会社に対する新規融資が行われた場合，これらのいわゆるDIPファイナンスの保護は，再建型の手続を円滑に進めるうえで重要であり[61]，このようなDIPファイナンスの債権は，再建型の手続においては共益債権とされる（民再119条5号等，会更127条5号等）。そして，再建が不成功に終わり，牽連破産によって破産手続に移行した場合であっても，先行する手続における共益債権は，破産手続上財団債権として取り扱われる（民再252条6項，会更254条6項）が，共益債権が破産手続に移行して財団債権として取り扱われる場合には，旧破産法の下では，「その他の財団債権」であったことから，第3順位の財団債権として，第2順位の財団債権（旧破産法47条1号から7号まで）に劣後するものと位置づけられていた（旧破51条2項）。しかし，前述した見直しにより，破産法においては，同一の順位で債権額の割合に応じて弁済を受けられることになったのであり，このDIPファイナンスの優先順位の引上げは，具体的には，これまで劣後していた租税等の請求権と同順位となるという点において，実務上大きな意味をもつと考えられる[62]。

(61)　DIPファイナンスと倒産手続との関係について，森直樹＝瀬戸英雄「DIPファイナンス債権・取引先債権の取扱い」新破産法の理論と実務173頁。
(62)　一問一答209頁，基本構造と実務353頁〔小川発言〕。

V　財団債権の債務者

1　財団債権の債務者

　財団債権は破産財団から優先して弁済されるが，この場合，債務者が誰かという問題がある。この点は，破産手続終了後の財団債権の弁済の最終的な責任を負うのは誰かという問題（**2**参照）に関連するものであるが，財団債権の債務者の問題は，破産財団の性質や破産管財人の地位のほか，各財団債権を理論的に矛盾なく説明することができるかという点に中心的な課題があり，手続終

第1章　破産債権・財団債権

了後の財団債権者の責任の問題とは区別して議論する必要がある(63)。

　財団債権の債務者の問題については，従来から，①破産者説，②破産債権者団体説，③破産財団説，④破産管財人管理機構説の対立がある(64)。

　①破産者説は，破産財団に属する財産が破産者の所有に属する財産であることを根拠として財団債権の債務者は破産者であるとするものである。しかし，財団債権のほとんどが，破産手続開始後のものであることから考えると，合理的とはいえないとの批判が強い。また，この考え方によると，一般的には，破産手続終了後に破産者が財団債権一般について責任を負うという考え方に結びつくことになるが（この場合でも，破産財団を限度とする有限責任にとどまるとする説もある。），この点についての批判も強い。

　②破産債権者団体説は，財団債権の多くが破産債権者の共同の利益に関連しているところから破産債権者全員又はその団体を債務者とする。しかし，破産債権者団体が財団債権の債務者としての主体となるという考え方には無理があるほか，財団債権の性質上異なるものがあることからも説明が困難であるとの批判がされている。

　③破産財団説は，破産財団の法主体性を認めることを前提としているが，この説によると破産手続終了後の財団債権については，手続開始前に破産者の責任のあったものを除き，破産者は責任を負わない（破産財団を限度とする有限責任である。）という考え方になる。しかし，法的根拠もなく，破産財団に法主体性を認めることは困難であるとの批判が強い。

　④破産管財人管理機構説は，破産財団に属する財産について管理処分権を行使する立場にある管理機構としての破産管財人に法主体性を認める考え方を財団債権についてもあてはめ，管理機構としての破産管財人が財団債権の債務者になるとするものである。破産管財人の費用や報酬のように破産管財人が財団債権者になる場合については，破産管財人に就任している私人が管理機構としての破産管財人に対して請求するものと考える。破産管財人の地位の議論にも関わるが，近時は財団債権の債務者について最も有力な説である。

　財団債権の多様な性質や他の制度についての理解からみると，この考え方が最も説明としては優れたものといえよう。この考え方によれば，破産手続終了後，破産者は責任を負わない方向の議論と結びつきやすいが，結論としては，

それぞれの財団債権の性質によって定まることとなる。

(63) 片野三郎「財団債権の最終義務者」実務と理論299頁。山本克己「財団債権・共益債権の債務者―管理機構人格説の検討を兼ねて」前掲注(16)『現代民事法の理論と実務下巻』80頁は「財団債権の債務者は誰かという問題設定に対する答えから、破産手続終了後の財団債権の処遇を一義的に導き出すことはできない」とする。
(64) 学説の状況については、伊藤・234頁、片野・前掲注(63)299頁、注解破産法(上)210頁〔斎藤秀夫〕。

2 財団債権の最終的な義務者

財団債権の最終的な義務者の問題は、1の財団債権の債務者に関する諸説と関連するものであるが、むしろ、財団債権について弁済する債務者の問題とは別に、破産手続終了後も破産者が責任を負うべきかという問題として理解される。法人の破産では破産手続開始により法人が解散するので、議論をする意味は乏しいが、自然人の場合は、前述のとおり、財団債権は免責の対象にもならないので、検討を要する問題となる。

大別すると、①すべての財団債権について破産者の責任を認める考え方、②破産債権としての性質を有する財団債権について破産者の責任を認める考え方、③すべての財団債権について破産者の責任を認めない考え方、④免責の有無を基準とし、免責許可のない場合には破産者の責任を肯定する考え方がある[65]。

近時も、破産者の経済生活の再生にも配慮し、一切の責任を負わないとする見解[66]や個別執行における手続費用の負担と同様に、財団債権の最終的な負担者は破産者本人とすべきであるとする見解[67]が有力に主張されている。しかし、財団債権の法的性質の差異に着目すれば、財団債権者の責任である手続遂行の費用としての性質をもつ財団債権については、管理機構としての破産管財人を債務者とし、したがって、責任財産が破産財団に限定されるが、租税等の請求権や労働債権等、本来は破産手続開始前から生じており、破産債権としての性質を有するにもかかわらず政策的に財団債権とされるものについては、破産手続終了後も破産者本人が責任を負うとする見解[68]が適切であろう。

(65) 片野・前掲注(63)299頁、松下・前掲注(8)58頁。
(66) 伊藤・236頁。
(67) 山本和彦「財団債権の弁済・財団債権による強制執行」新破産法の理論と実務177頁。

第1章　破産債権・財団債権

(68) 山本ほか・概説〔第2版〕90頁〔沖野〕，松下・前掲注（8）61頁。山本ほか編著・前掲注（13）198頁，山本・前掲注（63）80頁。なお，松下・前掲注（8）63頁は，租税等の請求権，労働債権のほか，先行手続において事業の再生とは無関係にもっぱら再生債務者の生活のために生じた費用に係る請求権として共益債権とされ（民再119条2号），牽連破産手続で財団債権とされるものも破産者本人が責任を負うべき性質のものであるとする。

〔小川　秀樹〕

3 租税債権

I はじめに

　破産法は，租税債権について，他の債権とは異なる様々な取扱いを定める。本項目では，まず破産手続における租税債権の扱いやその手続等についてまとめたうえ，さらに近時租税債権をめぐって議論が活発になった争点のなかから，破産管財人の源泉徴収義務の問題と，租税債権について代位弁済がされた場合の代位に関する問題について解説する(1)。

(1) 破産管財業務における様々な税務処理についてまとめた文献として，永石一郎「破産手続と税務」新・裁判実務大系(28)561頁がある。

II 破産手続における租税債権の取扱い

1 旧破産法における租税債権の取扱いと現行破産法による改正

　旧破産法では，破産宣告前の原因に基づく租税債権は，その納期限を問わず，また延滞税，加算税も含めて，すべて財団債権とされていた（旧破47条2号）。そのため，本来は破産債権としてもおかしくない性格のものなのに，破産管財人の努力によって収集された破産財団の資金が優先的に租税債権に充てられて，その分財団が減少し，破産債権者への配当財源が僅少になったり，ときには配当財源がなくなって異時廃止に至ることもあり，立法論として，破産債権者の利益を図る方向に改正すべきではないかとの議論がされていた。このような議論を受けて，現行破産法は，破産手続開始前の原因に基づく租税債権

の一部を破産債権として扱うこととした。

また、破産手続開始後の原因に基づく租税債権は、旧破産法では、破産財団に関して生じたものに限って財団債権とされていたが (旧破47条2号但書)、現行法では、破産法148条1項2号の「破産財団の管理、換価及び配当に関する費用の請求権」に当たるものが財団債権とされることとなった。

2 現行破産法における債権の区分

(1) 破産手続開始前の原因に基づく租税等の請求権

(a) 租税等の請求権

現行破産法において、租税等の請求権とは、国税徴収法又は国税徴収の例によって徴収することのできる請求権をいう (破97条4号)。国税徴収の例によるものとしては、道府県民税 (地税48条1項・68条6項)、市町村民税 (地税331条6項)、関税 (関税11条)、健康保険料 (健保183条)、厚生年金保険料 (厚年89条)、国民年金保険料 (国年95条)、労働保険料 (労保徴29条) などがある[2]。

(b) 財団債権となる請求権

現行破産法は、破産手続開始前の原因に基づいて生じた租税等の請求権を、旧法のようにすべて財団債権とするのではなく、そのうち破産手続開始当時納期限が到来していないもの又は納期限から1年を経過していないものに限って、財団債権とした (破148条1項3号。ただし、加算税等破産法97条5号に掲げる請求権を除く。)。なお、この1年の期間の計算については、包括的禁止命令によって国税滞納処分ができなかった期間を除くものとされる (同号括弧書)。ここで「破産手続開始前の原因に基づいて生じた」とは、破産手続開始以前に納税義務が成立していることをいう。

このような改正がされたのは、租税等の請求権は自力執行権を有しているところ、具体的納期限から1年を経過しても滞納処分に着手しない場合にまで、他の債権者に優先させる必要はないとの価値判断に基づく[3]。他方で、納期限から1年間の猶予をみたのは、徴収権者が納期限到来後ただちに強制徴収に着手しなければならないものとすると、かえって債務者の倒産を早めてしまう結果になりかねないことや、納税猶予を行う場合は1年以内の期間が原則であること (税通46条1項〜3項) などによる[4]。このような趣旨から、包括的禁止

命令によって滞納処分をすることができない期間があったときは，徴税機関による強制徴収ができなかったのであるから，その期間は「納期限から1年」の計算からは除かれることとされた。なお，上記の趣旨により，破産法148条1項3号にいう納期限とは，法定納期限ではなく，具体的納期限をいう(5)。具体的納期限とは，その期限までに納付がされない場合，督促状が発せられ，さらに滞納処分がなされることとなる期限をいう (税通36条2項・37条等参照)(6)。

(c) 優先的破産債権となる請求権

これに対して，破産手続開始前の原因に基づく租税等の請求権のうち，財団債権でなく，かつ劣後的破産債権に当たらないものは，優先的破産債権 (破98条1項) となる。すなわち，破産手続開始前の原因に基づく租税等の請求権のうち，破産手続開始当時既に具体的納期限から1年を経過しているものがこれに当たることになる (なお，次項のとおり，加算税等は劣後的破産債権となる。)。

優先的破産債権相互間の優劣は，民法，商法その他の法律の定めるところによるので (破98条2項)，国税・地方税は他の優先的破産債権に対して最優先となり (税徴8条，地税14条)，その次に各種の公課が位置する (税徴2条5号，国年98条など)。そして，これらの公租公課のうち同順位のもの相互間では，債権額に応じて平等に扱われる (破194条2項)。なお，交付要求先着手主義は排除されている (税徴13条括弧書，地税14条の7括弧書)。

(d) 劣後的破産債権となる請求権

破産手続開始前の破産者の行為に関して課せられた加算税又は加算金の請求権は，劣後的破産債権となる (破97条5号・99条1項1号)。これは，公的制裁としての意味を有するものであるが，破産財団に対する圧迫を避けるために劣後的破産債権としたものである。このような趣旨から，本税が財団債権であっても，加算税は劣後的破産債権となる(7)。

(e) 延滞税について

財団債権たる租税等の請求権に関する破産手続開始前の延滞税，利子税，延滞金は，財団債権となる(8)。優先的破産債権たる租税等の請求権の延滞税，利子税，延滞金のうち，破産手続開始前のものは優先的破産債権となる。

破産手続開始後の延滞税，利子税，延滞金は，財団債権たる租税等の請求権に関するものは財団債権となり，優先的破産債権たる租税等の請求権に関する

ものは劣後的破産債権となる[9]。
　（2）　その他の例として、竹下・大コンメ177頁〔菅家忠行〕参照。
　（3）　一問一答189頁、条解破産法956頁。
　（4）　竹下・大コンメ581頁〔上原敏夫〕。
　（5）　条解破産法956頁。
　（6）　竹下・大コンメ581頁〔上原〕。
　（7）　条解破産法685頁。
　（8）　条解破産法957頁。竹下・大コンメ581頁〔上原〕。
　（9）　竹下・大コンメ581頁〔上原〕。

(2)　破産手続開始後の原因に基づく租税等の請求権
　(a)　財団債権となる租税等の請求権
　　(ｱ)　「破産財団の管理、換価及び配当に関する費用の請求権」　租税等の請求権のうち、「破産財団の管理、換価及び配当に関する費用の請求権」に該当するものは、財団債権となる（破148条1項2号）。すなわち、破産財団所属財産に課される固定資産税、都市計画税、償却資産税、自動車税のほか、破産財団所属の財産を換価した際に課される消費税や登録免許税、破産管財人が事業継続の許可を得て事業を継続する場合に、従業員や管財業務の補助者として雇用した者に対して支払う給与に係る源泉所得税、社会保険料、財団所属財産の管理・換価業務を行うに際して破産管財人が業務を依頼した弁護士、公認会計士、税理士、社会保険労務士、不動産鑑定士、司法書士等に支払う報酬に係る源泉所得税、破産管財人の管理・換価業務の遂行に際して作成された契約書等に貼用する印紙税などが財団債権となる。
　　なお、個人の破産事件の破産管財人が、当該破産者の有する資産を譲渡した場合に譲渡所得が生じても、破産者が資力喪失状態にあれば、所得税は課税されない（所税9条1項10号）。他方、法人の破産事件における破産管財人の換価によって生じた所得に関する法人税については、(c)において後述する。
　　(ｲ)　土地重課税について　土地の譲渡益に対して、通常の法人税とは別に保有期間に応じた土地重課税が課せられており、これは財団所属財産の換価に要する費用として財団債権に当たると解されているが[10]、これを定めた租税特別措置法の規定は、平成10年1月1日以降平成29年3月31日までにした土地の譲渡については適用が停止されている（同法62条の3第13項・63条7項）。また、投機的な土地取引を抑制する目的の下に定められた2年以下の超短期所有

3 租税債権

土地の譲渡益に対する15％の追加課税制度は廃止された。

(ウ) **法人地方税の均等割** 次に，法人に対する住民税のうち，均等割の部分は，地方公共団体の区域内に事務所等を置くことによって課されるものなので，破産財団の管理に係るものとして財団債権になる。

(エ) **加算税等** なお，前記のとおり，破産手続開始前の破産者の行為に基づいて課せられる不納付加算税，無申告加算税，過少申告加算税等とは異なり，破産手続開始後に破産管財人が申告をなした場合の過少申告や租税の不納付などに対して課される加算税は，破産財団に関して破産管財人がなした行為によって生じた請求権（破148条1項4号）として，財団債権になる[11]。個人破産の場合において，破産管財人の行為によらずに，開始決定後の原因に基づく租税等の請求権に関して開始決定後に個人がなした申告等について課される加算税等は，破産財団に関するものではないから破産債権とはならず，破産手続外で自由財産から徴収すべきものと解される[12]。

(b) **劣後的破産債権となる租税等の請求権**

(ア) **破産財団に関して破産手続開始後の原因に基づいて生ずる租税等の請求権** 破産法は，破産財団に関して破産手続開始後の原因に基づいて生ずる租税等の請求権のうち，財団債権とならないものを劣後的破産債権とした（破97条4号・99条1項1号）。これは，破産手続開始後の原因に基づく租税等の請求権のうち，破産財団の管理・換価・配当の費用たる性格を有しないものは，それが破産財団に関するものであっても財団債権とするのは相当でないとの考えから破産債権とし，かつその序列を他の破産債権に対して劣後させたものである。

ここで破産法97条4号の条文に「破産財団に関して」とあるとおり，財団とは離れて，例えば破産手続開始後に個人たる破産者が得た所得について課税される所得税は，財団に関して生ずるものではないから，破産債権とはならない。すなわち配当の対象にならず，当該個人が自由財産から納付する。また，破産管財人が財団所属の財産を破産財団から放棄した場合にも，その資産は破産財団に帰属しないこととなるから，その翌年度以降（固定資産税は当該年度の初日の属する年の1月1日が賦課期日とされ，同日が納税義務者を定める基準時点となる〔地税359条〕。）の固定資産税は，破産財団に関しないものとして破産債権とはなら

第1章　破産債権・財団債権

ない。

　(イ)　**破産手続開始後の延滞税，利子税，延滞金**　破産手続開始後の延滞税，利子税，延滞金の請求権は，劣後的破産債権になる (破97条2号・99条1項1号)。なお，本税が財団債権であるときは，これに対する破産手続開始後の延滞税等も，財団債権となることは，前記のとおりである。

　(c)　**法人税，予納法人税並びに法人税法の税制改正について**

　　(ア)　**法人税について**　法人が破産した場合，破産手続開始決定によって法人は解散する (会社471条5号・641条6号，一般法人148条6号・202条1項5号等)。当該開始決定の日の属する事業年度の開始の日から破産手続開始の日までが解散事業年度となり (法税14条1項)，その事業年度の所得に対する法人税は，事業年度の終了の時に納税義務が生ずるので (税通15条2項3号)，その事業年度の法人の所得 (破産手続開始時までの事業年度にかかる所得) についての法人税は，破産法148条1項3号により，財団債権となる。

　　(イ)　**予納法人税について**　株式会社においては，その後破産手続開始の日の翌日以降，事業年度の末日までの期間 (例えば3月末日決算の法人であれば，破産手続開始決定日の翌日から次の3月末日までの期間) は，清算事業年度の第1期となり，以降残余財産が確定するまでの間，各事業年度の末日の翌日 (つまり上の例では4月1日) からその次の事業年度の末日 (同じく翌年3月末日) までが，それぞれ清算事業年度となる (破産手続開始決定により解散した株式会社で破産手続終了前の会社については，会社法475条1号括弧書により，494条1項の規定が適用されない。)。そして，最終清算事業年度の初日から残余財産確定の日までの間が，清算確定事業年度となる。

　かつての税制では，平成22年9月末日以前に解散した法人においては，清算中の法人の各事業年度の所得については，法人税は課されなかった (当時の法税6条)。そして，清算確定事業年度の末日において残余財産があって，これに基づいて計算した清算所得があるときは，清算所得に対する法人税が課されていた (当時の法税5条・92条以下，当時の税通15条2項，当時の税通令5条8号)。すなわち，各年度の所得に対する所得課税でなく，財産課税 (清算所得に関する課税) を行うという法制が採られていた。しかし，法人の破産事件において，配当後にさらに残余財産があるという事態は，100％配当でない限りなく，したがっ

60

て，清算所得に対する課税が起きるという事態はほとんどなかった。

その当時の税制では，各清算事業年度の所得に対して，いわば予定納税として，解散していない法人と同一の方法で計算した所得金額に対して，申告と納税の義務が定められており，これを予納法人税と称した（当時の法税102条・105条・108条）[13]。予納法人税は，おって清算確定申告をした場合に清算確定事業年度における法人税額が少なければ還付された（当時の法税110条）。この予納法人税が，破産財団の管理・換価に係る費用の請求権として財団債権となるかについて議論があったが，否定的に解されており[14]，むしろ破産財団に関して破産手続開始後の原因に基づいて生ずるものとして，劣後的破産債権となるものと解されていた[15]（破97条4号・99条1項1号）。

　(ウ)　**税制改正について**　その後，平成22年税制改正により，平成22年10月1日以降に解散した法人については，清算所得課税制度が廃止され，解散後も所得課税が継続することとされた。したがって，破産手続開始後の各事業年度において財団の所得が認識されるときは，これに対する法人税の納税義務が生ずる。そして，これまでの予納法人税が「破産手続終了後の残余財産の一部である清算所得」を課税対象とすることを前提にその「課税が著しく遅れることに対処する」ための予納税的なものであったのとは異なり，清算事業年度中に生じた益金に対する租税は，破産財団の管理，換価に関する費用の請求権として，破産法148条1項2号により財団債権として扱われると解すべきこととなろう。

(10)　旧破産法時代の判例であるが，最判昭62・4・21民集41巻3号329頁・判タ639号107頁・判時1236号43頁。
(11)　法人の破産管財人に法人税の申告義務があるかは争いがあり得るが，少なくとも破産手続開始以降の清算事業年度の予納法人税に関しては，判例は破産管財人に申告義務があるとしていた（最判平4・10・20裁判集民166号105頁・判タ803号65頁・判時1439号120頁）。なお，後述のとおり，現在は，平成22年10月1日以降に解散した法人については，予納法人税の制度は廃止されている。
(12)　条解破産法685頁も，破産法97条5号につき，同条の「過少申告などの行為は，破産手続開始前の破産者のものを意味する。」としている。
(13)　前記注（11）のとおり，破産手続開始以降の清算事業年度の予納法人税に関して，判例は，破産管財人に申告義務があるとしていた。
(14)　前掲注（10）最判昭62・4・21，条解破産法950頁。
(15)　伊藤・243頁，竹下・大コンメ405頁〔堂薗幹一郎〕。

第1章　破産債権・財団債権

3　租税債権の行使

(1)　滞納処分の可否

　破産手続開始決定があったときは，破産財団に属する財産に対する滞納処分はできないが，破産手続開始当時既に国税滞納処分（国税滞納処分の例によるものを含み，交付要求を含まない〔破25条1項括弧書〕。）がなされているときは，その続行が許される（破43条1項・2項）。

　すなわち，滞納処分がされると，それ以降当該財産について処分禁止効が生じ，破産手続外で徴税権者による換価がされて租税債権に充当されることになるが，それは管財人の下での包括執行という破産手続の有する性格に反するので，破産手続開始決定があったときは，その後は新たな強制徴収手続の開始は許さず，交付要求をさせたうえ[16]，破産手続内で，その優先順位に従った取扱いを受けることとしたものである。これは，租税等の請求権が破産債権であるときも，財団債権であるときも，同様である。

　これに対して，破産手続開始時点で既に滞納処分がされているときは，その続行が許される。その場合には，対象資産の換価手続が続行され，その換価代金から配当がされて，租税等の請求権の優先的な満足が図られる。いわば抵当権者が既にした競売を続行するのと同様の立場を認めたものであり，その趣旨からして，破産手続上劣後的破産債権とされる租税等の請求権であっても，先行する滞納処分による徴収が許されることとなる。

　なお，破産手続開始以前に，既にされている強制換価手続（例えば不動産競売など）があって，これに対して租税行政庁から交付要求がされていた場合に，租税行政庁が当該競売等の手続において配当受領権を有するかが争われたが，最判平9・11・28民集51巻10号4172頁・判タ961号123頁・判時1626号77頁，最判平9・12・18裁判集民186号685頁・判タ964号102頁・判時1628号21頁は，旧破産法当時になされた競売に関して，破産宣告後は，（破産宣告前に自ら滞納処分による差押え又は参加差押えをしている場合を除き）租税行政庁に競売配当を直接受領する権限を認めず，破産管財人が配当金を受領したうえで，破産管財人が破産法に定める手続に従い随時弁済・配当すべきものとした。現行破産法においても，破産法43条2項の国税滞納処分には交付要求は含まれないから（破25条

3　租 税 債 権

1項括弧書），破産手続開始後は，先行する強制換価手続において既にした交付要求に基づいて，交付要求庁が配当金を直接受領することは許されないものと解される。

　(16)　交付要求の宛先は，財団債権でない租税については国税徴収法82条により破産事件を扱う裁判所であり，財団債権たる租税については同条及び同法2条13号により破産管財人である。

(2) 破産債権たる租税等の請求権の行使

　破産債権は，破産手続によらなければ行使できないのが原則であるが（破100条1項），破産債権である租税については，前記のとおり破産手続開始当時既に滞納処分がなされているときは例外であるほか，還付金又は過誤納金があるときには，これを滞納税金等に充当することも認められる（同条2項）。いわば相殺に類似するものであるため，これを認めたものである。

(3) 債権の届出

　租税等の請求権であって財団債権に該当しないものを有する者は，当該請求権の額及び原因その他規則で定める事項（破規36条参照）を裁判所に届け出なければならない（破114条）。破産債権となる租税等の請求権も，既に強制換価手続に着手していない限り破産手続によらなければ行使できないから，この届出をしないと，仮に破産管財人にその存在が知れていたとしても，配当を受けることができない(17)。

　届出については債権調査はされず，そのため届出すべき期間は定められていない。遅滞なく届け出ればよい。ただし最後配当の除斥期間満了までに届け出るべきものと解される。

　この破産債権となる租税等の請求権の届出は，破産事件を取り扱う裁判所に対して交付要求書を送付するという形で行われている（税徴82条1項括弧書）。

　届出があった請求権の原因が，審査請求，訴訟その他の不服申立てをなし得る処分であるときは，破産管財人は当該不服の申立てをする方法で異議を主張することができ，既に訴訟が係属するときは，破産管財人はこの訴訟を受継する。これらの異議の主張ないし受継は，届出があったことを知ったときから1月の不変期間内になされなければならない（破134条2項以下）。

(17) 条解破産法774頁。

(4) 免責との関係

租税等の請求権は，破産免責の対象外とされている（破253条1項1号）。

III　破産管財人の源泉徴収義務

1　所得税法の規定と論点の把握

(1) 所得税法の規定

　所得税法183条は，「居住者に対し国内において第28条第1項（給与所得）に規定する給与等……の『支払をする者』は，その支払の際，その給与等について所得税を徴収し，……これを国に納付しなければならない。」として所得税の源泉徴収義務を定める。同様に，退職手当等の「支払をする者」にも所得税の源泉徴収義務がある（所税199条）[18]。

　また，所得税法204条は，「次に掲げる報酬若しくは料金，契約金又は賞金の『支払をする者』」にも同義務を課し，その対象として，①原稿，デザイン等の報酬，著作権や工業所有権の使用料，②弁護士，司法書士，税理士等の業務に関する報酬，③社会保険診療報酬，④職業野球の選手やモデル等の報酬，⑤映画，演劇，ラジオ，テレビ出演等の報酬等多くのものを列挙している[19]。

　ところで，破産管財人は，破産手続開始前の従業員の給料や退職金等について優先的破産債権として配当を行うことがある[20]。また，特許権や商標権などの利用許諾契約を締結している者が破産した場合に未払のロイヤリティ債務があれば，それは破産債権となり配当対象となる。出版社の破産事件等では，作家の原稿料や著作料などが破産債権として配当対象になるであろう。未払の税理士報酬等が債権届出されることもある。そこで，これらについて配当をする場合に，破産管財人は，源泉徴収義務を負うかが問題となる。

　所得税法の条文解釈としては，配当は同法183条，199条，204条にいう「支払」に当たるのか，また，その「支払をする者」は破産者なのか破産管財人なのかという問題である。そして，もし「支払をする者」は破産者であるとする場合には，配当手続において破産者自身が源泉徴収することは不可能であるか

ら，破産管財人がその源泉徴収義務を負わないのか，負うならばそれはどういう理論構成によるのかが問題となる。また，破産管財人の源泉徴収義務が肯定された場合には，それは財団債権となるのか，が問題となる。

(18) なお，所得税法184条，200条により，常時2人以下の家事使用人のみに対し給与等の支払をする者は，その給与や退職手当等について所得税を徴収して納付することを要しない。
(19) 所得税法204条2項2号は，同条に列挙した報酬，料金等のほとんどのうち，同法183条1項の規定により給与等につき所得税を徴収して納付すべき個人以外の個人から支払われるものについては，源泉徴収義務がないとする。そのため，常時2人以下の家事使用人のみに対し給与等の支払をする個人や給与支払対象たる使用人を有しない個人がこれらの報酬，料金などを支払う場合には，源泉徴収義務がない。
(20) これらの一部が配当ではなく財団債権として支払われることがあるが，その場合についてはおって**4(2)**において言及する。

(2) 個別執行における取扱い

ところで，裁判所における競売など，個別執行の実務では，執行機関は源泉徴収義務を負わないと解されており，配当に際して執行機関は源泉徴収をしていない。労働債権，知的財産権の利用許諾料，原稿料などの債権者が債務名義を得て配当に参加した場合にも，裁判所などの執行機関は，源泉徴収をせずに，配当すべき金額の満額を交付している[21]。

この点に関し，国税徴収法2条13号は，「執行機関」を「滞納処分を執行する行政機関その他の者……，裁判所（……少額訴訟債権執行にあっては，裁判所書記官），執行官及び破産管財人をいう。」と定義する。したがって，同号で執行機関として並列的に規定された裁判所・裁判所書記官・執行官にその義務がないのに，破産管財人にはその義務が肯定されるのか，ということが論点となる。

(21) なお，最判平23・3・22民集65巻2号735頁・判タ1345号111頁・判時2111号33頁は，給与等の支払をする者が，その支払を命ずる判決に基づく強制執行によりその回収を受ける場合であっても，上記の者は所得税法183条1項所定の源泉徴収義務を負うと解するのが相当と判示しており，給与等の支払義務者が強制執行を受け，給与支払債務の回収に応じた場合でも，その「支払をする者」は依然当該給与の支払者（つまり雇用主）であるとの理解に立っている。同判決は，強制執行においては源泉徴収されるべき所得税相当額も合わせて給与全額について強制執行し，その後源泉徴収義務者は，強制執行等により支払った給与等につき源泉徴収すべき所得税を自らの負担により納付したうえで，所得税法222条により，労働者に対して求償することになるとしている。

2　大阪高判平20・4・25民集65巻1号94頁・金法1840号36頁

(1)　高裁判決の判示

　この点が争われた事案において，大阪高判平20・4・25民集65巻1号94頁・金法1840号36頁は，旧破産法の下で，退職金の配当は実体法的には退職金債務の消滅を来すからその効果は破産者に帰属すること，源泉徴収制度が所得に係る金員として支払者から受給者に移転する経済的利益を課税対象と捉え，これに対する税金を本来の納付義務者である受給者に代えて支払者に徴収・納付させようとする制度であることから，所得税法にいう「支払をする者」とは経済的出捐の効果の帰属者である破産者であるとし，破産者は源泉徴収義務を負担するとした。

　他方，同判決は，配当は破産者にとって退職金支払債務の消滅の効果を生じるから，配当も「支払（経済的利益の移転）」に当たるとし，配当は，破産管財人が「自己の専有する管理処分権に基づいて上記原資を用いて本件退職金債権についての配当を実施したものである以上，破産会社自体がこれを行うのと実質的に異なるところはなく，法的には破産会社がしたのと同視できるし，また，その場合，破産管財人は，破産法〔引用者注—旧法〕7条の管理処分権に基づき，上記配当を本来の業務として行ったのであるから，これに付随する職務上の義務として，国に対して本件退職金に係る所得税の源泉徴収義務を負うと解するのが相当である。」とした。そして，租税債権は，破産宣告後の原因に基づく租税債権であるが，破産財団の管理上支払われる退職金に関するもので，破産財団管理上の当然の経費として破産債権者にとって共益的な支出と見られ，旧破産法47条2号の破産財団に関して生じたものとして財団債権となるとした（この事件は旧破産法下の事案に関するが，現行破産法下でも同様に議論し得る。）。

(2)　高裁判決の検討

　しかし，破産者の負う債務消滅の効果を生ずることを理由に，配当も「支払（経済的利益の移転）」に当たるというのであれば，なぜ裁判所の競売配当等の場面では裁判所は源泉徴収しなくてよいのか疑問となる。

3　租　税　債　権

　また，なぜ財産の管理処分権があると義務が生ずるのかも不明である。権限があるから必ず義務が生ずるという法理はなく，論理に飛躍があるように思われる。

　さらに，破産管財人は破産者の代理人ではない[22]。破産管財人は，破産者とは独立した管理機構と解され，破産者が「したのと同視できる」というのは乱暴にすぎる。

　源泉徴収という制度は，本来であれば所得を得た者として納税義務を負うはずの受給者以外の者に独自の納税義務を課した制度であるから，これを安易に拡大して解釈すべきではない。また，源泉徴収義務の違反は犯罪となり，これを定めた法条は刑罰法規を構成するのであるから（所税239条・240条），その犯罪構成要件規定をみだりに拡張解釈すべきではない。しかるに同判決は，所得税法上の「支払をする者」を破産者としながら，それ以外の者に納税義務を転化しあるいは拡大するが，それは刑罰法条に「支払をする者」としか規定していないのに，これを「支払をする者又はその支払をする者の財産について管理処分権限を有する者」と拡張解釈するものであり，罪刑法定主義に反し，憲法違反の誹りを免れないと批判された[23][24][25]。

- [22] 本判決も，破産管財人が，破産者の義務を承継するとはいっていない。本判決は，破産管財人は，「自己の義務として源泉徴収及び納付する義務を負うのであって，破産者の代理人あるいは代表者として源泉徴収義務を破産者に代わって履行しているのではない。」とする。
- [23] 山本和彦「破産管財人の源泉徴収義務に関する検討―大阪高判平20・4・25に関する疑問を中心に」金法1845号（2008）11頁，桐山昌己「破産管財人の源泉徴収義務―大阪地判平成18・10・25について」銀法676号（2007）47頁。
- [24] 質権設定者たる破産者の負う担保価値維持義務に関して，最判平18・12・21民集60巻10号3964頁・判タ1235号148頁・判時1961号53頁は，当該義務を破産管財人が承継するとしている。しかし，源泉徴収義務は，義務者の固有の義務であり，公法上の義務まで当然に承継を観念できるものとは思われない（山本・前掲注（23）11頁）。犯罪構成要件要素として構成される法律上の義務を，承継という観念で拡張することは許されない。
- [25] 後記最高裁判決が出る以前に公表されたこの論点をめぐる論稿として，注（23）記載のもののほか，永島正春「破産管財人の源泉徴収義務」税弘36巻9号（1988）148頁，佐藤英明「破産手続において支払われる賃金と所得税」税務事例研究67号（2002）23頁，同「破産管財人が負う源泉徴収義務再論」税務事例研究103号（2008）25頁などがある。また，源泉徴収をする場合・しない場合それぞれにおける源泉徴収票や年末調整，過誤納，還付等についての管財人側・受給者側双方の手続を詳細に検討するとともに，立法論にも及ぶ論文として，岡正晶「破産管財人の源泉徴収義務に

第1章　破産債権・財団債権

関する立法論的検討」金法1845号（2008）16頁、同「勤務先が破産し給料債権の回収不能が生じた場合どうしたらよいか」税務事例研究106号（2008）37頁がある。

3　最判平23・1・14民集65巻1号1頁・判タ1343号96頁・判時2105号3頁

(1) 退職手当等に関する源泉徴収義務

　その後、これに対する上告審判決として、表記最高裁判決が出された（以下、破産管財人の源泉徴収義務に関するⅢの記述において、この判決を「本最高裁判決」という。）。同判決は、所得税法199条の規定が退職手当等の支払をする者に所得税の源泉徴収義務を課しているのは、退職手当等の支払をする者がこれを受ける者と特に密接な関係にあって、徴税上特別の便宜を有し、能率をあげ得る点を考慮したことによるものであるとし(26)、「支払をする者」といえるための要件として、受領者との間に「特に密接な関係」があることを要求した。

　そして、同判決は、破産管財人は、破産手続を適正かつ公平に遂行するために、破産者から独立した地位を与えられて、法令上定められた職務の遂行にあたる者であり、破産者が雇用していた労働者との間において、破産宣告前の雇用関係に関し直接の債権債務関係に立つものではなく、破産債権である上記雇用関係に基づく退職手当等の債権に対して配当をする場合も、これを破産手続上の職務の遂行として行うのであるから、このような破産管財人と上記労働者との間に、使用者と労働者との関係に準ずるような特に密接な関係があるということはできないとした。

　また、同判決は、さらに破産管財人が破産者から源泉徴収をすべき者としての地位を承継していないかも検討し、破産管財人は、破産財団の管理処分権を破産者から承継するが（旧破7条）、破産宣告前の雇用関係に基づく退職手当等の支払に関し、その支払の際に所得税の源泉徴収をすべき者としての地位を破産者から当然に承継すると解すべき法令上の根拠は存しないとした。

　同判決は、これらの検討の結果、破産管財人は、退職手当等につき、所得税法199条にいう「支払をする者」に含まれず、破産債権である上記退職手当等の債権に対する配当の際にその退職手当等について所得税を徴収し、これを国に納付する義務を負わないと判示した。

(26) 最判昭37・2・28刑集16巻2号212頁を参照している。

(2) 破産管財人の報酬に関する源泉徴収義務

　これに対して，弁護士である破産管財人が支払を受ける報酬は，所得税法204条1項2号にいう弁護士の業務に関する報酬に該当するが，この規定が報酬の支払をする者に所得税の源泉徴収義務を課したのも，前記と同様に，支払をする者がこれを受ける者と特に密接な関係にあって，徴税上特別の便宜を有し，能率をあげ得る点を考慮したことによるものであるとし，破産管財人の報酬は，破産管財人が，自ら行った管財業務の対価として，自ら破産財団を責任財産として支払をし，これを受けるのであるから，破産管財人は，その報酬につき，同法204条1項にいう「支払をする者」に当たり，同項2号の規定に基づき，自らの報酬の支払の際にその報酬について所得税を徴収し，これを国に納付する義務を負うとした。法的には別人格であるものの，事実としては支払者自身が受領者であり，両者間には「特に密接な関係」があると解したものとみられる。

　そして，破産管財人の報酬は，旧破産法47条3号にいう「破産財団ノ管理，換価及配当ニ関スル費用」に含まれ，破産債権者において共益的な支出として共同負担するのが相当であるから，その源泉所得税の債権は，旧破産法47条2号ただし書にいう「破産財団ニ関シテ生シタルモノ」として，財団債権に当たるとしている(27)(28)。

(27)　なお，同判決は，当該源泉所得税を納付しなかったことによって課せられる不納付加算税も，本税である源泉所得税の債権に附帯して生ずるものであるから，財団債権に当たるとする。

(28)　この判決をめぐる評釈や論稿として，山本和彦「破産管財人の源泉徴収義務―最高裁判決への所感」金法1916号（2011）57頁，長屋憲一「倒産実務家の立場から―最二小判平23・1・14を契機として」金法1916号（2011）60頁，若林元伸「破産管財人の源泉徴収義務」ジュリ1418号（2011）100頁，稲葉孝史「破産管財人の源泉徴収義務」NBL947号（2011）9頁，垂井英夫「破産管財人の源泉徴収義務」税理2011年5月号106頁，橋本浩史〔判批〕税経通信2011年6号147頁，野村秀敏「破産管財人の源泉徴収義務」金判1374号（2011）8頁，古田孝夫「時の判例」ジュリ1432号（2011）100頁，岡正晶「破産管財人の源泉徴収義務―最判平成23年1月14日の射程距離と今後の実務・立法論」税務事例研究124号（2011）32頁，中西良彦「破産管財人の源泉徴収義務」税理2012年7月号，金春「破産管財人の源泉徴収義務」平成23年度重判解139頁，松下淳一「破産管財人の源泉徴収義務」租税判例百選〔第5版〕212頁，渕圭吾

「破産管財人の源泉徴収義務」判評637号24頁（判時2136号），岡正晶「破産管財人の源泉徴収義務」倒産判例百選〔第5版〕42頁，木村真也「源泉徴収義務の破産管財人に対する適用方法と適用範囲」岡正晶＝林道晴＝松下淳一監修『倒産法の最新論点ソリューション』（弘文堂，2013）264頁などがある。

4 破産管財人の源泉徴収義務に関する検討

(1) 最高裁判決の考え方

　上記のとおり，本最高裁判決は，源泉徴収制度の趣旨に関して，所得税法にいう「支払をする者」というには，支払を受ける者との間に「特に密接な関係」があって，この者から租税を徴収することが徴税上特別の便宜にかない，徴税の能率をあげ得る者であることを要するとの見解に立った。

　そして，破産管財人が退職金や各種の報酬等の配当をする際に源泉して納税する方が，各受給者（配当や支払を受けた者）が別途に確定申告をするなどして納付するよりも便宜ではあるが[29]，破産管財人は，破産者とは独立した立場で職務の遂行にあたる者であり，「破産者が雇用していた労働者との間において，破産宣告前の雇用関係に関し直接の債権債務関係に立つものではなく」，使用者と労働者との関係に準ずるような特に密接な関係があるということはできないとして，「特に密接な関係」の要件が具備されないとした[30]。

　破産管財人の地位に関しては諸説あるが，近時は，破産者とは独立した管理機構であるとする見解が主流である[31]。本最高裁判決は，破産管財人の地位に関してどのような見解に立つかを明示してはいないものの，「破産者から独立した地位を与えられて，法令上定められた職務の遂行に当たる者」と説示して，退職金の受給者である労働者に対して雇用者としての立場にあった破産者とは別の地位を認め，したがって，労働者との間に「特に密接な関係」を有するものとはしなかった。前記高裁判決が，「破産会社自体がこれを行うのと実質的に異なるところはなく，法的には破産会社がしたのと同視できる」としたのとは対照的である。

　また，かつて最高裁判所は，前掲注（24）にも記載したとおり，質権設定者たる破産者の負う担保価値維持義務に関して，当該義務を破産管財人が承継するとしたが[32]，本最高裁判決は，破産管財人が，破産者の負っていた源泉徴収をすべき者としての地位を承継するかについて，「破産管財人は，破産財団

の管理処分権を破産者から承継するが（旧破産法7条），破産宣告前の雇用関係に基づく退職手当等の支払に関し，その支払の際に所得税の源泉徴収をすべき者としての地位を破産者から当然に承継すると解すべき法令上の根拠は存しない。」と判示してこれを否定した[33]。

他方で，破産管財人の報酬については，破産法上の機関である破産管財人が，管財人を務める個人（自身）に対して支払をなすものであるが，これが同一人間の支払であることに着目して，「特に密接な関係」を肯定し，「支払をする者」に該当するとした。

(29) 退職金については，源泉徴収がされる場合には，これを受領した労働者が確定申告をすることは制度上予定されておらず，源泉徴収とその納付によって徴税は完結する制度となっている。給与についても，原則的な場合は，年末調整や源泉徴収によって所得税が納付されることが予定されており，その場合には，確定申告をすることを要しない制度が取られていて，いずれの場合も，破産管財人において源泉徴収して納付するほうが，徴税者にとっても，また労働者にとっても，便宜ではある。
(30) 古田・前掲注（28）101頁は，「本判決は，基本的には，支払を受ける者との間で当該支払につき法律上の債権債務関係に立つ本来の債務者を想定し，これに準ずると評価できる程度の関係にある者を「特に密接な関係」にある者として源泉徴収義務者の範囲の中に取り込んでいくという解釈手法を採ったものと解することができる」とする。
(31) 破産管財人の地位に関しては，伊藤・144頁以下参照。
(32) 最判平18・12・21民集60巻10号3964頁・判タ1235号148頁・判時1961号53頁。
(33) 山本・前掲注（28）59頁は，一般に，破産者の契約関係は，特段の定めがない限り，破産管財人に承継されるとしつつも，源泉徴収義務は国と徴収義務者との間に成立する公法関係に基づくものであり，そのような義務を契約上の義務とは異なり当然に破産管財人に承継するものとは解されないとする。

(2) 財団債権として支払う場合について

なお，破産法は，使用人の給料や退職手当の一部を財団債権としている（破149条）。また，破産法は，生活維持のため，優先的破産債権である給料や退職手当の請求権の全部又は一部を裁判所の許可により弁済することができるものとする（破101条）。これらは配当手続によらずに破産管財人の手により支払がなされるが，上記最高裁判決は，そもそも破産管財人は破産債権たる退職金について「支払をする者」に当たらないとの見解に立ったから（破産債権たる給与についても同様に解されよう。），そのことは優先的破産債権についての配当や許可弁済，ないしは財団債権の弁済であっても変わりないことになる[34]。

(34) 同旨，山本・前掲注（28）58頁，長屋・前掲注（28）61頁，若林・前掲注（28）101頁。

(3) 「支払」に該当するかという論点について

次に，原審では，そもそも配当行為が所得税法にいう給与や退職金等の「支払」に当たるかが争点となった。所得税法にいう「支払」に当たらなければ，源泉徴収義務は生じないからである。

ところで，前記のとおり，裁判所がなす個別執行の手続においては，配当の際に源泉徴収はされていない。そして，個別執行においては，確定した債権に対する執行手続は，これに先立つ債権の確定手続とは切り離され，執行機関は，執行債権の存否や，債務名義成立後の債権の消滅の有無等を問題とせずに，確定した債権について配当をなせば足りるものとされており，また，執行による手続上の満足は，債権の弁済とは同義ではなく，債務消滅の効果があるとしても，なお実体的法律関係とは関わりがないと理解されている[35]。

このような点に着目して，原審では，破産管財人側から，執行機関は，当該執行により配当対象となった債権が源泉徴収の対象となる債権か否かを考慮することなく，「執行債権の実体法上の性質が捨象された無色透明の手続上の債務」として，配当請求権に対する配当としての金銭の交付をするものであるから，そこに源泉徴収をする余地がないとの主張がされた。

破産手続における配当は，配当表によってなされるが，配当表は，債権調査という権利確定手続を経た後に，これにより確定された債権について作成されるという点において，破産手続でも個別執行と同様に権利確定の手続と権利実行の手続が区別されている。権利確定後に作成される破産における配当表に記載を求められているのは，債権者の氏名（名称），住所，配当対象債権額，配当額と，優先劣後の別などだけで，債権の発生原因や，請求権の種類などの記載は要求されない（例えば最後配当について破産法196条。）。したがって破産配当表からは，源泉対象たる債権か否かは判明しない[36][37]。

つまり，個別執行の場面と同様に，破産配当においても，権利を確定する債権調査手続と，権利を実行する配当手続とは区分されており[38]，破産管財人は，配当を行うときに，その対象債権が，給料なのか，退職金なのか，売掛金なのか，貸金なのか，著作権料なのかの別により，配当表に基づき何らかの手

続を区別するという法制にはなっていない(39)。すなわち，配当は，当該債権に対する弁済とは区別された総執行の一環としての行為であって，実体上対象債務に充当され弁済としての効果を有するとしても（その点は個別執行でも同様である。），配当行為の性格は，それとは別の問題と解される(40)。したがって，本最高裁判決の事案でも，破産手続における配当は，そもそも執行でない場面で受給者に対して任意に支払われる場合を想定した所得税法における「支払」には当たらないと解するのが正しいのではないかとの主張がされていた(41)。

　筆者はこの考え方が正しいと考えているが，本最高裁判決は，そもそも破産管財人は退職金に関して「支払をする者」に当たらないという理由によって源泉徴収義務を否定したため，退職金の配当が「支払」に当たるかについては判示しなかった。

(35)　中野貞一郎『民事執行法〔増補新訂6版〕』（青林書院，2010）41頁・45頁，桐山・前掲注（23）46頁以下など。
(36)　実際，東京地方裁判所が破産管財人に対して推奨している配当表の書式においても，配当対象たる債権の内容や種類を記載する欄は一切ない（破産管財の手引〔増補版〕485頁）。
(37)　債権届出書には債権の額と原因が記載されるが（破111条1項），法律上認否書に記載を求められるのは債権額の認否のみで，その原因についての認否の記載は求められていない（破117条1項）。ただし，東京地方裁判所の推奨する書式では，債権の種類が認否表に記載されている（破産管財の手引〔増補版〕475頁）。
(38)　配当表に対する異議において，破産債権の内容については異議事由とはならないと解されている（伊藤・514頁）。
(39)　条解破産法954頁。
(40)　山本・前掲注（23）12頁も，「破産手続における配当行為それ自体はその法的効果である弁済＝支払とは異なる一種の訴訟行為であると考えられるのではなかろうか。」とする。
(41)　地裁・高裁段階における当事者の主張。同旨，永島・前掲注（25）152頁。

(4)　最高裁判決の射程距離
(a)　「特に密接な関係」の解釈

　このように，本最高裁判決は，破産管財人と配当・支払等を受ける者との間に「特に密接な関係」があることを要件としたので，今後は，この要件の存在が源泉徴収義務発生のメルクマールになり，その解釈により，最高裁判決の射程距離が議論されることになる（本判決は，旧破産法時代の事案に関するが，考え方は現行破産法でも同様と解される。）。

第1章　破産債権・財団債権

(b)　破産管財人の補助者に対する報酬

　例えば破産管財人は，破産手続開始後に新たに管財業務の補助者として雇った従業員に給与を支払うことがある。また，破産管財人は，その業務を遂行するために，弁護士，税理士，司法書士等の専門家に業務を委嘱したり，委任することがあり，その際も報酬を支払う。これらについては，破産手続開始後に破産管財人が自ら契約をし，その結果として労働力の供給を受け，又は依頼した業務上のサービスを受けた対価として支払うものであり，上記の「特に密接な関係」が認められ，源泉徴収義務が肯定されよう。そして，それは財団の管理・換価にかかる行為に関する費用として，破産法148条1項2号により財団債権になるものと解される[42]。

(c)　従業員が解雇されていなかった場合

　では，破産前に従業員が解雇されておらず，従業員としての地位を持ったまま破産手続開始決定を迎えた場合はどうか。

　破産管財人が，破産後に双務契約たる雇用契約について履行を選択して雇用を継続した場合には，破産手続開始決定以降の労働の対価として破産管財人が当該従業員に対して給与を支払う際には，源泉徴収義務があると解される。

　これに対して，破産手続開始前の雇用期間についての給与に未払がある場合，そのうち法149条1項に該当するものは財団債権となり，その余は優先的破産債権となる。このような破産手続開始前の未払給与を，破産管財人が破産後に財団債権として支払い，あるいは優先的破産債権として配当する場合，「特に密接な関係」の有無については，どのように解すべきであろうか[43]。

　この点，例えば，破産管財人が労働者から労働力の供給を受けたか否かに着目し，労働力の提供された期間を破産手続開始の前後に区分して，破産手続開始決定以降の分については源泉徴収義務を認め，それ以前の分は認めないという見解も考え得る。

　しかし，雇用契約上の使用者になっていたかどうか，労働力の供給を受けたかどうかは，一つの判断要素にはなるとしても，それがただちに「特に密接な関係」の有無に直結すると解すべき理論的な必然性はなさそうである。むしろ，源泉徴収義務者にその義務が課せられたのは，対象たる支払をする者が「これを受ける者と特に密接な関係にあって，徴税上特別の便宜を有し，能率

3 租税債権

を挙げ得る点を考慮したことによる」(本最高裁判決)という源泉徴収の趣旨からすると,その支払の時点の状況に着目し,その段階での破産管財人と対象労働者との関係に注目して,密接関係性があるか否かを検討すべきであろう。

そのような観点からすると,まず,破産管財人が自らの判断によって雇用契約につき履行を選択した後に,破産前の未払給与等を財団債権として支払う場合には,密接関係性を認めて源泉徴収義務を認めてよいと解される。

また,破産管財人が雇用契約関係について明確に履行選択の意思を表示していなくても,破産手続開始後に,破産管財人の指揮命令下で相当の期間にわたって雇用関係が継続し,破産管財人において,労働者の勤務状況や給与体系を把握し,労働者の関与と補助によって破産管財業務を遂行する体制を整え,雇用関係に関する書類も引き継ぎ,被扶養者その他の源泉事務を行うに必要な情報も得ることが期待され得る期間が経過した時点以降は,破産手続開始決定前の未払給与等の支払をなすに際して,源泉徴収義務を負うものとしてよいように感ずる。破産管財人としては,破産時点で労働者が解雇されていなかったとしても,就任後ただちに状況を把握して,早々に労働者の雇用継続が不要と判断すれば解雇予告を行うことが期待されており,それとの均衡を考えると,おおよそその判断期間と解雇予告期間を加算した期間として破産手続開始決定後2か月程度を経過した時点まで雇用関係が継続し,それ以降になす財団債権の支払については,破産前の労働に対する未払給与等への支払であっても,支払時点において既に労働者との間に「支払者」としての「密接な関係」があると認められてもやむなく,源泉徴収義務を肯定してもよいのではないかと考える。

これに対して,破産申立て前に解雇予告がされているが,その解雇の成立日が破産手続開始後に到来する場合や,破産申立て前には解雇がされておらず,破産手続開始後時を置かずして破産管財人が解雇又は解雇予告をした場合には,破産手続開始後解雇までの期間は破産管財人と労働者との間に雇用契約関係が継続しているとみられるものの[44],その場合に破産管財人が未払給与を財団債権として支払ったり,解雇後に退職金中財団債権部分を支払う場合には,破産管財人と労働者との間には,前記源泉徴収義務発生の根拠となるべき「特に密接な関係」が成立するに十分な期間は経過していないとみられるので,破産管財人には源泉徴収義務はないものと解する[45]。

なお，筆者は，前記のとおり，配当に関しては，配当表上その対象債権の発生原因や債権の種類・内容は一切記載されないことからしても，配当は無色透明な破産手続上の金員交付行為であって，そもそも給与等の「支払」には当たらないと解するので，破産管財人が一定期間雇用を継続後に，その継続下において，破産前の未払給与等の優先的破産債権につき配当をする場合には，源泉徴収義務は生じないものと解する[46]。

(42) 条解破産法949頁。
(43) 岡・前掲注(28)税務事例研究124号48頁は，このような事例については「本最高裁判決の射程は及んでおらず，未だ司法判断はなされておらず，源泉徴収義務があるか否かは，密接関係性の有無の解釈に委ねられている」とする。
(44) 山本・前掲注(28)59頁は，「一般に，破産者の契約関係は，特段の定めがない限り，破産管財人に承継される」と述べ，破産管財人の担保価値維持義務に関する最判平18・12・21民集60巻10号3964頁・判タ1235号148頁・判時1961号53頁を引いている。
(45) 岡・前掲注(28)税務事例研究124号43頁は，破産手続開始後9か月以上雇用関係を継続した場合は特に密接な関係があるといいやすいが，破産手続開始後ただちに破産管財人が1か月半の予告期間で解雇した場合は微妙といわざるを得ないとする。木村・前掲注(28)292頁は，「特に密接な関係」があるというためには，「破産管財人に源泉徴収をするべき体制と基礎情報の確保をすることが当然に期待される程度に破産管財人と受給者との間の関係が形成されることが求められる」としつつ，破産管財人が破産後に雇用契約の履行の請求をした場合には，破産手続開始前の賃金についても源泉徴収義務が肯定されるとする。これに対して，長屋・前掲注(28)61頁は，「破産手続開始後も雇用関係が継続した後に退職した場合には源泉徴収義務が生ずると解すべきであろう。」とする。
(46) 雇用の継続をしながら破産手続を進めつつ，その途上で，優先的破産債権を主たる対象として，早期に中間配当をするような場合が想定される。

(5) 今後の課題

(a) 源泉徴収せずに配当等がされた場合の納税義務

破産管財人が源泉徴収せずに給与や退職金の支払（又は配当）をした場合，その所得にかかる納税を誰がどのような形で行うかについても，課題が残る。本最高裁判決は，その場合に，誰が「支払をする者」に当たるかについて明示していないからである。

この点に関して，最判平23・3・22民集65巻2号735頁・判タ1345号111頁・判時2111号33頁は，前掲注(21)記載のように，給与等の支払をする者が，その支払を命ずる判決に基づく強制執行によりその回収を受ける場合であって

も，上記の者は所得税法183条1項所定の源泉税の納付義務を負うと解するのが相当と判示し，給与等の支払義務者が強制執行により給与支払債務の回収に応じた場合でも，その「支払をする者」は（執行機関として配当をする裁判所ではなく）依然当該給与の支払者（つまり雇用主）であるとの理解に立っている。同判決は，強制執行においては，源泉徴収されるべき所得税相当額も控除せずに合わせて強制執行し，その後源泉徴収義務者は，（現実には源泉徴収する機会がないので自身の支弁により）強制執行等により支払った給与等につき源泉徴収すべき所得税を納付したのちに，所得税法222条により，労働者に対して求償することになるとする[47]。

破産も総執行であるから，この場合も同様に解し，「支払をする者」は破産者であるとして破産者に源泉徴収義務を観念し，ただ，破産者には財団の管理処分権がなく源泉して徴収する機会もないため，破産者自身が新得財産から納税したうえで，労働者に求償するという考え方もあり得よう。しかし，法人破産の場合には新得財産がないのが普通であるから現実的には不可能であるし，個人破産の場合にそのように解して，破産後の個人に納税義務を負わせるのは相当とは思われない。

そうすると，結局，破産管財人の源泉徴収義務が否定される場合には，給与を受領した労働者に確定申告をさせて徴税するしかないが，退職所得に関しては，所得税法121条2項は源泉徴収を「されるべき場合」には申告を要しないとしているところ，上記のように破産者に源泉徴収義務が理論上は残ると解される余地がある場合に，労働者に申告義務があるのかは，必ずしも明らかではない[48]。また，給与所得については，転職後の新しい職場で年末調整をするのか（所税190条参照），それとも労働者に確定申告をさせるのか（所税121条1項参照），また，その場合に破産管財人には源泉徴収票の発行義務があるのか（所税226条は，給与等・退職手当等の「支払をする者」に源泉徴収票の交付義務を課しているから，破産管財人が「支払をする者」に当たらないのであれば，その義務はないものと解される。）といったことも，必ずしも明らかではない[49][50]。

(b) **個人の破産管財事件における報酬の源泉徴収義務**

次に，個人（常時2人以下の家事使用人のみに対し給与等の支払をする個人又はまったく使用人を有しない個人）が弁護士報酬を支払っても，その個人には源泉徴収義

務はない⁽⁵¹⁾。そこで，上記最高裁判決までは，その個人が破産した場合の破産管財人の報酬について，破産管財人には源泉徴収義務はないものと解されてきた。

しかし，本最高裁判決は，破産管財人報酬の「支払をする者」は破産管財人であると解したため，破産管財人を基準として，常時2人以下の家事使用人のみに対し給与等の支払をする個人等に当たるか否かを論ずることになるのではないか，との疑問が生じている。

この点，現状では，破産管財人には弁護士が選任されているが，多くの場合，弁護士は，「常時2人以下の家事使用人のみに対し給与等の支払をする個人」には該当しない。そうすると，その場合，破産管財人たる弁護士は，個人の破産者の破産事件であっても，自身に対する報酬について，源泉徴収義務があると解する見解があり得る。所得税法204条2項2号，183条1項，184条の要件を，破産管財人たる弁護士を基準として検討しようとする考え方である⁽⁵²⁾。筆者は，倒産実務家として，これまで源泉徴収義務を負うと解されていなかった個人の破産事件の破産管財人にまで報酬についての源泉徴収義務を負わせることは，その事務の負担を増加させるため，躊躇を覚えるのであるが，破産者ではなく破産管財人を報酬等の「支払をする者」と見る解釈を採る以上，平仄上，その源泉徴収義務を認めざるを得ないのではないかと思う。

これに対して，このような結論に違和感を覚える見解は，所得税法の規定により弁護士報酬について源泉所得税の納付を要しない場合とされる「給与等につき所得税を徴収して納付すべき個人以外の個人から支払われるもの」との概念の解釈について，破産者を基準にして判断すべきであると主張する。ただ，その考え方は，「支払をする者」を破産管財人とみる考え方とは相容れないように感じられる。

なお，松下淳一教授は，破産管財人の地位に関する管理機構人格説からは，支払をするのは機構としての破産管財人故に所得税法の上記規定は適用されないことになるものとする⁽⁵³⁾。ただ，所得税法の概念の解釈として「所得税を徴収して納付すべき個人以外の個人」か否かを論ずる際に，破産法という別の体系上の解釈概念を持ち込んで，管理機構は「個人」ではない，という解釈を採り得るのかについては，議論の余地があるように思われる。

3 租税債権

- (47) この事案は，動産執行を受けた雇用主が，民事執行法122条2項により，執行の現場で執行官に執行債務たる給料債務を（所得税を源泉せずに）弁済したうえで，源泉すべき分を納税した後に労働者に求償した事案であるが，同条に基づく弁済金の執行官による受領も任意弁済ではなく執行であると解されており，そのため，給料債務の執行を受ける場合に執行債務者に源泉徴収義務があるかが争点となった。
- (48) 源泉徴収義務者は，源泉税部分を徴収しなかった場合でも納税義務があり（所税221条），受給者が確定申告をするときには源泉税が仮に未徴収でも「源泉徴収をされた又はされるべき所得税の額」を納めるべき税額から控除して申告することとされている。すなわち，労働者自身が，源泉されるべき税金を自身の申告により納めるという法制にはなっていない。
- (49) 破産管財人に源泉徴収義務がないとされた場合に具体的にどのように徴税がされるのかについては，古田・前掲注(28)103頁以下。また破産管財人に源泉徴収義務がないとされた場合の実務上の課題については，岡・前掲注(25)金法1845号16頁以下並びに岡・前掲注(28)税務事例研究124号32頁以下に詳しく，立法提言にも及んでいる。
- (50) 国税庁は，本最高裁判決を受けて，平成23年1月21日に，ホームページに「破産前の雇用関係に基づく給与又は退職手当等の債権に対する配当にかかる源泉所得税の還付について（お知らせ）」を掲載した。そこでは，破産管財人において源泉したものがあるときは，破産管財人が還付の請求をし，還付を受けたものを破産管財人が各退職者に返還し，その後返金を受けた者は，確定申告又は修正申告をして返金相当額を国に納付する旨が記載されている。しかし，その法的根拠は明確とはいいがたく，立法的解決が必要なように思われる。
- (51) 前掲注(18)，注(19) 参照。
- (52) 渕・前掲注(28)175頁，古田・前掲注(28)102頁は，破産管財人を基準として所得税法の規定の適用の有無を考える見解を示している。長屋・前掲注(28)62頁は，源泉徴収しておいた方が「無難」とする。
- (53) 松下・前掲注(28)租税判例百選〔第5版〕213頁。木村・前掲注(28)284頁も，これに賛成し，「実質論としても，管理機構として選任された破産管財人は，個人零細事業者と同様の意味で源泉徴収義務を一般的に免除されるとの特例的扱いを受ける必要はないといえる。」とする。

Ⅳ 租税債権を第三者が弁済した場合の代位に関する問題

1 問題点の把握

破産者の負う債務を第三者が弁済した場合，第三者はこれに基づく求償権を得るとともに，債権者に代位して原債権を行使することができる（民501条）。その場合，債権者が有していた債権（代位される原債権）が破産手続上財団債権や優先的破産債権であった場合に，代位者は，その優先性を享受して，原債権

を財団債権や優先的破産債権として請求することができるのか、という論点がある。

この点に関しては、財団債権たる労働債権と、民事再生手続における共益債権たる双方未履行双務契約の解除に基づく原状回復請求権については最高裁判所の判決が出て、代位者は財団債権等として原債権を請求できるとの判断がされているが、破産者の租税債務を第三者が代わって納付した場合にも、これらと同様に、代位者が原債権者に代位して、原債権たる租税債権を破産財団に対して財団債権等として請求し得るかが問題となる。

2　第三者弁済がなされた場合の原債権と事後求償権との関係

これを検討する前提として、求償権と原債権との関係を整理しておくと次のとおりである。

すなわち、「代位弁済者が代位取得した原債権と求償権とは、元本額、弁済期、利息・遅延損害金の有無・割合を異にすることにより総債権額が各別に変動し、債権としての性質に差違があることにより別個に消滅時効にかかるなど、別異の債権」であり、「弁済による代位の制度は、代位弁済者の債務者に対する求償権を確保することを目的として、弁済によって消滅するはずの債権者の債務者に対する債権……及びその担保権を代位弁済者に移転させ、代位弁済者がその求償権を有する限度で右の原債権及びその担保権を行使することを認めるもの」で、「代位弁済者に移転した原債権及びその担保権は、求償権を確保することを目的として存在する附従的な性質を有し、求償権が消滅したときはこれによって当然に消滅し、その行使は求償権の存する限度によって制約されるなど、求償権の存在、その債権額と離れ、これと独立してその行使が認められるものではない。」[54]。

代位者が担保権を行使する場合、担保権は、原債権を被担保債権としたまま、原債権の移転に随伴して代位者に移転するのであって、求償権を担保するものではない。判例上も、「代位弁済者が弁済による代位によって取得した担保権を実行する場合において、その被担保債権として扱うべきものは、原債権であって、保証人の債務者に対する求償権でないことはいうまでもない」と判示されている[55]。

このように，弁済による代位は，原債権を求償権者に法律上当然に移転させる制度であって，担保権への代位も担保権の随伴性の効果にすぎない[56]。代位弁済者が担保権を実行する場合，それは求償権を被担保債権とする担保実行ではなく，原債権を被担保債権とする担保実行であり，これにより原債権が満足を受けた限りで，求償権も満足を受ける。担保権が抵当権である場合，代位に基づき，抵当権移転の附記登記をすることになるが，その際に被担保債権を変更するわけではないことからしても，この理は肯ける。

(54) 最判昭61・2・20民集40巻1号43頁・判タ592号71頁・判時1184号53頁。
(55) 最判昭59・5・29民集38巻7号885頁・判タ530号133頁・判時1117号3頁。
(56) 潮見佳男『債権総論II〔第3版〕』(信山社出版，2005) 282頁。同教授は「求償権に原債権の担保が「接ぎ木」されるのではない。」とされる。同旨，奥田昌道『債権総論〔増補版〕』(悠々社，1997) 543頁。

3　事後求償権の破産手続における扱い

次に，事後求償権は，破産手続上どう扱われるか。

まず，第三者が破産手続開始前に弁済した場合，それによる求償権は破産債権である。

次に，第三者が破産手続開始後に弁済した場合のうち，それが破産手続開始前に負った保証債務の履行としてなされた場合には，それによる求償権は，破産手続開始前の原因に基づくものとして破産債権になると解される[57]。

他方，破産手続開始後に，何ら支払義務のない第三者が弁済した場合で，その弁済対象が財団債権であった場合には，破産財団のための事務管理とみて求償権を観念でき，それは，破産法148条1項5号により財団債権となる。これに対して，その弁済対象が破産債権である場合の求償権は，財団債権には該当せず，当該破産債権たる原債権の存在という破産手続開始前の原因に基づく破産債権と解されている[58]。

(57) なお，委託なき保証人の場合も同様と解し得るかが争われたが，最判平24・5・28民集66巻7号3123頁・判タ1375号97頁・判時2156号46頁は，「保証人は，弁済をした場合，民法の規定に従って主たる債務者に対する求償権を取得するのであり(民法459条，462条)，このことは，保証が主たる債務者の委託を受けてされた場合と受けないでされた場合とで異なるところはない」とし，「無委託保証人が弁済をすれば，法律の規定に従って求償権が発生する以上，保証人の弁済が破産手続開始後にされても，保証契約が主たる債務者の破産手続開始前に締結されていれば，当該求償権の発生の

基礎となる保証関係は、その破産手続開始前に発生しているということができるから、当該求償権は、『破産手続開始前の原因に基づいて生じた財産上の請求権』(破産法2条5項)に当たる」として、その求償権は破産債権であると判示した。
(58) 伊藤・377頁は、「破産債権に対して完全な満足を与えることは破産手続上予定されていない」ことを理由として、破産手続開始後に代位弁済した場合の求償権につき、破産法148条1項5号を適用せず、破産債権とする。

4 代位によって取得した原債権の破産手続における扱い

(1) 租税債権以外の場合

では、代位によって取得した原債権が財団債権や優先的破産債権であった場合、その破産手続における処遇はどのようになるか。とくに、代位者が有する求償権が破産債権である場合に、民法501条は、代位者は「求償をすることができる範囲内において」原債権を行使することができると定めているため、原債権の行使に際して制限が存しないかが問題となる。

この点については積極消極二つに見解が分かれているが、その相違は、上記民法501条の趣旨をどう解するか、また、破産等の倒産手続上一定の債権に優先性が認められる趣旨がその債権の保有者の特性等に着目したものであるのか否か、さらに、もし代位者に優先性を認めないこととすれば、他の一般債権者への配当原資が増えることになるが、そのような「棚ぼた」的利益を許してよいのか、といった諸点に関する見解の差に由来する。

この点については、租税債権以外について最高裁判所の判決がある。すなわち最判平23・11・22民集65巻8号3165頁・判タ1361号131頁・判時2134号62頁は、財団債権である労働債権について、求償権を実体法上行使し得る限り、これを確保するために原債権を行使することができ、求償権の行使が倒産手続による制約を受けるとしても、当該手続における原債権の行使自体が制約されていない以上、原債権の行使が求償権と同様の制約を受けるものではないとして、弁済による代位により財団債権を取得した者は、同人が破産者に対して取得した求償権が破産債権にすぎない場合であっても、破産手続によらないで上記財団債権を行使することができるとした。同判決は、「このように解したとしても、他の破産債権者は、もともと原債権者による上記財団債権の行使を甘受せざるを得ない立場にあったのであるから、不当に不利益を被るということはできない。」としている。

また，最判平23・11・24民集65巻8号3213頁・判タ1361号136頁・判時2134号67頁は，民事再生手続において，双方未履行双務契約たる請負契約が再生管財人によって解除された場合に，共益債権たる前渡金返還請求権の保証人がこれを弁済して代位した事例に関して，弁済による代位により民事再生法上の共益債権を取得した者は，同人が再生債務者に対して取得した求償権が再生債権にすぎない場合であっても，再生手続によらないで上記共益債権を行使することができるとしている。

(2) 租税債権への代位の可否
(a) 問題点の把握

それでは，租税債権を第三者が弁済した場合も同様に解してよいか。債権者，代位者，破産管財人をめぐる利益状況は，前記の労働債権等の場合と同様であるが，租税債権についてはこれらとは別の特殊性がある。すなわち，租税債権者たる国や地方公共団体は，法律に基づく課税の権限を有していて，租税債権の確定や徴収について，法律等に基づき，滞納処分や，国税不服審判など，租税債権独自の手続が用意されている[59]。破産手続上も，債権の確定手続などのうえで，租税債権には一般の私債権とは異なる手続が存する。そして，このような手続上の差異に着目し，あるいは破産手続上租税債権に優先権が付与された趣旨について，国等の財政の健全化の観点から租税収入の確保のために債権者たる課税主体に着眼して優先性を与えたと解すれば，第三者の納付により当該租税の徴収が満足された以上，その代位者にまで優先性を認める必要はなくなったとの見解が生じ得る。

(b) 国税通則法の規定

ところで，国税通則法41条は，「国税は，これを納付すべき者のために第三者が納付することができる。」としたうえで，「国税の納付について正当な利益を有する第三者又は国税を納付すべき者の同意を得た第三者が国税を納付すべき者に代わってこれを納付した場合において，その国税を担保するため抵当権が設定されているときは，これらの者は，その納付により，その抵当権につき国に代位することができる。」としている。

この規定の趣旨については，「国税の効力として国が有していた権利（例えば

優先権や滞納処分の執行権）につき一般私人が代位することを認めるわけにはいかないし、人的担保についても、その執行方法が滞納処分による等の特異な内容を含むから、同様に代位が認められない。そこでこのような障害のない抵当権に限り、代位を認めることにした」とされ、その場合、抵当権は代位した者に移転し、「その求償権を担保するものとなる」とされている(60)。なお、国は、代位者に対し抵当権の実行を容易ならしめ、又は代位の附記登記に協力すべき義務を負うものとされる(61)(62)。

(59) 税額の確定や更正等については、賦課決定、納税の告知、更正等の手続が定められ、租税の徴収の場面では、徴収職員は滞納者の財産につき自ら差押えをすることができ、差し押さえた財産を取り立て、換価することができるし、別に滞納者の財産について強制換価手続が行われたときは、執行機関に対して交付要求をすることができる。租税債権について担保が提供されたときは、税務署長等は、その担保を滞納処分の例により処分して租税に充てることができる。租税債権について保証人があって、保証人が納付の催告を受けても納付しないときは、一定の要件のもと、保証人に対しても滞納処分がなされる。また不服申立てに関しては、異議申立て、審査請求、課税処分の取消訴訟等の手続が存する。

(60) 荒井勇編『国税通則法精解〔第14版〕』（大蔵財務協会、2013）492頁。このように解するときは、先に見た民法上の代位とは異なり、それまで原債権たる租税債権を担保していた抵当権は、移転後は原債権ではなく求償権を担保することとなり、被担保債権の「接ぎ木」が行われることになる。つまり、民法の代位とは性質の全く別の代位を国税徴収法が認めたと解することになる。

(61) 大判昭 2・10・10民集 6 巻554頁。登録免許税を納付して請求があったときは、嘱託登記の方法で登記する。

(62) 荒井編・前掲注(60) 492頁。

(c) 租税債権への代位に関する判例

この問題については、いくつかの下級審判例がある。

① 東京地判平17・4・15判時1912号70頁・金法1754号85頁

まず、東京地判平17・4・15判時1912号70頁・金法1754号85頁は、納税義務者の関税納付義務を保証した者が、納税義務者に民事再生手続が開始した後に代位弁済し、租税債権に代位したとして、その支払を求めた事案である。判決は、租税債権が民事再生手続上一般優先債権とされるのは、国家存立の基盤である租税収入の確保を図る趣旨に出たものであるから、代位弁済により租税収入の確保を図ることができた以上、代位債権を一般優先債権とする必要性はなく、また債権者平等原則の例外を認める理由もないとして、「本件租税債権に一般優先債権として代位することはできない」とした(63)。

3 租税債権

② 東京地判平17・3・9金法1747号84頁

これに対して、東京地判平17・3・9金法1747号84頁は、関税等の租税債権は、国税徴収法や各種税法等を根拠として発生する債権であり、民法が予定している債権債務関係とただちに同列に考えることができないところ、国税通則法41条及び同施行令11条は、国税を第三者が納付した場合で国税を担保するため抵当権が設定されている場合に当該抵当権につき国に代位することができる旨及びその手続について定めるが、租税債権そのものの代位を認める規定及び代位の手続に関する規定を何ら定めていないことから、これらの規定は抵当権に限って代位を認める趣旨であると解されること、租税債権が、倒産法制上優先的な地位を与えられている根拠は、租税が、国又は地方公共団体の存立及び活動の財政的な基盤となるものであり、租税を公平、確実に徴収するという政策的、公益的要請からであることに照らせば、保証人が保証債務の履行として租税債権を弁済したとしても、租税債権を弁済による代位により取得することはできないとして、租税債権への代位自体を否定した。

③ 東京高判平17・6・30金法1752号54頁

その控訴審である東京高判平17・6・30金法1752号54頁は、租税債権が財団債権とされる根拠を、租税の公平、確実な徴収という公益的な要請に求め、それはもっぱら国等の租税債権であるがゆえに旧破産法の手続上付与された優先的な効力であり、租税債権に内在する固有の権利内容ではなく、倒産手続法の立法政策によって創設的に付与されたものなので、代位弁済によって私人が租税債権を取得した場合にまで優先的な効力を付与すべき理由がないとした。

同判決は、代位の制度が、弁済者の求償権の限度で原債権の行使を認めるものであり、原債権は求償権に付随的な性質を有するとしたうえ、求償権には破産債権としてしか行使できない抗弁が附着しているから、代位により取得した租税債権も一般の破産債権であるとして、その請求を却下した。

この判決は、「控訴人は代位弁済によって本件租税債権を債権として行使し請求する地位を取得した」として、原債権たる租税債権の代位による移転自体は認めつつ、「その債権自体は、旧破産法47条2号の『国税徴収法又ハ国税徴収ノ例ニ依リ徴収スルコトヲ得ヘキ請求権』に当たらず、一般の破産債権に当たる」としたものである。同判決が、国税通則法の前記の規定をどのように解

第1章 破産債権・財団債権

しているのかは，明らかではない。

④ **神戸地判平14・1・23**（TKCローライブラリーLEX／DB28071326）

同判決は，租税債権の優先性は，国と納税義務者との間の税金の徴収という特殊な関係においてのみ認められるとし，租税を第三者が支払っても，代位の結果，優先債権としての租税債権が移転するという法的効果を認めることはできないとしている。

(63) この判決の言い回しを見ると，原債権を再生債権として行使することを認めているようにも読めるので，租税債権に代位すること自体は前提としているように思われる。なお，杉本純子・金判1361号52頁冒頭の記載によると，この判決に対しては控訴がされ，控訴後，東京高判平17・8・25公刊物未登載により控訴棄却され，確定したとのことである。

(d) 検 討

この問題については，学説上も見解が対立している。

山本和彦教授は，租税債権について，「その債権を有する国・地方公共団体のもつ特別の公共性が例外的な財団債権性を付与する根拠になっている」とし，租税債権や労働債権が移転して異なる債権者の下に帰属したときは，このような特別の要保護性は認められなくなるとする。同教授は，民法501条は，代位債権者は原債権者が「債権の効力」として有していた権利を行使することができると規定しているが，財団債権性は，破産法が付与した性質であり，それは，民法501条にいう「債権の効力」には含まれず，債権者が他の者に代わった場合には，どの範囲で財団債権性が付与されるかは破産法の解釈によることとなり，原債権は破産債権となるものとする[64]。

田原睦夫裁判官は，前記（**4(1)**）最判平23・11・22の補足意見において，租税債権は「弁済による代位自体がその債権の性質上生じない」とされる。

三森仁弁護士は，租税債権に優先性を認めた趣旨は，国家の租税収入の確保にあり，租税債権の優先性が主体に着目している点に注意する必要があるとし，国税徴収の例による滞納処分は徴収職員等の特定の主体にのみ認められるものであることに鑑みれば，代位弁済者が優先性を主張することは許されないとする[65]。

これに対して，伊藤眞教授は，租税債権の優先権付与は，確かに租税収入の確保という目的を実現するためのものであるが，そのようにして優先権が付与

3　租　税　債　権

された以上は，それは民法などの規定に基づく一般先取特権と同様に，租税債権と一体とみなされる実体法上の権能が創設されたものであり，租税債権が第三者によって代位行使される場合にも，その権能のみが否定されるべき理由はないとする。そして，破産債権（再生債権）とされることは，債権本来の権能である任意弁済の給付保持力や個別執行による強制履行を求める権能が破産等の手続上制約されているのに対して，財団債権（共益債権）は，そのような手続的制約を受けないことを意味し，財団債権や共益債権が破産債権・再生債権に先立って弁済されるというのは，実体法上の優先権を認める趣旨ではなく，手続的制約なくその債権の本来的機能のうちの給付保持力や訴求力などが認められるということであると説く。そして，民法の規定による代位の効果としてそのような実体的権利の代位による移転を認める以上，その財団債権性を否定する理由はないとする[66][67]。

　筆者としては，民法501条の代位の制度は，原債権をその性質を変えないまま代位者に移転し，行使させることを趣旨とする制度であり，租税債権についても，破産手続上，財団債権として行使することについて何らの制限もないものと解する。それが民法の代位の理解として素直であり，そうでなく抵当権だけを移転して被担保債権の差替えを認めるという見解には賛同しがたい。伊藤教授が，破産手続によらなければ行使できないという破産債権行使の制約は，「あくまで破産手続または再生手続上の制約であり，債権の実体法上の性質および内容についての変更が生じているわけではない」とされるのに賛成である。原債権が共益債権とされて制約を受けないこととされた後に，弁済により原債権がそのまま弁済者に移転する以上，そののちに破産法による手続的制約を受ける理由はないように思われる[68]。そう解することによって，労働債権や他の財団債権，民事再生手続における共益債権が弁済され代位される場合と一貫して，統一的に理解することができることとなる。

　また，関係者の利益状況に照らしても，第三者が財団債権たる租税債権を弁済すると，本来の債権者が破産財団に対して請求をする場合に比して，他の債権者の配当率が上昇してこれらの者が利益を受けることとなるが，それは相当ではない。もともと，租税債権が財団債権として存在している以上，その納付

に必要な資金は財団から流出する見込みだったのであり，一般債権者には，その資金を自身の破産債権の配当原資として見るべき期待はなかったはずである。

したがって，財団債権たる租税を弁済した第三者が代位して取得する原債権は，破産手続においても，財団債権として行使できると解すべきである。

その場合，国税通則法の規定は，抵当権の取扱について確認的に規定したものであって（ただし民法500条より文言上やや広い。），原債権たる租税債権自体が代位により移転することを否定する趣旨に出たものではないと解することになる。けだし，租税債権に関して国の有する賦課権や徴収権，滞納処分を行う権限が私人に帰属できないのは，国の国民に対する権限の行使ないし徴税のための制度であるから当然であり，金銭の請求権としての租税債権の移転まで否定する根拠にはならないと解される(69)(70)。また，前記国税通則法精解は，移転する抵当権の被担保債権は求償権に変容されるとするが，それは理論的には民法における代位に関する現在の理解とは相容れないものであり，国税通則法がそこまで踏み込んで，民法とは異なる新たな代位を認める趣旨に出たと解する必要もないように思われる（国税通則法の立法は昭和37年であるが，代位に関する判例学説上の理解が進んだのは，そのはるか後のことである。）。民法の定める弁済者代位の理論と統一的に理解するならば，代位があっても抵当権の被担保債権は原債権のまま変わらないはずであるから，抵当権の代位を認める以上，その被担保債権たる原債権の移転も認めなければ，抵当権の登記上の被担保債権の記載とも齟齬を来す(71)。したがって，国税通則法の規定は，原債権たる租税債権の移転まで禁ずる趣旨ではないと解すべきである。

そうとすれば，前記最判平23・11・22が，労働債権について，「求償権を実体法上行使し得る限り，これを確保するために原債権を行使することができ，求償権の行使が倒産手続による制約を受けるとしても，当該手続における原債権の行使自体が制約されていない以上，原債権の行使が求償権と同様の制約を受けるものではない」としたのと同様に，代位行使される租税債権は，その破産法上の区分に従い，代位後も優先権を維持して，代位者により，財団債権ないし優先的破産債権として行使されるというべきであろう。

その場合，租税行政庁に対して認められた公法上の権限は，それらが租税の

3　租税債権

徴収権を行使する際にその機関として認められた権限であるから，債権の効力の問題ではなく，私人たる代位者には認められない。租税債権を破産手続に対して行使し請求できるからといって，その租税に関して代位者が差押えをしたり，強制換価を行ったりする権限までは与えられない。民法501条は，そのような徴税上の公法的な権限までを与える趣旨とは解されない。したがって，代位者に抵当権が移転していれば，その実行は，滞納処分の例によってするわけではなく（税通52条1項参照），通常の抵当権の実行として裁判所に申し立てることになろう[72]。

(64) 山本和彦「労働債権の立替払いと財団債権」判タ1314号（2010）5頁以下。同論文は，主として労働債権への代位について論じた論文であるが，同7頁脚注19）で，租税債権が財団債権とされる根拠について上記のように述べておられるので，租税債権についても，代位者はこれを破産債権として行使するものと解しておられるように受け取れる。
(65) 三森仁「弁済による代位と債権の優先性に関する考察」岡正晶＝林道晴＝松下淳一監修『倒産法の最新論点ソリューション』（弘文堂，2013）149頁。
(66) 伊藤眞「財団債権（共益債権）の地位再考—代位弁済に基づく財団債権性（共益債権性）の承継可能性（大阪地判平21・9・4を契機として）」金法1897号（2010）12頁以下。
(67) そのほか，この論点をめぐる文献として，山本研「租税債権の代位弁済と倒産手続における優先弁済権の行使」金判1361号（2011）58頁は，「確定権（賦課権）や徴収権を一般私人に行使させるべきではないことは当然としても，金銭債権としての性質を有する租税債権の代位取得そのものまで否定する必要はないと解される」とし，さらに原債権の優先性については，「個々の債権の財団債権や共益債権という地位は倒産手続との関係ではすでに抽象的・観念的に序列化されたものであることから，その優先的地位の承継や移転を検討するにあたっても，かかる優先的地位が付与される趣旨・根拠とは切り離して考えるべきであろう」とする。
　　杉本和士「代位弁済者が原債権を財団債権・共益債権として破産手続・再生手続外で行使することの可否」金判1387号（2012）2頁は，結論を留保しつつも，「租税債権に認められる優先性がそれに基づく滞納処分の執行権と不可分の関係にあると解釈されるか否かによって結論が異なると考えられる。」と指摘する。
　　杉本純子「弁済による代位に基づく優先権の行使」金判1361号（2011）52頁は，倒産法上の債権のプライオリティ（優先順位）は，倒産という場面においての各債権の性質等に依拠して定められているものであり，その優先権は絶対的な権利ではないとして，他の債権に先立って優先的に弁済を受けるべきではないとする。
　　冨上智子「第三者の弁済による求償・弁済と倒産手続」判タ1386号（2013）41頁は，「抵当権（中略）の被担保債権が「接ぎ木」になってしまうのではないかという点について説明（判例理論との整合性）が付けば，代位を否定して良いと考える。」とする。
　　上原敏夫「納税義務者の民事再生手続における租税保証人の地位についての覚書」新堂幸司＝山本和彦編『民事手続法と商事法務』（商事法務，2006）197頁は，「租税

第1章　破産債権・財団債権

債権の属性である一般の優先権もまた，民法501条による代位の対象となり，租税債権と共に弁済をした租税保証人に移転する，と考えられないのであろうか」と述べ，倒産手続の開始後に生じた偶然的な事実の如何（徴収権者による保証人からの回収）によって利害関係人（租税の保証人や他の再生債権者）の地位が大きく変動してしまうのは「規律として合理性を欠き，そのような結果をもたらす法解釈には疑問が残る。」とする。

　濱田芳貴「租税債権への代位弁済と財団債権性」金判1245号（2006）12頁は，共益費用の先取特権の被担保債権を保証し弁済した保証人の立場に類似するとして，租税債権に代位した者にも，少なくとも共益費用の先取特権に代位する者と同等の地位を認め，破産手続上は優先的破産債権者として処遇されるものとすべき余地もあるとする。

　このほかこの論点に関係する文献として，高木多喜男「民事再生手続中における共益債権への弁済と再生債権である求償権の関係―大阪地判平21・9・4をめぐって」金法1890号（2010）20頁，髙部眞規子「民事再生法上の共益債権を弁済により代位した者が民事再生手続によることなくこれを行使することの可否」金法1897号（2010）26頁，髙橋眞「『自己の権利に基づいて求償することができる範囲』（民法501条柱書）と民事再生手続―大阪地判平21・9・4を契機として」金法1885号（2009）10頁，佐々木修「破産手続において租税優先性の代位を否定した事例に関する問題点―東京高判平成17・6・30金融・商事判例1220号2頁」銀法676号（2007）56頁などがある。

(68)　高木・前掲注（67）22頁は，民事再生手続における共益債権の代位に関する論文においてであるが，「原債権への代位の範囲は，求償権の存在・額に制約されるが，その具体的内容の中に手続法上の制約までも含める解釈は，民法という実体法とは次元の異なる要素を持ち込もうとしているとしか受け取られない。」とする。

(69)　濱田・前掲注（67）14頁は，同旨を述べ，国税通則法の上記規定は，「抵当権の取扱について特に確認的に規定をしたと解する方が妥当ではあるまいか」とする。

(70)　三森・前掲注（65）151頁注21）には，岡正晶弁護士の，「租税債権の優先性について，「自力執行権（自ら滞納処分を行う権限）」と倒産法が租税債権に付与した「当該倒産手続における優先順位権」とを区別すべきとして，（少なくとも倒産手続開始後の代位弁済においては）租税債権に係る自力執行権を伴わない優先順位権の代位行使を認めるべきではないか」との見解が紹介されている。

(71)　抵当権設定登記上，被担保債権を特定する登記原因の記載は，「平成〇年〇月〇日××税平成〇年〇月〇日設定」とされ，その「債権額」の記載は，「金〇円（××税〇円，利子税〇円，延納税金〇円）」，などといった記載になっているはずである。当然ながら，その租税に関する保証人の求償権について設定された旨の登記がされているわけではない。そして，単に「平成〇年〇月〇日代位弁済」を原因とする抵当権移転の附記登記をしても，登記簿上，被担保債権が求償権に変わったことは公示されない。

(72)　破産管財人に対する請求とは場面を異にするが，さらに別に保証人がある場合に，代位によりその保証人に対する請求をするのであれば，私人が保証人に対して滞納処分をできるわけではなく（税通52条4項参照），保証人に対して通常の民事訴訟手続と民事執行手続を踏むべきものと解する。

〔伊　藤　　尚〕

4 労働債権

I 労働債権の法的性質（財団債権・優先的破産債権）

1 旧破産法における労働債権の法的性質とその問題点

労働債権，すなわち給料その他債務者と使用人との間の雇用関係に基づいて生じた債権は，債務者の総財産について一般の先取特権が認められており（民306条2号・308条），旧破産法においては，破産手続開始前の原因に基づく労働債権は，優先的破産債権とされていた（旧破39条）。

しかし，財団債権に対する按分弁済しかできずに異時廃止となる破産事件も多く，旧法における労働債権の取扱いは，労働者の保護として十分ではなかった。また，破産手続開始後に破産管財人が使用人を解雇した場合の，退職手当の請求権の法的性質（財団債権か優先的破産債権か）につき，実務上は優先的破産債権説でほぼ一致していたものの，学説上は対立があり，判例も必ずしも一致していなかった[1]。

(1) 財団債権説，優先的破産債権説（東京高判昭44・7・24高民22巻3号490頁・判タ239号175頁），折衷説（開始決定前の労務の対価とみなされる部分は優先的破産債権，開始決定後の労務の対価とみなされる部分は財団債権―大阪地判昭58・4・12労判407号23頁）に分かれていた。判例・学説に関する詳細については，伊藤・304頁参照。

2 現行破産法における労働債権の法的性質

そこで，旧法における上記問題点を解決するため，現行破産法は，破産手続開始前3か月間の破産者の使用人の給料の請求権，及び破産手続終了前に退職した破産者の使用人の退職手当の請求権のうち，退職前3か月間の給料総額又

は破産手続開始前３か月間の給料総額の多い方の金額に相当する額を財団債権とした（破149条）。

破産手続開始前の原因に基づく労働債権のうち，財団債権に該当しないものは，旧法下と同様，優先的破産債権である（破98条１項・２条５項，民306条２号・308条）(2)。

(2) 平成15年改正前の民法308条は，先取特権によって担保される範囲を最後の６か月間の給料債権に限定していたことから，債務者が個人である場合と会社である場合（平成15年改正前商法295条は，「会社と使用人との間の雇用関係に基づき生じたる債権」について先取特権を認めていた。）とで不均衡が存したが，平成15年改正で，かかる限定は撤廃され，不均衡は解消された。

Ⅱ 労働債権（雇用関係に基いて生じた債権）に該当するか否か

1 破産者との間の雇用関係の有無

(1) 問題の所在

ある者の破産者に対する債権が労働債権であるか否かを判断するためには，まず，当該債権者と破産者との間に雇用関係が存在するか否かを検討することが必要である。この点，当該債権者と破産者との間で，明確に雇用契約が締結されている場合は，特に大きな問題はない。

しかし，雇用関係の有無は，実質的にみて，当事者間に，労働従事とこれに対する報酬の支払に関する合意が存在することで足り（民623条），形式的な契約形態を問わない。そして，今日，企業に対する労務提供の形態は多様化していることから，実務上，ある者と破産者との間の関係が雇用関係か否か判断に迷うことも少なくない。

そこで，以下，雇用関係の有無に関して，実務上しばしば問題となるケースを類型化して検討する。

(2) 「雇用関係にある使用人」と「委任関係にある役員等」との区別

(a) 役員及び執行役

会社法329条は，株式会社の取締役，会計参与及び監査役を役員とする。機

4　労働債権

関設計により役割は異なるが，株式会社の取締役は，会社の事業の執行及び(又は)事業執行に関する意思決定に携わり，また会社を代表する(会社348条・349条・362条・363条)。会計参与は，取締役と共同して，計算書類等を作成する(会社374条・435条2項・441条1項・444条1項)。監査役は，取締役(及び会計参与)の職務の執行を監査する(会社381条)。また，委員会設置会社における執行役は，会社の業務執行を職務とする(会社418条)。

このように，役員及び執行役は，会社法に定められた権限に基づき，会社の経営に携わる地位にある者である。これらの者は，会社との間で委任関係にあり(会社330条・402条3項)，雇用関係に基づく使用人ではない。

したがって，役員及び執行役の破産者に対する未払報酬の請求権は，原則として，財団債権や優先的破産債権となることはない。

(b)　使用人兼務取締役

ただし，例外的に，使用人兼務取締役の使用人部分の給料及び退職金債権は，労働債権として優先的地位が認められる。使用人兼務取締役とは，使用人としての身分を残したまま，取締役に選任されている者であり，そのような兼務が会社の規則・規程によって制度化されている場合もあれば，兼務に関する規則や規定が存在しない場合もある。

特に，制度化されていない場合に，取締役が使用人としての地位を兼務しているか否かが問題となるが，①当該取締役が破産者の指揮監督の下で労務を提供していたか否か，②社内での権限，③取締役になる前の業務内容との比較，④取締役になる前の給料と取締役報酬の金額・支払方法等の比較，⑤雇用保険料を含めた社会保険料の負担関係，⑥従業員退職金の受領の有無等の事情を総合し，実態に即して判断することになる[3]。

(c)　執 行 役 員

取締役又は執行役に似た役職として，執行役員という制度がある。執行役員制度は，取締役会の機能向上を企図した大企業に多く見受けられ，取締役の数を減らして取締役会の審議を迅速化すると同時に，執行役員というポストを設けて，代表取締役など経営トップの指揮の下，相当広範な裁量権限を与えて業務執行の一部を担当させることにより，会社経営の機動性を高めようとする制度である。執行役員は，役員や執行役と異なり，会社法における機関ではな

く，法的には重要な使用人と位置づけられる（会社362条4項3号）。

　したがって，執行役員の破産者に対する未払給与の請求権は，原則として，労働債権として優先的地位を認めてよい。ただし，事案によっては，執行役員の実態は取締役と同じであり，破産者との関係が委任関係とされることもある点に注意が必要である(4)(5)。

　（3）　取締役の使用人兼務を認めた裁判例として，長野地松本支判平8・3・29労判702号74頁，大阪地判平15・10・29労判866号58頁，東京地判平18・8・30労判925号80頁。使用人兼務を否定した裁判例として，大阪地判平9・3・28労判717号37頁，東京地判平10・2・2労判735号52頁。
　（4）　執行役員の法的性質や実態につき，江頭憲治郎『株式会社法〔第4版〕』（有斐閣，2011）388頁，酒巻俊雄＝龍田節編集代表『逐条解説会社法(4)機関1』（中央経済社，2008）486頁〔川村正幸〕，菅野和夫『労働法〔第10版〕』（弘文堂，2012）113頁参照。
　（5）　会社と執行役員との間に委任関係があることを前提に，執行役員の退職慰労金の支払請求権を否定した判例として，最判平19・11・16判タ1258号97頁・判時1991号・労判952号5頁・157頁。

(3)　「雇用関係にある使用人」と「請負関係にある個人事業主」との区別

(a)　問題の所在

　建設業における一人親方，運送業における車の持込み運転手など，形式的には，破産者との間で，個人事業主としての立場で請負契約を締結しているが，実質的には，破産者の指揮監督の下で労務を提供しており，雇用関係にあるのではないかが問題となるケースがある。また近時は，パソコンやインターネット，電子メールの普及・発展により，自宅で通信情報機器を用いて労務提供する者も増加しているが，これらの者が，破産者の使用人として在宅勤務をしているのか，個人事業者として破産者から業務を請け負っているのかが明確でない場合もある。

(b)　判断基準

　この問題も，個別案件ごとに，労働従事とこれに対する報酬の支払に関する合意という雇用関係の本質が存するか否かを，実態に即して判断するしかない。具体的には，①指揮監督命令関係の有無，②業務指示等に関する諾否の自由の有無，③報酬の労務対償性，④労務提供の代替性の有無，⑤業務用機材・器具の負担関係，⑥破産者に対する専属性の程度，⑦雇用保険料を含めた社会

保険料の負担関係等の事情を総合して判断することとなる(6)(7)。

(6) 「個人事業主」と「労働者」との線引きに関し, 菅野・前掲注（4）114頁, 労働基準法研究会・昭和60年12月19日付報告「労働基準法の『労働者』の判断基準について」参照。
(7) 実質的な雇用関係を認めた裁判例として, 吹奏楽団員に関する岡山地判平13・5・16労判821号54頁, 映画の撮影技師に関する東京高判平14・7・11労判832号13頁, 県民共済生協の普及員に関する東京地判平20・2・28労判962号24頁。逆に, 実質的にも雇用関係が認められないとした判例として, 車の持込み運転手に関する最判平8・11・28判タ927号85頁・判時1589号136頁・労判714号14頁, 一人親方に関する最判平19・6・28判タ1250号73頁・判時1979号158頁・労判940号11頁。

(4) 業務請負契約, 偽装請負の問題

(a) 業務請負契約

工場での作業やIT業界のソフトウェア開発などにおいて, 破産者が他社との間で業務請負契約を締結し, 当該他社の使用人が破産者の事業場において, 請負業務の処理に従事することがある。この場合, 労働者は, 破産者の事業場で労働に従事するのであるが, 当該労働者に対する指揮命令権は業務を請け負った会社にあり, 破産者は指揮命令権をもたない。

したがって, 業務請負の場合, 破産者と労働者との間では, 形式的にも実質的にも雇用関係は認められない。

(b) 偽装請負の問題

しかし, 実態は労働者に対する指揮命令権が破産者にあり, 形式的に業務請負の形式を採る「偽装請負」が行われていた場合には, 破産者と労働者との間に実質的な雇用関係が認められないかが問題となる。

この点, 請負契約は, 労働者に対する指揮命令がもっぱら請負人に委ねられていることを本質とするから, 破産者の事業場において破産者が労働者に直接具体的な指揮命令をして作業を行わせている場合は, 請負契約という法形式が採られていたとしても, これを請負契約と評価することはできず, 破産者・請負人・労働者の三者間の法律関係は, 労働者派遣に該当する。そして, 仮に上記三者間の関係に労働者派遣法の規定に違反する点があったとしても, そのことのみで, 請負人と当該労働者との間の雇用関係が無効になるものではない。

また, 労働者派遣である以上, 当該労働者が破産者の指揮命令の下にあったとしても, 特段の事情のない限り, 当該労働者は, 派遣元である請負人の使用人

であって（労派遣2条1項），破産者の使用人ではない。

したがって，偽装請負の場合であっても，特段の事情のない限り，破産者と労働者との間で実質的な雇用関係が生じることはない(8)(9)。

(8) 「業務処理請負」，「労働者派遣」及び「偽装請負」の関係，並びにこれら複数企業が関与する労働関係における黙示の労働契約の成否に関する詳細な分析につき，菅野・前掲注（4）117〜120頁・259〜262頁・272〜273参照。
(9) 偽装請負の法律関係を労働者派遣と解し，注文者と労働者との間における黙示の雇用契約関係の成立を否定した判例として，最判平21・12・18判タ1316号121頁。

(5) 専門家による労務提供と雇用契約との関係

近時，医療法人の破産事件がしばしば見受けられるようになり，勤務医が医療法人に対して有する債権の労働債権性が問題となり得る。また，法曹人口の増加に伴い，今後，企業等の組織に所属して労務を提供する弁護士の数も増加すると思われ，組織内弁護士が，所属する組織に対して有する債権の労働債権性が問題となり得る。

この点，医師や弁護士は，その知識・能力の専門性ゆえ，個々の業務（例えば，医師が患者を診察し，治療する行為）を行うに際しては，具体的な指揮命令を受けず，個人の責任と判断において業務を遂行することがあるが，そのことゆえに指揮命令関係が否定されるものではない。病院や組織の基本的な経営方針に基づく指揮命令の下で労働に従事し，これに対する報酬が支払われるという関係があれば，雇用関係が認められる。

日本弁護士連合会弁護士職務基本規程においても，弁護士の本質が自由と独立であることを謳いつつ，組織の使用人となって職務に従事する組織内弁護士の存在を想定した規律が規定されるに至っている（弁護士職務基本規程50条）(10)。

したがって，勤務医又は組織内弁護士の場合，病院又は組織との間で，雇用契約が締結されているケースが大半であると思われるが，仮に形式的に委任の形態を取っていても，(3)(b)で述べた判断基準に従い，雇用関係の本質が認められる場合は，病院や組織に対する未払報酬について，労働債権性が認められることになる。

(10) 弁護士職務基本規定第50条は，次のように定める。「官公署又は公私の団体（弁護士法人を除く。……）において職員若しくは使用人となり，又は取締役，理事その他

の役員となっている弁護士（……）は，弁護士の使命及び弁護士の本質である自由と独立を自覚し，良心に従って職務を行うように努める。」

2 使用人と破産者との間で雇用関係と無関係に生じる債権（社内預金の問題）

1で検討したところに基づき，ある者と破産者との間に雇用関係が認められる場合，当該使用人の破産者に対する債権の多くは，雇用関係に基づき発生したものであり，労働債権になるといってよい。

労働債権の典型例は，給料，賞与，退職手当である。身元保証金（将来使用人が破産者に対して負担するおそれのある損害賠償債務を担保するために，雇用契約終了時に損害賠償義務のないときは返還することを約して，破産者に差し入れられた金員）の返還請求権も労働債権となる（平成15年改正前商295条，平成15年改正前有限会社法46条2項，民308条）。労働災害等，使用人が就業中に被った損害についての破産者に対する損害賠償請求権も労働債権となる。

これに対し，使用人の破産者に対する債権であっても，例外的に，雇用関係と無関係に生じた債権であって，労働債権として認められないのではないかが問題となることがある。この点で実務上問題となる典型例は，社内預金である。

社内預金は，使用人が任意で預け入れている限り，雇用契約に基づき生じたものとは認められず，労働債権とならない[11]。しかし，社内預金が，雇用契約の締結・存続のために強制的に預け入れられたと認められる場合は，雇用関係に基づいて生じた債権として，労働債権になると解する[12]。

したがって，社内預金については，どのような経緯で預け入れられたかの調査・確認が必要である。

(11) 札幌高判平10・12・17判タ1032号242頁・判時1682号130頁，東京高判昭62・10・27判タ671号218頁・判時1256号100頁。労基18条参照。
(12) 浦和地判平5・8・16判タ839号257頁・判時1482号159頁参照。

Ⅲ 財団債権に該当するか否か
（給料請求権，退職手当の請求権）

1 給料請求権

(1) 給料請求権の意義

(a) 給料請求権の意義

　労働債権の中でも，破産法149条1項の要件を満たす給料請求権は財団債権として特別の地位を有する。ここで，給料請求権とは，賃金，給料，手当，賞与その他名称のいかんを問わず，労働従事に対する報酬として，破産者が使用人に支払うすべてのものをいう（民623条，労基11条）。

　給料請求権の典型例は，①基本給，②就業規則等に定められた役職手当，家族手当，住宅手当及び通勤手当などの基準内（所定内）手当，並びに③超過勤務手当，休日手当及び深夜手当など所定外の労働に対して支払われる基準外（所定外）手当である。就業規則等で支給時期及び金額の算定方法が定められた賞与（一時金）も給料請求権に含まれる。解雇予告手当（労基20条1項）については，(2)において論ずる。

　また，就業規則等で支給基準が定められた結婚祝金，病気見舞金，弔慰金などは給料請求権に含まれる。このほか，休業手当（労基26条），労働災害補償（労基75条～88条）も給与請求権に含まれる。

(b) 給料請求権とは認められない債権

　これに対し，もともと業務費として破産者が負担すべきものを，使用人が立替えたとしても，当該立替金は，給料請求権には該当しない（優先的破産債権である労働債権には該当する。）。業務費の具体例としては，出張旅費，事務用品の代金，業務用車両のガソリン代，社用交際費などが挙げられる。

(2) 解雇予告手当の問題

　解雇予告手当（労基20条1項）は，即時解雇の効力を生じさせるための給付であり，労働従事に対する報酬ではないから，給料請求権には含まれないとも考えられる[13]。

4 労働債権

　しかし，予告期間をおかず，予告手当の支払もしないで使用人に解雇の通知をした場合，当該通知は即時解雇としての効力を生じず，通知後30日を経過するか解雇予告手当を支払った時点で解雇の効力を生じる（相対的無効説[14]）。

　したがって，破産者の使用人が，即時解雇の効力を認めた場合は，雇用契約が終了し解雇予告手当請求権が発生するが，即時解雇の効力を認めない場合は，解雇通知後30日間，破産者との間で雇用契約が継続することになる。そして，後者の場合，倒産による事業停止は受領遅滞（民536条2項）には該当しないと解されるため[15][16]，給料全額の支払請求権は発生せず，休業手当（平均賃金の60％〔労基26条〕）の請求権が財団債権として生じることになる。

　そこで，解雇予告手当が優先的破産債権という解釈を貫くと，破産者の使用人としては，即時解雇を受け入れて優先的破産債権である解雇予告手当（平均賃金の30日分）の配当を受けるか，それとも即時解雇の効力を争って財団債権である休業手当（平均賃金の60％）の弁済を受けるか，いずれかの選択を余儀なくされることになるが，破産手続の初期の段階では，形成できる破産財団の額も財団債権・優先的破産債権の額も不明であることが多く，また求職活動や失業保険給付の可否，労働者健康福祉機構の立替払の有無にも影響するので，いずれを選択した方が有利か合理的に判断できず，破産者の使用人にとって酷な結果となる。

　また，破産者が使用人を解雇せずに破産手続が開始し，破産管財人が破産者の使用人を即時解雇した場合は，解雇予告手当は財団債権になるものと解され[17]，この場合との均衡を考慮する必要がある。

　さらに，労働者の当面の生活の維持という破産法の趣旨をも考え合わせると，破産手続開始前3か月間に破産者が使用人に対して解雇の意思表示をした場合の解雇予告手当は，財団債権となるものと解する[18]（財団債権となる根拠については，後述2(2)(d)参照）。

(13)　条解破産法963頁。
(14)　最判昭35・3・11民集14巻3号403頁・判時218号6頁。
(15)　東京地判昭51・12・14判時845号112頁，木内道祥「労働債権と破産」新破産法の理論と実務182頁，破産実務Q&A200問322頁参照。
(16)　これに対し，受領遅滞に該当して給料請求権が発生するという見解として，山本和彦「新破産法施行3年の状況と課題」ひろば61巻2号（2008）10頁。
(17)　長島良成「9　破産管財人の執務上の問題（Ⅰ）」新・裁判実務大系(28)147頁。

(18) 破産管財の手引〔増補版〕198頁参照。

(3) 給料請求権のうち財団債権となる範囲
(a) 「破産手続開始前3か月間の給料」
　給料請求権のうち，財団債権となるのは，破産手続開始前3か月間の部分である（破149条1項）。破産手続開始前3か月間の給料とは，当該期間内に提供された労務に対応する給料ということを意味し，当該期間内に支給日が到来する給料を指すのではない(19)。

(b) 具体例
　例えば，給料計算の締め日が毎月15日，支給日が毎月25日であるとして，6月10日に破産手続が開始した場合，財団債権となるのは，3月10日から6月9日に勤務した分の給料である。5月16日から6月9日勤務分の給料の支給日（6月25日）は，破産手続開始後であるが，支給日と無関係に財団債権となる。逆に，2月16日から3月9日勤務分の給料は，支給日（3月25日）は破産手続開始前3か月間に入っているが，財団債権にならない。

(c) 申立代理人弁護士としての注意点
　以上のとおり，給料請求権の財団債権該当性は，退職時や破産者の支払停止等を基準とするのではなく，破産手続開始時を基準とする。したがって，破産手続開始の申立てを受任した弁護士は，申立てまでにいたずらに時間を費やし，開始決定が遅れることにより，本来財団債権として保護されていたはずの給料債権が，財団債権性を喪失するといった事態にならないよう，十分に注意しなければならない。

(19) 竹下・大コンメ590頁〔上原敏夫〕，条解破産法963頁。

2　退職手当の請求権

(1) 退職手当の請求権の意義
(a) 退職手当の意義
　労働債権のうち財団債権性が認められるもう一つの類型が，破産法149条2項の要件を満たす退職手当の請求権である。ここで，退職手当の請求権とは，名称のいかんを問わず，使用人の退職に伴って支払われる金員を指す。また，

その性質が，給料の後払い的な性格であるか，功労報償的な性質を有するかを問わない。

ただし，退職金の支給基準が就業規則等によって定められ，又は一定の算定基準に基づいて支払う労使慣行が存在するため，破産者が使用人に対して，退職金の支払義務を負っている場合に限る。

(b) 定期金債権の場合

退職手当が，退職年金のように定期金債権である場合には，当該退職手当の全額が破産債権であるとした場合に劣後的破産債権となるべき部分，すなわち将来の中間利息部分は財団債権から除かれる（破149条2項最初の括弧書・99条1項）[20]。

> [20] 破産法149条2項は，同法148条3項前段（破103条2項・3項を準用）のように財団債権を現在化する旨を明示していないが，破産管財人が退職手当を一時金で支払うことができることを当然の前提としている。破産法149条2項のような規定の書き振りとなった理由，並びに同条と148条3項及び103条2項・3項との関係について，基本構造と実務342頁〔小川秀樹発言〕参照。

(2) 退職手当の請求権のうち財団債権となる範囲

(a) 「退職前3か月間の給料の総額」

退職手当の請求権のうち，財団債権となるのは，退職前3か月間の給料の総額に相当する額である（破149条2項）。ただし，退職前3か月間の給料の総額が，破産手続開始前3か月間の給料総額よりも少ない場合は，破産手続開始前3か月間の給料総額に相当する額が財団債権となる（破149条2項第2括弧書）。これは，破産手続開始後も，破産者の使用人が清算業務に従事することがあるが，この場合には給料が引き下げられることが多く，破産管財人に協力したために，かえって退職手当の点で不利にならないよう，使用人を保護する趣旨である。

「3か月間の給料の総額」における「給料」の意義は，前記1で述べた給料請求権と同じであり，基本給だけでなく，役職手当などの基準内手当，超過勤務手当などの基準外手当を含む。賞与も含まれる[21]。

(b) 手続開始時に休職中あるいは育児休業中であった場合の問題

破産法149条2項の趣旨に関連して，破産手続開始時点で休職中あるいは育

児休業中であるため給料の額が0円である場合に，退職手当の請求権の財団債権性をどのように考えるべきか，という問題がある。この場合，同項を形式的に適用すると，財団債権である退職手当の額は0円になってしまう。しかし，この結論は不合理であり，休職直前の給料の金額を基準として3か月分の給料相当額が財団債権になると解する(22)。

(c) 手続開始前に退職手当の一部が支払われていた場合の問題

また，破産手続開始前に退職手当の一部が支払われた場合に，このことが，財団債権となる退職手当の範囲にどのような影響を与えるか，という問題がある。この点，破産手続開始前の弁済額を3か月分の計算に算入すべきとの見解もあるが(23)，破産法149条2項の条文を素直に読む限り，開始決定前の既弁済額は，退職手当の財団債権の範囲に影響を与えず，開始決定時に未払いの退職手当のうち，3か月分の給料相当額が財団債権になるものと解する(24)(25)。

(d) 解雇予告手当に関する解釈との関係

解雇予告手当の財団債権性を認める立場に立った場合（前記**1**(2)参照)，そのことが，「3か月間の給料の総額」という退職手当の財団債権の枠に与える影響が問題となる。

すなわち，解雇予告手当の財団債権性を認める見解は，その根拠の違いにより，①解雇予告手当は給料請求権に該当する，②解雇予告手当は退職手当に該当する，③解雇予告手当は給料請求権にも退職手当にも該当しないが，破産法149条を類推適用して財団債権性を認める，という3説に分けられる。

このうち①説に立った場合は，解雇予告手当は給料請求権として財団債権性が認められるうえに，「3か月間の給料の総額」という枠が，解雇予告手当の分だけ広がることになる。この説が，使用人にとって，最も有利である。②説に立った場合は，「3か月間の給料の総額」という枠への影響はなく，この枠内で，就業規則等で認められる退職金及び解雇予告手当が，財団債権として弁済されることになる。③説に立った場合は，解雇予告手当は，給料請求権の財団債権の範囲にも，「3か月間の給料の総額」という枠にも影響を与えず，単純に解雇予告手当の分だけ，財団債権が増えることになる(26)。

(21) 条解破産法966頁，条解更生法(中)444頁。
(22) 基本構造と実務346頁〔花村良一発言，山本和彦発言〕参照。

- (23) 条解破産法967頁注10。
- (24) 竹下・大コンメ590頁〔上原〕。
- (25) この論点の背景にある，旧会社更生法119条の2の解釈及び同条に対応する会社更生法130条2項への改正の経緯，並びにこれら会社更生法の解釈と破産法149条2項との関係について，基本構造と実務345~346頁〔松下淳一発言，田原睦夫発言，伊藤眞発言，小川発言〕，条解更生法(中)444頁参照。
- (26) 新破産法の理論と実務181頁〔木内道祥〕参照。

Ⅳ　労働債権に対する弁済・配当に関わる問題

1　財団債権である労働債権に対する弁済

　労働債権のうち財団債権部分は，破産手続によらないで破産財団から随時（破2条7項），破産債権への配当に先立って（破151条），弁済を受けることができる。破産管財人としては，債権届出を要する破産債権と異なり，破産者の使用人から届出がなくとも，財団債権である労働債権に対する支払義務があり，これを怠った場合は，善管注意義務違反の問題が生じ得る。

　しかし，会社によっては，賃金台帳や出退勤管理システムは必ずしも適切に整備・運用されておらず，また事業停止に伴う混乱もあるので，破産管財人が給料請求権・退職手当の金額を正確に把握し，財団債権部分を算定することは容易でない。

　そこで，破産管財人の過誤を防ぐため，財団債権を有する破産者の使用人は，破産手続開始の決定があったことを知ったときは，速やかに財団債権を有する旨を破産管財人に申し出るものとされている（破規50条1項）[27]。この申出は，書面によることを要しない（同条2項・1条1項）。

　ただし，労働債権者は自己の有する労働債権の内容を正確に知り得ないことが多いため，破産管財人は，労働債権のうち財団債権部分についても，一定の範囲で情報提供義務を負っていると解される（破産法86条類推適用）。

　結局，上記諸規定の適切な運用を通じて，破産管財人と破産者の使用人とが相互に協力して，労働債権の正確な把握を目指すべきということになろう。

- (27) 基本構造と実務338~339頁〔田原発言，花村発言〕，条解破産法964頁。

第1章 破産債権・財団債権

2 他の財団債権との間の優先順位

　破産財団が財団債権の総額を弁済するのに足りないことが明らかになった場合は，留置権，特別の先取特権，質権又は抵当権の被担保債権となっている財団債権が，当該担保権の効力として，優先的に弁済を受ける（破152条1項ただし書）。また破産法148条1項1号及び2号に掲げる財団債権（債務者の財産の管理及び換価に関する費用の請求権であって，同条4項に規定しているものを含む。）が，他の財団債権に優先して弁済される（破152条2項）。

　労働債権を含むその他の財団債権は，法令に定める優先権にかかわらず，残余の破産財団から，債権額の割合に応じて平等に弁済を受けることになる（破152条1項本文）。

3 優先的破産債権である労働債権に対する配当

　優先的破産債権も破産債権であるから，原則として，破産債権の届出（破111条〜114条）・調査（破115条〜123条）・確定（破124条〜133条）という一連の手続を経て，優先的破産債権である労働債権に対する配当（破193条以下）が行われることになる。例外的な取扱いとして，給料の請求権等の弁済の許可（破101条）があるが，この点は，後述する（V参照）。

　優先的破産債権である労働債権を有する者は，破産債権の届出をする際に，優先的破産債権である旨を届け出なければならないが（破111条1項2号），労働債権者は自己の有する労働債権の内容を正確に知り得ないことが多いため，破産管財人に，一定の範囲で情報提供義務を負わせている（破86条）。

4 他の優先的破産債権との間の優先順位

　原則として平等弁済となる財団債権と異なり，優先的破産債権間の優先順位は，民法，商法その他の法律の定めるところによる（破98条2項・194条1項）。したがって，優先的破産債権となる労働債権は，租税（最優先〔税徴8条，地税14条〕）・公課（租税に次ぐ優先権〔厚年88条，健保182条，国年98条，国健保80条4項など多数〕）より優先順位が低い。

　また，民法に定める一般の先取特権間の優先順位は民法306条各号に掲げる

4　労働債権

順位に従うので（民329条1項），労働債権は，共益費用（民306条1号）（ただし，共益費用のうち破産法148条1項1号及び2号に該当するものは財団債権となる。）より優先順位が低く，葬式費用（民306条3号）及び日用品供給に関する債権（同条4号）より優先順位が高い。

5　労働債権に対する弁済・配当の際の源泉徴収義務等

(1)　破産管財人の源泉徴収義務（所得税）

従来の破産管財実務においては，労働債権の財団債権部分に対する弁済や優先的破産債権部分に対する配当の際，破産管財人に所得税の源泉徴収義務（所税183条）はないと解されてきた。

この点に関し，大阪高判平20・4・25金法1840号36頁が，破産者の元従業員の退職金債権に対する配当について破産管財人の源泉徴収義務を認めたため，実務上大きな問題となっていたが，最判平23・1・14民集65巻1号1頁・判タ1343号96頁・判時2105号3頁は，退職金債権に対する配当について，破産管財人の源泉徴収義務を否定し，この問題について決着が付いた[28]（この問題に関しては，本章「3　租税債権」Ⅲ3参照）。

[28]　破産管財の手引〔増補版〕387頁。

(2)　破産管財人の特別徴収義務（住民税）

地方税法321条の4は，源泉徴収義務者を条例の定めるところによって特別徴収義務者に指定すると定めており，特別徴収制度は源泉徴収制度と同じ理念に基づくと解される[29]。したがって，(1)記載のとおり，破産管財人に源泉徴収義務がない以上，労働債権に対する弁済又は配当に際し，破産管財人が住民税の特別徴収を行う義務はない。

[29]　自治省税務局編『住民税逐条解説〔増補〕』（財団法人地方財務協会，1996）414頁。

(3)　破産管財人による源泉控除（社会保険料）

社会保険料は，事業主と従業員がそれぞれ2分の1を負担するが，従業員の負担部分を含めて全額事業主が支払義務を負っており（健保161条1項・2項，厚

年82条1項・2項），事業主は，従業員に給与を支払う際，従業員の負担すべき社会保険料のうち一定範囲を源泉控除できるにすぎない（健保167条1項，厚年84条1項）。

したがって，未払給与についての社会保険料に関しては，破産管財人は，従業員の負担部分を含めた全額について支払義務があり，従業員に対して未払給与を財団債権又は優先的破産債権として支払う際に，従業員の負担分のうち一定範囲を源泉控除できる，ということになる。

V 給料の請求権等の弁済の許可（破101条）

1 弁済許可制度の趣旨

これまでに述べてきたとおり，労働債権のうち給料請求権と退職手当の請求権は，破産法149条1項又は2項の要件を満たす範囲で，財団債権として保護され，破産手続外で，随時，優先的な弁済を受けることができる。

しかし，それ以外の優先的破産債権部分については，破産債権である以上，十分な破産財団が形成されている場合であっても，配当まで長期間待たなければならず（破100条1項），労働債権の保護の在り方として十分でない。

そこで，優先的破産債権である給料請求権又は退職手当の請求権について，一定の要件の下に，裁判所の許可に基づき，前倒しで弁済できる制度が設けられている（破101条）。

2 弁済許可の要件

(1) 優先的破産債権である給料の請求権又は退職手当の請求権

弁済許可制度の対象となるのは，優先的破産債権である労働債権全般でなく，そのうち給料請求権又は退職手当の請求権である。給料請求権，退職手当の請求権の意義は，破産法149条のそれと同義である（前述Ⅲ1，2参照）。

4 労働債権

(2) 債権届出

　弁済許可制度は，破産配当を前倒しする制度であるから，優先的破産債権としての届出（破111条1項2号）をしていることが要件となっている。債権調査の結果，優先的破産債権として確定していることは要件でない。

(3) 生活維持に困難を生ずるおそれ

　弁済許可制度は，労働債権者の生活の保護の観点から，例外的に破産配当の前倒しを認めたものであるから，優先的破産債権である給料又は退職手当の弁済を受けなければ，生活の維持を図るのに困難を生ずるおそれのあることが要件となっている。

　ただし，そもそも，給料は労働債権者の生活の基盤なのであり，破産者の突然の事業停止・破産により職を失った労働債権者にとって，給料・退職金が未払いであるという状態は，そのこと自体で，生活維持に困難を生ずるおそれがあるといえる。また，破産管財人が，個々の従業員ごとに，本人と家族の資産・負債の状況や家計状況を，資料に基づいて判断しなければならないとすれば，迅速な弁済は極めて困難となる。

　したがって，(5)で述べる「同順位以上の他の債権者の利益を害するおそれの不存在」の確度が高い場合には，生活維持の困難性の要件は，緩やかに，かつ概括的に認められるべきである。具体的には，弁済許可の時点で，労働債権者が多額の資産を有しているか，又は労働債権者に多額の収入があることが，何らかの事情で破産管財人に明らかであるというような特段の事情のない限り，原則として，生活維持に困難を生ずるおそれが認められるというべきである(30)(31)。

(30)　新破産法の理論と実務179頁〔木内〕参照。
(31)　破産法の中間試案の段階では，弁済許可の要件として「生活の維持を図るのに著しい困難を生ずるおそれがあるとき」としていたが，他の債権者の利益を害しないということさえ確保できれば，特段，生活維持の困難性の要件を厳格にする必要がないので，最終的な審議の段階で「著しい」という要件が削除されたという立法の経緯（基本構造と実務348頁〔小川発言〕）も，このような考え方の根拠となる。

(4) 最初の配当の許可がされていないこと

　既に最後配当（破195条1項），簡易配当（破204条1項），同意配当（破208条1項）

107

又は中間配当（破209条1項）の許可がある場合は，破産配当を前倒しにする必要性に乏しく，配当表の更正が必要になるなど手続が煩雑になるので，弁済許可制度は利用できない。

(5) 同順位以上の他の債権者の利益を害するおそれの不存在

弁済許可制度の趣旨は，破産配当を時期的に前倒しにすることのみであり，優先的破産債権である給料請求権又は退職手当の請求権の優先順位を，引き上げるものではない。

したがって，弁済許可が認められるのは，財団債権及び他の先順位の優先的破産債権（租税，公課，共益費用）（Ⅳ4参照）の全額に対して弁済又は配当が可能であり，かつ他の同順位の優先的破産債権（他の債権者が有する労働債権全般。給料請求権及び退職手当の請求権に限られない。）に対して同一割合以上の配当が可能である場合に限られる。

この要件を充足するためには，資産の換価が進んで相当程度の破産財団が形成できており，かつ破産管財人の十分な調査により，租税・公課，労働債権等の財団債権，優先的破産債権の存在と額が判明していることが必要である。

3 弁済許可の手続

弁済許可は，破産管財人の申立てにより又は職権で行われる（破101条1項）。

給料請求権又は退職手当の請求権を有する優先的破産債権の届出債権者には，弁済許可の申立権は認められていない。ただし，上記破産債権者が破産管財人に対して弁済許可の申立てをすべきことを求めた場合は，破産管財人は，ただちにその旨を裁判所に報告しなければならず，弁済許可の申立てをしないこととしたときは，遅滞なく，その事情を裁判所に報告しなければならない（破101条2項）。裁判所が上記報告を検討した結果，弁済許可の各要件が充足されていると判断したときは，破産管財人に弁済許可の申立てをするよう促すか，職権で弁済許可をすることで，労働債権者の保護が図られることになる。

裁判所が許可・不許可の決定をしたときは，破産管財人に対し，相当と認める方法で告知することによって，その効力を生ずる（破13条，民訴119条）。この決定に対する即時抗告はできない（破9条）。

4　配当の代替手段として弁済許可を活用することの可否

　2(5)で述べたとおり，弁済許可の要件である「同順位以上の他の債権者の利益を害するおそれの不存在」を充足するためには，資産の換価と財団債権・優先的破産債権の調査・把握が相当程度進んでいることが必要である。また，上記要件を充足する場合は，「生活維持に困難を生ずるおそれ」という要件は，ある程度，緩やかに概括的に認められてよい。

　それでは，上記の考え方を発展させ，破産手続がさらに進行して，資産の換価がすべて終了し，破産管財人による財団債権及び優先的破産債権の調査も完了したという段階に至った場合には，すべての労働債権に対して一律に弁済許可に基づき弁済を行うことで，優先的破産債権に対する配当手続の代替手段とすることはできないだろうか。

　すなわち，破産手続が上記段階まで進むと，破産財団をもって，管財人報酬を含めた財団債権全額の弁済が可能であるが，あとは優先的破産債権である労働債権の全部又は一部の配当が可能であるだけで，一般破産債権に対する配当はできないことが判明することがある。

　この場合であっても，優先的破産債権である労働債権に対して配当を行うためには，一般調査期間の経過後又は一般調査期日の終了後でなければならず（破195条1項・204条・208条・209条），破産管財人としては，一般破産債権を含めたすべての届出債権を調査して，認否する必要がある。しかし，一般破産債権に対する配当が0であることが明らかな場合にまで，このような作業を行う必要性は乏しい。

　そこで，「同順位以上の他の債権者の利益を害するおそれの不存在」について，破産管財人による十分な調査が行われたことを前提として（一般破産債権についての債権調査手続は留保・延期し，優先的破産債権である労働債権についてのみ債権調査手続を実施するという方法も考えられよう。），弁済許可制度により労働債権に対する弁済を行い，その結果として，異時廃止（破217条1項）で破産手続を終了させるという運用も認められてよいと考える[32]。

　(32)　大阪地裁の運用について，新破産法の理論と実務180頁〔木内〕参照。

VI 労働者健康福祉機構の未払賃金立替払制度に関する問題点

1 労働者健康福祉機構による立替払制度の概要

　未払賃金立替払制度とは，労災保険の適用事業を1年以上にわたって行ってきた事業主が，破産手続開始決定を受け，又はその他の法律上又は事実上の倒産に該当した場合において，破産手続開始申立て等が行われた日の6か月前から2年の間に当該事業を退職した従業員について，退職日の6か月前の日から立替払請求の日の前日までに支払日が到来している「定期賃金」及び「退職手当」で未払いのものがあるときは，当該従業員の請求に基づき，未払額又は退職日の年齢に応じて定められる限度額（45歳以上370万円，30歳以上45歳未満220万円，30歳未満110万円）の低い方の金額の8割相当額を，独立行政法人労働者健康福祉機構（以下「機構」という。）が，事業主に代わって支払う制度である（賃確7条，賃確令2条～4条，労基24条2項本文）。

　立替払の対象となるのは，「定期賃金」及び「退職手当」であり（賃確令4条1項1号，労基24条2項本文），賞与，解雇予告手当，結婚祝金等並びに出張旅費等の立替金は，立替払の対象外である。

2 未払賃金立替払制度における破産管財人の役割

　倒産事由が破産の場合は，従業員が立替払の申請をするに際し，未払賃金総額等必要事項について破産管財人の証明が必要である。破産管財人としては，労働債権に対する速やかな弁済・配当が見込めない事案の場合は，破産者の使用人の生活保護のため，個々に書類を送る，あるいは破産者の総務関係者に取り纏めを依頼するなど，事案に応じて適宜の方法で，未払賃金立替払制度の利用を使用人に呼び掛けるとともに，賃金台帳の精査など証明事項の調査を速やかに行って，早期の立替払が実施されるよう努めることが望まれる。

3 立替金の充当先

　機構は，未払賃金の立替払をする際に，民法474条に基づき，「立替払の充当

の順位は，退職手当及び定期賃金（労働基準法……第24条第2項本文の賃金をいう。以下この条において同じ。）の順序とする。この場合において，退職手当又は定期賃金に弁済期が異なるものがあるときは，それぞれ弁済期が到来した順序に従い充当するものとする。」という充当指定を行っており（独立行政法人労働者健康福祉機構業務方法書54条），この指定の効力を否定する理由は見当たらない。

したがって，立替金は，まず退職手当に充当されることになる。立替金が退職手当の一部にとどまり，かつ退職手当が財団債権と優先的破産債権に分かれる場合は，立替金がどの部分に充当されるかが問題となる。この点，①労働債権保護の趣旨から，優先的破産債権部分から先に充当される，②財団債権部分と優先的破産債権部分に按分に充当される，という2説が考えられるが，②説が有力である。実務上，機構は破産管財人に対して②説に基づく処理を要請しており[33]，大半の破産管財人はこれに応じているものと思われる。

なお，退職年金のように弁済期が異なる退職手当の場合，機構の指定に基づき，立替金は古いものから先に充当されることになる。しかし，給料請求権の場合と異なり，退職手当の請求権は，弁済期の違いが財団債権・優先的破産債権の区分けに影響しないので，一括払の退職手当の場合と同様の議論になると解する[34]。

財団債権及び優先的破産債権となる退職手当の全額を弁済した後，立替金は，給料請求権に充当される。機構は古いものから先に充当すると指定しているので，給料請求権が財団債権と優先的破産債権に分かれる場合は，優先的破産債権部分から先に充当されることになる。

(33) 吉田清弘＝野村剛司『未払賃金立替払制度実務ハンドブック』（きんざい，2013）146頁。
(34) 反対，条解破産法968頁。

4　機構が代位取得した債権の法的性質

機構が，未払賃金の立替払をした場合，機構は破産者に対する求償権を取得するとともに，使用人が破産者に対して有する労働債権を代位取得する（民500条・501条）。したがって，機構は，3で論じた弁済充当によって代位取得した労働債権の性質に従い，財団債権又は優先的破産債権として権利行使できるこ

第1章　破産債権・財団債権

とになる⁽³⁵⁾。

(35)　最判平23・11・22民集65巻8号3165頁・判夕1361号131頁・判時2134号62頁。

〔蓑毛　良和〕

5 多数債務者関係

I 現行規定の趣旨

1 手続開始時現存額主義

　多数債務者関係，とりわけ同一給付につき複数の債務者が重畳的に義務を負う法律関係（連帯〔保証〕債務〔民432条以下・458条〕，手形の合同保証債務〔手47条・77条1項4号〕等）は，債権者にとっては，債権回収に伴う債務者無資力のリスクを責任財産の集積によって軽減することを意味し，ゆえに物的担保に対比して人的担保と呼ばれる。こうした趣旨に鑑みれば，人的担保は債務者破産の場面でこそその効能を発揮することが期待される。他方，主たる債務者とともに重畳的に債務を負う者（全部義務者）は，債権者との関係では義務者でありながら，主たる債務者や他の全部義務者との関係では求償権者となり得る立場にある（民442条・430条・459条・460条・462条・465条）。この求償権を確保するために民法は弁済による代位の制度を設け（同500条），さらに破産法は，求償義務者の破産手続終結後にはその権利行使が事実上不可能となることを顧慮して，将来の求償権による破産手続への参加に道を開いている（破104条3項）。

　もっとも，債権者と求償権者がともに破産手続に参加すると，実質的に同一の債権が二重に行使されることとなって，他の一般債権者の利益が損なわれてしまう。それゆえ，有限の破産財団に対してこのうち誰にどの限度で破産債権者としての権利行使を認めるかをめぐって一定の政策判断が必要となる。そこで日本の破産法は，多数債務者関係を伴う債権者の手続参加のありようを破産手続開始の時点を基準として決定する「手続開始時現存額主義」を採用してき

113

た。

　破産手続開始決定の時点は，破産手続に係る財産関係を一般的に画定する基準時として，破産財団や破産債権の範囲，債権者の優先的地位を決するにあたっても用いられている。しかしその一方で，債権者の手続参加資格は，その実体債権額を基準として決定するのが一般原則であり（破103条1項・2項），手続開始時現存額主義はこの一般原則とは相容れない。そこで旧法下では，破産手続開始後に弁済や配当により債権の一部の満足が得られた場合について，一般原則に則って縮減された実体債権額を破産債権額とすべきとする学説（控除説）と，手続開始時現存額主義の貫徹を優先して，実体債権額と破産債権額が乖離するという一般原則の例外を認めるべきとする学説（非控除説）との対立が生じた。当初広く受け入れられていたのは，素直な条文解釈から導かれる控除説の理解であったが，形勢は昭和40年代に逆転し，やがて非控除説が通説化するに至った。そして，バブル経済が絶頂期を迎えつつあった昭和62年，最高裁が相次ぐ2つの判決[1]において非控除説の立場をとることを明らかにすると，破産実務もこれに対応して変わっていったのであった[2]。

　現行破産法はこうした経緯を背景に，この非控除説の理解を旧法下での判例・通説として104条に明文化している。また，破産法104条は，民事再生法86条2項，会社更生法135条2項で準用されているため，日本倒産法一般に妥当する多数債務者関係の処理に関する規律でもある。

（1）　最判昭62・6・2民集41巻4号769頁・判夕665号146頁・判時1275号121頁（和議事件），最判昭62・7・2金法1178号37頁（破産事件）。
（2）　以上の判例・学説の展開については，谷口安平・判例百選〔第2版〕109頁，森宏司「物上保証人と破産法24条」福永有利ほか『倒産実体法─改正のあり方を探る〔別冊NBL69号〕』（2002）38頁参照。

2　現行法の規定趣旨

(1)　破産法104条の構造

　破産法104条の全体構造をみると，まずは1項が，債権者に破産手続開始時点で有する債権全額での手続参加を認める手続開始時現存額主義の原則を宣明し，これに対応する形で，3項が，債権者の債権と競合関係にある全部義務者の求償権の破産手続参加条件を規定する。これらはそれぞれ旧破産法24条及び

26条（以下，「旧24条」，「旧26条」と表記する）1項の内容をほぼそのまま継承したものである。その一方で，かつて争点となった旧26条2項は，現行法から失われた。その理由は，判例・通説の理解を前提とすると「相当に特殊な場面の規律である上，この点は，解釈上当然導かれる内容であると考えられることから」特に規定を設けないこととした(3)，と説明されている。

これに対して，現行法では新たに2項及び4項の規定が設けられた。この規定は，1項及び3項の内容を背面から保障するもので，債権者の残債権の回収を全部義務者の求償権行使に優先させるとの政策判断が明確に表明されている。

旧破産法下では，旧24条と旧26条の整合的な解釈が試みられる中で前述の控除説と非控除説の対立が生まれ，やがて通説化した後者の理解が最高裁判決によって権威づけされるに至ったのであるが，特に旧26条2項をめぐる非控除説の趣意は「条文からは非常に読みにくく，判例の解釈が必ずしも明確ではない」との指摘がなされていた(4)。そこで現行規定では，一部に鋭い反対意見(5)を残しながらも，こうした状況の解決が図られたのであり，立法担当者は，旧法下での「判例や通説の考え方を踏まえ，現代語化してまとめて規定した」ものと位置づけている(6)。

また，続く破産法104条5項は，求償権者が物上保証人の場合に関する規定である。立法者側の説明によれば，この問題は保証人についてほど学説が固まっていたわけではなく，解釈に委ねるという選択肢もあり得たが，幸いにも立法作業中の平成14年9月24日に最高裁判決(7)（以下，「平成14年判決」という）が出たため，その条文化を図ったのだという。その意味において同条項は，当時の判例及び学説の考え方を明文化したもの(8)と位置づけられている。

（3） 一問一答151～152頁。
（4） 基本構造と実務364頁〔小川秀樹発言〕。
（5） 宗田親彦「法務省（民事局参事官室）の破産法改正試案についての意見書（2・完）」法学研究（慶應義塾大学）76巻3号（2003）105頁参照。
（6） 前掲注（4）。
（7） 最判平14・9・24民集56巻7号1524頁・判タ1106号76頁・判時1802号68頁。
（8） 小林秀之＝沖野眞已『わかりやすい新破産法―倒産実体法はこう変わった』（弘文堂，2005）165頁〔沖野発言〕。

(2) **破産法104条1項及び2項——債権者による破産手続参加**

　破産法104条1項及び2項は，債権者の破産手続参加について，手続開始時現存額主義が現行法下において有する次の2つの規範を体現している。すなわち，債権者の破産債権額は，第1に，破産手続開始決定以前に弁済その他の債務消滅事由が生じた場合（民435条〜439条参照。以下，「弁済等」という）には，契約当初の債権額から同消滅額分減額した破産手続開始決定時の現存額となるが，第2に，破産手続開始決定以後に債権者が弁済等又は他の倒産手続からの配当を受領しても，全額の満足を得るまでは減額されることはなく，手続開始決定時点での現存額が維持されるとするのである[9]。

　第1の規範に関しては，民法441条が同趣旨を規定しているが，次の2点において異なり，破産法の条項が民法規定の特別法として優先適用される関係にある[10]。まず，民法規定からは定かでない基準時につき，破産法104条1項はこれが破産手続開始決定時であることを明らかにしている[11]。これに対しては，債権者に有利に債権成立時の全額での配当加入を認めるべきであるとの批判が古くから聞かれるが[12]，実際には全部義務者が一部弁済により得た求償権に対する配当金を債権者は差し押えることができるから，結果において大差はない[13]。次いで2つ目の相違点は，適用範囲に関わる。すなわち，民法441条は連帯債務と不可分債務（同法430条による準用）のみを対象とするが，破産法104条1項は全部義務者の法律関係一般を対象として規定することで，民法441条の趣旨が及ぶ範囲を拡張している。というのも，人的担保の機能を債務者無資力の場面で尊重する必要は，民法が予定する範囲を超えて全部義務者の法律関係全般に妥当すると解されるからである[14]。

　一方，担保権者の期待の保護という観点からは第2の規範の方がより重要であり，実際にも手続開始時現存額主義をめぐる議論の大部分を占めてきた[15]。これは具体的には，手続開始時点で現存する額の債権が債権者の届け出るべき破産債権の内容であり（破111条1項1号），届出破産債権の確定により議決権額が決定されると，その後は全部義務者が一部弁済等を行っても債権額や議決権額についての変更の手続を経る必要はないこと，そして，この一部弁済等の事実は債権調査期日や債権確定訴訟等における異議事由とはなり得ないということを意味する[16]。

このように第2の規範が働く結果，破産債権額と実体法上の債権額とは乖離することとなるが，これは，「責任財産を集積して当該債権の目的である給付の実現をより確実にする」という人的担保の機能を破産手続において重視し[17]，全部義務者に対する債権者に可及的に完全な満足を与える趣旨で認められている特則である[18]，と説明されている。したがって，破産者以外の全部義務者との関係や，全部義務者以外の第三者による弁済等については，この規範は働かない。これに対して，相殺適状が破産手続開始決定以前にあったときには，その時点に翻って債権消滅の効果が生じるため（民506条），破産債権額は相殺の限度で減少する。このほか議論があるのは，債権者に対して実際の債権額以上の配当がなされた場合の取扱いについてであるが，諸説あるものの一般的には，債権者が自ら破産債権消滅の旨を届け出るべきであり，それがないときには，管財人は，破産財団に対する不当利得又は損害の発生を理由として，過払金の返還を請求できると考えられている[19]。

(9) 伊藤・〔第3版〕284〜285頁。
(10) 加藤・要論78〜79頁。
(11) 破産法理由（15条の項目）。
(12) 代表的なものとして，我妻榮『民法講義Ⅳ新訂債権総論』（岩波書店，1964）410頁のほか，近藤英吉＝柚木馨『註釈日本民法債権編総則(中)』（巖松堂書店，1935）98頁，西村信雄編『注釈民法(11)債権2』（有斐閣，1965）111頁〔椿寿夫〕。
(13) 加藤・研究(1)250〜251頁。
(14) 注解破産法(上)145頁〔加藤哲夫〕，竹下・大コンメ440頁〔堂薗幹一郎〕。
(15) 竹下・大コンメ442頁〔堂薗〕。
(16) 条解更生法(中)255頁。
(17) 後掲（Ⅲ2(2)）最高裁平成22年判決参照。
(18) 条解更生法(中)354〜355頁参照。
(19) 条解更生法(中)355頁，谷口・168頁，注解破産法(上)150頁〔加藤〕，基本法コンメ破産法58頁〔上田徹一郎〕，伊藤・〔第3版〕286頁，条解破産法720頁など。その他の考え方については，基本構造と実務368頁〔田原睦夫発言〕・364〜368頁〔沖野眞已発言，山本和彦発言〕参照。

(3) 破産法104条3項及び4項——求償権者による破産手続参加

破産法104条3項及び4項は，弁済により求償権を取得する他の全部義務者の観点から，破産手続への参加の態様を規定したものである。もっとも，破産法上，将来の請求権や停止条件付の債権にも破産債権としての手続参加が認められている（破103条4項）ので，将来の求償権[20]は当然に破産債権たり得る。

とはいえ民法上の原則との関係で疑義を生じる余地がないわけでないし，なによりこれら条項の意義は，このような求償権者が破産債権者として破産手続に参加するための条件及び態様を明示している点にある[21]。すなわち，債権者が破産手続開始時に現存する債権全額につき破産手続に参加した場合には，将来の求償権者の参加は認められないが（同104条3項），その債権全額を消滅させた場合には，その求償権の範囲内で，債権者が有していた権利を破産債権者として行使することができるのである（同条4項）。

この関係で一つ議論の余地があるのは，求償権者による手続参加の方法は，弁済によって代位取得された原債権の行使に限定されるのか，それとも求償権そのものの破産債権行使も許されるのかである。破産法104条4項の文言と整合的なのは前者であるが，破産債権者の権利行使の機会を明文の根拠なく制限すべきでないと考えるならば，後者の立場もあり得よう[22]。ただし，手続的には，原債権について届出名義の変更（同113条）を経る方が簡便ではある。

(20) 「将来の求償権」の意義をめぐっては，（現在の）事前求償権であるとの理解と，（将来の）事後求償権であるとの理解があり，具体的には，破産法上の配当に関する規定（破198条2項・214条1項4号・3項等）の適用の是非をめぐって問題となる。近時は後者の理解が有力である（山本和彦「倒産手続における求償権の処遇」関西法律特許事務所編『民事特別法の諸問題(4)』（第一法規出版，2002）270頁，竹下・大コンメ444頁〔堂薗〕参照）。
(21) 条解更生法(中)359～360頁参照。
(22) 議論の詳細については，沖野眞已「主債務者破産後の物上保証人による一部弁済と破産債権の行使―議論の整理のために」曹時54巻9号（2002）29～31頁参照。

(4) 破産法104条5項――物上保証人が求償権者の場合

破産法104条5項は，破産手続開始後に物上保証人から債権者が債権の一部を回収した場合について，同条2項ないし4項を準用し，全部義務者が弁済等により求償権を取得する場合と同様に取り扱われることを明らかにしている。

破産法104条5項の立法の趣旨が前述のように平成14年判決の条文化にあったことに照らせば，その解釈にあたっては，同判決において考慮要素として挙げられた次の3点が指針となろう。第1に，弁済による代位は代位弁済者が債務者に対して取得する求償権を確保するための制度であり，そのために債権者が不利益を被ることまでは予定されていない[23]。第2に，責任の集積により債権の効力の強化を図るという点では，物上保証人と全部義務者とで違いはな

い，そして第3に，このような理解こそが，手続開始時現存額主義や物上保証の目的に沿うと考えられる，以上の3点である。

もっとも平成14年判決に対しては，「判例の流れおよび近時の学説の状況からして，当然に予測された結論である」との評価がある一方で[24]，物上保証人の責任の性質などをめぐって異論も少なくなかった。また，平時において同様の場面を規律する民法502条1項の解釈をめぐる対立もなお収束してはいない。それゆえ，立法関係者の間でも，5項についてはなお立法論の余地が残っているとの見通しが示されている[25]。

(23) 平成14年判決はこの点をめぐって民法502条1項に関する後掲（Ⅱ2(1)）の最高裁昭和60年判決を引用しており，同判決との整合性が強く意識されていたことが指摘されている（佐藤鉄男〔判批〕判評532号（判時1815号）（2003）21頁，田頭章一〔判批〕平成14年度重判解（ジュリ1246号）（2003）134頁等）。
(24) 田原睦夫〔判批〕金法1684号（2003）67頁。
(25) 基本構造と実務372頁〔沖野発言〕，小林＝沖野・前掲注（8）166頁〔沖野発言〕。

Ⅱ　理論的背景

前述のとおり，以上の現行規定の内容は旧法下の非控除説を明文化したものであり，この制定によってこれまでの控除説と非控除説との対立には終止符が打たれた。しかしその一方で，そこで議論されてきた理論的課題は必ずしも決着してはいない。それゆえ，以下ではまず現行規定のもとになった非控除説が通説化してきた経緯をたどり，その理論的背景を明らかにしてみたい。

なお，旧法下で用いられた「破産宣告」の語は，現行法では「破産手続開始決定」に改められたので，以下でもこれに対応して「破産手続開始決定」，「手続開始時現存額主義」という語法に統一することとする。

1　問題の所在

旧法下で議論の中心となった旧26条2項は，破産者に対して将来の求償権を有する者について，「債権者カ其ノ債権ノ全額ニ付破産債権者トシテ其ノ権利ヲ行ヒタル」（同条1項）場合に弁済を行ったときは「其ノ弁済ノ割合ニ応シテ債権者ノ権利ヲ取得ス」と規定していた。これを素直に読めば，将来の求償権者は，手続開始後に行った弁済の割合に応じて債権者の権利を取得し，原債権

第1章　破産債権・財団債権

者には同弁済額を控除した残債権額についてのみ破産債権行使が認められることとなる[26]。しかしこのように解すると、手続開始時現存額主義を謳う旧24条との関係が改めて問題となる。というのも、旧24条が債権者に破産手続開始決定の時点で有している債権の全額での破産手続参加を認めるならば、債権者の破産債権が全額弁済によって消滅しない限り、その後の一部弁済によって減額されることはないように読めるからである。そこで、これまでの学説は、この二つの条項に整合性をつけようとしてきた。つまり、旧24条の原則を優先して旧26条2項を変則的に解する非控除説と、むしろ旧26条2項の文言解釈を尊重して旧24条に柔軟性をもたせようとする控除説[27]という、対立する二つの学説である。

もっとも、二つの学説は、いずれも多数当事者関係における破産債権額をどのような基準で決定すべきかという理論的課題に目を向けている点では、共通している。したがって、両学説の違いは、この理論的課題に対するアプローチの違いだとみることができるだろう。すなわち、実体債権額を基準として破産債権額を決定するという一般原則（客観的基準）を優先するのか、破産手続に反映される実体的法律関係は手続開始決定を基準時として決定するという原則（時的基準）を優先するのかという相違である。このアプローチの違いがもつ意味を理解するためには、その前提として、これら基準が破産手続上有している機能を確認しておく必要がある。

一方で客観的基準は、法律上そのルールが明確に規定されており（破103条2項）、これに則して決定された破産債権額をもとに手続参加資格が認められる（同条1項）。とりわけ破産手続の最終目的である配当は、法定の優先順位に従って（同194条1項）、また同一順位においては破産債権額の割合に応じて実施する（同条2項）ものとされており、このように割合的弁済として配当が実施されるがゆえに、破産法は「債権者平等の徹底した制度」[28]だといわれる。そして、この債権者平等が「倒産処理手続の生命線」[29]であるならば、客観的基準は、破産手続の正統性の要諦であるということになる。

これに対して時的基準は、破産手続に反映される実体的な権利関係の範囲を画する機能を果たしており、実体法上の優先的地位についても同様に手続開始時を基準として決定される。例えば、全部義務関係と同様に破産手続上も尊重

されるべきと考えられる物的担保や相殺権の担保的機能については，破産手続開始決定時の権利状態を基準として別除権（破2条9項）や相殺権（破67条）が認められており，これら権利者の合理的な期待は，債権者間の平等を顧慮した破産法上の規定（破65条・71条・72条・73条・108条等）の適用という形で実現されることになる。

このようにみてくると，控除説が手続上の重要原則である客観的基準を遵守した議論を展開していた（手続法的アプローチ）のに対して，非控除説はむしろ実体法的な利益衡量に優先的価値を置いていた（実体法的アプローチ）といえるだろう。

(26) 伊藤眞〔判批〕判評328号（判時1186号）(1986) 49頁以下・51〜52頁参照。
(27) 控除説に立つものとして，林屋礼二『破産法講話—破産手続の理論と実際』（信山社出版，1998）50〜52頁，林屋ほか・93頁のほか，後注（46）(47) 参照。
(28) 高橋宏志「債権者の平等と衡平」ジュリ1111号（1997）156頁参照。
(29) 山本・倒産処理法〔第4版〕175頁。

2　歴史的展開

(1)　通説の形成

戦前の非控除説は，旧24条により破産手続開始の時点を基準に債権者の破産債権額が決定される点に注目はするものの，旧26条2項との関係については必ずしも明瞭に論じてはいなかったといわれる[30]。両条項の関係，ひいては手続開始時現存額主義の意義や制度の構造が非控除説の観点から包括的に論じられるようになるのは，戦後になってからである。それによれば，旧24条が体現する手続開始時現存額主義の意義は，責任財産の集積により責任財産不足の危険を分散させようとする実体法の趣旨を倒産手続においても貫徹させることにある。そのために，実体的な債権額を基礎に手続債権の額を決定するという倒産手続上の一般原則は，債権者が完全な満足に到達するまで各破産手続からできるだけ多くの満足を得られるように修正されるのだというのである[31]。それゆえこの立場は，一般債権者の配当確保よりも，複数の全部義務者がある場合の人的担保機能を重視するものであると説明されてきた[32]。

この理解に基づけば，債権者は債権全額の満足を受けるまでは手続開始時の現存額で破産手続に参加できる一方で，他の全部義務者は債権者に全額の満足

を得させない限りは求償の機会を与えられない。というのも，債権者の権利と全部義務者たる求償権者の権利とでは，前者に優先性を認めるべきだからである。そうすると，旧24条と整合する旧26条2項の解釈は，2人以上の全部義務者が債権者に届出債権全額の満足を与えた場合に，破産手続上，それぞれの弁済額に応じて債権者に代位する，ということになる。すなわち，同条項にいう「弁済ノ割合」は「求償権の割合」と読み替えるべきだというのであった[33]。さらに実務的観点からも，破産配当の僅少さや，求償権者への配当は債権者により差押えが可能であることを根拠として，残債務の履行責任を負う求償権者よりも原債権者を保護する必要性が大きいことが強調されたのであった。

このように，実体法的な利益衡量をもとに債権者の権利を優先する考え方が強まりをみせた背後には，平時の一部代位を規律する民法502条1項の解釈の変転の影響があったと思われる。一部代位者に対する原債権者の優先を認めるドイツやフランスの民法とは異なり，ボアソナードの創意による民法502条は，「原債権者に過分の利益を与えないよう，原債権者と代位者が共同で権利を行使すべき旨を定める意図」から規定されたものであった[34]。また，債権者には一部のみの弁済の拒絶や特約の締結，担保権実施時期の選択などの選択肢もあるから，従来，学説及び判例は民法502条を文言に忠実に解釈していた[35]。しかし昭和40年頃を境に，状況は大きく転換する。その動きはまず学説の側から生じた。すなわち，一部代位者が単独で実行行為を行うことも，按分的な満足を与えられることも，不適切であり許されるべきではないという，我妻栄博士の主導による有力学説の登場である。その論拠は，代位弁済制度の目的は求償権の保護に尽きることや，担保権の不可分性に求められており（債権者優先主義），この考え方は広範な支持を集めてやがて通説化した。これを受けて最高裁も立場を転じることになる。まず最判昭60・5・23民集39巻4号940頁・判タ560号117頁・判時1158号192頁が，弁済による代位制度一般の趣旨として上記有力学説の考え方を採用し，さらに最判昭62・4・23金法1169号29頁がこれを踏襲したことで，なお異論の余地もあった満足面での債権者優先主義をも承認されるに至ったと捉えるのが一般的である[36]。

(30) 杉本和士「破産における『現存額主義』と一部弁済処遇の関係に関する覚書(1)」早稲田大学大学院法研論集112号（2004）77〜78頁参照。

(31) 条解更生法(中)351頁。ただし，裁判所の許可に基づいてなされる一部弁済などについては，他の手続債権者との均衡性の観点から例外を認める。
(32) 基本法コンメ破産法58頁〔上田〕。
(33) 条解更生法(中)350頁。
(34) 潮見佳男『債権総論Ⅱ〔第3版〕――債権保全・回収・帰属変更』（信山社出版，2005）294頁参照。
(35) 梅謙次郎『民法要義　巻之三債権編』（法政大学，1910）319頁。大決昭6・4・7民集10巻535頁（権利行使における代位者の独立性をも承認）。民法502条についての初期の学説・判例については，磯村哲編『注釈民法(12)債権3』（有斐閣，1970）353～354頁〔石田喜久夫〕，潮見・前掲注（34）293～295頁，伊藤進「判批」星野英一＝平井宜雄＝能見善久編・民法判例百選Ⅱ債権〔第5版〕（有斐閣，2001）90頁参照。
(36) 潮見・前掲注（34）298頁，潮見佳男「複数債権のうちの一債権の全額弁済と破産債権査定――一部債権の全額弁済と破産手続における『手続開始時現存額主義』」NBL891号（2008）14頁参照。

(2) 債権者平等原則の侵食

　平時の一部弁済に関するこの判例・学説の転換と歩調を合わせるかのように，破産の局面でも同様に昭和62年，最高裁は前述のとおり債権者優先主義をとることを明らかにしたのだが，それから十余年を経た世紀の変わり目になると，今度は理論の面でも，次にみるように手続法上の債権者優先主義ともいうべき議論状況が展開されるようになった。

(a) 事実上の劣後化

　まず最初に現れたのは，破産手続開始の前後を問わず，債権者が全額弁済を受けるまでは全部義務者の権利行使を債権者に劣後して取り扱う必要があるとする考え方である。具体的には，手続開始前の一部弁済については最高裁の理解に基づいた民法502条の適用によるのだから，手続開始後の一部弁済についても同様に最高裁の理解を踏襲し，原債権者の届出債権と求償債権者の届出債権（予備的届出は認める）とを実質的に一つの破産債権とみなして配当額を決定する，そのうえでこの配当額の範囲で原債権者の届出債権に配当し，その結果余剰があれば求償権者にも配当できる，と解するのである。したがって，これは解釈による特定の破産債権の劣後化を主張するものである[37]。

(b) 内部問題としての解決

　非控除説の理論的根拠を，債権者平等原則に着目して再検討したのが，伊藤眞教授である。というのも，それまで非控除説では，実体債権額を破産債権額とするという一般原則に対する例外が認められる根拠を，「一般債権者の配当

要求確保よりも，複数の全部義務者が存在する場合の人的担保機能を重視する」ことに求めていたが，「一般債権者に対する平等な配当を目的とする破産手続」において人的担保しか有さない破産債権者についてのみ，そ「のような特別の取扱いを認めるとするのは，不合理といわざるを得ない」と伊藤教授は考えるからである。そこで，旧24条が「継受したものといわれる」ドイツ旧破産法68条の規定趣旨から，「問題は，もっぱら当該破産債権者と求償権者の内部問題にすぎない」から，「担保取引の安全性を重視して」，全部義務者たる「求償権者よりも原破産債権者に開始時における破産債権全額の行使を認めることが適当であるとの判断があった」との推論を導き，この考え方が旧24条についても同様に妥当する，としたのであった。したがって，旧24条は「一般債権者の利益が害されないことを前提として，破産宣告時を基準時として，一部弁済をなした他の全部義務者の利益よりも人的担保を持つ原破産債権者の利益を優先させたものと理解すべきである」，というのである[38]。

　破産手続における多数債務者関係を内部関係として捉えるこの伊藤教授の議論に対しては，それが妥当しない場合があるとの指摘はあるものの，債権者平等という破産法の基本原則を視野に入れた点が高く評価されている[39]。この評価のとおり，一般の破産債権者にすぎない人的担保を有する債権者の一般債権者に対する優先的地位の正当化根拠を問い直す姿勢は，債権者平等原則と手続開始時現存額主義との関係を破産手続内において整合的に考えようとする試みであったということができる。しかしその結果として，「内部関係」という債権者平等原則が適用されない領域を生み出してしまい，債権者平等原則を侵食することになってしまったことも否定できないだろう。というのも，全部義務者には破産法上，将来の求償権者として独立の破産債権者としての地位が与えられているからである。一つの「内部関係」を構成するという理由でその地位を明文規定なく否定するならば，現在の債権者との関係での債権者平等は実質的に損なわれないかもしれないが，将来の債権者を含めれば平等原則は維持されないことになるだろう。また，全部義務者がその全部義務を果たした瞬間に「外部関係」に出てくることについての，理論的な説明も困難である。そして，このように「内部関係」を破産法の原則の及ばないものと位置づけて破産手続から切り離したことによって，次に述べる「枠」理論に道を開くこととな

(c) 「枠」理論

　伊藤説を発展させた「枠」理論は，旧24条と旧26条2項を「階層の異なる規定」だと捉えて，次のように論じる。すなわち，旧24条は「債権の担保力の強化に着目しそれを破産の局面に反映させる」ことを企図したもので，「他の一般債権者との関係で権利行使の範囲を定める規定（債権の担保力を定める規定）」，旧26条2項は「実質的には一つ」である「債権者の債権と保証人等の求償権」の「間の一本化及び調整を図る」ために「その内部関係を定める規定」と位置づけられ，それぞれ，「債権者が破産債権者として全額の権利行使をした以上は，二四条により他の債権者との関係ではその全額のいわば枠が確保され，二六条二項は債権者と保証人等との間でのその枠内の切り分けを定めるものと理解される」。そして，この「枠」は，「全部義務者のある債権の効力」なのだという。つまり「枠」理論によれば，これらの規律は「一部弁済の場合には債権者優先主義を採るということの，破産手続における現れ」であり，「弁済による代位が起こることによる一種の調整をしている」にすぎない[40]のである。

　この「枠」理論は，一般債権者と「内部関係」内の債権者とを解釈により区別する着想を伊藤説と共有しつつ，より実体法的アプローチの傾向を強めたものということができる。というのも，この解釈における「枠」の関係は，破産債権者相互の関係でありながら，破産手続そのものから切り離され（したがって破産手続上の諸原則は適用されない），もっぱら実体法が規律するところのものとして捉えられているからである。かくして，手続法上の債権者優先主義は，いわば破産法の存在を事実上無視ないし否定するところにまで行き着いたのであった。

(37) 堀内仁「破産債権の一部弁済をした保証人の破産手続参加」金法1105号（1985）5頁，滝澤孝臣〔判批〕金法1622号（2001）23頁及び後注（14）。また，牧山市治〔判批〕金法1679号（2003）27頁・32頁は物上保証人の場合について同様に解する。なお，旧法下で事実上の劣後化が行われていたこのほかの例として，いわゆる劣後ローンがある。もっとも劣後ローンは，適用場面が具体的で，債権の優先順位や契約当事者の意図などが契約上明確にされている点で，ここでいう解釈による事実上の劣後化とは様相を異にする。
(38) 伊藤眞「現存額主義再考」河野＝中島・46頁・51〜54頁参照。
(39) 条解再生法〔第2版〕370〜372頁〔山本弘・山田明美〕，沖野・前掲注（22）49頁参照。

(40) 沖野・前掲注（22）47頁，基本構造と実務366～367頁・369頁〔沖野発言〕。

(3) 物上保証人が求償権者である場合

物上保証人が破産手続開始後に一部弁済をした場合の処理について，旧26条3項は，同条1項及び2項のみを準用して，旧24条は準用していなかった。したがって，素直な条文解釈によれば，手続開始時現存額主義は物上保証人が求償権者である場合には適用されないということになり，実際にそのように解する論者も少なくなかった[41]。しかし，上述のように最高裁が民法502条の解釈につき債権者優先主義へと舵を切ると，破産においても同様にこの場面での手続開始時現存額主義の適用を認めるべきとする意見が現れるようになる。そして，世紀の変わり目において，この点をめぐり相対立する高裁判決が現れると，これを契機に議論は一気に白熱した。

この論争における中心的テーマは，全部義務者とは異なって担保物の価値の限度でしか責任を負わない物上保証人の責任をどのように捉えるかということであり，実際，この点を重視した2つの高裁判決[42]は，適用否定の立場をとった。これに対して適用肯定の立場から示された主な論拠は，次のようなものであった。

まずは全部義務者の場合と同様の実体的利益衡量，すなわち，物上保証人の求償利益よりも債権者の利益を優先させることこそが，物上保証の本来的性質に背馳せず，合理的であるとする理解である。というのも，「かつて債権全額について担保責任を負い，その意味でその回収に助力すべき立場にあった物上保証人は，全くの第三者とは異なり，いわば余後効的に，債権者の回収に受動的に助力すべき立場にある」[43]，と考えられるからだという。そして，担保権の不可分性を理由とする事実上の劣後化や，民法502条をめぐる最高裁判例との整合性（この先例と違う結論を導く破産手続特有の事情は認められない）のほか[44]，破産財団からの回収と物上保証人の責任追及との先後により債権者が実際に獲得できる金額が異なることになる点も指摘された[45]。

最終的には，現行規定に明文化された平成14年判決が，こうした考慮要素をおおむね採用する形で決着をつけたことは，前述のとおり（Ⅰ2(4)）である。

(41) 霜島・体系204頁, 破産・和議の基礎知識217頁〔竹花俊徳〕, 破産・再生の実務（上）303頁〔泉路代〕等。
(42) 大阪高判平12・2・25金法1582号35頁及び大阪高判平12・8・23金法1593号69頁・金判1161号14頁（平成14年判決の原審）。
(43) 沖野・前掲注（22）22頁。
(44) 伊藤・前掲注（38）56〜57頁, 阪口彰洋「破産宣告後における連帯保証人・物上保証人からの債権の一部回収」銀法572号（2000）72頁, 滝澤・前掲注（37）24頁, 森・前掲注（2）42頁, 佐々木修「主債務者の破産宣告後における連帯保証人兼物上保証人からの一部回収」銀法590号（2001）80頁, 中原利明「物上保証人からの破産債権の一部回収」金法1666号（2003）5頁, 沖野・前掲注（22）31〜33頁, 片岡宏一郎〔判批〕金法1641号（2002）29頁など。
(45) 森・前掲注（2）42頁。

Ⅲ　理論的再検討

1　手続開始時現存額主義の意義

Ⅱでみた通説の理論は、いずれも次の2点で共通していた。第1に、全部義務関係を伴う主債務者が破産した場合には、原債権者の債権額を確定する基準として、時的基準が客観的基準に優先されるということ、第2に、そのために必要となる客観的基準の修正を正当化する論拠は、結局のところ、求償権者たる全部義務者よりも原債権者を優先させるべきであるという実体的な利益衡量、すなわち人的担保の貫徹だということである。

他方、既に述べたように、客観的基準は、倒産という非常事態において多数の利害関係人の権利関係を適切に処理することを目的とする破産手続の根幹をなす原則すなわち債権者平等原則に関わっている。そもそも、時的基準が基準として意味をもち得るのも、基準点で適用可能な客観的基準があるからにほかならない。そこで、続いてはこの客観的基準を堅持した形で理論化を図ってきた控除説を再検討し、手続開始時現存額主義の破産手続における理論的意義を考えてみたい。

(1)　控除説による問い直し

(a)　井上説

控除説の端緒を開いた井上直三郎博士は、破産手続開始決定時の現存債権額

第1章　破産債権・財団債権

での権利主張を債権者に認めることは，非控除説の結論を論理必然的にもたらすわけではないとして次のように論じた。すなわち，「元來，債權の全額を以て各破産財團に主張し得とせるは，その債權の滿足を確實にせんとするに止まり，債權額以上の配當を受くるも妨げずとするに非ざるは言を俟た」ず，_{Dividende über den Betrag der Forderung}その趣旨は，破産手続開始前の一部満足の額を控除した「殘額に於て滿足の確實を與ふるに止まる」。それゆえ，一部の満足が破産手続開始後にかかる場合にも「破産債權は其の滿足を得たる限度に於て減額すと解するの自然である」_{verringern}というのである。さもなくば，破産手続中に完全な満足を得た場合には「その債權が全部消滅し破産債權として存在せざるに至るべきは自明の事」であるので，「若し一部滿足は破産債權額に影響なしとせば，その債權は最後の一部の滿足により忽然として全部の消滅あることとな」り，「特別の明文無き限り，考え能はざるところにして，假令執行關係の原則からしても，斯る結論に導_{Grundsatz des Vollstreckungsverhältnisses}くとは思へない」(46)，というのが井上博士の指摘であった。

(b) 宗田説

さらに宗田親彦博士は，井上博士の着眼を発展的に継承して，通説には次のような理論的問題点があると論じている。

まず旧24条の意義については，宗田博士も井上博士と同様に，破産手続開始時点の債権額につき破産手続に破産債権として届け出て，配当に参加できる可能性を明らかにしたものであると捉える (ただし，議決権行使額は影響されない)。したがって，手続開始後の弁済等により債権が縮減又は消滅すれば，「何人も自己の債権額以上に破産手続において権利行使は許されない」のだから，破産債権も当然に縮減又は消滅することになる。というのも，このように理解しなければ，一部弁済による代位を否定しながら全部弁済による代位を当然に肯定するのはなぜなのか，両者の区別を十分に説明することができないからである。また，旧法の母国法である旧ドイツ破産法と比較すると，旧24条はドイツ法におけるよりも債権者保護を緩和する規定振りとなっているうえに，旧26条2項についてはそもそも対応する規定が存在しない。このことは，債権者に一部弁済後も債権全額での権利行使を認めるというドイツ法の解釈を日本法上はとり得ない根拠となる。さらに，債権額を超えた配当がなされた場合のその後の手続の煩雑さを回避するという実際的な意義もあるだろう。

この一方で，債権者の保護は，手続開始時の全額につき届出・行使ができることで十分であり（実体法上そのような地位しかない），ましてや，「債権者の満足」を強調して，破産手続内で別の利害関係人に犠牲を強いてまでその実現を図るべきものではないのだと宗田博士は論じる。これは，利害関係人間の調整という倒産手続の指導理念に関わるがゆえに重要な指摘であるといえるのである[47]。

(46)　井上・綱要82～84頁。
(47)　宗田親彦「43　配当」裁判実務大系(6)423頁・429～430頁，同〔判批〕判評359号（判時1291号）(1989) 64頁・65～67頁参照。

(2) 控除説の理論的帰結

(a) 債権者平等原則の尊重

　以上にみた井上説と宗田説は，二つの共通点を有している。第一は，旧24条は，破産手続開始時点での債権額で配当を受領する可能性を認めているのにすぎず，その後実体債権額に生じる変動の影響を排除しているわけではないという理解である。換言すれば，旧24条は，配当参加資格についての一般的なルールに一定の例外を定めた規定と位置づけられているのであり，しかも，割合的な破産配当は，破産手続の根本原則である債権者平等原則を体現したルールなのだから，そのような例外的な取扱いは明定された範囲内で限定的に許されるのでなければならない。これを現行法についていえば，104条1項は103条1項の特則であり，ゆえにその趣旨についても103条1項から切り離した形で議論するのは適切でないということになるだろう。

　また第二に，旧26条2項の解釈をめぐり，弁済の理論的意義を問うていることが挙げられる。というのも，全部弁済の場合と一部弁済の場合で代位の効果を違えることには十分な理論的根拠が見出されないし，仮にこれを原債権者保護の観点から許容したとしても，全部弁済をもたらす最後の一部弁済とそれ以前の一部弁済との法的効果の違いを理論的に説明することはできないと思われるからである。そして，弁済により求償権者が原債権者の権利を取得するということは，なされた弁済の割合に応じて原債権者がその権利を失うことを前提とせざるを得ない。こうして，主債務者破産の手続における債権者としての配当受領資格が，原債権者，将来の求償権者のそれぞれについて確定されるべき

ことになるのである。

　したがって，控除説とは，配当受領資格の規律，すなわち債権者平等原則を尊重する立場であり，現存額主義も債権者平等原則との関係において捉えているとみることができる。これに対して，非控除説に立つ判例及び学説の立場では，債権者平等原則との関係は説明できない（あるいは十分に意識されていない）。その結果として，非控除説の立場では，破産配当が何のために行われるのか，その理論的意義は曖昧である。例えば，「枠」の中ではなぜ債権者平等原則の排除が正当化され，その場合の実体債権額を基礎としない破産配当とは，理論的にどう説明できるのだろうか。こうした非控除説の理論的問題点は，手続開始時現存額主義を債権者平等原則と切り離した形で議論していることに起因するのであり，これはまた，非控除説の考え方を明文化した現行規定にもそのまま継承されていることになるのである。

　このように考えてくると，非控除説では捉えきれない破産法の根本原則たる債権者平等原則との関係が明快であるうえに，理論的にも問題が少ないのが，控除説の考え方であるということができるだろう[48]。また実際的にも，控除説の考え方は債権者保護に欠けるというわけでもない。なぜなら，配当の実施はあくまで破産手続内の問題であるから，たとえ全部義務者に一部弁済金相当額での配当受領を認めたとしても，債権者が破産手続外でこれを差し押さえようとすれば（あるいは，即時の差押えに代えて再交渉が図られる余地もある），それが妨げられるわけではないし[49]，全部義務者の責任財産がこのように掌握されていることそのものをして，主債務者破産のリスクを分散する機能は正に働いていると評価することもできるからである。

(b)　債権者優先主義の問題点

　債権者平等原則を尊重した控除説の立場から，非控除説をもとにした現行規定の理論的基盤を改めて検討してみると，非控除説が前提としている債権者優先主義の問題点が次のように浮かび上がってくる。

　第一に，債権者優先主義は，平時また短期的にみれば，原債権者，とりわけ定型的に人的担保を要求する立場に立つ経済主体にとって有利なものである。しかし，倒産という特殊事情を踏まえつつ長期的な視点をもって制度全体を捉えるならば，それは必ずしも債権者保護に資するばかりではないのではないだ

ろうか。というのも，債権者優先主義に立つ非控除説，すなわち同説をもとにした現行規定は，主債務者の破産手続における全部義務者の部分的な求償の機会を奪うものであるがゆえに，様々な形で連鎖倒産のリスクを高める結果をもたらし得るからである。

　確かに，全額返済をしなければ求償権を事実上封じられるならば，債権者に対する弁済を全部義務者に促す効果はあるのかもしれない。しかし，主債務者破産の手続で全部義務者に強いた犠牲は，そこで終わるわけではなく，今度は全部義務者自身の債権者との関係に転嫁されざるを得ない。取引関係の連なりを思えば，その中にかつての原債権者が含まれることも少なくはないだろうし，こうして連鎖倒産のコストは，人的担保の提供者を得がたくなるといったより一般的なコスト[50]とともに，結局は，債権者が引き受けなければならない。つまり，時間軸を加えて捉えれば，「内部」関係に犠牲を強いた結果，その「内部」から破綻していくことになるのである。このことは，なぜ債権者平等原則が倒産処理における根本原則といわれてきたのかの意義を改めて示唆しているといえるだろう。

　また第二に，債権者優先主義は倒産処理上の多様な可能性を排除する危険があるということである。というのも，既に指摘されているように，仮に全部義務者たる求償権者に一部弁済による代位を認めたとしても，全額弁済を得ていない債権者は，例えば破産手続外でこれに対する配当を差し押さえることができるのであり，そこに，関係者の破産という新たな事態に直面した当事者による再交渉の機会が生まれ得る。これは破産の波及効を緩和する契機となる可能性を秘めている。そのうえ，近年において法的倒産手続に至らない企業の休廃業・解散の件数が相対的に増加しつつあることを考えるならば[51]，多様な可能性の排除は，法的倒産手続の忌避・回避に関わる重要な問題であるともいえるだろう。

　そして第三点目として，現行規定の制定に至ったプロセスに関わるより一般的な問題がある。まず，旧26条2項の文言をそのまま読む限り，非控除説の理解を導くことはやはり困難といわざるを得ない。このことは現行法において同条項に対応する規定があえて設けられなかったことからもうかがわれる。したがって，非控除説の考え方は，旧26条2項の解釈にあたり，文言解釈の範囲に

第1章　破産債権・財団債権

は収まりきれない一定の価値判断を含ませたものだといってよいだろう。このいわば立法論的な解釈論としての非控除説は，これを支持した最高裁が関連判例を重ねたことで所与の前提としての地位を獲得し，最終的には，通説・判例の明文化という形で現行規定の制定に至った。この一連の過程を全体としてみれば，いわば司法による制定法形成のプロセスであったということができるのではないだろうか。しかも，現行規定に反映させようとした実体法の規律自体になお解釈上の争いが残っているのだから，現行規定に対して「民法実体法が提示する利益考量を十分な説明を添えないまま立法の力で強引に圧殺しようとしたものと感じ」て「なんとなく後ろめたさを感ずる」のではないか，という指摘[52]は的確である。

　民主的プロセスを経て制定された法律の内容について，法の欠缺を埋める以上に，裁判による法創造[53]がどこまで許容されるのかは難しい問題であり，ここで深く立ち入ることはできない。ただ，国家機関たる裁判所の関与の下に行われる倒産処理，とりわけ私有財産の強制的かつ最終的な清算を行う破産手続については，明確性や厳格性の要請が特に強く，法の規定しない優先関係を解釈により創出することにはより慎重さが求められるものだったのではないだろうか。こうした観点からは，立法論的解釈論を経てもたらされた現行規定の存在は，法的倒産処理制度の意義や機能，強行性について改めて考える契機であるように思われる。

(48)　こうした控除説と非控除説の考え方の違いの背後には，分析アプローチの違いがあると思われる。では，そのアプローチの違いは何に起因するのだろうか。この点についてはより立ち入った考察が必要であるが，債権者平等原則をどう捉えるかは，破産手続をどのようなものとして理解するのかということに通じることから，破産手続観の違いが少なからず関係していると推測される。破産手続観の変容については，河崎祐子「『破産管財人論』再考」高橋宏志ほか編・伊藤眞先生古稀祝賀論文集『民事手続の現代的使命』(有斐閣，2015年2月刊行予定) 参照。

(49)　一部弁済の求償権に対する配当への差押可能性ゆえに債権者保護の程度に実際的な大差はないことについては，加藤正治博士も手続開始時現存額が体現する第1の規範との関係で指摘している。前掲注(13)。

(50)　民法上の代位弁済について，大塚龍児「弁済による代位と破産法24条・26条・27条，和議法45条(上)」曹時51巻12号(1999)2～3頁参照。

(51)　東京商工リサーチ(2014年2月10日付公開)によれば，2013年の休廃業・解散件数は過去10年で最多の2万8943件(同年の倒産件数〔1万855件〕の2.6倍)を記録しており，中小・零細企業の実態を把握するためには休廃業や解散にも目配りする必要があることが指摘されている(http : //www.tsr-net.co.jp/news/analysis/20140210_

03.html)。
(52) 山野目章夫「各倒産手続における多数債務者関係(保証・物上保証など)の処理」櫻井孝一＝加藤哲夫＝西口元編『倒産処理法制の理論と実務〔別冊金判〕』(2006) 157〜158頁。もっとも山野目教授自身は現行規定を肯定的に評価しており、むしろよりいっそう債権者優先主義を貫徹する方向での見直しをすべきとしている。
(53) 原竹裕『裁判による法創造と事実審理』(弘文堂, 2000) 参照。

2　手続開始時現存額主義の射程

(1)　物上保証人が求償権者である場合

現行規定は、求償権者が物上保証人であった場合にも手続開始時現存額主義の適用を認めるが、その論拠をめぐっても、まったく疑念が生じないわけではない。

(a)　倒産手続的利益衡量

まず、平成14年判決及び同じ立場に立つ学説が特に重要視したのは、求償権者の利益と原債権者の利益との利益衡量であったといえるが、この点に関しては、民法502条をめぐって指摘されている債権者優先主義に対する批判が同様にあてはまる。なかでも、破産手続においては原債権者の利益だけでなく一部代位者の利益をも考慮する必要性が平時以上に高まると考えられる。なぜなら、破産は、破産者の責任財産に対して権利行使をする、すべての債権者にとって最後の機会だからである。それゆえ、例えば、債権者には一部弁済の受領拒否や代位権不行使特約の締結など他の方法での権利保護が可能であることや、物上保証という法形式がとられたことから推測される物上保証人の意思(被担保債務が弁済されない場合には担保実行されるが、その場合にも自分はその担保目的以上には責任を負わないとの認識など)、さらには信用保証協会のような機関保証の取り扱い(54)などについては、平時はともかく、倒産処理における債権者平等の観点から改めて考慮される余地は十分あり得たように思われる。ましてや、民法502条1項については、その解釈をはじめ判例の意義や射程、判決相互の関係性をめぐってなお考え方が分かれているのであり(55)、破産手続における物上保証人の求償権の問題について、ある特定の解釈と平仄を合わせる必然性も、民法上の論争の結論を先取りしなければならない特別の必要性も、直ちには見出しがたい。

(b)　担保権の不可分性に対する疑問

第1章　破産債権・財団債権

担保権の不可分性についても，次の2点が指摘できる。

一つは，潮見佳男教授の指摘するところであり，抵当権の不可分性は原「債権者」と代位「債権者」との間の優先劣後関係を説明する直接の論拠とはなり得ないということである。なぜなら，一部代位の場面で問題となるのは，この両債権者間での「被担保債権の帰属」のあり方であり，これに基づく「抵当権により担保された価値支配の割当」であって，「債権者が被担保債権全額の満足を受けなければ，抵当権による価値支配は縮減しない」という抵当権の不可分性とは区別されるべきものだからである[56]。しかも破産の局面では，これは，原債権者と将来の求償権者という債権者平等原則に服する破産債権者相互の優先劣後関係として現れるのであり，担保権の不可分性を理由に特定の破産債権者を優先させることは，事実上，解釈によって別除権（破2条9項）を創出するのに等しい。確かに，現在は破産法104条5項という明文の根拠があるが，この前提となっている判例・学説が内包する理論的課題は，まだ解決されていないのである。

また，第二点目として挙げられるのは，担保権消滅制度（破186条以下）の導入である。同制度の下では，所定の手続を踏んで行われた別除権の目的財産の任意売却からの売得金が裁判所に納付されると担保権は消滅する。それゆえ，近年の一般的な不動産価格の下落傾向をも顧慮すれば，担保権の不可分性はもはや担保権の本質的な性質とはいえないのであり，その理論的根拠をどのように考えるか[57]によっては，主債務者の破産手続における物上保証人の地位についても再検討の余地が残されているようにも思われる。

(54)　伊藤・前掲注（35）91頁，潮見・前掲注（34）299頁・429頁。また，信用保証協会による保証については，伊藤進『信用保証協会保証法概論』（信山社出版，1992）が詳しい。
(55)　例えば，潮見佳男〔判批〕銀法645号（2005）56頁参照。
(56)　潮見佳男〔判批〕金法1725号（2004）15頁注(6)参照。また，潮見教授は，前掲（Ⅱ 2(1)）最高裁昭和60年判決は，その理由づけにあたり担保権の不可分性といった議論は一切していないことに注意を喚起する（潮見・前掲注（34）297頁参照）。
(57)　例えば山本和彦教授は，一般論として，担保権者の把握している価値について「少なくとも何らかの意味での担保目的物の価値であるとすれば，担保目的物とは無関係に被担保債権を全額弁済することがその把握した価値の実現になるわけではない」として，担保権者が実体法上把握している本質的な担保価値を不可分性の根拠とする見解を批判している（山本和彦「担保権消滅請求制度について―担保権の不可分性との関係を中心に」田邊光政編集代表『最新倒産法・会社法をめぐる実務上の諸問題』

(民事法研究会，2005）461頁参照。

(2) 債務が複数ある場合の「全部」

手続開始時現存額主義の射程に関して，近年注目を集めたものとして，連帯保証人や物上保証人が一つの抵当権で担保されている複数口の被担保債権のうちの一部につき手続開始後に全額弁済をした場合，債権者はどの範囲で破産債権を行使できるのかという問題がある。下級審の考え方は分かれ，これに対する学説の評価も二分した[58]。

このようななか，最高裁は平成22年3月16日判決において，現行法における手続開始時現存額主義の趣旨との関係を次のように論じて，手続開始時現存額主義は（抵当権単位にではなく）個別の債権を単位として適用されるべきであるとの結論を導いた。すなわち，「破産法104条1項及び2項は，複数の全部義務者を設けることが責任財産を集積して当該債権の目的である給付の実現をより確実にするという機能を有することにかんがみ，この機能を破産手続において重視し」て，「弁済等により破産債権の全額が消滅しない限り，当該破産債権が破産手続開始の時における額で現存しているものとみて，債権者がその権利を行使することができる旨（いわゆる開始時現存額主義）を定め，この債権額を基準に破産債権者に対する配当額を算定することとしたものである」から，この「趣旨に照らせば，飽くまで弁済等に係る当該破産債権について，破産債権額と実体法上の債権額とのかい離を認めるものであ」るというのである[59]。この一方で，平時についての最高裁判決[60]との関係や手続的観点からの利益衡量など，検討すべき理論的課題はなお残されている。

(58) 潮見・前掲注(34)12頁以下，加々美博久「開始時現存額主義の適用範囲」金法1843号（2008）10頁，片岡雅〔判批〕金法1852号（2008）34頁，石井教文〔判批〕金法1846号（2008）21頁，杉本和士〔判批〕金判1305号（2008）21頁，角紀代恵〔判批〕臨増判夕1284号（2009）138頁等。
(59) 最判平22・3・16民集64巻2号523頁・判夕1323号128頁・判時2078号13頁。本判決の分析として，石井教文ほか「開始時現存額主義の適用範囲をめぐる最高裁判決の射程と実務対応」金法1902号（2010）18頁，森田修〔判批〕法協128巻10号（2011）246頁，八田卓也〔判批〕金法1942号（2012）81頁，中吉徹郎・最判解説民平成22年度（上）161頁等がある。
(60) 最判平17・1・27民集59巻1号200頁・判夕1173号168頁・判時1887号39頁。同判決では，全額弁済のされた一個の債権については債権者は保証人を徴した目的を達しているとして，抵当不動産の売却代金につき債権者優先主義をとらず，原債権者と保証人との準共有関係と配当金の按分弁済が認められた。同判決における「債権の一個

性」概念をめぐっては，あくまで形式的に決する方向と，融資目的との密接関連性がある場合など実質的に決せられる方向のいずれもあり得ることが指摘されている（森田修〔判批〕法協123巻6号（2006）1185頁）が，手続開始時現存額主義との関係では，配当基準額となる個別の債権の問題として捉えられることから，後者の理解はないことになろうか。

IV 結　語

　ここでは，破産手続における多数債務者関係について，現行規定に具体化された旧法以来の通説が形成・発展してきた過程に注目することを通して，その理論的意義と背景を明らかにしようと試みてきた。その結果，控除説とその後通説となった非控除説との対立の根底には，破産債権額決定の基準につき客観的基準と時的基準のいずれを優先するかをめぐる考え方の対立があり，控除説が破産手続の根本原則である債権者平等原則と密接な関わりをもった手続法的なアプローチであるのに対して，非控除説は実体法的な利益衡量や政策的判断に比重を置いた実体法的アプローチと位置づけられること，また，民法上の判例・学説と歩調を合せた控除説から非控除説への転換は，いわば手続法上の債権者優先主義と捉えられ，理論的な問題点をはらむものであることを明らかにしてきた。

　最高裁が破産における債権者優先主義を採用してから20余年，経済・社会の状況は大きく変化した。とりわけ2008年の世界同時不況を契機として，1970年代以来続けられてきた経済政策を問い直す動きが兆しつつあり，ひいては，その政策を裏側から支えてきた財産法制とその下で形成されてきた思考のパターンにも，やがて見直しが迫られることとなろう。そのとき倒産法の領域で重要となるのはやはり，破産法の目的として同法1条に規定されている，利害関係人間の権利関係の適切な調整という視点[61]なのではないだろうか。

(61)　手続開始時現存額主義の射程を論じた大阪高判平20・5・30判タ1269号103頁（前頁で挙げた最高裁平成22年判決原審）は，この観点から結論を導いている。

〔河崎　祐子〕

第 2 章

別　除　権

6 別除権総論

I 別除権の概念

1 定　義

　別除権とは，破産手続開始の時において，破産財団を構成する財産につき，特別の先取特権，質権，抵当権，その他の担保権（非典型担保権）を有する者が，これらの権利の目的である財産について，破産手続によらないで行使することのできる権利のことをいう（破2条9項・65条1項参照）。

2 位置づけ

　別除権は，実体法上認められた担保権（典型担保・非典型担保）の存在を前提に，当該担保権がもつ担保目的物より優先弁済を受けるという実体法上の地位と，担保権を実行し得るという手続法上の地位を，破産手続においても可及的に尊重しようとするものであり，実体法的な側面と手続法的な側面をもつ。

　ある担保権に別除権を付与するのか否か(1)，付与するとして，どのような内容とするのかは，破産法が決定すること（破産法の立法・解釈の問題）である（その際，憲法29条などが保障する財産権を侵害してはならないことは，当然である。）。例えば，商事留置権は特別の先取特権として別除権を付与されるのに対し（破66条1項），民事留置権はそのようには扱われない（同条3項）。また，その内容から明らかなように，別除権は，優先弁済を受ける面についても（破186条1項1号など），担保権を実行し得る面についても（破184条2項など），担保権を制約している。

第2章 別　除　権

　以上のように，別除権は，担保権の効力を基礎とするが(2)，破産法により創設された，実体法的な側面と，手続法的な側面を併せもつ，法的地位である。

（1）別除権（Absonderungsrecht）という概念を創設した旧ドイツ破産法は，ドイツ民法より早く制定されたこともあり，別除権の概念に，破産手続で受け入れることのできる担保権（特定の原則と公示の原則が備わった担保権）とそうでない担保権を選別し，前者のみを破産法で尊重するという機能を，付与していた（中西正「ドイツ破産法における財産分配の基準(1)」法と政治（関西学院大学）43巻2号（1992）25頁以下参照）。
（2）加藤・要論203頁，山木戸・160頁，条解破産法469頁を参照。

3　他の権利との異同

　破産法には，別除権のほか，取戻権，相殺権，財団債権，破産債権などの権利が，存在する。これらの異同は，以下のとおりである。

① 別除権，相殺権，取戻権は，破産財団に属する特定の財産に対する権利であり，財団債権，破産債権は，破産財団全体を引当てとする権利である。

② 別除権，相殺権，取戻権のうち，取戻権は，対象とする財産が破産財団に帰属していないことを基礎とする権利であるのに対し，別除権，相殺権は，破産財団に属する財産の上に優先弁済を受ける権利が存在していることを基礎とする権利である。なお，これらの権利は，いずれも，破産手続に服することなく，行使される。以上から明らかなように，別除権と相殺権は近似している。

③ 財団債権，破産債権は，上述のごとく，破産財団全体を引当てとしているが，(i)財団債権は破産債権に優先して弁済を受ける点，(ii)破産債権は破産手続によらねば行使できないのに対し，財団債権は破産手続に服することなく弁済を受けることができる点で，異なっている。

II　別除権の根拠・取扱い

1　はじめに

　(破産) 債権者平等の原則にもかかわらず，別除権を担保権に付与し，優先弁済を受ける権利などを中心に，担保権としての効力を尊重することを正当化する根拠を，「別除権の根拠」と呼ぶことにしたい。では，別除権の根拠は何であろうか。これは，別除権の根拠が，別除権の保護のあり方，別除権に関する破産法の規定の解釈・運用の指針となるものであるだけに，重要な問題である。

2　別除権の根拠

　担保権は，担保目的物より優先弁済を受ける権利を保障されている。そのため，債権者が債務者に信用を供与し，特定の財産上に担保権を取得した場合，その債権者は，当該担保目的物の価値の限度で，債務者がデフォルトに陥るリスクを回避できる（ただし，担保目的物の価値変動のリスクは負っている。）。

　債務者のデフォルトのリスクの回避可能性は，担保目的物の価格変動が安定している（あるいは予測が容易である）ことが前提ではあるが，様々な社会経済的利益をもたらし得る。

　まず，第1に，信用供与のコスト（ここでは「コスト」は利息・遅延損害金などを意味するものとしたい。）を，より低くすることが，可能となる。すなわち，担保目的物の価値の範囲でリスクを回避できるなら，その限度でリスクに備える費用を取らずにすむので，同じ債務者に対する与信であっても，担保信用の方が，無担保信用よりも，低い費用で行うことが，可能となる。

　第2に，担保信用は，担保目的物の価値の範囲でリスクを回避できるので，信用力の低い債務者に対する与信を可能にする。デフォルトのリスクが高く，無担保信用の供与が不可能な債務者に対する与信も，可能にする場合があるわけである。

　そして，第3に，担保信用は，長期にわたる与信を可能にする。動きの激し

第2章 別　除　権

い現代の経済社会において，5年後，10年後の債務者の収益力，ひいてはデフォルトのリスクを予測することは困難であるため，長期にわたる無担保信用は容易でないと思われる。しかし，担保目的物の価値が長期にわたり安定している（予測可能である）なら，その価値の範囲でリスクを回避できるので，長期間の担保信用も可能となるわけである。

　以上のように，担保権は，社会経済的に極めて重要で，必要不可欠な機能を，果たしている。そして，これらの機能は，担保権がもつ，担保目的物からの優先弁済権能に，依拠している。したがって，担保信用が果たすこのような機能を維持するためには，担保権の優先弁済権能を尊重しなければならない。そして，このような要請は，債務者がデフォルトに陥った場合に，とりわけ倒産した場合に，顕著になろう。債務者が倒産した場合に担保権の優先弁済権能を尊重しないことは，当該事例において，より低いコストでの，より低い信用の債務者に対する，あるいは，より長期にわたる信用供与をした担保権者に不公平なだけでなく，当該事例を超えて，担保信用が果たす重要な機能を喪失せしめる点で，不合理である。債務者が倒産した場合にこそ，担保権がもつ優先弁済権能を尊重せねばならないのである。

　また，担保権者は，担保目的物の価値変動のリスクを負っているので，担保権の実行，担保目的物の維持・管理等についても，担保権の内容が尊重されねばならない。

　以上が，別除権の根拠であると考える。

　担保信用の供与者（別除権者）と無担保信用の供与者（破産債権者）の利益対立の調整は，歴史的にみても，破産法制（倒産法制）上の最も重要かつ困難な課題の一つである。担保権の目的物は破産財団に帰属するので，担保権を尊重しないということは，担保権者が把握する価値の一部を，無担保債権者に移転することになる。上述した別除権の根拠論は，このような利益の調整を否定し，危機時期前に取得された担保権は可及的に尊重する一方，危機時期に危機を知りつつ取得された担保権は厳格に否定するという形で，担保信用の供与者と無担保信用の供与者の利益を調整しようとする考え方である[3]。

(3)　中西正「ドイツ破産法における財産分配の基準(2)」法と政治（関西学院大学）43巻3号（1992）110頁以下参照。

3 別除権の取扱い

(1) はじめに

別除権の根拠を以上のように解するなら，破産手続において，別除権の優先弁済権能は，尊重されねばならないことになる。また，担保権者は担保目的物の価格の変動につきリスクを負うことを考えれば，担保権の実行，担保目的物の維持・管理等についても，担保権を設定するに際し想定されていたルールが尊重されねばならない。

(2) 優先弁済権能

明文の規定はないが，破産手続開始後も，担保目的物の換価金は，担保権者に優先的に弁済される。より正確には，民法その他の実体法が規定するプライオリティー・ルールに従って分配される。

破産手続においては，被担保債権の利息・遅延損害金は，手続開始後の分も含めて，別除権の保護の対象（被担保債権）とされる。ただし，ここでも，民法375条の適用がある。

破産手続においては，担保目的物は必ず換価されるので，別除権者は担保目的物の清算価値を保障されることになる。すなわち，民事再生手続，会社更生手続の場合，担保目的物の価値を評価し，その評価額を担保権の優先弁済権の範囲とする制度があり（民再148条1項・150条，会更138条2項2号・146条2項2号・150条1項・153条1項），そこでは，「財産の価額」の評価次第で，担保権の価値の一部が無担保債権へと移転する可能性もある。しかし，破産手続にはこのような制度がなく，このような問題もないわけである。

しかし，担保権消滅許可の制度では，売得金の一部を破産財団に組み入れることが許されるので（破186条1項1号），担保権の価値の一部が無担保債権へ再分配されるおそれがある。この制度は，財団組入金の有無及び金額は，法定するのは理論上問題があるので，当事者の合意に委ねる趣旨であるとされている（担保権消滅許可の申立書に記載されている組入金の額に対して対抗手段をとらない場合，担保権者の合意が擬制されるとする。）(4)。しかし，対抗手段を講ずることは必ずしも容易ではない以上，このような合意の擬制は問題であると思われる。担保目

的物の管理・維持の費用，任意売却に要した費用（破産管財人の活動に対する報酬も含む。）を超える組入額がある場合には，当該担保権を有する者の利益を不当に害することになるとみて（破186条1項ただし書），当該担保権消滅許可の申立てを不適法却下すべきである。

（4）　条解破産法1193頁以下を参照。

(3)　**担保権の実行**

担保権の実行は，破産法65条1項により保障されている。破産法184条2項，185条などはあるが，これは合理的な制約である。担保目的物につき破産財団が利益をもつ場合（例，担保余剰のある場合）には，利益の早期実現のため，そうでない場合にも，担保目的物の管理費用の負担を避けるため，担保権の迅速な実行が必要だからである。

4　担保価値維持義務

(1)　**問題の所在**

担保権設定者は担保権者に対し担保価値維持義務を負う。例えば，債権質の場合，質権設定者は，質権者に対し，当該債権の担保価値を維持すべき義務を負い，債権の放棄，免除，相殺，更改等当該債権を消滅，変更させる一切の行為その他当該債権の担保価値を害するような行為を行うことは，この義務に違反するものとして，許されないと解される(5)。この点に異論はないであろう。問題は，担保権設定者につき破産手続が開始されたとき，破産管財人は，このような担保価値維持義務を承継するのか，承継するとして，どのような範囲・内容において承継するのか，である。

（5）　後掲最判平18・12・21民集60巻10号3964頁・判タ1235号148頁・判時1961号53頁。

(2)　**検　　討**

(a)　**破産債権者に公平な満足を与えるための破産手続**

破産手続は，これまで，破産債権者に公平な満足を与えるための手続であると，理解されてきた(6)。これによれば，破産管財人は，破産手続を遂行する機関である以上，担保権者のために職務を遂行する必要はない，担保価値維持

6 別除権総論

義務は承継されない，ということになろう。

しかし，上述の理解は，その沿革から，以下のような趣旨に基づくと解される(7)。すなわち，①現行破産法の原型を創った旧ドイツ破産法は，担保目的物より優先弁済を得ることを保障する別除権を創設した（一世代前のドイツの破産法にはこのような権利はなかった。）(8)。②別除権＝担保権の対象は，無担保信用供与者（以下「破産債権者」という。）に不測の損害を与えないよう，特定の財産に限定され，別除権＝担保権を公示することとした。③そして，(i)担保権の弁済原資（担保目的物の換価金）が破産債権に対する配当原資に使われたり（破産財団に組み入れられたり），(ii)担保権に関する管理・換価の費用が破産財団の負担とされたりすることを避けるため，(iii)さらに，(i)，(ii)の逆も避けるため，担保目的物は破産財団に属さないこととされた。より正確には，破産手続開始時には担保目的物は破産財団に属しているが，担保権の実行により，破産財団より離れる（別除される）こととされた。④その結果，破産財団に残るのは破産債権者の引当てとなる財産だけであり，これを破産債権者に公平に分配することが，破産手続の目的であり，破産管財人の職務であると，されたのである。

すなわち，担保権者の保護も，無担保債権者（破産債権者）の保護も破産手続の目的であり，これらを両立させるために，担保権は実行時に破産財団から離脱する（別除される）こととし，残った破産財団を管理，換価，配当する役割を，破産管財人に付与したのである。

(b) 担保価値維持義務・担保権の実行に協力する義務の承継

ところで，ドイツ破産法制定当時は，抵当権（不動産），占有質（動産）が主要な担保権であり，これらの担保権は担保権者自身による担保価値の維持や実行が可能であり，破産管財人の助力がなくとも，別除権の保護に困難はなく，特に問題は起きなかったと思われる。しかし，非典型担保が発展し，これらが担保信用取引上重要な地位を占めるに至った現代では，破産管財人が，担保価値維持義務，担保権の実行に協力する義務等を負うかという問題が，顕在化する。これらの担保権は，抵当権や占有質とは異なり，破産管財人の助力なくして，担保価値を維持し実現することは，不可能だからである（このことは債権質権など財産権の上の典型担保権にも妥当する。）。

そして，破産手続は担保権者の利益の保護も目的としており，破産管財人は

第2章 別除権

破産債権者への公平な満足を実現する機関であるとの位置づけも，これを否定する趣旨ではない以上，特段の事情がない限り，破産管財人は破産者が負う担保価値維持義務を承継すると解すべきである。担保権の実行に協力する義務についても，同様であろう。

そこで，問題は，担保価値維持義務の承継を否定すべき特段の事情があるか否かである。以下で，検討したい。

破産管財人は破産者の担保価値維持義務を承継すると解するなら，費用分担の問題が生じる。上述のように，現行破産法は，破産手続は破産債権者に公平な満足を与える手続であるという原則に従い，組み立てられている。したがって，破産管財人の報酬や，破産財団の管理・換価に要した費用は，すべて破産財団から支払われる。すなわち，破産債権者の配当原資より支払われる（破148条1項1号・2号・4号を参照）。したがって，破産管財人が，担保価値維持義務や，担保権の実行に協力する義務を承継すると解するなら，別除権者のための費用を，破産債権者が支払うことになり，費用負担の点で著しい不公平が生ずる。これは，現行法の趣旨と，完全に矛盾しよう（本項目Ⅱ4(2)③を参照）。したがって，費用分担の調整の問題が生ずるのである。費用の分配については，本項目Ⅴを参照。

(6) 加藤・要論5頁，中田・1頁以下，山木戸・3頁以下を参照。
(7) 中西正「破産手続における利害関係人と破産管財人の権限（特別報告 第8回全国倒産処理弁護士ネットワーク高松大会基調報告）」事業再生と債権管理129号（2010）169頁以下を参照。
(8) 一世代前のドイツの破産手続（ドイツ普通法の破産手続）では，債権の弁済順位は，5つの組（第1番から第5番まで）に分かれていたが，約定担保権は第3順位で弁済を得たにすぎず，そのために信用収縮の問題が起きた。そこで，これを改めて優先弁済を保障する地位（別除権）を創設したのである。中西・前掲注（1）25頁以下，中西・前掲注（7）169頁以下を参照。

(3) 最判平18・12・21民集60巻10号3964頁・判夕1235号148頁・判時1961号53頁

本判決は，「質権設定者が破産した場合において，質権は，別除権として取り扱われ（旧破産法92条），破産手続によってその効力に影響を受けないものとされており（同法95条），他に質権設定者と質権者との間の法律関係が破産管財人に承継されないと解すべき法律上の根拠もないから，破産管財人は，質権設定者が質権者に負う上記義務〔担保価値維持義務のこと—筆者注〕を承継する

と解される。」と判示し，質権につき担保価値維持義務の承継を認めたが，これは別除権一般に妥当するものと解される。

　以上で検討したところによれば，本判決の判旨は正当であると思われる。また，破産管財人と第三者との関係は，原則として，破産管財人を破産者と同視すべきである，つまり，破産管財人を破産者の一般承継人として扱うべきである点からも(9)，この判例は正当であるといえよう。

　問題は費用の分配である。まず，当該担保価値維持義務の履行や，担保権実行に助力する義務の履行に関しては，破産管財人はその報酬を担保権者に請求すべきである（担保目的物の換価金から第1順位で補償されるべきである。）。別除権の価値の一部を財団に組み入れることを，別除権者と交渉する場合には，この点を看過してはならないと思われる。

　賃料の支払に関する一般的なルールは，破産財団からの支払が当該担保権者のみの利益となるような場合には，当該担保権者に支払った額の償還を請求できる，である。BがAに不動産・甲を貸し渡し，Aが，Aの債権者Cに対して，AのBに対する敷金返還請求権に債権質を設定し，Aが破産手続開始決定を受けた場合，甲を返還するまでの間の賃料を破産財団より支払うことは，破産財団の占有の対価であるから，Cに償還を求めることはできない(10)。他方，甲の原状回復費用は，質権設定の際，これを敷金より差し引くことが約定（想定）されているので，破産財団より支払う必要はない（BのAに対する原状回復費用補償請求権が敷金返還請求権上に優先的な担保権をもっている実質がある。）。したがって，前掲最判平18・12・21の処理は正当であったと思われる。これに対して，Aが，Bより甲地を借り受け，その上に建物乙を建てて所有し，債権者Cのため乙上に抵当権を設定した後，破産手続開始決定を受けた場合，Cの被担保債権の額が，乙と甲の借地権の価値の合計額を上回っているなら，破産管財人Xは，担保価値維持義務として，A・B間の賃貸借契約につき履行を選択したうえで（破53条1項），Cに賃料を代位弁済するよう促すべきであり(11)，破産財団より賃料を支払った場合，Cにその償還を請求できると解される。

　担保価値維持義務を履行するために要した費用は担保権者が負担すべきか，破産財団が負担すべきかについては，今後検討が必要であろう。担保権実行に助力する義務の履行に関しても，同様である(12)。

(9) 伊藤・248頁以下。
(10) 中西正「破産法における費用分配の基準」民訴55号（2009）28頁以下。
(11) パネルディスカッション「破産管財人の地位の再検討（特別報告 第8回全国倒産処理弁護士ネットワーク高松大会）」事業再生と債権管理128号（2010）155頁〔石井教文発言〕。
(12) 最判平18・12・21については，谷口安史・最判解説民平成18年度1349頁，山本和彦〔判批〕金法1812号（2007）52頁，林道晴〔判批〕金判1268号（2007）6頁，岡正晶〔判批〕NBL851号（2007）23頁ほかを参照。このほか，担保価値維持義務については，条解破産法475頁も参照。

Ⅲ　不足額責任主義と配当参加

1　不足額責任主義

　別除権は，破産手続開始時に，破産財団に属する財産上に担保権（典型担保・非典型担保）が存在する場合に，その担保権者が，担保権の目的財産について，破産手続によらないで行使することのできる権利である。他方，破産債権は，破産手続開始前の原因に基づいて，破産者に対して生じた，財産上の請求権である（破2条5項）。このように，破産債権と別除権は別個の権利であるので，別除権者は同時に破産債権者でもあり得よう。そこで，そのような場合に，別除権者は，破産債権につき，どのようなルールで破産財団から配当を受けるのかが問題となる（別除権に基づく優先弁済によっては，被担保債権＝破産債権につき完全な満足を得られない場合に，実益のある問題である。）。

　別除権者は，破産債権全額につき配当を受けることができる（別除権による優先弁済と破産債権に基づく配当の合計額が当該被担保債権の額を超えることができないのは当然である。）とするルールも，論理的にはあり得よう。しかし，これでは，その別除権者は，当該破産債権のうち別除権による優先弁済を得た部分に関しては，別除権の目的財産と破産財団から二重に弁済を受けることになり，別除権者と破産債権者の間の公平が保たれない。別除権による優先弁済を受けた部分は破産財団から配当を受けないとするのが，公平であろう。そこで，破産法108条1項本文は，別除権の行使によって弁済を受けることのできない債権の額についてのみ，破産債権者としてその権利を行使することができると規定した。これを，不足額責任主義という。

6　別除権総論

　民法394条1項は，抵当権者は，抵当不動産の代価から弁済を受けない債権の部分についてのみ，他の財産から弁済を受けることができるとする。これは，不足額責任主義と同じような趣旨に基づくものである[13]。ただし，抵当権に基づき弁済を受けるより前に，抵当権設定者の他の財産より弁済を受ける場合（例えば，抵当権設定者の他の財産につき強制執行がなされ，一般債権者として配当要求する場合）には，このルールは適用されない（民394条2項）。破産手続の場合，破産債権者（無担保債権者）は必ず損失を被るのだから，不足額責任主義のルールはより徹底されねばならないわけである[14]。
　なお，担保目的物たる財産が，破産管財人による任意売却などの事由により，破産財団に属さないこととなった場合も，同様である（破65条2項）。

(13)　条解破産法734頁。
(14)　条解破産法734頁。

2　不足額の確定

(1)　はじめに

　別除権者が被担保債権を破産債権として行使するには，1で述べたところから明らかなように，別除権行使によって弁済を受けることのできない債権額，すなわち不足額を確定する必要がある。その手続は，以下のように行われる。

(2)　予定不足額の届出

　破産債権者としても配当を受けようとする別除権者は，被担保債権全体を破産債権として届け出るだけでなく（破111条1項各号参照），別除権の目的である財産と予定不足額（別除権の行使によって弁済を受けることができないと見込まれる債権の額）を届け出る（同条2項）。予定不足額に関しては，民法489条ないし491条が適用される。破産手続開始後の被担保債権の利息については，劣後的破産債権である一方（破99条1項1号・97条1項・2号），最後の2年分は別除権による優先弁済の対象となるので（民375条・491条1項），劣後的破産債権として届出をする一方，予定不足額算定の際の基礎ともする[15]。債権調査は届出破産債権全体につき行われるが，破産債権確定は別除権行使のための要件とはならないと解すべきである。

149

(15) 条解破産法735頁。

(3) 不足額への配当

　別除権の実行が完了し，配当除斥期間内に不足額が確定すると，それを基準に配当がなされる（中間配当か最後配当かを問わない。）。

　配当除斥期間内に不足額が確定しない場合中間配当の手続に参加するためには，中間配当に関する除斥期間内（破209条3項・198条1項）に，破産管財人に対し，当該別除権の目的である財産の処分に着手したことを証明し，当該処分によって弁済を受けることができない債権の額を疎明せねばならない（破210条1項）。この証明と疎明がなされると，破産管財人は配当額を寄託する（破214条1項3号）。

　そして，その後の中間配当の除斥期間に弁済を受けることができない債権の額を証明した場合（つまり，担保権実行が終了し，受領する額が確定したので，弁済を受けることができない債権の額を証明した場合），それまでに寄託されていた金額は当該別除権者に配当され（破産法214条3項の反対解釈），当該中間配当の配当及びそれ以後の配当では，破産法108条1項の要件が証明されたので，一般の破産債権者と同様に当該不足債権額を基準に配当を受ける。

　中間配当では証明できなかった場合，最後配当の除斥期間内に担保権の行使により弁済を受けることができない債権の額を証明すれば，これまで寄託された金額につき配当を受け（破214条3項の反対解釈），当該最後配当では当該不足債権額を基準に配当を受ける（破198条3項）。

　しかし，証明ができず，最後配当の手続に参加できなかった場合は，これまでに寄託された額は他の破産債権者への配当に充てられる（破214条3項）。このほか，破産法213条後段も参照。

3　被担保債権の変更

(1) はじめに

　担保権の実行に長期間が必要となる場合，不足額を証明し得る前に最後配当に関する除斥期間が経過してしまうこともある。この場合，別除権者は不足額につき配当を受けることができない。旧破産法下では，このような場合，別除

権者はその権利を全部放棄し（これを「担保権の放棄」といった。），抵当権の抹消登記などをしたときに限り，配当に参加できるとされていた。

このようなルールの下では，最後配当に関する除斥期間が経過するまでに不足額を証明できない別除権者は，不足額を破産債権者として行使することを断念するか，別除権をすべて放棄するほかない。上述のように，不足額責任主義の趣旨は，別除権者と破産債権者の公平を図る点にあった。しかし，以上のようなルールは別除権者にとって不公平であり，不足額責任主義の趣旨とは相容れないというべきであろう。他方，このような不公平を避けるため，すべての別除権の不足額が確定するまでは最後配当を終わらせないとすれば，破産事件の迅速な処理は不可能となる。

(2) 破産手続開始後に担保されなくなった場合

そこで，破産法は，破産手続開始後に被担保債権の全部又は一部が担保されないこととなった場合，当該別除権者はその全部又は一部の額について破産債権者として権利行使することができると規定した（破108条1項ただし書・198条3項）[16]。これにより，一定額の不足額が確実に予測されるが，最後配当に関する除斥期間内にそれを証明できない場合，別除権者は，破産管財人に対して一部放棄の意思表示をし，あるいは破産管財人と担保権の一部解除の合意をし，これを証明する資料（例えば，別除権者作成の別除権放棄書面，破産管財人と別除権者の間の一部解除の合意書面）を破産管財人に提出して，それにより担保されなくなった破産債権につき，破産配当を受けることができる。

(16) 一問一答286頁，条解破産法736頁。

(3) 登記・登録の必要性

問題は，このような被担保債権の全部又は一部が破産手続開始後に担保されないこととなったことにつき，登記・登録を備える必要があるかどうか，つまり，別除権者は，登記・登録を備えて，初めて，不足額を破産財団に対して主張できるのかどうか，である[17]。

多数説は，別除権の実行によって得られる優先弁済の範囲を明確にし，それを破産債権者に主張するため，登記・登録を必要とすべきであると主張す

る(18)。

これに対し，弁済等の理由で被担保債権の一部が消滅した場合，抵当権の範囲は，登記の変更を経ることなく当然に縮小し，その限度で登記も無効となるのであり，このような場合，登記事項中の債権額を変更する登記（被担保債権の変更の登記）ができるが，これは実体関係を登記に忠実に反映させる趣旨にすぎないとする登記法理に依拠して(19)，以下のように主張する見解も，有力である。すなわち，抵当権の放棄の場合は，抵当権が設定者に復帰する物権変動が存在しているので，対抗要件である登記が必要であるが，被担保債権の縮減の合意がされた場合は，被担保債権の一部弁済と同様，対抗問題は起きないので，対抗要件である登記がなくとも，その効果は第三者に対抗できる(20)。

担保権ないし抵当権の登記における被担保債権の登記の意義は，抵当権者の優先弁済の範囲を明確にし，後順位抵当権者等利害関係人の予測可能性を確保する点にもあるので，被担保債権の縮減の合意にも登記を必要と解する見解が，政策的見地からは，優れていよう（そのような実務慣行を確立すべきである。)(21)。ただ，この問題が対抗問題でないとするなら，それにもかかわらず，登記がなければ縮減を対抗できないというルールを，解釈論として，強制できるかどうかは，検討の余地があろう。

(17) 一問一答286頁。
(18) 田原睦夫「(特集　破産法改正と倒産実体法の見直し) 担保権と破産財団及び配当手続」ジュリ1273号 (2004) 49頁，論点解説(下)139頁〔矢吹徹雄＝馬越榮一〕，竹下・大コンメ459頁〔菅家忠行〕，条解破産法735頁・1285頁。
(19) 幾代通『不動産登記法〔第3版〕』(有斐閣，1894) 294頁。
(20) 山本和彦「破産者が株式会社である場合において破産財団から放棄された財産を目的とする別除権の放棄の意思表示の相手方」金法1748号 (2005) 67頁，基本構造と実務255頁以下〔松下淳一発言〕。詳解再生法〔第2版〕312頁以下〔山本和彦〕も参照。
(21) 伊藤・337頁，竹下・大コンメ457頁〔菅家〕・854頁〔舘内比佐志〕，基本構造と実務256頁以下〔沖野眞已発言，田原睦夫発言〕。

4　根抵当権の特則

(1) はじめに

根抵当権の場合も，事情は同じである。最後配当に関する除斥期間経過までに不足額を証明できれば問題はないが，それまでに証明できなければ，特段の

規律がない限り，不足額を破産債権として行使できないことになる。その場合，抵当権の一部放棄も一つの選択肢であり得よう。

しかし，根抵当権には被担保債権の確定（元本の確定）と極度額の制度がある。つまり，根抵当権の被担保債権は破産手続開始決定により確定する（民398条の20第1項4号）。そして，確定した被担保債権が極度額を超える場合，超えている額が不足額となる。そうであれば，不足額もただちに決まることになる。

ただし，以上は，目的不動産の売却代金が極度額を超えることが前提である。目的不動産の売却代金が根抵当の極度額を下回る場合には，被担保債権と極度額の差額ではなく，被担保債権の額と売却代金額（正確には根抵当権に現実に配当される額）の差額が不足額となるので，不足額は，被担保債権額と極度額の差より大きくなる（極度額が確定した被担保債権を超えている場合も，担保不動産の売却代金額—正確には根抵当権に現実に配当される額—次第では，不足額が生ずる。）。

以上から明らかなように，根抵当権の場合も，不足額は，被担保債権の確定と極度額の制度だけで決定できず，担保目的不動産の売却が終了するまでは決まらないこととなる。確定した被担保債権が極度額を超える場合，超えている額が不足額となる点は確実である。しかし，その後，不動産の売却価格がいくらになるかにより，不足額が増加する可能性があるわけである。

(2) 根抵当権の特則

根抵当権がもつ以上のような特質に鑑みて，別除権に係る根抵当権により担保される破産債権については，当該破産債権を有する破産債権者が，破産管財人に対し，最後配当に関する除斥期間内に，確定不足額を証明できなかった場合においても，最後配当の許可があった日における当該破産債権のうち，極度額を超える部分の額を，債権の額として，最後配当の手続に参加することが認められている（破196条3項）。破産管財人は，確定不足額が証明されない場合でも，最後配当の許可があった日における，当該破産債権のうち極度額を超える部分の額を，最後配当の手続に参加することのできる債権額として，配当表に記載することが義務づけられているのである[22]。

ところで，極度額を超える部分の額を確定する基準時を決定せねばならな

い。被担保債権の確定（元本の確定）は破産手続開始時であるが，手続開始後に生ずる遅延損害金なども根抵当権の被担保債権となるからである。一般に最後配当に関する除斥期間の経過時が確定不足額の証明の終期とされているので，この時点を基準とするのが理論的であろう。しかし，そうすると，配当表作成時（除斥期間の経過が始まる前である。）に，見込額を記載し，除斥期間経過時に配当表を更正することになるが，これは二度手間で不合理であろう。そこで，極度額を超える部分の額を確定する基準時は，最後配当の許可のあった日とされた。最後配当の配当表を作成する直前であるし，基準としても明確だからである[23]。

(22) 条解破産法1276頁・1286頁。
(23) 一問一答287頁，竹下・大コンメ847頁〔福永浩之〕，条解破産法1276頁・1286頁。

Ⅳ　個別の担保権

1　はじめに

別除権の対象は，特別の先取特権，質権，抵当権に限定されないことは，今日では異論のないところであるが，いわゆる非典型担保については次項目に譲り，以下では，破産手続における別除権の実行方法などを，典型担保につき，検討することにしたい。

2　特別の先取特権（動産売買の先取特権）

(1) 別除権の付与

(a) 民法が定める特別の先取特権のうち，不動産の先取特権については，実務上ほとんど用いられることがなく，動産の先取特権については，実務上用いられているのは動産売買の先取特権であるといわれている[24]。そこで，以下では，動産売買の先取特権を中心に，説明したい。

(b) 動産を掛売り（信用を供与しながら売却）した場合，売主は買主に対する債権について，売買の目的物上に，動産売買先取特権を有する（民311条5号・321条）。そして，破産法2条9項は動産売買先取特権にも別除権を付与している

ので，動産売買先取特権者は売買目的物より優先弁済を受け得ることになる。しかし，このような取扱いには問題があると考える。なぜなら，動産売買先取特権は公示されない担保権だからである。この点は，後述する((4)(b)を参照)。

(c) 動産売買の先取特権の効力を否定するため，次のような理論が主張された。すなわち，民法333条によれば，動産売買の先取特権は，債務者が目的動産を第三者に引き渡した後は，その動産について行使することができない。したがって，破産手続開始決定後目的動産の占有が債務者から破産管財人(破産管財人は差押債権者と同等の第三者的地位を有する。)に移転した後は，動産売買の先取特権は破産管財人に対して行使することができない。

しかし，この理論は，以下の理由から，正当でないとされている[25]。破産管財人の第三者的地位は，差押債権者の第三者的地位と同じである。ところで，ある債権者がある動産を差し押さえ，この動産上に動産売買先取特権が存在していた場合，その先取特権者は，先取特権を証する文書を提出し，配当要求をして，優先弁済を受けることができる(民執133条)。債務者から差押債権者に当該目的物が引き渡されたとみず，民法333条を適用しないのである。とするなら，これとパラレルに，破産手続が開始されても，破産者から破産管財人に対し目的である動産の引渡しはないとみて，民法333条の適用を否定し，動産売買先取特権者の破産手続における権利行使を認めるのが，正当な解釈である。

(24) 条解破産法476頁。
(25) 伊藤・332頁。

(2) 動産売買先取特権の実行手続

別除権を付与されているので，民事執行法に基づく権利行使が認められる。すなわち，民事執行法190条1項1号，2号又は3号の要件を満たし，動産競売を開始し，優先的満足を受けることになる。

民事執行法190条1項1号又は2号に基づき動産競売を開始する場合，破産管財人の協力を得ることが不可欠であるが，破産管財人は先取特権の権利行使にあまり協力的でなかったと推測される。先取特権者は事実上その実行の途を

封じられる状態にあったと,いわれている(26)。

そこで,民事執行法190条1項3号が新設された。債権者は,担保権の存在を証明する文書（例えば,売買契約書）を提出しつつ(27),裁判所に動産競売開始許可の申立てをし,裁判所は,当該文書から担保権の存在が証明されたと認めると,当該担保権につき動産競売開始許可決定を出す（民執190条2項）。債権者は,執行官に対し,この決定書の謄本を提出しつつ,競売開始の申立てをする（同条1項3号）。執行官は,破産財団を捜索し,担保目的物を特定すると,これを差し押さえ,以後,売却,配当と,手続は進む。

(26) 条解破産法476頁。
(27) 「担保権の存在を証明する文書」の意義については,条解破産法478頁以下を参照。

(3) 物上代位

(a) 民法304条は,以下のように規定する。先取特権は,その目的物の売却,賃貸,滅失又は損傷によって債務者が受けるべき金銭その他の物に対しても,行使することができる。また,債務者が先取特権の目的につき設定した物権の対価についても,同様である。ただし,先取特権者は,その払渡し又は引渡しの前に差押えをしなければならない。

そこで,動産売買先取特権には,物上代位が認められることになる。実務上,物上代位権の対象は,主として,目的動産の転売代金債権,目的動産の滅失・毀損による損害賠償請求権である。

破産手続においては,動産の先取特権のみならず,その物上代位権にも,別除権が付与される。ただし,物上代位権者は,物上代位権の対象につき,民法304条1項ただし書の差押えをしなければならない。以上が,判例であり,通説であると解される(28)。以下,判例のルールを説明する。

(b) まず,BがAに動産甲を売り渡し,売買代金を支払わないうちに,Aが甲をCに転売したが,CもAに代金を支払っていない場合に,Aの他の債権者がAのCに対する売買代金債権を差し押さえたとしても,Bは当該売買代金債権を差し押さえることにより,物上代位権を行使することができる。最判昭59・2・2民集38巻3号431頁・判タ525号99頁・判時1113号65頁は,「民法304条1項但書において,先取特権者が物上代位権を行使するためには金銭

その他の払渡又は引渡前に差押をしなければならないものと規定されている趣旨は，先取特権者のする右差押えによって，第三債務者が金銭その他の目的物を債務者に払渡し又は引渡すことが禁止され，他方，債務者が第三債務者から債権を取立て又はこれを第三者に譲渡することを禁止される結果，物上代位の対象である債権の特定性が保持され，これにより物上代位権の効力を保全せしめるとともに，他面第三者が不測の損害を被ることを防止しようとすることにあるから，第三債務者による弁済又は債務者による債権の第三者への譲渡の場合とは異なり，単に一般債権者が債務者に対する債務名義をもつて目的債権につき差押命令を取得したにとどまる場合には，これによりもはや先取特権者が物上代位権を行使することを妨げられるとすべき理由はないというべきである」と判示して，AのCに対する売買代金債権が差し押さえられた場合でも，Bはこれを差し押さえることにより優先的な満足を得ることができるとする。

　破産管財人は個々の破産財団財産上に差押債権者の地位を有すると解されるが，そうだとすると，Aが破産手続開始決定を受けた場合には，AのCに対する売買代金債権上に差押債権者の権利が成立し，破産管財人に帰属していることになる。そして，上記の判例のルールをこの場面に適用すると，BはAに対する破産手続開始決定後も売買代金債権を差し押さえることにより物上代位権を行使することができよう(29)。前記最判昭59・2・2も，以下のように続ける。「そして，債務者が破産宣告決定〔筆者注：原破産法の破産手続開始決定に相当する。〕を受けた場合においても，その効果の実質的内容は，破産者の所有財産に対する管理処分権能が剥奪されて破産管財人に帰属せしめられるとともに，破産債権者による個別的な権利行使を禁止されることになるというにとどまり，これにより破産者の財産の所有権が破産財団又は破産管財人に譲渡されたことになるものではなく，これを前記一般債権者による差押の場合と区別すべき積極的理由はない。したがつて，先取特権者は，債務者が破産宣告決定を受けた後においても，物上代位権を行使することができるものと解するのが相当である。」

　以上の判例のルールは，動産売買先取特権は公示・対抗力がなくとも差押債権者の権利に優先するが，物上代位権も同様であるという理解を前提としてい

るように思われる。しかし，このような例外的な取扱いは，差押債権者に対してのみであり，他の権利者に対しては，対抗力を備えなければ，つまり差し押さえなければ，動産売買先取特権に基づく物上代位は主張できないと解される。最判平17・2・22民集59巻2号314頁・判タ1175号140頁・判時1889号46頁も，「民法304条1項ただし書は，先取特権者が物上代位権を行使するには払渡し又は引渡しの前に差押えをすることを要する旨を規定しているところ，この規定は，抵当権とは異なり公示方法が存在しない動産売買の先取特権については，物上代位の目的債権の譲受人等の第三者の利益を保護する趣旨を含むものというべきである。そうすると，動産売買の先取特権者は，物上代位の目的債権が譲渡され，第三者に対する対抗要件が備えられた後においては，目的債権を差し押さえて物上代位権を行使することはできないものと解するのが相当である。」と判示している。

　以上のルールは，破産手続においても妥当しよう。当該残代金債権をめぐり，先取特権に基づく物上代位権者と，当該債権の譲受人が争う場面である(この場面では破産手続の存在は問題の解決に何の影響も及ぼすべきでない。)以上，同じルールが妥当すべきだからである。

　(c)　BがAに動産を掛け売りし，AがこれをCに供給して据え付けなどをした場合，Bは，AのCに対する債権につき，物上代位できるか否かが，問題とされる。裁判例[30]は，AとCの間の契約が形式的には請負契約であっても，実質的には売買が主たる内容であれば，A・C間の債権に転売代金債権性を認めて，物上代位権の行使を認めている[31]。

　(d)　物上代位による差押えは，民事執行法193条1項後段に基づき開始されるが，その際，「担保権の存在を証する文書」とは何かが問題となる。学説上は，準名義説と書証説が対立している[32]。準名義説は，債務名義に準ずるほどに当該権利を高い蓋然性で証明する書証の提出を求めるが，書証説は，提出された複数の書証を総合すれば，当該権利を認めることができればよいとする。物上代位に基づく差押えをする場合，1個で権利を認めることのできる書証が存在するとは限らないので，書証説が妥当であると解される[33]。実務は，書証説で運用されているとされている[34]。

(28) 伊藤・343頁以下，竹下・大コンメ278頁〔野村秀敏〕，条解破産法477頁以下。
(29) なお，物上代位権者は，破産管財人を相手方として，破産手続終結まで，物上代位の対象を差し押さえることができると解される。道垣内弘人『担保物権法〔第3版〕』（有斐閣，2008）61〜66頁・143〜149頁。
(30) 最決平10・12・18民集52巻9号2024頁・判タ992号90頁・判時1663号107頁，大阪高決昭56・9・21判タ465号108頁，東京高決昭59・10・3判タ546号138頁・判時1134号85頁，福岡高決平8・11・18判タ944号163頁・判時1599号94頁，東京高決平12・3・17判時1715号31頁。
(31) 詳細は，条解破産法478頁を参照。
(32) 中野貞一郎『民事執行法〔増補新訂6版〕』（青林書院，2010）332頁，伊藤眞ほか編『民事執行・保全判例百選〔別冊ジュリ177号〕』（2005）96事件〔菱田雄郷〕を参照。
(33) 中西正＝中島弘雅＝八田卓也『民事執行・民事保全法』（有斐閣，2010）266頁。
(34) 条解破産法498頁。

(4) 破産管財人による担保目的物の売却の問題

(a) 破産管財人が動産売買先取特権の目的動産を手続開始後早期に売却し，売却代金を財団に組み入れる（破産債権者の配当に充てる）実務が行われている(35)。これに対しては，以下のような見解が主張されている。

① 破産管財人が動産売買先取特権の存在を知りつつ目的動産を処分し，あるいは売買代金を回収した場合，先取特権者は破産管財人の不法行為を理由に財団債権者（破148条1項4号）として損害賠償請求ができる(36)。

② 破産手続開始時に動産売買先取特権が存在し，破産管財人がその目的物を売却し代金を破産財団に組み入れた場合には，当該先取特権者は破産財団に組み入れられた額につき不当利得返還請求権をもち，これは財団債権として取り扱われる（破148条1項5号）(37)。

③ 破産管財人による目的物の売却，売却代金の回収は，その売却・回収が先取特権の行使を積極的に妨げる意図（例えば，執行官が目的物の差押えをなす際，その執行を妨害すべく，当該動産を移動させて，売却する。）の下でなされない限り，先取特権者との関係で不法行為を構成しない(38)。

(b) この問題は，「法定担保である動産売買先取特権にどの程度の保護を認めるかは政策判断であり，他の利用可能な約定担保などをも考慮に入れて，その判断を行う必要がある。」という観点から，検討されるべきである(39)。

(ｱ) 理論的には，特定の財産上に成立し，しかも公示されている担保権で

159

第2章 別除権

なければ，別除権を付与してはならないと思われる。さもなければ，債務者が支払不能に陥ったとして破産手続が開始されたとき，別除権の対象でない（破産債権者への配当原資である）と信じられていた財産につき別除権者が現れて，それを破産債権者への配当原資（破産財団）から取り除くことを認めることになり，信用供与者の信頼に反する結果となるからである（ここでいう信頼は，当該財産が無担保債権者への配当原資であるという信頼のみならず，債務者が支払不能に陥っていないという信頼，あるいは支払不能に陥るおそれのある破綻した財産状態ではないという信頼である。）。

(イ) また，動産売買先取特権は法定担保権であり，どのような取引条件の下でも発生する以上，信用供与のコスト低下等のインセンティブとはなりにくく，その優先弁済権を倒産処理手続で尊重する根拠は少ないと思われる。

(ウ) また，ある債務者に動産を掛け売りした債権者には，無担保で行った者と有担保（所有権留保など）で行った者があり得るが，売買代金を，リスクに応じて，無担保であるから高くしたり，有担保であるから安くしたり，商品に競争力がないため無担保で掛け売りせざるを得なかったり，競争力があるため所有権留保で掛け売りできたりと，その選択の背景には様々な事情があり得よう。動産売買先取特権を尊重するということは，債権者と債務者が市場の中で築いた以上のような関係を，倒産処理手続が開始された場合はご破算にして，すべての者を等しく扱うということである。また，動産売買以外の取引で無担保信用を供与した者との関係で，動産売買取引の債権者だけを優遇することでもある。このような画一的優先的取扱いは，公平でもなければ合理的でもないと思われる。

(c) 以上(ア)，(イ)，(ウ)の論拠や，他に所有権留保などの約定担保権の利用が可能な点を考慮するなら，倒産処理手続で他の担保権と同等の保護を与えるべきではなく，不法行為や不当利得の成立は原則として否定すべきだと考える。すなわち，(a) ③の見解が正当であると考える。

(35) 条解破産法480頁。
(36) 条解破産法480頁。
(37) 伊藤眞「動産売買先取特権と破産管財人(下)」金法1240号（1989）16頁ほか。
(38) 中井康之「破産管財人の善管注意義務」金法1811号（2007）32頁ほか。
(39) 山本ほか・概説〔第2版〕128頁〔沖野眞已〕。

3 留 置 権

(1) 商事留置権

　留置権は、優先弁済効のない担保権であるため、破産法が特別の規定を置いている。破産手続開始の時点で、破産財団に属する財産につき存する商法又は会社法上の規定による留置権は、破産財団に対しては、特別の先取特権とみなされる（破66条1項）。この特別の先取特権は、民法その他の法律による他の特別の先取特権に後れる（同条2項）。商事留置権は、法定担保権ではあるが、相殺権などと同様、信用供与の際の担保権として重要な機能を果たしているので、その根拠論からすれば、別除権を付与するのが適切だと思われる。

　特別の先取特権と見なされることの帰結として、破産手続開始後も商事留置権に留置権能が認められるのかについては、見解が対立する。

　最判平10・7・14民集52巻5号1261頁・判タ991号129頁・判時1663号140頁は、旧破産法下の事件であるが、手形上の商事留置権につき、「破産財団に属する手形の上に存在する商事留置権を有する者は、破産宣告後においても、右手形を留置する権能を有し、破産管財人からの手形の返還請求を拒むことができるものと解するのが相当である。」と判示した。ただ、この判例は、商事留置権の留置的効力が存続するか消滅するかの議論に終止符を打つものではないとされている[40]。手形上の商事留置権とそうでないものとの間には相当の違いがあり、それを論ずるにふさわしい事件で判例上の決着がつけられるべきだからである[41]。

　旧銀行取引約定書4条4項は、担保権設定の合意とは解されないが[42]、手形上の商事留置権との関係では、破産法185条1項にいう任意の処分方法に該当し、銀行自らが手形交換によって取り立てて、取り立てた金額を弁済に充当することができる[43]。

　なお、商事留置権には、商事留置権消滅の制度がある（破192条）。これは、当該商事留置権の目的財産を回復することが、破産財団の価値の維持・増加に資するときは、破産管財人が、裁判所の許可を得て、商事留置権者に、その債権額が留置権の目的である財産の価値を超えるときであっても、その財産に相当する金額を弁済することにより、当該留置権の消滅を請求する制度である。

(40) 一問一答269頁, 基本構造と実務236頁以下。
(41) 高橋宏志・判例百選〔第5版〕52事件。
(42) 最判昭63・10・18民集42巻8号575頁・判夕685号154頁・判時1296号139頁。
(43) 前掲最判平10・7・14。

(2) 民事留置権

(a) 破産手続開始時に破産財団に属する財産上に存在する民事留置権は, 破産財団に対してはその効力を失い (破66条3項), 破産管財人は, 留置権者に対し, 目的物の引渡しを求めることができる。その趣旨は, 民事留置権には優先弁済権・換価権がなく, 破産手続によらなければ権利行使できない以上, そのまま存続させることは, 徒に破産財団帰属財産を留置させ, 破産手続の円滑で迅速な遂行を妨げるだけだからであると説明される(44)。民事留置権と商事留置権の取扱いの差異は, 信用供与の際の担保としての機能の差に求めることができようか。

したがって, 民事留置権による競売は, 破産手続開始後, 中止命令や包括的禁止命令の対象となり (破24条1項1号・25条1項・3項), 破産財団に対してその効力を失い (破42条), 免責手続における禁止等の対象となる(45)。

(b) ただし, 財団債権を被担保債権とする留置権は, その効力を妨げられない (破152条1項ただし書参照)。留置権が破産債権に先立って随時弁済を受ける財団債権を被担保債権とする場合, 留置的効力による間接的な弁済促進効が機能し得るので, 破産手続開始により失効させるなら, 留置権者の利益を不当に損ねることになるからである(46)。以上は, 破産手続開始後に, 財団債権が成立し, 留置権が成立したことを, 前提としている。

これに対し, 財団債権を被担保債権とする留置権が, 破産手続開始時に既に存在する場合に, その効力を維持すべきか否かは, 問題である。労働債権などの場合 (破149条1項参照), 破産債権と財団債権が共に被担保債権となることもあり, 民事留置権は失効すると解するのが簡明である。しかし, 再生型倒産処理手続で共益債権とされたものに民事留置権が成立し, その後破産手続に移行した場合には, 留置権は尊重されるべきであろう。立法論的な検討が必要である(47)。

(44)　一問一答109頁以下，山本ほか・概説〔第2版〕126頁〔沖野〕。なお，基本構造と実務454頁以下〔小川発言，松下発言〕も参照。
(45)　山本ほか・概説〔第2版〕125頁以下〔沖野〕。
(46)　山本ほか・概説〔第2版〕126頁〔沖野〕。
(47)　山本ほか・概説〔第2版〕126頁〔沖野〕，基本構造と実務457頁以下。

4　質　　権

　今日，質権が利用されているのは，債権質（定期預金，敷金返還請求権などに質権を設定する。），ゴルフクラブの会員権や特許権上の権利質である[48]。
　破産管財人は，破産財団の管理・処分にあたり質権を侵害してはならず，善管注意義務の一環として担保目的物の保全義務を負う[49]。また，第三債務者の破産は質権者の取立権の行使に重大な影響を及ぼすので，債権質設定者には原則として破産手続開始申立ては認められない[50]。
　不動産質や動産質の場合民事執行手続による換価が行われるが（民執180条以下・190条以下），債権質の場合，質権者は質権の目的である債権を直接取り立てることができる（民366条）。特許権等を対象とする権利質の場合，売却命令（民執167条・161条）などにより，換価される。
　破産事件で質権が問題となるのは商事質権であるが，その処分は契約に基づく任意の換価（売却）の方法により行われることが多く，質権の目的財産が知的財産権や社債等の有価証券の場合，強制執行手続では適切に換価することが困難なので，契約に基づく質権者の任意換価によって換価される，といわれる[51]。

(48)　条解破産法474頁。
(49)　前掲最判平18・12・21。
(50)　最決平11・4・16民集53巻4号740頁・判タ1006号143頁・判時1680号84頁。
(51)　条解破産法475頁以下。

5　抵　当　権

(1)　普通抵当権

(a)　被担保債権

　被担保債権が同時に破産債権である場合，破産法103条3項が適用されるため，被担保債権の弁済期が未到来であっても，破産手続開始の時点で弁済期は

到来したものと見なされ、別除権者（抵当権者）は、破産手続開始後であれば、抵当権を実行すべく、担保不動産競売（担保不動産収益執行）の開始を申し立てることができる。

また、被担保債権が同時に破産債権である場合、破産手続開始後の利息、損害金は、破産債権としては劣後的破産債権であるが（破99条1項1号・97条1号・2号）、別除権との関係では、被担保債権の元本の最後の2年分の利息、損害金は被担保債権となり（民375条）、配当手続では、その利息、損害金から充当されることとなる（民491条）。

(b) **民事執行法による換価**

抵当権者は、破産手続の開始により抵当権の実行を妨げられることはない（破65条1項）。したがって、担保不動産競売開始の申立てや担保不動産収益執行の申立てが可能である（民執180条1号・2号）。申立ての相手方は、破産管財人であると解される。

しかし、抵当権の目的不動産も破産財団を構成する財産であり、破産管財人の管理処分権に服している。そのため、破産管財人も、当該目的不動産を、民事執行法の規定に従って換価することができる（破184条2項前段）。反対の見解（担保権者の換価権が管財人のそれに優先するという。）もあるが、この換価権は破産管財人の破産財団構成財産に関する排他的管理処分権（破78条1項）の一部であるので、別除権者はこの換価を拒むことはできないと解される（破184条2項後段）。また、この換価手続は、不動産強制競売ではなく、破産手続開始決定を債務名義として開始する形式競売で（民執195条）、配当要求、配当手続などは行われず、換価代金は破産管財人に交付され、破産管財人が実体法上の弁済の優先順位に従ってこれを分配する（管理・換価の費用を差し引いた後、別除権者に優先弁済し、余剰があれば破産財団に組み入れることになる）と解される。

(c) **任意売却・担保権消滅許可の請求**

破産財団に属する不動産については、破産管財人は裁判所の許可を得て任意売却（破78条2項1号）するのが一般的で、強制競売手続により売却すること（破184条1項・78条2項1号）はあまりないといわれている。任意売却によった方が、迅速であるうえ、より高額に売却できるからである。

不動産上に抵当権が設定されている場合もこのことに変わりはないが、でき

るだけ高価に売却するためには，抵当権を消滅させる必要がある。そこで，このような場合，破産管財人は，各抵当権者と交渉し，売却代金から実体法上の弁済の優先順位に従った弁済をしたうえで，各人がもつ抵当権を放棄してもらうことになる。その際，抵当権者の合意の下で，任意売却の価額の一部を破産財団に組み入れる実務が行われている。

しかし，抵当権者が財団組入れを認めない場合，抵当権放棄の見返りに不当な利益を要求した場合など，合意の成立が困難な場合がある。このような場合に備えて，破産法上の担保権消滅許可の制度が創設されている（破186条以下）。担保権消滅許可の制度については，第1巻第4章「**15** 担保権消滅許可制度」を参照。

(2) 根抵当権

根抵当権の場合も，普通抵当権の場合と基本的に同じであるが，被担保債権の範囲は若干異なる。

すなわち，債務者又は根抵当権設定者が破産手続開始決定を受けると，根抵当権の元本は確定する（民398条の20第1項4号）。被担保債権の利息，損害金は，担保権の実行に至るまで，その極度額の限度で，被担保債権となる。普通抵当権の場合と異なり，最後の2年分に限られないわけである。

破産者が根抵当権を設定し，破産者の支払停止，破産者に対する破産手続開始申立て後に，破産者が振り出した手形又は裏書した手形を，根抵当権者が取得した場合，それを根抵当権の被担保債権として認めることは，偏頗行為を是認することになるので，許されない（民398条の3第2項1号・2号）。

(3) 物上代位

民法304条は，質権や抵当権にも準用されているので（民350条・372条），抵当権にも物上代位は認められる。抵当権は，その担保する債権につき不履行があったときは，その後に生じた抵当不動産の果実に及ぶ（民371条）。したがって，抵当権者は，債務者（抵当権設定者）の債務不履行を受けて，物上代位権の行使として抵当不動産の賃借人の賃料債権などを差し押さえ，そこから抵当権の被担保債権につき弁済を受けることができる。

第2章 別 除 権

　抵当権に基づく物上代位の場合，既に登記され公示されている抵当権本体が拡張されて物上代位の目的に及んでいると理解される。したがって，目的債権上の物上代位権と，差押債権者（ひいては破産管財人）も含めた他の権利の優劣の問題は，本体の抵当権の登記の時点と他の権利が対抗力を有するに至った時点を比較すれば解決できる。

　それにもかかわらず，民法372条・304条1項ただし書により，その払渡し又は引渡しの前に差押えをせねばならない理由は，賃料債権の物上代位を例にとれば，以下のように説明されよう[52]。抵当不動産が賃貸されている場合，債務者（抵当権設定者）が当該抵当権の被担保債権につき債務不履行を起こすと，抵当不動産の賃借人の賃料債権の上に物上代位権が成り立つことになる。しかし，賃借人（以下「第三債務者」という。）は，物上代位権の成立（被担保債権に関する債務不履行）を知ることはできないし，抵当権者が担保不動産競売をするのか物上代位をするのかは予測がつかない。そこで，差押えを物上代位権行使の要件とし，抵当権者が差押えにより物上代位権の存在を第三債務者に知らせるとともに，その行使の意思を明確に表示する以前に，第三債務者が物上代位の対象たる債権につき弁済等をしたときは，物上代位の対象は消滅し，物上代位権は消滅するものとして，第三債務者を保護したわけである。

　以上によれば，物上代位の対象となる賃料債権を他の債権者が差し押さえた場合，物上代位権との優劣はその本体となる抵当権の登記と，第三債務者に対する差押えの通知の先後関係により決定される。そして，物上代位権が優先する場合には，物上代位権者は，当該債権を差し押さえ，その支払を受けることにより，弁済を受けることができる。

　したがって，債務者が破産手続開始決定を受けた場合も，抵当権設定登記が破産手続開始決定に先行していれば，物上代位権者は当該債権を差し押さえて弁済を受けることができる。ただし，いずれの場合も，差押えの前に第三債務者が弁済するなどの事情があれば，物上代位権の行使はできない。

　(52)　最判平10・1・30民集52巻1号1頁・判タ964号73頁・判時1628号3頁参照。

6 別除権総論

V 費用の分担

1 はじめに

　別除権の被担保債権の確定に要した費用は，当該別除権者だけの利益となった以上，当該別除権者が負担すべきである。この点に，問題はないと思われる。これに対し，別除権の目的物の管理・維持に要した費用，別除権の実行（換価・配当）に要した費用は，当該担保目的物上の担保権者や，（余剰がある場合には）破産債権者の利益となる以上，誰がどのように負担すべきかが，問題となろう。まず，設例を示したい。

【設例】　Aは，B銀行に対し，1億円の貸金債権につき，所有する甲地（宅地で時価1億円）上に，抵当権を設定した。Aに対する破産手続開始後，公道に面した擁壁が壊れ，甲地の宅地としての価値が低下したため，破産管財人Xは，C工務店と契約して，これを修繕した。修繕に要した費用は，200万円であり，財団債権として破産財団より支払われた。その後，Xは，甲地を，Dに，1億円で売却した。売却に要した費用は，100万円であった。これも，財団債権として破産財団より支払われた。

(i) 設問1　Xは，修繕費200万円と，売却に要した費用100万円の補償を，Bに請求できるだろうか。

(ii) 設問2　Xは，甲地につき，破産財団より固定資産税を納めた。Xは，この補償をBに求めることができるだろうか。

2 費用分配の基準

破産手続の遂行のために生じた費用は，理論上は，以下のように分配されるべきである[53]。

① 担保権の目的物について生じた費用は，費用を担保目的物の換価金から第1順位で差し引いて，費用を出捐した者に償還する。

② 破産財団財産について生じた費用は，費用を破産財団財産の換価金から第1順位で差し引いて，費用を出捐した者に償還する。財団債権はこの

ルールを制度化したものである（破148条1項1号・2号）。

以上が上述①及び②の費用分配のルールの趣旨である。破産法は，担保目的物は別除権者に，その他の財産は破産債権者に分配し，それぞれにつき実体法が定める弁済の優先順位に従って配当を行うこととしている。そして，破産手続を遂行する際に生じた費用も，このような財産分配基準に適合するように，分配することとした。

すなわち，破産手続遂行の費用は可及的に弁済順位が下位の権利者に負担させる。上位の権利者に費用を負担させると，上位の権利者が完全な弁済を受けることが不可能となり，弁済の優先順位を維持できないからである[54]。

他方，破産債権者のための費用を別除権の目的物から，別除権者のための費用を破産財団より支払うなら，破産財団は破産債権者に，別除権の目的物は当該別除権者に分配する破産財団の分配基準が否定されることになる[55]。担保権の目的物について生じた費用は担保権者が，破産財団財産について生じた費用は破産債権者が負担するというルールは，基本的には応益分担の原則からも説明可能であるが，租税の負担などは，応益分担の原則では説明が困難なので，このように解すべきである。

(53) 費用分配の問題については，中西・前掲注（10）28頁以下，同・前掲注（7）172頁以下を参照。
(54) 1億円の価値の土地（甲地）があり，5000万円の債権者A，同じく5000万円の債権者Bに，それぞれ一番抵当権，二番抵当権が設定されたとする。甲地の管理・換価の費用を0とすると，A，B共に5000万円の弁済を受けることができる。しかし，1000万円の費用がかかり，それを甲地の換価金から第1順位で支払うと，Aは5000万円，Bは4000万円の弁済を受ける。以上から，費用を換価金から第1順位で差し引くルールは，費用を下位の権利者に転嫁するシステムであることが，明らかとなろう。詳細は，中西・前掲注（7）172頁(c)を参照。
(55) 詳細は，中西・前掲注（7）172頁以下(d)を参照。

3 検　討

以上のルールで設問を検討すれば，以下のようになろう。

(1) 設問1

まず，Xは，C工務店と契約して，甲地の擁壁を修繕している。また，Xが甲地を売却している。これらは，別除権の目的財産に関して生じた費用であ

るので，別除権の目的財産から支払われるべきである。また，弁済順位が下位の権利者に転嫁するため，その額は，換価金から第1順位で差し引いて，費用を負担した者に償還すべきである。

本件では，余剰がないので，Bが弁済を受ける前に，合計300万円を差し引いて，Xに償還すべきであると解される。他方，担保に余剰（破産財団に組み入れられるべき余剰）がある場合には，余剰の限度で，破産財団が費用を負担することになる。余剰がある場合，破産財団が弁済順位最下位の担保権者と同視されるからである。したがって，仮に，余剰が300万円あれば，XはBに償還請求できず，余剰が100万円あれば，XはBに200万円の償還を請求できると，解すべきである。

(2) 設問2

次に，固定資産税であるが，これも，別除権の目的財産に関して生じた費用であるので，別除権の目的財産から支払われるべきである。また，弁済順位が下位の権利者に転嫁するため，その額は，換価金から第1順位で差し引いて，費用を負担した者に償還すべきである。この解釈は，破産法148条1項2号が想定するルールとは異なるが[56]，わが国の破産法でも是非とも採用されるべきである[57]。

したがって，本件では余剰がないので，Bが弁済を受ける前に，固定資産税を差し引いて，Xに償還すべきであると解される。ただし，これは，破産法148条1項2号が想定するルールとは異なるものである。

(56) 一問一答196頁以下。
(57) 詳細は，中西・前掲注（10）47頁以下を参照。

〔中　西　　正〕

第2章 別除権

7 非典型担保

I 非典型担保の破産法上の処遇という問題の意味

1 実体法上の担保の諸形態とその破産手続上の処遇

　一般に実体法上，担保権としての性質が認められるものではないか，という観点から論議の俎上に置かれるものは，多岐にわたる。それは，別な見方をするならば，実務上，担保としての機能が意識されているものが多様に存在し，そのような実務上の問題意識を実体法学が受け止めようとするからこそ，実体法学は，そのようなものを担保権の範疇で捉え，理論的な考究を施そうとするものであるとみることもできる。そして，そのような観点から観察されているものの全部について，債務者の財産の全面的な清算である破産手続において，どのような効用を発揮するか，ということが，当然のことながら問われる(1)。

　しかしまた，そのことは，そのように実体法上担保である機能が意識されているものの全部が別除権の問題として扱われるということを意味しない。例えば相殺は，それが担保的機能を有することを前提とする論議がされているが，その破産手続上の処遇は，相殺権（破67条）の問題として，破産法が体系的な規律を設けている(2)。また，留置権及び一般先取特権も，特別の規律が用意される（破66条・98条）(3)。そして，このようなもの以外のもので民法が体系的な規律を置いている担保物権について，破産法は，これを別除権として扱い，「破産手続によらないで」（破65条1項）権利行使をすることができるものとする(4)。具体的に，これに当たるものは，特別先取特権・質権・抵当権にほか

7　非典型担保

ならない(破2条9項)。

　ところが,実体的に担保としての機能を有するものが,すべて,これらの整理において尽きているか,というと,そうではなく,実定法が体系的な規律を用意していないものの物的担保としての性質が広く認められているもの,つまり譲渡担保及び所有権留保,さらに民法でない特別法(仮登記担保契約に関する法律)により規律が用意されている仮登記担保が残されている。そこで,これらの破産手続における処遇を考察することが要請される[5]。

(1)　森田修「倒産手続と担保権の変容—優先弁済権の範囲と任意売却の促進」野村豊弘ほか『倒産手続と民事実体法〔別冊NBL60号〕』(2000) 74頁注2参照。
(2)　山本ほか・概説〔第2版〕243頁以下〔沖野眞已〕(以下の同書の引用においても同じ)。
(3)　山本ほか・概説〔第2版〕123頁・127頁。
(4)　山本ほか・概説〔第2版〕110頁。
(5)　伊藤・335頁以下や,山本ほか・概説〔第2版〕129〜134頁のほか,清水恵介「各倒産手続と非典型担保」櫻井孝一=加藤哲夫=西口元編『倒産処理法制の理論と実務〔別冊金判〕』(2006)など参照。

2　非典型担保の別除権としての処遇/その可能性と根拠

　まず,多くの論者が既に認めているように,これらは,細部において留意を要する諸問題はあるにせよ(例えば所有権留保は,それが純然たる担保としての性質把握にとどまることでよいか,など。),別除権として処遇されることを基本として,その法的保護が構築されるべきである[6]。その理由を2つの方向から挙げるとするならば,第1に実質的妥当性として,これらは,担保としての実質を有するものとして実務上機能しているうえに,実体法理論上も担保としての性質を有することが承認されているからにほかならない。第2に,法条の文理解釈の問題として,破産法2条9項・65条の規定は,「別除権として扱われるものを……限定する趣旨ではなく」[7]同所所掲のものでないものを,およそ別除権として扱うことを否定するものとは目しがたい。むしろ,法文の沈黙は,譲渡担保及び所有権留保については実体的な体系的規律が用意されていないなか,破産手続上の処遇についてのみ規定を設けることは困難であり,また,譲渡担保の扱いに留意しながら処遇を考案することが求められる仮登記担保についても類似の事情が存することによる。したがって,これらをどのように処遇するかは,解釈に委ねられているとみるべきであり,そのような作業が,まさにこ

こでなされなければならない。

このように考えてくるならば，譲渡担保及び所有権留保を別除権として遇するということは，法律解釈の方法としては，破産法65条1項の類推解釈として承認されるべき帰結である，ということになる[8]。また，根担保仮登記の場合を除く仮登記担保が別除権として遇されることも疑いがない（破65条，仮登記担保19条1項）。

(6) 条解破産法471頁（65条の注釈）。
(7) 山本ほか・概説〔第2版〕129頁。
(8) 山本ほか・概説〔第2版〕130頁。

3 別除権としての処遇／その要件と効果

(1) 破産手続において別除権として処遇することの要件

そのように考えるとして，次に問題になることは，その類推解釈の具体的な内容である。まず，別除権として扱われるための要件の観点からは，①そもそも当該の非典型担保が法律的に効力を認められる担保手段として承認されているか，また，②破産手続に対する関係で破産手続開始前に対抗要件を具えていることを要すると考えられるが，では，具体的に対抗要件とは何であるか，さらにまた，反対に③破産手続開始前に実行が了されているならば別除権として扱われる仕方で非典型担保が登場する余地はなく，担保権者であった者は通常の所有権を主張して破産手続に対し取戻権を行使する，ということになるから，いつ実行を了したとみるべきであるか，が問われ，これらの検討を経て，別除権として扱われるということになる際に，④別除権として扱われることの具体の効果が問題となる。

(2) 破産手続において別除権として処遇するための効果

その別除権として扱うことの効果は，一言で述べるならば「破産手続によらないで」（破65条1項）権利行使をすることができる，ということにほかならないが，その観点から大きな問題があることを指摘するならば，その効果が，いったい取戻権（破62条）との関係において，どのように整理されるか，という問題が控えている。すなわち，問題となっているものは，譲渡担保・所有権留保・仮登記担保のいずれも所有権担保であるから，もともと担保権実行の効果

としても，目的物の引渡請求をすることができることが基本である。そうであるとするならば，取戻権の効果と異ならないのではないか，ということが問われる。

そして，この点は，まず，平時実体法の次元から観察を始めるとするならば，清算を要するかどうか，というところに大きな差異があり，倒産局面においても，取戻権でなく別除権として扱うことにより管財人が清算を求める余地が開かれる。

加えて倒産局面に固有の問題としては，いわゆる処分期間指定申立ての制度が働く可能性があるかないか，に可視的な差異を見出すことができる(9)。すなわち，別除権者が法律に定められた方法によらないで別除権の目的である財産の処分をする権利を有する場合において，裁判所は，破産管財人の申立てにより，処分期間を指定することができ，別除権者が期間内に処分をしないときは，処分の権利を失うという仕方（破185条）で管財人が介入する可能性は，担保権であるからこそ認められる仕組であって，取戻権の場合に容れる余地はない。そのことはまた，実行が済んでいない非典型担保の破産手続の効力を取戻権でなく別除権で処遇することの実質的妥当性の根拠でもある。

また，別除権として扱われることにより管財人には，その目的物を受け戻す可能性が開かれる（破産法78条2項14号の類推解釈ということになる。）。これも，取戻権と考えたのでは導き出すことができない帰結である。

同様に，取戻権としての構成からは導かれない効果として，別除権概念に依存する帰結ではないものの，破産法186条を類推し，一般に別除権として扱われる非典型担保は同条にいう担保権に準ずるものとして，担保権消滅許可の制度を用いることができるものと解すべきである。

(9) 伊藤・341〜342頁。

4　各種の非典型担保についての考察の順序

以上の視点設定をふまえ，これから後，各種の非典型担保について，上述3(1)①から④の論点に即応して，それぞれ意義，対抗要件，実行の概念，別除権としての処遇の確認という各項目を論ずることとする。

ただし，そのような通常の考察手法が必ずしも当てはまらないものに，ファ

イナンス・リースがある。それを非典型担保と呼ぶことが適当であるかどうか自体について論議があり得るし，見方によっては双方未履行の双務契約に関する破産法53条と関連させる文脈で取り上げるアプローチもあり得る[10]。そのような意味において，非典型担保一般とは論じ方が異なるが，所有権留保と隣接させて観察することが可能である側面もみられるから，後述Ⅷにおいて考察の対象とすることとする。

(10) 山本ほか・概説〔第2版〕234頁以下。

Ⅱ 譲渡担保（一般）

1 譲渡担保の意義

譲渡担保は，債権の担保として財産権を債権者に譲渡することである。担保の設定者が，その所有する財産を債権者に譲渡したことにして，債務が弁済された場合に財産は債務者に復帰し，反対に，もし弁済がなされない場合は，財産は確定的に債権者に帰属する。

譲渡担保は，その基本的規律を明らかにする法律の規定が用意されておらず，その実体的規律は，判例により形成されたところに従い行われている。したがって，その目的物について，特に法律上の制限はない。しかし，理論上も実際上も，特別の考慮をしなければならない種類の物又は権利はみられる。そこで，ここでは，そのような考慮をする必要がない一般の譲渡担保を扱うこととし，それに対し，それぞれ特殊な問題状況の考察を要する集合動産譲渡担保，集合債権譲渡担保及び手形の譲渡担保は，後述Ⅲ・Ⅳ・Ⅴにおいて扱うこととする。

2 譲渡担保の対抗要件

譲渡担保の対抗要件は，目的物の所有権が担保権者に帰属することを公示する方法を履践しておくことである。もちろん担保権者に帰属するような公示がされていても，実体上完全な所有権が担保権者に帰属しているとみるかどうかは，譲渡担保の法的構成に関わる別個の問題である。

例えば不動産であれば、破産手続開始前に担保権者のための所有権の登記をしておくことにより、その譲渡担保は、破産手続において効力を主張することができる。また、特定動産ないし特定の既発生の債権の譲渡担保について、その対抗要件を何とみるかは、それぞれ集合動産譲渡担保及び集合債権譲渡担保の対抗要件に関するのと問題状況が異ならないから、後述Ⅲ・Ⅳの参照を求める。

3 譲渡担保の実行

(1) 清算の原則

譲渡担保の実行に際しては、必ず清算をしなければならない[11]。清算とは、被担保債権と目的物の価額との大小を明らかにし、後者が前者を上回る場合に、その差額を債権者が設定者に支払うことをいう。当事者が清算をしない旨の特約を結ぶ場合であっても、それは、譲渡担保の基本的本質に反し、効力が否定される。清算金の支払請求権の性質は、不当利得返還請求権であると考えられる。不当利得の類型としては、典型的な侵害利得と給付利得のいずれにも当たらず、担保関係に特有の要請により認められる特殊の利得返還請求権であるとみるべきであろう。清算を実際に行うにあたっては、次の(2)以下のように、いくつかの問題がある。

(11) 最判昭46・3・25民集25巻2号208頁・判タ261号196頁・判時625号50頁。

(2) 担保物の所有権の取得の時期

清算を経て譲渡担保権者が確定的に所有権を取得する時期は、いつであると考えるべきであろうか。仮登記担保契約に関する法律の2条を類推して、清算期間の概念を考えることにより、債権者による実行の通知がなされた時から2か月を経過した時であると解する学説が有力である[12]。ただし、この見解に対しては、仮登記担保の場合には目的不動産について他に抵当権を取得する者などが出現することがあり得るのであり、これらの者との権利関係の調整（仮登記担保6条参照）のため清算期間が必要であるのに対し、債権者への所有権の移転の登記をしている譲渡担保を仮登記担保と同じに扱うことは適当ではないという反論が可能である。

175

第2章 別 除 権

　いずれの見解による場合でも，所有権移転の効力が生じたらただちに設定者が目的不動産を引き渡さなければならないということにはならない。設定者は，特段の事情がない限り，清算金支払との引換えでのみ目的不動産を引き渡す旨の主張をすることができる(13)。また，設定者は，清算金の支払があるまでは，被担保債権額を債権者に支払って目的物を受け戻すことができる。仮登記担保契約に関する法律11条が定めるのと同様の制度であり，同条ただし書を類推して，譲渡担保権についても受戻権が5年の期間制限に服すると解されている(14)。

　(12)　中舎寛樹「譲渡担保と既成法規―類推適用の可否を中心として」法時66巻2号（1994）が，学説状況を紹介する。
　(13)　前掲注（11）最判昭46・3・25。
　(14)　道垣内弘人『現代民法3担保物権法〔第3版〕』（有斐閣，2008）319頁参照（論者は反対）。

(3) 清算の方法

　清算の方法は，具体的には2つの方法がある(15)。まず，帰属清算型と呼ばれる方法では，実行により目的不動産の所有権が担保権者に帰属し，その際，担保権者が評価した目的物の時価と被担保債権額との差額が清算される。設定者が譲渡担保権者の清算金の額を不満とするときには，担保権者からの担保物の引渡請求などに対し，適正な清算金額であると信ずる金額の支払提供がないことを理由に，目的物の引渡しを拒む機会があり，あとは引渡訴訟の前提問題として裁判所が正しい清算金額を認定することになる。

　もう一つの清算方法は，処分清算型と呼ばれるものであり，担保権者が，譲渡担保権の実行により目的物の処分権を取得し，第三者に処分をして得られた価額から被担保債権額を控除して得られる額の清算金を設定者に支払う方法である。仮登記担保契約に関する法律2条・3条がもっぱら帰属清算型を採用したことをふまえて，譲渡担保についても帰属清算型を原則とすべきであると考えることもできるが，これに対しては，市場における価格を実際取引を通じて明らかにすることができる処分清算型の有用性を重視し，必ずしも帰属清算型に固執しなくてもよいとする考え方も成り立ち得る。

　(15)　道垣内・前掲注（14）319頁以下。

(4) 清算の終了時期

いつが実行終了であるかは，帰属清算型と処分清算型とで異なる。帰属清算型おいては，原則として，清算金が支払われた時である。清算金がないときは，その旨を譲渡担保権者が設定者に通知した時であると解される。もっとも，清算金の有無や額については，争いがあり得る。それを争って設定者が目的物の引渡しや登記手続を拒んで抗争しているときは，いまだ清算の過程が終了しているとみることは，相当でない。したがって，そのような場合にあって，譲渡担保権者が，その信ずる額の清算金を供託したり，清算金がないとする見解に立ちその旨の通知をしたとしても，それらにより清算が終了したと考えることはできず，設定者が清算金の支払との同時履行を主張する訴訟の帰趨が定まった段階において清算が終了するものと考えるべきである。

また，処分清算型においては，譲渡担保権者による処分の行為がされることにより清算が終了する。処分の相手方である第三者は，設定者に対し，また，破産手続開始後は設定者の管財人に対し取戻権を行使することができる。ただし，この取戻権の行使に対しては，清算金の支払を受けていない設定者ないしその管財人は，清算金支払請求権を被担保債権として留置権を行使することができる(16)。

(16) 最判平6・2・22民集48巻2号414頁・判夕888号114頁・判時1540号36頁の差戻し説示部分，より明確には最判平9・4・11裁判集民183号241頁。

4 譲渡担保の設定者が破産した場合の法律関係

(1) 基本原則／別除権としての処遇

このようにして破産手続開始前に譲渡担保権の実行が終了した場合は，もはや目的物は破産財団に属する財産ではないから，担保権者であった者が破産手続に対し取戻権を行使することができるのに対し，そうでない場合において，譲渡担保権が，破産手続上どのように処遇されるか，という問題は，譲渡担保権の実質に即して論定されるべきである。譲渡担保権は，その実質が担保権であるというべきであり，この点に立脚して解決が導かれなければならない。そうではなく，形式に拘り，通常の意味において担保権者に担保物の所有権が帰

属すると解釈する際には，担保権者が破産財団に対し取戻権を行使するということになるが，それでは設定者が清算の機会を失うということになり不当であるから，譲渡担保権を別除権として遇することが妥当である[17]。

(17) 伊藤・341頁。

(2) 別除権としての処遇の具体的帰結

別除権として遇する，という事態の具体的意味は，この考察から明らかであるとおり，清算を要するということにこそ特徴をもつ。

(a) 清　　算

目的物の占有が破産財団の方に存する場合についていうならば，取戻権と解する場合と比べ，担保権者が目的物の引渡しを請求することができるところまでは同じであるものの，別除権であるならば，清算金との引換給付の抗弁を破産管財人が提出することができるのであり，ここにおいてこそ，取戻権とみるか別除権とみるかの可視的な差異が現われる[18]。

(b) 処分期間指定申立て

破産管財人は，このように，ひとまず譲渡担保権を有する担保権者の譲渡担保権の実行可能性を尊重すべきであり，破産法185条1項に基づき処分期間指定申立てをしないまま目的不動産を換価することは許されない。この申立てがなされて期間が指定された場合において，譲渡担保権を有する債権者は，指定期間内に譲渡担保権の私的実行をすることができるが，それを期間内にしなければ，破産管財人は目的物を換価することができる。

(c) 譲渡担保権者への委棄

もっとも，このような手順を経て破産管財人が介入することに実際上の意義が認められるのは，破産管財人による換価が可能である場合に限られる。不動産の譲渡担保が典型であるが，登記・登録を公示方法とする財産を目的とする譲渡担保は，破産手続において別除権を主張することができるために，既に所有権が譲渡担保権者に帰属することを公示する登記・登録がなされているから，この場合において，破産管財人が破産法184条2項に基づく換価をすることは，実際上難しい。このような場合については，同項に基づく換価に代え，その特殊な作用形態として，破産管財人が，指定期間内に自ら実行をしない譲

渡担保権者に対し，目的財産を確定的に帰属させる旨の意思表示をすることを認めるべきである。これにより目的財産は譲渡担保権者に確定的に帰属し，また，破産管財人は，清算金請求権を取得する[19]。この解釈は，解釈方法論上は，同項の規律に対する隠れた欠缺補充に当たるものと考えられる。

(d) 担保権消滅許可

また，破産法186条を類推して，担保権消滅許可の制度の適用対象とすることも，一般には認められるべきである[20]。

(18) 伊藤・341頁。
(19) 条解破産法483頁（65条の注釈）参照。
(20) 不動産の譲渡担保において所有権の登記が債権者の名義となっている場合は任意売却に困難があることから，破産法186条の扱いを及ぼしてよいか，論議がある。条解破産法1185頁注12対応本文（186条の注釈）。

5 附説／譲渡担保権者が破産した場合の法律関係

設定者が破産した場合の法律関係がこのように考えられるのに対し，譲渡担保権を有する債権者が破産した場合において，特別に考察を要する問題はない。譲渡担保権の担保する債権及び譲渡担保権そのものは，いずれも破産財団に属し，破産管財人により権利行使がなされる。この点は，抵当権や質権などを有する者が破産した場合の法律関係処理と格別に異なるところはない。したがって，破産管財人が自ら譲渡担保権を実行することが許される[21]。その際には，一般の原則に従い，清算がされる。これにより設定者が破産財団に対し取得する清算金の請求権は，上述のとおり担保関係に基づく不当利得返還請求権としての性質を有し，財団債権となる（破148条1項5号）。また，これとは異なり，管財人が被担保債権を換価処分して第三者に譲渡する場合には，譲渡担保の目的である物に対する権利も担保権の附従性により第三者に移転する。

なお，旧破産法の88条は，譲渡担保であることを理由として目的物の返還を請求することができないと定めていたが，譲渡担保の担保としての性質を直視する限り，その規律の実質的根拠を見出すことが困難であった。現行の破産法の制定に際し，この規律は廃止されている[22]。

(21) 伊藤・341頁。
(22) 条解破産法483頁（65条の注釈）。

Ⅲ 集合動産譲渡担保

1 集合動産譲渡担保の意義

　構成部分が変動する集合動産の譲渡担保については，譲渡担保設定時に存在していた商品のうちの一部を売却するときには，当該商品を譲渡担保の負担から解放し，他方，新しく倉庫に入ってきた商品を譲渡担保の目的にする，という一連の法律関係をどのように説明するかが，問題となる[23]。これについては，個別の商品を単体として捉え，一個一個の商品がそれぞれ倉庫に入るごとに個別の譲渡担保の設定があり，また，売却されたときには，同じく逐次に譲渡担保の解除があると考える法的構成も，いちおう想定することができる（分析論）。しかし，流動を予定する倉庫内の商品類の全体を一個の集合物として把握し，集合物上に譲渡担保の設定があったと考えることが適当であり，個別の商品の流入と離脱は，それら自体としては，いちいち法律行為に基づくものではなく，担保の目的である集合物に事実上生ずる変動にすぎないと考えるべきである（集合物論）。分析論によったのでは，個別の商品の流入の時に債務者の資力が悪くなっている場合は，その時点で行われたと考えられる譲渡担保の設定が，詐害行為取消権の行使を受けたり否認されたりするおそれが出てくるが，集合物論では，はじめの集合物上への譲渡担保設定にさえ問題がなければ，個別の商品の流入に伴うそれら新しい商品への譲渡担保の効果が覆されることはない。

　譲渡担保の設定に際しては，担保の目的となる商品が，他の物と識別することができるように，その範囲が十分に特定されなければならない。十分に特定されたといえるためには，判例は，種類と場所と量的範囲の3つの要素が明らかになっていることが基本であるとする[24]。

　なお，構成部分が変動する集合動産の譲渡担保は，その性質を上述のような集合物論で理解することの帰結として，破産手続開始の後に集合動産の構成部分となった動産にも効力が及ぶ可能性が当然に否定されるものではない。効力が及ぶかどうかは，集合動産譲渡担保について固定化の観念を考えるかどうか

により定まる（後述**3**参照）。

(23) 道垣内・前掲注（14）328頁以下。
(24) 最判昭54・2・15民集33巻1号51頁。

2　集合動産譲渡担保の対抗要件

このような要件を充たして設定される流動集合動産譲渡担保の対抗要件は、民法の規定に従い目的物の占有を移転するか、又は動産譲渡登記をすることである。前者の占有移転は、事実上、占有改定でされることが多いと考えられる[25]。この点について判例は、次のような考え方を提示する。「債権者と債務者との間に、右のような集合物を目的とする譲渡担保権設定契約が締結され、債務者がその構成部分である動産の占有を取得したときは債権者が占有改定の方法によってその占有権を取得する旨の合意に基づき、債務者が右集合物の構成部分として現に存在する動産の占有を取得した場合には、債権者は、当該集合物を目的とする譲渡担保権につき対抗要件を具備するに至ったものということができ、この対抗要件具備の効力は、その後構成部分が変動したとしても、集合物としての同一性が損なわれない限り、新たにその構成部分となった動産を包含する集合物について及ぶ」[26]。

(25) 道垣内・前掲注（14）305〜306頁。
(26) 最判昭62・11・10民集41巻8号1559頁・判タ662号67頁・判時1268号34頁。

3　集合動産譲渡担保の実行

集合動産譲渡担保については、その実行の方法に関する特別の問題として、固定化といわれるものを観念し、これを過程として経る必要があるかどうか、ということが論じられる[27]。構成部分が変動することを趣旨とする動産譲渡担保について、変動の可能性がある状態を終了させ、それを個別動産の譲渡担保に移行させることが固定化であり、そのことをもっぱら趣旨とする担保権者の意思表示がされることを要するとする見解は、そのような意思表示を経て、個別動産譲渡担保となったものについて、一般の実行方法に従い実行がなされると説く。そして、破産手続の開始により固定化が生ずると考える際は、その後に搬入される動産に譲渡担保の効力が及ぶことは否定される[28]。これに対

し，固定化の観念を要しないとする見解は，実行の意思表示がされることにより，その時点で設定者の手許に存する動産について所有権の移転の過程が進んで行くものと考えるべきであり，特別に独立の段階としての固定化ということを考えることは相当でないとする。

このように実体的な集合動産譲渡担保の実行の在り方については論議があるが，いずれにしても，固定化を経て，又は，それを要しないで，最終的には清算がなされることにより実行が終了するものであり，そのことには争いがない。そして，清算を了して実行が終了しない限り，担保権者が目的動産の完全な所有権を取得することはなく，実行が終了しない段階で破産手続が開始する場合において，その集合動産譲渡担保は，破産手続上別除権として処遇されるものであり，担保権者が取戻権を行使することはできない。

(27) 森田宏樹「集合物の『固定化』概念は必要か」金判1283号 (2008)。
(28) 論議の状況の要約，条解破産法485頁 (65条の注釈)。

4 集合動産譲渡担保の破産手続における処遇

流動集合動産譲渡担保は，その概念及び設定について，以上のように若干の注意を要する事項があるものの，その他の点は，一般の譲渡担保と異ならない。破産の際の効力も，一般の理論に従う。すなわち，破産手続の開始前に，上記の占有改定など占有移転又は動産譲渡登記という対抗要件を具えていた場合は，その効力を破産手続との関係で主張することができ，別除権として遇される[29]。さらに，破産手続開始前に実行が終了していた場合は，目的物の所有権を担保権者が既に取得していることを主張することができ，したがって取戻権を行使することができる。

(29) 伊藤・345頁。

Ⅳ 集合債権譲渡担保

1 集合債権譲渡担保の意義

　集合債権譲渡担保は，譲渡担保権の設定者が第三者に対して取得する債権群を包括的に目的物とするものである[30]。いうところの債権群に将来発生する債権も含まれ得る。これもまた基本は，譲渡担保に関する一般論に従い，破産手続開始前に有効に成立し，かつ対抗要件を具えていることを要し，これらを充足する場合には，破産手続において別除権として遇されるし[31]，また，破産手続開始前に実行が終了しているならば，別除権に特有の管財人からの掣肘を受けることがない，という一連の取扱いがされるべきことは，異ならない。

　しかし，しばしば将来債権も含みつつ，債権の群という無体の権利を目的物とすることなどから，特別の考察を要する問題は，いくつかある。

　まず，集合債権譲渡担保の有効性，またそれに関連して目的物の特定可能性に関し判例は，「譲渡の目的とされる債権がその発生原因や譲渡に係る額等をもって特定される必要があることはいうまでもなく，将来の一定期間内に発生し，又は弁済期が到来すべき幾つかの債権を譲渡の目的とする場合には，適宜の方法により右期間の始期と終期を明確にするなどして譲渡の目的とされる債権が特定される」ことが必要であるとし，半面において，譲渡担保の設定「契約の締結時において右債権発生の可能性が低かったことは，右契約の効力を当然に左右するものではない」とする[32]。この有効性・特定性の判定基準は，妥当なものとみるべきであろう。債権の発生原因が特定されているならば，債務者（第三債務者）が特定されていることを要しないと解すべきである。

(30)　道垣内・前掲注（14）346頁以下。
(31)　伊藤・347頁。
(32)　最判平11・1・29民集53巻1号151頁・判タ994号107頁・判時1666号54頁。

2 集合債権譲渡担保の対抗要件

　次に対抗要件は，債権譲渡登記の方法によるか，民法467条に定める確定日付のある証書をもってする通知・承諾が破産手続開始前に具わることが求めら

れる。前者の債権譲渡登記は，債務者（第三債務者）と接触することなく，またさらに債務者（第三債務者）が特定されていることを要することなく対抗要件を具えることを可能とするものであり，実務上"サイレントな仕方"での債権譲渡担保を実現するという需要に応えるものである。これに対し，後者の通知・承諾は，性質上債務者（第三債務者）が特定されていなければなし得ないことは当然のこととして，加えて，譲渡担保の設定から実行までの間の債権の現実の取立てに関し，どのような在り様を仕組むか，に応じ，多様な形態のものを許容する実際的必要が認められる[33]。判例は，「甲が乙に対する金銭債務の担保として，発生原因となる取引の種類，発生期間等で特定される甲の丙に対する既に生じ，又は将来生ずべき債権を一括して乙に譲渡することとし，乙が丙に対し担保権実行として取立ての通知をするまでは，譲渡債権の取立てを甲に許諾し，甲が取り立てた金銭について乙への引渡しを要しないこととした甲，乙間の債権譲渡契約は，いわゆる集合債権を対象とした譲渡担保契約といわれるものの1つと解される。この場合は，既に生じ，又は将来生ずべき債権は，甲から乙に確定的に譲渡されており，ただ，甲，乙間において，乙に帰属した債権の一部について，甲に取立権限を付与し，取り立てた金銭の乙への引渡しを要しないとの合意が付加されているものと解すべきである。したがって，上記債権譲渡について第三者対抗要件を具備するためには，指名債権譲渡の対抗要件（民法467条2項）の方法によることができるのであり，その際に，丙に対し，甲に付与された取立権限の行使への協力を依頼したとしても，第三者対抗要件の効果を妨げるものではない」という解釈を示し，対抗要件の具備として認められる方法について，柔軟な態度を示す[34]。また，このようにして対抗要件を具えることが論理上可能になる前提としては，将来発生する債権についても，発生する前において処分が可能であるようになっていなければならないから，「将来発生すべき債権を目的とする譲渡担保契約が締結された場合には，債権譲渡の効果の発生を留保する特段の付款のない限り，譲渡担保の目的とされた債権は譲渡担保契約によって譲渡担保設定者から譲渡担保権者に確定的に譲渡されているのであり，この場合において，譲渡担保の目的とされた債権が将来発生したときには，譲渡担保権者は，譲渡担保設定者の特段の行為を要することなく当然に，当該債権を担保の目的で取得することができるもので

ある。そして，前記の場合において，譲渡担保契約に係る債権の譲渡については，指名債権譲渡の対抗要件（民法467条2項）の方法により第三者に対する対抗要件を具備することができる」という解釈を採っており[35]，この解釈も是認されるべきである。

このように将来債権の譲渡が法律構成されることの帰結として，将来債権の譲渡担保は，破産手続開始の後に発生した債権であるという理由のみから，それら債権に譲渡担保の効力が及ぶことを否定することは相当でない。それら債権に対する譲渡担保の効力は，それぞれの債権の発生原因である法律関係が破産手続の開始により破産管財人の管理の下に置かれることとなることを勘案して，個別の局面について論定されるべきである[36]。

(33) 杉本和士〔判批〕金判1330号（2009）。
(34) 最判平13・11・22民集55巻6号1056頁・判タ1081号315頁・判時1772号44頁。
(35) 最判平19・2・15民集61巻1号243頁・判タ1237号140頁・判時1963号57頁。
(36) 条解破産法487〜488頁（65条の注釈）参照。また，鎌田薫ほか「不動産法セミナー(26)〜(28)不動産賃料債権の帰属(1)〜(3)」ジュリ1345号（2007）・1346号（2007）・1347号（2007），白石大「フランスにおける将来債権譲渡と譲渡人の倒産手続との関係」比較法学43巻2号（2009）107〜111頁。

3　集合債権譲渡担保の破産手続における処遇

このようにして登記又は通知・承諾の方法により対抗要件が破産手続開始前に具備されているならば，担保権者は，破産手続が開始しても，第三債務者に対し取立ての権限を行使することができる。これを破産手続によらないですることができる，ということが，集合債権譲渡担保が別除権として遇されるということの意味にほかならない。もっとも，管財人は，担保権者が取立てを了して目的債権を消滅させるまでは，処分期間指定申立てをするなどして，財団の円滑な換価の観点から介入することが認められるべきである。

4　集合債権譲渡担保における実行の概念

そして，このように考えるとするならば，集合債権譲渡担保に関しては，担保権実行の〈終了〉という概念を働かせ，破産手続開始前に実行が終了しているとみることにより管財人の権限行使を制約する場面は，実際上論議する意義が乏しいということになる。確かに，典型的には，サイレントの方式で債権譲

渡登記の方法により対抗要件が具えられていた場合において，第三債務者に民法467条1項に基づく通知をすることなどをもって担保権の実行があったとみることは可能であるが，それは，実行の"着手"であっても〈終了〉ではないと考えるべきものである。

V 手形の譲渡担保

譲渡担保のなかでも，手形の譲渡担保は，やや特殊な様相を帯びる。手形の譲渡担保は，隠れた担保裏書により行われる。この裏書は，権利移転的効力を有し，手形債権を有する者の変動を惹き起こす。そうすると，被裏書人である譲渡担保権者は，たとえ被担保債権の弁済期到来の前であっても，手形金の取立てをすることができる[37]。また，被担保債権の額に制限されないで取立てをすることができ，被担保債権の額を超えてされた取立ては，譲渡担保権の設定者との間の清算の問題として処理される。このような解決となるところから，手形の譲渡担保については，担保的構成を徹底させることが，極めて難しい。このような特性を手形の譲渡担保が有することをふまえ，これを重視して破産の際の法律関係を考えようとする見解があり，また半面においては，このような特性に注意しつつも，なお手形の譲渡担保の担保としての性格を維持・強調しようとする見解も想定される。想定可能な見解は，したがって，次のようなものである。

第一：設定者について破産が開始した場合において，手形を譲渡担保に取っていた債権者は，別除権者となり，破産手続によらないで手形の取立てをすることができる（会社更生手続であるならば，更生担保権者となり，更生手続によらないで手形の取立てをすることはできない。）。また，譲渡担保権者の破産手続における権利行使は，別除権をもって弁済を受けることができない限度で破産債権としての権利行使が許される。つまり，手形の譲渡担保は，普通の譲渡担保と同じ破産手続上の規律に服する。

第二：設定者について破産が開始した場合において，譲渡担保に取っていた手形は，被裏書人である譲渡担保権者に移転していて，もはや破産財団に含まれない[38]。譲渡担保権者は，当然のことながら破産手続によらないで手形の

取立てをすることができる（会社更生手続であっても，更生担保権者とならず，更生手続によらないで手形の取立てをすることができる。）。また，譲渡担保権者の破産手続における権利行使は，別除権者に関する規律が及ばず，制約を受けないで破産債権としての権利行使が許される。

　これらの対照的な見解があり得るが，まず，設定者について破産が開始した場合において，譲渡担保に取っていた手形は，被裏書人である譲渡担保権者に移転していて，もはや破産財団に含まれないものと考えるべきであろう。そして，譲渡担保権者は，当然のことながら破産手続によらないで手形の取立てをすることができる。ここまでは，第二の見解のように考えるべきである。しかし，そのような取扱いは，手形の譲渡担保の特性から，担保的構成が親しまず，このため別除権として扱うことに技術的な支障があることによる。問題となっている法律関係が担保としての性格を有することが忘れ去られるべきではない。このように考えるならば，破産法108条は別除権に関する規定であるから，ここでの法律関係に適用することはできないけれども，担保の法律関係であることは別除権と共通するから，これを類推し，譲渡担保権者の破産手続における権利行使は，別除権をもって弁済を受けることができない限度でのみ破産債権としての権利行使が許されるものと解すべきである。

(37)　道垣内・前掲注(14)534頁。
(38)　菅野孝久「手形の譲渡担保と会社更生・破産」ジュリ703号（1979）。

Ⅵ　仮登記担保

1　仮登記担保の意義

　仮登記担保とは，仮登記担保契約に基づきされた仮登記に係る権利であり，この仮登記は担保仮登記と呼ばれる。仮登記担保契約とは，「金銭債務を担保するため，その不履行があるときは債権者に債務者又は第三者に属する所有権その他の権利の移転等をすることを目的としてされた代物弁済の予約，停止条件付代物弁済契約その他の契約で，その契約による権利について仮登記又は仮登録のできるもの」（仮登記担保1条）である。

第2章 別除権

2 仮登記担保の対抗要件

仮登記担保の対抗要件は，担保仮登記であり（その意義について仮登記担保契約に関する法律4条1項参照），これを破産手続開始前に具備しておかない限り，仮登記担保権者は，破産手続において何らの効力も主張することができない。

3 仮登記担保の実行

仮登記担保権の実行が行われるならば，ある段階で仮登記担保権を有する債権者は，いわば完全な所有権を取得するから，そのようになった状態で設定者の破産手続に向かい合う場合は，破産管財人に対し，取戻権を行使することができ，例えば目的不動産の引渡しを受けていないときは，その引渡しを請求することができる。このようにして仮登記担保権を有する債権者が破産手続に対し目的不動産の所有権取得を主張することができるためには，おおづかみにいうならば，破産手続開始前に仮登記担保権の実行が終了していることを要するものと考えられる。このように時間的な先後の比較により取戻権の成否が定まるとするならば，このような論点整理は，細密に考える際に，まず一方において破産手続の開始とは何であるか，また他方において，仮登記担保権の実行終了とは何であるか，ということのそれぞれの細密な画定を要請する。

まず，破産手続開始とは，［1］字義どおり破産手続の開始の決定がある時点をいう，とする解釈のほか，［2］破産開始の申立ての時点をいうとする解釈(39)が想定される。取戻権の成否は破産手続の開始の決定の時を基準に定められるべきものである（破2条9項）と考えるならば，［1］の考え方が妥当であるとされるであろうし，競売優先の原則を適用するうえで仮登記担保契約に関する法律15条が競売開始の決定の時ではなく，競売申立ての時を重視していることを破産手続との関係でも活かすとするならば，［2］の考え方に赴くことになるであろう。

また，仮登記担保権の実行の終了とは，①清算期間が経過して債権者が所有権を取得した時，②清算が終了した時，つまり清算金がある場合は清算金が弁済された時であり，清算金がない場合は清算期間が経過した時，③所有権の移転の本登記がされた時などの各時点を想定することができる。①は，債権者と

設定者の内部関係における所有権の移転・帰属の関係を破産手続との関係についても単純にあてはめる観点から出てくる解釈であり、また、単なる所有権の移転・帰属に着眼するのでなく、清算の実質的な完了ということを重くみるならば、②の解釈を採ることになるであろう。

このように破産手続開始と仮登記担保権の実行の終了とのそれぞれについて複数の解釈理解の可能性が考えられるところであるが、考察の緒としては、平時実体法が競売優先の原則に関する規律として仮登記担保契約に関する法律15条の規定を置いていることが注目されるべきであろう。そして、それを単純に破産手続の関係にも持ち込むとするならば、［２］－②の組合せを採用することがよいようにも映る。けれども、取戻権の成否が破産手続の開始決定の時を基準にすることは、破産法が大きな原則として前提とするものであり、ここで例外を考えなければならない強い必然性は見出しにくい。したがって、仮登記担保契約に関する法律15条の規律は、参考にされるべきではあるにせよ、破産の局面を考慮した所要の変容があってよいと考えるべきであり、このような観点からは、［１］－②の考え方が妥当視される[40]。すなわち、破産手続の開始決定の前に清算が終了しており、つまり清算金がある場合は清算金が弁済され、清算金がない場合は清算期間が経過していたときに、仮登記担保権者は破産手続において取戻権を主張することができるものと解すべきである。

(39) 本田耕一「仮登記担保権」実務と理論199頁・201頁。
(40) 伊藤・339頁。

4 仮登記担保の破産手続における処遇

このように、破産手続開始前に仮登記担保権の実行が終了していた場合は破産手続に対し取戻権を行使することができるのに対し、そうでない場合は、仮登記担保権は、破産手続上どのように処遇されるか。まず、根担保仮登記に係る仮登記担保は、破産手続において効力を有しない（仮登記担保19条5項）。そして、これを例外として、それ以外の場合の仮登記担保は、別除権として遇される（破2条9項・65条1項、仮登記担保19条1項）。仮登記担保権、つまり担保仮登記に係る権利が担保としての実質を有することは、仮登記担保契約に関する法律の趣旨に照らして明らかであり、また、競売優先の原則が働く場合において

第2章 別除権

担保仮登記に係る権利が抵当権に擬せられることに鑑みても，これを抵当権に準ずる権利として別除権として扱うべきである。

　もっとも，別除権として遇する，という事態が具体に意味するものは，やや考察を要する。[1] 一方において，破産管財人は，破産法184条2項により目的不動産の競売を申し立てることができ，その場合には仮登記担保契約に関する法律13条により担保仮登記に係る権利が抵当権に擬せられる，という解釈が成立可能であり，また他方において，[2] 破産管財人が破産法185条1項に基づき処分期間指定申立てをしないまま目的不動産を換価することは許されず，この申立てがなされて期間が指定された場合において，仮登記担保権を有する債権者は指定期間内に仮登記担保権の私的実行をすることができるが，それを期間内にしなければ，破産管財人は目的不動産を換価することができる（その場合において目的不動産の競売を申し立てるときには担保仮登記に係る権利が抵当権に擬せられる。）とする解釈も成立し得る。

　仮登記担保権は，その私的実行の方法が仮登記担保契約に関する法律において定められており（私的実行と呼ぶ際の「私的」は，法律に定めがないという意味でなく，裁判所を介さないで担保権を実現するということを示す修飾である。），破産法185条1項の「法律」に仮登記担保契約に関する法律を含むと考えるならば，仮登記担保権に同項の適用は認められず，したがって [1] の解釈を採らざるを得ないこととなる。これに対し，破産法185条1項の「法律」は，同項の趣旨から推して，その前に排列された規定である同法184条にみえる「民事執行法その他強制執行に関する法令」の謂に限定して理解すべきものとする限定解釈を採るとするならば，同法185条1項の「法律」に仮登記担保契約に関する法律は含まれず，したがって [2] の解釈が採用可能である。

　このように文理上は両者の解釈が成立可能であるが，実質的妥当性の面では，どうか。[1] の解釈は，仮登記担保権の私的実行の余地を相当に狭めるものであり，端的にいうならば，私的実行ということに敵対的である。その発想は，競売優先の原則を宣明する仮登記担保契約に関する法律15条と通底するものがある。しかし，同条が扱う局面は，ほぼもっぱら競売によって権利を実現することになる抵当権者や質権者の利益を保護しようとする趣旨に出たものであるのに対し，破産管財人には競売しか換価の方法がないというものではな

く，換価の方法は多様であって柔軟である。そのことを考えるならば，破産管財人に対し処分期間指定申立ての労を要請し，指定された期間のあいだ仮登記担保権を有する債権者の去就を見守るという手順を経ることを求めるとしても，同債権者を不当に優遇するものでなく，また，破産管財人に著しい不利益を及ぼすものともみることができない。したがって，［2］の解釈が採用されるべきである[41]。

(41) 伊藤・339頁。

Ⅶ 所有権留保

1 所有権留保の意義

売主の代金債権を担保するため，買主が代金を弁済するまで売買目的物の所有権を留保し，実行にあたり売主が，その留保されていた所有権に基づき同目的物の返還を請求することを通じ実質的に代金債権の弁済を得ようとする担保手段が，所有権留保である。

代金の支払を受けないまま目的物を引き渡す仕方の取引をすることが，現実の取引においてみられる。その場合において，買主が代金を支払わないまま資力が悪化し，そのため代金の支払が得られないという状況になって，それにもかかわらず売買目的物を取り返すことができないということになるならば，売主が経済的な損失を被るおそれが出てくる。このような場合に，売主が代金債権を担保するための手段として民法が用意している制度が動産売買先取特権（民321条）であるが，これには不便な点が少なくない。目的物が第三者に売却されて引渡しもなされると効力が失われる旨の規定があり（民333条），また，この際に買主が第三者に対し取得する代金債権に売主が物上代位するためには，この債権を差し押さえなければならない（民304条1項ただし書）。

そこで，より簡易かつ確実に代金債権の履行を促すために用いられる手段が，所有権留保である。代金の完済があるまでは所有権を売主にとどめおくことであり，最終的に代金の支払がない場合において，売主は，留保していた所有権に基づいて目的物の返還を求めることになる。この所有権留保は，売買に

おいて所有権が移転する時期を当事者が合意で定めることは可能であるという理解が，それを成り立たせる論理的前提をなしている。この理解を前提として，ふつう，買主が代金を支払うまで所有権を売主に留保する旨が合意される。このようにして代金債権の担保が企図されることが，所有権留保にほかならない。買主が代金を支払わない場合において，売主は，留保していた所有権に基づいて売買目的動産の返還を請求することができるから，そのことにより代金債権の実質的な担保が図られる。

担保の手段としての所有権留保が行われる中心的な場面が，動産を売買の目的とする場合である。不動産の売買において，所有権の移転時期が代金完済時である旨が約されることは，ないではないというよりも，むしろ中古住宅の売買などにおいては，通常のことである。しかし，それは，単に売買契約において所有権の移転時期を約する特約がされているというにとどまり，当事者もことさらに特別の担保の手段として意識しないし，法律解釈上も後述の担保的構成のような特別の理論を適用して問題解決をすることが要請されるものではない。ここでの考察も，動産を売買の目的物とする場合に限る。そして，その目的が代金債権の担保であり，したがって所有権留保の実質が担保であることは，異論の余地がない。

2 所有権留保の対抗要件

動産のなかでも，登記・登録を要するものについては，債権者のための登記・登録が再生手続の開始前にされていることを要するとする判例があり[42]，破産手続の場合も同様に解されるものと考えられる。

> [42] 最判平22・6・4民集64巻4号1107頁・判タ1332号60頁・判時2092号93頁。事案で問題となった動産は，自動車である。一般の動産については，論議が深められていないが，引渡しが対抗要件とされ，占有改定による引渡しも妨げられないとすると，破産手続開始の前に債権者に履践しておくべき具体の手順を何か求めるということを現実的には考えにくい。日本においては，かつてのフランスにおけるように，買主の支払能力の外観に対する保護を理由として所有権留保の破産に対する効力を否定するような考え方は，有力なものとならなかった（道垣内弘人『買主の倒産における動産売主の保護』（有斐閣，1997）128〜129頁及び同所注113所引邦語文献参照）ことにも注意されてよい。

3　所有権留保の法的構成と実行の手順

　もっとも，所有権留保の細部の法律関係を考えるうえでは，そのような実質的な目的・趣旨を直截に法的構成に反映させるかどうか，をめぐり考え方の分岐があり得る。その分岐は，必ずしも図式的な整理を尽くすことができるものではないが，おおづかみには次の２つの考え方に典型的に分かれる。

(1)　所有権留保の法的構成

　第１は，留保売主の権利行使の根拠が所有権そのものであることを強調する構成である。留保売主の権利行使が「所有権に基づいてその引渡しを求めるもの」であるとする側面[43]を強調する法的構成にほかならない。これから後，このような方向性をもつ考え方を単に所有権的構成という。もっとも，そのように法的構成を述べてみたところで細部における法的解決がただちに演繹的に定まるというものでもない。例えば，所有権留保の担保としての効力を発現させる実行の手順として，売買契約を解除することを要するか。留保売主に所有権があって，それに基づき目的動産の引渡しを求めるものであると考えるならば，その請求は，解除の意思表示を経ることなくすることができるようにも思われる。前掲注（43）昭和50年判決も，その事案においては売買契約の解除がなされているが，判決の一般的な立言の部分は，解除を要件として掲げていない。もっとも，所有権という物権に基づく請求権も，当事者間に契約関係がある場合には債権的請求権に関する規律が優先するとする考え方も成立可能であり，その場合には，売買契約に基づいて引き渡された物に関し，買主は，給付保持の効果を主張することができ，売買契約を解除する旨の意思表示をしない限り，これにより所有権に基づく請求権が阻却されるとする解釈も，成り立たないというものではない。

　これに対し，いずれにしても所有権的構成を基調とする考え方を否定し，留保売主の権利行使の根拠として所有権留保という非典型担保であることを強調する構成も想定することができる。そこでは，非典型担保である動産の所有権留保の実体的な性質を強調する理解として，それに買主のための使用認容及び原則として転売許容が定型的に伴うと考えることとなる。こちらは，これから

後，担保的構成と呼ぶことにしよう。この担保的構成の下において，所有権留保を実行するためには，非典型担保の私的実行に関する通常の考え方によるならば，実行の意思表示を要するということになる。売買契約の解除と当事者が表現するものが実行の意思表示にほかならない，という理解をすることができる場合もあると考えられるが，そのように常に考えることには無理もある。解除の意思表示は契約の当事者である買主に対しするべきものであるが，目的動産が第三者に譲渡され，その第三者に対し所有権留保の効果を主張することができる場合には，その第三者に対し実行の意思表示をすべきであり，解除の意思表示に兼ねさせることはできない。

(43) 最判昭50・2・28民集29巻2号193頁・判タ320号158頁・判時771号39頁。

(2) 所有権留保の実行

このように所有権留保については対照的な考え方が唱えられるが，いずれの場合であっても，買主が代金の一部を支払っているような場合には，所有権留保の実行に伴い清算をしなければならない。所有権的構成の下で解除を経て実行がされると考える際には，この清算は，解除に伴う原状回復である（民545条1項）。これに対し担保的構成を採る際には，清算は，譲渡担保の私的実行における清算などと異ならず，担保関係の本質から要請される清算である。いずれにしても，こうした清算が了されて初めて所有権留保の実行が終了したと考えることができる。

そして売主は，所有権留保を実行することにより，売買目的物の完全な所有権を取得するから，そのようになった状態で設定者の破産手続が開始する場合は，破産管財人に対し，取戻権を行使することができる。このことは，所有権的構成を採るのであれ担保的構成を採るのであれ異ならない。もっとも，担保的構成においては，後述のとおり，売主が破産手続において目的物の所有権を主張することができるためには，破産手続開始前に所有権留保の実行が終了していることを要するから，実行終了というものが，より重要な契機としての意義を与えられる。

(3) 附・当然解除特約の効力

　なお、このことに関連して、破産手続の申立てなどがあるならば当然に売買契約の解除権が発生するとしたり、又は解除の効果が当然に発生したりするとする特約の効力が問題とされる。会社更生に関する判例[44]は、このような特約は倒産手続に対し主張することができないとしている。当然解除特約が更生を阻む要因になるという側面あるが、破産手続においても参考となる考え方であるであろう。ただし、この論議が意味をもつのは、所有権的構成において実行にあたり必ず解除を要するとする見解を採る場合において、契約解除によりただちに実行が終了し清算を要しないとみられる事例のときに限られる、ということには注意を要する。そうでない場合は、当然解除特約により解除の効果が発生するかどうかにかかわりなく、実行による清算の終了などが済んでいない限り、所有権留保が破産手続において別除権として扱われることは左右されないからである[45]。

(44)　最判昭57・3・30民集36巻3号484頁・判タ469号181頁・判時1039号127頁。
(45)　伊藤・337〜338頁・338頁注2。

4　所有権留保の破産手続における処遇

　買主が破産した場合において、所有権留保をもって、端的に未だ所有権が移転していない事態であると捉えるならば、売主は、完全な所有権者として取戻権（破62条）を行使することができるということになる。所有権的構成の発想を素朴に適用するならば、このような帰結となることであろう。これに対し、所有権留保の担保としての効力を強調する担保的構成においては、担保権者の資格において別除権（破65条1項）の主張をなし得るにすぎない、という考え方が整合的である[46]。別除権となる場合も、その行使の方法は、目的動産の引渡請求であるから、取戻権とみることと差異がないようにもみえるけれども、実は、そうではない。破産管財人が、破産法185条に基づき処分期間の指定を申し立てて別除権の目的物の換価に介入したり、担保権消滅の許可を得たりする余地が開かれるのは、別除権であればこそ、である。そしてまた、このような帰結を確保しておくことが妥当であるとみるならば、たとえ所有権的構成を採る場合においても、実質的な実行が了されていない段階で破産手続が開始す

る場合は，その担保としての本質に鑑み，別除権として扱うという考え方も，まったく成り立たないものではないであろう。法的構成といっても，過度に演繹的に考えることは適当でなく，法的解決を要請する事項ごとに相対的な解決を考えることは，論理としても十分に成立可能であるからである。

(46) 伊藤・336頁。

5 附説／双方未履行の契約の解除権の成否

売買契約は双務契約であり，かつ，ここで扱っている場合において買主は代金支払債務を履行していない。そこで，売主の債務の方にも未履行のものがあるということになるならば，この場面の売買契約は双方未履行の契約であることとなり，破産法53条の適用がある，というようにも映る。この問題は，どのように考えるべきであるか。

売主の財産権移転義務について，完全な所有権を買主に与えるということを未だしていない，というふうに理解するならば未履行であり，そうすると破産法53条の適用を否定することができないこととなる。その場合に管財人が履行を選択するならば，代金債権は破産法148条1項7号により財団債権となる。反対に契約解除が選択されるならば，それにより売主は，所有権留保に基づき担保権を行使することができる法的地位を失う。

しかし，この後者の帰結は，不当であるであろう。

所有権留保がなされる場合の法律関係展開は，契約法理と担保法理が交錯し，理解を簡明にしにくい部分があるが，あくまでも所有権留保は担保であり，その設定は，実際上ほぼ売買契約と同時になされるとはいえ，論理的な順序としては，売主の財産権移転義務は，観念的な所有権の移転も含めいったん済んでおり，そのうえで買主から売主に留保所有権の設定がある，という順路をたどるものと考えるならば，契約法理の次元において売主は，既に自らの義務を尽くしている。破産法53条は，まさに契約法理の次元で働くべきものであり，契約法理の次元における問題処理が終了しているとみるからには，同条の適用はないと考えるべきである[47]。

(47) 大阪高判昭59・9・27金判709号36頁。

Ⅷ　ファイナンス・リース

　いわゆるファイナンス・リースは，おもに機械・器機など動産を使用して事業をする者（この者を「ユーザー」と呼ぶ。）が，リースの事業をする会社に対し必要とする目的物を指定し，リース会社は，それを供給者（サプライヤー）に発注して所有権を取得し，これをユーザーに使用させて対価（リース料）を得る契約である[48]。リース料が，リース期間満了時において目的物に残存価値はないものとなるよう定められることによりリース会社がリース期間中に目的物の取得の費用など投下資本の全額を回収することができるようにすることが前提とされており，フルペイアウト方式と呼ばれることもある。

　このファイナンス・リースにおいて，ユーザーについて破産手続が開始する場合の法律関係について，判例は，その問題そのものを扱ったものはない。しかし，ユーザーについて会社更生手続が開始した場合に関しては判例があり[49]，そこで示された考え方は破産の場合にも及ぶものと考えられる。その判例は，この方式のファイナンス・リースが，「その実質はユーザーに対して金融上の便宜を付与するものであるから，右リース契約においては，リース料債務は契約の成立と同時にその全額について発生し，リース料の支払が毎月一定額によることと約定されていても，それはユーザーに対して期限の利益を与えるものにすぎず，各月のリース物件の使用と各月のリース料の支払とは対価関係に立つものではない。したがって，会社更生手続の開始決定の時点において，未払のリース料債権は，期限未到来のものも含めてその全額が会社更生法102条〔現行2条8項〕にいう会社更生手続開始前の原因に基づいて生じた財産上の請求権に当たるというべきである。そして，同法103条1項〔現行61条〕の規定は，双務契約の当事者間で相互にけん連関係に立つ双方の債務の履行がいずれも完了していない場合に関するものであって，いわゆるフルペイアウト方式によるファイナンス・リース契約において，リース物件の引渡しをしたリース業者は，ユーザーに対してリース料の支払債務とけん連関係に立つ未履行債務を負担していないというべきである」とし，「いわゆるフルペイアウト方式によるファイナンス・リース契約において，リース物件の引渡しを受けたユー

第2章 別 除 権

ザーにつき会社更生手続の開始決定があったときは，未払のリース料債権はその全額が更生債権となり，リース業者はこれを更生手続によらないで請求することはできない」とする。

　ここに示された考え方を破産に当てはめるならば，ユーザーの破産に際し，リース会社は，未払のリース料債権を破産債権として行使することを余儀なくされる。リース契約を双方未履行の契約とみて破産法53条を適用することは認められないから，管財人が同条に基づいて履行を選択し，これに伴い残部のリース料債権が財団債権として遇される，ということは，あり得ない。また，同様の理由から，管財人が解除を選択して，これを前提として目的物を返還するということも考えられないこととなる。

　もっとも，この場合において，リース業者を別除権により保護する可能性は，検討されてよい[50]。具体的な法的構成として，リース業者は，契約に際し，明示又は黙示に，リース料債権を担保するため，ユーザーの有する目的物の使用権を目的とする権利質権ないしこれと類似の担保権の設定を受けているものと解する裁判例がある[51]。この権利質権をリース会社が実行するならば，同会社は目的物の使用権を取得し，これと同会社が従前に有していた所有権との間に混同が生ずるから，同会社は，このようにして取得する目的物の完全な所有権に基づきユーザーに対し目的物の引渡しを請求することができることとなる。

　ファイナンス・リースの破産手続上の扱いとしては，このように判例の解釈を発展させる行き方のほか，リース契約を双方未履行の契約とみる解釈もある。残期間についてリース会社が目的物を使用させる義務は未だ履行されていないとみるものであり，また，リース料の残債務も未履行であるとみるものである。しかし，リース業者は，リース期間中において賃貸借に関し民法601条・606条が定めるような使用収益させる義務を負うとみることは通常は困難であり，目的物の引渡しによりリース業者の債務は既履行になったとみるべきであろう。

　もっとも，目的物の使用を続けることにより破産財団が利益を受ける関係が認められる場合は，それに見合うリース料の残部分は財団債権として遇されるべきである[52]。

7　非典型担保

(48)　道垣内・前掲注〔14〕359〜360頁参照。
(49)　最判平7・4・14民集49巻4号1063頁・判タ880号147頁・判時1533号116頁。
(50)　最判平20・12・16民集62巻10号2561頁・判タ1295号183頁・判時2040号16頁における田原睦夫裁判官の補足意見。
(51)　東京地判平15・12・22判タ1141号279頁・金法1705号50頁。
(52)　伊藤・276頁は，この帰結を確保することを一つの理由に挙げ，破産法53条適用肯定説を採る。

〔山野目　章夫〕

第3章

取 戻 権

8 取戻権

I 取戻権の意義

1 狭義の取戻権

　取戻権は，民法など実体法が定める権利に基づく一般の取戻権（破62条）と破産法が規定する特別の取戻権（破63条・64条）とに分けられる。一般の取戻権とは，破産者に属しない財産を破産財団から取り戻す権利をいう（破62条）（狭義の取戻権）。これに対して，特別の取戻権とは，売主の取戻権（破63条1項），問屋の取戻権（同条3項），及び代償的取戻権（破64条）をいう。

　一般の取戻権（狭義の取戻権）の意義は，次のように説明することができる。つまり，破産管財人は，破産手続開始後ただちに破産財団の管理に着手する必要があることから（破79条），破産管財人が現に管理する財産（現有財団）が，破産法の予定する財団（法定財団）と一致しない状況が生じる。しかし，破産財団（法定財団）に属しない第三者の財産を破産財団に含めるべきではない。そこで，第三者が，破産前に当該財産に関する権利（所有権など）を有しているときは，破産後もその権利に基づいて破産財団（現有財団）から当該財産を取り戻すことができる。ただし，破産管財人が取戻権を承認するには，裁判所の許可を要する（破78条2項13号・3項1号，破規25条）。

　取戻権は，破産管財人が占有する財産について占有の移転・回復を請求する権利（取戻権の積極的機能）のみを意味するのではないといわれることがある。破産管財人が，第三者の占有する財産を法定財団であると主張して，第三者に対して当該財産の引渡しを求めてきたときに，破産管財人による請求を拒否す

第3章 取戻権

るために自己の権利を主張することも取戻権の機能に含まれる（取戻権の消極的機能という。）(1)。そうすると，取戻権の消極的機能が作用する場面において，破産管財人が法定財団であるとの主張を撤回するには，裁判所の許可を要するのかどうか問題となるが，取戻権と位置づけるのであれば，裁判所の許可を要することになると解される。

さらに，自由財産と信託財産は，第三者の財産ではなく，破産者に属する財産であることから文言上取戻権（破62条）の対象には含まれない。しかし，これらの財産が破産財団（法定財団）に属せず，破産者や新受託者等に取り戻す権利があることは明らかである(2)。そこで，自由財産と信託財産は，法定財団に含まれない財産という意味では同じであるから，取戻権の対象財産となるとする見解がある(3)。この見解によると，破産管財人が占有する自由財産や信託財産の取戻しの承認も裁判所の許可を要すると解される。

以上は，破産管財人が占有する（もしくは引渡請求する）財産が問題となる局面であり，狭義の取戻権といえる。

（1）　斎藤＝伊東編・演習327頁〔竹下守夫〕，伊藤・320頁参照。
（2）　条解破産法444頁注2。
（3）　竹下・大コンメ258頁〔野村秀敏〕，山本ほか・概説〔第2版〕181頁〔沖野眞已〕。

2　広義の取戻権

広義の取戻権は，破産者に対して有する一定の請求権が，破産手続開始によって影響を受けず，そのまま破産管財人に対して行使できること（実体法上の権利の自己貫徹性）を保障する制度を意味するといわれる(4)。広義の取戻権は，占有に関する問題に限られないし，取戻権の対象財産が有体物か否かを問わない。

破産前に破産者から債権譲渡されていた債権の譲受人が当該債権の債権者であることの確認請求をする場合，特許権に基づく差止請求権を行使する場合，及び破産者に対する騒音の差止請求権を破産管財人に対して行使する場合，これらの権利行使の基礎は，広義の取戻権であるといわれる(5)。

このように取戻権概念を破産手続の開始の影響を受けない権利という意味に用いるとその対象となる権利は，数多く存在することになる。広義の取戻権のすべてについて，破産管財人の承認における裁判所の許可を要するわけではな

いし，代償的取戻権の対象として認められるわけではない。占有を問題とする狭義の取戻権以外の破産手続開始の影響を受けない権利が，裁判所の許可を要するか，代償的取戻権の対象となるかといった点については，個別の権利についての解釈問題といえる[6]。

(4) 斎藤＝伊東編・演習327頁〔竹下〕，竹下・大コンメ265頁〔野村〕，山本ほか・概説〔第2版〕177〜178頁〔沖野〕。
(5) 山本ほか・概説〔第2版〕178頁〔沖野〕。
(6) 自由財産と信託財産も同様に考える見解として，条解破産法444頁注2。

II 一般の取戻権

1 取戻権の基礎

(1) 各倒産処理手続における取戻権の基礎

取戻権は，各倒産処理手続において基本的に同じ内容となっているといわれる（民再52条1項，会更64条1項。なお，特別の取戻権について民事再生法52条2項，会社更生法64条2項参照）[7]。これは，取戻権とされた権利は，その効果として倒産処理手続開始の影響を受けないという意味で同じであるにとどまる。ある実体法上の権利が，あらゆる倒産処理手続において同一の扱いを受けるという意味ではない。各倒産処理手続において，実体法上のそれぞれの権利を取戻権と位置づけるか，別除権とするか，それ以外の権利として扱うかといった前提問題が存在するからである。

実際，各倒産処理手続において，政策的に取戻権の範囲を限定している場合がある。例えば，破産手続において民事留置権は，失効し（破66条3項），商事留置権は，特別の先取特権とみなされ，別除権となる。商事留置権の留置的効力（ここではさしあたり留置的効力が存続すると解する。）は，取戻権とみることもできるが，商事留置権が別除権とされる限り，別除権の内容とみることになる。留置的効力を別除権の内容と理解するならば，商事留置権消滅請求は，取戻権を制約する制度ではなく，別除権とされた商事留置権を制約する制度と位置づけられる（破66条1項・192条）[8]。

再生手続において民事留置権は，取戻権の基礎となるが，商事留置権は，別

第3章 取戻権

除権となる（民再53条1項・148条）。更生手続の場合，民事留置権は，取戻権の基礎となるが，商事留置権者は，更生担保権者となる（会更2条10項・29条・104条）。

以上のように，当該実体法上の権利が取戻権とされるか否かは，各倒産処理手続において異なり得る。つまり，取戻権の効力の共通性は取戻権の基礎となる権利の処遇の共通性を意味しない。

(7) 各倒産処理手続における取戻権について，中山幸二「各倒産手続における取戻権」櫻井孝一＝加藤哲夫＝西口元編『倒産処理法制の理論と実務〔別冊金判〕』(2006) 208頁。
(8) なお，条解破産法496頁以下も参照。

(2) 取戻権の基礎となる権利

破産における取戻権の基礎となる権利としては，所有権のほか，地上権，永小作権など目的物の占有を権利の内容とする用益物権がある。さらに，占有回収の訴えをできる範囲で占有権といった権利が挙げられる[9]。取戻権の基礎には，所有権等の物権だけでなく，債権的請求権も含まれる。取戻権として承認されている債権的請求権としては，賃貸借契約，転貸借契約，使用貸借契約などの終了に基づく目的物の返還請求権などがある[10]。

反対に，所有権者が常に取戻権者となるわけではない。当該財産について破産者の賃借権を破産管財人が行使する場合のように，適法な占有権原が破産財団に属する財産に含まれていれば，第三者が所有権者であっても取戻権を行使することはできない。一般の取戻権は，あくまで，破産手続開始前に実体法上認められている権利を，破産手続開始後もそのまま認めることという意味にとどまる。破産手続開始前に実体法上認められる権利内容を破産手続が開始することによってその権利内容を超えて取戻権を認めることが許されるのは，特別の取戻権など特別規定がある場合に限定される。当事者の特約等によって破産手続開始前の危機時期に取戻権が作出される場合に，そのような特約等が有効なものとして認められるかという問題が議論される[11]。

(9) 条解破産法446頁，本間靖規「一般の取戻権」新破産法の理論と実務348頁。
(10) 条解破産法446頁。
(11) 再生手続における倒産解除特約について，最判平20・12・16民集62巻10号2561頁・判タ1295号183頁・判時2040号16頁参照。

8 取戻権

(3) 破産管財人の第三者性と取戻権

　取戻権の基礎となる権利を有する者が，破産手続開始時に登記・登録など必要とされる対抗要件を具備していない場合，又は虚偽表示等の第三者保護規定の適用がある場合，原則として破産管財人に対して取戻権を主張することができないと解されている[12]。取戻権者に破産手続開始時に対抗要件の具備が要求されるのは，破産管財人が差押債権者と同様の第三者の地位にあることによる[13]。破産手続開始によって，破産者が管理処分権を失うとともに，一般債権者が強制執行を禁止されるためである（破78条1項・42条1項）。もっとも，破産法は，対抗問題としての扱いを徹底していない。不動産登記等の登記権利者が，破産手続開始につき善意でした破産後の登記等は例外的に有効となると規定するからである（破49条1項ただし書）。

　破産管財人は，常に第三者性を主張する義務を負うわけではない。破産管財人が対抗要件の欠缺を主張することが信義則違反となる場合，及び破産管財人が第三者保護規定の善意者であると主張することが信義則違反となる場合，破産管財人は，実体法の解釈において第三者性をもたないため，裁判所の許可を得て取戻権を承認すべきである[14]。

　例えば，不動産業者の破産において，その業者から不動産を購入した一般消費者が対抗要件を具備しない場合，対抗要件の欠缺を主張することが信義則違反とされる事案があり得る。

　ところで，破産管財人の第三者性に関する近時の有力説は，破産管財人の第三者性を債権者相互のプライオリティの観点から捉え直すべきであるという[15]。この見解は，対抗問題について，第三者が所有する財産に対して破産者の債権者はまだ差押えをしておらず，所有者も対抗要件を具備していない状況で倒産手続が開始されると，債権者と所有者のいずれも終局的段階に達しておらず，他方を排斥できる決定的地位を獲得していないため，移転登記請求権と一般債権が平等弁済を受けることになるといい，第三者保護規定についても，優先劣後の関係が最終的な決着に至っていないため，両者を等しく倒産債権者として扱うことが一般実体法におけるプライオリティ秩序と適合するという。この有力説は，すべての倒産処理手続において債権者のプライオリティが共通化されるべきであるという立法論を含む理論であるといえる。

(12) 条解破産法445頁。
(13) 破産管財人の実体法上の地位（第三者性）については，伊藤・250頁，条解破産法541頁以下参照。
(14) 民法177条の場合について，条解破産法544頁。
(15) 水元宏典「破産管財人の法的地位」講座・倒産(2)37頁以下。

2　取戻権と別除権の交錯

(1)　取戻権と別除権の相違

　ある権利が取戻権とされるか，別除権とされるかは，当該権利者にとって重大な問題である。どちらも手続拘束を受けない権利として位置づけられるものの，破産において取戻権ではなく別除権と扱われると，破産管財人による換価や受戻し等一定の制約を受けるからである（破184条2項・78条2項14号）。再建型手続（民事再生・会社更生）においては，取戻権となるか否かは，担保権の実行に対する制約がさらに大きくなるため，より重要な問題となる。

　この問題に対して，取戻権と別除権との破産手続における相違こそが問題であり，取戻権と別除権との破産手続における処遇の相違を可及的に解消するという方向で問題を解決するという考え方もあり得る。しかしながら，取戻権を別除権に近づけることは，破産手続開始の影響を受けない権利を否定することにつながり，取戻権の存在意義を大きく損ねる。近時，保有資産を譲渡して資金調達を図る資産の証券化・流動化の場合，資産保有者たる企業が倒産しても譲渡された財産が影響を受けず，投資家が安心して投資することができる仕組みを実現するために，取戻権が重要性をもつ（「倒産隔離」としての取戻権）[16]といわれていることからも，取戻権を別除権に近づけて権利行使に制約を課すことは妥当でない。財団債権と取戻権は類似する地位にあるが，財団債権とされると強制的な権利の実現ができず（破42条1項），財団不足の場合に平等弁済となる（破152条1項本文）といった違いがある[17]。

　他方，破産において別除権を取戻権に近づけて，別除権に対する制約を減らすことは，適切な解決と思われない。再生手続においては，担保権は，別除権とされているが，事業再生の観点から別除権に制約を課すことは当然視されており，更生手続においては，担保権は，別除権構成すら採用されず手続に拘束される権利とされている。別除権の処遇について破産手続と再生手続・更生手

続との隔たりが大きくなると担保権者は，破産手続を好むようになり，再生手続・更生手続に消極的になるという問題が生じるかもしれない。また，現在は，破産においても迅速・高価な換価の観点から担保権の制約は一定程度必要なものと考えられている。よって，別除権に対する制約を除去して，取戻権に近づけることは妥当でないと思われる。

このように考えると，取戻権に対して別除権と同等の制約を課すことや別除権を取戻権に近づけることは，いずれも適切な解決方法とはいえない。個別の実体法の権利内容に応じて，倒産隔離が常に生じる取戻権と事業再生のために一定の制約を受ける取戻権という使い分けをすればよいかもしれない。つまり，ある権利を取戻権とすべきか，別除権とすべきかという議論をするか，制約のない取戻権と制約のある取戻権の判断基準を議論するかの違いとなる。

以下では，別除権とすべきか取戻権とすべきかについて議論がある非典型担保について検討する。ただし，本項目では，譲渡担保を扱うにとどまる。譲渡担保とは，担保目的物の所有権を債務不履行に備えてあらかじめ債権者に移転しておくという権利移転型の担保制度である[18]。

(16) 山本ほか・概説〔第2版〕178頁〔沖野〕。
(17) 山本ほか・概説〔第2版〕180頁〔沖野〕。
(18) 道垣内弘人『担保物権法〔第3版〕』（有斐閣，2008）295頁。

(2) 譲渡担保権者の破産

旧破産法88条は，譲渡担保権者の破産において，譲渡担保設定者が担保目的での譲渡であることを理由として目的財産を取り戻すことができないと定めていた。その趣旨は，外形上譲受人の責任財産となっており，そのような外形に対する譲受人の債権者の信頼を保護して，取引の安全を図る点にあった[19]。

しかし，譲渡担保について，判例及び学説は，所有権構成ではなく，担保権構成を採用するに至っていたため，旧破産法88条が前提とする法律構成が維持されておらず，かえって設定者は譲渡担保権者の破産というあずかり知らない事情によって，被担保債権を弁済しても目的財産を取り戻すことができないということになりかねないという問題点が指摘された。立法論として，旧破産法88条の削除が主張されていた。また，解釈論としても，被担保債権を弁済するまでは取戻しを認めないという趣旨であり，被担保債権を弁済すれば，設定者

第3章 取戻権

は取り戻すことができるとして，旧破産法88条を無効化する解釈がされていた[20]。

これに対して，近時の有力説（米倉説）は，不動産譲渡担保について登記の外観を信頼した破産債権者がいる場合，取戻権は否定されるとして，旧破産法88条を生かす解釈をした[21]。米倉説は，旧破産法88条が1914年イギリス破産法における表見所有権（reputed ownership）に示唆を受けたと推測する[22]。その根拠は，旧破産法の起草者と目される加藤正治博士による旧破産法88条の説明とイギリスの表見所有権の趣旨の説明との間の共通性にある[23]。

米倉説に対しては，登記を与信の基礎としたのみで，それについて担保設定を受けたわけでもない破産債権者の利益と，やむなく不動産を譲渡担保にせざるを得なかった設定者の利益との衡量において，後者をより重く保護すべきである，イギリスの表見所有権は不動産に適用されない，という反論がされている[24]。

イギリスにおける表見所有権をめぐる議論については，道垣内弘人教授による研究がある[25]。この先行研究から明らかなように，表見所有権は，イギリスにおいて，個人破産に限定されるなど適用範囲が狭く，当該規定の趣旨についてもほとんど支持を得られておらず，むしろ規定を削除する方向の勧告を受けていた[26]。その後，この勧告を受け入れて，現行法である1986年イギリス倒産法に，表見所有権規定は引き継がれていない[27]。

イギリスにおける表見所有権に対する評価を考慮すると，これと同趣旨と推測されるわが国の旧破産法88条を削除する改正は，妥当なものということができる。

なお，現行破産法は，旧破産法88条の削除によって譲渡担保について明示的に担保権構成を採用したわけではなく，あくまで担保権構成を採用するための障害を取り除いたにすぎない。譲渡担保権者の破産において，譲渡担保権設定者が目的財産を取り戻すことができるか否かについては，実体法の規律に委ねる趣旨である[28]。

動産譲渡担保権者が破産した場合，設定者は，被担保債権を弁済して特定可能な目的財産を受け戻すことができる[29]。なお，不動産の譲渡担保権者が破産した場合に，被担保債権の弁済による受戻しが可能であるかという問題につ

いては，差押債権者と破産管財人を同視すると，被担保債権の弁済期到来前に譲渡担保権者が破産した場合，対抗要件を具備しなくても弁済期前に被担保債権を弁済して譲渡担保目的不動産を取り戻すことができると解される[30]。これに対して，被担保債権の弁済期到来後に譲渡担保権者が破産した場合は，被担保債権を弁済しても，それを破産管財人に対抗することはできないと解される[31]。

(19) なお，信託財産が旧破産法88条の対象から除外することとされていたことについて，加毛明「受託者破産時における信託財産の処遇(1)―二つの『信託』概念の交錯」法協124巻2号（2007）154頁参照。
(20) 一問一答105頁，詳細は，注解破産法(上)622頁〔野村秀敏〕。
(21) 米倉明『譲渡担保』（弘文堂，1978）111頁以下。
(22) 米倉・前掲注（21）142頁。
(23) 米倉・前掲注（21）142頁。
(24) 竹下守夫『担保権と民事執行・倒産手続』（有斐閣，1990）238頁，その他の批判として，注解破産法(上)625頁〔野村〕。
(25) 道垣内弘人「買主の倒産における動産売主の保護(4)(5)」法協104巻3号（1987）115頁・4号（1987）74頁，同『買主の倒産における動産売主の保護』（有斐閣，1997）230頁。
(26) イギリス法の詳細は，高田賢治「譲渡担保権者の破産と受託者の破産」大阪市立大学法学雑誌57巻4号（2011）5頁参照。
(27) Ian. F. Fletcher, THE LAW OF INSOLVENCY(3rd. ed., 2002)217. 道垣内・前掲注（25）『買主の倒産における動産売主の保護』263頁。
(28) 伊藤・351頁。
(29) 中井康之「譲渡担保」新破産法の理論と実務340頁。なお，大判昭13・10・12民集17巻2115頁参照。
(30) 高田・前掲注（26）9頁，金融取引における預かり資産を巡る法律問題研究会「顧客保護の観点からの預かり資産を巡る法制度のあり方」金融研究32巻4号（2013）74～75頁。対抗要件具備が必要であるとする見解も有力である。伊藤・351頁注57。
(31) 第三者異議の訴えに関する最判平18・10・20民集60巻8号3098頁・判タ1225号187頁・判時1950号69頁参照。

(3) 譲渡担保設定者の破産と譲渡担保権の扱い

譲渡担保設定者が破産した場合，譲渡担保はどのように扱われるべきであろうか。譲渡担保などの非典型担保については，担保権者に取戻権を認めるべきか別除権を認めるべきかが議論されてきた。従来は，法形式を重視して，取戻権を認める見解が多数であったが，近時は，実質を重視して，担保権として扱われている[32]。

最判昭41・4・28民集20巻4号900頁・判時453号31頁は，更生事件の事案に

おいて，譲渡担保契約に基づく所有権移転を認めつつも，所有権の移転が確定的でなく，債権債務関係が存続していた場合，譲渡担保権者は，更生担保権に準じて権利行使すべきであり，取戻権を有しないと解する。破産の事案について，札幌高決昭61・3・26判タ601号74頁は，前掲昭和41年最判を参照して，譲渡担保権に基づく取戻しをすることができず，別除権となる旨の判断を示した。

譲渡担保を別除権として扱うことが承認されることによって，取戻権と別除権の交錯の問題のすべてが解決されたわけではない。とりわけ，次の2つの問題が重要である。

一つは，担保権実行の完了時期の問題である。譲渡担保など非典型担保において，担保権の実行が完了した後は所有権に基づく取戻権が認められると解されている(33)。このことから，非典型担保の実行完了時期と手続開始時の前後関係によって，当該非典型担保が別除権となるか，取戻権となるかが決まるため，いつが担保権実行完了時かが重要となる。これと関連して，倒産手続開始前に必ず非典型担保の実行完了を生じさせる特約（担保権実行完了特約としての倒産解除特約）の効力について議論されている(34)。

もう一つは，倒産隔離の問題である。担保目的の譲渡と真正の譲渡との区別が，契約の形式を基準とするのではなく，契約の実質を基準として判断されることから，どのような契約であれば真正の譲渡として扱われ，取戻権の地位を獲得できるのかについて議論されている(35)。

(32) 条解破産法446頁。
(33) 本間・前掲注（9）349頁。
(34) 水元宏典「契約の自由と倒産解除特約の効力」熊本法学117号（2009）1頁・15頁参照。
(35) 松下淳一「更生手続と証券化取引」山本克己＝山本和彦＝瀬戸英雄編『新会社更生法の理論と実務〔臨増判タ1132号〕』(2003) 112頁，小野傑＝徳安亜矢「証券化取引」櫻井ほか編・前掲注（7）324頁参照。

3 受託者の破産と信託財産の扱い

(1) 受託者（破産により解散するものを除く。）の破産における破産管財人の地位

受託者破産の場合，信託財産に属する財産は，受託者の財産であるが，破産財団には属しない（信託25条1項，再生手続について同条5項，更生手続について同条

8 取 戻 権

7項)。従来より，受託者破産において信託財産は，破産財団に含まれないと一般に解されてきたが，旧信託法には明文の規定がなかったため，なぜ信託財産が破産財団を構成しないのかという根拠に関する議論があった[36]。

受託者 (破産により解散するものを除く。厳密には破産によって解散しない法人である受託者も含むが，以下では，単に個人受託者という。) の破産によって，個人受託者は任務が終了する (信託56条1項3号)。

個人受託者の破産は，個人受託者の任務終了事由であるが，信託の終了事由ではなく，新受託者が選任され，信託事務処理を行い得る状態に至るまで個人受託者の破産管財人が信託財産を保管し，かつ信託事務処理の引継ぎに必要な行為を行うこととされている (信託56条1項3号・60条4項・163条)。

これは，破産管財人が暫定的事務処理者となる趣旨であると説明されている。つまり，破産管財人は，破産した受託者の固有財産に対する債権者の利益を図るものであるから，信託財産の保管にあたるのは，一種の利益相反関係に立つことになり，不適当ではないかという観点から，受託者の任務終了に伴う一時的な信託財産の保管にとどまること，受託者破産の場合における暫定的な事務処理者としては受託者にいわば最も近い破産管財人とするのが適宜であること，破産管財人は裁判所の監督の下，公正中立に職務を行うべき義務を負うものであること等に照らし，旧信託法42条2項と同じく，破産管財人を暫定的事務処理者としている[37]。

信託財産保護の観点から，破産管財人に信託財産の保管を超える行為を行わせた方がよいという考えもあり得ようが，破産管財人の深刻な利益相反の問題が生じるおそれがあることから，破産管財人の義務を必要最小限の範囲にとどめて，新受託者，信託財産管理者，又は信託財産法人管理人の選任を申し立てることによって対処すべきものと考えていると説明されている[38]。

ただし，個人受託者が破産しても受託者の任務が終了しないと定めることができ，この定めがある場合，個人受託者である破産者は，その任務を継続することになり，破産管財人に対して，取戻権を行使することになる (信託56条1項ただし書)[39]。この定めがある場合，受託者の職務は破産者が継続する (信託56条4項)。

以上の理由により，信託法56条1項3号は，「受託者 (破産手続開始決定に

213

より解散するものを除く。)」という表現になっている。破産した受託者が常に受託者として不適格であるとは限らないので，破産を受託者の欠格事由から除外したことは，適切である(40)。

(36) 高田・前掲注 (26) 10頁，条解破産法292頁，伊藤・181頁，沖野眞已「公共工事請負前払金と信託―最高裁平成14年1月17日判決の再検討」平井宜雄先生古稀記念『民法学における法と政策』(有斐閣，2007) 379頁注4，寺本昌広『逐条解説新しい信託法〔補訂版〕』(商事法務，2008) 100頁，岩藤美智子「信託契約の成立と受託者破産時の信託財産の帰趨―最一小判平14・1・17を手がかりとして」金法1659号 (2002) 13頁・19頁注11参照。
(37) 寺本・前掲注 (36) 210頁注9。
(38) 寺本・前掲注 (36) 210頁注12。
(39) 条解破産法446頁。
(40) 宮川知法『消費者更生の法理論』(信山社，1997) 92頁など。

(2) 受託者 (破産により解散するものに限る。) の破産における破産管財人の地位

信託法は，任務終了をしない旨の定めの有無に関係なく一般的に信託法56条1項3号の受託者概念から破産手続開始決定により解散するものを除外している。破産によって解散する法人である受託者（株式会社などがこれに当たる。会社法471条5号参照。厳密には破産によって解散しない法人は含まれないが，以下では，単に法人受託者という。）が破産した場合，信託法56条1項3号ではなく，同項4号により受託者の任務は終了する(41)。

法人受託者が破産した場合，信託法60条4項は，同法56条1項3号のみを掲げて同項4号を含めていない。このため，個人受託者が破産した場合，破産管財人が暫定的事務処理者となることについては，信託法60条4項に明文規定があるのに対して，法人受託者が破産した場合，破産管財人が暫定的事務処理者となるか否かについて明文規定がなく明確でないという問題がある(42)。法人受託者の破産において破産管財人の地位から暫定的事務処理者の地位を導くことは困難であろう。なぜなら，信託財産は，そもそも破産財団に含まれておらず，債権者の利益代表者の地位からも，破産前の破産者（法人受託者）の権利義務の承継者の地位からも，暫定的事務処理者としての地位を導くことはできないからである。

したがって，法人受託者の破産において破産管財人が暫定的事務処理者であることを明らかにするのであれば，現行信託法を改正する必要があると考え

(41)　寺本・前掲注（36）197頁注4。
(42)　能見善久＝道垣内弘人編『信託法セミナー(2)受託者』（有斐閣，2014）404〜408頁。
(43)　髙田・前掲注（26）384〜386頁。

(3) 信託財産の取戻しの要件

　破産者に属しない財産の場合と同様に，信託財産であることの登記・登録ができる財産（不動産・自動車など）は，信託の登記・登録がなければ，信託財産であることを破産管財人に対抗することができない（信託14条，破49条参照）。

　信託であることの登記・登録ができない財産（金銭，債権，動産など）については，信託の登記・登録がなくとも信託財産であることを破産管財人に対抗することができる。ただし，取戻権を認めるには，所有権その他の物権の場合，その客体の要件として特定性が必要であり，債権譲渡などの権利移転の場合も権利移転対象が特定されている必要がある。このことは，破産者に属しない財産についての取戻権の場合と同じである(44)。

　一般に，財産を特定する方法として分別管理がある。分別管理がされず破産者に属しない財産が，破産財団に属する財産と混合しているときは，取戻しの対象財産を特定できず，取戻権が認められないということになる。もっとも，信託財産の場合は別である。信託財産と受託者の固有財産との識別不能が生じた場合の帰属決定のための規定があることから，識別不能となった財産の共有持分のうち信託財産となる部分について取戻権が認められる（信託18条）。さらに，信託財産が金銭の場合は，分別管理の方法として，帳簿等により計算を明らかにする方法で足りる(45)（信託34条1項2号ロ）。

(44)　山本ほか・概説〔第2版〕185頁〔沖野〕。
(45)　山本ほか・概説〔第2版〕185頁〔沖野〕。もっとも，専用金庫や専用口座など外形的・物理的な区別まで必要とする見解もある（条解破産法448頁参照）。

(4) 信託法理が適用される局面

　当事者が信託契約であるという認識がなくとも，信託契約の成立を基礎づける事実関係を認識していれば信託契約は成立する(46)。したがって，債務整理の委任を受けた弁護士が委任事務処理のために委任者から受領していた金銭を預け入れていた普通預金，損害保険代理店が保険契約者から収受した保険料の

みを入金する目的で開設した普通預金，マンション管理業者が区分所有者から徴収した管理費等を原資とした定期預金など「預かり金のための専用預金口座」も，たとえ預金者が破産者とされる場合であっても，信託契約が成立していると認められる事案では，当該預金は破産財団に入らない。手形の隠れた取立委任裏書における裏書人の手形の取戻し，買入委託を受けた問屋の破産における委託者の権利も信託と考えることができる(47)。

(46)　条解破産法448頁。
(47)　以上について，条解破産法448頁以下参照。

4　財産分与と取戻権

離婚した者が相手方に対して有する財産分与請求権（民762条・768条）について，財産分与義務者（相手方）が破産した場合，取戻権として扱われるか，破産債権として扱われるか議論がある。財産分与には，夫婦共同財産の清算，扶養料に加えて慰謝料の要素が含まれる(48)。

特定物の財産分与がされた後，それについて被分与者が対抗要件を具備する前に，財産分与者が破産した場合，被分与者は破産管財人に対して所有権を主張できず，取戻権を行使できないと解する見解が多いが，対抗要件を要せずに取戻権行使を認める見解も有力である。

最判平2・9・27家月43巻3号64頁・判タ741号100頁・判時1363号89頁は，財産分与として金銭の支払を命ずる裁判が確定し，その後に分与者が破産した場合においては，財産分与金支払請求権は破産債権であり，取戻権を行使することはできないと判示した。財産分与が金銭でされた場合については，破産債権となるという見解が多数説であるが，反対説も有力である(49)。

被分与者の保護が必要とされるケースか否かは，事案によるが，要保護性の高さは，破産者の配偶者に類似する。したがって，被分与者による上申により，職権で，被分与者の生活状況，手続開始時の財産の種類及び額，収入を得る見込みその他の事情を考慮して，自由財産の範囲拡張をすることができる（破34条4項）。夫婦共同財産の清算と扶養料の要素をもつ部分については，原則として拡張決定すべきであろう。そして，自由財産の範囲拡張決定がされた場合，破産管財人は，当該財産を破産者に引き渡すことを要せず，被分与者に

対して交付することができ，被分与者の対抗要件具備に協力することができると解される。

(48) 条解破産法452頁。
(49) 財産分与請求権に関する議論の詳細は，垣内秀介「財産分与請求権」新破産法の理論と実務356頁参照。

Ⅲ　特別の取戻権

1　売主・問屋の取戻権

　売主が目的物を買主に発送し，買主がまだ代金全額を弁済せず，到達地でその物を受け取らない間に買主が破産したときは，売主は，その物を取り戻すことができる（破63条1項）。ただし，破産管財人は，代金全額を支払って物品の引渡しを請求することを妨げられない（同項ただし書）。また，双方未履行の双務契約の通則規定の適用も妨げられない（同条2項）。したがって，破産管財人は，双方未履行の売買契約の履行又は解除の選択権をもち，売主は確答催告権をもつことになる（破53条1項・2項）。

　破産法が売主に特別に認めている特別の取戻権である。売主の取戻権の趣旨は，売主保護である。すなわち，隔地者間の売買では同時履行を現実に行うことができず，買主が物品受領後に代金を完済することになる場合が多い。ところが，売主が物品を発送した後に買主の破産が判明した場合，破産管財人が物品を受領するのを売主がとめることができないとすると，未払いの代金債権は，破産債権になるほかない。そうすると売主に酷であるというものである[50]。

　売主の取戻権は，イギリスの途中差止権（right of stoppage in transit）に起源をもち，フランス法やドイツ法による継受を経て，わが国にもたらされたものである[51]。

　もっとも，商法582条等により運送人に運送の中止・運送品の返還等を請求・指示できることや，買主が物品を受領しても動産売買先取特権を有することなどで売主保護が図られていることから，売主の取戻権の意義は少ないと考えられている[52]。

なお，買入委託を受けた問屋が物品を発送し，委託者が報酬・費用全額を弁済せず，物品を受け取らない間に委託者が破産した場合，問屋は，その物品を取り戻すことができる(破63条3項)。買入委託は委任契約であり，委任契約は破産手続開始によって当然終了するため(民653条2号)，双方未履行双務契約の規定の適用はないと解されるため，破産法63条3項は同条2項を準用していない。これに対して，再建型手続では，委任契約は当然終了とならず，双方未履行双務契約の規定が準用される(民再52条2項後段，会更64条2項後段)[53]。

(50) 中野貞一郎「売主の取戻権」同『強制執行・破産の研究』(有斐閣，1971) 318頁。売主の取戻権の法的性質について，多くの議論がある。注解破産法(上)636頁〔野村〕。
(51) 中野・前掲注 (50) 321頁参照。なお，ロェスレル草案における売主の追求権と解除権との関係について，杉本好央「ロェスレル草案における解除構想」高橋眞＝島川勝編著『市場社会の変容と金融・財産法』(成文堂，2009) 104頁参照。
(52) 条解破産法460頁，竹下・大コンメ266頁〔野村〕など。
(53) 山本ほか・概説〔第2版〕187頁〔沖野〕。

2 代償的取戻権

(1) 意　義

破産者又は保全管理人が破産手続開始前に取戻権の目的財産を譲渡した場合，取戻権者は，反対給付の請求権の移転を請求することができる(破64条1項前段)。破産管財人が取戻権の目的財産を譲渡した場合も，取戻権者は，反対給付の請求権の移転を請求することができる(同項後段)。これらの場合において，破産管財人が反対給付を受けたときは，取戻権者は，破産管財人が反対給付として受けた財産の給付を請求することができる(破64条2項)。これらは，代償的取戻権と呼ばれ，特別の取戻権の一つである。

代償的取戻権は，取戻権の目的物が譲渡された場合に，取戻権の保護を強化することにある[54]。とりわけ，破産手続開始時に存在する反対給付の請求権を代償的取戻権として取戻権の保護を図った点にこそ特別の意義があると考えられる[55]。

(54) 条解破産法464頁。
(55) 別除権に準用すべきであるという見解も有力である。竹下・大コンメ272頁〔野村〕。代償的取戻権に関する基礎理論研究として，水津太郎「代償的取戻権の意義と代位の法理─責任法的代位の構造と評価─」法学研究86巻8号 (2013) 33頁がある。

8 取戻権

(2) 反対給付が未履行の場合

　取戻権者の目的財産を占有する破産者が破産手続開始前に目的物を譲渡し，破産手続開始時に代金債権がある場合，この代金債権は，破産財団に属する財産となる。破産財団に含まれない財産を譲渡して，その代金債権を破産財団に属する財産とすることは，不当利得となるから不当利得返還請求権が破産債権となるはずである。ところが，破産法は，取戻権者に代金債権（反対給付の請求権）の移転請求を特別に認めている（破64条1項前段）。代金債権が目的財産の代位物であり，特定されているからであり，さらに，譲受人にとっても不利益にならないからである。

　取戻権の目的物の譲受人に対して取戻権者が目的物の引渡請求をすることができない場合のみならず，引渡請求ができる場合であっても，代償的取戻権を選択して行使することができると解されている。

　なお，破産手続開始後に破産管財人が取戻権の目的財産を譲渡して，代金債権が現存する場合，取戻権者は代金債権の移転を請求することができる（破64条1項後段）。

(3) 反対給付が既履行の場合

　取戻権者の目的財産を占有する破産者が，破産手続開始前に目的物を譲渡し，破産手続開始前に代金が弁済されていた場合，破産手続開始時に反対給付の請求権が存在せず，代償的取戻権は発生しない。取戻権者は，目的財産の譲受人に対して目的物の引渡請求をするか，不当利得返還請求権や損害賠償請求権を破産債権として行使するほかない。弁済によって代位物が消滅しており，弁済金等の反対給付は破産手続開始時の破産者の財産として破産財団に入ることとなる。

　取戻権者の目的財産を占有する破産者が，破産手続開始前に目的物を譲渡し，破産手続開始後に破産管財人が弁済金を受領した場合，破産手続開始時に存在した代金債権（代償的取戻権）を消滅させたといえるから，取戻権者は，破産管財人に対して不当利得返還請求権を財団債権として行使することができる（破148条1項5号）。破産管財人が受けた反対給付が特定物である場合や特定することができる場合，取戻権者は，反対給付として破産管財人が受けた財産に

第3章 取戻権

ついて給付請求権をもつ（破64条2項）。破産手続開始時の反対給付の請求権を代償的取戻権として認めたことの帰結といえる。

　破産管財人が，取戻権の目的財産を譲渡し，代金債権の弁済を受けた場合，破産財団が不当利得したのであるから，取戻権者は，当然，破産管財人に対して不当利得返還請求権を財団債権として行使することができる（破148条1項5号）。破産管財人が受けた反対給付が特定物である場合や特定することができる場合は，取戻権者は，反対給付として破産管財人が受けた財産について給付請求権をもつ（破64条2項）。

　破産法64条2項は，破産管財人が反対給付を受けた場合に限定するが，保全管理人が破産手続開始前に弁済を受領した場合にも準用して，保全管理人が受け破産財団に引き継がれた反対給付財産については代償的取戻権を認める余地がある[56]。

　なお，破産法63条に定める売主・問屋の取戻権についても，代償的取戻権を肯定するか否かについては議論があるが，肯定説（破産法64条類推適用）が有力である[57]。

(56) 条解破産法467頁注6。
(57) 伊藤・331頁，条解破産法465頁。

〔付記〕　本稿は科研費（課題番号24530096）による研究成果の一部である。

〔高　田　賢　治〕

#　第4章　相殺権

9 相殺権

I 本項目で取り上げる論点

本項目は、破産法の相殺権に関する規定のうち、次項目で松下淳一教授が執筆される「相殺禁止」に関する規定（破71条・72条）以外の、破産法67条から70条（いわゆる相殺権の拡張）、73条（破産管財人の催告権）、102条（破産管財人による相殺）を対象とする。

最初に基本規定である破産法67条の趣旨を確認し（II）、自働債権（破産債権）に関する諸問題（III）と受働債権（破産者に対する債務）に関する諸問題（IV）に分けて実務上の問題を中心に整理分析する。最後に破産管財人が採り得る２つの措置（催告又は相殺）を取り上げる。

II 破産法67条の趣旨

1 破産債権者の相殺権

破産法67条の見出しも、破産法第２章第３節第５款の見出しも「相殺権」である。

この「破産法上の相殺権」の持主は「破産債権者」である。

相殺「権」とは、破産債権者が、「破産手続によらないで、（破産手続開始後に）相殺をすることができる。」という意味で、相殺による破産債権の優先的回収が認められることであり、債権者平等原則の大きな例外である。破産債権の個別的権利行使を禁ずる破産法100条の例外でもある。

このように「相殺権」は担保としての実質をもつため、その処遇については、担保権の処遇との平仄を念頭に置く必要があるといわれている[1]。

なお相殺（の意思表示）をすることができるのは、もちろん相殺適状になった時点以降である。しかし現行破産法は、破産債権につき破産手続開始時に弁済期が到来したものとみなす旨を定めており（破103条3項。なお民法137条1号参照）、破産債権者は、破産手続開始後ただちに相殺権を行使できる（受働債権については自ら期限の利益を放棄することができる。）。これは「相殺権」に対する究極の支援である。民事再生法・会社更生法にはない。また破産法では、相殺権行使に時期的制限を定めていない。民事再生法・会社更生法が相殺権行使に時期的制限を定めていることに比べ、この点でも破産法は「相殺権」を尊重している。

破産法67条は、この「相殺権」の要件を定めている。その上で同法71条・72条が、相殺権行使が禁止される要件を定めている。

「相殺権」の要件は、①破産債権者が[2]、②破産手続開始時に破産者に対して債務を負担するとき[3]、というシンプルなものである（もちろん民法等平時実体法の要件を満たすことも必要である。）。そして破産法67条2項が、①②に関する補足をしている。

(1) 山本ほか・概説〔第2版〕244頁。そして「相殺の禁止」は偏頗的な満足の制限という点で（担保設定に関する）偏頗行為否認と類似する側面がある（条解破産法〔第2版〕532頁）。
(2) ほかに財団債権、非破産債権が問題となり得る。財団債権については2参照。
(3) 破産者に対する債務の中には、破産財団に対する債務と、自由財産又は信託財産に対する債務（Ⅳ5参照）が含まれる。「破産債権 vs 破産財団に対する債務」以外の各種組合せについては条解破産法〔第2版〕533頁以下参照。

2 財団債権者の相殺

破産手続開始時の財団債権者（労働債権者・租税等債権者）が、破産手続開始時に破産者に対して債務（破産財団に対する債務）を負担するとき、破産債権者ですら相殺権行使が許されるのであるから、財団債権者から相殺することは許される。この要件を満たしている場合は、財団不足が明らかになった時以降であっても、破産手続開始時における債権債務の対立は、担保権に準じるものであり、破産法152条1項ただし書の類推適用により相殺は許される[4]。

9 相殺権

破産手続開始後に生じた財団債権（手続費用等）と破産手続開始時に破産者に対して負担していた債務（破産財団に対する債務）(5)との財団債権者からの相殺は，破産法72条1項1号の趣旨(6)との関係で，別途検討の必要がある。しかし自働債権が財団債権であれば，相殺を認めても問題はないと考える。

（4）　竹下・大コンメ299頁〔山本克己〕。
（5）　破産手続開始後に負担した債務との相殺については，破産法72条1項1号の趣旨との関係での問題は生じない。
（6）　条解破産法〔第2版〕565頁参照。

Ⅲ　自働債権に関する諸問題

1　期限付破産債権

　破産法67条2項前段は，破産手続開始時に破産債権者の有する債権が期限付であっても相殺権を行使できると定めている。破産法だけにある規定であり，民事再生法・会社更生法には同様の規定はない。

　期限付破産債権に関する破産法103条3項の「破産手続開始の時において弁済期が到来したものとみなす」旨の現在化の規定は，相殺の局面にも適用され，期限付破産債権者は破産手続開始後ただちに相殺をすることができると解されている（受働債権については自ら期限の利益を放棄することができる。）。なおこの解釈に立法論を含む批判があるが(7)，同条の適用がないとしても期限付破産債権者は民法137条1号によりただちに相殺することができる。これが破産法の相殺権に対する究極の支援であることは前述のとおりである。破産法67条2項前段は，このような現在化に基づく破産直後の相殺ができること，及び期限到来をまって相殺することもできることの双方を確認した規定と解される。

　期限付破産債権者が，破産法103条3項（民137条1号）に基づき，破産手続開始時に相殺適状になったとして相殺する場合，相殺できる金額につき制限が定められている。破産法68条2項・99条1項2号が，期限付債権が無利息債権の場合，破産開始から約定期限までの間の中間利息相当額は相殺できないと定めている。この金額は別途，劣後的破産債権として届出・行使することとなる。ただこの期間が1年未満の場合には，この制限の適用はない。

第4章 相 殺 権

　なお債務者につき破産申立てがなされたこと等を理由とする自働債権の失期特約が結ばれることがある。その法的効力は一般に認められているので[8]、この特約がある場合は、破産手続開始時に既に期限到来済破産債権となっており、上記条文による中間利息の控除をすることなく、額面でただちに相殺をすることができる。

　（7）　水元宏典『倒産法における一般実体法の規制原理』（有斐閣，2002）246頁以下。
　（8）　伊藤眞「集合債権譲渡担保と事業再生型倒産処理手続　再考―代位弁済に基づく財団債権性（共益債権性）の承継の可能性（大阪地判平21・9・4を契機として）」曹時61巻9号（2009）28頁。この特約は、中間利息相当額部分による相殺を禁止する破産法68条2項・99条1項2号の適用を実質的に排除する事前合意となるが、破産法の公序（強行法規）に反するほどのものではないと考えられる。なお同論文は、民事再生手続・会社更生手続の申立て等を理由とする自働債権の失期特約については、その法的効力の否定を検討する余地があるという。

2　解除条件付破産債権

　破産法67条2項前段は、破産手続開始時に破産債権者の有する債権が解除条件付であっても相殺権を行使できると定めている。

　これも破産法だけに明文化された規定であり、民事再生法・会社更生法に同様の規定はない。しかし解除条件付債権を自働債権として相殺できることは民法の一般原則から認められるので、確認的規定と考えられ、民事再生法・会社更生法でも相殺は可能と解されている。もちろんその後に条件成就した場合は、破産であっても民事再生・会社更生であっても、相殺をした債権者に受働債権履行義務が復活する（遡及効の有無は当事者の意思に従う〔民127条2項・3項〕。）。

　破産法69条は、この将来復活する可能性がある受働債権（破産財団にとっては債権）の履行を確保するために、解除条件付債権者に、相殺時に、「破産財団のために」担保提供又は寄託を義務づけた[9]。これは破産法独自の規定である。再建型手続では、復活後に民法の一般原則に従い請求すれば足り、破産法69条のような特別の履行確保措置を設ける必要まではないと考えられた。

　解除条件の成就・未成就を見極める時点は、最後配当に関する除斥期間満了時である（解除条件付破産債権に対する配当と同じである。）。その時までに解除条件が成就したときは、破産財団は、任意弁済、担保実行、寄託金の財団帰属等に

より，復活した受働債権につき履行を受ける。その時までに解除条件が成就しなかったときは，破産法201条3項（205条により簡易配当にも準用）により，担保の効力は失われ，また寄託金銭は債権者に返還される。仮にその後に解除条件が成就したとしても，当該破産手続の瑕疵とはならない。ただ条件成就により復活した債権の回収金の金額及び事情いかんによって追加配当をすべき場合があり得る(10)。

　（9）　担保，寄託の具体的方法については，条解破産法〔第2版〕545頁参照。
　（10）　最判平5・6・25民集47巻6号4557頁・判タ855号176頁・判時1500号166頁参照。

3　非金銭債権・金額不確定債権等

　破産法68条1項は，破産法103条2項各号の債権，すなわち非金銭債権，金額不確定債権，外国通貨債権，金額又は存続期間が不確定である定期金債権，それら以外の破産債権を，自働債権として相殺できることを前提としたうえで，相殺できる金額は103条2項が定める金額（評価額等）であると定めている。
　破産手続は究極の最終清算手続であるので，相殺の局面でも，評価額による相殺（優先的回収）を認めたものと解されている。
　しかし，これらの債権につき，金銭による配当を可能にするために「金銭化」することまでは合理性が認められても，さらに相殺権の行使まで認めることは，正当化が困難であり，立法政策上問題があると指摘されている(11)。非金銭債権，およそ金額が不確定な債権などについては，同感であるが，外国通貨債権，不確定の度合いが小さい債権などについては，保護に値する「合理的な相殺期待」があるというべきである。現行法の解釈論としては，破産法68条1項に基づき原則として相殺可能であるが，合理的な相殺期待があるとは明らかに認められない場合は，例外的に相殺不可と解するのが相当である。
　破産債権を自働債権とする相殺については，破産債権届出は不要と解されているが(12)，この非金銭債権による相殺については，届出をしない限り金銭化が生じず，相殺をすることができないと解する見解がある(13)。破産手続における非金銭債権等の金銭化は，破産手続開始決定の効果ではなく，破産債権者表への記載の効果と考えることがその理由である。実務的にも，相殺できる金額（評価額）に争いがある場合は，債権調査手続を経て確定した金額について

相殺を認める方式が相当である。

(11) 山本ほか・概説〔第2版〕245頁，条解破産法〔第2版〕538頁。
(12) 通説，伊藤・384頁。
(13) 山本ほか・概説〔第2版〕246頁。

4 破産手続開始決定後の利息・損害金債権

　現行民法506条は相殺の遡及効を定めている。破産債権者は，前述のとおり破産法103条3項により遅くとも破産手続開始時には相殺適状になっているので，この遡及効を認めれば，相殺権の行使により，遅くとも破産手続開始時点で自働債権は消滅し，それ以降の利息・損害金は発生しない。よって開始後利息・損害金を自働債権とする相殺の問題は生じない。

　しかし当事者間で債権債務の消滅は相殺の意思表示時点で生ずると合意することは適法と解されており，銀行取引実務にも広くみられる[14]。この遡及効がない取扱いを民法の任意法規として条文化しようという債権法改正提案もあった。このような特約がある場合は，破産手続開始決定後の利息・損害金債権（劣後的破産債権）を自働債権として相殺することとなる。

　この劣後的破産債権を自働債権とする相殺の有効性については見解が分かれている。有力説は，劣後的破産債権の優先的回収を認めることは破産法の趣旨を没却することになる，破産法68条2項が中間利息部分（劣後的破産債権）の相殺禁止を定めていることはその現われである等の理由により，相殺は許されないという[15]。さらにこの開始決定後の利息・損害金債権が別途担保権の被担保債権になっていて優先回収できる場合であっても，相殺は禁止されるという（その担保権から回収すべきであり，それで足りる。）。

　しかし，債権債務は相殺の意思表示時点で消滅するとの合意の効力を認めるのであれば，開始決定後の利息・損害金債権の意思表示時点での消滅を認めることが自然であること，相殺権は担保権としての実質をもつのであるから担保権と同様に開始決定後の利息等も優先的に回収できると解することが相当であること，破産法68条2項は破産債権の現在化に伴う調整を定めたもので，劣後的破産債権による相殺を広く禁止する規定とまでは解されないこと[16]，この利息等の債権は破産手続開始後に取得した破産債権であるが，他人の債権ではなく，また取得というより発生したというべき債権（果実）であること等を理

由として，相殺容認説もある。意思表示時期をあえて遅らせて開始後の損害金を膨らませたような不当な場合を除き，相殺容認説が相当と考える。

(14) 信用金庫につき，このような特約の効力を認めず，遡及効を前提に破産債権の額を計算した下級審判決がある（東京地判昭47・6・28金法660号27頁）。
(15) 竹下・大コンメ293頁〔山本〕，伊藤・363頁，山本ほか・概説〔第2版〕246頁。
(16) 条解破産法〔第2版〕539頁・543頁参照。

5 停止条件付債権・将来の請求権

(1) 破産法70条前段の趣旨

　破産法70条前段は，停止条件付債権又は将来の請求権[17]を有する者は，条件が成就するまでは相殺することができないことを当然の前提としたうえで，破産者（破産財団）に対する債務を弁済する場合には，後に相殺をするため，その債権額の限度において[18]「弁済額の寄託」を請求することができると定めている。

　破産法70条は，停止条件付債権者が，本条による「弁済額の寄託」を請求した場合には，後の条件成就時に相殺できることを明らかにしている。後の条件成就時に債権者が有効に相殺した場合，債務は相殺により消滅し，弁済は遡って無効となるので，停止条件付債権者は，弁済額（寄託額）の返還を請求することができる。相殺権の保護の一種である。

　この意味で「弁済額の寄託」請求は，弁済に解除条件を付すもの，債権に関する停止条件が成就し債権者が相殺したときは，弁済を遡及的に無効とする旨の意思表示を含むものと解されている[19]。もっともこのような法律構成は迂遠であり，弁済自体は終局的なもので，相殺権を有する停止条件付債権者の，条件が成就したときの相殺による優先的満足（寄託額の返還請求）の原資を確保する特別の制度と解する見解もある[20]。

　民事再生法・会社更生法にこの「弁済額の寄託」請求の制度はない。この2法では，債権届出期間満了前に相殺適状となった場合のみ相殺できるという時期的制限があり，早々に見極めがつくので必要がないからである。見極め時まで開始決定からせいぜい2〜3か月なので，条件成就の可能性があり相殺できると考える債権者は，債務（受働債権）の弁済を債務不履行となっても事実上止めて相殺権を確保すると思われる。

(17) 「将来の請求権」との文言は，実体法と異なり，倒産法では，保証人の事後求償権など「法定の停止条件付債権」をいう（山本ほか・概説〔第2版〕56頁・246頁）。条文上は書き分けられているが，破産法は停止条件付債権と将来の請求権とを同じに扱っている。特殊な事後求償権として，銀行による勝手保証（預金者の委託がないまま，預金者の取引先に対する債務を銀行が保証するもの）がある。この委託なき保証人の将来の事後求償権に破産法70条前段を適用すると，銀行が預金債務を預金者（破産管財人）に弁済するときに，将来事後求償権と相殺することを理由に弁済額の寄託請求ができることになる。しかし違和感がある（山本ほか・概説〔第2版〕257頁参照）。相殺禁止に関する最判平24・5・28民集66巻7号3123頁・判タ1375号97頁・判時2156号46頁の応用問題である。
(18) 停止条件付債権の債権額が未確定で「債権額の限度」が不明である場合，破産法70条を適用することができないとする見解がある（竹下・大コンメ303・304頁〔山本〕）。ただこの見解も70条後段の敷金返還請求権については，敷金の券面額を「債権額の限度」と解する。
(19) 条解破産法〔第2版〕546頁，伊藤・363頁。
(20) 山本ほか・概説〔第2版〕247頁。また，「弁済額の寄託」請求があったときは，債務消滅の効果がそもそも発生せず，債務は残ったままで（ただ弁済及び寄託請求をしているので債務不履行とはならない。），寄託金は預け金（停止条件未成就が確定した時には弁済充当されるもの）とみることも可能である。

(2) 停止条件の成就・未成就の見極め

　破産法において停止条件の成就・未成就を見極める時点は，2の解除条件付債権と同じく，最後配当に関する除斥期間満了時である（破201条2項）（停止条件付破産債権に対する配当と同じである。）。その時までに停止条件が成就したときは，停止条件付債権者は相殺をし，寄託額の返還を請求することができる。この請求権は一般に財団債権と考えられているが（破産手続開始後に生じた不当利得返還請求権〔破148条1項5号〕）[21]，取戻権と解する見解も有力である[22]。弁済額の「寄託」である以上破産管財人は自ら又は第三者において金銭を分別管理すべきと解されること[23]，特定された金銭についての返還請求権は一種の取戻権と考えることが相当であること，財団債権と解した場合[24]は財団不足のときは全額の返還を受けられないことになるがそれは相当ではないこと等から，取戻権と解する見解が相当である。

　最後配当に関する除斥期間満了時までに停止条件が成就しなかったときは，相殺できないことが確定するので，「弁済額の寄託」は消滅し，寄託金は破産財団に帰属して最後配当の原資となる（破201条2項）。

　破産手続から再生手続に移行した場合にどうなるかが議論されている[25]。

破産手続中に適法になされた「弁済額の寄託」は移行時点（破産手続終了時点）で消滅し、寄託金は再生債務者の一般財産に帰属すると解することも可能であるが、妥当でない。「弁済額の寄託」のまま再生債務者に移行されると解する。そして停止条件付債権者が債権届出期間満了前までに条件成就により相殺できたときは、同債権者が寄託を引き継いだ再生債務者に対して寄託額の返還を請求できると解する[26]。他方、債権届出期間満了前までに条件が成就せず相殺できないことが確定したときは、その時点で寄託金が再生債務者の一般財産に帰属する。

(21) 条解破産法〔第2版〕546頁。
(22) 山本ほか・概説〔第2版〕180頁・247頁。
(23) 条解破産法〔第2版〕546頁は、寄託の方式について特に定めはないが、信託銀行等に破産管財人を受益者として信託を設定することもあり得るという。山本ほか・概説〔第2版〕246頁は、破産管財人はその金額を「別途取り置く」ことになるという。伊藤・363頁は「弁済金を寄託物の形で保管すること」という。
(24) 財団債権と解したうえで、破産法は寄託と担保を同種のものと見ていること（破69条・212条1項・214条1項5号）を根拠に、寄託金を担保として把握し、破産法152条1項ただし書により寄託金の範囲で完全な弁済を受けることができると解する見解もある（松下淳一「財団債権の弁済」民訴53号（2007）50頁）。
(25) 基本構造と実務41頁〔田原睦夫発言、伊藤眞発言〕。
(26) 山本和彦「倒産手続における敷金の取扱い（2・完）」NBL832号（2006）70頁が詳しい。

(3) 敷金返還請求権者（賃借人）による賃料債務の弁済

(a) 破産法70条後段の趣旨

破産法70条後段は、敷金返還請求権を有する者（賃借人）が、破産者（賃貸人）に賃料債務を弁済する場合も、（70条前段と）同様とすると定める。

敷金返還請求権は、賃借物件の明渡し時に、その時点に存する未払賃料債務等と当然充当のうえ、その残額について生じる請求権とされており[27]、停止条件付債権である。しかし、明渡し時に当然充当のうえ（意思表示不要）、残額があることを停止条件として、残額（不確定）につき発生する特殊なものである。このため「後に相殺をするため」という破産法70条前段の文言に形式的には該当しない。

しかし、敷金返還請求権者（賃借人）は、賃貸人破産の局面では、自ら負担する賃料債務を原資として当然充当法理により敷金返還請求権を優先的に回収

第4章 相殺権

する一種の「相殺権」を有していると見るのが相当であり、停止条件付債権者の「相殺権」と同様に保護することが相当である。これを明確にしたのが破産法70条後段である。寄託請求できるのは、当然充当の対象である賃料債務の弁済に限られる。

敷金返還請求権者（賃借人）は、破産手続開始後に賃料債務を弁済する場合には、その債権額（敷金の券面額(28)）の限度において、「弁済額の寄託」を請求できる。「弁済額の寄託」がなされた後は次のようになる。

① 最後配当に関する除斥期間満了時までに賃借物の明渡しまで進んだときは、寄託額に相当する賃料債務が復活し敷金額の範囲内で当然充当により消滅し、賃借人は寄託額の返還を請求することができる。

② 最後配当に関する除斥期間満了時に、賃貸借契約が未だ継続中ということは通常ない。賃貸物件が破産財団に残っている状態で最後配当を行うことは通常ないからである。

③ 賃貸物件が、破産手続中に破産管財人により第三者に譲渡されたときは（実務上はこのケースが多い）(29)、敷金返還債務は、譲渡時点の未払賃料等と当然充当の後、新所有者（新賃貸人）に承継される(30)(31)。譲渡時点で賃借人は寄託額の返還を請求することができると解することも可能であるが（この場合、同額の賃料が未払分として敷金から当然充当され、減額後の敷金が新所有者に承継される。）、こう解した場合、賃借人は新賃貸人に対し、減額分の敷金を補充する義務を契約上負っていると解されるので、資金が循環するだけである。よって譲渡時点で寄託額の返還請求はできず、未払賃料はないものとして、敷金が減額なしに新所有者に承継されると解するのが相当である。こう解すると譲渡時点で「弁済額の寄託」は消滅し、寄託金は破産財団に帰属して配当の原資となると解する(32)。

(b) 民事再生法・会社更生法との違い

この2法では「弁済額の寄託」の制度ではなく、賃借人（敷金返還請求権者）が賃料債務をその弁済期に弁済したときは、6か月分を限度としてその額に対応する敷金返還請求権を共益債権とする制度を採用している（民再92条3項、会更48条3項）。敷金返還請求権者の一種の「相殺権」を保護しようとする目的は同じであるが、①寄託（分別管理）ではなく共益債権化で足りるとした点、②

9　相　殺　権

6か月分という上限を設けた点（民事再生法92条2項，会社更生法48条2項に基づく相殺との関係に注意），で異なる。事業の再建を支援する観点が重視された。

(c)　賃料債権が破産手続開始前に譲渡されていた場合

　将来の賃料債権の譲渡は，特定性が確保されており内容が公序良俗に違反しないものであれば有効であり，第三者対抗要件（登記など）を備えた場合は，譲渡人（賃貸人）の破産管財人にも対抗できると一般的に解されている[33]。

　その場合，賃料債務はもはや譲受人に対するものであり，賃貸人に対する敷金返還請求権と当然充当により消滅しないので，「弁済額の寄託」請求はできないと一般的に解されている[34]。

　しかし，敷金返還請求権者の未払賃料債務との当然充当による優先的回収への期待が，将来債権譲渡によって一方的に破棄されるのは相当でない。敷金返還請求権者のこの期待を一方的に破棄するとすれば，将来債権譲渡のその部分は公序良俗に反すると解するのが相当である。賃料が敷金（判例法上不当に多額のものは敷金と認定されない。）と当然充当の関係にあることは公知の事実であり，賃料債権譲受人にとっても予測可能である。民法468条2項の「譲渡人に対して生じた事由」に「譲渡人が破産した場合にはその時点以降，賃料債務の弁済にあたり，弁済額の寄託請求ができること」が含まれるとの解釈も可能である。「弁済額の寄託」（敷金額が上限）は賃料債権譲受人にとって大きな負担とはならない。よって賃借人は，賃料債権譲受人に対して，賃料債務を弁済する際に[35]，敷金返還請求権の額の限度において「弁済額の寄託」を請求できると解する。

(d)　賃料債権に差押え（物上代位）がなされている場合

　賃貸物件の抵当権者は，抵当物件の所有者（賃貸人）に破産手続開始決定がなされても，賃料債権に対し物上代位権（別除権）を行使し，抵当権者（差押債権者）に賃料を支払うよう賃借人に請求することができる[36]。なお将来債権には転付命令はできないので差押えに基づく取立権だけが問題になる[37]。また担保不動産の収益執行が開始され管理人が賃借人に対して賃料支払を求めてきた場合も同様である[38]。

　賃借人が，この差押えに基づき担保権者に賃料を支払う際，破産法70条に基づく「弁済額の寄託」請求をすることができるか否かについては見解が分かれ

第4章 相 殺 権

ている。

破産法70条の寄託請求は破産管財人に対する弁済とその寄託を念頭に置いたものであって、破産管財人に対する弁済でない場合には適用はないと解する見解、担保権者に対する支払によって破産財団が利益を得た場合（担保余剰が発生する等）にその部分に限り破産管財人に寄託請求できると解する見解[39]、差押えによって第三債務者の地位が悪化することはないと解する観点から、破産管財人に弁済額全部につき寄託請求できかつ明渡しまで進んだときに寄託に係る賃料債務の当然充当による消滅を担保権者に対抗することができ、担保権者に対して不当利得返還請求をすることができると解する見解[40]、弁済の相手方である担保権者に対して弁済額の寄託請求をすることができると解する見解[41]などがある。

敷金返還請求権者の未払賃料債務との当然充当による優先的回収への期待は保護されるべきであること、賃料が敷金と当然充当の関係にあることは公知の事実であり、担保権者にとっても予測可能であること、「弁済額の寄託」（敷金額が上限）は担保権者にとって大きな負担とはならないこと等から、最後の「担保権者に対して弁済額の寄託請求をすることができる」見解が相当と考える。

(27) 最判平14・3・28民集56巻3号689頁・判タ1089号127頁・判時1783号42頁ほか。
(28) 竹下・大コンメ303頁〔山本〕。
(29) オーバーローン不動産の場合、賃料債権に差押え（物上代位）があれば、賃貸物件でも破産財団から自由財産に放棄することがある。この「財団からの放棄」の場合も「譲渡」に準じて扱うことが相当である（条解破産法〔第2版〕548頁）。
(30) 最判昭44・7・17民集23巻8号1610頁・判タ239号153頁・判時569号39頁。
(31) 近時、賃貸人が破産した場合には、敷金返還請求権は破産債権となるので、賃貸物件の譲渡に伴う承継を否定すべきであるという見解が有力に主張されている（山本和彦「倒産手続における敷金の取扱い(1)」NBL831号（2006）18頁）。
(32) 条解破産法〔第2版〕547頁、山本ほか・概説〔第2版〕248頁。
(33) 賃料債権が将来にわたって適法に譲渡されている場合に、その後賃貸「物件」が適法に第三者に譲渡されたとき、賃料債権はいずれに帰属するかが議論されている。賃貸「物件」譲受人は、契約上の地位を所有権の移転に伴い当然に承継するので、将来賃料債権譲渡済みの契約上の地位を承継するだけであると解する見解（賃料債権譲受人に帰属するとの結論）、債権譲渡により債権の移転の効果が生じるのは、譲渡人が処分権限を有する債権（譲渡人の下で発生する債権）についてだけであり、譲渡人の下で発生しなくなった債権については処分権限がない以上移転の効果は生じないと解する見解（「物件」譲受人に帰属するとの結論）などがある（法務省ホームページ〔http://www.moj.go.jp/content/000052602.pdf〕：法制審民法（債権関係）部会資料（9-2）32頁以下参照）。

(34) 条解破産法〔第2版〕547頁、山本ほか・概説〔第2版〕248頁。
(35) 破産法70条は、「破産者に対する債務を弁済する場合には」と、債務は特定しているが、弁済の相手方及び寄託請求の相手方は特定・制限していない。
(36) 破産手続開始決定後の物上代位権行使を認めること自体が問題であるとして、行使自体を否定すべきであるとの見解も有力である（山本ほか・概説〔第2版〕248頁）。
(37) 山本・前掲注(26)22頁。
(38) 最判平21・7・3民集63巻6号1047頁・判タ1308号120頁・判時2057号16頁参照。
(39) 山本ほか・概説〔第2版〕248頁。
(40) 山本・前掲注(31)22頁。
(41) 全国倒産処理弁護士ネットワーク第4回全国大会シンポジウム報告「新法下における破産・再生手続の実務上の諸問題」事業再生と債権管理111号(2006)25頁〔西謙二発言〕。

Ⅳ 受働債権に関する諸問題

1 期限付債務

破産法67条2項後段は、破産債権者の負担する債務が期限付であるときも相殺をすることを妨げないと定めている。この期限付債務については民事再生法・会社更生法にも明文の定めがある。

債務者として受働債権の期限の利益を放棄してただちに相殺することも可能であるし(民136条)、期限の到来をまって相殺することも可能と解されている。これは民法の一般原則から認められることであり、上記条文は確認的規定である。

2 条件付債務・将来の請求権に関する債務

(1) 破産法67条2項後段の趣旨

破産法67条2項後段は、破産債権者の負担する債務が条件付であるとき、将来の請求権に関するものであるときも相殺をすることを妨げないと定めている。

そして最判平17・1・17民集59巻1号1頁・判タ1174号222頁・判時1888号86頁は、破産者に対する債務が停止条件付(将来の請求権に関するものを含む。注(17)参照)である場合、破産債権者は、停止条件不成就の利益(債務未現実化の利益)を放棄してただちに相殺することもできるし、条件成就をまってその後

相殺することもできると判示した。

この条件付債務に係る破産法67条2項後段の定めが，民事再生法・会社更生法に定められていないため，その趣旨について見解が分かれている。

第1説は，破産法67条2項後段は，停止条件不成就の利益を放棄して相殺することを特に認めた相殺権の「拡張」規定であると解し，民事再生法・会社更生法においては同旨の相殺は許されないと解する[42]。第2説は，同条後段は，民法の一般原則によりできることを確認的に認めただけの規定であると解し，民事再生法・会社更生法においても同旨の相殺が許されると解する。

そもそも民法において，停止条件不成就の利益を放棄することができるかどうか明らかでないことが，見解が分かれる理由であったが，近時は，民法において放棄することができ，したがって破産法67条2項後段は確認的規定であると解する第2説が有力である[43]。

(42) 伊藤・707頁。
(43) 山本ほか・概説〔第2版〕246頁・264頁，条解破産法〔第2版〕540頁，山本和彦「相殺権」伊藤眞＝松下淳一＝山本和彦編『新会社更生法の基本構造と平成16年改正〔ジュリ増刊〕』(2005) 202頁。

(2) 解除条件付債務

停止条件不成就の利益の放棄と同様，解除条件成就の利益（債務消滅の利益）を放棄して相殺することは許される[44]。

なお解除条件を付したままの相殺，すなわち将来，解除条件が成就し債務が消滅すれば，相殺は無効とし，破産債権が復活する前提の相殺は許されるであろうか。停止条件付債務の場合と異なり，解除条件付債務は解除条件が成就するまでは債務が存在しているので，許される余地があると解する。ただし現実に破産債権として行使するためには，その復活予定の債権につき，時期的制限及び主観的要件を満たす適法な債権届出[45]をしていることが必要である。

(44) 伊藤・365頁，竹下・大コンメ294頁〔山本〕。両書とも，解除条件を付したままの相殺の可否を論じていないが，否定する趣旨ではないと思われる。
(45) 予備的届出につき，条解破産法〔第2版〕801頁参照。

(3) 停止条件付債務，将来の請求権に関する債務

(a) 破産法71条1項1号との関係

9 相殺権

(1)記載のとおり，破産債権者は，破産手続開始後に，債務に係る停止条件不成就の利益を放棄して，又は条件成就をまって，相殺することができる。

しかし破産法71条1項1号は，破産債権者の，破産手続開始後に破産財団に対して負担した債務(受働債権)との相殺を禁止している。停止条件付債務は，不成就の利益を放棄した時又は条件が成就した時に「現実化」するが，この「現実化」が同号の「負担」に当たるとすると，相殺は許されなくなる。この関係をどう解釈するかが議論されている。

第1説は，停止条件付債務の「現実化」のときを債務の「負担」のときと解し，破産法71条1項1号の適用が原則として優先し，相殺は禁止される。しかし破産手続開始時において「相殺の合理的な期待」が認められる場合は，破産法67条2項後段が適用され，相殺が許されるという[46]。

第2説は，破産法67条2項後段の適用が原則として優先し，破産手続開始時に停止条件付債務として存在しているときは，相殺が許される。しかし「条件成就時まで債務額が定まらない停止条件付債務」については，「相殺の合理的な期待」の程度は低く，破産法67条2項後段の適用がなく破産法71条1項1号が適用され，相殺が禁止されるという[47]。

いずれの説も，最判昭47・7・13民集26巻6号1151頁・判タ280号230頁・判時677号58頁を支持し，譲渡担保契約に基づく(手続開始後の)換価処分による清算剰余金返還債務と破産債権の相殺は禁止相当と考えている。手続開始時には債務があるかないかも，いくらの金額になるかもわからない債務であって，相殺の合理的な期待は認められないという。

第1説と第2説で具体的な結論における違いはあまり生じないと考えられる。実務的には第1説が柔軟で魅力的であるが，解釈論の基準としては第2説が安定性があり，こちらが相当である。

この論点に関し，銀行(投資信託の販売会社)が，投資信託受益者に対する貸付債権等の破産債権と，同受益者に対する投資信託に係る解約金返還債務(破産手続開始後に解約されたもの)を相殺できるかが議論されている。投資信託の事務手続の仕組み上(受益者は銀行を通じてのみ投資信託の解約申込みができる。委託者から銀行に解約金が支払われることを条件として，銀行が受益者に解約金返還債務を負う。)[48]，解約金が銀行を経由して受益者に返還されることになっているだけ

第4章 相 殺 権

なので，銀行がこの停止条件付債務につき相殺の期待をもったとしても，合理的な期待と評価するのは相当でないと考える[49]。

この論点に関し，危機時期における解約事案（民事再生）で，最高裁判決が出た[50]。同判決は，支払停止後の本件債務負担（解約金の受領により，管理委託契約に基づき負担）は，民事再生法93条2項2号にいう「支払の停止があったことを再生債権者が知った時より前に生じた原因」に基づく場合に当たるとはいえず，本件相殺は許されないと判断した。理由として，①少なくとも解約実行請求がされるまでは，再生債務者が有していたのは投資信託委託会社に対する本件受益権であり，この財産に対しては全ての再生債権者が等しく責任財産としての期待を有していた，②再生債務者は，解約実行請求がなされたことにより，銀行に対する解約金請求権を取得したが，これは本件受益権と実質的には同等の価値を有するもの，③そのうえ，解約実行請求は銀行が再生債務者の支払停止を知った後にされたものであるから，銀行において相殺期待があったとしても，合理的なものとはいい難い，④また再生債務者は，本件受益権につき，いつでも原則として自由に他の振替先口座への振替をすることができたので，銀行が本件債務を負担することが確実であったということもできない，⑤さらに本件においては，銀行が本件相殺をするためには，他の債権者と同様に，債権者代位権に基づき，解約実行請求を行うほかなかったことがうかがわれる，ことを判示した[51]。

(b) 将来の賃料債務

この債務は，現実に使用収益することを停止条件として賃料単位期間ごとに（例えば月単位）発生する，将来の債務ないし停止条件付債務と考えられている[52]。(1)記載のとおり，停止条件不成就の利益を放棄して，将来の賃料債務を事前に相殺することは許されると解する見解が有力である。将来分の賃料債務を相殺により消滅させた（弁済した）後，建物が全焼等して使用収益することができなくなっても，相殺の無効（破産債権の復活）は主張しないという意味である。

平成16年改正前の破産法では，賃料債務を受働債権とする相殺は手続開始の「当期及び次期」分のみに制限されていたが（なお敷金があるときはその後の分も許されていた〔旧破103条〕。），同改正により[53]，このような制限はすべて削除され

9 相 殺 権

た。したがって，現行法の下では，賃借人は，将来使用収益できなくなるリスクを受け入れるなら，相当長期にわたる将来賃料を受働債権として破産債権（敷金は賃借人からは相殺できない。保証金とか建設協力金が考えられる。）と相殺することが可能である[54]。この将来賃料債務（停止条件付債務）と保証金や建設協力金債権との相殺については，合理的な相殺期待があるというべきであり，(a)のいずれの説も相殺を認めると考えられる。

賃借人が将来賃料債務を不成就の利益を放棄して破産債権と相殺した後に賃貸「物件」が譲渡された場合，賃借人は将来賃料債務の消滅を新所有者に対抗できると解される。

賃借人がそのような相殺をする前に，賃貸「物件」が譲渡され移転登記がなされ賃料債権が新所有者に移転した場合，新賃貸人に対する賃料債務をもって（旧所有者に対する）破産債権と相殺することはできないと解される。

将来賃料債権が破産手続開始前に譲渡され対抗要件も具備されていた場合，その賃料債務と破産債権とを相殺することは原則としてできないと解される。ただし譲渡の前に，賃借人が将来賃料債務につき当該破産債権と相殺できる合理的な期待を有していた場合は別の議論が成り立ち得る（民法468条2項の解釈論，賃料債務と結びつきの強い敷金返還請求権について，Ⅲ **5**(3)(c)参照。）。

賃料債権につき差押え（物上代位）がなされた場合（収益執行を含む。），賃料債権の帰属に変更はなく，賃借人は，担保権設定登記の前に取得した破産債権とであれば，賃料債務（将来分を含む。）を相殺に供することができると解される[55]。

(46) 山本ほか・概説〔第2版〕252頁。
(47) 竹下・大コンメ294頁〔山本〕。条解破産法〔第2版〕554頁も同旨と思われる。後者は，停止条件付債務が破産手続開始時に存在している場合は，原則として合理的な相殺期待があると認めるべきであろう，条件成就の可能性の大小は考慮要因とすべきではないという。
(48) 最判平18・12・14民集60巻10号3914頁・判タ1232号228頁・判時1957号53頁，加藤正男・最判解説民平成18年度1323頁参照。
(49) 大阪高判平22・4・9金判1382号48頁・金法1934号98頁は反対，岡正晶「倒産手続開始時に停止条件未成就の債務を受働債権とする相殺」田原古稀（下）138頁以下参照。
(50) 最判平26・6・5判時2233号109頁・金判1444号16頁。
(51) 山本和彦〔判批〕金法2007号（2014）6頁以下参照。
(52) 条解破産法〔第2版〕541頁，山本ほか・概説〔第2版〕264頁。
(53) この経緯については条解破産法〔第2版〕541頁参照。

(54) 民事再生法・会社更生法では，相殺することができる将来債務の金額につき，手続開始時の賃料の6か月分という上限を定めた。事業の再建という手続目的からの制約である。
(55) 最判平21・7・3民集63巻6号1047頁・判タ1308号120頁・判時2057号16頁参照。

3 非金銭債務・金額不確定債務等

非金銭債務・金額不確定債務等(受働債権)については，自働債権と異なり(破103条2項)，金銭化する旨の破産法の定めはない。したがって，それらが破産手続開始時に「債務」として存在し，かつ最後配当に関する除斥期間満了時までに実体法に従って，破産債権と相殺適状になった場合に限り，相殺することができると解される。

4 破産手続開始決定後の利息・損害金債務

Ⅲ4の議論を参照されたい。債権債務の消滅が意思表示時点で生ずるとの合意の効力を認めるのであれば，開始決定後の利息・損害金債務の意思表示時点での消滅を認めることが自然であること，破産手続開始後に負担した債務であるが，負担というより発生したというべき債務であること等を理由に，相殺権者が意思表示時期をあえて遅らせて開始後の損害金を膨らませたような不当な場合を除き，相殺容認説が相当と考える。

5 自由財産に対する債務

破産法67条1項は「破産者に対する債務」と定めているので，自由財産に対する債務(56)と破産債権を相殺できるように読める。現に有力説は，破産手続開始時に債権債務の対立がある以上，破産債権者は同債務につき担保権を有するのに類する地位を取得しているので，相殺できると解する(57)。

しかし破産手続は，債務者の経済生活の再生の機会の確保を図るために，自由財産を切り出して，破産債権者に対する配当財源に充てないこととした。明文はないが，旧法時代から，破産債権者による自由財産に対する強制執行等は少なくとも破産手続中は禁止されると解されてきたし，現行法下でもそのように解されている(58)。相殺権が担保権類似であるとしても，登記を伴うような強力なものではない。自由財産の制度趣旨を考えると相殺は許されないと解す

べきである(59)。

- (56) 信託財産に対する債務も文言上含まれる。しかし受託者の固有財産にのみかかっていける破産債権と，信託財産に対する債務とは相殺はできない（信託22条1項）。
- (57) 山本ほか・概説〔第2版〕261頁。
- (58) 条解破産法〔第2版〕341頁。
- (59) 条解破産法〔第2版〕534頁，伊藤・361頁，竹下・大コンメ298頁〔山本〕。

6　物上保証責任

　破産債権者が，破産財団に対し，債務負担はしていないが，物上保証責任を負っている場合がある。破産手続開始時にこの状態が存在しているときは，破産債権者には，この物上保証責任と破産債権とを対当額で消滅させる合理的な期待があるというべきである。破産開始後に，物上保証は現実の履行を求められる一方，破産債権は破産配当しか受けられないという結果は合理的でない。よって破産法67条1項の類推適用により，破産債権とこの責任（法律的には物上保証の対象である第三者が債務者である被担保債務）との相殺を認めることが相当である(60)。

- (60) 法務省ホームページ〔http：//www.moj.go.jp/content/000046784.pdf〕：法制審民法（債権関係）部会資料（10－2）42頁参照。

V　破産管財人がとり得る2つの措置

1　催　　告

　破産法73条は，破産管財人は，破産法67条により相殺をすることができる破産債権者に対し，相殺をするかどうかを確答すべき旨を催告することができると定める。

　相殺をするかしないかはっきりしてもらわないと，破産管財人の管財業務に支障を来すおそれがあるため，平成16年改正の際に新設された規定である。

　催告できるのは，破産債権者の負担する債務が弁済期にあるときに限られる（破73条1項ただし書）。債務に関する期限の利益の放棄とか，停止条件不成就の利益の放棄を強制することは相当でないからである。しかし期限の利益につい

て保護する必要はなく，弁済期前の催告を認めてよいとの立法論が有力である(61)。

催告に際し，破産債権を特定することは必要であるが，受働債権を特定する必要はない（破産債権者に決める自由がある。）。

破産管財人が催告したにもかかわらず，破産債権者が期間内に確答しなかった場合(62)に，どの範囲で相殺権が失われるかにつき，見解が分かれている。破産債権が100，弁済期が到来した甲債務が60，弁済期が未到来の乙債務が70，の事例を想定する。次の3つの説が考えられる。

① 当該破産債権全部の100につき以降相殺できなくなる(63)。
② 甲債務に対応する60の自働債権につき以降相殺できなくなる(64)。
③ 甲債務との相殺ができなくなるだけで，その後弁済期が到来すれば乙債務70と相殺できる。

破産法73条2項が「当該破産債権についての相殺の効力を主張することができない」と定めているので，②説が文言と整合的と考えるが，破産債権者の相殺権の制約は最小限にとどめることが妥当であるとの観点から③説が妥当と考える。

(61) 山本ほか・概説〔第2版〕250頁，条解破産法〔第2版〕569頁。
(62) 催告期間内に適法な相殺の意思表示がなされたときだけが「確答」である。いずれ相殺するとか期限付相殺の意思表示は，確答とはいえず，相殺権は消滅すると解されている（一問一答120頁）。
(63) 山本ほか・概説〔第2版〕250頁。
(64) 条解破産法〔第2版〕570頁。

2 破産管財人からの相殺

破産法102条は，破産管財人は，破産財団に属する債権（破産財団に対する債務）をもって破産債権(65)と相殺することが「破産債権者の一般の利益に適合するとき」は，裁判所の許可を得て，その相殺をすることができると定める。

破産管財人からの相殺は，平成16年改正前は，破産債権に対する任意弁済であって債権者平等原則違反になり許されないという見解が多数説であった。しかし破産債権者の資力が乏しい場合などは，かえって破産財団に有利であって認めるべきであるという有力説もあった。平成16年改正は，この有力説をふまえて，実質要件と手続要件を定めたうえで破産管財人からの相殺を認める規定

9　相　殺　権

を新設した。

　実質要件の「債権者の一般の利益に適合するとき」とは，破産債権者の資力が乏しく破産財団所属債権（破産債権額と同額）の実質価値（回収可能見込み額）[66]が，破産債権の実質価値（配当見込み額）より少ない場合が典型例である[67]。その他，破産債権が複数あり特定の破産債権を選んで相殺により消滅させれば，当該債権に提供されている担保が解放されて破産財団に有利になる場合，破産財団所属債権が時効消滅しており取立ては許されないが，相殺は許され，相殺すると破産財団に有利になる場合などが挙げられている[68]。

　破産債権者から相殺してくれば，いずれにせよ双方消滅するのだから，管財業務の促進のために破産管財人から相殺して時間を節約するという考え方もあり得るが，現行法（破73条・102条）の解釈論としては許されない。催告をして，破産債権者が確答しなければ，相殺権が消滅する以上，破産管財人としてはその機会を利用しなければならない[69]。

　主債務者破産の場合の保証人が，民法457条2項に基づいて，破産管財人の相殺権を破産債権者に対抗することができるかが従来から議論されてきた（連帯債務者の民法436条2項に基づく相殺権の援用も同様。）。この保証人の「対抗」は，破産管財人が相殺できることを前提条件としている。よって保証人がこの「対抗」を主張できるのは，破産管財人が破産法102条に該当するとして裁判所の許可を得たが，まだ相殺していない場合だけと解される[70]。しかし破産管財人が裁判所の許可を得たにもかかわらず相殺しないことは考えにくく，結局，民法457条2項が機能する場面は考えにくい。

(65)　財団債権との相殺は，裁判所の許可なく，原則としてなし得ると解される（竹下・大コンメ299頁〔山本〕，条解破産法〔第2版〕752頁参照）。具体化された破産配当請求権との相殺も，裁判所の許可なくなし得る（条解破産法〔第2版〕534頁）。
(66)　回収に必要な取立コストも勘案して計算すべきである（条解破産法〔第2版〕534頁）。
(67)　相手方も破産し，相手方の破産手続において相殺禁止条項に該当する債権債務の場合は，こちらの破産管財人からの相殺も許されない（条解破産法〔第2版〕752頁）。
(68)　条解破産法〔第2版〕753頁。
(69)　条解破産法〔第2版〕533頁。
(70)　条解破産法〔第2版〕534頁・753頁，竹下・大コンメ295頁・299頁〔山本〕。

〔岡　正　晶〕

第4章 相 殺 権

相殺禁止

I 総　説

1　相殺禁止の趣旨

　破産債権者が，破産財団所属の債権に係る債務を負担している場合に，相殺権を行使すると，対当額の範囲では破産債権について完全な満足を得ることができる。破産財団所属の債権の債務者である当該破産債権者が十分な資力を有している限りでは，相殺権が行使されなければ破産財団所属の債権は額面額で全破産債権者への配当の原資になっていたのであり，相殺権の行使は当該破産債権者が破産財団に属する特定の債権から優先的な満足を受けることを可能にする。この優先的な満足を可能にする効力が，相殺の担保的効力である。

　他方で，債務者の財産状態が悪化した状態で破産債権（となるべき債権）と破産財団所属の債権（となるべき債権）に係る債務との対立が発生した場合に，この債権債務の対立に基づく相殺の効力を認めると，経済的な価値の低落した債権に担保と同様の効力を有するものを付すことを通じて当該債権の偏頗的な満足を認めることになり，反面で他の破産債権者への配当率の低下という損失が生じることになる。そこで，他の破産債権者の損失を防止し，破産債権者間の平等を確保するために，危機時期における破産債権への担保設定の偏頗行為否認と同様の趣旨に基づき，そのような債権債務の対立に基づく相殺の効力を破産手続との関係で制限する必要がある。このような趣旨に基づいて定められているのが，破産法71条及び72条の各1項各号が規定する相殺禁止である。また，両条2項各号は，相殺禁止の解除事由を定める。同旨の規定として，民事

再生法93条及び93条の2，並びに会社更生法49条及び49条の2がある。総じていえば，破産者（となるべき者）が危機時期に至る前に破産債権者が相殺による回収について客観的に合理的な期待を有している限りでのみ，破産手続との関係でも相殺を許容し，そのような合理的期待がない場合には破産手続における相殺を禁止する，ということである。

以下では，相殺禁止の要件及び相殺禁止の解除事由（Ⅱ，Ⅲ），そして相殺禁止の効果（Ⅳ）について，順次概観する。

2　相殺禁止の適用範囲——自働債権の態様

破産法71条及び72条は，「破産債権者」あるいは「破産債権を取得した」者がする相殺について規律している。相殺適状の発生及び相殺の意思表示が破産手続開始の決定前であって破産手続開始時には自働債権となる破産債権が消滅していることもあり得るから，両条は，相殺がなかったとすればこれらの者に該当する者がする相殺も対象としている。相殺禁止は，破産配当に与るべき債権に対する危機時期における優先権の付与を破産手続との関係で覆滅するための制度であるから，「破産債権」には，劣後的破産債権・約定劣後破産債権はもちろん，優先的破産債権も含まれる。

破産法71条及び72条は財団債権者がする相殺にも類推適用されるかが問題となる。財団債権は，原則として破産手続開始後に発生するところ，そのような財団債権については破産法71条1項1号及び72条1項1号が問題となり，例外的に破産手続開始前に発生する労働債権（破149条）や租税債権（破148条1項3号）等については破産法71条1項2号から4号及び72条1項2号から4号も問題となる。財団債権は，破産債権に優先して随時弁済されるから（破2条7項・151条），相殺を認めても破産債権者を害することはないので，類推適用をする必要はないという考え方もあり得る。しかし，財団債権を一部しか弁済できない破産事件が稀ではないことを前提に，財団債権者間の平等を確保するために，破産手続開始後は財団債権に基づく強制執行が禁止されている（破42条1項・2項）ところ，財団債権者が危機時期以降に破産者に対して債務を負担した場合に相殺を認めると，優先的な回収を認めることになり，財団債権者間の平等（破152条1項本文）を確保できなくなることから，財団債権を自働債権と

する相殺についても破産法71条・72条の相殺禁止が類推適用されると解する(1)。

(1) もっとも,第1順位の財団債権(破152条2項)は通常は全額弁済されるであろうから,そのような場合には類推適用の必要はなかろう。

II 破産債権者による債務負担の場合——相殺禁止の要件(1)

1 破産手続開始後の債務負担 (破71条1項1号)

(1) 意　義

破産債権者が破産手続開始後に破産者に対して債務を負担した場合には,その債務に係る請求権を受働債権として相殺をすることは禁止される(破71条1項1号)。破産手続の開始により,破産債権の経済的価値は額面額を原則として下回ることになり,破産債権に額面額での満足を与えると債権者間の不平等を生ずることから,個別弁済が禁止されている(破100条1項)。破産債権者が破産手続開始後に破産者に対して債務を負担した場合に,破産債権者による相殺を認めると,対当額の限りで額面額どおりの満足を当該債権者に与える結果となり,個別弁済禁止の潜脱及び債権者間の不平等を許すことになるから,そのような相殺が禁止されるのである。

破産者が破産手続開始後に破産者に対して債務を負担する場合として次のような類型がある(2)。

第1に,破産管財人の行為により破産債権者が債務を負担する場合である。具体的には,破産債権者が,破産手続開始後に破産管財人から破産財団に属する財産を購入した場合の代金債務がこの類型に該当する(3)。この場合に相殺を認めると,破産債権に対して購入に係る財産をもって代物弁済をしたのと同じ効果が発生してしまうから,相殺が禁止されるのである。また,破産管財人が破産債権者を相手方として否認権を行使した結果発生する原状回復請求権(破167条1項)に係る債務もこの類型に該当する(4)。この場合に相殺を認めると,原状回復請求権をもって破産債権に対して代物弁済をしたのと同じ効果が

発生してしまうからである。

　第2に，破産債権者に対する債権が破産者の有する積極財産の破産手続開始後における価値変形物と見られる場合である。具体的には，破産手続開始後に譲渡担保権が実行され，破産者から破産債権者に対して剰余金返還請求権が発生した場合である(5)。担保目的財産の交換価値のうち被担保債権額を超える部分は設定者である破産者に帰属していたのであり，破産手続開始後の譲渡担保権の実行により発生した剰余金返還請求権は目的財産の交換価値のうち当該部分の変形物であるということができる。逆に，破産手続開始後に破産債権者に対する請求権が発生し，その請求権が破産手続開始時点での破産者の財産に由来しない場合には，破産債権と当該債権との相殺は破産法71条1項1号により許されない(6)。

（2）　山本克己「倒産法上の相殺禁止規定(1)」民商89巻6号（1984）803〜808頁の分類に従う。
（3）　大判大15・12・23新聞2660号15頁。
（4）　大判昭11・7・31民集15巻1563頁。
（5）　最判昭47・7・13民集26巻6号1151頁・判タ280号230頁・判時677号58頁。なお，後掲注（9）も参照。
（6）　名古屋高金沢支判平21・7・22判タ1312号315頁・判時2058号65頁は，公共工事の請負者が，保証事業会社の保証の下に地方公共団体から前払金の支払を受け，預託金融機関に預金していたところ，工事続行が不可能となり請負契約が解除され，請負者が破産手続開始決定を受けた場合に，破産手続開始決定後に行われた公共工事の出来高確認により地方公共団体へ返還されるべき前払金が存在しないことが確認されるまでは，前払金に係る預金払戻請求権が破産財団に帰属したものとはいえないから，預金払戻請求権と当該金融機関の請負者に対する破産債権たる貸金債権との相殺は，破産法71条1項1号の相殺禁止条項により行うことができない，と判示する。出来高確認によりはじめて預金払戻請求権が発生するという理解が前提とされていると思われる。これに対して，類似の事案において，開始前に出来高確認がされていたことを理由に相殺を肯定した裁判例として，福岡高判平21・4・10判時2075号43頁がある。

(2)　開始決定後の受働債権の停止条件成就

　受働債権に停止条件が付されており，その停止条件が破産手続開始後に成就した場合に1号の相殺禁止が適用されるかどうか，停止条件の成就により「債務を負担した」ことになるのかどうかが問題となる。

　最判平17・1・17民集59巻1号1頁・判タ1174号222頁・判時1888号86頁は，「旧破産法（平成16年法律第75号による廃止前のもの。以下「法」とい

第4章 相 殺 権

う。）99条後段は，破産債権者の債務が破産宣告の時において期限付又は停止条件付である場合，破産債権者が相殺をすることは妨げられないと規定している。その趣旨は，破産債権者が上記債務に対応する債権を受働債権とし，破産債権を自働債権とする相殺の担保的機能に対して有する期待を保護しようとする点にあるものと解され，相殺権の行使に何らの限定も加えられていない。そして，破産手続においては，破産債権者による相殺権の行使時期について制限が設けられていない。したがって，破産債権者は，その債務が破産宣告の時において期限付である場合には，特段の事情のない限り，期限の利益を放棄したときだけでなく，破産宣告後にその期限が到来したときにも，法99条後段の規定により，その債務に対応する債権を受働債権とし，破産債権を自働債権として相殺をすることができる。また，その債務が破産宣告の時において停止条件付である場合には，停止条件不成就の利益を放棄したときだけでなく，破産宣告後に停止条件が成就したときにも，同様に相殺をすることができる。」と判示する。

　学説においては，期限の利益や停止条件不成就の利益を放棄した場合に限って相殺を認め，期限が到来しあるいは停止条件が成就した後は相殺を認めない見解も存した[7]。しかし，破産手続開始時点においては受働債権に停止条件が未成就であったとしても，相殺の担保的な機能に対して合理的な期待が認められるのであれば，その後に条件が成就したかどうかで相殺の可能性を区別するのは相当ではなく，上掲の最判平17・1・17が判示するように，破産手続開始後に停止条件が成就した場合には，停止条件成就前と同じく，破産法67条2項後段により相殺を認めるべきであり，破産法71条1項1号の適用はないと解する。

　ただし，相殺の担保的機能に対する期待は，他の破産債権者との関係で客観的に合理的なものである必要があると考える。後述のように，相殺の可否については，相殺に対する合理的な期待の有無によるとする議論が積み重ねられており，ここでも別異に解する必然性はないからである[8]。例えば，倒産手続開始前の譲渡担保契約に基づいて，手続開始後に目的財産を処分した結果生ずる債権者の清算金返還債務は，債務の発生いかんも額も不確定であり，事前に合理的な相殺期待を認めることはできない[9]。

（7） 基本法コンメ破産法158頁〔山本克己〕。
（8） 上掲の最判平17・1・17の調査官解説は、判旨の挙げる「特段の事情」とは、例えば相殺権の濫用の場合であるとする（三木素子・最判解説民平成17年度(上)17頁）。しかし、濫用あるいはそれに類する場合にだけ相殺が禁止されるとするのは、相殺を広く認めすぎることにならないであろうか。相殺が許容されるためには、客観的に合理的な相殺期待の存在が必要であると考える。
（9） 前掲注（5）の最判昭47・7・13は、この角度からも説明可能である。

2　支払不能後の債務負担 (破71条1項2号)

(1) 概　観

　破産者が支払不能になった後に破産債権者が破産者に対して債務を負担した場合で、破産債権者が支払不能について悪意であるときには、その債務負担の態様次第で、その債務を受働債権とする相殺が禁止される場合がある。
　2号の相殺禁止の要件は、以下の①から③の3つの要素から構成される。
① 破産者が支払不能になった後に破産債権者が破産者に対して債務を負担したこと
② 破産債権者が破産者に対して債務を負担した態様が次の2つのいずれかであること
　②-1 契約によって負担する債務を専ら破産債権をもってする相殺に供する目的で破産者の財産の処分を内容とする契約を破産者との間で締結することにより破産者に対して債務を負担したこと
　②-2 破産者に対して債務を負担する者の債務を引き受けることを内容とする契約を締結することにより破産者に対して債務を負担したこと
③ 破産債権者は②-1・2の契約の締結の当時、破産者が支払不能であったことを知っていたこと
以下、①と②について検討する。

(2) 支払不能

　支払不能（「債務者が、支払能力を欠くために、その債務のうち弁済期にあるものにつき、一般的かつ継続的に弁済することができない状態」〔破2条11項〕）を時的基準とする相殺禁止は、平成16年の倒産実体法の改正により新たに導入されたものであ

る。支払停止（同項3号）又は破産手続開始申立て（同項4号）の前であっても，破産者が支払不能に陥っている場合には，その時点で特定債権者のみが相殺権という担保を取得することは債権者平等原則に反するという考慮に基づく。偏頗行為否認について支払不能が基準時とされた（破162条1項1号）のとパラレルである[10]。

近時，支払不能を認定する際に弁済期の到来した債務の存在が必要か，という問題が判例及び学説において議論されている。

平成16年の破産法の全面改正・倒産実体法の改正の際の立案担当者は，支払不能を認定するためには，弁済期の到来した債務の存在が必要であるとする見解に拠っている。すなわち，「支払不能は，弁済期の到来した債務の支払可能性を問題とする概念ですので，弁済期未到来の債務を将来弁済できないことが確実に予想されても，弁済期の到来した債務を現在支払っている限りは，支払不能ではありません。」[11]「……支払不能になった場合には，現在弁済期にある債務でさえも債務者の自力による弁済は不可能な状態になっており，経済的には完全に破綻しているので，破産手続開始後と同様，債権者を平等に取り扱うことが要請されると考えられます。」[12]と述べているのである。

下級審裁判例は，「弁済期未到来の債務を将来弁済することができないことが確実に予想されたとしても，弁済期の到来した債務を現在支払っている限り，支払不能ということはできない」と述べて，上記の立案担当者の見解に拠るものが公表されている[13]。

以上に対して，支払不能を，「その債務のうち（現実にまたは将来の時点で）弁済期にあるものにつき，（弁済期が到来した時点において）一般的かつ継続的に弁済することができない（と認められる現在の）状態」であると解釈し，支払不能を認定するために弁済期の到来した債務の存在は不要であるとする見解がある[14]。弁済期が到来した時点で弁済できないことが一定程度の蓋然性をもって予測できるのであれば，その予測できる時点において，債権者の損失を最小限に抑えるという要請が債務者の経済活動の自由をできる限り保障するという要請を上回ると考えるべきである，という価値判断による。

債権者平等を早い段階で実現しようとする実践的意図は理解できるものの，条文の文言と離れる，また将来の債務不履行に係る蓋然性の程度が明らかでは

ない，という点になお問題があるように思われる。

(10) 偏頗行為否認や相殺禁止について支払不能基準を採用する趣旨は，以下のように説明されている。「債務者が破産手続開始の原因である支払不能になった場合には，現在弁済期にある債務でさえも債務者の自力による弁済は不可能な状態になっており，経済的には完全に破たんしているので，破産手続開始後と同様，債権者を平等に取り扱うことが要請されると考えられます。すなわち，この時期になされた弁済等は，弁済期にある債務を全般的に支払うことができない状態にあるにもかかわらず，特定の債権者のみに満足を得させたという点において債権者間の平等を害するものなので，破産手続開始の効果の前倒しを認めるべきであると考えられます。」（一問一答228頁），「破産者は，実質的には，手形の不渡等の『支払の停止』の前に経済的に破綻している場合がほとんどであり，この場合には，破産債権の実価は既に低下していますので，このような時期にされた債務負担や破産債権の取得に基づく相殺を禁止しないと，破産債権者間の平等を図ることができないと考えられます。」（一問一答114頁）。
(11) 一問一答31頁（「支払不能」の定義の説明）。
(12) 一問一答228頁（偏頗行為否認の時期的要件の説明）。
(13) 東京地判平19・3・29金法1819号40頁，東京地判平22・7・8判タ1338号270頁・判時2094号69頁。
(14) 山本和彦「支払不能の概念について」新堂幸司＝山本和彦編『民事手続法と商事法務』（商事法務，2006）169頁。

(3) 債務負担原因である契約

偏頗行為否認とパラレルに考えるのであれば，支払不能後にそれを知って破産者に対して債務を負担した場合には，相殺を禁止することになろう。しかし，立案段階で以下のような指摘がされたことから，相殺禁止について上記の場合にさらに加重した要件が課されている。すなわち，継続的に取引をする当事者間においては，取引関係が継続するとの予期に基づいて，将来自己が負担するであろう債務をいわば担保として個々の取引を継続することが多く，債務の特定性はないものの一定額以上の債務負担をすることが確実であるという場合には，相殺に対する合理的期待を認めることができるから，支払不能後に債務を負担した場合に一律に相殺禁止とすると，上記のような継続的取引に対して萎縮的効果が生じて望ましくない，という指摘である[15]。

以上のような考慮に基づいて，支払不能後の債務負担の場合の相殺禁止は以下の2つの場合に限定されることとされた。総じていえば，通常取引から発生する債務である限りではその負担が支払不能後であっても相殺を認める，これに対して通常取引を超えて債権回収のために債務を発生させた場合には相殺は禁止される，ということである。

第4章 相殺権

　第1は，支払不能になった後に契約によって負担する債務をもっぱら破産債権をもってする相殺に供する目的で破産者の財産の処分を内容とする契約を破産者との間で締結することにより破産者に対して債務を負担した場合である。支払不能後に，通常取引を超えて代物弁済がされたのと同視できるからである。

　財産処分契約には，預金に係る消費寄託契約や，商品等の売買契約が含まれる。第三者が破産者の預金口座に振り込む場合が含まれるかどうかについては考え方が分かれる。破産者の行為がないことから「契約を破産者との間で締結」するとはいえないという見解が有力である。他方で，破産者が通例の金融機関ではない別の金融機関への振込みを取引先に依頼したような場合には，実質は「処分」と同視できるとの見解もある[16]。振込入金の場合を，破産者がいったん受領して預金するのと相殺の可否との関係で区別する合理的な理由はないことから，破産債権者と破産者との個別の消費寄託契約はないものの，振込依頼は「破産者の財産の処分を内容とする契約」に含まれると解すべきであろう。

　「契約によって負担する債務を専ら破産債権をもってする相殺に供する目的」は，契約と相殺との時間的な接着性や預金拘束の有無・程度等の間接事実から推認することになろう。「専ら」を文字どおり読むと，財産処分契約の相手方には常に財産取得の目的もあるからこの条文が空文に帰することになりかねないので，債権回収を主要な目的としている場合と解すべきであろう。

　第2に，破産者に対して債務を負担する者の債務を引き受けることを内容とする契約を締結することにより破産者に対して債務を負担した場合である。この場合に相殺を認めると，破産債権者は引き受けた債務に係る自己に対する債権をもって対当額の限りで破産債権について完全な満足を得るのと同じ効果を生ずるからである。支払不能を認識して債務引受けをする場合には債権回収目的があると認められることから，第1の場合のような「専ら相殺目的」のような主観的要件の限定はない。

(15)　一問一答116頁。
(16)　基本構造と実務472～473頁〔伊藤眞〕，別冊NBL編集部編『新破産法の実務Q&A〔別冊NBL97号〕』(2004) 203頁〔益本広史〕。

3　支払停止後の債務負担（破71条1項3号）

　破産債権者が，支払停止を知って，破産者の支払停止後に破産者に対する債務を負担した場合には，相殺は禁止される（破71条1項3号本文）。支払停止とは，支払不能の旨を明示的又は黙示的に外部に表示する債務者の行為をいい(17)，これに基づき支払不能が推定できる（破162条3項参照）以上，そのような状態で作出された債権債務の対立に基づく相殺を認めると，債権者平等原則を害するからである。ただし，支払停止が例えば債務者の弱気に基づくものであり，客観的には支払不能を伴うものではなかった場合（破71条1項3号ただし書）には，債権者平等原則を強制する必要はないから，相殺は禁止されない。

　近時議論があるのは，債権者に対して債務整理開始通知を送付する行為が支払停止に該当するかどうかである。最判平24・10・19裁判集民241号199頁・判タ1384号130頁・判時2169号9頁は，個人債務者の事案について，「本件通知には，債務者であるAが，自らの債務の支払の猶予又は減免等についての事務である債務整理を，法律事務の専門家である弁護士らに委任した旨の記載がされており，また，Aの代理人である当該弁護士らが，債権者一般に宛てて債務者等への連絡及び取立て行為の中止を求めるなどAの債務につき統一的かつ公平な弁済を図ろうとしている旨をうかがわせる記載がされていたというのである。そして，Aが単なる給与所得者であり広く事業を営む者ではないという本件の事情を考慮すると，上記各記載のある本件通知には，Aが自己破産を予定している旨が明示されていなくても，Aが支払能力を欠くために一般的かつ継続的に債務の支払をすることができないことが，少なくとも黙示的に外部に表示されているとみるのが相当である。」と判示した。

　この判決には，須藤正彦判事の以下のような補足意見が付されている。「一定規模以上の企業，特に，多額の債務を負い経営難に陥ったが，有用な経営資源があるなどの理由により，再建計画が策定され窮境の解消が図られるような債務整理の場合において，金融機関等に『一時停止』の通知等がされたりするときは，『支払の停止』の肯定には慎重さが要求されよう。このようなときは，合理的で実現可能性が高く，金融機関等との間で合意に達する蓋然性が高い再建計画が策定，提示されて，これに基づく弁済が予定され，したがって，

第4章 相殺権

一般的かつ継続的に債務の支払をすることができないとはいえないことも少なくないからである。たやすく『支払の停止』が認められると，運転資金等の追加融資をした後に随時弁済を受けたことが否定されるおそれがあることになり，追加融資も差し控えられ，結局再建の途が閉ざされることにもなりかねない。反面，再建計画が，合理性あるいは実現可能性が到底認められないような場合には，むしろ，倒産必至であることを表示したものといえ，後日の否認や相殺禁止による公平な処理という見地からしても，一般的かつ継続的に債務の支払をすることができない旨を表示したものとみる余地もあるのではないかと思われる。

このように，一定規模以上の企業の私的整理のような場合の『支払の停止』については，一概に決め難い事情がある。」

しかし，債務者の行為という本来は外形的・形式的に判断可能な事柄について，一部免除や猶予の申出（再建計画案）の合理性や債権者による受入れの蓋然性という実質的な，あるいは規範的な判断を持ち込むのは適切ではないと考える。いかに再建計画案が合理的であり，債権者が受け入れる合理的な蓋然性があったとしても，再建計画の成立に向けて債務者と債権者とが交渉している間に，例えば，一部債権者が秘密裏に債務者の財産を買い受けて，代金債権を受働債権とする相殺をしたとしたら，結局交渉が決裂して法的倒産手続が開始された場合には，その相殺は無効としなければ不当である。須藤意見は，支払停止ありとすると再建への萎縮的効果があると指摘するが，しかし「支払停止」の後に債権者と債務者の交渉が実って再建計画が成立すれば，その時点で支払不能を脱することになるから，その後二次破綻して法的倒産手続が開始されたとしても，一部免除や猶予の申出と二次破綻後の法的倒産手続との間には因果関係がないという理由で，「支払停止」後の相殺適状の作出はその「支払停止」を基礎としては否認できない，と解すべきである[18]。

他方，私的整理が挫折して法的倒産処理手続が開始されたとしても，私的整理進行中の商取引債権への弁済は，私的整理に服することに同意していた金融債権者が認めていたものであるから，「支払停止」の後の弁済であっても，法的倒産処理手続の中で否認権を行使することはできない，と解する。

(17) 最判昭60・2・14裁判集民144号109頁・判タ553号150頁・判時1149号159頁，前掲注（13）東京地判平19・3・29。
(18) 支払停止について，一部免除や猶予の申出（再建計画案）の合理性や債権者による受入れの蓋然性という実質的な考慮をするという解釈論は，支払停止が偏頗行為否認を直接基礎づけた旧破産法72条2号の下では，否認の対象の過度の拡大による萎縮的効果の防止のために意味があった。しかし，現行法は，偏頗行為否認は（支払停止ではなく）支払不能が基礎づけることを明らかにしているのであるから，支払停止概念を実質化する必要性はなくなったと考える。

4　破産手続開始申立て後の債務負担（破71条1項4号）

　破産債権者が，破産手続開始申立てを知って，申立て後に債務を負担した場合には，相殺は禁止される（破71条1項4号）。破産手続開始の申立て（後に破産手続を開始させるもの）がされた時点で，それについて悪意の債権者の個別の回収行動を制限すべきであるという判断が前提とされており，この判断において破産法162条1項1号ロと共通する。支払不能を基礎とする相殺禁止ではないために，3号とは異なり，申立て時点で支払不能ではなかったことが相殺禁止を解除する旨の規定は存しないし，解釈上も支払不能ではなかったことをもって相殺禁止を解除すべきではないと解する。

5　相殺禁止の解除事由

(1)　概　　観

　破産法71条1項2号から4号の相殺禁止に該当する場合であっても，同条2項各号に該当する場合には相殺禁止は解除される。解除の根拠は，後述のとおり，各号により様々である。他方で，同条2項各号は，破産法71条1項1号の相殺禁止を解除するものではない。同号の相殺禁止は，実質的には，上述のように（Ⅱ1(2)）破産法67条2項後段が適用される場合に適用されなくなるのである。相殺禁止の解除のあり方が，破産法71条1項の1号と同項2号から4号までとで異なることになるが，客観的に合理的な相殺期待があるかどうかを問題とすべきであるという点では共通の考慮に基づくと考えるべきである。

(2)　法定の原因（破71条2項1号）

　破産債権者の債務負担が，相続，事務管理，不当利得等の法定の原因に基づ

第4章 相 殺 権

く場合には，破産法71条1項2号から4号の相殺禁止は解除される。破産債権者，破産者あるいは第三者による相殺適状作出が意図的ではないことに基づく。もっとも，これらの場合には，破産債権者に事前に客観的に合理的な相殺期待があったわけではなく，偶然の事情により相殺権を得ることができる建前に対しては，立法論的に問題があると考える。

合併や会社分割は，相殺目的で行うこともあり得ることから「法定の原因」には含まれないと解する[19]。遺産分割協議も，破産手続の開始により当然に分割され，共同相続人が相続分に応じて取得した債権[20]をその意思に基づいて移転させる行為であるから，「法定の原因」には当たらないと解する。

破産者が共同相続人の一人であり，他の共同相続人の相続放棄により金融機関である破産債権者に対する預金債権を相続放棄なき場合よりも多く取得した場合に，相続放棄が「法定の原因」に該当するかどうかについて下級審裁判例は分かれている。大阪地判平14・9・30金判1173号39頁・金法1672号40頁は，相続放棄自体は当該他の共同相続人の法律行為であり，その意思に基づく行為であって，破産者や破産債権者等からの働きかけによりなされる可能性が存在し，類型的に相殺権の濫用のおそれのない法定の原因に該当するということはできないことから，相続放棄により破産者の法定相続分を超えて破産債権者が負担した預金債務については相殺が禁止される，と判示する。他方で，大阪高判平15・3・28金判1173号35頁・金法1692号51頁（上記大阪地判平14・9・30の控訴審判決）は，相続の放棄は，いかなる動機によるかはともかく，当該他の共同相続人の意思に基づいてされるものであり，身分行為性が強く，破産者や破産債権者がその意思表示を強制することができるものではないことから相殺権の濫用には当たらず，「法定の原因」に含まれて相殺禁止が解除される，と判示する。相殺禁止の解除事由として立法論的に問題のある「法定の原因」はなるべく狭く解釈すべきであること，相続の放棄も意思に基づく行為であることから，「法定の原因」には該当しないと解する。

(19) もっとも，木川裕一郎「相殺禁止」新破産法の理論と実務311頁は，相続の場合を除けば債務負担を生じさせる背後の事情も斟酌すべきであるから，破産法71条2項1号の適用を原則として認めつつ，相殺権の濫用として処理すべきである，とする。
(20) 最判昭29・4・8民集8巻4号819頁。

(3) 危機時期より前に生じた原因（破71条2項2号）

　破産債権者の債務負担が，破産債権者が危機時期を知った時より「前に生じた原因」に基づく場合には，破産法71条1項2号から4号の相殺禁止は解除される。破産債権の実質価値が名目額どおりにあった時点で債務負担の原因があれば，その時点で両債権の対立及びそれに基づく担保の設定があったのに準じて考えることができ，相殺の担保的効力に対する破産債権者の合理的な期待を認めることができることを趣旨とする。したがって，「原因」は，債務の負担ひいては相殺期待を直接かつ具体的に基礎づけるものである必要がある。具体的には，受働債権の発生の可能性が高いこと，債務者・第三債務者が受働債権の発生に向けて拘束されていること，及び受働債権の価値を自働債権が優先的に把握することを正当化する事情があることが，「前に生じた原因」の有無の判断要素とすべきであると解する[21]。

　(a)　破産債権者となる金融機関と債務者との間で危機時期前に締結された当座勘定取引契約[22]や普通預金契約[23]は，危機時期に振込入金があって金融機関が債務を負担したとしても，「原因」には該当せず，相殺は禁止される。債務負担（預金の発生）が確実ではないため，相殺期待があるということはできないからである。

　(b)　振込指定とは，金融機関の融資先が第三者から支払を受ける代金をその融資先の預金口座に振り込ませることを約し，もって金融機関の融資金の回収を図ろうとするものである。危機時期前に振込指定の合意がされ，危機時期に振込みがされた結果金融機関が預金債務を負担するに至った場合に，金融機関は相殺をすることができるか。有力な見解[24]は，振込指定の強弱によって「原因」に該当するかどうかを区別する。すなわち，融資先とその債務者たる第三者との間で代金支払について口座振込みの方法によるという弁済方法の指定がされるのみで，金融機関と融資先との間に特別の契約がない場合には，弁済方法の指定がされたにすぎないから，金融機関側に正当な相殺期待があるとはいえず，振込指定は「原因」とはいえない（「弱い振込指定」）。これに対して，金融機関・融資先・融資先の債務者の三者が，融資先の債務者は代金を必ず金融機関の融資先名義の口座に振り込み，それ以外の方法では支払わない旨，及びこの振込指定は金融機関の同意がなければ撤回できない旨を合意して

いる場合には，その振込指定合意は，金融機関の債務負担ひいては相殺期待を直接かつ具体的に基礎づけるものということができるから，「原因」に当たるということができる（いわゆる「強い振込指定」）(25)。

(c) 代理受領とは，金融機関がその取引先に対して工事請負資金等を融資する際に，金融機関がその代金の受領の委託を受けることを約する金融機関と取引先との約定をいい，融資先（請負人）が発注者に対して有する請負代金債権等を担保に取ることを目的とするものである。代理受領契約が危機時期前に締結され，危機時期に代金の受領がされて代金の返還債務を負担した場合に，金融機関は相殺をすることができるか。振込指定における有力な見解と同様に考えれば，請負代金請求権の主体である融資先が自ら取り立てることはせず，融資金の弁済に充てるように，当該金融機関にのみ受領の代理権を与え，これを一方的に解約しない旨を約し，かつ第三債務者（注文者）もこの契約内容を承認している場合には，相殺の担保的機能の信頼を保護すべきであるから，代理受領の合意を「原因」として相殺を認めるべきことになろう。他方で，受領権限が排他的ではなく撤回が可能であり，あるいは第三債務者に撤回不能の旨が伝わっていない場合には，合理的な相殺期待を認めがたい場合が多いであろう。

(d) 破産債権者が，危機時期前に，破産者との間で，破産者が債務の履行をしなかったときには破産債権者が占有する破産者の手形を取り立て又は処分してその取得金を債務の弁済に充当することができる旨の条項を含む取引約定を締結したうえ，破産者から手形の取立てを委任されて裏書交付を受け，危機時期を知ったのち破産手続開始前に当該手形を取り立てて取立金返還債務を負担するに至った場合に，破産債権者は相殺をすることができる。手形の取立委任の基本契約のみでは，取立委任が義務づけられるわけではないから合理的な相殺期待を基礎づけることは困難であるものの，これに加えて個別の取立委任まで危機時期前にされているのであれば，委任を撤回して手形を取り戻さない限り，委任者が自ら取り立てたり第三者に別途取立てを委任したりすることはできないから，取得金の充当条項とあいまって，合理的な相殺期待を基礎づけることができると解する。最判昭63・10・18民集42巻8号575頁・判タ685号154頁・判時1296号139頁も，上述のような約定の下での取立委任について，「破産

債権者が前記のような取引約定のもとに破産者から個々の手形につき取立を委任されて裏書交付を受けた場合には，破産債権者が右手形の取立により破産者に対して負担する取立金引渡債務を受働債権として相殺に供することができるという破産債権者の期待は，同号但書〔現破71条2項2号—筆者注〕の前記の趣旨に照らして保護に値するものというべきだからである。」と判示している。

(e) 証券投資信託の受益権の購入者について支払停止があった後に投資信託の解約実行請求がされ，その後破産手続が開始した場合に，投資信託の販売会社である銀行は，解約に基づいて受託者から委託者経由で入金された解約金の返還債務に係る請求権を受働債権として，受益権購入者に対する債権を自働債権として相殺することができるかが問題となる。

名古屋地判平22・10・29金判1388号58頁・金法1915号114頁は，投資信託の購入者(X)は，販売会社である銀行(Y)の同意なしに，解約ではなく他の金融機関への振替等をすることもできたからYの解約金返還債務が発生する確実性は乏しいことを理由に，Yに合理的な相殺期待はないとして民事再生法93条2項2号(破産法71条2項2号に相当)の適用を否定した。

もっとも，この事件の控訴審判決である名古屋高判平24・1・31判夕1389号358頁・金判1388号42頁・金法1941号133頁は，大要以下のように述べて，上記判断を覆した。すなわち，YのXに対する解約金返還債務は，Xの支払停止前に締結された投資信託総合取引規定等の規定を内容とする投資信託受益権の管理等を目的とする委託契約に基づいて，解約により解約金がYに交付されることを条件として発生しているのであって，この委託契約は「前に生じた原因」に該当する，受益権の換金方法として他のものがあるとしても解約の方法が一般的であることからYは合理的な相殺期待を有していた，というのである。

この問題に関連するのが，証券投資信託の受益者について破産手続が開始されて破産管財人が解約実行請求をした場合に，販売会社である銀行は，破産者に対する債権を自働債権，解約金返還債務に係る請求権を受働債権として相殺できるかが問題となった大阪高判平22・4・9金判1382号48頁・金法1934号98頁である[26]。この判決は，大要以下のように述べて，破産手続開始後に停止条件が成就した債権を受働債権とする相殺を肯定する(Xは投資信託の購入者

第4章 相 殺 権

（破産者）Ａの破産管財人，Ｙは販売会社である銀行）。

「Ｘは，投資信託の販売会社は単なる取次にすぎず，自ら投資信託を解約等して換金することもできないから，これに対して相殺の対象として期待すべき相当性はない旨主張する。

　しかし，本件契約において，Ｙは，Ａの受益権を管理する口座管理機関であり，Ｙを通してのみ他の口座管理機関への受益権の振替及び信託契約の解約による換金が可能であって，また，解約があった場合に，その解約金はＹの指定預金口座に入金されることが明らかである。したがって，Ｙの立場は，受益者であるＡと委託者であるＢ社を取り次いで投資信託の販売を行うことで終了するものではなく，その後も，解約若しくは他の口座管理機関への振替がなされるまで，本件契約に基づく受益権をその管理支配下に置いているということができる。したがって，このような受益者であるＡと口座管理機関であるＹとの関係は，信託契約の解約金について，Ｙの知らない間に処分されることがなく，また，その支払はＹの預金口座を通じての支払となることからして，相殺の対象となるとＹが期待することの相当性を首肯させるものというべきである。」

「ＡとＹとの間の銀行取引約定書には，ＡがＹに対する債務を履行しなかった場合には，Ｙがその占有しているＡの動産，手形その他の有価証券について，必ずしも法定の手続によらず一般に適当と認められる方法，時期，価格等により，当該動産又は有価証券を取立て又は処分の上，その取得金から諸費用を差し引いた残額を法定の順序にかかわらずＡの債務の弁済に充当できるとの任意処分に関する規定（4条3項）及びＹが，ＡのＹに対する債務とＡのＹに対する預金その他の債権とをいつでも相殺し，又は払戻し，解約，処分のうえ，その取得金をもって債務の弁済に充当することができるとの差引計算に関する規定（7条1項）が存在することが認められる。これらは，直接Ｙに対する権利でないものであっても，Ｙが事実上支配管理しているものについては，事実上の担保として取り扱うことを内容とする約定であって，このような約定の存在は，本件契約に基づく投資信託の解約金についてもＹの相殺の対象と期待することが自然であることを示しているというべきである。」

　上記判断の背景にあるのは，破産債権者が破産手続開始時において破産者に

対して停止条件付債務を負担している場合に，破産手続開始後に停止条件が成就したときには，特段の事情のない限り，破産法67条2項後段により破産財団所属の停止条件のついていた債権を受働債権とする相殺をすることができる，と判示する最判平17・1・17（前掲Ⅱ1(2)）である。

　破産手続開始後の解約により債務を負担した場合でも原則として相殺できるのであれば，破産手続開始前の危機時期における解約により債務を負担した場合であっても，相殺の合理的期待ありとするのが整合的であろう。この意味で，上記の名古屋高判平24・1・31は，大阪高判平22・4・9の連続線上にあるものと位置づけることができる。もっとも，上記判示に引用されている銀行取引約定書の「その他の有価証券」（4条3項）や「その他の債権」（7条1項）のような不確定な文言に基づいて，証券投資信託をたまたま（証券会社ではなく）銀行で購入した者への貸付の「事実上の担保」として合理的に期待できるのか，という疑問が残らないではない。また，上記名古屋高判平24・1・31は，解約実行請求を受益者ではなく販売会社である銀行が債権者代位権に基づいてしたという事案であり，条件成就による相殺適状を受益者が望まないであろうやり方で作出しているという事情を捉えて，販売会社に相殺に対する合理的期待があったのかを疑う旨の指摘もされている[27]。

　以上のような経緯があったところ，上記名古屋高判平24・1・31の上告審判決である最判平26・6・5判時2233号109頁・金判1444号16頁は，以下のように判示して，控訴審判決を覆し，民事再生法93条1項3号本文に該当するものの，同法93条2項2号は適用されないとして，相殺の効力を否定した。

　「民事再生法は，再生債権についての債権者間の公平・平等な扱いを基本原則とする再生手続の趣旨が没却されることのないよう，93条1項3号本文において再生債権者において支払の停止があったことを知って再生債務者に対して債務を負担した場合にこれを受働債権とする相殺を禁止する一方，同条2項2号において上記債務の負担が『支払の停止があったことを再生債権者が知った時より前に生じた原因』に基づく場合には，相殺の担保的機能に対する再生債権者の期待は合理的なものであって，これを保護することとしても，上記再生手続の趣旨に反するものではないことから，相殺を禁止しないこととしているものと解される。

第4章　相　殺　権

　前記事実関係によれば，本件債務は，X〔上告人〕の支払の停止の前に，XがY〔被上告銀行〕から本件受益権を購入し，本件管理委託契約に基づきその管理をYに委託したことにより，Yが解約金の交付を受けることを条件としてXに対して負担した債務であると解されるが（最高裁平成17年（受）第1461号同18年12月14日第一小法廷判決・民集60巻10号3914頁参照），少なくとも解約実行請求がされるまでは，Xが有していたのは投資信託委託会社に対する本件受益権であって，これに対しては全ての再生債権者が等しくXの責任財産としての期待を有しているといえる。Xは，本件受益権につき解約実行請求がされたことにより，Yに対する本件解約金の支払請求権を取得したものではあるが，同請求権は本件受益権と実質的には同等の価値を有するものとみることができる。その上，上記解約実行請求はYがXの支払の停止を知った後にされたものであるから，Yにおいて同請求権を受働債権とする相殺に対する期待があったとしても，それが合理的なものであるとはいい難い。また，Xは，本件管理委託契約に基づきYが本件受益権を管理している間も，本件受益権につき，原則として自由に他の振替先口座への振替をすることができたのである。このような振替がされた場合には，YがXに対して解約金の支払債務を負担することは生じ得ないのであるから，YがXに対して本件債務を負担することが確実であったということもできない。さらに，前記事実関係によれば，本件においては，YがXに対して負担することとなる本件受益権に係る解約金の支払債務を受働債権とする相殺をするためには，他の債権者と同様に，債権者代位権に基づき，Xに代位して本件受益権につき解約実行請求を行うほかなかったことがうかがわれる。

　そうすると，Yが本件債務をもってする相殺の担保的機能に対して合理的な期待を有していたとはいえず，この相殺を許すことは再生債権についての債権者間の公平・平等な扱いを基本原則とする再生手続の趣旨に反するものというべきである。したがって，本件債務の負担は，民事再生法93条2項2号にいう『支払の停止があったことを再生債権者が知った時より前に生じた原因』に基づく場合に当たるとはいえず，本件相殺は許されないと解するのが相当である。」

　大要，第1に，解約実行請求がされるまでは購入者の有する受益権は購入者

の全債権者の責任財産であって，解約金の支払請求権は受益権と実質的には同等の価値を有するものであること，第2に，購入者は受益権について自由に他の振替先口座に振り替えることができたのであり，振替がされれば銀行は解約金の返還債務を負担しないことになるから，その債務負担は確実であったとはいえないこと，さらに第3に，銀行は解約実行請求を行うために債権者代位権を行使するしかなかったこと（銀行が解約して債務の弁済に充当できる旨の合意がなかった事案）が理由の骨子であり，特に第2の理由が重要であると解する。

(21) 藤田友敬・法協107巻7号（1990）1161頁・1172頁は，受働債権の発生原因の特定性と債務者・第三債務者の拘束性との2点を相殺の担保的機能への期待の強さの判断要素とする。
(22) 最判昭52・12・6民集31巻7号961頁・判タ359号204頁・判時876号85頁。
(23) 最判昭60・2・26金法1094号38頁。
(24) 青山善充「倒産法における相殺とその制限(1)」金法910号（1979）9頁。
(25) 名古屋高判昭58・3・31判タ497号125頁・判時1077号79頁。上原敏夫「いわゆる『強い振込指定』について」青山善充先生古稀記念『民事手続法学の新たな地平』（有斐閣，2009）655頁は，金融機関が相殺を期待する基礎は，あくまで，金融機関と破産者との合意にあるから，第三債務者の関与はなくても，金融機関と破産者との合意があれば，金融機関の相殺の期待を保護すべきであり，「強い振込指定」に準じて，「前に生じた原因」に当たる，とする。
(26) この判決に対しては上告受理申立てがされていたが，最決平23・9・2金法1934号105頁は，上告不受理とした。
(27) 伊藤尚「破産後に販売会社に入金になった投資信託解約金と販売会社の有する債権との相殺の可否－大阪高判平成22年4月9日を契機に」金法1936号（2011）52頁・62頁注15。

(4) 破産手続開始申立て後の1年以上前（破71条2項3号）

破産債権者の債務負担が，破産手続開始の申立ての時よりも1年以上前に生じた原因に基づく場合には，破産債権者による相殺禁止は解除される。1年以上も相殺の効力が確定しないのは債権者の地位を長期にわたって不安定にし，取引の安全を害するので一律有効とする，との趣旨である[28]。

(28) 破産手続開始の申立ての日から1年以上前にした行為（担保設定行為等）は，支払停止があった後になされたものであることを理由として否認することができない，と定める破産法166条と同趣旨である。

第4章 相 殺 権

Ⅲ 破産者に対して債務を負担する者の破産債権取得の場合——相殺禁止の要件(2)

1 破産手続開始後の破産債権取得 (破72条1項1号)

　破産者に対して債務を負担する者が破産手続開始後に他人の破産債権を取得した場合には，取得した破産債権を自働債権とする相殺は禁止される（破72条1項1号）。この相殺を認めると，破産手続開始決定により額面額未満の価値しかないことがほぼ確定した破産債権に額面額での満足を与えることになるからである。他人の破産債権を取得する場合とは，破産債権を買う場合のほかに，例えば保証人が保証債務を履行した結果原債権を弁済による代位により取得する場合[29]も含まれる。

　「他人の」破産債権を取得した場合と規定されているのは，破産債権は原則として破産手続開始前の原因に基づくので（破2条5項），破産手続開始後に取得するとすれば原則として他人の破産債権であることによる。もっとも，例外的に，破産手続開始後に発生する破産債権も存し[30]，そのような破産債権に額面額での満足を与えるべきではないから，破産者に対して債務を負担する者を債権者として破産手続開始後に破産債権が発生した場合にも，その破産債権を自働債権とする相殺は破産法72条1項1号の類推適用により禁止されると解する。

　保証人が主債務者に対して何らかの債務を負担している場合に，破産手続開始後に保証債務を履行した結果取得する求償権を自働債権として相殺をすることができるか。最判平24・5・28民集66巻7号3123頁・判タ1375号97頁・判時2156号46頁は，保証人が主たる債務者の破産手続開始前にその委託を受けないで締結した保証契約に基づき同手続開始後に弁済をした場合において，保証人が取得する求償権を自働債権とし，主たる債務者である破産者が保証人に対して有する債権を受働債権とする相殺の効力を認めることは，第1に，破産者の意思や法定の原因とは無関係に破産手続において優先的に取り扱われる債権が作出されることを認めるに等しいこと，第2に，破産手続開始後に破産者の意思に基づくことなく破産手続上破産債権を行使する者が入れ替わった結果相殺

適状が生ずる点において，破産者に対して債務を負担する者が，破産手続開始後に他人の債権を譲り受けて相殺適状を作出したうえ同債権を自働債権としてする相殺に類似することから，破産法72条1項1号の類推適用により許されない，と判示する。主債務者から委託を受けた保証人が，保証債務の履行の結果取得する求償権を自働債権とする相殺には，客観的に合理的な期待が認められるのに対して，保証人が主債務者から委託を受けていない場合には，主債務者のあずかり知らぬところで主債務者の保証人に対する債権が，保証人が主債務者に対して将来取得すべき求償権の担保に供せられることになり，そのような相殺には客観的に合理的な期待は認められない，ということである[31]。

保証に基づかずに，破産手続開始後に破産債権者に対して第三者弁済をした場合に，破産者に対して有することになる求償権を自働債権とする相殺の効力は認められるか。名古屋高判昭57・12・22判時1073号91頁は，破産宣告後の破産債権者に対する弁済という事務管理に基づく求償権を自働債権とする相殺を有効と認めることは，あたかも破産宣告後に他人の破産債権を取得し，これを自働債権として相殺をなす場合と異ならないのであってかかる相殺は破産法104条3号（現破71条1項1号）により禁止されている，と判示する。上記の最判平24・5・28と同じく，破産者の弁済者に対する権利が，破産者のあずかり知らぬところで事務管理に基づく求償権の担保となるのは不当である，という判断が基礎にあるものと思われる。

(29) 東京地判昭34・4・6下民10巻4号706頁・判タ90号59頁・判時187号29頁。
(30) 破産手続開始後に新たに発生する破産債権として，破産法97条1号から4号が挙げるもののほかに，同法54条1項，58条2項・3項，59条2項，60条1項，168条1項・2項2号・3号がある。
(31) もっとも，破産者の意思（又は少なくとも法定の原因）と相殺の可否との関係は，判旨からは明らかではない。岡正晶〔本件判批〕金法1954号（2012）70頁は，民法460条の事前求償権の有無により相殺の可否に関する委託のある保証と無委託保証との区別をすべきである，とする。

2　支払不能等の後の破産債権取得（破72条1項2号～4号）

破産法72条1項3号及び4号は，同法71条1項3号及び4号といわば鏡像関係に立ち，破産債権の取得と破産債権者の債務の負担との順序が入れ替わっているだけである。

第4章 相 殺 権

　これに対して，破産法72条1号2号は，破産債権者による債務負担の態様に限定を付した同法71条1項2号（先述Ⅱ2）とは異なり，単に，破産者に対して債務を負担する者が支払不能後に破産債権を取得したことを相殺禁止事由と定めている。破産法71条1項2号の場面とは異なり，支払不能後の通常取引の範囲を超えない範囲での取引から発生する相殺適状を保護する必要性が特にないことから，破産債権の取得の目的等についての限定が付されていないのである。

3　相殺禁止の解除事由

(1)　破産法72条2項1号から3号

　破産法72条1項2号から4号の相殺禁止に該当する場合であっても，同条2項各号に該当する場合には相殺禁止は解除される。破産法72条2項の1号から3号は，同法71条2項1号から3号といわば裏返しの関係に立ち，その趣旨も同様である。

　破産法72条2項2号の「原因」には，以下のようなものが含まれる。

　(a)　銀行が，買戻しの特約を含む手形割引契約に基づき手形を割り引いた後，割引依頼人の支払停止を理由として同人に対しその手形の買戻請求をして，割引依頼人に対して買戻代金債権を取得した場合には，上記のような手形割引契約は，危機時期以前に生じた破産債権取得の「原因」であって，買戻代金債権を自働債権とする相殺は許容される[32]。

　(b)　連帯債務関係が発生した後に連帯債務者の1人が破産手続開始の申立てをした場合において，その申立てを知って他の連帯債務者が破産手続開始の決定前に弁済をしたことにより当該申立てをした連帯債務者に対して求償権を取得した場合には，その求償権の取得は，当該申立てを知る前から存する連帯債務関係という求償権発生の基礎となる「原因」に基づくものであって，当該求償権を自働債権とする相殺の効力は認められる[33]。

　(c)　元請業者と下請業者との間に，下請業者の危機時期には元請業者が孫請業者に立替払いをすることができる旨，及び元請業者は立替払いに基づいて下請業者に対して取得する立替払金求償債権を自働債権，下請業者に対する請負代金債務に係る債権を受働債権とする相殺をすることができる旨が請負契約に

定められている場合に，下請業者が破産手続開始の申立てをした後に元請業者が上記契約に基づいて孫請業者に対して立替払いをしたときには，上記契約が「原因」に該当し，約定どおりに，立替払金求償債権を自働債権，下請代金請求権を受働債権とする相殺をすることができる[34]。

- (32) 最判昭40・11・2民集19巻8号1927頁・判タ185号81頁・判時433号30頁。
- (33) 最判平10・4・14民集52巻3号813頁・判タ973号145頁・判時1639号122頁（和議事件）。
- (34) 東京高判平17・10・5判タ1226号342頁（再生事件）。

(2) 破産法72条2項4号

破産者に対して債務を負担する者が支払不能等の後に破産債権を取得したとしても，その破産債権が，破産者に対して債務を負担する者と破産者との間の契約を原因として取得されたものである場合には，相殺禁止は解除される（破72条2項4号）。

契約の相手方は，自分が破産者に対して既に負担する債務をいわば担保として破産債権を取得しているのであり，実質的には一度も無担保債権者としてのリスクを引き受けていないのであって，偏頗行為否認において融資と同時の担保設定が同時交換的行為として否認されない（破162条1項柱書）のと同様に，相殺禁止は解除されるのである[35]。例えば，従来銀行から融資を受けていない預金者が，その危機時期に新たに融資を受ける場合には，当該銀行は，既存の預金を実質的に担保にして，最初から相殺権という担保付の破産債権を取得することになるから，危機時期における偏頗的な満足という結果は生じないのである[36]。

この4号が適用されるために，破産債権の発生原因である契約を締結する際に，反対債権との相殺による債権の満足を意図している必要があるかどうかについては，そのような意図がない場合にまで相殺禁止の解除を及ぼす必要はないとの見解[37]と，リスク軽減の有無は客観的に判断すべきであるので，そのような意図の有無にかかわらず相殺禁止を解除すべきであるとの見解[38]とがある。

前者の見解の意図は理解できるものの，主観的な意図により相殺禁止が解除されるかどうかが決まるのは適切ではないと考えることから，後者の見解を支

第4章　相　殺　権

持すべきであると解する。

- (35)　一問一答119頁。
- (36)　一問一答119頁は，危機時期以降に破産者に対して債務を負担する者が破産者との間の契約によって破産債権を取得した場合に相殺が禁止されるとすると，経済的に危機に瀕した債務者と取引をする者がいなくなって，債務者の経済的再規の機会を失わせることとなるおそれがある，とする。
- (37)　山本ほか・概説〔第2版〕259頁〔沖野眞已〕。
- (38)　竹下・大コンメ316頁〔山本克己〕。

Ⅳ　相殺禁止の効果

　破産法71条及び72条の1項各号が定める相殺禁止に抵触する相殺は当然に無効である。相殺権の行使が破産手続開始の決定前になされている場合には，開始決定までは相殺は有効であるが，破産手続開始の決定の効果として相殺が遡って当然に無効となる。この点で，形成無効である否認とは異なる。相殺が遡って無効になると，破産管財人は，受働債権である破産財団所属の債権を行使することができ，また自働債権あるいは受働債権に付されていた保証・担保は当然に復活する。金銭給付訴訟の被告が提出した相殺の抗弁が認められて，訴求債権が消滅したので請求を棄却する判決が確定し，口頭弁論終結後に原告について破産手続が開始した場合には，前訴での相殺が相殺禁止に触れるものであるときは，その時点で前訴での相殺は当然に無効となるから，原告の破産管財人は，原告の債権（前訴の訴求債権）を行使することができる(39)。

　相殺禁止が破産手続内での債権者平等を確保するためのものであることから，破産手続の開始前に相殺がされている場合に，破産手続開始決定と同時に破産手続廃止決定がされたとき（破216条1項）には，相殺が遡及的に無効とされることはない。これに対して，異時廃止（破217条1項）や同意廃止（破218条1項）の場合には，破産管財人が破産財団所属の債権の取立てをしてしまっている場合は格別，債権が破産手続終了時に破産財団に残っている場合には，破産手続の終了時点で相殺の効力は当然に復活する，と解する。

　相殺の意思表示が破産手続の前であっても後であっても，相殺が無効になると，破産債権者は権利行使のために破産債権を届け出る必要があり(40)，破産配当により弁済を受けることになる。他方，破産者の有する債権は破産管財人

が行使することになる。

　破産法71条及び72条の1項各号が定める相殺禁止は、債権者平等を確保するための規律であるから、破産債権者の全員の合意があれば格別、破産管財人と個別の破産債権者との合意で相殺禁止に抵触する相殺を有効とする合意の効力は認められない[41]。

(39)　大決昭9・65・25民集13巻851頁（和議事件）。
(40)　相殺禁止に触れるおそれがあると破産債権者が考えたときには、相殺が有効であることを解除条件とする予備的な債権届出をすることができる（条解更生法㊥916頁）。
(41)　前掲注(22)最判昭52・12・6は、現在の破産法71条1項3号に対応する規定について「この相殺禁止の定めは債権者間の実質的平等を図ることを目的とする強行規定と解すべきであるから、その効力を排除するような当事者間の合意は、たとえそれが破産管財人と破産債権者との間でされたとしても、特段の事情のない限り無効であると解するのが、相当である。」と判示する。

〔松　下　淳　一〕

第5章

契約関係の処理

11 破産管財人の選択権

I 事業活動と契約

1 事業活動の基盤を形成する双務契約

　事業活動は，資材の調達，生産活動，販売活動，財務活動の各側面での予測可能で，合理性のある人的物的資源の配置，配分を必要とする。その配置，配分を担当するのが契約であり，これを制裁とともに機能させ，支える制度が法である。そして，契約をもって継続性，合理性を担保された事業活動自体も取引の対象とされ価値を保有するに至る。つまり事業活動に必要な資源の配分，配置に係る配分法則（権利義務）が事業活動と企業価値の原点ともいえる。契約は当事者の対等を前提に平等な価値の交換として成立したときに効率的であり自己推進力が高いから双務契約が優れており，かつ，契約の大半を占めている。もちろん，片務契約との境界も微妙で，片務契約の意義がないとはいえないが，ここでは，双方の取引により交換した対向する約束がある契約を検討する。

　事業活動が，もっぱら双務契約により構築され，将来の調達，生産，供給を秩序づけているところ，事業の破綻が降りかかるから，継続している契約関係の中途において破綻をみる。破綻の瞬間では，①契約関係の一方当事者においては履行完了済みで，他方当事者につき未履行がある場合，②双方の義務が，その程度を別にして未履行で残っている場合，そして③双方が全部を履行している場合もある。①の場合は，一方当事者の履行完了に伴い，他方当事者に対する権利が，破産債権となっているか，逆に財団所属の債権となっている。③

の場合は，契約関係は終了しているから論外となる。ここでの課題は，②である。

2　破産法律関係の基礎としての双務契約

　破産における双務契約は，契約の運命という関心だけではなく，他の権利との間における優劣と密接に関係する。むしろ，不法行為による法律関係を除いて，破産に関係する利害関係人に認められる権利，利益，法律関係の基礎となり，あるいはこれを規定する。例えば，双務契約の一方の当事者の有する権利を個別に取り出せば，その成熟度のいかんにより，条件付き（同時履行抗弁の付着など）の権利にとどまっていたり，完成した権利として扱われたりする。時には，優先権（一般の優先権，財団債権）のある債権に格上げされるが，多くの場合には，比例配当に甘んじる。破産財団からの取戻権についていえば，対象物が物理上の偶然によって倒産財団の支配下に入り込んだような場合を除いて，基本は，契約から物権あるいは債権が生じ，これが取戻権の基礎となるので，双務契約の発生から消滅に至るまでの過程の完成，未完成の度合いに応じて，取戻権としての成否が規定される。未履行の売買も，登記（仮登記）があるだけで取戻権（本旨履行の強制）になることに顕著である。担保権（別除権）についても同様であり，リース契約，ライセンス契約のように，双務契約の性質により別除権（目的物の売買と担保）となり，あるいは契約の熟成度に応じて別除権となる。相殺権についても，双方未履行である1個の双務契約であるにもかかわらず，デリバティブ取引など複雑な金融取引では，同じ契約の基礎に立つ債権債務の相殺権がある（約定に基づく金銭評価による相殺権＝解除に類似）。ここから，双務契約双方未履行は，発生原因が破産前にあり，破産債権であるべき請求をその要素にもっているにもかかわらず取戻権，担保権，相殺権といった一般破産債権に優越する権利へと自在にその性質，権利の類型を変える契機を内部にもっている。逆に，オプション契約のように，オプション料の支払とオプション権の交付により一方の義務が完了しているにもかかわらず，オプション権の行使により双方未履行契約が発生するもの（その性質は，やはり破産前の原因による。）もある。このような双務契約と取戻権，別除権，相殺権などという破産に認められる優先的な権益との連続，転換，そして双務契約の柔軟性を常に

認識しておく必要がある。

3 他の法令の破産規定

双務契約の一方当事者の破産による契約処理は，破産法53条以下の扱うところであるが，他の法令にも目を向ける必要がある。破産法の特別規定であることを明示したもの（金融機関等の行う特定金融取引の一括清算に関する法律など），民法の賃貸借，雇用，請負，委任，組合にある諸規定，拡大すれば，債権者代位，詐害行為取消しの規定，そして契約債務の履行期に影響する期限の規定がある。商法でも，匿名組合契約（商541条），保険（商旧651条〔現行法では削除〕，保険96条）などの規定がある。行政法では，労働者退職金などについての第三者立替払いの発生を生じさせるもの（賃確7条），公開買付けなどの撤回・解除（金商27条の11・27条の22の2など），許認可の対象である事業では，破産に伴う許認可の失権，没収などの規定など（信託業46条1項・41条2項など）があり，許認可に連動する公法契約が同じ運命に服する。したがって，破産法規定だけではなく，これらの他の法令との守備領域，関係をみながら破産法53条以下の適用を検討しなければならない。なお，わが国は連邦制の国家ではないので，例えば，破産を連邦の権限としている国家における連邦破産法と連邦構成要素である州（state, Bundesland）などの実体法との優劣関係（例えば連邦専権による優先）に基づく諸法との整理ができないので，各法が対等であるのか，一般法・特別法との優劣原則や立法時期の先後原則によるのか，その立法者が一体で矛盾なく立法したはずで，調整が施されているとして解釈するのか，など基準は明確ではない。

II 契約処理の現実的指針と理論

1 実務的，実践的観点からする指針

実務的，実践的観点を前面に押し出せば，双務未履行である双務契約に対する考え方は，次のとおりになろう。すなわち，破産法，民商実体法の枠組みの中で，財団管理の作業が進められるが，破産積極財団の管理（管財人による処

第5章 契約関係の処理

分）に関する原則は，積極財産をいつまでも保有せず速やかに資金化することであり，また，財団価値を増やすこと（財産価値最大化）である。そこでの基本方針は，単純にいえば，①財団財産の有効現実化による処分と資金の確保（つまり「生かす」），②負担の多い財産の放棄（つまり「捨てる」），そして，③財団債権の発生の抑制にある[1]。このような作業の立場からみると，双方未履行契約は積極財産（たとえ契約の対価である相手の給付請求権が付着していても）[2]であり，履行選択は，この積極財産の有効現実化による処分・資金化（①）であり，解除は，この積極財産の放棄（②）にほかならない[3]。もちろん，双方未履行の双務契約の履行選択あるいは解除の選別は困難で慎重を要する。財団管理のために，単純に履行を求め，あるいは履行を無条件に受領する行為は，①の選択（履行選択）をしたものとされる危険があるが，履行選択には裁判所の許可が必要であるから（破78条2項9号），信義則に反するような場合を除き，事実行為からは履行選択にはならない。履行選択をうかがわせる事実行為があったときには，応じた相手方である相手方の権利保護は，財団債権とすることもできる（破148条1項2号・4号）。管財人から，履行選択の前に相手方に対して給付を強制できるかどうかは，判然としない。わが法としては否定的とすべきであろう[4]。同じ理由で，相手方から管財人への強制履行も否定すべきであろう。その根拠としては，わが法としては，相手方からの請求で早期に決着できる構造（破53条2項）のあることを指摘すべきであろう[5]。

以上が実務的な関心事であり，破産法53条はこれらの域を出ないものとして，把握することができる。ただ，「捨てる」（②の場合に当たる解除）といっても，財団の負担は物的な管理の費用，危険に係るだけではなく，契約相手方（債権者）の権利を無視することを伴うから，解除を肯定するには，制度として実務的な必要とは別に相手方の保護が足りるかの視点が必要とされよう。相手方は，履行をして，破産債務者の履行を請求できる地位にあった。その地位を破産を理由に拒否することを正当とする理由としては，財団の財産の充実，法律関係の整理の必要，履行のための財団準備の回避，履行が損失を招く時の損失回避義務，期待を損なうが多額の実害（回復利益，信頼利益）を及ぼすことがないこと（つまり，互いに重要部分が未履行であればとの要件を掲げれば），管財人による財団管理の主導権・第一次的判断権などである。もちろん，実務選択とし

11　破産管財人の選択権

て，和解的(6)にあるいは制度を利用して(7)，一時的に給付を受領し対価を財団債権とすることにより契約の部分的執行が可能であり，ときには履行選択と解除とのハイブリッド（解除をすると同時に多少の有利変更を入れ込む新契約の締結）という手法もあり得る。この手法は，解除の場合の形式効果，あるいは履行選択の形式的効果が互いに大きすぎて妥当ではないときの緩和措置になるが，財団管理の方針決定からその是非を規律する（眺める）ことになろう。

　さらに，財団管理の基本方針である財団債権の発生の抑制（③）について述べれば，破産手続開始決定以後の財産管理は，財団債権発生の危険（破148条1項2号・4号）に満ちている。破産債権でしかないものを財団債権としてはならない。例えば，破産手続開始決定後の処置を遷延することによる財団債権，本来，双方未履行ではないにもかかわらず履行を求め，新契約を結んだとされることによる財団債権は避けなければならない(8)。

（1）　破産法条文のうえでは，78条2項のうち，②に属するのが6号，12号，①に属するのがその他の号である。
（2）　米国に例をとると，履行選択があって初めて財団財産を構成するとの理解（伝統的）である。連邦破産法1987年改正前旧法，Bankruptcy Act§70b，Palmer v. Palmer, 104 F. 2d 161, 63（2d Cir.9）(1939)。逆に，相手方の権利を直ちに条件付破産債権として存在を認める考えもあるし（11 U. S. C. §101(5)(A)。以下，Bankruptcy Code（"BC"と略称），破産財団の範囲につき，開始前の期間満了で終了したリースは財団に属さないとの規定があることから推測すれば，存続している双方未履行契約は財団に属するとみることもできる（BC§541(b)(2)）。なお，破産財団は，破産者から独立に観念される（BC§541））。破産者の財産は，財団の財産となるとの理解である。その管理者は，管財人あるいは debtor in possession である。また，財団の負担した債務は優先債権（administrative priority claim）であるが，破産者の債務は破産債権と理解する。このような法制で双方未履行契約が財団に属さない時期があるとする考えでは，履行選択（assumption），解除（rejection）のいずれかがあるまで，双方未履行契約は存続してはいるが，中空にぶら下がっている（財団との関係が成立していない）ことになる。
（3）　破産法条文のうえでは，履行選択は破産法78条2項9号に明記され，解除は12号に該当し，いずれも裁判所の許可が必要である。
（4）　履行選択あるいは解除がなく，ぶら下がったままの段階で（in limbo の状態という。），相手方は"full"ではないとしても破産者への給付の義務があり，管財人から強制できるとされる。これも財団に属さないという観点からはわかりにくいところではあるが，決断をするまで管財人が給付を受けることができるものとし，その対価については，財団管理の費用となることで公平を保つという。Hall v. Perry（In re Cochise College Prak, Inc.）, 703 F. 2d 1339（9th Cir. 1983），Braniff, Inc. v. GPA Group LLC（In re Braniff, Inc.），118 B. R. 819（Bankr. M. D. Fla. 1990）。これに対して，履行選択前の段階で，管財人に対して給付を強制することはできない。N.

第5章　契約関係の処理

L. R. B. v. Bildisco & Bildisco, 465 U. S. 513 (1984). これでは契約法の双方の約束が条件でもあるとの原則（constructive conditions）が，機能しないことになる。そこで宙ぶらりの時期での管財人の支払義務を定めた規定も散見される（商業ビルの賃借に関するBC§365(d)(3)，あるいは動産リースに関するBC§365(d)(5)など。）。ところで宙ぶらりのままに破産手続が終了すると，当然免責からも除外されて（BC§727(b), 502(g)），破産者との関係に復帰する。これを，ride through と呼ぶようである。ただし，破産解体である Chapter 7 のケースでは，ride through をさせる必要がないので，みなし規定を置き，履行選択がないときには，解除（拒絶）されたものとみなしている（BC§365(d)(3)(d)(4)）。Chapter11のケースでの商業ビル non-residential real property のリース契約についても同じである。わが破産法としては，履行選択の有無にかかわらず双方未履行契約は開始の時点から破産財団に属しており，履行選択，解除は確認的に属性を決定する効果があるものと思う。細かな回答をすれば，履行選択そして解除は，開始決定時に遡って効果を生ずるのであろう。履行選択あるいは解除（みなし解除を含めて）までは，わが法でもある意味で宙ぶらりではあるが，互いに強制できず，任意になされた給付の整理は，財団債権規定による。破産者の使用の継続などは，債権者の手続外の権利行使が禁止されることに照らせば，現実に新しい物，役務の提供を受けるわけではないので，任意に給付を受けた部分に限定して整理をすればよかろう。もっとも，許可を得ないままの履行請求として扱われ，財団債権の発生あるいは管財人責任を問われる危険がある。

（5）　もっとも，保全期間中の保全管理人による管理の一環として双務契約双方未履行を処理（解除あるいは履行選択）してよいかは，さらに問題である。破産法53条が第2章第3節第2款「破産手続開始の効果」の中に置かれていること，保全管理人に関する規定の中の準用規定（破96条）では，破産法78条（同条2項9号，12号を参照）が除外されていることから，保全期間には双方未履行双務契約が処理できないおそれがある。管財人につき述べたと同様に，管財人と相手方は，互いに強制履行を請求できないであろう。また，相手方は解除できない。これらの手続的理由としては条件付破産債権として中止命令の対象となる，開始後に運命が決定される，というところであろうか。

（6）　給付を受け，相手の債権を破産法148条1項2号，4号によるものとする合意。

（7）　継続的給付の義務を負う契約の範囲のいかんにもよるが，もしも拡大すれば，広く破産法36条，55条2項によることができよう。

（8）　米国法では，履行選択（assumption）により相手方の債権は財団債権となり，相手方先履行に係る破産者の不履行分も治癒（履行）を強制されるので，契約関係の債権すべてが財団債権となるに等しい（BC§503(b)）。他方，解除（reject）は，破産開始直前の不履行とみなされ相手方に対し，法的構成のいかんにかかわらず破産債権としての保護しか与えないのが原則であるが，この点もよほどの差である（BC§§365(g), 502(g)(1)）。そして，一般には，解除（rejection）により，さらに特定履行（本旨履行）を免れるとされる。その結果，財団に不利な契約の拘束から離脱でき，損害（原状回復 restitution を含めて）は破産債権として扱うことができる。

2　破産法53条の性質

(1) 契約の効力論に依拠したときの破産法53条の趣旨

次に，実体法に比重を置いた理論問題となるが，債務者破綻に伴う実体法の

契約効力論に対置させて，破産法に解除，履行選択に関する規定を設ける理由に触れる必要がある。既に破産法53条という規定があるのにその背後を探ることは不要とも思われるが少し検討しておく(9)。実体法との整合性を保持させるときには，破産法の双方未履行規定の目的，趣旨は，必然的に特定の目的に傾斜しているというのか（解除が主目的となるのか〔伊藤説(10)〕，公平・履行選択が主目的となるのか〔福永・水元説〕(11)）という存在意義論）という問題は，その一つである。この問題は，破産法53条がないと仮定した極限状況において，実体法を通じて，どのような法的な結論となるのかを問うものとなる。

(9) 福永・研究32頁・84頁の問題提起。
(10) 伊藤・268頁。
(11) 福永・研究104頁，水元宏典『倒産法における一般実体法の規制原理』（有斐閣，2002）164頁・199頁。

(2) 契約法独自の論理
(a) 大陸法の契約の効力論（日本法の債務不履行論）

念のために確認しておけば，双務契約の対抗する約束の条件性，つながりは同時履行抗弁による。一方当事者の責めに帰すべき事由による履行遅滞，履行不能，不完全履行は，債務不履行である。債務の履行は，それが重要義務であるかどうかを識別することなく，約定どおりの履行でなければ債務不履行である（完全履行論）。債務不履行についての救済は，原則として，特定履行の請求あるいは損害賠償による。解除による損害賠償も妨げない。解除により，遡及的に契約が消滅し，その結果，当事者の履行済み部分について原状への回復義務がある。解除をしても損害賠償請求権は残る。

(b) 英米法の契約効力論（米法の債務不履行論）

双務契約の対抗する約束は，独立無関係の約束ではなく，約束でありながら互いの停止条件でもある（擬制された停止条件。constructive conditions of exchange）。したがって，一方当事者の履行提供は，他方当事者の義務の条件である。約定本旨に従わないものが不履行（non-performance）で，遅滞，履行不能，受領拒否，受領取消し，期限前履行拒否などが挙げられる。相手方の信用不安を理由とする他方当事者の履行の停止，担保など保証提供請求権がある。しかし，不履行は，重要債務（material obligation）の不履行だけを問題と

第5章 契約関係の処理

する。また，実質的に履行されていれば不履行とはしない理論(substantial performance)が働く。一方当事者の不履行に対し，他方当事者は，自らの履行を中断（suspend）しながら不履行者の履行を促すためしばらくの猶予を置く必要がある。その後において，初めて債務不履行（breach）となる。不履行者の責任は，原則は，損害賠償による。例外的に特定履行請求が許される。解除(契約法一般ではtermination)とともに損害賠償請求も妨げない。不履行に対して当事者が放置をすれば当然に双方債務が消滅する（discharge）。解除は遡及的ではなく，解除は各当事者の未履行部分だけの消滅である。互いに履行済み部分はそのままに残す（non-disturbance）。生じる不公平は，不当利得（restitution）の考えで処理する。もちろん，解除による損害賠償請求権は，消滅した未履行部分に代わるものとして残る。解除をしないで，例外的に目的物の特性に応じて特定履行請求はあり得る。以上は，詐欺，錯誤，あるいは強制による契約の取消（avoidance, vescission）の遡及的な効果とは異なる点である。

なお，契約法において，「債務不履行の自由」を承認する説があるので，これによれば，損害賠償などの負担の下に自由な離脱が可能とも理解される[12]。

売買契約の分野では，契約一般の原則をもとに，次のような処理をする。売主の引渡しの履行提供は，買主の受領義務及び代金支払義務の条件であり(UCC§2-507(1))，逆に，買主の代金支払の履行提供は，売主の引渡義務の条件となる（UCC§2-511(1)）。そこで，その適用になるが，もし，代金引換売買（cash sale）であれば，買主が引渡しを受けた物の保持及び処分の権利は代金支払が条件とされる（UCC§2-507(2)）ので，売主が，仮に引渡しをしても条件付きの引渡し（conditional delivery）であり，「相手方不払い＝条件不成就」で取り返すことができる（replevinとなる。UCC§2-507）。不履行による解除（cancellation）も可能であるが，その効力は，損害賠償のほかに未履行部分の消滅と解除までの履行により発生した権利の存続である（UCC§2-106(3)(4)）。このほか，買主の支払不能を理由とする規定（UCC§2-702。買主支払不能による引渡拒否及び支払不能であるのに引渡しを受けた買主から，引渡し後10日以内の請求による取戻し），また，売主の支払不能を理由とする規定（UCC§2-502。代金の一部支払後10日以内に支払不能となった売主からの買主による売買目的物の取戻し）がある。さらに，売主，

買主の別を問わず，相手の信用不安を理由とする規定（UCC§2-609,不安を理由とする履行の適正保証の要求及び保証がなされるまでの履行中断）がある。また，相手の不履行予告（anticipatory repudiation）がなされた時の規定（UCC§2-610。予告を不履行とし，待機し，自らの履行を中断する権利）がある。

(12) 米法でいう"efficient breach"という法経済学的なドクトリンで，資源配分の変更により害を被る者がなく，かつ，利益を得る者があるときは，資源配分の変更が社会にとって有益だとする考え(Oliver Wendell Homes, The Path of the Law, Harvard L. Reu. 457, 462 (1897)；Farnsworth and Young,Contracts, 3rd, 19(1980).）。

(3) 破産と双方未履行契約の債務不履行
(a) いくつかの発想

双方未履行契約が破産により債務不履行となるかという課題の趣旨は，緻密にいえば，双方未履行であるとのつながりが現存する状況下で，破産者に対する破産開始前の原因による単純な破産債権となるべき債務（約束）につき，債務不履行を肯定するのか，という課題である（この課題自体については，お断りをしておけば，後に触れるように，双方の重要な義務が未履行であるとの前提を置いている。）。まず，そもそも破産により双方未履行契約が当然に消滅する（全部あるいは未履行で残った部分）との発想がある。次いで，当然には消滅せず存続をしているとして，破産財団との関係を管財人の決定があるまでは，破産財団とは無関係に（中空に）存続しているとする発想もある(13)。最後に，双方未履行契約は当然に破産財団に組み込まれる（債権債務の一体として）としたうえで，管財人の行動により確定的に財団に取り込むか，排除するかが決定されるとの発想がある(14)。わが法は，当然に財団を構成するという発想による。

(b) 単純な破産債権についての期限到来

そこで，破産により双方未履行契約につき債務不履行が生じるかを論じるために，まずは，双方未履行という状況をはずして，破産開始前の原因による単純な破産債権を想定して，破産により破産債権の弁済期が到来するのかを検討する。

（ア）わが法においては，一般に破産手続開始により，債権の期限が到来すると理解している（債権の現在化〔民137条，破99条・103条3項〕）。したがって，債務者に対しては，その効力は実体上のものである。債務者以外の者（保証人，

物上保証人など）に対しても，実体上の効果を及ぼし得るかについては一般に肯定されていると思われるが，これに対して異なる意見もある[15]。

したがって，単に破産手続の目的のため，配当加入をさせる技法として破産債権の届出の限りで現在化（弁済期到来）をしたとはいえない。他方，そうであれば利息約定のある期限付債権の期限が破産手続開始により到来し，しかも，その支払がないから，開始後は利息ではなくすべて損害金に転じるかと思えば実はそうでもなく，「破産手続開始後の利息」（破97条1号）として「利息」を維持している。しかし，「破産手続開始後の不履行による損害賠償又は違約金の請求権」（破97条2号）とも定めているので，破産手続開始前に既に不履行があって破産手続開始後もその状態が継続している場合だけではなく[16]，破産手続開始により（現在化がされて）直ちに債務不履行となる趣旨（本来満期までの中間利息を劣後破産債権とし，満期後は損害金とするのか，もしくは，現在化をしなくとも，期限が到来すれば賠償金などが生じる趣旨）の定め方でもあるようにみえる。このあたりは，多少の疑問が残るということになる。

（イ）米法でも，破産により開始前発生原因にかかる債権（claim[17]）の弁済期が到来するというのが一般である。そして，期限付債権[18]も当然に，その券面額で破産債権となる（BC§502(b)(1)）。破産後の期限未到来の利息は破産債権とは認められない（BC§502(b)(2)）。しかし，破産によりいわば当然に期限到来として券面額での債権が認められることと，実際に期限の利益を喪失せしめることとは別のようである。つまり，破産手続による配当へ加入するために債権の現在化と，それ以外の法律関係における現在化とを区別している。そして，期限利益を喪失せしめて，破産手続加入以外の目的行動をとるときには（担保権実行など），実体法では，その趣旨の約定（acceleration）の存在だけではなく，明確な債権者の行動（喪失宣告，回収の手続行動など）を要件とする。この立場でみるとき，期限の利益を喪失せしめる行為が自動停止（stay）にかかるとする見解もあるが，期限の利益を喪失せしめる行動は，自動停止に服さないとする見解もある[19]。

(c) 単純な破産債権についての債務不履行

次に，開始前発生原因に係る債権が，債務者の破産により債務不履行となるかを検討する。

(ア)　まず，開始前発生原因に係る債権が，債務者の破産により債務不履行になるとする立場がある[20]。破産者の責めに属する債務不履行にあたると理解することになると思われるが，それが契約法の範疇でいえば，履行遅滞，履行不能，あるいは満期前の不履行宣告（anticipatory repudiation）とみるのかは，明らかではない。破産は，実体における支払能力の恒常的欠如を指す支払不能を前提とするといってよいので，履行不能に近い感がある。

　(イ)　逆に，破産を直ちには債務不履行としない立場では，破産者に責任がない，債務の履行ができないのは破産法の規定あるいは裁判所の命令により禁止されているため，債務不履行ではないという理由によるものがあり得る。さらには，破産者の責任を認識しない立場からは，破産を，危険負担（いずれの当事者も過失がない履行不能），大幅な事情変更にとどめる，という発想もあるようである[21]。

　(ウ)　大陸法の破産（わが法）では，開始前発生原因に係る債権について，債務者の破産をもって直ちに債務不履行とはしない[22]。破産債権の現在化（民法137条の期限利益喪失及び破産法97条，103条の破産債権の現在化）は，開始決定の効果として当然に期限が到来すると理解するにとどまる。もっとも，債務履行を債務者の立証責任とする原則がどの程度影響するかはわからないが，期限の到来は債務者の債務不履行に極めて近い。また，保証に関する民法452条，460条の破産規定からすると，主債務者の破産は，主債務者の債務不履行を認めるに近い。また，執行開始の要件に関わるが，民事執行法27条1項，30条，183条1項3号の規定からも，期限の到来により，債務者の債務不履行を認めるに近い。しかし，手続的な考察を交えると，破産手続開始決定後は，弁済期の到来した破産債権の権利行使が禁止されるので，損害金が発生しないとの結論に戻る。利息債権は，開始決定により即時弁済すべき債権の付帯請求として存在するが，その瞬間には利息発生期間がゼロであるため利息は生じない。さらには破産債権の権利行使が禁止されるので損害金に転じることもない。ただし，破産規定がこのような理論を貫徹してはいないことは既に触れた（破産法97条にいう開始後の利息，あるいは損害金の観念がある。）。これを除けば，わが法としては破産手続開始決定後の新たな債務不履行は生じないというものであろう。もちろん，契約において，破産開始を債務不履行として構成する自由はあるが，そ

の効果は後に述べるように問題含みである。わが法の期限利益の当然喪失が，同時に，破産者あるいは相手方の同時履行の抗弁権に影響があるか否かも大問題である。ここでは，結論だけであるが，同時履行などの条件は，破産手続開始によって双方いずれにも影響しないと思う(23)。

(エ) 英米法の破産（米法）では，破産開始をもって直ちに開始前発生原因に係る債権についての債務不履行とはみていない。むしろ，破産開始後の本来の約定弁済期の到来時点で，債務不履行とみるようである。破産開始前に期限利益を喪失させる事由が生じても，明確な喪失宣告などの行為がなかった場合は実体法としても期限喪失にはならないようである。そして，本来の弁済期に債務不履行となる。破産開始に伴い自動停止により期限到来時での弁済を禁止されたので，債務不履行にはならないとの見解があり得るが，むしろ破産後も債務不履行が生じるというのが連邦破産法の条文からの理解のようである(24)。

(d) 双方未履行契約についての債務不履行

ここでの課題は，緻密にいえば，双方未履行であるとのつながり（同時履行条件あるいは擬制された停止条件付き）が現存する状況下で，破産者に対する破産手続開始前の原因による債権（約束）につき，債務不履行を肯定するのかというものである。

(ｱ) 破産により双方未履行契約につき直ちに債務不履行を肯定する見解もあったようである(25)。

(ｲ) そのほかには，双方未履行契約をもって，未だ破産財団の財産ではなく，履行選択があって初めて破産財団となるという理解がある。その典型は，既に述べたように米法である。さらにドイツの通説と紹介される(26)。これによれば，破産自体で双方未履行契約につき不履行になることはない。最終的に，放棄（abandonment）の系譜である解除（rejection）により初めて，破産申立日直前での破産者側の債務不履行であるとされる（BC§365(g)(1)）。したがって，破産により当然に債務不履行とはみていないこと（しかし，不安の抗弁，履行についての適正保証の要求が成立する。）がわかる(27)。

(ｳ) わが法では，双方未履行契約も直ちに破産財団財産を構成する（相手方の反対債権付き）と理解する（破34条2項）(28)。そして，双方未履行契約は，破

産により直ちに債務不履行とはならないと理解する[29]。管財人の交通整理により，解除をもって財団から離脱させ，履行選択により確定的に財団帰属の財産とする趣旨といってよい。双方未履行の状態のままであれば（そして，同時履行条件あるいは停止条件が奪われない限り），互いに交換した給付約束の価値を保持している。投機的な要素による損害があるかもしれないが，それを除けば大きな損害がない。履行選択されれば，少なくとも条件の効果により比例的満足ではなく本来の反対給付を受ける。解除されれば破産債権ではあっても損害賠償を受ける。よって，債務不履行とするまでもない。なお，破産法54条1項を目して，開始後になされた管財人の交通整理による解除をもって初めて債務不履行になるとし，これによる損害賠償義務（及び原状回復義務）を許すもので，それまでは債務不履行ではないことを示した規定とみることもできるが，そこまでの読み込みを求めなくてもよいように思う[30]。

（エ）双方未履行の債務のうち，債権者が有する対応した債権を条件（同時履行，停止条件）に照らして条件付債権（破103条4項）として切り出すことは不可能ではない。この場合は評価は，条件からすればゼロ，あるいはたかだか，両債務の差額（対価の値上りなどによるもの）である。券面額で認めるべきもの（破103条1項）としても，最終的には除斥となる（破198条2項）。双方未履行であることによる条件付債権は，管財人の履行選択により財団債権となる保護があるから，寄託請求権（破70条）はないように思われる。そして，主題に戻れば，このような切り出し方をした債権は，破産により債務不履行にはならないと考える。

(13) 米国破産法でいう"in limbo"という状況がこれである。Mark S. Scarberry, et. al., Business Reorganization in Bankruptcy, 316 (1996). なお，ドイツの通説として紹介された「履行または拒絶のいずれの場合にも，その選択によって，浮動状態（Schwebe）にある給付交換契約は，破産清算のために変更される。」（水元・前掲注(11) 170頁）との説明にある浮動状態は，あるいは米国法（in limbo）と通じるものがあるのかもしれない。
(14) わが法の理解は，これに近いと思われる。
(15) 伊藤・198頁参照。
(16) 条解破産法683頁。
(17) その定義を定めたものにBC§101(5)。これによれば，条件付き，期限付きを問わない金銭債権及び債務不履行により損害賠償請求権が発生する衡平法に基づく救済請求権を指す。
(18) 加えていえば，条件付債権も認められる。つまり，契約の擬制された条件（construc-

第5章　契約関係の処理

tive conditions）と解釈される双方の債務も破産債権となる（BC§502(b)(1)）。
(19)　In the matter of LHD Realty Corporation, 726 F. 2d 327 (7th Cir. 1984).
(20)　福永・研究38頁，水元・前掲注(11)172頁に紹介されたドイツでの立法者意思説。
(21)　水元・前掲注(11)17頁。
(22)　伊藤・168頁・198頁では，破産債権の現在化は，破産清算のためで，保証人，連帯債務者，あるいは物上保証人との関係で弁済期が到来したものとみなされないとする。この見解も，おそらく破産開始を民法的に債務不履行とはみない趣旨と思う。注(23)に掲げた最判昭57・3・30は，会社更生の保全命令を理由に履行遅滞を否定する。同じ趣旨で，更生手続開始決定を理由に，履行遅滞を否定することになろう。しかし破産，民事再生においては，別除権につき，保全命令段階で履行遅滞を否定しても，開始決定に至るときに履行遅滞を承認するようである（注(23)に掲げた最判平20・12・16（田原睦夫裁判官の補足意見））。
(23)　福永・研究101頁。民法による期限の利益の喪失との関係では，契約の条項に，破産手続開始申立て（破産手続開始決定，支払不能，私的整理などを含む。）があったときは，直ちに期限の利益を喪失する（開始決定による喪失，あるいは即時自動的喪失など）とする条項が置かれることが多い。広い意味で，破産条項（ipso facto clause）である。その効力を破産手続において容認すべきかの問題がある。破産手続開始申立てがあったときは，直ちに解除できるという条項も同じ種類であるが，これについては，会社更生，民事再生において，少なくともリース契約（最判平20・12・16民集62巻10号2561頁・判タ1295号183頁・判時2040号16頁），所有権留保売買（最判昭57・3・30民集36巻3号484頁・判タ469号181頁・判時1039号127頁）につき，その効力が否定されている。
(24)　Chapter11の規定（11u.s.c.§1124）であるが，破産開始の前後を問わず債務不履行を理由に期限利益の喪失があったときの計画における期限の回復（deceleration）のための計画条項が許される。そこでは，開始後に期限利益を喪失せしめる債務不履行があることを前提とする。
(25)　福永・研究38頁，水元・前掲注(11)172頁に紹介されたドイツ立法者意図である。単純な一方当事者の破産債権の不履行と，双方未履行であることとは，特段の差をもたらさなかったようである。
(26)　水元・前掲注(11)170頁。
(27)　管財人による履行選択にあたり，将来履行についての適正な保証が要求される（このほか既に債務不履行があったときにはその治癒あるいは治癒がなされることの適正保証も必要である。）。破産開始などを理由とする不履行状況については治癒が不要とされる（BC§365(b)(1)）。
(28)　条解破産法288頁。
(29)　条解破産法389頁。
(30)　あえて回答すれば，解除をもって債務不履行とすることには賛成である。そうすると，破産財団の財産ではあるが，解除あるいは履行選択で確定的な交通整理をするまでの間に，相手方が自らの債務につき弁済の提供をして条件を外し，管財人に履行を迫ることが考えられる。管財人が強制されない理由として，相手方の債権が金銭債権であれば手続外弁済が禁止され，非金銭債権であれば対抗要件がないと取戻権とはならないので，やはり手続外弁済の禁止が及ぶというものがある。しかし，この考えは，管財人が主導権を発揮し，履行選択をしたときに，相手方に対する履行（弁済提供）が手続外弁済として禁止されているはずだとして問題視される。まさに，ここに

福永・水元説の真髄がある。しかし，売買目的物が高騰しているときに，買主管財人に財団増殖の機会を喪失せしめる方向に機能する制約（破産債権の手続外弁済になるとして）のために自縄自縛になる実益はない。論理的な落ち着きどころは，財団増殖という指針は本質的に偏頗的であるという原則であろうか。

(4) 印象論

以上によると，破産法53条が存在しないという架空状況を仮定して破産手続開始後の双方未履行契約を規律することは，不確定，不鮮明につきる。破産法53条は，これを一挙に切って進む極めて実践的で実務的な規定である。そして，そのような実践的な目的を優先して誕生したように思われる（不要財産の放棄から出発した歴史があったところである(31)。）。理論を重ねれば，本来は，契約法理からして，また，破産手続開始前の原因によることに伴う手続法理からしても（つまり破産債権であり，取戻権も対抗できないために），管財人も相手方も，一方的に，解除も履行選択もできないはずのものだとしても(32)，立法及び判例の選択は，財団価値の増殖を優先したのだと思われる。あるいは，歴史的には，相手方の債権がなるほど破産前の契約に由来するとしても，財団価値の増殖という目的に資する手段として，履行選択によりその全額を払うべきものとして意思決定をしたことが先行し，これの一般化，整理指針の理論はあとから来たのかもしれない。少なくとも，これまでの出所にまつわる理論は，破産法53条が現に事実に直面したときに，具体的な問題関係での権利義務を宣言し，これを明確にするには機能しない。我々は，以下においてむしろ実践的な目的により破産法53条を追求しよう。

(31) Vern Countryman, Executory Contracts in Bankrutpcy : Part I, 57 Minn. L. Rev, 439, 440.
(32) 「両すくみ」という状態とされる。福永・研究102頁。

Ⅲ 「双務契約」とは何か

これまで，「双務契約」とは何か，また，「双方未履行」とは何かを，特に定義しないままに検討を重ねてきた。ここで，具体的な検討を試みることにする。

第5章　契約関係の処理

1　「双務契約」

(1)　契約の中に存在する約束の検出

　契約は，当事者が互いに希望した一定の経済目的を達成するために，その内容が交渉され交換されるに至った約束からなる。契約は，約束を基本原子とするといってよい。もちろん，希望した経済目的により統一をされているはずであり，目的を実現するにつき互いに意味のある作為，不作為，給付を与え受け取ることに係る約束である。しかも，当事者の約束は，1対1で対向すること（目的物を移転する約束と，これに対しその代金を支払う約束というように。）を原始的モデルとするが，それだけにとどまらず，あるときは複数の約束が束となり，互いに前後して配列され，ときには論理的な意味で生まれかつ消えるとの条件関係を結びながら成立している。さらに，約束と条件についても識別が必要である。条件は一定の事実関係の発生，一定行為の履践，不作為の遵守などからなるので，相手方の行為からなるときには，相手方がその行為の履行を約束していなければ，約束ではなく，相手方の債務の不履行にはならない。双務契約であるかどうかの判定は，まず，このような意味での当事者の約束という基本元素を抽出特定することから始まる。事業活動に係わる契約は単純な典型契約ではないから，典型契約から出発して約束を探し出すことに拘泥することはあまり有益ではないときがある。

(2)　1個の契約単位の合成

　約束が交錯する状態から，当事者の希望した経済目的に奉仕する機能があり，対向し対価的関係・交換的関係に立つことを特色とする約束の組み合わせを合成する必要がある。これは，1個の契約単位である。この作業は，経済的な観察（経済目的，対価の均等のための結合，分解の使用）及び法的な観察（制定法あるいは取引慣行から一般に契約類型とされるものとの近似性の利用）による。そして，一方当事者にとって対価になると理解されて交渉取得された他方当事者の約束は，個数において1個であるとは限らない。当事者の組み立てにより論理的な条件関係に設定されているかもしれない。仮に，この合成されたものを1個の契約単位とすることができる。1個の契約単位ができあがったときは，互いの

約束は双方にとって未履行であるから、これは双方未履行の1個の契約と理解できる。

さらに、1個の契約でも、履行の時間要素があるときにはその分割給付（インストールメント）でも目的を達成するときは、時間軸に応じて縦に切ること（給付を分断すること）も不可能ではない(33)。

(33) 破産法にいう継続的給付を目的とする双務契約（破55条）は、インストールメント契約に該当しよう。

(3) 契約書の単数、複数
(a) 契約と契約書の個数

通常、契約は、契約書あるいはこれに代わる記録による。しかし、例えば、1個の契約書が成立しているときに、そこに1個の契約単位が存在するということにもならない。1個の契約書に、複数の契約単位が存在することも多い。そのような場合では、1個の契約書から複数の双方未履行の双務契約が成立する。これは、1個の契約書を、いわば横に切る作業をして、複数の契約単位を発見するものである。逆に、当事者が同時あるいは相前後して成立させて複数の契約書からなる場合でも、これらを統合して、1個の契約単位としてみるべき場合もある。統合は、当事者の意図、関連性、各約束の果たす機能・目的、対価的均等性などから判断する。

(4) 制定法の分類から自由な分析

ところで、現実の未履行契約が双方において重要な義務につき未履行であるかどうかの判断は、必ずしも容易ではない。そこで、経済的な観点から、さらに事実の基礎と約束の均衡がある限り、制定法が必要としていない約束、必ずしも見えない約束があるものと仮定する方法がある。例えば、金銭貸借は、要物性のある片務契約とせず、「いつごろ貸します」／「借りたら返します」の約束から構成され、ゴルフ場その他施設の預託金は、「金銭1500万円を会社に預託します」／「預託金は、退会後10年で会社が返還します」との約束、そして「会費を納めます」／「施設の利用を認めます」の約束から構成されるとする。また、約束を条件とすることもできる。例えば、「10年後返還の預託金が

預託されるとの条件が満たされたときは入会を認めて施設の利用を認めます」／「年会費を払います」と構成する方法である。また，保証契約，担保提供契約も，片務契約というより，債権者と保証人(担保提供者)の間で，「債務者の支払を保証(担保)します」／「信用を債務者に提供します」という構成，及び，債務者と保証人の間で，法律上当然に求償権が発生するので，「保証(担保)を提供します」／「保証(担保)実行されたらお返しします」という構成をとっても支障がない(もっとも，要件事実に拘るのであれば，主たる債務についての保証と，求償事由の発生ということになろう)。要は，約束をしたのか，それとも条件を定めたのかに関する当事者の意思に基づいて，対向債権が，条件付きにせよ，将来的にせよ，同じ取引原因から発生するのであれば，均衡が取れる限りで破産での双務性判断の基礎にし，そのうえで，一方が履行された段階では(保証書が提供されたなど)，一方の義務が終了し，他方の義務が残っていると理解すれば足りよう。こうして，必ずしも把握が容易ではない双方未履行契約にかかわる判断ミス，あるいは見解の相違に根ざす危険を排除できると思う。そもそも，双務契約と片務契約が整然と分かれているわけではないし，現在は片務契約として整理されているものも，(経済合理性を欠く贈与を除けば)約束した者からすれば対価として理解されている相手方の何らかの行動があるはずである。さらに制定法が双務契約の構成要素であると構成した約束の捉え方が現実の交換される契約の中で唯一の正しい捉え方であるとは限らない。そして，現実の契約はそれこそ制定法の典型契約だけでは切り取ることが正当ではないほどに複雑高度であり，複数契約書をもってする同時調印，主契約を基礎に付属契約を一体とした単数契約書調印などまちまちであり，内容的にも，権利移転その他の条件規定，表明保証責任規定，誓約事項規定など多数の約束から構成される。

(5) 基 準 時

　このようにして，約束から1個の契約単位に到達する。その約束が双方に未履行であるかの基準時は，当然に，破産手続開始決定時である。ところで，契約の成立時には，「1500万円を預託します」との約束であったものが預託されたことにより，逆に，相手方当事者の「退会後10年後に無利息で返還します」

の約束に転じ，その後どちらか一方の破産手続開始があり得る。この場合，契約成立時当初の約束が破産手続開始時において未履行であるかを探るのか，契約成立時の当初の約束が履行などにより消滅した後に同じ基礎から発生した約束状況（預託された預託金の返還状況）につき，破産手続開始時において未履行であるかを探るのかにつき疑問もあるが，後者でよいように思う。後に述べる最高裁判例（後出注(36)）も，発生時から始めて破産手続開始時の双方未履行を問うアプローチを選択している。

2 「双方未履行」

(1) 未履行の程度

双方未履行は，いずれの当事者も約束の履行を完了していないことをいうが，形式的な未履行の存否ではなく，さらに未履行の程度を問う必要がある。つまり，1個の契約単位の対価関係にある重要な義務が双方につき未履行でなければならない。これを基礎づけたのが，Countryman Definition と呼ぶものである。米法の契約法に依拠するが，普遍性を取得している。すなわち，その不履行が契約解除を発生させるような重要な義務であって，破産者及び相手方につき，それぞれ未履行であることを必要とするものである[34]。

わが国の学説の多くは，このような要件をもって双方未履行を判断することを支持している[35]。判例では，必ずしも判文中に全面的に明示されているわけではないが，指導的な最判平12・2・29（以下「平成12年最判」という。）[36]が暗に依拠していると解釈できる。すなわち，預託金制のゴルフ場の会員が破産をした事例で，会員破産管財人が会員契約を双方未履行であるとして，解除して原状回復による預託金の返還を求めた事案であった。当該事案の原審は，契約関係を「会員契約」と名づけて，契約成立時において，(i)預託金支払義務及びに年会費支払義務と，(ii)施設を利用させる義務，とが対価関係に立ち，預託金支払後は，(i)年会費支払義務と(ii)施設を利用させる義務とが双方未履行になるとした。そして，解除を認めた。これに対して，平成12年最判は，同様に1個の「会員契約」と捉えたうえで，双方未履行による解除を否定したが，その論拠として，解除による結果が不公平であることを挙げている。そして，その判断の基準になるものとして，「この場合において，相手方に著しく不公平な

状況が生じるかどうかは，解除によって契約当事者双方が原状回復等としてすべきことになる給付内容が均衡しているかどうか，破産法60条等の規定により相手方の不利益がどの程度回復されるか，破産者の側の未履行債務が双務契約において本質的・中核的なものかそれとも付随的なものにすぎないかなどの諸般の事情を総合的に考慮して決すべきである。」と述べる。そうして，原審とおなじように，1個の会員契約の成立時における各義務，そして預託金支払後の各義務の対向関係を肯定しながら，預託金支払後の会員の破産により，(i)年会費支払義務と(ii)施設を利用させる義務（その履行に多くの資本が必要である趣旨を述べて）とを比較したときに，年会費支払義務につき，「その義務は，会員契約の本質的・中核的な義務ではなく，付随的なものに過ぎない。」として，双方未履行として解除を認めることが，不公平な結果を生ずると結論した。その際，預託金の返還義務（破産者により履行され，破産時では逆に破産者の権利になっているもの）の位置づけにつき特に触れるところがない。そこで，義務の均衡の有無からすれば，①(i)預託金返還義務及び施設利用の義務と(ii)年会費支払義務を比較して，年会費支払義務が本質的・中核的ではないといったのか，②(i)施設利用の義務と(ii)年会費支払義務を比較して，年会費支払義務が本質的・中核的ではないといったのか，その意図，趣旨は明確ではない。解釈としては，②において，年会費支払義務が本質的・中核的でないとすれば，①では，預託金返還義務も追加されるから，ますます，対比される年会費支払義務は，本質的・中核的ではないことになる。思考の構造は，一方につき本質的・中核的義務であり，他方につき本質的・中核的義務ではないという判断であったと思われる。平成12年最判の判旨は，厳密には解除による不公平の判断基準を提示したものであるが，基礎において，このような（比較対照した）双方における本質的・中核的義務の存否を判断する必要性を肯定したといえる。なお，判文中に，破産者の側の未履行債務が，本質的・中核的なものであるかを問う部分があるが，これは，相手方（ゴルフ場）の未履行義務がすでに本質的・中核的であることを前提とした表現であり，相手方の義務が本質的・中核的であるかを問わない意図ではない。相手方の義務が履行済みであったり，非本質的であれば，破産者側の未履行債務を破産債権とすれば足りる。しかも，多少の論を進めれば，平成12年最判は，「解除によって契約当事者双方が原状回復等として

すべきことになる給付内容が均衡しているかどうか」を含めて，不公平な状況になるか否かを判断するように求める。つまり，「原状回復による給付の均衡＝履行済み給付の均衡＝未履行部分の均衡」であるから，未履行である債務の程度（同じ程度の未履行）を要求していることが明らかである。「不公平」を問題にするときには，当然に遭遇するところである。そうすると，合体をすれば，双方に，本質的・中核的義務が，均衡を保って未履行であることを意味する。結局，Countryman の定義に等しい。

(34) Countryman, Executory Contracts in Bankruptcy : Part I, 57 Minn. L. Rev. 439, 460. 双務契約双方未履行の定義として試みられたのは"破産者及び相手方契約当事者の契約義務が，いずれもが未だ遠く未履行であるため，いずれかによる履行の完成がないときには，重要な義務の不履行として他の当事者を契約義務から免責することとなる状態にある契約"とするものである。理由は，相手方が未履行で破産者において履行済みであれば，管財人の履行選択により財団の権利が増えるわけでなく，解除は意味をなさないからである。逆に，相手方において履行済みであれば，財団が既に給付を得たから履行選択は不要で，解除は相手方の権利に消長を及ぼさないためとされる（Id. at 451）。もちろん，ここでの解除（rejection）は，既履行部分を取り込んだ遡及的な効果をもつものとはされていないので注意を要する。

(35) 必ずしも明確ではないが，その趣旨であるはずと思われるものに，伊藤・272頁，福永・研究102頁，さらに古くは，加藤・研究（6）469頁（旧法993条の主義は，「双方の債務は互いに担保し合って債務を負ふたので，双方の債務は対価として略ほ同じものである，故に解除すれば公平である」との旧法の趣旨説明がある。改定作業をしていた大正11年破産法では，解除及び履行選択を規定し，解除の場合に損害賠償請求権を破産債権として認めたものとされる。

(36) 最判平12・2・29民集54巻2号553頁・判タ1026号110頁・判時1705号58頁。なお，判文中には Countryman の論文への言及は見出せない。

(2) 理由の検討

それでは，なぜ，重要な義務につき双方未履行であることを要求するのか。いくつかの理由があると思われる。

(a) 双方未履行部分の価値を無視できる場合

まず，重要部分の履行が双方とも終了していれば，その契約は本来の役割を果たしたので，解除，履行選択を問題とするに足らない。重要ではない義務が形式的に双方に残っているのは目障りかもしれないが，これを放置して当然に双方とも消滅するということでもよい。これが乱暴であれば，破産免責の効果で，破産者の重要ではない未履行部分の債務がいずれ消滅すると理解してもよい。そのときの破産財団に属する重要ではない権利は，条件に服したまま条件

第5章　契約関係の処理

が満たされる見込みがないし，条件に服した権利の放棄がなされたとすることで処理が終わる。

(b) **一方の未履行部分の価値を無視できる場合**

一方の重要な義務の履行が終了しているときには，以下のように考えればよい。その重要義務を履行した当事者が破産者であれば，財団所属の権利（履行した部分の全体に対する価値に基づく）として行使をすればよい。この場合に，破産者の重要ではない未履行部分が形式的に残っていたことになるが，既に履行された部分の価値に評価済みであるともいえるし，放置をしてその結果履行されずに当然消滅と解してもよい。これが乱暴であれば，破産者の重要ではない未履行部分の債務が破産免責の効果で，いずれは消滅すると理解してもよい。他方，破産財団に属する重要ではない権利は，財団の権利の価値に評価済みでなければ，条件に服したまま条件が満たされる見込みがないし，条件に服した権利の放棄がなされたとすることで処理が終わる。

逆に，重要義務を履行した当事者が非破産者（債権者）であれば単に破産債権（履行した部分の全体に対する価値に基づく）を認めれば足りる。この場合に，非破産者（債権者）の重要ではない未履行部分の債務が形式的に残ることになるが，既に履行された部分（破産債権）の価値に評価済みであるともいえるし，放置をしてその結果履行されずに当然消滅と解してもよい。これが乱暴であれば，破産財団に属する重要ではない権利は，条件に服したまま条件が満たされる見込みがないし，条件に服した権利の放棄がなされたとすることもできる。他方，破産者の重要ではない未履行部分の債務が残るとしても，破産免責の効果で，いずれは消滅すると理解してもよい。

(c) **公平の保障**

次に，経済的に考えても，双方に重要部分が未履行であれば，なるほど解除の効果，履行選択の効果とも絡むが，おおむね履行選択，解除のいずれを認めても，価額の高下による投機的な損害を別にすれば，均衡を大きく損なう大損害を相手が被ることもないという理由がある[37]。同じ理由に属するが，双方のあるいは一方の重要部分が履行済みであるが，重要ではない義務の双方未履行を理由に，しかもその効果として全体の遡及的な解除を認めるとすれば，逆に回復に伴う経済損失が大きい。なお，双方に重要部分が未履行であるとの要

件を掲げるときには，重要でない既に履行された部分が双方に存在するわけであるが，解除の効果，履行選択の効果とも絡んで，その運命が微妙ではあるとしても，双方に重要部分が未履行であるために解除された場合は，互いに均衡よく履行された重要ではない部分は，経済価値が少なく，消滅しても，あるいは破産債権，財団債権，財団所属権利のいずれの形式で残っても，害が少ないというべきであろう。履行選択の場合は，給付を受けていた者がそれを維持する。

(d) 新たな考え方の紹介

なお，双方の重要な義務の不履行という要件は，先にみたようにそもそも米国に発してしかも通説である。他方，双方未履行規定の適用にあたり，重要義務の不履行という要件をはずし，かつ，双方の未履行という要件をはずす考え方もあり，これに沿う判例もあるので，理論的な注目が必要であろう[38]。

(37) 福永・研究102頁，さらに古くは，加藤・研究(6)469頁。
(38) Andrew, Executory Contracts in Bankruptcy : Understanding Rejection, 59 Colo. L. Rev. 845（1988）; Westbrook, A Functional Analysis of Executory Contracts, 74 Minn. L. Rev. 227（1989）。この新説の基礎には，解除を破産申立て直前における契約債務の不履行事実の発生とみなす明確な規定のあることを理解する必要がある。そして，そのような債務不履行の結果は，全面的に契約法のルールに従う趣旨である。具体的には，債務不履行により損害賠償債権となり，その性質は破産直前の発生であるので破産債権である。しかも，特殊な債権で代替性がないユニークな債権であれば，特定履行（本旨履行）を，（破産前の発生ではあるが）破産財団に対して請求できるとする。しかし，財団に対して特定履行の請求を可能とする範囲では，解除という行為による離脱を認めないのと同じであり，財団の負担軽減の趣旨は生かされまい。また，重要性をはずすと，解除により破産法では重要ではない破産者の債務についても不履行（breach）となるが，契約法では，重要である債務についてのみ不履行（material breach）とするので，ずれを生じるように感じられる。

(3) 双方未履行を肯定させる重要な義務の例示

(a) 典型的な契約において

重要な義務であるとして，それが未履行であるときに双方未履行との評価をもたらす義務の典型としては，以下のものを挙げることができる。もちろん，具体的事案の契約目的，問題となる義務の履行の種類，程度，客観的価値などの事実関係のいかんによる。典型双務契約からいえば，売買（財産権移転及び対抗要件の付与義務，代金支払義務），賃貸借（趣旨に合致し満足できる使用をさせる義務，

賃料支払義務。このほか，金額によるが敷金，保証金，協力金の支払義務），請負（作業義務，完成義務，報酬支払義務），雇用（労務提供義務，賃金支払義務，主要な労働条件・労働環境提供義務），委任（事務処理義務，結果物引渡義務，報告義務，委任報酬支払義務，費用償還・前払義務），寄託（保管・返還義務，寄託報酬支払義務），組合（資本・労務の提供義務，執行義務）を参考に挙げることができる。

(b) **典型的な条項として**

広く一般契約でいえば，極く一例になるが，いわゆる表明保証条項 (Warranty)，すなわち，目的物の権利，品質機能に関する保証条項，契約権限に関する保証などがある。これらは多くは約束であるとともに権利移転の条件としても構成され，かつ，権利移転に際して再約束として存続するのが通例である（再約束がなければ closing により権利移転証書に吸収されてしまう。）。なお，再約束後に，本質的な義務として残るかは個別に検討を要する。いわゆる誓約条項として権利移転前後を通じて存続する約束も該当する。例えばライセンス契約では，第三者からの請求からの防御義務，最恵待遇条項，価額減額義務，計算及び支払義務，競業禁止条項，独占条項，第１拒絶権 (Right of first refusal) などである。金融関連契約では，具体的な指摘は省略するが，双務契約と解釈したとき金銭消費貸借契約，金銭消費貸借予約，ファクタリング契約，保証契約，保証予約，担保設定契約，割賦販売契約などが，財貨移転に関する重要な義務を双方に課すものと理解される。施設利用契約（ゴルフ会員権など），信用売買契約を金融関連契約にほかならないとしたときの売買，証券発行契約（募集，売出し契約），取引仲介契約，取引所取引委託契約，デリバティブ取引契約，クレジットカード契約，ポイント権付与契約（広くカスタマー・ローヤルティ・プログラム，Customer loyalty program による債務認識など），前払い金銭カード契約も，金融商品など価値，通貨の双方向での移転を課すので同様である。会社関連契約でも，会社設立契約，合弁契約，会社分割契約，株式交換契約，株式移転契約，フランチャイズ契約なども，重要な義務を双方に課している(39)。

(39) 福永有利『新種・特殊契約と倒産法』(商事法務研究会，1988) は，リース（２頁），割賦購入あっせん（32頁），ファクタリング（90頁），フランチャイズ（124頁），ジョイント・ベンチャー（152頁），仲裁契約（192頁）につき，それぞれの当事者の破産に分解し，その代表的な約束を抽出して詳細な検討をしている。その要点を

告げる能力がないが，貴重な資料である。

(4) 双方未履行の外観があるが双方未履行契約とならないもの

リース契約[40]，所有権留保売買[41]，売渡担保などで，実質において契約目的物を担保物とする担保権であると評価される場合がある。これらの場合は，外観において重要な義務が双方に残っているとしても，別除権として処理すべきであり，双方未履行ではない。また，管財人が解除，履行選択をしないで放置をしていても，財団債権の問題は生じない。被担保債権が増えるだけである。担保価値が十分であれば回収できるが，そうでなければ破産債権が増えるにすぎない。このほかにも，ローン提携の自動車販売契約による特約（所有権移転及び登録義務とローン求償義務とを交換的にした双務契約の約定）もって，原審判断[42]を維持した最高裁判例[43]もある。正解は，担保権の問題として把握すべきことになろう。

(40) 別項目が用意されているので詳細を述べないが，リース契約では最判平7・4・14民集49巻4号1063頁・判タ880号147頁・判時1533号116頁。また，米法では，リース契約と担保契約の区分の基準としてUCC§1-203。
(41) 東京地判平18・3・28判タ1230号342頁。
(42) 東京高判昭56・5・14高民34巻2号123頁（「双務契約における契約の双方の当事者の負担する対価的意義を有する債務とは，民法が規定する本来的意義の双方の債務を指し……」とするもの）（旧会社更生法103条1項の適用を否定した。）。
(43) 最判昭56・12・22判タ464号87頁・判時1032号59頁。

3 解除あるいは履行選択につき支障となる事実関係

(1) 解除につき支障となる事実

これまでに検討したところから，双方未履行であることが肯定できるにもかかわらず，管財人による解除が破産法の明文（破55条～60条）で制限される場合がある。既に別項目が準備されているので，ここでは触れない。

平成12年最判は，先に触れたように，解除が不公平な状況が生じるときには，解除できないことを述べていた。その判断基準というべきものは，既に述べた。

さらに，双務契約双方未履行のようにみえながら，実質において，取戻権，別除権，相殺権として保護をすべき実体があるときには，管財人が解除を選択することはできない。逆に履行選択をしたときは，物的な権利を維持される限

り，相手方には有利であり問題とならない。

　破産者の非代替的な役務の請負も，双方未履行から外れる。

(2) 履行選択につき支障となる事実関係

　双方未履行に該当する契約でありながら，契約（あるいは許認可に係る行政法規）に，相手方の破産手続開始申立て（破産手続開始決定，支払不能，私的整理などを含む。）があったときは，契約が直ちに解除（即時解除権，自動的に解除，契約条項修正権などを含む。）されるとの条項，あるいは権利・許認可などを没収・失権させ，ペナルティを課するとの条項（これらを破産条項〔ipso facto clause〕という。）が置かれることがある。その効力を維持するときには，管財人が履行選択をしようとしても，既に契約条項によって契約が終了済みであったり，負担が膨れ上がっていたり，解除される運命にあることとなる。しかし，これでは財団価値を高めるための事業継続（破36条），あるいは，契約の履行選択及び事業譲渡（破78条2項3号）による価値増殖が不可能となる。そこで，このような破産条項を一般に効力がないとし，履行選択ができるとすべきである。破産的清算の主目的を害するわけではなく，財団財産の統一，一体性を維持でき，価値の最大化に役立つからである。なお，会社更生，民事再生では，リース契約[44]，所有権留保売買契約[45]に置かれた同種の破産条項を無効としている。同じ理由で破産においても，事業継続，履行選択及び事業譲渡の目的があるときは，破産条項を無効とするに格別の問題はないというべきであろう[46]。

　なお，履行選択の条件として，既に生じていた不履行の後始末（治癒，すなわち不履行分の追加履行の実行あるいは追加履行の適正な保証をいう。）をすることができるか，また，必要であるか，既に，解除権が発生しているときに相手方がこれを管財人に対して行使できるか，さらには，既に解除済みであっても，治癒をして解除がなかったことにできるかも困難な問題である（米法ではBC§365(b)）。履行選択の効果論と絡むところであるが，履行選択をした結果，当該の双方未履行の契約の全体が財団管理の行為として財団債権になるとの立場（破148条1項2号・4号）をとれば，従前債権者が先に履行し，破産者において不履行となっていた部分が，財団債権となることで不履行は治癒される。破産者の不履行による解除権が発生していても，解除権行使前に破産手続開始となって

いれば，履行選択は妨げないと理解する(47)。しかし，破産手続開始前に既に解除済みであればこれを覆滅することはできないと考える。

破産者の人的な非代替的な債務は，管財人において履行選択することができない。

双方未履行契約から生じる財団所属の債権につき譲渡禁止特約が付されているときに，履行選択に支障があるかも問題である。管財人の地位，履行選択の意味などにも関係するが，管財人を破産者の権利義務の管理者として捉えたうえで，かつ，履行選択，処分までを見据えて，譲渡禁止にかかわらず履行選択できるとしたい。

(44) 前掲注（23）最判平20・12・16。
(45) 前掲注（23）最判昭57・3・30。
(46) さらにもう一歩大胆にいえば，契約の中の譲渡禁止特約（形を変えて譲渡の場合の免責，譲受人による使用の禁止条項など）も，個人的な役務提供債務に関するものを除いて，譲渡禁止の部分を無効として，履行選択後の財産処分を容易にしておくべきものと考える。
(47) 注解破産法(上)291頁〔斎藤秀夫〕。なお，反対するものに条解破産法389頁があるが，「管財人の履行選択権を無意味にする場合に限って，解除が制限される」としているので，結局，履行選択優先のようにみえる。

4 履行選択，解除の判断基準

ビジネスジャッジメント基準によらざるを得ない。つまり，問題の契約が，双務契約双方未履行であるかどうかの判断は，厳格な事実の認定に基づく法的判断であるが，そのうえでの解除あるいは履行選択の決断は，管財人の実務処理責任者としての裁量に委ねられている。結局，会社の取締役のビジネスジャッジメント理論を管財人にも及ぼすのが正しいと思われる。その結果は，事実の誤認がなく，悪意あるいは裁量権の濫用のない限り，解除あるいは履行選択の結果につき責任を負わないことになろう(48)。

(48) ビジネスジャッジメント理論は，会社の取締役が，善意で，同様の立場にある者が行使すべき注意義務を果たし，会社の利益の為になると信じてとった行為を裁判所が尊重することを求める。破産における労働協約の履行選択につき（具体的には解除につき），その位置づけを示したもの（ビジネスジャッジメント基準よりも厳しいもの）として，N. L. R. B. v. Bildisco and Bildisco, 365 U. S. 513 (1984)。

第5章　契約関係の処理

5　具体的な設例による双方未履行の確認

(1)　不動産売主の破産（例1）

「売主破産，買主代金未払い，売主は，所有権移転及び登記済み，引渡未了」において，買主は代金を支払い，引渡しを求める権利があるかを検討する(49)。

まず，買主が所有権を取得し，かつ所有権移転登記を経ているのに引渡しを受けていないという設定は，現実的ではない。しかし通例かどうかを別にして，この設定の場合に，結論としては，もはや双方未履行ではなく，管財人は解除できないという結論に賛成である。売主からの所有権移転，登記の重要性に鑑みて（引渡しが未了でも），その履行が終わっているときには，双方未履行ではないとする。また，買主が仮登記を経由している場合に受ける保護とも均衡を保つことができる。そうすると，破産法53条によらない処理をしなければならない。そこで，買主は，所有権に基づき明渡しを請求する（取戻権の行使）。売主管財人は代金請求をする。同時履行の抗弁は消えない。買主にとっては，破産手続によらない権利の行使となる。管財人にとっては，財団所属の財産の行使である。

(49)　福永・研究82頁の事例の一つである。そこでは，このような契約の解除を肯定するのでは，相手方にかなりの不利益があると指摘する。

(2)　不動産売主の破産（例2）

「売主破産，買主代金未払い，売主は引渡しをしたが，所有権移転及び登記が未了」という設例は，(1)とは，所有権移転，登記の点で異なる。不動産分譲を例にとればわかるように，あり得る事例かも知れない。この場合は，代金の未払いの程度のいかんにもよるが，代金と所有権移転及び同登記とが本質的な義務であるので，双方未履行として，まずは履行選択又は解除が可能である。しかし，売主が所有権を保留しているのは，結果的に，買主に所有権を移転して，代金担保のために担保権を有しているのと同じであるという見方も成立する。つまり，担保権者破産であるが，管財人が担保権を管理し，あるいは実行すれば足りるので，そうであれば，双方未履行ではないということもできるが，双方未履行が担保権とする見方を支えているので，最終的には双方未履

行で管理することが妥当であろう。また，買主が仮登記を経ていれば，双方未履行ではあっても，取戻権を害するような解除を妨げる（障害となる）可能性が強い。その理由がもはや物権となったからであるかは関係がないであろう(50)。仮登記はそれ自体での対抗力（不登106条）はなく将来物権変動が発生したときの順位の保全というのが通説的理解であるが(51)，実質的には対抗力ありというに等しいはずである。さらに，仮登記を経由していなくとも，買主が占有をしているときに，同じ保護を与えるべきかとも思われる。しかし，占有があるだけでは明確ではない。米法基準では，不動産売買に関しては，立法的な解決により，管財人の解除 (rejection) を認めながら，なお，占有をして代金分割弁済を続けている買主には選択権があり，①解除を認めるか，②そのまま占有を続けるかを決断できる。もし，占有を継続するときには，代金を払い，損害賠償は代金と相殺し，完済時に所有権移転登記を受け，それ以外は管財人の義務なしとされている (BC§365(i))。解除を認める買主，あるいは占有がなかった買主は，支払済みの額につき担保権を有するものとされている (BC§365(j))。

(50) 幸いにわが国では，物権・財産 (property rights) を，破産法53条が解除で奪うとすれば，憲法29条違反であるという議論は聞かれない。わが国では，憲法の「財産権」を物権には限っていないので，この問題が提起されてもおかしくはない。米国では，修正第5条の "property" を物的な権利に限定するようである。
(51) 山野目彰夫『不動産登記法』（商事法務，2009）49頁・333頁。

III 履行選択及び解除の効果

1 履行選択の効果論（破産法148条1項7号論）

(1) 新規性の有無

履行選択の結果，財団所属の権利と相手方の財団債権に転じた権利とが対向する契約関係となる。これを，新規債権というのか，単なる権利の種類・クラスの格上げであるかは議論があるが，そのような紹介だけで具体的問題事項へと移る。

(2) 財団債権の範囲

履行選択の結果，相手方の当該契約から生じる債権の全部が財団債権になるのかは実質的な問題である。つまり，相手方が先に履行をしていたが破産者の側ではその部分の債務を履行しないままに破産手続開始になったとして，相手方の未履行部分に対応する債権部分が財団債権となるのは当然肯定できるとして，相手方の先履行に対応する債権部分（放置しておけば相手方が破産債権と考える部分）までもが財団債権になるとすることの問題である。破産法148条1項7号の「相手方が有する請求権」の範囲が問題となる。通説は，契約単位で考えることによっていると思われ，同じ契約からの債権である以上は，先履行の対応した部分についても財団債権になるとするようである[52]。これを肯定すると，先履行をした相手方は，回収戦術として履行選択となるようにすることで債権回収率100％を実現できる。双方未履行の要件として重要な義務の双方未履行を肯定するのであれば，重要な義務の履行につき財団債権となることで契約目的を遂げることができるから，むしろ先履行部分は，破産債権として処遇することでも不足はないかと思う。つまり，履行選択の効果を，厳格に双方未履行のうち，互いに重なり合う限度（同量の義務）で財団債権とし，はみ出た先履行部分を，履行選択にもかかわらず破産債権とみる立場は，成立すると考える。なお，通説によった場合でも，かつての不履行により発生していた損害金，違約罰などは，財団債権から除外すべきものと考える。

(52) 伊藤・276頁。なお，継続的供給契約については，その後の履行選択があっても，破産手続開始申立て前の債権は破産債権，申立て後開始まで及び開始後の債権は，財団債権と区分する。なお，米法では，非代替的な非金銭債務の不履行を除き，履行選択による契約単位での財団債権（財団管理の費用として優先権）としている（BC§365(b)(1)）。この処置が履行選択に関係する債権者にとって有効な債権回収手段として機能しているようである。

(3) 部分的履行選択

双方未履行である契約を単位として，その中で，さらに横切り，縦切りをして部分的な履行選択ができるか，また，管財人において，履行選択につき新たな条件を付加したり，契約を書き直すような内容での履行選択ができるか，という問題もある（ある種のcherry pickingでもある。）。破産手続開始時にあった約束の全体を基礎に，1個の契約を単位に選んで双方未履行を判断したので，そ

の1個の契約の範囲では，さらに縦切り（時期別に。ただしインストールメント契約（分割可能な給付）では縦切り可能），横切り（給付別に）はできないと理解したい。同様の理由で，新たな条件を付加することや，契約を修正する内容での履行選択はできないのではないかと思う。

2　解除の効果論（破産法54条論）

(1)　問題の所在

　双方未履行契約が解除されたときの考え方としては，おそらく次の3つがあろう。①解除により双方未履行契約の全部がかつ遡及的に消滅するとするもの，②解除によりそれぞれの未履行部分が全部消滅とするが，既履行部分には解除が及ばないとするもの，③解除の効果は単に不履行であり，未履行部分も，既履行部分も，すべて消滅することなく存続する，というものである。

(2)　通説について

　わが国の通説は，双方未履行契約が管財人の行為により解除されたときの効果は，①である。つまり，その解除は，㋐民法の解除と性質が同じで，遡及的に契約が消滅し双方に原状回復義務がある，㋑破産者が受けた給付の原状回復は，その給付が財団に現存するときはその返還請求権が肯定され（破54条2項），㋒現存しないときはその価額につき財団債権として権利行使が許され（同項），その他に，㋓その性質は破産債権ではあるが，相手方には解除に伴う損害賠償請求権が認められる（破97条8号・54条1項）(53)。ただし，損害賠償の範囲は，破産法54条の構造からは，回復利益（restitution interest）を2項で認めているので，1項は履行利益と思われる。

(53)　伊藤・269頁。

(3)　異なる発想

(a)　未履行部分に限定した消滅とするもの

　次に，②の考え（解除により未履行部分が全部消滅，既履行部分には解除が及ばない）は，米法のものである。解除されると，残存の未履行債務は消滅し，損害賠償債務に転化するが，重要な義務の不履行が破産申立日の直前にあったものとす

るので破産債権となる[54]。履行済み部分は，影響されず，不当利得 (restitution) の法理に従うが，すべて，破産債権レベルでの調整にすぎない（不当利得額の算定において対向しているときの相殺計算も併用）（BC§502(g)）。相手方からの解除，特定履行請求はできないと考える[55]。もっとも解除 (rejection) の効果を条文どおり厳密に解すれば，「不履行 (breach)」だから，契約法に戻れば，例外としての特定履行請求も不可能ではないと発想することもできる（もちろん，手続的制約〔stay〕，あるいは否認は別）。このほか，契約法の擬制された停止条件 (constructive conditions) に配慮した結果として，買主破産についての特別規定（開始後45日間の取戻し〔BC§546(c)〕），破産前20日以内に商品を売渡した売主の財団債権（BC§503(b)(9)），商業目的賃貸借における解除・履行選択前での破産者の継続賃料支払義務（BC§365(d)(3)），商業目的動産賃貸借における同じ義務（BC§365(d)(5)）などが置かれている。

(b) 請負にみる既履行部分の保存

わが国の重要判例である最判昭62・11・26民集41巻8号1585頁は，請負に関するもので，双方未履行契約の解除による消滅対象をどう把握するかの点では，米法と同じく②に属する。つまり，注文者が報酬を前払いしていたが，請負人が工事途中で破産し，注文者が催告をし，管財人からの確答なく，双方未履行契約が解除されたとして，前払い金につき財団債権として請求した事案で，原審は双務未履行規定が適用されないとした。これに対して最高裁は双方未履行による解除の余地があり，そのときには前払い金が出来高を超過する部分について財団債権として返還を求めることができるとした。つまるところ，それぞれの履行済み部分に手を触れず，未履行部分につき解除，消滅の効果があると考え，履行済みの部分の相互の清算（差し引き計算）をするまでは米法と同じであるが，差額請求権を破産債権ではなく財団債権とする点で違いがあるというべきであろう。

その後，わが国の学説として，請負に限定することなく，管財人による解除があったときの相手から破産財団に対する原状回復の請求権を破産債権とするいくつかの見解が現れている[56]。

(c) 単なる債務不履行とするもの

さらに，③の考え（解除の効果は単に不履行であり，未履行部分も，既履行部分も，

すべて消滅することなく存続する。)は，非常に短くまとめれば，②の反対説であり，解除の要件として重要義務の双方未履行を掲げず，解除は，債務不履行(breach)であるとする点は同じであるが，未履行分は消滅せずに存続し，解除は，契約債務がそのまま財団債権にならない効果を伴うのみであるとする。そして，債務は消滅していないのであるから，要件を満たせば強制履行を求めることができるとする考えである[57]。

(54) BC§365(g)(1)。ドイツ法でも「不履行にかかる債権」として届け出るとのことである。水元・前掲注 (11) 174頁。履行済み部分を覆滅せず，給付受領者がまずはこれを維持する点は，ドイツ法でも同じ趣旨とされ，興味深い。福永・研究89頁。
(55) Lubrizol Enterprises, Inc. v. Richmond Metal Finishers, Inc.(In re Richmond Metal Finishers, Inc.), 756 F. 2d 1043 (4th Cir. 1986). 連邦議会の意図も同じであったと思われる。H. Rep. No.95-595, 95th Cong., 2d Sess. 349, reprinted in U. S. Code Cong. & Ad. News 5963, 6305.
(56) 平岡健樹「宣告と請負」裁判実務大系(6)152頁，霜島・体系383～384頁注＊＊＊＊，中西正「双方未履行双務契約の破産法上の取扱い」谷口安平先生古稀祝賀『現代民事司法の諸相』(成文堂，2005) 497頁・529頁の論述の趣旨は，相手方の先履行義務が一部履行された場合につき，解除による未履行部分のみが将来に向かって無効(つまり消滅)とするので，結局，履行部分につき破産債権となる趣旨であると思う。解除につき全面的な原状回復だけをいうのではなく，未履行部分の消滅の発想も米法に似る。賛成する。ただし，論者のいう「同時交換的取引」は，constructive conditions of exchange とは発生的に違うが，深部に通じるものがある。また，水元・前掲注 (11) 197頁以下では，原状回復義務の財団債権性を承認したときの財団不足につき理解を示したうえで，立法論として履行選択ができる旨の規定だけを置き，解除について破産開始の一般的効果に服したまま放置することを提唱する。つまり，相手方の請求権は，物権的請求権を除き破産債権とし，相手方が履行提供しないままに請求するときには，自己の給付との差額を，相手方が履行提供をして請求するときには，全額を破産債権とする趣旨のようである。なお，ここでの見解とは結論を異にするが，学説を詳細に検討されたものに，松下淳一「契約関係の処理」福永有利ほか著『倒産実体法』〔別冊 NBL69号〕(2002) 44頁がある。
(57) Eastover Bank for Savings v. Sowashee Venture(In re Austin Development Co.), 19F. 3d 1077 (5th Cir. 1994)。この考えによれば，双方未履行の要件はあまり意味がなく，管財人が残存債務のある限り広く自由に解除することを認めることになる。しかし，特定履行の要件を満たした場合に特定履行を認める限りでは，財団の負担を軽減することにはならない。また，特定履行を認める範囲では，財団債権性を承認したに等しいともいえる。

(4) わが法の通説によったときの分析と問題点

(a) 一方当事者による一部履行がある場合

そこで，わが法による解除の場合を，もっと具体化をして検討を加える。売

第5章　契約関係の処理

買で資材A4000キログラムを4回 (各回1000キログラム宛) の均等量に分けて売り渡し，各回給付後に各給付に相当する代金 (1000キログラムにつき100万円。合計400万円) を支払うとの約束を設定し，売主の1回目の給付後に相手方が，第1回分100万円を払うことなく，すぐに破産をしたとする。

　(ア)　通説によれば，資材A4000キログラムの売買契約として捉えて，そのうち3000キログラムが未履行，代金400万円の全額が未履行であるので，双方未履行契約となる可能性がある。そのままこれを肯定して，買主管財人が解除すると，管財人は1000キログラムの資材Aを返還するか，これが現存しなければ財団債権として100万円を支払う義務がある。そのうえ，4000キログラムの売買による履行利益 (得べかりし利益) を破産債権として配当することになる。これに対して，結果として財団債権を制限する観点からは，(i)4回にわたる給付は，分割可能 (分割をしても目的を達成する。) であるから，売主の履行した第1回分は分割できた部分として独立契約 (縦切り) とすると，売主の履行が全部終わっているため双方未履行ではなくなる。(ii)第1回給付分100万円につき，買主管財人は，代金請求及び遅滞についての損害賠償請求権を破産債権として配当することになる。(iii)そして，第2回ないし第4回の分割納入部分は，分割可能な完全に双方未履行の契約部分であるから，買主管財人の解除により消滅し，しかもなされた給付がないので原状回復義務もないが，履行利益による損害賠償請求権 (残3回分につき) を破産債権として配当することで足りる，という結果を導く。

　(イ)　設例の対象物を1台の機械装置の各種部品の4回の分割納入で (各回の代金を仮に均等に100万円とする。)，各回の部品だけでは給付としては意味がない契約だとし，そのほかの事実は同じであるとする。この場合では，第1回分を切り出すわけにもいかない。そこで，第2回ないし第4回が重要な双方未履行部分と評価できれば，1個の契約の全体につき買主管財人による解除が可能となる。そして，解除により，原状回復が生じる。そして，買主管財人は，原状回復として，破産法54条2項により第1回分につき物的に (取戻権と同じ。) 返還請求に応じ，目的物が現存しなければその価値 (管財人が売主原価と同額として評価したときには80万円) につき財団債権としてこれを支払い，あわせて破産債権として損害賠償 (全体契約が履行されないことによる損害計算。例えば売主の原価合

計を320万円とすると80万円）に応じて配当することになる。配当率を10％とすれば，8万円の配当であるから，解除により合計88万円が損失である（第1回分の目的物の価値80万円を含む）。破産法54条2項による通説である[58]。

これに対して，結果として財団債権を制限する観点からは，(i)第1回の給付は，先履行義務を契約で合意したか，同時履行を放棄したのであるから，本来的には，信用売買した他の売主と変わるところがなく，買主管財人が1個の契約として全体を解除したとしても，第1回給付分につき，返還義務あるいは給付が現存しないときの財団債権を否定して，単なる破産債権とする理由があると考える。

(b) 双方当事者の一部履行がある場合

(ア) 前記の(a)の設例に，買主が第1回の納入分につき半額の50万円を払っていたとする。この場合でも，結果として財団債権を制限する観点からは，第1回納入分につき独立の契約とみることに変りはない。そこで，第1回分の契約は，履行が進んで双方未履行ではないから，第1回分の残額につき破産債権となる。第2回ないし第4回分を双方未履行として消滅させる。

(イ) 前記の(a)の設例に(a)(イ)のような変更を加えたうえで，買主が第1回の納入分につき半額の50万円を払っていたとする。この場合でも，結果として財団債権となることを制限する観点からは，1個の契約として，管財人が全体として解除でき，原状回復は，先履行であることに照らして破産債権となるが，双方の原状回復義務の重なる範囲では差し引き計算するので残額が破産債権となる。

(58) しかし，管財人は，解除ではなく履行選択をして，売主に代金の全額である400万円を支払い，販売努力により目的物を410万円で処分するとしよう。これにより処分利益10万円を得る。その結果，履行選択により，管財人の現金10万円が増加するが，第1回納品で得た部品（評価額80万円）につき追加代金を払ったことによる損失（減少）80万円があるので，最終の結果として減少70万円となる。解除は確定的にマイナスしか発生しないが，これを避けようとして履行選択をしても，処分価額が余程有利でない限り管財人にとって資産増加にはならない。そうであれば，解除による資産減少を少く押さえる発想の方が現実味がある。これが解除に伴い原状回復につき財団債権性を認めることの問題である。

(5) 結果として財団債権を制限する観点によったときの構成

この観点からの帰結は，おおむね，双務契約双方未履行により解除となった

第5章　契約関係の処理

ときには，売主の有する債権のうち，①解除による履行利益の損害賠償債権（破54条1項）は破産債権とされ，②履行済みの部分の原状回復請求権を破産債権として肯定するが，買主に対して同時に負担する原状回復義務があり，これと重なり，原状回復での同時履行を構成する部分は差し引き計算で対等に消滅するとされ，③履行済みの部分の原状回復請求権のうち，買主に対する原状回復義務と重ならない部分は，破産債権とされる，という考えである。筆者としては，先履行の同意に重きを置いて，これに賛同する[59]。

(59)　竹内・倒産契約処理117頁。

(6)　通説によったときの実務的指針

双方共に完全に未履行であれば，解除をしても（損害賠償につき破産債権），履行選択をしても（買主破産であるときの値上り，値下りによるが），構造的な差はない。債権者が一部履行済であるときには，解除の財団債権負担が大きいし，履行選択をしても，常に利益を得るわけでもない。むしろ，既に受けた給付を財団として保持しておき，その部分を破産債権として負担することに利益がある可能性がある。その見込みがある場合は，相手からの解除催告がなければ，放置する作戦，即ち，解除もせず，履行選択もしないで放置するとの方針がある（権利の放棄。破78条1項）。契約法としては，双方未履行部分は，破産終結の時点で消滅し，相手方履行済の部分は，届出があれば破産債権と扱うことになろう。

〔竹　内　康　二〕

12 賃貸借

　賃貸借契約において，賃貸人は目的物を使用収益させる義務（以下，本項目では「使用収益に係る義務」といい，これに対応する権利を「使用収益権」という。）を負い，賃借人はその対価として賃料を支払う義務を負うから，賃貸借契約は双務契約であり，契約期間中に当事者の一方が破産した場合には，上記各債務が未履行の状態にあるのが通常であるから，破産法53条1項に規定する双方未履行の双務契約に該当することになる。賃貸人が目的物を賃借人に引き渡している場合においても，賃貸人は，賃借人による目的物の使用収益を受忍し，第三者が妨害している場合にはこれを排除する義務を負うから，双方未履行の双務契約であることに変わりない。

　もっとも，賃貸人の使用収益に係る義務は，将来分のものは常に未履行である反面，過去の分については既履行であるか，既に消滅しているか（この場合には，賃料債務も発生しないものと考えられる。他方，当該義務の不履行につき賃貸人に帰責性がある場合には，債務不履行に基づく損害賠償責任を負うことになろう。）のいずれかであるから，賃貸借契約において双方未履行の状態が生ずるのは，将来の使用収益に係るものに限られることになるものと考えられる。

　このように，賃貸借契約は，賃借人が将来分の賃料を前払しているなどの事情がある場合を除き，双方未履行の状態にあるのが通常であり，したがって，賃貸借契約の当事者が破産した場合には，破産法53条が適用されることになるが，賃貸人破産の場合については，破産法56条1項に特則が置かれている。このように，賃貸人破産の場合についてのみ特則が置かれていることからも明らかなとおり，賃貸人破産の場合と賃借人破産の場合とではそれぞれ考慮すべき事柄がまったく異なるから，以下では個別に検討する。

第5章　契約関係の処理

I　賃貸人の破産

1　賃貸借契約の帰趨等

(1)　破産法56条1項の要件を満たす場合

(a)　破産法56条1項の趣旨

　破産法56条1項では，賃借人が「賃借権……を設定する契約について破産者の相手方が当該権利につき登記，登録その他の第三者に対抗することができる要件を備えている場合」には，破産法53条を適用しない旨が定められている。これは，旧破産法下における有力な学説を立法化したものである。すなわち，旧破産法の下では，破産法56条に相当する規定は存在しなかったが，賃貸人が破産した場合に旧破産法59条の規定（新破産法53条に相当するもの）をそのまま適用すると，賃借人は，自己に関係のない事由によって賃借権という財産権を不当に奪われることになるとの批判があり，特に物権に準じた手厚い保護がされている不動産賃借権についてはそのような批判が強かったため，賃貸人破産の場合については，旧破産法59条の適用を全面的に否定する見解や，対抗要件（民605条，借地借家10条・31条）を備えた不動産賃借権については旧破産法59条の適用を否定する見解が有力であったところ，新破産法では後者の見解を採用し，立法的解決を図ったものである。

　このように，破産法56条1項は，対抗要件を備えた賃借権の要保護性の高さに鑑み，破産管財人の解除権を制限したものであるから，同項適用の要件である登記，登録等の対抗要件は，厳密には権利保護要件というべきものである。もっとも，対抗要件を備えた不動産賃借権は，実体法上，その後に当該不動産を差し押さえた差押債権者にもこれを対抗できる地位を付与されているところ，破産手続は総破産債権者のための包括執行としての意義を有するものであるから，同項は，上記のような実体法上の規律を賃貸人破産の場合にも反映させたものであると評することもできよう[1]。

(b)　要　件

　破産法56条1項の「登記，登録その他の第三者に対抗することができる要

件」には，不動産賃借権の登記（民605条）のほか，借地権における地上建物の登記（借地借家10条），建物賃貸借における建物の引渡し（借地借家31条）等が含まれる。

　破産法56条１項では，賃借人がいつまでに対抗要件を具備する必要があるかについては特に触れられていないが，同項が破産手続開始の効果（破産法第２章第３節）を定める同法53条１項及び２項の特則であることに照らすと，原則として，破産手続開始時までに対抗要件を具備する必要があるということになろう。問題は，破産法49条１項ただし書の善意者保護の規定がこの場合にも適用されるか否かである。破産手続が開始された場合には，破産管財人が個別の財産につき登記その他の対抗要件を具備しなくても，破産財団所属の財産につき包括的な差押えをしたのと同様の効力が認められているが，同項ただし書の規定は，この原則を貫くと破産手続が開始されたことを知らずに権利を取得した者の取引の安全が害されることに照らし，善意者を保護することにしたものと解される。賃借人が破産手続の開始後にこれを知らずに対抗要件を具備した場合についても，同様に取引の安全や善意者保護を図る必要性が存することに照らすと，この場合についても，賃借人が善意である限り，破産法56条１項が適用されるものと解するのが相当である(2)。とりわけ，破産法56条１項の趣旨につき，賃借人と差押債権者の関係に関する実体法上の規律を破産の場合にも反映させたものであるという点を強調する立場（上記(a)参照）からは，上記のような解釈が整合的であろう。

(c)　効　果

　破産法56条１項の要件を満たす場合には，破産管財人は同法53条１項に基づく解除をすることができないため，破産者から引き継いだ契約関係がそのまま維持されることになる。したがって，この場合には，破産管財人が同項で債務の履行を選択した場合と同様，相手方が有する請求権は財団債権となる（破56条２項）。破産法56条２項の「相手方が有する請求権」には，使用収益権のほか，修繕請求権（民606条１項），必要費及び有益費の償還請求権（民608条）等が含まれる。

　なお，必要費及び有益費の償還請求権が財団債権となるのは，破産手続開始後の支出に基づくものに限られ，破産手続開始前の支出に基づく必要費及び有

益費の償還請求権は破産債権になるものと解されるが，必要費の償還請求権については，ただちに償還請求が可能であるから（民608条1項），破産手続開始後の賃料債務と相殺することが可能である（破67条2項後段）。

また，敷金返還請求権は，賃貸借契約と密接に関連するものではあるが，同契約とは別個の敷金契約に基づく債権であるから，破産法56条2項の「相手方の有する請求権」には含まれず，財団債権とはならない。

(1) もっとも，例えば，不動産の売買契約において，売主が登記の移転を受けたが，その引渡しを受けておらず，代金の支払もされていない場合のように，賃貸借契約以外の契約類型では，第三者対抗要件を具備している場合であっても，破産法53条1項による契約の解除が認められる場合はあり得る。したがって，破産法56条1項の趣旨について，上記のように賃借人の実体法上の地位のみで説明することはできず，賃借権の要保護性の高さがその根拠の一つであることは否定できない（一問一答85頁）。
(2) 竹下・大コンメ231頁〔三木浩一〕等。

(2) 破産法56条1項の要件を満たさない場合

破産法56条1項の要件を満たさない場合には，破産管財人は，同法53条1項の一般原則に基づき，契約の解除か，債務の履行を選択することができることになるが，後者を選択した場合には，上記(1)の場合と同様，相手方が有する請求権は財団債権となる（破148条1項7号）。

これに対し，破産管財人が契約の解除を選択した場合には，破産管財人は，賃借人から目的物の返還を受け，未払賃料等があればそれを回収することになる。賃借人が敷金を差し入れている場合には，契約終了時に賃借人に未払賃料等の債務があれば，当然に敷金から控除されることになる(3)が，敷金で充当しても，なお未払賃料等の債務が残る場合には，破産管財人は，これを相手方から回収することになる。

他方，賃借人が目的物を返還したことに伴い，敷金返還請求権が生ずる場合には，同請求権は破産債権となる（ただし，後記**3**参照）。

(3) 最判昭48・2・2民集27巻1号80頁・判タ294号337頁・判時704号44頁。

(3) 優先する担保権との関係

(a) 破産法56条1項の適用の可否等

賃貸借契約の目的物に賃借権に優先する担保権が設定されている場合にも，

破産法56条1項の適用があるか問題となるが，担保権が別除権とされ，破産手続の外に置かれている以上，破産管財人には，担保権者の利益を代表する権限はないことになる。そうであれば，賃借権に優先する担保権が存在することを理由に破産管財人に契約解除の権限を認める根拠に欠けるというべきであるから，この場合にも，破産法56条1項が適用されるものと解するのが相当である。

　それでは，破産管財人が賃借権に優先する担保権の消滅請求（破186条以下）をし，これに基づいて，担保権が消滅する場合についてはどうか。

　この点についても，破産法56条1項の適用を肯定する見解が多数のようである[4]。担保権消滅請求の制度は，あくまでも破産管財人の任意売却を容易にする目的で設けられたものであって，通常の競売手続とは性質を異にする点[5]や，担保権の実行としての競売に伴う賃借権等の消滅を規定した民事執行法188条，59条2項を準用していない点等が上記多数説の根拠になっているものと考えられる。このような解釈を前提にすると，担保権者としては，賃借権に優先する担保権が存在する場合に担保権消滅請求が許可されると，その売却条件が担保権の実行としての競売よりも不利になるので，このような請求は，破産法186条1項ただし書の「当該担保権を有する者の利益を不当に害することとなると認められるとき」に該当し，不許可となる場合が多いであろうが，上記のような不利な条件での売却であっても，担保権の実行としての競売よりは高額での売却が見込める場合もあり得るとすると，その場合については上記の要件には該当しないことになるものと考えられる。

　しかし，担保権消滅請求の制度は，いうまでもなく破産財団の換価の一手段として破産手続上特別に認められた法定の制度であって，担保権者の意思に基礎を置く制度である[6]とはいえ，これも一種の擬制にすぎないものである。このように，法定の制度により担保権を消滅させることになるにもかかわらず，これに劣後する賃借権だけはなお残存するというのは衡平を失するように思われる。そもそも，破産法56条1項は，第三者対抗要件を備えた賃借権について，その実体法上の地位に相応しい保護を図ったものであることに照らすと，実体法上賃借権に優先する担保権が消滅し，賃借権についてもこれに伴い消滅してもやむを得ない状況に至った場合にまで，同項の保護を図る必要はな

いものと考えられる。

　以上の点からすれば，このような場合の賃借権は，担保権消滅請求の制度によって当然に消滅することはないものの，もはや破産法56条1項による保護を付与すべき根拠に欠けるもの（要保護性の欠如）として，同項の規定の適用を否定し，破産管財人は，破産法53条1項に基づき，賃貸借契約を解除することができると解する余地もあるように思われる。

　他方，会社更生法及び民事再生法上の担保権消滅請求は，担保権の対象となる「財産の価額に相当する金銭」（会更104条1項，民再148条1項）を支払うことによって担保権を消滅させるものであるが，担保権に劣後する賃借権が存在する場合における「財産の価額」は，賃借権消滅を前提とした評価がされるべきであるとする見解[7]を前提とすれば，破産の場合とは若干利益状況が異なる。もっとも，この場合についても，賃借人は，賃借権に優先する担保権が法定の制度によって消滅した以上，賃借権消滅の効果が生じてもやむを得ない立場にあることに変わりはなく，他方，管財人又は再生債務者等としては，担保権者に上記のような支払をしたのに，なお賃借権が残存することになると，その分だけ不利益を受けることになるのであって，やはり衡平を失するように思われる。

　したがって，会社更生法又は民事再生法上の担保権消滅請求の制度によって賃借権に優先する担保権が消滅した場合についても，破産法56条1項の準用（会更63条，民再51条）を否定し，管財人又は再生債務者等は，会社更生法61条1項，民事再生法49条1項に基づき，賃貸借契約を解除することができると解する余地があるように思われる。

(b)　抵当権の実行によって賃借権が消滅した場合の法律関係

　賃貸人破産の場合には，破産手続開始後の使用収益権は財団債権となる（破148条1項7号・8号）が，これに優先する担保権の実行によって賃借権が消滅した場合には，賃借人は，いかなる権利を誰に対して主張できることになるのか。

　この場合には，使用収益に係る義務が履行できなくなったことにつき破産管財人には帰責事由がないから，使用収益権が財団債権になることはないものと考えられるが，担保権者が賃貸借契約の目的物につき担保権を実行するに至

り，賃貸人の使用収益に係る義務が履行不能になったのは，通常は賃貸人であった破産者が支払不能等の状態（破産状態）に陥ったことに主要な原因があるのであって，その点に帰責事由が認められるから，使用収益権は損害賠償請求権に転化するものと考えられる（一般に，債務不履行の原因が債務者の財務状況悪化にある場合には，債務者は債務不履行責任を免れないとされているのと同様である。）。そして，賃貸人の帰責事由が上記の点に認められる場合には，債権発生の主要な原因が破産手続開始前に生じていたものとして，同請求権は破産債権になるものと考えられる(8)。

(4)　基本構造と実務283頁。
(5)　一問一答250頁以下。
(6)　一問一答258頁。
(7)　花村・要説415頁，伊藤眞編集代表『民事再生法逐条研究〔ジュリ増刊〕』(2002) 162頁〔深山卓也〕等。筆者も，担保権者が把握している交換価値を保障するという観点から，同見解が相当であると考える。
(8)　もっとも，この点については，手続外の債権になるという考え方が有力である（基本構造と実務284頁以下）。

2　賃貸人による将来の賃料債権の処分

(1)　一般原則

　現在の取引社会では，債権の財産的価値の有効活用を図るべく，将来に発生し，又は弁済期未到来の債権の譲渡等が行われており，賃貸人においても，将来の賃料債権を譲渡し，又は賃借人から賃料の前払を受けるなどして，事業資金等の調達を図ることがあり得るが，このような将来の賃料債権の譲渡ないし賃料の前払は，破産手続上も有効なものとして取り扱われる。もっとも，将来の賃料債権を譲り受けた者がこれを破産管財人に対抗するためには，破産手続開始前に第三者対抗要件を具備しておく必要がある。

　この点について，旧破産法では，将来の賃料債権の譲渡ないし賃料の前払は，当期及び次期分に限りその有効性が認められ，それ以降の分については破産債権者に対抗できないものとされていた（旧破63条）が，同規定は，民事執行法と平仄がとれておらず，資金調達の多様化を阻害する要因になっているとの批判が強かったことから廃止された。

(2) 否認権との関係

上記(1)のとおり，将来の賃料債権の譲渡ないし賃料の前払に関する一般的な規制（旧破63条）は廃止されたが，これらの行為についても否認の可能性はなお残ることになる。

まず，将来の賃料債権をその実質的価値よりも不相当に廉価で譲渡した場合には，当然のことながら詐害行為否認（破160条1項・3項）の対象となる。もっとも，将来債権の場合には，その後に債務者の財産状況が悪化して，その回収が困難になるなどのリスクがあることから，「破産債権者を害する行為」に該当するか否かはこれらのリスクを考慮したうえで判断すべきことになる。

次に，賃貸人が将来の賃料債権の譲渡につき相当な対価を得ている場合に，適正価格による財産の処分に関する否認の規定（破161条）の適用があるか否かが問題となる。この点については，将来債権を金銭に換価する行為が破産法161条1項1号に該当するか否かが特に問題となるが，将来債権から金銭への換価によって，費消や隠匿等の行為が容易になることは否定できず，また，後記のとおり，破産法161条の適用に関しては，同条1項2号及び3号の主観的要件によって相当の絞りが掛けられており，これによって適正価格での取引に対する萎縮的効果を取り除くことが可能であると考えられること等に照らすと，債権から金銭への換価についても同項1号の要件該当性を肯定することができる場合はあり得るものと解する。もっとも，同号の要件該当性については，「財産の種類の変更」の内容（財産が費消，隠匿等の行為をするのが困難なものから容易なものへと変わっているかどうか。）だけでなく，行為時における債務者の財産状況等の客観的事情をも考慮したうえで，「隠匿，無償の供与その他の破産債権者を害する処分〔隠匿等の処分〕をするおそれを現に生じさせるもの」に当たるか否かを判断すべきことになる。

また，破産法161条の規定によって将来の賃料債権の譲渡を否認するためには，賃貸人において，債権譲渡の当時，換価した金銭について，隠匿等の処分をする意思を有しており，相手方もこれを知っていたことを要する（破161条1項2号・3号）。同条にいう「破産債権者を害する処分」については，その例示として「隠匿，無償の供与」（いずれも当該財産の価値を破産債権者の共同担保から完全に排除しようとするものである。）が挙げられている点に照らすと，破産財団の減

また，否認権については，財産減少行為の否認と偏頗行為の否認とで，要件及び効果が明確に区別して規定されているところ，適正価格による財産の処分に関する否認（破161条）は，その条文の位置関係（財産減少行為の否認を定めた破産法161条の後に置かれている。）からも明らかなとおり，前者の類型の特則であって，本来的な財産減少行為（「隠匿等の処分」）の1つ前の行為（適正価格による財産の処分）について，特別に否認の対象とすることを認めたものであると考えられる[9]。そうであるとすれば，「隠匿等の処分」は計数的に破産者の責任財産を減少させるものに限られ，偏頗行為はこれに含まれないと解するのが相当である。したがって，将来の賃料債権を換価した金銭を特定の債権者に弁済する行為が破産法161条1項の「隠匿等の処分」に該当することはないものと解される。

　他方，賃料の前払を受けることについては，財産減少行為の否認（破160条）の対象とはならず，適正価格による財産の処分に関する否認（破161条）のみが問題になるものと考えられるが，この場合に考慮すべき要素は，基本的に将来債権の譲渡の場合と同様であろう。

(9) 中間試案においては，「破産債権者を害する処分」の例示として「特定の債権者に対する特別の利益の供与」が挙げられていたところ，特定の債権者に対する利益供与については偏頗行為の否認によって対応すべきであるとの指摘がされ，最終的には，これらの意見等をふまえ，これに相当する文言が削除されたという立法経緯からも，このような解釈が相当であろう。

3　敷金返還請求権の取扱い

(1)　破産法70条後段の趣旨

　敷金返還請求権は，目的物の返還時において，賃料債務，賃料相当損害金，その他賃借人が賃貸借契約に基づき負担する一切の債務を充当しても，なお残額があることを条件として発生するものであるから，一種の停止条件付債権ということができる。

　ところで，破産法70条前段は，破産手続における停止条件付債権の一般的な取扱いを相殺の場面にも及ぼした規定であると解される。すなわち，破産手続において，停止条件付債権は，破産手続中（最後の配当に関する除斥期間内）に停

止条件が成就した場合には、破産手続開始時から無条件の破産債権であったのと同様の取扱いを受けるところ（破198条2項・214条1項4号・3項等）、相殺の場面でも、これと同様の取扱いをするために弁済額の寄託請求権を認めたものである。

　これに対し、敷金返還請求権については、敷金契約に基づく当然充当の効果が認められており(10)、当事者の意思表示を要しない点で相殺とは異なるが、差引処理をする点では共通であることに鑑み、同様の寄託請求権が認められ、敷金返還請求権を有する賃借人が破産者に対する賃料債務を弁済する場合には、その債権額の限度において、弁済額の寄託を請求することができるとされたのである（破70条後段）。

　敷金契約は、通常賃貸人のための担保目的で締結されるものであり、賃借人において、賃貸借契約終了前に敷金による充当を主張することはできないが、他方で、賃貸借契約が終了すれば、賃貸人の意思にかかわらず当然充当の効果が生じ、その効果は破産債権者にも対抗することができると解されること(11)からすれば、賃借人は、賃貸借契約解除のリスクを覚悟のうえであれば、賃料の不払により、差し入れた敷金の回収を図ることができることになる。その意味では、破産法70条後段の規定は、賃借人が賃貸借契約解除のリスクを負うことなく、敷金の回収を図ることを可能にしたものと評することもできよう。

　なお、旧破産法103条では、賃借人は、破産宣告時における当期と次期の賃料債務に限り、自己の有する破産債権との相殺が認められ（旧破103条前段）、さらに、敷金が差し入れられている場合には、その後の賃料債務についても相殺ができるものとされていた（同条後段）が、少なくとも清算型の倒産処理手続である破産手続においては、賃料債権を受働債権とする場合に限り相殺を制限すべき理由に乏しいなどの批判が強かったため、同条に相当する規定は設けられず、同条後段の規定に代わるものとして新破産法70条後段が新設された。

　(10)　前掲注（3）最判昭48・2・2。
　(11)　最判平14・3・28民集56巻3号689頁・判タ1089号127頁・判時1783号42頁参照。

(2) 破産法70条後段の要件及び効果

　破産法70条後段では、「敷金の返還請求権を有する者が」と規定されている

が，上記(1)の趣旨に照らすと，これは，停止条件付債権としての敷金返還請求権を意味するものと解され，したがって，厳密には，敷金返還請求権は未だ発生していないことになる。また，同条前段に規定する「債権額の限度」も，停止条件付債権としての債権額を意味することになるから，敷金返還請求権の場合には，通常は差し入れた敷金の額が破産債権の額になるものと解される（破103条2項2号・4項）。もっとも，過大な額の敷金が差し入れられ，その一部については実質的には他の趣旨で支払われたものとみられるような場合には，その分を「破産債権の額」から控除すべきことになろう。

　また，破産法70条では，「弁済」の法的性質が特に明らかにされておらず，若干わかりにくいが，「後に相殺をするため」と規定されていることに照らすと，ここでの「弁済」は，破産手続中に停止条件付債権における停止条件が成就した場合には，当該弁済を無効とすることが当然の前提とされており，その意味では，法が弁済に解除条件を付することを特別に認めたものと解される。

　すなわち，同条前段については，破産手続中に停止条件付債権における停止条件が成就した場合には，寄託請求の対象とされた賃料債務の弁済が無効となってこれが復活し（もっとも，この時点までの遅延損害金等は発生しないことになろう。），新たに発生した上記停止条件付債権と復活した賃料債務との相殺が認められ，その結果，賃借人は，破産管財人に対し，無効とされた弁済金につき，不当利得返還請求権（財団債権になる〔破148条1項5号〕）を行使して，その返還を受けることができることになる。このように説明すると複雑でわかりにくいが，結果としては，条件が成就した停止条件付債権について，寄託された弁済額の限度で財団債権としての行使を認めたのと同じことになり，破産管財人は，寄託された金銭から，これを弁済することになる。

　同様に，同条後段についても，破産手続中に停止条件が成就して敷金返還請求権が発生した場合には，それを解除条件として寄託請求の対象とされた賃料債務が復活することになるから，この場面では，上記敷金返還請求権と復活した賃料債務との差引処理が認められる法的根拠は「当然充当」ではなく，文字どおり「相殺」ということになろう。

(3) 担保権に基づく物上代位との関係

(a) 問題の所在等

上記のとおり，停止条件付の敷金返還請求権を有する賃借人が破産管財人に対して賃料の支払をする場合には，後の相殺に備えて弁済額の寄託を請求することができるが，上記賃料につき担保権に基づく物上代位がなされ，賃借人が賃料を担保権者に支払わなければならない場合にも，賃借人は，寄託請求をすることができるのか，仮にできるとすれば，誰に対して請求できるのかというのがここでの問題である。

この点に関する議論は未だ成熟したとはいいがたい状況にあるように思われるが，考え方としては，破産法70条後段は，破産管財人に対して賃料を支払う場合の規定であって，担保権者に賃料を支払う場合については同条後段を適用することはできないとする見解（以下「①説」という。）と，この場合にも同条後段の適用を肯定する見解に分かれ，後者の見解については，さらに寄託請求権の相手方を破産管財人と捉える説（以下「②説」という。）と担保権者と捉える説（以下「③説」という）とがあり得るようである[12]。

(b) 検　討

ところで，個別執行（民事執行）の場面では，賃貸借契約の終了前に，担保権に基づく物上代位により，賃料債権を差し押さえた場合でも，これを取り立てる前に当該賃貸借契約が終了し，目的物が明け渡されたときは，賃料債権は，当然充当により消滅するというのが判例である[13]が，差押え後に取立てまで完了した場合には，その後に賃貸借契約が終了したとしても，上記取立ての効力が問題となる余地はなく，担保権者が取り立てた賃料を賃借人に返還しなければならない事態は生じないものと考えられる。そして，破産法70条後段の規定は，破産法上，停止条件債権等については破産手続中に停止条件が成就した場合には破産手続開始時から無条件の破産債権であったのと同様の取扱いがされていることに鑑み（上記(1)参照），相殺の場面でもこれと同様の取扱いをするものにすぎず，上記のような個別執行における実体法上の権利関係を変更する趣旨まで含むものとは解されない[14]。そうすると，寄託請求権の相手方を担保権者と捉え，担保権者が既に取り立てた賃料につき，当該担保権者から返還を受けることができるとする③説は，立法論としてはともかく，解釈論とし

ては採りがたいのではないかと考えられる。

　また，②説についても，個別執行の場面における上記規律を前提とする限り，採りがたいのではないかと考えられる。なぜなら，上記のような理解を前提として②説を採ると，担保権者に支払われた同一の賃料につき，担保権者に対する関係では有効な弁済としながら，破産管財人に対する関係では，無効な弁済として取り扱うことになる（上記(2)参照）が，破産法70条後段の規定がこのようなことまで想定しているとは考えにくいからである。

　これに対し，①説は，破産法70条後段の適用場面を賃借人が破産管財人に対して賃料を支払う場合に限定するものであり，実務的にも採りやすい見解であると思われる。

　以上によれば，①説が相当であると考える。

(12)　基本構造と実務287頁以下参照。
(13)　前掲注（11）最判平14・3・28。
(14)　破産法上，停止条件付債権等についてこのような取扱いがされているのは，破産手続開始時に当該停止条件が成就する可能性等を考慮して破産債権の評価額を算定してこれを破産債権の額とし，あるいは，破産手続開始後条件成就までの間の中間利息を劣後的破産債権とすることには，いずれも手続上の困難が伴うこと等を考慮し，これを簡略化したものであって，このような手続的な要請を根拠として，担保権者の実体法上の地位に変更を加える解釈をすることは相当でないものと考えられる。

(4) 他の倒産処理手続における取扱い

　前述のとおり，破産手続においては，賃料債権を受働債権とする相殺権の行使に関する制限（旧破103条前段）が廃止されたが，再建型の倒産処理手続についてもこれと同様の取扱いをすると，賃貸物件からの収益が確保できずに再建が困難になる場合が生ずるおそれがあること等を考慮して，これとは異なる取扱いがされている。

　すなわち，再生手続及び更生手続では，賃料債権を受働債権とする相殺権の行使については，手続開始後に弁済期が到来すべき賃料債務につき，手続開始時の賃料6か月分に相当する額を限度として，これを認めることとされている（民再92条2項，会更48条2項）。なお，再建型の倒産処理手続における相殺権の行使には，破産手続とは異なり，時期的制限が設けられており，債権届出期間の満了前にのみこれが認められているが，賃借人が将来の賃料債務の期限の利益

を放棄して相殺権を行使することは可能である（民事再生法92条2項，会社更生法48条2項の各括弧書）。

また，手続開始後に賃貸借契約が終了して，敷金返還請求権が発生した場合には，同請求権は，手続開始時の賃料6か月分に相当する額の範囲内におけるその弁済額（手続開始後に弁済した賃料の総額）を限度として，共益債権となる（民再92条3項，会更48条3項）。ただし，民事再生法92条2項，会社更生法48条2項の規定により相殺をした場合には，「手続開始時の賃料6か月分に相当する額」から「相殺によって消滅した賃料債務の額」を控除した額が上限となる（民事再生法92条3項，会社更生法48条3項の各括弧書）。

これらの規定は，再建型の倒産処理手続では，手続開始後に弁済期が到来する賃料債権については，再建のためにキャッシュ・フローとして利用できるようにする必要性が高いことに鑑み，同債権を受働債権とする相殺や，これと類似の効果を有する敷金による当然充当が認められる範囲を賃料6か月分に相当する額に限定したものであり，これによって，再生債務者又は更生会社は，それ以外の賃料についてはこれを事業資金等に充てることが可能となるのである。

したがって，例えば，賃貸人につき更生手続が開始され，手続開始時の賃料が月額10万円で，賃借人が敷金として120万円を差し入れていたが，手続開始から7か月が経過した後に賃貸借契約が終了して120万円の敷金返還請求権が発生し（敷金から控除すべき債務はなかったものとする。），また，賃借人が賃貸人に対して50万円の売買代金債権を有していたという事例では，次のような結論になる。

まず，50万円の売買代金債権を自働債権とする相殺については，賃料6か月分に相当する額（60万円）の範囲内であるから，賃借人はその全額につき賃料債務との相殺が可能である。しかし，上記金額について相殺をした場合に敷金返還請求権が共益債権となる範囲は，これによって消滅した5か月分の賃料債務の額を控除した残額である，10万円（60万円−50万円）に限定されることになる。

他方，賃借人が売買代金を自働債権とする相殺をせずに，敷金返還請求権を共益債権として行使する場合には，賃料6か月分に相当する額である60万円が

共益債権となる。なお，この場合には，未払賃料があったとしても当然充当によりすべて消滅していることになるから，敷金返還請求権を共益債権として行使した後に，売買代金債権と未払賃料との相殺が問題となる場面は想定できない。したがって，民事再生法92条2項，会社更生法48条2項については，各条3項のような括弧書は設けられていない。

それでは，賃借人が手続開始後6か月は賃料を支払ったが，その後3か月間賃料の支払をせず，このために，賃貸人から賃貸借契約を解除された場合はどうか（その余の条件は上記事例に同じ。）。

この場合には，3か月分の未払賃料につき当然充当がされて90万円の敷金返還請求権が発生するが，賃借人は，手続開始後に6か月分の賃料を弁済しているので，このうち，60万円について共益債権として権利行使することができることになるという見解が有力のようである[15]。このように解すると，賃借人は，当然充当された分を含め，実質的には賃料9か月分の敷金を回収したことになるが，上記規定の趣旨も，「賃料の6か月分に相当する額」を超える部分の賃料が現に支払われた場合には，再生債務者ないし更生会社にこれを確保させるというにとどまり，これが支払われなかった場合については特に手当てがされていないという理解に基づくものと考えられる。

しかし，敷金返還請求権について，破産法70条後段，民事再生法92条3項，会社更生法48条3項に規定する取扱いがされるのは，賃料債務の敷金による当然充当が「停止条件付債権を自働債権とする相殺」に類似する点に着目したものと解されることからすれば（上記(1)参照），賃料債務の敷金による当然充当についても，民事再生法92条3項及び会社更生法48条3項の各括弧書（「同項の規定により相殺をする場合には，相殺により免れる賃料債務の額を控除した額」）の規律に準じた取扱いをし，民事再生法92条3項，会社更生法48条3項の共益債権の範囲からこの部分（当然充当によって消滅した賃料債務の額）を控除することとしないと，相殺の場合との均衡を失するものと考えられる。そもそも，上記各規定の趣旨は，賃借人に賃料の支払を促し，再生債務者ないし更生会社のキャッシュ・フローを確保しようとした点にあるところ，上記各括弧書のように債務不履行をすることなく相殺をした場合であっても，これによって共益債権となる範囲が限定されていることからすれば，債務不履行をしたことによって当然充

当がされた場合についても同様の処理をすることが法律上当然に予定されているものと考えられ，上記事例の場合について，このような勿論解釈をすることには十分な合理性があるものと考えられる。このような考え方によると，上記説例では，敷金返還請求権が共益債権となる範囲は30万円に限定されることになる。

(15) 基本構造と実務300頁以下。

(5) 破産管財人が賃貸目的物を処分した後の法律関係

破産管財人が賃貸目的物である不動産を売却した場合に，敷金をめぐる法律関係がどうなるかがここでの問題である。

この点については，賃貸目的物の所有権移転に伴い賃貸人たる地位に承継があった場合には，旧賃貸人に差し入れられた敷金は，未払賃料債務があればこれに当然充当され，残額についてはその法律関係が新賃貸人に承継されるとするのが判例[16]であり，破産時においてもこの点に変わりはないとするのが通説的な見解のようである[17]。

これに対し，破産の場合にも敷金の承継があるとすると，賃貸目的物の譲渡代金がその分だけ減額され，他方，賃借人は，本来破産債権にすぎない敷金返還請求権につき全額の回収を得られることになって破産債権者間の平等を害するとして，破産の場合には，敷金返還請求権は承継されないとする説も有力である[18]。

しかし，本来，契約当事者の一方が相手方の同意を得ずにその契約上の地位を譲渡することはできないところ，上記判例が賃貸人の地位についてその例外を認めているのは，賃貸人の義務が所有者であれば誰でも履行可能な性質のものであるというだけでなく，敷金の契約関係も新賃貸人に承継されると解することが可能であり，この点でも賃借人が不当に不利益を受けることはないと考えられることがその根拠の一つになっているのではないかと考えられる[19]。そうであるとすれば，上記有力説のように，破産の場面で敷金の契約関係を承継させることが破産債権者間の公平を害し相当でないというのであれば，原則に戻って賃貸人の地位の移転そのものを否定すべきようにも思われ，賃貸人の地位の移転自体は認めながら，何故にそれと密接な関連性を有する敷金の契約関

係だけがこの場合には承継されないことになるのか，その理論的根拠が必ずしも明確でないように思われる。また，上記有力説によると，賃貸人が新賃貸人に新たに差入れ義務を負う敷金の額はどのようにして決まるのか（その理論的根拠いかん），賃借人がこれを履行しない場合の法律関係はどうなるのかといった困難な問題が生ずるように思われる。

　以上によれば，上記通説的見解が相当であると考える。

(16)　最判昭44・7・17民集23巻8号1610頁・判タ239号153頁・判時569号39頁。
(17)　新破産法の理論と実務201頁〔田頭章一〕等。
(18)　基本構造と実務303頁〔山本和彦発言〕。
(19)　敷金の契約関係が新賃貸人に承継されるということは，一方で賃借人の同意を得ずに免責的債務引受けを認めることにもなるが，判例は，賃借人にとっても，それに伴うデメリットよりは，今後継続的に賃料債務等を負担することになる新賃貸人に敷金の承継を認めるメリットの方が大きいとの価値判断をしているのではないかと思われる（山本敬三『民法講義Ⅳ－１』（有斐閣，2005）506頁参照）。

Ⅱ　賃借人の破産

1　賃貸借契約の帰趨

　賃借人が破産した場合には破産法53条1項及び2項が適用され，破産管財人は，賃貸人に対し，契約の解除又は債務の履行を選択することができるが，賃貸人は，破産手続が開始されたことのみを理由として契約を解除することはできない（ただし，後記(2)及び(3)参照）。

　現行破産法制定前は，旧破産法59条の特則として民法旧621条が存在し，賃借人破産の場合には，破産管財人だけでなく，賃貸人も，民法617条の規定により解約の申入れをすることがができることとされていた反面，賃貸人は，破産管財人の解約申入れに基づく損害賠償請求権については，破産債権としてもこれを行使することができないとされていた。しかしながら，民法旧621条の特則は，そのいずれについても立法の合理性に疑問が呈されており，特に前者については，賃借権の財産的価値を不当に奪うことになるとの批判が強く，これを克服するための様々な解釈論が展開されていたところ，現行破産法の制定に伴って民法旧621条は削除されることとなり，賃借人破産の場合について

も，双方未履行の双務契約に関する一般原則が適用されることになったものである。

したがって，破産管財人は，賃貸借契約を解除するか，これを存続させるかの選択をすべきことになるが，この選択をする際の判断基準は，破産財団にとってどちらが利益になるかという点に求めるべきであり，契約の解除を選択した場合に，敷金返還請求権が発生すれば，これを破産財団に組み入れ，契約の存続を選択しようとする場合には，賃借権の換価を可能にするために，賃貸人の承諾を得るか，裁判所の代諾を得る必要がある（民612条1項，借地借家19条1項）。もっとも，賃貸借契約の目的物が破産者の居住している建物である場合において，破産者が賃借権や敷金返還請求権の評価額に相当する金員を自由財産から拠出したような場合には，破産管財人は，破産者のために賃借権を放棄することも可能であると考えられる。

なお，永小作人や地上権者が破産した場合についても，賃借人破産の場合と同趣旨の規定として，永小作権ないし地上権の消滅請求に関する規定が存在した（民旧276条・266条1項）が，民法旧621条を削除した際にこの部分も削除された。

(1) 破産管財人が契約の解除を選択した場合

破産管財人が契約を解除した場合には，破産管財人は，賃貸借契約の目的物を賃貸人に返還すべき義務を負うことになる（破54条2項）。

破産手続開始前の未払賃料は破産債権となるが，賃借人が差し入れた敷金が残存している場合には，敷金による充当が認められ，賃貸人はその限度では満足を得られることになる。他方，破産手続開始後契約終了に至るまでの間に生じた賃料は財団債権となり（破148条1項8号），契約終了後目的物の返還をするまでの間の賃料相当損害金も財団債権となるものと解される（破産管財人の不作為による損害賠償請求権〔破148条1項4号〕）。

また，賃貸人は，契約期間の中途で契約が解除されたこと等に伴う損害賠償請求権（ただし，破産手続開始前の原因に基づくものに限る。）については，破産債権者としてその権利を行使することができる（破54条1項）。

他方，破産管財人が契約終了後目的物を返還したことにより敷金返還請求権

が発生する場合には，破産管財人は，これを破産財団に組み入れることになる。

(2) 破産管財人が債務の履行を選択した場合

　破産管財人が債務の履行を選択した場合には，賃貸人は，破産管財人に対して使用収益に係る義務を負うことになるが，賃料債権については財団債権となるから（破148条1項7号），破産管財人から随時弁済を受けることができることになる。この場合に，破産手続開始後債務の履行を選択をするまでの間の使用収益に係る賃料が，破産法148条1項7号に規定する「相手方が有する請求権」に含まれることについては特に異論はないものと考えられる（なお，(1)のとおり，上記期間の賃料については，破産管財人が解除を選択した場合にも財団債権となる。）が，破産手続開始前の使用収益に係る賃料がこれに含まれるか否かについては問題がある。

　この点については，破産管財人が債務の履行を選択した以上，破産手続開始前の使用収益に係る賃料も財団債権になると解する説も有力である[20]が，この期間の賃料は本来的には破産手続開始前の原因に基づくものとして破産債権となるべきものであり，現に破産管財人が解除を選択した場合には，賃貸人は，破産債権としてこれを行使するほかはないのであるから，破産管財人が債務の履行を選択した場合に限り，これを財団債権として取り扱うべき必要性に乏しく，かえって，破産債権者間の平等を害し，破産管財人の選択権が不当に制約されることになって相当でないものと考える。そもそも，破産管財人が債務の履行を選択した場合に，相手方が有する請求権が財団債権とされるのは，同時履行の抗弁権の存在等を考慮したものであるが，賃貸借契約の場合には，賃料と対価関係に立つ使用収益に係る義務は既に履行されているのであるから，その意味でも，破産手続開始前の使用収益に係る賃料を財団債権とする根拠に欠けるというべきである。この点に直接言及した最高裁の判例は見当たらないが，最判昭48・10・30民集27巻9号1289頁は上記のような理解を前提にしているのではないかと思われる。もっとも，この場合にも，賃貸人は，破産手続開始前の使用収益に係る未払賃料については，敷金をもってこれに充当することができる。

また，破産管財人が債務の履行を選択したにもかかわらず，破産財団の不足等により随時弁済をすることができないなどの事情は，当事者間の信頼関係が破壊されたことを裏づける有力な根拠になるものと考えられる。

なお，賃貸人は，賃借人に目的物を引き渡した後は，原則としてその使用収益を受忍すべき義務を負うにとどまるから，賃貸借契約は「継続的給付の義務を負う双務契約」には当たらず，破産法55条の適用はないものと解される。

(20) 伊藤・278頁等。

(3) 賃貸人からの解除の可否

上記のとおり，民法旧621条の削除により，賃貸人は，賃借人が破産したというだけでは解除をすることができないが，破産手続開始前に既に当事者間の信頼関係を破壊する程度の賃料不払があった場合に，破産手続開始後に，そのことを理由に破産管財人に対して民法541条の解除を主張することができるかどうかが問題となる。

この場合に賃貸人が有する解除権は，破産財団を引当てとするものではなく，破産債権には該当しないから，その行使（解除の意思表示）を否定すべき理由はないものと考えられる。したがって，賃貸人は，この場合には，破産管財人に対して解除の意思表示をして，目的物の返還を求めることができるものと解する。

なお，賃貸人が破産手続開始前に催告をしていなかった場合には，通常破産手続開始前には解除権が発生していなかったことになるが，解除の要件としての催告は，あくまでも債務者に契約解除を回避する最後の機会を与える点に意義があるにすぎないのであるから，倒産直前に催告をしたとしてもその弁済を受けられる可能性は少なく，かえって偏頗行為の否認のリスクもあったというような事案においては，催告以外の要件を充足している限り，破産手続開始後に無催告解除をすることができると解する余地があるように思われる。

他方，破産手続開始前に賃料の不払があった場合でも，その回数や額が少ないなどの理由で当事者間の信頼関係を破壊するに至らないと認められる場合には，その時点では解除権は発生しておらず，また，破産手続の開始に伴いその未払分（破産手続開始前の使用収益に係る賃料）は破産債権となり，これに対する

弁済が禁止されることになるから，その部分の支払が受けられないことを理由として新たに解除権が発生することはないものと考えられる。

2 倒産解除特約の効力

上記のとおり，民法旧621条の削除により，賃貸人は，賃借人が破産したというだけの理由で法定解除をすることはできないことになったが，賃貸借契約において，賃借人の破産を解除原因とする旨の特約が定められた場合の効力については議論がある。

上記のような倒産解除特約の効力に関する判例としては，最判昭57・3・30民集36巻3号484頁・判タ469号181頁・判時1039号127頁がある。しかし，同判例で問題となった特約は，機械（トラック・クレーン）の売買契約において，買主に更生手続開始の原因となるべき事実が生じたことを契約解除の事由としたものであるが，最高裁がこのような特約の効力を否定したのは，同特約が会社の維持更生を困難にすることを考慮したものと解されるから，同判例の射程が倒産解除特約全般に及ぶと解することはできないであろう[21]。

むしろ，上記の問題を検討するにあたっては，賃貸借契約の債務不履行解除について判例上認められてきた信頼関係破壊の法理[22]を特約で排除することが可能か否かを検討するのが相当であろう。そして，この点については，最判昭51・12・17民集30巻11号1036頁・判タ348号191頁・判時848号65頁が参考になるものと思われる。同判例は，訴訟上の和解において，賃借人が賃料の支払を1か月分でも怠ったときは建物賃貸借契約は当然解除となる旨の条項が設けられ，その効力が争われた事案であるが，最高裁は，「賃貸借当事者間の信頼関係が賃貸借契約の当然解除を相当とする程度にまで破壊されたといえないときは，右和解条項に基づく賃貸借契約が当然に解除されたものとは認められない」として，同事案においては，その効力を否定している。同判例は，結局のところ，上記特約に信頼関係破壊の法理を排除する効力を認めることはできず，同理論と整合する範囲内で特約の効力を認めたものと解される。

そして，賃借人が破産をしても，破産手続開始後の使用収益に係る賃料については財団債権として保護され，その支払すらできない場合には，賃貸人による解除が可能となるのであるから，賃借人が破産したという一事をもって当事

第5章 契約関係の処理

者間の信頼関係が破壊されたものとみるのは困難であろう。

そうであれば、賃借人の破産を解除原因とする旨の特約は、賃借人の破産と他の事情が相まって当事者間の信頼関係が破壊されたとみられる特段の事情が存する場合（例えば、賃借人が今後の見通しにつき虚偽の説明をし、これを信頼して賃貸人が従前の未払賃料の一部を免除したのに、上記の説明に反してその後間もなく賃借人が破産したというような場合が考えられるか。）を除き、その効力を認めることはできないものと考えられる。

(21) 同判例の判例解説でも、この点については今後に残された課題であるとの説明がなされている（加茂紀久男・最判解説民昭和57年度280頁）。
(22) 最判昭39・7・28民集18巻6号1220頁・判タ165号76頁・判時382号23頁等。

〔堂薗　幹一郎〕

ライセンス契約

I ライセンス契約と破産法56条

1 ライセンス契約の意味

　わが国の法律のなかに「ライセンス契約」の確定的な定義はみられない。ライセンス契約は，知的財産（権）の譲渡契約とは異なり，特許発明，考案，意匠，半導体回路配置等，商標，サービスマーク等の識別商標，ノウハウ，トレードシークレット等，知的財産（権）を保持するライセンサーが，当該知的財産（権）の実施又は使用の権限を相手方（ライセンシー）に付与する契約といわれる[1]。わが国では，ライセンサーのもつ知的財産権の利用に係わる契約として，法律上，実施許諾契約や使用許諾契約がある。契約自由の原則からは，ライセンス契約の対象として，著作権法上のデータベースに当たらない情報であっても認められ，また，トレードデュレス等[2]のいわば生成中の知的財産として知的財産法による保護が明定されてないものであっても認められる（狭義のライセンス契約）。

　さらに，ライセンスという名称の有無にかかわらず知的財産利用の許諾が契約の内容に含まれ，契約の内容としても重要である場合には，技術やソフトウェアの開発委託契約，販売代理店契約，ブランドライセンス契約，フランチャイズ契約等も，その広い意味でライセンス契約に含まれるといえる[3]。したがって，ライセンス契約は，特許実施権のような知的財産法の定める利用契約そのものを意味するのではなく，知的財産の利用を内容として含む複合的な契約一般を意味する（広義のライセンス契約）[4]。

331

(1) 伊藤正己＝園部逸夫編集代表『現代法律百科大事典第7巻』(ぎょうせい，2000) 431頁〔土肥一史〕
(2) トレードデュレスについて，井口加奈子「店舗外観保護の戦略的法務」NBL892号 (2008) 7頁等。
(3) フランチャイズ契約の性質について議論があることについて，小塚荘一郎『フランチャイズ契約論』(有斐閣，2006) 46頁。ライセンス契約，流通契約，独自ないし混合契約などの立場がある。委任・賃貸借・売買等の複数の契約の要素をあわせもつ継続的権利義務を内容とする混合契約と捉えるものとして，西口元「フランチャイザーの破産」西口元＝木村久也＝奈良輝久＝清水建成編『フランチャイズ契約の法律相談〔第3版〕』(青林書院，2013) 332頁。
(4) ライセンス契約の法的性質は，賃貸借契約，委任契約等に類似することを参考にすることもできる。金子宏直「ライセンス概論」椙山敬士＝高林龍＝小川憲久＝平嶋竜太編『ビジネス法務大系 (1) ライセンス契約』(日本評論社，2007) 1頁。契約の類似性に反対するものとして，加藤雅信「ブランドライセンス契約とその問題」判タ1246号 (2007) 28頁・43頁。

2　破産法53条とライセンス契約

　一般に知的財産権を対象にするライセンス契約は，ライセンシーがライセンサーから知的財産を使用することを受忍ないし使用する権限を付与され，その対価としてライセンサーに対してロイヤリティを支払う契約である。ライセンス契約は双務契約といえる。
　また，ライセンス契約は請求権不行使契約であると構成する見解もある(5)。このような立場では，請求権の不行使という不作為義務とロイヤリティの支払という作為義務からなる双務契約と捉えることはできるが，ライセンシーからライセンサーに対して積極的な義務の履行を求めることはライセンス契約の本来的な内容ではないことになる。
　他方，後述するように専用実施権については不動産における地上権等と同様に双務契約ではあるが設定によりライセンサーの義務は既履行になり，未履行の双務契約に当たらないという見解もある。
　ライセンス契約期間中，双方に何らかの未履行の債務があることになり，未履行の双務契約に関する破産法53条によれば，契約の一方当事者に破産手続が開始されると，管財人に解除か履行かの選択権が与えられる。その結果，管財人が契約を解除する方が破産財団にとって有利であると判断すれば，相手方に不利益な場合でも解除がなされる危険性がある。ライセンサーかライセンシー

のいずれに破産手続が開始されるかによってライセンス契約の取扱いが異なる。

(5) 田村善之『知的財産法〔第5版〕』(有斐閣, 2010) 83頁。

3 ライセンシーの破産

ライセンシーに破産手続が開始される場合は、破産法53条の原則に基づいて、ライセンシーの破産管財人が、契約の履行か解除かを選択することになる。ライセンス契約上一方当事者に破産手続開始申立てがなされた場合に、相手方からただちに解除できる旨の解除特約が定められていることが多いが、破産法53条の管財人の選択権を定めた趣旨に反することになるからライセンサーから解除できないと解される。そのため、ライセンサーが、破産手続開始前に解除権を取得しているか、破産手続開始後に債務不履行があったなどの理由以外には、解除権の行使は許されないと考えられる[6]。

ライセンシーが破産した場合は事業を清算するため、製品の製造等をすることはなくなるから、通常は解除が選択される。ライセンシーの管財人は、ライセンス契約上ライセンサーから提供されていたマニュアル等の知的財産について、契約の定めに従い返還・廃棄などの措置をとる必要がある (破54条2項)[7]。また、ライセンス契約が解除された後でも、ライセンス契約上の守秘義務等はその後も継続して残ると考えられる[8]。おおよそ、ライセンシーが法人の場合には、守秘義務の主体自体がなくなるためライセンサー帰属の知的財産の返還等の措置以上には守秘義務を実現することは困難であるが、契約上守秘義務を負う社員が特定されているような場合にはその個人に課せられた守秘義務が残る余地はある[9]。

これに対して、ライセンス契約の履行が選択されるのは、ライセンシーの地位の譲渡が通常は禁止されているため営業継続などの例外的な場合に限られるとされる[10]。ただし、後述のように衣料品ブランドライセンス等については事業譲渡が行われる場合や、在庫品の換価のためにライセンス契約の履行選択が必要な場合が考えられる。ライセンシーが履行を選択するには、裁判所の許可が必要となる (破78条2項9号)。ライセンサーのロイヤリティ支払請求権は財団債権として取り扱われる (破148条1号7号)。

(6) 伊藤・282頁，松下淳一「ライセンス契約」山本ほか・理論と実務204頁。この点に関して，フランチャイズ契約では，フランチャイジーの破産を理由とした解除特約の有効性を認めるものとして，西口・前掲注（3）337頁。
(7) それらの物が現存しない場合には価額について財団債権として権利行使できるが，価額の算定が困難な場合が多いと考えられる。したがって，現存しない場合には破産法54条1項の損害賠償請求権を破産債権として行使することになると考えられる。また，ライセンシーの破産の混乱時には，ライセンス契約上管理が定められている営業秘密等が散逸する可能性もある。その場合には，管財人の注意義務が問題になる（破85条）。
(8) 石川功造「ライセンシー破産における営業秘密保護」別冊NBL編集部編『新破産法の実務Q&A〔別冊NBL97号〕』(2004) 82頁。
(9) ライセンシーである法人の社員が知得した営業秘密を法人の倒産後利用できるかは守秘義務の効力に関連するもので競争法の問題と考えられる。
(10) 伊藤・282頁，松下・前掲注（6）204頁，ライセンサーの承諾があり知的財産の権利移転の形での換価と表現される。

4 ライセンサー破産の場合

破産法56条1項は，「賃借権その他の使用及び収益を目的とする権利を設定する契約について破産者の相手方が当該権利につき登記，登録その他の第三者に対抗することができる要件を備えている場合には」，破産法53条1項を適用しない旨定めている。ライセンス契約でも，その対象となる権利が，登記・登録その他第三者に対抗することができる権利である場合には，管財人の解除権の行使は認められない。ライセンシーは，ライセンス契約の対象となっている知的財産権を利用して事業を行っており，ライセンサーの破産により契約が解除されると多大な損害を被ることになる。そこで，破産について何ら責任がないライセンシーを保護するために，ライセンサーの管財人の解除権を制限する必要があるという考え方に基づく。

また，破産法56条は，民事再生手続や会社更生手続において準用されている（民再51条，会更63条）(11)。

破産法56条の第三者に対抗できる要件は，具体的には不動産については登記であるが，知的財産権については登録である。破産法56条の適用を受ける，登録により第三者に対抗することができる権利として，権利の効力発生要件とするものも含めると，特許権及び実用新案権の専用実施権（特許77条・98条1項2号，新案18条），商標権の専用使用権及び通常使用権（商標30条・31条），意匠権の専用実施権（意匠27条），半導体の回路配置利用権の専用利用権及び通常利用権

(半導体16条・17条・21条)，種苗の育成者権の専用利用権及び通常利用権（種苗25条・26条・32条)，著作権の出版権（著作88条）が挙げられる。

平成23年特許法改正により，特許権，実用新案権，意匠権の通常実施権については，登録制度が廃止され，登録なくして対抗できる当然対抗制度が制定された（特許78条・99条，新案19条，意匠28条)。これらの場合も対抗要件を備えた利用権として破産法56条の適用を受けるようになった。

(11) 再生型手続ではライセンサーはライセンス契約によるロイヤリティを再生に生かす必要性がある。他方，ライセンス契約に技術指導や改良等の積極的義務が含まれている場合に，リストラ等が行われることでライセンサーがこれらの義務を果たせない事態が考えられる。ライセンサーの解除権を制限している以上，ライセンサーとライセンシー間でライセンサーの義務を実現可能な内容に変更したり，ロイヤリティを減額する等の対応が必要になる。

この点は，破産法56条で対抗要件を基準にする理由と関連する。一問一答86頁参照。

5 ライセンサー破産での契約の継続

ライセンサーの管財人がライセンス契約の履行を選択した場合には，ライセンシーの請求権は財団債権として扱われる（破56条2項)。ところで，ライセンサーの義務は，同じく破産法56条1項が適用になる不動産の賃貸借契約とは異なり，バージョンアップ等のライセンサーの積極的な義務やライセンサーの個性に依存する義務等，定型的ではなく代替性もないことが多い[12]。

財団債権については，破産債権に関する金銭化及び現在化の規定（破103条2項・3項）が準用されるが（破148条3項前段)，ライセンシーの債権を他の財団債権と同様に金銭化や現在化を行う意味はなく，かえって不合理な結果を生じるため，債権の性質上から準用されないと解すべきとされる[13]。したがって，ライセンサーの管財人が積極的な義務をそのまま履行する必要はないことになる。仮に，管財人がこれらの義務を履行できなければ，ライセンシーは損害賠償請求を財団債権として行使することになる（破148条1項4号)。ライセンサーの管財人がこれらの義務を履行できない場合は，ライセンスの基になっている特許権等の知的財産権そのものを放棄することもあり得る[14]。この点については，特許の通常実施権等の当然対抗制度において，ライセンサーの管財人により特許権等が譲渡された場合に譲受人にどの範囲で承継されるかによって，

ライセンシーの損害も異なると考えられる。
- (12) 中田裕康「知的財産権のライセンシーの立場」NBL801号 (2005) 18頁等。
- (13) 山本ほか・概説〔第2版〕79頁〔沖野眞已〕,松下淳一「財団債権の弁済」民訴53号 (2007) 54頁,伊藤・231頁,条解破産法416頁。
- (14) 基本構造と実務305頁〔山本和彦発言〕では,ライセンス契約と賃貸借契約とは違いがある。賃貸借契約の賃貸人の義務は比較的定型的で,誰がやってもできることが多い。ライセンサーの義務は,バージョンアップ義務などを含めて難しい。日本法の現状では,ライセンシーが対抗要件をもっていれば,財団債権になるので,バージョンアップ義務があれば,管財人は履行せざるを得ない。履行しない場合は,損害賠償義務が財団債権になるから,場合によっては,履行できないものは放棄する,特許権自体を放棄してしまうことにならざるを得ないことになるであろうが,やむを得ない。これに対して,法定実施権の議論があるとすれば,対抗要件の有無にかかわらず,定型的な権利になるとする。

6 専用実施権等の取扱い

ライセンス契約によって設定されるライセンシーの権利が,専用実施権(特許77条,新案18条,意匠27条)あるいは専用使用権(商標30条)である場合には,解釈が分かれている。まず,破産法56条の適用を否定するのは立法趣旨に基づくとする見解である。すなわち,これらの権利に基づいて独自に差止請求権が認められ(特許100条,新案27条,意匠37条,商標36条),地上権のような物権的な権利に類比される。この種の権利を設定する契約も,地上権設定契約と同様に物権契約であって,契約後はロイヤリティを支払う義務が残るのみで,設定者が実施あるいは使用させる義務を観念できないため,未履行双務契約の処理に関する問題は生じないとされる。そして,未履行双務契約の処理が問題にならないため,ライセンサーが破産した場合には,専用実施権(専用使用権)という負担付きの知的財産権が破産財団に属し,ライセンシーが破産した場合には専用実施権(専用使用権)が破産財団に属して,その換価が問題となるのみであるとされる[15]。

これに対して,専用実施権についても,破産法56条の登録等の対抗要件のあるライセンサーの権利に含める見解がある[16]。特許権に関する専用実施権(特許98条1項2号),商標権に関する専用使用権(商標30条4項)や通常使用権(商標31条4項)がこれに当たる。

この点については,破産法56条の法文上は,使用収益を目的とする権利を設

定する契約とあるので，専用実施権を排除するものではなく，対抗要件となっているが，効力発生要件と対抗要件の区別は，知的財産法でも，半導体集積回路の回路配置に関する法律，種苗法のように統一されていないものがある。むしろ，いずれの権利も保護が必要という点で区別する必要はない。また，破産法56条が適用されて契約が継続されれば，破産法53条を適用しない場合と実質的に異ならないと考えられる。

(15) 松下・前掲注（6）204頁。
(16) 条解破産法414頁。

II 破産法56条の立法の経緯

1 立法過程での議論

　旧破産法においては，継続的に許諾の対価（ロイヤルティ）を支払う内容のライセンス契約は，未履行双務契約と考えられ，原則どおり，破産管財人は，契約の解除をすることができた（旧破59条）。ライセンス契約には，あらかじめ契約当事者の一方が倒産した場合には，他方当事者が契約を解除できる旨の合意が定められることがある。しかし，そのような合意がなくともライセンサーが破産した場合には，管財人が一方的に解除でき，ライセンス契約により許諾されている知的財産の利用が事業に必要不可欠なライセンシーに多大な不利益を及ぼすとしてライセンシーの保護の必要性が指摘されていた[17]。
　改正前にはライセンサーが破産した場合におけるライセンシーの保護が旧破産法59条に関連する事項として，法制審議会倒産法部会において議論された。そして，平成15年「破産法等の見直しに関する要綱」において，ライセンス契約の処理について，「(旧)第59条の規定は，賃借権その他の使用及び収益を目的とする権利を設定する契約については，相手方が当該権利について登記，登録その他の第三者に対抗することができる要件を備えているときは，適用しないものとする」とされ，破産法56条1項が制定された[18]。同条項は，後述する，対抗要件の具備を基準に双方未履行双務契約の原則である破産法53条（旧

第5章　契約関係の処理

破59条)の適用の有無を決める旧法下の学説とほぼ同様といわれる[19]。

　改正時には，アメリカ連邦倒産法のライセンス契約処理に関する規定を導入すべきとする主張もあった。しかし，日米では知的財産譲渡時のライセンシーの対抗要件の面で相違があり制度的前提が異なるとともに，ライセンス契約という個別の契約類型について特別に保護を図る正当化根拠が問題となることから見送られ，対抗要件を具備していないライセンシーの保護については「対抗要件制度の整備・充実等に委ねるのが適切」であり，「対抗要件の具備以外に要保護性の客観的な指標を見いだすのは困難である」として対抗要件を基準にする考え方がとられた[20]。

　破産法56条により，ライセンサー倒産の場合の対応について規定が設けられたが，この規定により，ライセンス契約の破産手続における処理の問題が解決したのかについては，旧法下での解釈論を整理することが参考になる[21]。

(17)　「新種の契約における当事者の一方が倒産した場合の当該契約の取扱いについて，さまざまな解釈論が主張されており，立法的手当が必要であるという指摘もある」と取り上げられている（法務省民事局参事官室編『倒産法制に関する改正検討事項・倒産法制に関する改正検討課題〔別冊NBL46号〕』(1998)（第4部倒産実体法第1法律行為に関する倒産手続の効力1未履行双務契約(3)））。

(18)　「破産法等の見直しに関する要綱」第三部倒産実体法第一法律行為に関する倒産手続の効力　一賃貸借契約等　3賃貸人の破産（一）破産管財人の解除権。

(19)　山本研教授は，従来の学説を「対抗要件アプローチ」と呼び，アメリカ連邦倒産法365条(n)項をわが国の倒産法に導入すべきとの見解を「米国倒産法アプローチ」と呼ぶ。米国倒産法アプローチを主張する見解として，松田俊治「倒産法改正によるライセンス契約の保護―『破産法等の見直しに関する中間試案』に対する知的財産実務の観点からの問題提起」NBL765号 (2003) 50頁。米国連邦倒産法においては，ライセンサーが破産した場合，第一段階として，破産管財人が，ライセンス契約の履行・拒絶の選択権を与えられ，破産管財人が契約の履行を拒絶した場合には，第二段階として，ライセンシーの側に，①拒絶を受諾して契約を終了するか，②契約期間中は一定の範囲で権利を保持するかの選択権が与えられ，ライセンシーが②の選択をした場合には，実施権の部分は保護されライセンシーは契約対象たる知的財産を利用し続けることが可能となるが，契約に基づく特定履行の請求（提供技術の改良，継続的ノウハウ提供，第三者による特許侵害の排除請求など）はできなくなるという制度が組み込まれており，わが国の倒産法にも導入すべきとの提言である。

(20)　中間試案〔補足説明〕109頁。

(21)　旧法下における議論状況は，山本研「新破産法におけるライセンス契約の処理とライセンシーの保護」知的財産研究所編『知的財産権ライセンス契約の保護―ライセンサー破産の場合を中心に―』(知的財産研究所，2004) 127頁，同「ライセンス契約」櫻井孝一＝加藤哲夫＝西口元編『倒産処理法制の理論と実務〔別冊金判〕』(2006) 319頁にまとめられている。

2　平成16年破産法改正前における解釈論

　不動産賃貸借契約の賃貸人倒産の場合については，対抗要件を備えた賃借人に対して管財人は解除権を行使できないとする有力説があった。ライセンサー倒産の場合ライセンシーも対抗要件を備えることで物権的な権利を有しており，旧破産法59条（旧会更103条）による解除は許されないとする見解があった（後に「対抗要件基準説」等と呼ばれる）[22]。破産法56条により，同様の処理が行われることになった。

　したがって，対抗要件を基準とする考え方への批判は，破産法56条をライセンス契約に適用する場合の問題点と共通することになる。また，後述するように，倒産法制ではなく，民法の対抗要件に関する解釈論による対応，特許法等の知的財産権法における対応も，これらの議論につながるものである。以下に簡単にまとめる。

　対抗要件を基準とする考え方に対しては，登録制度のない知的財産権や利用権があること，登録制度のある特許実施権についても登録の少なさ等を理由に批判がされた[23]。

　また，知的財産権の利用権に関する対抗要件の有無ではなく，ライセンス契約の双方未履行性を否定する見解もあった。例えば，パッケージ・ソフトウェアの取引は，売買契約に類するものであり，一方又は双方が既履行の契約と考えられる。そこで，未履行の双務契約であるか問題となるのは，ライセンス契約でもロイヤリティの支払が定期的なものに限られる。しかし，契約内容の主要事項が異なる点を考慮する必要がある[24]。特許ライセンス契約では，通常実施権の設定によりライセンサーの債務の履行は完了し，仮に，許諾技術を実施させる義務を観念するとしても，ファイナンス・リース契約におけるリース業者の使用収益受忍義務と同様あるいはそれ以上に抽象的・観念的なものであるから，ライセンス契約は双方未履行の双務契約に該当しないと考えられるとする[25]。

　これに対して，ライセンス契約におけるライセンシーとライセンサーの継続的関係を重視して双方未履行性を肯定する見解もある[26]。

　さらに，最判平12・2・29民集54巻2号553頁・判タ1026号110頁・判時1705

号58頁に基づいて，ライセンサー倒産についての固有の問題としてではなく，一般論として管財人による解除権の内在的な制約について検討されている(27)。

(22) ライセンスされている知的財産につき，ライセンシーが通常実施権の登録等の第三者対抗要件（特許99条等）を具備している場合には，①通常実施権の保護の必要性，②対抗要件を具備している場合には物権的保護を受け得る点で不動産賃借権と同様に考え得ること，③通常実施権の非排他的性質（同時施行可能性）により重複する内容の実施許諾契約を締結することが可能であり契約解除の必要性が少ないこと等を根拠として，この場合には破産管財人による解除権行使を認めない。金子宏直「技術ライセンス契約の倒産手続における処理(1)」民商106巻1号（1992）95頁，同・「技術ライセンス契約の倒産手続における処理（2・完）」民商106巻2号（1992）66頁，同旨，伊藤眞『破産法〔全訂第3版〕』（有斐閣，2000）237頁。旧法下の実務対応として実施権登録の必要を認めるものに，田淵智久「更生手続開始とライセンス契約」判タ866号（1995）116頁・118頁があった。

(23) 内田晴康「ライセンス契約におけるライセンサー倒産に対する対処(上)」NBL533号（1994）6頁・8頁，田淵智久「ライセンス契約におけるライセンサー倒産に対する対処—その理論上の問題(上)」NBL540号（1994）42頁。ライセンシーに著しく有利な契約が解除できないことも挙げられる。国谷史朗「倒産とライセンス契約の保護—双務契約解除の基準」北川善太郎編『知的財産法制』（東京布井出版，1996）228頁。この他に，ライセンス契約一般について，旧破産法59条・会社更生法103条の適用を否定することは，賃貸借契約に関し賃借人保護を規定した借家法のような立法が存在しないことが挙げられる。同旨，国谷・前掲288頁。

(24) 内田・前掲注（23）によると，主要事項として，特許実施契約では，①実施権又は使用権，②実施料又は使用料，③権利の瑕疵のないことを保証，④提供した対象物についての内容の保証，⑤改良技術，改良物の提供義務（アサイン・バック），⑥守秘義務，⑦追加援助義務（技術移転，ノウハウの伝授のためにライセンシーに一定の技術情報を提供したり，ライセンシーの従業員にトレーニングを施す）等が定められる。著作権の使用許諾については，ソフトウェアの使用の許諾やソフトウェアの複製・改変が主要な事項である。商標使用許諾契約では，特定商品又はサービス提供に伴って商標を使用することが，フランチャイズでは営業ノウハウを提供し，フランチャイジーは通常売上に応じた対価を支払い，品質維持義務，守秘義務を負うことが挙げられる。

(25) 田淵・前掲注（23）（下）NBL542号（1994）39頁・41頁。

(26) 国谷・前掲注（23）286頁は，ライセンサー側は，ロイヤリティの支払を受け，ライセンシーの製品の品質をコントロールし，秘密を保護し，独占的ライセンスでのライセンシーに競合品取扱禁止の義務を負わせること等継続的な義務がある。ライセンシー側は，ライセンサーに知的所有権の継続的使用権を認めさせ，関連する情報や技術援助を受け，第三者の特許侵害に対する対策をとり，ライセンサーが有益な改良技術を開発した場合には，それらを合わせてライセンスの対象とすること，独占的ライセンスではライセンサーに第三者へのライセンスを禁じること（又は通常はライセンサー自身もライセンス地域においては対象知的所有権の行使をしない義務を負う）等の継続的な義務をライセンサーに負わせることを挙げる。

(27) 最判平12・2・29は，契約を解除することによって相手方に著しく不公平な状況が

生じるような場合には，破産管財人は旧破産法59条1項に基づく解除権を行使することができないとする。
　最判平12・2・29以前に，一般的に旧破産法59条1項による破産管財人の解除権について解除権行使が制約される場合があるとする見解として，福永有利「破産法第59条の目的と破産管財人の選択権」同『倒産法研究』（信山社，2004）32頁，同「破産法第59条による契約解除と相手方の保護」同書82頁参照。
　同最高裁判決後のものとして，例えば，金子宏直「破産法59条1項による解除権の制限と基準」竹下古稀544頁。破産法56条制定後も，ライセンス契約の対象の知的財産権のうち，一部の知的財産権のみが対抗要件を取得している場合の処理などの問題が残るとする。山本・前掲注（21）「ライセンス契約」321頁参照。

3　米国におけるライセンサー倒産

関連する米国連邦倒産法365条(n)項について簡単に紹介する。同条項は，ライセンサーが倒産した場合におけるライセンス契約の処理を定めている。同条項は1988年のIPBPA（Intellectual Property Bankruptcy Protection Act）により知的財産の定義規定とともに追加されたものである[28]。

米国連邦倒産法における未履行の双務契約の倒産手続における処理の一般原則は，管財人（又はDPI）に契約の引受けもしくは拒絶の選択ができることを定める（365条(a)項）。管財人が未履行の双務契約の引受けもしくは拒絶を判断する基準として「経営判断の基準」が採用され，財団側に負担となる契約の拒絶は通常の経営判断により許される。この一般的な処理をライセンス契約に適用すると，ライセンサーが倒産した場合には財団にとって有利であると判断すればライセンス契約を拒絶することができ，その結果ライセンシーはライセンスされた技術を利用して製品を製造販売することができなくなり著しい不利益が生じる[29]。

連邦破産法365条(n)項は，ライセンサーが倒産し管財人（又はDIP）が契約を拒絶した場合には，ライセンシーは契約が終了したものとするか，契約の残存期間中又は契約により更新できる期間中はライセンス契約及び付随する契約に従い知的財産を利用継続するか選択できることを定める（365条(n)項(1)）。ライセンサーによる一方的な解除からライセンシーは保護されることになる。

ただし，ライセンシーは管財人が手続を開始した時点における状態でライセンス技術の利用ができるのにとどまり，管財人（又はDIP）に対して特定履行を要求することはできない（365条(n)項(1)）。ライセンシーは知的財産権及びそ

第5章　契約関係の処理

の具現化物の提供を管財人に請求することができ，又は第三者からそれらのものを取得することを妨げられない。その代わりにライセンシーはライセンス契約に基づくロイヤリティの支払を継続しなければならない（365条(n)項(2)・(3)）。管財人によるライセンス契約の拒絶を制限する一方で，ライセンシーから利用の対価の財団への支払を確実にして，ライセンシーとライセンサーの利益が調整されている。

ところで，365条(n)項が適用されるのは知的財産を対象とするライセンス契約である。連邦破産法の定める知的財産には特許権，トレードシークレット及び著作権等は含まれるのに対して，商標，商号及びサービスマークは含まれない[30]。

日本の破産法56条と米国法とが異なるのは，まず，日本では特許権のライセンス契約でも対抗要件を備えたものに限定され，対抗要件がないトレードシークレット，著作権に関するライセンス契約については適用がない。他方，日本では商標のライセンス契約ついても適用がある。ただし，米国では365条(n)項制定後も，ライセンサーの改良義務やロイヤリティの支払額についても議論があり，ライセンサー倒産の場合に生じる問題のすべてが解決したわけではないことに注意が必要である[31]。

また，ライセンス契約そのものに関する規定ではないが，双務契約上の権利の譲渡については，365条(f)項が定めを置いている。365条(f)項は，(c)項等の定めている場合を除き，管財人自身が契約を引き受けるか，又は，契約の将来の義務の履行について譲受人（assignee）から適当な保証が供せられている場合には，未履行契約上の地位の譲渡を認めている[32]。

(28)　S. R. Rep. 100-505, H. R Rep. 100-1012；立法の趣旨等については，中尾俊夫「米国知的財産破産保護法の概要(上)(下)」NBL434号（1989）6頁，436号（1989）29頁。金子・前掲注（22）民商106巻1号95頁。我妻学「ライセンス契約と倒産手続」都立大法学44巻2号（2004）91頁。同条項についての最近の動向を含めた論文に，向山純子「倒産法におけるライセンス契約の処理(1)(2・完)」早稲田大学大学院法研論集117号（2006）120頁・118号（2006）96頁。
(29)　このような代表的な事例としてLubrizol判決がありIPBPA立法の契機ともなった。Lubrizol Enterprises v. Richimond Metal Finishers, 756F. 2d1043 (4th Cir. 1985).
(30)　連邦破産法101条(35A)によると，知的財産とは，(A)トレードシークレット，(B)連邦法第35節により保護される発明，製造過程，意匠，プラント，(C)特許出願権，

(D)植物品種，(E)連邦法第17節により保護される著作物，(F)連邦法第17節第9章により保護されるマスクワーク，である。2000年改正により旧101条(56)は現在101条(35A)である。
(31) これらの点に関しては，金子宏直「ライセンサー倒産における諸問題」Law & Technology15号（2002）37頁。
(32) 米国やドイツにおいてはライセンシーが当然保護されていることが指摘されている。平塚三好「ソフトウェア特許によるイノベーションの促進及び阻害についての一考察―特にライセンシー保護の観点から―」知財管理58巻1号（2008）31頁・36頁。

4　ドイツにおけるライセンサー倒産

ドイツにおいては，特許権及び著作権のライセンス契約が公示によらず承継的に保護される(33)。ドイツ特許法15条並びにドイツ著作権法33条は，ライセンシーがその後に締結された排他的な実施権（利用権）及び通常実施権（利用権）に対して対抗できる旨を定めている。

(33) 駒田泰志「ドイツ著作権法におけるライセンシーの保護」ソフトウェア情報センター『コンピューター・ソフトウェアのライセンス契約の保護に関する調査研究報告書』(2005) 37頁，同「ドイツ法におけるライセンシーの保護」知的財産法政策学研究12号（2006）141頁・157頁，横山久芳「ドイツにおける当然対抗制度」『通常実施権の当然対抗』日本工業所有権法学会年報35号（2011）137頁，萩原佐織「『ライセンサー倒産におけるライセンシーの保護』に関するドイツ倒産法改正の経緯―2つの改正草案の比較検討―」摂南法学47号（2013）1頁等参照。

Ⅲ　特許法における通常実施権の当然対抗制度

1　通常実施権の当然対抗制度

破産法改正によるライセンサー破産時のライセンシーの保護は，登録対抗制度の問題点（登録制度を利用することの困難さ，主要諸外国との制度不調和），登録対抗制度見直しの必要性の高まり（企業の事業活動の安定性継続性を確保するうえで通常実施権を保護する重要性が高い，海外の特許買収事業者の参入等により登録を備えていない通常実施権者が差止請求等を受けるおそれの高まり）から，知的財産法において対応がとられ，平成23年特許法改正（平成23年法律第63号）により通常実施権の登録制度を廃止し，通常実施権の当然対抗制度が導入された(34)。

第5章 契約関係の処理

当然対抗制度の導入の理由をまとめると以下のとおりである。

通常実施権は一種の債権であり，特許権と通常実施権の関係は，不動産所有権と占有を伴わない賃借権の関係に類似する。売買は賃貸借を破るのが民法の原則であるが，不動産賃貸借は登記によりその後物権を取得した者に対しても対抗できる（民605条）。しかし，対抗要件の要否や形態は政策目的，制度趣旨，対象となる権利の性質・内容に応じて決められるべきである。不動産の賃借権は他者による利用を妨げるが，無体物の特許権を対象にする通常実施権は重畳的な利用が可能で，特許権者の利用を妨げることもないことが決定的な違いである。また，登録という公示によらないとしても，実務上は，通常実施権の有無内容について特許権者等に直接確認できるので（デューデリジェンス），取引の安全は確保できることが多い。破産手続の場合には，破産者の説明義務（破40条1項1号）があり，特許権に対する強制執行の対象となることはほとんどないことから，登録によらず当然対抗できるとしても制度設計上支障はないとされる。

平成23年改正後の特許法99条は，「通常実施権は，その発生後にその特許権若しくは専用実施権又はその特許権についての専用実施権を取得した者に対しても，その効力を有する」と定める。ライセンサーの破産の場合でも通常実施権者（ライセンシー）は登録なくして保護されるようになった。制度施行前に許諾されていた通常実施権についても制度後に特許権や特許を受ける権利を譲り受けた者との関係においても当然対抗制度が適用される。

当然対抗制度の導入にあたっては，ライセンサー倒産の場合だけではなく，倒産ではない状態（いわゆる平時）における特許権ないし専用実施権の譲渡等の場合において，権利の承継の問題，対抗要件の意義といった実体法上の面から，通常実施権の保護について盛んな議論がなされた[35]。

(34) 産業構造審議会知的財産政策部会・特許制度小委員会報告書「特許制度に関する法制的な課題について」2010年10月。同小委員会における議論に関しては，中山信弘＝小泉直樹『新・注解特許法（上）』（青林書院，2011）1373頁以下〔林いづみ〕参照。
(35) 「シンポジウム 通常実施権：対抗要件制度を中心に」『通常実施権の当然対抗』日本工業所有権法学会年報35号（2011）所収の論文。島並良「通常実施権の対抗制度のあり方」同書77頁，片山英二「当然対抗制度の導入と実務上の問題点」同書89頁，鎌田薫「当然対抗制度と民法理論」同書103頁，愛知靖之「アメリカにおける当然対抗制度」同書121頁，横山久芳「ドイツにおける当然対抗制度」同書137頁。

2 平成23年特許法改正以前の対抗要件の整備の試み

　平成16年破産法改正により新しく取り入れられた，破産法56条の定める対抗要件による解除権の制限では，特許権の通常実施権等については，実務上，実施登録がなされない問題点を解消できないことが指摘されていた。すなわち，①登録によりライセンス内容を開示されることを当事者が望まない，②包括ライセンス契約においては対象特許を個別に特定せず事業範囲で特定することが多いため，特許を特定して登録することがそもそも非常に困難であり，③包括ライセンス契約においては多数の対象特許を登録しなければならず登録費用が多額になるというものである。

　この問題に対する知的財産法の分野における対応として，包括ライセンスの登録への対応，発明を受ける権利の譲渡に関する2点について登録制度における対応が行われた。

　1つ目は，平成19年に行われた「産業活力の再生及び産業活動の革新に関する特別措置法」（以下「旧産活法」という。）の改正による「特定通常実施権許諾契約登録制度」である[36]。しかし，特定通常実施権の登録制度も廃止された（特定通常実施権登録令施行規則を廃止する省令（平成24年3月30日経済産業省令第29号））。

　参考までに，特定通常実施権許諾契約とは，法人である特許権者，実用新案権者又は特許権もしくは実用新案権についての専用実施権者が，他の法人に，その特許権，実用新案権又は専用実施権についての通常実施権を許諾することを内容とする書面（電磁的記録で作成されているものを含む。）でされた契約であって，当該書面に許諾の対象となるすべての特許権，実用新案権又は専用実施権に係る特許番号が記載されているもの以外のものと定義された（旧産活法2条27項）。

　この特定通常実施権許諾契約の特定通常実施権登録簿への登録により通常実施権の登録（特許法旧99条1項，実用新案法旧19条3項準用）がなされたものとみなされる（旧産活法58条）。そして，ライセンスの取引に関する公示性を確保しつつ，ライセンスの対価等は非開示とされ（旧産活法64条）企業のライセンス事項の秘匿の利益の保護も図るようにされた[37]。

2つ目は，平成20年4月に特許出願段階におけるライセンスの登録制度を創設する特許法等の改正がなされた（平成20年法律第16号）[38]。これは，ベンチャー企業等が資金調達を可能にするため，特許を受ける権利の譲渡ではなく，利用権の設定を可能にするものとして「仮専用実施権」及び「仮通常実施権」を創設するものである（特許34条の2・34条の3）。仮専用実施権については登録を効力発生要件とし，仮通常実施権については登録を第三者対抗要件と定められた（特許34条の4・34条の5）。

これらの権利の法的性質は，「対象特許権の設定登録を停止条件とする専用実施権又は通常実施権」と説明される[39]。

ライセンサーが破産した場合には，仮専用実施権及び仮通常実施権の登録により，出願中の発明を対象とするライセンス契約のライセンシーが保護されるようになっている。

(36) 波田野晴朗＝石川仙太郎「産業活力再生特別措置法等の一部を改正する法律における特定通常実施権登録制度について」NBL860号（2007）20頁，事業譲渡における包括ライセンス契約について，早稲田祐美子＝飯塚卓也＝小野寺良文「事業再編がライセンス契約に与える影響と検討の視点(上)(下)」NBL861号（2007）20頁，862号（2007）68頁。
(37) 松田俊治「産活法による新たな包括型登録制度とライセンス取引をめぐる問題点について」知財管理58巻1号（2008）41頁。
(38) 福田知子＝西田英範「特許法等の一部を改正する法律について－ライセンスの登録制度見直しを中心として」NBL884号（2008）36頁。
(39) 福田＝西田・前掲注（38）38頁。

3　特許権の実施形態

以上のように，平成16年破産法改正後も，特許の通常実施権について登録が少なく対抗要件を基準とする破産法56条は，法制度が予定するライセンシーの保護策と，実務の立場とが乖離した状況が続いているとの指摘がなされてきた[40]。このような事情やクロスライセンスの増加等の特許権の実施形態が，平成23年の特許法改正の背景にある。参考までに，特許庁の統計資料をみると，特許権の実施形態として，クロスライセンスの割合が高くなる傾向が続いている[41]。

(40) 松田・前掲注（37）41頁・43頁は，特許庁が公表する「登録した権利の変動に関する統計表」によると，通常実施権の設定については，2000年ないし2006年の間で，年

150件から300件程度の登録数で推移しており，破産法改正後に登録数が急増した事実は存在しないとする。
(41) 特許権に係る通常実施権総数は未登録を含め約10万件と推計されている（特許庁平成18年「知的財産活動調査報告書」）が，その中で，特許庁登録件数は1315件，登録率は約1％と推計されている（特許庁「通常実施権等に係わる登録制度の現状と課題」）。
　平成21年度統計　標本数3,663　特許権利所有件数国内権利数378,667　国内利用180,322　自社実施153,463　他社への実施38,387　クロスライセンス26,498　有償で他社17,309。以上から，他社への実施／所有国内権利数（10%）　クロスライセンス割合（69%）。
　平成24年度統計　標本数3,119　特許権利所有件数国内権利数444,795　国内利用217,047　他社への実施57,385　クロスライセンス46,192　有償で他社35,061。以上から，他社への実施／所有国内権利数（13%）　クロスライセンス割合（80%）。

Ⅳ　その他の問題

1　ライセンシーの破産と事業譲渡

　特に，ブランドライセンスについては，ライセンシーは，ブランドイメージを維持発展させる必要がある(42)。ライセンス品の販売にはライセンス契約の存在が前提になるから，ライセンス品を処分する場合でも，管財人は，ライセンス契約の履行を選択することが必要になる。しかし，ライセンス契約にライセンシーが破産した場合には，ライセンス品の販売禁止や破棄等が定められていることが考えられる。その場合には，破産管財人がライセンス契約の履行を選択したとしても，換価として在庫品を処分できないことになる(43)。
　そこで，ライセンサーのブランドイメージの保護，品質維持の目的と，破産管財人の在庫品の換価の目的を両立させるためには，ライセンシーのライセンス事業をライセンサーが承認する第三者へ事業譲渡することが方法として考えられる。衣料品のブランドライセンスについては，ライセンシーが破産した場合に，第三者（破産会社の関係者の設立による新会社を含む。）へ事業譲渡がされた事例もみられる。この際にはライセンサーの承諾があることを前提に，ライセンス契約を含む営業・事業譲渡について裁判所の許可が必要である（破78条2項3号）とともに，裁判所は労働組合などの意見を聴く必要がある（同条4

項)。

(42) 加藤・前掲注（4）28頁。
(43) 在庫品の売却方法として納入業者による買戻しを求めるものとして，腰塚和夫「10 破産管財人の職務上の問題(II)資産の換価」新・裁判実務大系(28)163頁。営業継続が必要な場合の例として，大量にある仕掛け品在庫を加工・売却することで高価に換価でき破産財団の拡充に有利な場合で，営業継続によって破産財団に不利益が生じるおそれがない場合に限られる。池田亮一「36 営業の継続」裁判実務大系（6）347頁・348頁。

2 法人の解散により知的財産権が消滅する場合

知的財産権を保持している法人が解散した場合にその知的財産権がどのようになるかは，ライセンス契約により知的財産を利用しているライセンシーにとって重要になる。知的財産権そのものが消滅すれば，ライセンシーは当該知的財産を制限なく利用することができるからである。例えば，回路配置利用権，育成者権については，回路配置利用権者，育成権者である法人が解散し，これらの権利が国庫に帰属する場合には，回路配置権，育成者権が消滅する（半導体15条，種苗24条）。

管財人はライセンス契約の対象となっている知的財産権の価値がないと判断し，放棄することは可能である。この場合には知的財産権とともにライセンス契約上の権利も消滅することになるから，ライセンシーは知的財産の利用を継続できる。

知的財産権に価値がある場合には，管財人は，これらの知的財産権を破産財団の換価の一環として譲渡できるように譲受人を見つける必要がある。管財人が知的財産権を譲渡せずに放棄する場合には，管財人の善管注意義務違反が問題になる。

3 共有知的財産権とライセンス

知的財産権についても共有が認められる。共有権者の権利には，それぞれが単独で権利行使できるものと，共同で行わなければならないものがある。知的財産権の共有は，担保権設定の代わりや，ライセンス契約によらない知的財産権の共同利用のため，パテントプールの機能を果すため等に行われる場合もある。

ライセンス契約の対象が共有となっている知的財産権で，その共有者の一人が破産した時に，ライセンス契約はどのようになるのか。破産法は数人が共同して財産権を有する場合に，共有者の中に破産手続開始の決定を受けたものがあるときは，分割を禁ずる合意があっても，分割請求できると定めている（破52条1項）。また，破産者以外の共有者が，相当の補償金を払って持分権を取得することもできる（同条2項）。

以上のように知的財産の共有には様々な目的があり得るが，いずれも分割されては目的が果たされない。共有の知的財産をライセンス契約の対象にするには共有者全員の同意が前提であるから，ライセンサーである共有者の一人が破産したからといって契約を解除するのは合理性がない。したがって，他の共有者が破産した共有者の持分を管財人から取得することが，破産財団，他の共有者及びライセンシーの全てに望ましいことになると考えられる。

4　登録制度のない知的財産権とライセンシーの保護

ノウハウのように権利の性質上利用する権利の登録による公示制度が考えられないもの，又は，著作権の利用権等のようにこれまで登録制度が設けられていない知的財産ライセンス契約のライセンシーの保護をどのように考えるのか[44]。知的財産権法で対抗要件を整備していくこと，破産法で対応すること，対抗要件がなくても保護される条件を定めること等の方法が考えられる[45]。特許実施権等に当然対抗制度が導入されたからといって，従来から登録制度のない知的財産を対象にしたライセンス契約のライセンシーについても当然保護されることになるとはいえない。

この点に関して，破産法56条の「その他の第三者に対抗することができる要件」の意味について検討が必要である。そして，登録制度が設けられないことは知的財産に関する利用権や使用権の要保護性の低さを示すものではなく，また，同条が，再生手続や更生手続において準用されること等を考慮して管財人の解除権を否定する可能性もある[46]。

また，ライセンシーに著しく不公平な状況が生じるような場合には，破産管財人の解除権を制限する一般法理の適用は依然として必要である[47]。

(44) 著作権ライセンスに関しては、曽野裕夫「著作権ライセンス契約におけるライセンシーの地位の保護のあり方」知的財産法政策学研究9号（2005）135頁、宮下佳之「ライセンサーの倒産に係わる実務的な諸問題と対応策－対策と事前の予防策―」知財管理57巻5号（2007）687頁。
(45) 基本構造と実務304頁〔沖野眞己発言〕。
(46) 条解破産法414頁。
(47) 一問一答86頁。前掲注（27）最判平12・2・29参照。これに対して、基本構造と実務304頁〔松下淳一発言〕は、一般法理の適用は過渡的な対応とする。
　　旧法下での一般的に旧破産法59条1項による破産管財人の解除権について解除権行使が制約される場合があるとする見解として、福永・前掲注（27）「破産法第59条の目的と破産管財人の選択権」・「破産法第59条による契約解除と相手方の保護」がある。

5　承継される義務の範囲

特許実施権等の当然対抗制度の導入後も、譲受人が引き継ぐべき譲渡人（ライセンサー）等の義務の内容に関する議論が残る(48)。実体法の議論であるとともに、財団債権とされるライセンシーの損害賠償請求権の範囲等に関係し、破産法等の問題でもある(49)。

(48) 承継肯定説、承継否定説、制限的承継説に分かれる。ライセンシーはライセンサーの積極的な義務を求めることを認めない、承継否定説が多数のように思われる。茶園成樹「通常実施権の対抗要件制度」特許研究51号（2011）6頁・10頁は、ライセンス契約の承継に関して、通常実施権の設定とライセンス料支払義務だけが定められている場合に限り通常実施権者と特許権の譲受人の間に承継され、その他の場合は承継されないとする（制限的承継）。
(49) 中山信弘＝飯村敏明＝片山英二＝田村善之＝山本和彦「座談会　特許法改正の意義と課題」ジュリ1436号（2012）12頁・22頁〔山本発言〕。日本で特許法でライセンシーの立場を保護する規律ができたとすれば、倒産法のほうで、そのまま契約内容を保護するのでよいのか、倒産手続の中でその契約が変容される必要はないのかについて真剣に考えなければいけない、とする。

〔金子　宏直〕

14 請負契約

I はじめに

　請負契約は，当事者の一方（請負人）がある仕事を完成することを約し，相手方（注文者）がその仕事の結果に対して報酬を支払うことを約するものであり（民632条），仕事完成義務と報酬支払義務とが対価関係にある双務契約である。請負契約の目的たる「仕事」は，物の制作のような有形のものに限らず，運送のように無形のものでもよいが，契約の目的は，労務を提供することではなく，仕事の結果であるから，仕事の結果がなければ請負人は報酬請求権を取得し得ないのが原則である。また，報酬の支払は，原則として，仕事の目的物の引渡しを要するときは引渡しと同時に，目的物の引渡しを要しないときは仕事の完成後になされる（民633条）。

　請負人の仕事が完成する前や目的物の引渡し前で，かつ報酬の全額又は一部が支払われる前に，注文者又は請負人のいずれかに破産手続が開始されれば，その請負契約は双方未履行の双務契約と認められる。本項目では，双方未履行の双務契約たる請負契約について，IIで注文者が破産した場合の，IIIで請負人が破産した場合のそれぞれの問題点を解説する。

Ⅱ 注文者の破産

1 民法642条による規律

(1) 請負人の解除権

　破産法は，53条などで双方未履行の双務契約の規律を定めており，そこでは，破産管財人が契約を解除するか，又は破産者の債務を履行して，相手方の債務の履行を請求する（すなわち，契約を維持する）かの選択をすることができることになっており，契約の相手方にはその選択権はないとされている(1)。
　しかし，請負契約における注文者が破産した場合は，民法642条がその取扱いを定めており，それは上記破産法の双方未履行の双務契約の規律の特則となるので，民法642条が優先的に適用される。
　まず，民法642条1項前段は，「注文者が破産手続開始の決定を受けたときは，請負人又は破産管財人は，契約の解除をすることができる」と定めて，破産管財人だけではなく，契約の相手方たる請負人にも解除権を認めている。これは，破産管財人のみが解除権を有するとする，破産法の規律の特則と位置づけられる。同種の特則としては，賃貸借契約における賃借人破産の場合が問題となった。すなわち，現行の破産法（平成16年法律第75号。以下同じ。）制定前は，賃借人破産の場合について平成16年改正前の民法621条が特則を設けており，相手方たる賃貸人の解除権を認めていたが，賃借権の財産的価値に鑑みると，何らの補償のないまま賃貸人の解除によって賃借権が奪われることには合理性がないとして，現行の破産法の制定に伴い同条は削除され（平成16年法律第76号），賃貸人の解除権は否定された。請負における注文者破産においても，賃借人破産と同じく，契約の相手方（請負人）の解除権を認めることに関しては，立法論的批判もあった。しかし，①賃借目的物の使用収益を受忍するだけの賃貸人とは異なり，請負においては，請負人は積極的に役務を提供して仕事を完成させる義務を負い，破産手続開始後の仕事に対する報酬及び費用（以下「報酬等」という。）が発生することが予想されるところ，これらが財団債権とされるといっても，破産手続においては財団債権の全額を弁済することができな

い場合も想定されること，②役務提供型契約である請負契約においては，役務提供と報酬等の支払との間に同時履行関係を認めることは性質上困難であること，③請負契約における注文者の地位には賃借権に匹敵するほどの財産的価値は認められないこと，を理由に契約を離脱する途は請負人にも認めるべきであるとして，請負人の解除権が維持されたものである[2]。なお，民法（債権関係）の改正に関する中間試案においては，「民法642条1項前段の規律のうち請負人の解除権に関する部分を改め，注文者が破産手続開始の決定を受けたときは，請負人が仕事を完成しない間は，請負人は契約の解除をすることができるものとする。」とする案が示されている。この案は，請負人が仕事を既に完成している場合には，請負人はその後積極的に役務を提供して仕事を完成させることが不要となったのであるから，請負人に解除権を認める必要はないと考えられるため，請負人の解除権を，請負人が仕事を完成しない間に限定しようとするものである[3]。

そして，注文者破産管財人と請負人双方が解除権を有することに伴い，それぞれの契約の相手方には，不安定な地位から逃れるために催告権が認められており，催告に対し相当の期間内に確答がないときには，契約を解除したとみなされることになる（破53条3項）。

(1) 双方未履行の双務契約の規律の特徴の一つは，破産管財人にのみ契約の解除か，履行の請求かの選択権を与えて，破産財団の利益を図ることにある（伊藤・268頁）が，相手方が解除権を有することになれば，破産管財人の選択権を奪うことになるからである。ただし，破産手続開始前に破産者に債務不履行があり，催告（民541条）が必要な場合にはその催告を経て解除権が発生している場合は，相手方はその解除権を破産管財人に行使することができる。この解除は，双方未履行の双務契約の規律の範囲外のものである。
(2) 一問一答95頁，基本構造と実務306頁〔小川秀樹発言〕参照。なお，再建型手続である民事再生や会社更生には，民法642条が適用されないので，双方未履行の双務契約の規律に従って，再生債務者や管財人のみが解除権をもち，契約の相手方たる請負人には解除権は認められていない。
(3) 「民法（債権関係）の改正に関する中間試案の補足説明」（平成25年4月法務省民事局参事官室）487頁。

(2) 請負人の報酬請求権と仕事結果の帰属

(a) 報酬請求権

次に，民法642条1項後段は，請負契約が解除された場合（注文者破産管財人か

第5章 契約関係の処理

らの解除か，請負人からの解除か，催告権の行使により解除が擬制される場合か，いずれかを問わない。)，請負人は既にした仕事の報酬等について破産債権者として権利行使ができるとしている。請負契約の原則形態においては，請負人は仕事完成の先履行義務を負担し，本来，仕事完成前には報酬を請求し得ない（民633条）ものであるところ，注文者が破産して請負契約が解除された場合には，仕事完成前であっても既にした仕事の報酬等を請求できるようにして，請負人を保護しているものである。

もっとも，請負契約が解除された場合には，その契約関係の清算段階に入っているのであるから，請負人が仕事完成前においても報酬等請求権を行使できるのは，当然であり，民法642条1項後段が存在しなくとも認められるべきであるとの見解もある(4)。この立場からは，再建型手続である，会社更生や民事再生においても同様の取扱いとなろう。

(b) 結果の帰属
最判昭53・6・23裁判集民124号141頁・金判555号46頁・金法875号29頁（以下，「昭和53年最判」という。）は，「請負契約が民法642条1項の規定により解除された場合には，請負人は，既にした仕事の報酬及びこれに包含されない費用につき，破産財団の配当に加入することができるのであるが，その反面として，既にされた仕事の結果は破産財団に帰属するものと解するのが，相当である」と判示する。請負契約が解除された場合の既履行の仕事の結果の帰属についての一般的取扱いは，特約があればそれに従い，特約がないときは主要な材料の提供者が注文者であるとき又は代金の大部分が支払われているときは注文者に帰属し，主要な原材料の提供者が請負人であって対応する代金の支払がないときは請負人に帰属するという理解がされている。これに対し，昭和53年最判は，注文者が破産した場合には，常に破産財団に帰属するという立場であるように思われる。

しかし，契約が解除された場合の仕事の結果の帰属は，上記一般的取扱いによるべきであるから，特約があったり請負人が自らの材料を提供して仕事を行い，それに対応する代金の支払がない場合などには，仕事の結果について請負人に所有権が認められ，当該物が破産財団中に存する場合には，請負人は取戻権を有するとの見解がある(5)ので，この点を検討する。ところで，請負契約

が解除（注文者が破産した場合に限られない。）された場合の報酬等の一般的取扱いについては，判例(6)は，既に行われた工事の内容（仕事の結果）が可分であり，かつ，注文者が既履行部分の給付を受けることに利益を有するときは，特段の事情のない限り，既履行部分については解除することができず，既履行部分の報酬等が発生することを認めており，学説上も一般に支持されている(7)。民法642条1項は，このような場合ではないとき（仕事の結果が可分ではなく，又は注文者に既履行部分の給付を受けることにつき利益がないとき）を含めて，注文者破産の解除の場合に，請負人に報酬等を認めた規定とも考えられる。しかし，契約が解除された場合の仕事の結果の帰属が問題となるのは，仕事の結果が可分であり，かつ，注文者に既履行部分の給付を受けることにつき利益がある場合である。その場合には，請負契約解除の場合の上記報酬等についての一般的な取扱いとなり，民法642条1項に特別の意味はないこととなるから，同規定によって既履行の仕事の結果の帰属について請負契約が解除された場合の上記一般的取扱いを否定することには合理性がないと思われる。したがって，請負契約が解除された場合，請負人は仕事完成前であっても報酬等を請求できるが，請負人の仕事の結果の帰属は，上記の請負契約が解除された場合の上記一般的取扱いに従い決すると考えるべきである(8)。

(4) 山本和彦編著『倒産法演習ノート─倒産法を楽しむ22問』（弘文堂，2012）174頁〔沖野眞已〕。幾代通＝広中俊雄編『新版注釈民法(16)債権7雇傭・請負・委任・寄託』（有斐閣，1989）194頁〔打田畯一＝生熊長幸〕参照。
(5) 伊藤・288頁，条解破産法395頁，三森仁「請負契約」新破産法の理論と実務209頁。
(6) 最判昭56・2・17裁判集民132号129頁・判タ438号91頁・判時996号61頁など。
(7) これを踏襲して，民法（債権関係）の改正に関する中間試案では，請負人が仕事を完成することができなくなった場合でも，既にした仕事の成果が可分であり，かつ，その給付を受けることについて注文者が利益を有するときは，請負人は，既にした仕事の報酬等を請求することができるものとし，それは契約が解除された場合でも同様であるとする案が示されている。
(8) 山本編著・前掲注（4）173頁〔沖野〕参照。

(3) 損害賠償請求権

(1)で解説したとおり，注文者破産の場合には，破産管財人と請負人の双方が契約を解除することができるが，解除による損害の賠償は，破産管財人が解除した場合の請負人のみが破産債権として請求することができる（民642条2項

前段)。平成16年改正前民法621条においては，損害賠償請求権は，破産管財人，請負人のいずれの解除の場合にも認められていなかった。しかし，破産法の双方未履行双務契約の一般的規律は，破産管財人が解除した場合には，自ら帰責性がないにもかかわらず契約を解除された相手方に損害賠償請求権を破産債権として認めている（破54条1項）のであるから，注文者破産管財人が解除した場合においても，その一般的規律に従い，相手方たる請負人に，損害賠償請求権を破産債権として認めるべきであるとして，現行破産法制定に伴い改正された（平成16年法律第76号）ものである[9]。

この結果，注文者破産管財人が解除した場合の請負人の有する損害賠償請求権については，破産法54条の場合と統一的な取扱いとなった。同条1項が定める損害の範囲に関する考え方（その考え方は，注文者破産管財人が民法642条1項に基づき契約を解除した場合の請負人の損害賠償請求権にも妥当する。）としては，①信頼利益説と②履行利益説がある。①は，契約が有効と信じて支出した履行のための費用などを内容とし，②は，これに加えて履行がなされれば得られたであろう利益を含むとされる。相手方（請負人）にとっては，何らの帰責性がないにもかかわらず，契約履行への期待が失われること，また履行利益を内容とする損害賠償請求権であっても，その性質が破産債権にとどまること，を考慮すれば，履行利益説が妥当であると解されている[10]。

(9) 相手方たる請負人が解除する場合には，自らのイニシアチブで解除する以上，損害賠償請求を認めるまでの必要はないし，他方，請負人に解除権が認められたのは請負人をその不安定な地位から救済するためであるから，請負人が何らの負担なく解除権を行使するためには，破産管財人からの損害賠償請求も認めるべきではないと考えられたものである（一問一答95頁）。
(10) 竹下・大コンメ222頁〔松下淳一〕，条解破産法406頁。

2　請負人の商事留置権等

(1)　商事留置権
(a)　破産手続における留置的効力

請負契約の仕事の結果物の所有権が破産財団に帰属する場合（商事留置権は，注文者の所有物について生じるものなので，請負人の所有とされる場合には，商事留置権は発生しない。目的物の帰属については，**1**(2)で前述のとおりである），請負人が当該目的物を占有しているときは，商事留置権を行使できる可能性がある。

注文者，請負人ともに商人である場合には，双方のために商行為となる請負契約に基づき請負人の占有に属した注文者所有の仕事の結果物について，請負人の報酬等について商事留置権（商521条）が成立する。破産法上，商事留置権は，破産手続開始により特別の先取特権とみなされるが（破66条1項），破産手続開始後もなお留置的効力が存続するか否かについて争いがある。

この点，①最判平10・7・14民集52巻5号1261頁・判タ991号129頁・判時1663号140頁が，破産財団に属する手形の上に存在する商事留置権を有する者は，破産宣告（破産手続開始）後においても，当該手形を留置する権能を有し，破産管財人からの手形の返還請求を拒むことができるものとしていること，②現行破産法においては，旧破産法には存在しなかった，商事留置権の消滅請求の制度（破192条）が導入されていること，からすれば，商事留置権の留置的効力は存続するものと解される[11]。

(b) 建物建築請負契約の場合の建物敷地に対する商事留置権

建物建築請負契約の注文者が破産した場合，建築工事を行って建物の所有権を取得しないが，その建物を占有している請負人に建物敷地につき商事留置権が認められるか。特に，敷地には抵当権が設定されていることが多く，敷地に商事留置権が認められる場合，商事留置権は担保権実行によってその効力を失わない（民執59条4項・188条）ことから，当該抵当権者に不測の損害を与えることも考えられ，大きな問題となる。

この点，建物建築請負人の敷地に対する商事留置権の成否については，下級審で判断が分かれているところであるが，①不動産については，商事留置権の対象とはならない，②建物建築請負人は，注文者の占有補助者として敷地を占有するにすぎず，独立の占有を有しない，③建物建築請負人の敷地の占有権原は，工事施工のために必要な範囲で認められるものであり，これ以外の目的で占有権原を主張することは当事者の意思に反する，などを論拠として商事留置権の成立に否定的な見解を示す裁判例[12]も多い。他方で，敷地に対する商事留置権の成立を認める裁判例もあるが，その効力に一定の制限を加える傾向にある[13]。

(c) 実務上の処理

前記のように，商事留置権の取扱いの法的結論は確定していないから，注文

者破産管財人と請負人は，ともにその処理の決め手に欠けるし，請負人が占有している目的物（建物）は，時間の経過により価値が減価していくうえ，その管理にもコストがかかることから，破産管財人と請負人は，目的物の状況や，その他の利害関係者（敷地の抵当権者など）の状況などをふまえ，双方が合理的な譲歩をして和解的な処理をしているのが一般である。

(11) なお，商事留置権の消滅請求制度は，破産手続開始後の留置的効力の存否の議論の帰趨いかんにかかわらず，留置権者と破産財団との間の適切な権利調整を図る方策を用意するものとして設けられたものであり，同制度の導入は，商事留置権の留置的効力の議論に関しこれを正面から肯定する立場を採用することを明らかにするものではないとされている（一問一答271頁）が，解釈上の影響はあろう。
(12) ①につき東京高判平8・5・28判タ910号264頁・判時1570号118頁，②につき東京高決平11・7・23判タ1006号117頁・判時1689号82頁，③につき東京高決平6・12・19判タ890号254頁・判時1550号33頁等がある。
(13) 東京高決平10・11・27判タ1004号268頁・判時1666号141頁は，建物建築請負人の敷地に対する商事留置権が成立するとしたうえで，注文者に破産宣告（破産手続開始）がされた場合には，商事留置権から転化した特別の先取特権と抵当権との優劣関係は，特別の先取特権に転化する前の商事留置権が成立した時と抵当権設定登記が経由された時との先後において決すべきであるとしている。

(2) その他の担保権

民事留置権（民295条）は，破産手続開始により，破産財団に対してその効力を失う（破66条3項）。請負人が既にした仕事の報酬等について，不動産工事の先取特権（民327条）があるが，工事完成前に登記をしないとその効力を保存できず（民338条），実効的ではない。

3　注文者破産管財人による解除の制限

建物建築請負契約などの引渡しを要する請負契約において，工事完成後引渡し前に注文者につき破産手続が開始された場合，昭和53年最判の立場からは，注文者破産管財人による解除を認めると，完成した目的物は破産財団に帰属するため，破産管財人は，請負人にその引渡しを請求でき，実質的に履行を選択したのと同じ効果を得つつ，その対価である請負人の報酬等請求権は破産債権として行使できるにとどまることになりかねない。そのため，このような場合には，民法642条1項前段による破産管財人の解除権行使はすることができないとする裁判例がある[14]。

確かに，民法642条1項前段による解除の場合に，（私見は，**1**(2)(b)で前記したように，仕事の結果物については，必ずしも破産財団に帰属するとは限らないと考えるべきであるとの立場であるが）仕事の結果物が破産財団に帰属すると解されるときは，（**2**で前記したように，商事留置権による保護を受けられるかどうかが明確ではないため）請負人に著しく不公平な状況が生じ得る。もっとも，建物が完成しているかどうかで解除をすることができるか否かを決するのは，建物完成間近の場合の取扱いをどうするかなどの疑問が生じる。むしろ，このような場合には，双方未履行双務契約を理由とする破産管財人の解除権（破53条1項）について，契約の解除によって相手方に著しく不公平な状況が生じる場合には，解除権の行使ができないという一般原則[15]は，破産法53条の特則である民法642条1項前段による解除権にも妥当すると解されるので，この原則に基づき解除権を制限する可能性を肯定することが相当であると解される[16]。

(14) 東京地判平12・2・24金判1092号22頁。
(15) 最判平12・2・29民集54巻2号553頁・判タ1026号110頁・判時1705号58頁参照。
(16) 山本編著・前掲注（4）175頁〔沖野〕。

4　注文者破産管財人の履行選択と財団債権の範囲

請負契約の履行の請求が選択された場合，相手方である請負人の報酬請求権は，財団債権となる（破148条1項7号）。破産手続開始後に請負人がなした仕事の対価としての報酬請求権が財団債権であることに疑問の余地はないが，破産手続開始前の仕事に応じた報酬請求権が財団債権であるかどうかは争いがある。通説[17]は，請負人の仕事完成義務は不可分であることなどを根拠として，破産手続開始前の部分も含めて全額が財団債権となるとする。

他方，請負契約の解除の場合には，一部解除が可能であり，出来高に応じた精算がなされることに照らし，履行請求が選択された場合も破産手続開始前の仕事に応じた報酬請求権は区分できるとして破産債権となる可能性を肯定する見解もある[18]。

確かに，民法が典型的に想定する請負契約は，仕事の内容としても不可分のものである一方で，請負人の報酬は，仕事を完成させるまでは請求できないとされるものである。しかし，請負契約の内容は多種多様である。建物建築や土地工作物工事請負における，総合建設会社と下請業者との間の請負契約は，通

常，各月締めにて出来高を評価して，報酬支払額を算定し，当該額を現実に支払う内容となっており，かつ既施工部分のみについても，それを維持することが利益であるから，仕事の結果は可分と評価できると思われる。したがって，その場合は，破産手続開始前の出来高に相当する下請業者の報酬請求権は，破産債権になるものと考えるべきである。

総合建設会社の民事再生事件や会社更生事件の実務では，下請業者との間の請負契約は，履行の請求が選択されることが多いが，手続開始後の履行部分は共益債権とするものの，手続開始前（又は手続開始の申立て前）の部分については倒産債権とする運用がなされているといわれている[19]。破産事件においても，履行の請求が選択された場合には，同様の取扱いがなされるものと思われる。

(17)　伊藤・273頁注82，宮脇＝竹下編・基礎135頁〔福永有利〕。
(18)　基本法コンメ破産法101頁〔宮川知法〕，竹下・大コンメ218頁〔松下〕。
(19)　那須克巳「19　ゼネコンの会社更生」新・裁判実務大系(21)228頁，河野玄逸「ゼネコン倒産の諸問題」講座・倒産(4)419頁，片山英二「請負契約―注文者・請負人の倒産」論点解説(上)162頁。

5　注文者破産管財人の実務上の処理（解除か，履行の請求かの選択）

請負契約に基づく仕事が完成する前の段階で注文者が破産した場合，破産管財人としては，実務上どのように処理をすべきか。

基本的には，破産財団にとって利益になるかどうかの観点から，請負契約を解除するか，履行を請求するかの選択を行うことになる。請負契約の完成物の処分の予定があり，その処分価格が請負人に支払うべき報酬請求権（財団債権）を上回る場合には，破産管財人は履行の請求を選択して財団を増殖させることになる。しかし，完成物の処分の予定がない場合や，処分できる見込みがあっても，その処分代金を超える報酬請求権を財団債権として請負人に支払わなければならない場合には，破産管財人としては，解除を選択したうえで請負人に報酬請求権を破産債権として行使させることになる（この場合，注文者が請負人に前払金を支払っており，解除までの出来高と比べて前払金が過払いとなっていれば，破産管財人がその差額部分の返還を請求することになるので，そのことを含めて，破産財団にとって利益かどうかが判断される。）。

ただし、例えば、土地造成工事において、その仕事を中途で中止すれば、近隣に対して悪影響を与えるような場合には、破産管財人としての社会的責任を果たすべく、破産財団の利益計算を度外視して、履行の請求を選択して一定の工事を完成させることもあり得る。

6　建設共同企業体

(1)　建設共同企業体の性質と破産法53条の適用の可否

　建設共同企業体（建設ジョイント・ベンチャー。以下「JV」という。）とは、複数の建設業者が建設工事を共同で受注、施工することを目的とする事業組織体であり、建設工事では実務上多く見受けられる[20]。JVの法的性質については、権利能力なき社団であるとの見解もあるが、民法上の組合であると考えるのが判例[21]・通説である。

　組合契約は、各組合員が出資及び共同事業の経営義務を負う双務契約と解されるから（民667条）、当事者たる組合員が破産した場合は、双方未履行の双務契約となるが、組合契約においては組合員が破産手続開始決定を受けたことは脱退事由とされている（民679条2号）[22]ので、組合契約については、破産法53条の適用の余地がないと解されている[23]。したがって、組合たる性質を有するJVにおいても構成員は破産手続が開始されたときには当然に脱退し、JV協定に破産法53条の適用の余地はないと解される（なお、後記のとおり、実際のJV協定書においても構成員につき破産手続が開始したときには当然に脱退する旨の記載があることが通常である。）[24]。

- (20)　施工方式により、共同施工方式（甲型）と分担施工方式（乙型）に分類され、また、設立目的によって、特定の建設工事事業の共同運営を目的とするもの（特定型）と建設事業を共同運営することを目的とするもの（経常型）に分けられる。これらについては、それぞれ、協定書のモデルが公表されている。JVの実態やそれに係る問題点の詳細は、才口千晴「18　各種の契約の整理(V)―請負・ジョイント・ベンチャー」新・裁判実務大系(10)164頁以下参照。
- (21)　最大判昭45・11・11民集24巻12号1854頁・判タ255号129頁・判時611号19頁。
- (22)　さらに、組合契約によっても組合員は破産によって脱退しない旨を定めることはできないとされている（鈴木禄彌編『新版注釈民法(17)』（有斐閣、1993）173頁〔菅原菊志〕）。
- (23)　伊藤・296頁、条解破産法402頁。
- (24)　これに対し、JV協定については、組合契約そのものではないとして破産法53条を準用して破産管財人が履行の選択をすることを認めるべきとする見解として才口・前

掲注 (20) 166頁がある。

(2) 建設共同企業体をめぐる問題

(a) 脱退後の取扱い

JV協定書においては，①JV構成員は，定められた出資割合に従い出資金を支払うこととし，決算の結果生じた利益は出資割合に応じて配当を受け，逆に欠損金を生じたときは出資割合に応じて負担する，②建設工事途中で構成員に破産手続が開始された場合には，当然に脱退するとされ，その場合，欠損が生じていない限り出資金の返還は行うものの，決算の結果利益が生じたときでも，利益金配当を行わない，旨が規定されていることが通常である。しかし，例えば，工事が最終段階に入った段階において，JV構成員が破産した場合であって，工事を完了して決算すれば多額の利益が見込まれるとともに，他の構成員に格別の損害を発生させていない場合には，当該構成員の破産管財人が何らの利益配当を受領できないとされるのは破産財団にとって著しく不利益となる。そのため，当該構成員が破産したときは，JVから脱退することはやむを得ないとしても，その後の処理は，脱退した時点における工事の進捗状況や損益状況，当該構成員が破産したことにより具体的に他の構成員に与えた損害等を勘案すべきであり，一律に利益配当を受けることができない旨の規定には合理性がないとして，その適用が否定される余地もあると思われる[25]。

(b) JV構成員の連帯債務と求償権

JVの下請会社に対する債務は組合債務となり，組合員個人（各構成員）の債務とは区別される。また，組合財産（出資金や注文者に対する請負代金債権など）も組合員の個人財産からは区別される。組合財産はJVの債権者に対する責任財産となるから，JVの下請会社は，JVが注文者に対して有する請負代金債権を差し押さえることが可能である。また，JVの各構成員は，損益分配の割合に応じた個人的な責任を下請会社に負うことになるが（民675条），JVの構成員が会社である場合には，商法511条1項の適用によって連帯責任を負うことになる[26]。そのため，JVの構成員に破産手続が開始された場合，JVの下請会社は他の構成員に対して下請代金債権全額の請求が可能となり，他の構成員は支払を免れない。

そして，下請代金債務全額を支払った他の構成員は，JVの債務を立替払い

したと評価することができるから，その求償権を自動債権とし，JVに対する出資金支払義務を受働債権とする相殺が可能であり，既に出資金を支払っているときには，JV財産から求償権の支払を受けることができる。

さらに，下請代金債務を支払った他の構成員は，損益分配の割合を超える部分につき破産者に対する求償権を取得することとなるが，その求償権は破産債権となると解される。また，破産者の破産手続開始申立て後において，その申立てを知って破産手続開始前の下請代金債務の弁済によって求償権を取得した他の構成員は，連帯債務関係が破産法72条2項2号の「前に生じた原因」に該当するから，求償権を自動債権とし，破産者に負担している債務を受働債権として相殺することができる[27]。また，他の構成員の弁済が破産者の破産手続開始後である場合が問題となるが，その場合には相殺はできない（破産配当の限度で相殺できるにとどまる）との見解もある[28]。しかし，（代位に基づく原債権の行使は，実体法上債権の移転とみなされるので，これを自動債権とする相殺は破産法72条1項1号により許されないものの）弁済前の求償権は，将来の求償権（破104条3項）として自己の破産債権であるうえ，他の構成員は連帯債務者として弁済をしなければならない立場にあるから，相殺の期待は破産者の破産手続開始前後で異ならないとして，相殺が許容されるものと解するべきである[29]。

(25) 同旨，三森・前掲注（5）。
(26) 最判平10・4・14民集52巻3号813頁・判タ973号145頁・判時1639号122頁。
(27) 和議事案につき前掲注（26）最判平10・4・14。
(28) 和議事案につき前掲注（26）最判平10・4・14。
(29) 山本和彦「和議手続中の連帯債務者に対して他の連帯債務者が有する求償権に基づく相殺（最高裁平成10年4月14日第三小法廷判決・民集52巻3号813頁・金法1520号43頁）」金法1556号（1999）70頁。なお，委託のない保証人が主債務者の破産手続開始後に債権者に弁済した場合の相殺の場合は，当該保証人が主たる債務者（破産者）の知らないところで保証契約を締結して求償権を取得する点で他人の破産債権を取得する場合に類似するから，破産法72条1項1号類推適用により相殺は禁止される（最判平24・5・28民集66巻7号3123頁・判タ1375号97頁・判時2156号46頁）。しかし，JVの場合は，破産者と求償権者が組合契約を締結したことによって連帯債務が発生するのであって，破産者の知らないところで求償権が発生するものではないから，利益状況が異なり，破産法72条1項1号は類推適用されないと解される。

その他，求償権に関する問題点の詳細は，那須・前掲注（19）232頁参照。

第5章　契約関係の処理

Ⅲ　請負人の破産

1　破産法53条の適用の可否

(1)　すべての請負契約に破産法53条が適用されるか

　請負人破産の場合には，民法642条のような特則的な規定はない。旧破産法では，①破産者の仕事完成義務につき，破産管財人が必要な材料を供して破産者にその仕事をさせることができ，破産者以外の第三者によることができるときは第三者にその仕事をさせることができる，②その場合の報酬請求権は破産財団に属する，ことを定める規定が設けられており（旧破64条），この規定の意義をめぐっては，請負契約につき旧破産法59条（現行破産法の53条に相当する。）の適用を受けるか否かの争いをふまえて議論があったが，同規定は，現行破産法において削除された。しかし，請負契約につき破産法53条の適用を受けるか否かについての争いは引き続き残っている。

　学説としては，破産法53条の適用を全面的に否定する見解，全面的に肯定する見解，適用されるものと適用されないものに二分する見解がある。請負契約は個人の職人によるものから，大規模な建設会社によるものまで多種多様であるから，近時は二分説が通説であり，最判昭62・11・26民集41巻8号1585頁・判タ661号113頁・判時1265号149頁（以下「昭和62年最判」という。）は，「〔旧破産〕法59条〔現行破産法53条〕は，請負人が破産宣告〔破産手続開始〕を受けた場合であっても，当該請負契約の目的である仕事が破産者以外の者において完成することのできない性質のものであるため，破産管財人において破産者の債務の履行を選択する余地のないときでない限り，右契約について適用されるものと解するのが相当である」と判示し，二分説を採る。二分説の中でも，その基準については，法人か個人か，個人的労務を目的とするか否か，破産者の負う債務が「代替的」か否か，など議論が分かれる。昭和62年最判のいう「破産者以外の者において完成することのできない性質」の意義は必ずしも明確ではないが，この基準が代替性を意味するのであれば，代替性がなくとも破産者を補助者とすることで，仕事完成が可能であるから，基準としては不適切であると思

われる(30)。労働者が破産した場合の労働契約は、破産管財人の管理処分権が及ばないとして破産法53条の適用がないと解されていることとの整合性からすれば、請負人が個人であり、かつ労働契約と類似する個人的労務を目的する場合には、破産管財人の管理処分権が及ばず、破産法53条の適用がないと解される(31)。

なお、実務上は、個人の破産（運送業や大工・左官など）では、雇用契約との異同が判別しにくく、業務の代替性なども明らかでないことから、特段の事情がない限り、破産法53条の規定が適用されないものとして処理され、他方で、法人の破産では、破産法53条の適用が肯定されているようである(32)。

(30) 中間試案117頁、竹下・大コンメ218頁〔松下〕。
(31) 竹下・大コンメ218頁〔松下〕。
(32) 破産・再生の実務〔第3版〕破産編248頁。

(2) 破産法53条が適用されない場合の処理

破産法53条が適用されない場合には、当該請負契約関係は、破産管財人の管理処分に属しないことになるから、破産者の自由財産関係として存続することになり、破産者が仕事を完成させたときは、それに基づく報酬は破産者の新得財産となる。もっとも、その場合でも、破産手続開始時点で既になした仕事部分の報酬は（破産手続の開始前後で切り分けることができるのであれば）、破産財団に属すると解される。

2 請負人破産管財人が履行の請求を選択した場合

破産法53条が適用される請負契約については、破産管財人は、契約解除又は履行の請求を選択することができる。履行の請求を選択した場合には、破産管財人は、注文者に対し、財団債権（破148条1項7号）たる仕事完成義務を負担し、他方で報酬請求権を取得することになる。未完成の仕事の完成は、破産者が法人である場合は当該法人の従業員等をそのまま使用して遂行する方法や、他の第三者によって完成できる性質のものであれば、他の第三者と契約をしてそれを通じて行う方法がある。破産者が個人の場合で、破産法53条が適用されるときには、破産者が承諾するのであれば、破産者本人に仕事完成を依頼することも可能であるが、その場合には破産管財人は破産者に対してその仕事に見

合う報酬を支払う義務を負うものと解される。

3　請負人破産管財人が解除を選択した場合

　破産管財人が請負契約を解除することを選択した場合，解除の及ぶ範囲をどのように考えるのか。

　一般に，請負人の債務不履行を理由とする注文者の解除権行使（民541条・543条）については，建物その他の土地の工作物の工事請負契約の場合，工事内容が可分であり，かつ既施工部分につき当事者が給付を受けることにつき利益を有するときは，特段の事情のない限り，既施工部分は解除することができず，ただ未施工部分についての契約の一部解除をすることができるにすぎないと解されている[33]。

　この解除理論は，民法541条・543条に基づくものに限らず，請負契約解除一般に適用されると考えられるから，請負人破産管財人が破産法53条に基づいて解除した場合にも妥当し，解除の範囲は未履行部分に限られるのが原則である。そして，解除の範囲を画する「既履行・未履行」は，請負人のした仕事について判断されることになる。したがって，仕事結果が可分であり，既履行部分につき当事者が利益を有するときは，出来高部分を超える部分については解除の効力は生じるものの，出来高部分については解除の効力は生じないから，注文者の報酬の前払金額が既施工部分に足りない場合は，その差額については，破産管財人は注文者に報酬請求権を有することになる。

(33)　前掲注（6）最判昭56・2・17。

4　過払いの前払金

　次に，請負人破産管財人が契約の解除を選択した場合で，注文者の報酬前払金額が既施工部分を超えているときはどうなるのか。

　この点につき，3で前記した一部解除の理解を前提とすれば，既施工部分を超える部分は解除の効果が生じることになり，注文者の前払金のうち既施工部分との差額分は，注文者がした反対給付であり，その返還は破産法54条2項の原状回復の性質を有することから，注文者の返還請求権は財団債権であると解されている[34]。

これに対し，この場合の注文者の前払金返還請求権は，破産債権であるとの見解もある(35)。その論拠としては，双方未履行双務契約に起因する相手方の権利を財団債権とするのは，破産管財人の履行選択における相手方の請求権にみられるように，相手方が破産財団に一定の負担を負うこととの公平上，相手方の権利を保護しようとすることに基づくものであるところ，この場合の解除では相手方（注文者）が破産財団に対して何らの原状回復義務を負担していないのであるから，相手方（注文者）の前払金返還請求権を財団債権にする根拠に乏しいとする。また，注文者の前払金は信用供与であり，破産法53条以外による解除の場合，例えば，注文者が破産手続開始前の債務不履行又は約定解除権に基づき解除した場合には（その解除権の行使が破産手続開始後であっても），注文者の前払金返還請求権は破産債権にすぎないにもかかわらず，破産法53条による解除の場合には財団債権とすることは，均衡を失するとする。

　しかし，この破産債権説に対しては，破産法54条2項が相手方の原状回復請求権について，取戻権又は財団債権の地位を認めているのは，破産管財人側の原状回復請求権との均衡を重視したためではなく，破産管財人に解除権を付与したこと自体との均衡を重視したためと理解されるので，破産債権説には合理的な根拠はないとの反論が可能である(36)。

(34)　昭和62年最判参照。
(35)　加々美博久「16　各種の契約の整理(V)―請負，ジョイント・ベンチャー」新・裁判実務大系(28)250頁，平岡建樹「16　宣告と請負」裁判実務大系(6)152頁。
　　　なお，公共工事請負人が破産した場合において，注文者の前払金につき信託の成立を認め，残存する前払金は破産財団に属しないとした事例として最判平14・1・17民集56巻1号20頁・判タ1084号134頁・判時1774号42頁がある。
(36)　学説については，条解破産法397頁注30参照。

5　請負人破産管財人の実務上の処理（解除か，履行の請求かの選択）

　請負人破産管財人としては，完成途中の仕事を完成させることで，報酬請求権を取得して破産財団の増殖を図ることができる場合は，履行の請求をすることが考えられる。この場合には，従業員を解雇せずに仕事を行わせたり（又は解雇後，履行補助者として再雇用することもあろう。），従前の下請業者などに依頼したりして仕事を完成させることになる。他方，履行の請求をしても今後の費用の負担が大きく，仕事を完成させて報酬請求権を取得できたとしても，破産財

団の増殖を図ることができないときには、契約の解除をする。この場合には、出来高に相当する額の報酬を注文者に請求するが、注文者から前払金を受けている場合には、その精算（過払いとなる前払金返還請求権の性質については、**4**を参照のこと。）を行うことになる。破産管財人がいずれを選択するかは、仕事の完成の程度、履行の現実的可能性、履行にかかる費用と時間、履行による破産財団増殖の確実性等の観点から判断される。

しかし、建設工事請負人が破産した場合には、破産手続が開始された時点では、既に仕掛中の工事は止まり、従業員は解雇されていて工事現場を離れ、下請業者も下請代金の不払いがあって、今後の協力を得られないことも多い。破産管財人が工事を続行するためには、工事続行に伴う相当な規模の人的手当て、資金手当てが必要であり、それの体制を整えるには困難を伴うし、工事続行に伴う労災事故の発生、工事物件の管理上の問題、完成物に対する瑕疵担保責任やアフターメンテナンスなどの履行ができないこと、などを考慮すれば、破産管財人が仕掛工事を続行することは事実上困難であり、実務的には、破産手続開始時点の工事出来高の確認と注文者が指定する後継業者への仕掛工事の引継ぎを破産管財業務の中心とせざるを得ないことが多い。

6 下請会社が破産した場合において元請会社が孫請会社に立替払いをしたときの相殺

(1) 立替払約款と相殺約款

建設工事においては、注文者から元請会社、元請会社から下請会社、下請会社から孫請会社へと請負契約が多層的に締結されていることが多い。そして、元請会社と下請会社間の請負契約においては、「下請会社が労賃・下請代金・材料代金等の支払を怠ったときは、元請会社がこれらを立て替えて支払うことができる」旨の条項（以下「立替払約款」という。）(37)や、「元請会社は、立替金その他一切の下請会社に対する債権と、その弁済期が到来していると否とを問わず、下請会社に対する債務とを相殺することができる」旨の条項（以下「相殺約款」という。）が記載されていることが多い。それは、建設業法41条2項が、「一定の下請会社が労働者に対する賃金の支払を遅滞している場合、建設業の許可をした官庁が必要と認めるときは、元請会社に対し立替払いをすることその他適切な措置を講じることを勧告することができる」旨を規定していることが背

景にあると考えられる。

　そのため，下請会社が破産した場合は，元請会社が請負工事を確実に完成させるために，実際に工事を行っている孫請会社に対し直接に工事代金を支払うことがあり，これにより，元請会社は，「下請会社の孫請会社に対する工事代金債務を元請会社が立替払いしたことによる立替金求償権」を自働債権とし，「元請会社が下請会社に対して負担している工事代金債務」を受働債権として相殺を主張する事例が見受けられる。そこで，この相殺が破産法上認められるかが問題となる。

(37) 本項目では，立替払いをする法的義務があるものではなく，立替払いをすることができる旨の立替払約款（実務的にはこの場合が多いと思われる。）を前提として検討している。仮に，立替払いの法的義務がある場合には，保証関係や連帯債務関係がある場合と同じ扱いとなると思われる。なお，Ⅱ6(2)(b)を参照。

(2) 下請会社の危機時期後破産手続開始前の立替払い

　まず，下請会社の危機時期後破産手続開始前に，元請会社の孫請会社に対する立替払いが実行された場合には，立替払約款と相殺約款が破産法72条2項2号の「前に生じた原因」に該当するかが問題になる。この点について，東京高判平17・10・5判タ1226号342頁は，次のように相殺を許容している。すなわち，①元請業者は，発注者に対し，工期内に工事を完成して引き渡す義務を負うところ，下請業者の支払停止等の危機状況が発生した場合，孫請業者の倒産や工事続行拒否による工事中断による工期の遅れ，孫請業者の工事続行による工事内容の品質の同一性の保持や瑕疵が発生した場合の責任の所在の明確化などの観点から，下請業者の危機時期における元請業者による孫請業者に対する立替払いには，施主に対する請負義務を履行する責任上，相当強い必要性があると認められる，②元請業者による立替払いについては，孫請負当事者以外の第三者による弁済となるが，立替払約款による合意は第三者弁済の要件（民474条）についての疑義を生じせしめず，連鎖倒産や発注者に対する損害への波及を防止するとともに，相殺約款により元請業者の二重払いを余儀なくされることを防ごうと企図することは，下請会社の倒産に伴う様々なリスクの顕在化をあらかじめ防止するうえで，相応の合理性があると認められる，③立替金求償権の取得は，立替払約款及び相殺約款に係る合意により成立した直接の基礎を

なす法律関係（原因）に基づくものと認められるのであるから，民事再生法93条の2第2項4号（平成16年改正前民再93条4項ただし書）の「前に生じた原因」に該当する。

この事案は民事再生のケースであるが，破産の場合における破産法72条2項2号の「前に生じた原因」の解釈においても妥当するものと解される。

ところで，破産法72条2項2号（民再93条の2第2項4号）の「前に生じた原因」については，㋐債権取得の直接の原因が前にあることを要するとする見解（直接原因厳格説）と，㋑債権取得を目的とする法律関係自体のほか，債権取得の効果を生ずべき直接の基礎をなす法律関係が前にあればよいとする見解（基礎法律関係説），の対立があるが，㋑が通説であり[38]，上記高裁判決もこれによっているものである。

しかし，この立替払約款は，元請会社に孫請会社への立替払いを義務づけるものではない（この点で，保証債務を負担している場合と異なる。）から，元請会社は立替払いをするか否かにつき任意に判断して実行できることに留意する必要がある。元請会社が下請会社の危機時期後の状況によって実質的価値が下落した下請会社に対する債権を取得して自己の債務の支払を有利に免れることを意図して行われた場合など，立替払約款や相殺約款が定められた趣旨に反する相殺は，社会的相当性を欠き，権利の濫用となって相殺の効力は認められないと解される[39]。

この点，上記高裁判決は，④工事が完成してもはや孫請業者による続行工事の必要性が残っていないような場合には，元請業者が下請業者の孫請業者に対する孫請代金債務を立替払いする必要性は通常認められない，⑤例外的に，建設業法41条2項の趣旨から労働者の賃金の遅滞分のうち当該工事における労働の対価に相当する部分について立替払いが許されることがある，⑥上記⑤の場合を除けば④のような必要性が残っていない場合に元請業者があえて孫請業者に対する立替払いをし，みだりにこれに基づく相殺を行うことはその相殺権の行使が濫用となり，許されないというべきであるとしている。しかし，⑤の場合には，元請会社として立替払いをする必要性があるかについては疑問であり，その立替金求償権の相殺が許容されるべきではないと思われる。

(38) ⑦の見解として，宮脇幸彦＝時岡泰『改正会社更生法の解説』(法曹会，1969) 271頁，①の見解として，永田誠一「19　相殺の制限(1)」裁判実務大系(6)189頁，注解破産法(下)720頁〔斎藤秀夫〕，谷口・239頁など。
(39) 具体的にどのような場合に相殺が許容されないかについては，加々美・前掲注(35) 256頁を参照。
　　このような見解に対し，立替払約款や相殺約款があれば，「前に生じた原因」該当性があるとするのは広すぎるとし，元請業者が，下請業者が危機状態に陥った時点で，立替払いをしなければ，工事が停止してしまうといった，立替払いを余儀なくされる事情がある場合に限られると解すべきであるとの見解もある（伊藤尚「下請事業者再生申立後の元請事業者による孫請代金の立替払いと，その求償権に基づく相殺について」事業再生研究機構編『民事再生の実務と理論』(商事法務，2010) 149頁）。

(3) 下請会社の破産手続開始後の立替払い

　次に，元請会社の孫請会社への立替払いが下請会社の破産手続開始後になされた場合には，どうなるか。
　破産法72条1項1号は，債務者が破産手続開始後に他人の破産債権を取得したときには，相殺の効力を否定する。これは，破産手続開始時を基準として画一的に破産債権者間の平等を図ることが要請されていることに基づくから，債権取得の原因に関する例外は認められていない（破72条2項柱書）。立替払いをした元請会社は，弁済者として，原債権（孫請会社の下請会社に対する債権）を行使することができるが，代位に基づく原債権の行使は，実体法上債権の移転であり，他人の債権の取得とみなされるので，それを自働債権とする相殺は，同号により禁止される。しかし，元請会社が立替払いを実行したことによる求償権は，元請会社自身の債権であることが問題となる。
　前記のように，立替払約款は元請会社にとって立替払いを義務づけるものではないから，この立替払いは基本的には第三者弁済の性質を有するものと解される。この立替払いによる求償権は，保証人の求償権のように，将来の求償権としてあらかじめ行使し得る（破104条3項）ものではなく，破産手続開始後の弁済によってはじめて発生するものにすぎない。また，元請会社の立替払いの対象となった孫請会社の下請会社に対する請負代金債権は破産手続開始前の原因に基づくものであることに照らすと，他人の破産債権を破産手続開始後に取得したことと同視することができるから，破産法72条1項1号を類推して相殺は禁止されると解される[40]。

(40) 名古屋高判昭57・12・22判時1073号91頁，条解破産法532頁参照。第三者弁済につき伊藤・361頁，加々美・前掲注（35）255頁。

(4) 立替払約款と相殺約款にかかる合意がない場合

他方，危機時期以前にこのような立替払約款や相殺約款が合意されていない場合は，下請会社の危機時期に元請会社が孫請会社に対し下請会社の債務の立替払いをして下請会社に対して求償権（破産債権）を取得したとしても，破産法72条1項2号ないし4号の相殺禁止に該当することになり，かつ，同条2項のいずれの例外事由にも該当しないことから，相殺は禁止される。

7 注文者の任意解除権

双方未履行の双務契約の規律ではないが，請負契約一般について，注文者は任意解除権を有する（民641条）。仕事の完成に利益を有するのは注文者であるところ，注文者にとって無用となった仕事をいたずらに完成させる必要はないことを考慮したものである。この規定は，請負人につき破産開始となった場合でも適用されるから，請負人の破産管財人が履行請求をした場合でも，注文者は解除することを妨げられない[41]。しかし，この場合は注文者が損害賠償義務を負担することになり，請負人の破産管財人が破産法53条1項に基づき解除した場合とは取扱いが異なる。

(41) 山本編著・前掲注（4）169頁〔沖野〕。

〔小 林 信 明〕

15 特殊な契約

15 特殊な契約

I 継続的給付を目的とする双務契約

1 はじめに

　継続的給付を目的とする双務契約とは，契約当事者の一方が一定の種類のものを一定期間又は期間を定めずに継続して給付する義務を負い，他方の当事者がそれに対し，各給付ごとにあるいは一定の期間を区切って，それに対する対価を支払う義務を負う契約をいう。一般的には，継続的な給付を義務づける双務契約において，供給者は，受給者が前期の給付に対する債務を履行していないことを理由として，次期以降における給付を拒むことができると解されている[1]（同時履行の抗弁権，又はこれと類似する履行拒絶権）。そのため，かかる供給者の履行拒絶権が，受給者につき倒産処理手続が開始された場合にも認められるのかが，特に会社更生事件において問題となった。この点をめぐって学説・実務が激しく対立したことから，昭和42年の旧会社更生法改正の際に，継続的給付を目的とする双務契約につき立法的解決が図られることになった（旧会更104条の2）。

　現行破産法55条は，この旧会社更生法104条の2の規定を引き継いだものであり，継続的給付を目的とする双務契約につき，①供給者は，破産手続開始申立て前の給付に係る対価である破産債権につき弁済がないことを理由として，破産手続開始後に義務の履行を拒むことができないことを明らかにする（破55条1項）とともに，②破産手続開始申立て後手続開始前にした給付に係る請求権は財団債権と定め（同条2項），さらに，③一定期間ごとに債権額を算定する

373

継続的給付については，申立ての日の属する期間内の給付に係る請求権を財団債権として（同条2項括弧書）計算上の便宜を図っている。

　以下では，まず，旧会社更生法に継続的給付を目的とする双務契約に関する規定が導入された経緯(2)をたどることによって問題の所在を確認し，その後に，その対象となる契約の範囲や効果といった各論的問題を検討していくことにする。

　（1）　三島宗彦「継続的供給契約」松坂佐一ほか還暦『契約法大系Ⅱ贈与・売買』（有斐閣，1962）278頁，平井宜雄「いわゆる継続的契約に関する一考察──『市場と組織』の法理論」の観点から」星野英一先生古稀祝賀『日本民法学の形成と課題（下）』（有斐閣，1996）702頁。大判明41・4・23民録14輯477頁，最一小判昭42・6・29裁判集民87号1279頁・判時494号41頁。
　（2）　破産法55条の沿革については，坂田宏「継続的供給契約」新破産法の理論と実務197頁も参照。

2　継続的給付を目的とする双務契約に係る規律の導入に至る経緯

(1)　問題状況

　倒産処理手続開始前の電力料金が支払われていないことを理由として，電力会社は倒産処理手続開始後に電力の供給を拒むことができるか。このことは，昭和40年頃まで，特に会社更生事件において大きな問題であった。すなわち，電力会社が，更生手続開始前の給付に係る未払いの電力料金を支払わなければ，更生手続開始後は電力を供給しないと主張する事例がしばしばみられたのである。電力が供給されなければ，事務所の電気もつかず，コンピュータは起動せず，機械も作動しない状況となり，更生手続の進行や事業の維持はままならなくなる。そのため，更生会社はやむなく保全処分の一部解除を申請するか，あるいは保全処分発令前又は更生手続開始前に未払電力料金を完済するという措置をとらざるを得ず，また，裁判所もそのような指導を行う向きがあったといわれている(3)。

　一般に，前述のように，継続的な給付を目的とする双務契約において，供給者は，受給者がそれ以前の期の給付に対する債務を履行していないことを理由として，次期以降における給付を拒むことができると解されている（同時履行の抗弁権，又はこれと類似する履行拒絶権）。そこで，かかる供給者の履行拒絶権が，受給者に更生手続が開始された場合にも認められるのか，それと関連し

て，手続開始前の給付に係る請求権は更生債権か共益債権かが争われることになった。

各期の給付と支払が可分である場合，手続開始前の給付に係る対価は，開始前の原因に基づいて生じたものであるから，更生債権に該当すると解される（旧会更102条，現会更2条8項柱書）。しかし，一般に供給者に認められる履行拒絶権が，更生手続においても供給者に認められ，電力会社（＝供給者）が手続開始前の給付に係る電力料金の未払いを理由として更生手続開始後の電力供給を拒めるとすると，更生管財人としては事業運営や更生手続遂行のために，やむなく手続開始前の電力料金を支払わざるを得ず，そうであるとすれば，手続開始前の未払電気料金を更生債権と解することは適切ではなくなる。そこで，電力料金を共益債権と構成する必要性が意識されるようになり，その理論構成としては，電力供給と料金の支払は，将来の給付と料金支払を含む全体として一つの契約であると捉え，電力供給契約にも双方未履行双務契約に関する規定（旧会更103条，現会更61条）が適用されるとして，履行選択がされた場合には，手続開始前の電力料金債権も共益債権となる（旧会更208条7号，現会更61条4項）とする説や，あるいは，更生手続開始前の電力料金債権を支払わなければ事業の継続が不可能となるから，旧会社更生法208条8号（現会更127条7号参照）により共益債権となるとする説などが示されていた[4]。このような実務・学説上の対立を背景に，立法的解決が求められていた[5]。

（3）例えば，奥村義雄＝布谷憲治「破産，会社更生事件の現況と問題点―名古屋地裁における会社更生事件の現況と問題点」判タ190号（1966）13頁。同論文によると，電気料金や水道料金といった継続的供給契約に基づく料金未払いのものについては，裁判所が，保全処分発令前にできるだけ支払をなすよう会社側を指導していたという。研究会「会社更生法をめぐる諸問題―会社更生法の立法論的再検討」判タ146号（1963）9～10頁〔伊東秀郎発言，近藤和義発言〕も参照。
（4）当時の学説の状況については，宮脇幸彦＝時岡泰『改正会社更生法の解説』（法曹会，1969）179～181頁，条解更生法（中）327～328頁参照。
（5）立法による解決の必要性を唱えるものとして，研究会・前掲注（3）12頁以下など。

(2) 昭和42年改正による旧会社更生法104条の2の新設

(a) 規定の趣旨

昭和42年の旧会社更生法の改正により新たに104条の2が創設され，上記の

問題に終止符が打たれた。その内容は次のとおりである。まず，旧会社更生法104条の2第1項で，「会社に対して継続的給付契約の義務を負う双務契約の相手方は，更生手続開始の申立て前の給付に係る更生債権又は更生担保権について弁済がないことを理由としては，更生手続開始後はその義務の履行を拒むことができない。」として，更生手続開始申立て前の給付に対応する部分は更生債権又は更生担保権となることを確認し，また，手続開始後に申立て前の給付に係る更生債権等の弁済がないことを理由に手続開始後の給付を拒むことはできないことを明らかにした。また同条2項で，「前項の双務契約の相手方が更生手続開始の申立て後更生手続開始前にした給付に係る請求権（一定期間ごとに債権額を算定すべき継続的給付については，申立ての日の属する期間内の給付に係る請求権を含む。）は，共益債権とする。」として，申立て後手続開始前にした給付に対応する部分を共益債権とし，さらに，括弧書で，料金計算期間が定められている場合における共益債権の範囲に関する特例を定めた。

　敷衍していえば，旧会社更生法104条の2は，まず，更生手続開始「申立て時」を基準として，手続開始申立て前の給付に係る対価については更生債権，申立て後開始決定前の給付に係る対価については共益債権とするとともに，申立て前の給付に係る債権への弁済がないことを理由として，手続開始後に義務の履行を拒むことができないことを明らかにした。これにより，申立て前の未払い分と手続開始後の供給との同時履行類似の関係を否定した。また同時に，管財人が契約の履行を選択したことにより，手続開始前の給付に係る供給者の有する請求権が旧会社更生法208条7号（現会更61条4項）により共益債権になると解する余地を封じようとした[6]。他方，継続的給付の義務を負う相手方が，受給者の更生手続開始後に同時履行の抗弁権に類似する履行拒絶権の行使を制限され，供給を義務づけられることがあることに鑑み，更生手続開始申立て後更生手続開始前の給付に係る請求権を共益債権として優遇することにした[7]。

(b) **対象となる契約等**

　旧会社更生法昭和42年改正による104条の2の新設は，主に，更生手続における電気・ガス・水道等といった，独占的公益事業で法令上供給者に供給義務が課されている双務契約の処理をめぐる問題を発端としたものであった。しか

し，当時の会社更生法部会における検討の結果，その他の継続的給付を行う双務契約にも同種の問題が起こり得ると判断され，規制対象は法令又は契約により継続的給付の義務を負う双務契約一般に拡張された。

このような考え方に対しては，経済団体や裁判所から，継続的給付を目的とする双務契約の相手方は，電気・ガス・水道等を供給する公益事業ないし独占企業に限定すべきであるとの意見が寄せられ，また会社更生法部会の中でも同様に制限的に解すべきとの主張があったとされる[8]。会社更生法部会で議論されたのは，旧会社更生法104条の2の適用対象を更生会社の事業の継続に不可欠な給付を行う公益事業ないし独占企業に限定せずに，継続的給付の義務を負った企業一般に拡大すれば，供給者に酷な場合があるという点であった。しかし，これに対しては，私企業が更生会社の事業の継続に不可欠な継続的給付を目的とする双務契約を締結することもあり得るし，また，そのような企業は，更生手続開始申立てがあった後も継続的給付を続けるか，申立て前の給付にかかる債務の不払いを理由として手続開始前に双務契約を解除するかの自由を有するから，供給者側に酷な事態が生じることはないとして，結局，対象となる事業を限定することは見送られた[9]。また，「継続的給付の義務を負う双務契約」に含まれるものの範囲も議論となったが，これは結局解釈に委ねられることになった[10]。なお，労働協約は明文により本規定の対象外とされた（旧会更104条の2第3項）。

(c) 共益債権化の理由

旧会社更生法104条の2第2項は，継続的給付を義務づけられる双務契約の相手方の保護を意図し，更生手続開始申立て後手続開始前に開始前会社に給付したことにより生ずる請求権を共益債権とした。これは，正当な理由がない限り，法令上供給義務を負っている電気・ガス・水道等の公益事業においては，主務大臣の認可を受けた供給規定により供給の停止につき厳格な要件が定められており，更生手続開始の申立てがあっただけでは直ちに供給を停止できない場合があることに配慮したものであった[11]。もっとも，同条1項は，適用対象を電気・ガス・水道等の独占的公益事業に限定しなかったため，申立て後の給付に係る対価の共益債権化の規定は，一般の企業が継続的給付の義務を負う双務契約の一方当事者である場合にも適用されることになる。

377

第5章　契約関係の処理

(d)　他の手続への導入の見送り

　当時より，破産手続や旧和議手続でも同様の問題が起こり得ることは認識されていたが，昭和42年の旧会社更生法改正の際には，破産法・旧和議法には何ら改正は加えられなかった。というのも，破産手続ではすべてを清算する結果，企業の解体をもたらすので，電力会社が破産宣告 (当時。現在は破産手続開始決定) 後に旧代金債権の不履行を理由に電気の供給を停止してもやむを得ず，また実際上の不都合も少ないと考えられたためである[12]。もっとも，その後，学説では，破産手続においても旧会社更生法104条の2の規律が及ぶべきであるとの見解が現れていた[13]。

(6)　宮脇＝時岡・前掲注 (4) 185頁。
(7)　宮脇＝時岡・前掲注 (4) 195頁。
(8)　宮脇＝時岡・前掲注 (4) 185～186頁。
(9)　以上につき，宮脇＝時岡・前掲注 (4) 186～187頁・190頁・192頁。
(10)　宮脇＝時岡・前掲注 (4) 186～187頁。
(11)　宮脇＝時岡・前掲注 (4) 184～185頁，位野木益雄ほか「会社更生法の改正をめぐって (第2回)」ジュリ379号 (1967) 101頁〔宮脇幸彦発言〕。
(12)　宮脇＝時岡・前掲注 (4) 187頁。
(13)　谷口・191～192頁，霜島・体系386～387頁。もっとも，谷口安平教授は，申立て後開始決定までの供給分の対価を共益債権とする点は破産には適用はないとする。

3　現行破産法への導入

　旧会社更生法104条の2と同趣旨の規定は，その後民事再生法及び現行会社更生法に受け継がれ (民再50条，会更62条)，さらに平成17年の法改正により，破産法にも採用されるに至った (破55条)。すなわち，破産法55条は，破産者に対して継続的給付の義務を負う双務契約につき，①供給者は，破産手続開始申立て前の給付に係る対価である破産債権につき弁済がないことを理由として，破産手続開始後に義務の履行を拒むことができないことを明らかにし (破55条1項)，②破産手続開始申立て後手続開始前にした給付に係る請求権は財団債権と定め (同条2項)，また，③一定期間ごとに債権額を算定する継続的給付については，申立て日の属する期間内の給付に係る請求権を財団債権として (同項括弧書)，計算上の便宜を図った。

　破産法への導入は，破産手続においても手続開始後に電気・ガス等の一定の継続的給付がなされることが，管財事務の遂行や手続の進行に必要である[14]

ことに変わりはなく，また，破産手続でも事業が継続する場合があり得る(15)と考えられたためである(16)。加えて，再建型手続における共益債権の範囲の拡張を基礎づける供給者保護の観点は破産手続においても妥当することも考慮された(17)。

　もっとも，民事再生法や会社更生法と同様の規律を設けることについては，対象となる契約を破産手続を進めるにつき必要不可欠な継続的給付を目的とする双務契約に限定すべきか，あるいは財団債権であっても完全な満足を得られる保証のない破産手続では，相手方の保護を再建型手続に比べて強化すべきか否かが議論となった。しかし，①相手方は破産手続開始後の給付に係る部分について弁済がないときはその後の給付につき履行を拒むことができること，②破産手続においても事業を継続する場合があること，③契約の継続には裁判所の許可を要すること，④破産手続の進行に必要不可欠でない給付を目的とする契約については，破産管財人が適時に契約を解除するものと想定されること，⑤ライフライン以外の契約の場合，破産手続開始前に不履行があれば契約の解除ができ，さらに約定による対処も一般に可能であることなどを考えると，相手方の保護に欠けることはないこと(18)，⑥破産の場合には申立てから手続開始までが比較的短期間であるため，その間の給付に係る請求権を財団債権としても財団を過度に圧迫することはないことなどが考慮され(19)，再建型の手続と清算型の手続とで同趣旨の規定が置かれることになった。

(14)　破産管財人は，帳簿類の整理や点検，換価可能物の保管管理，債権調査その他の処理をするための補助者による破産事務処理の遂行など，様々な破産管財業務を破産者の事務所や事業所で行う。また，債権者が多数いる大型事件や，仕掛案件を抱えている事件では，破産管財人が多数の補助者を事務所に常駐させ，長期間にわたって事務処理を行うこともまれではないという（伊藤尚「継続的契約―原材料供給契約・リース契約の取扱い」論点解説（上）165頁）。
(15)　実際，近時は，破産手続において事業譲渡を行うことにより事業の再生を図る場合があり，かかる場合には，破産手続において事業を継続することが意味をもつ。破産手続における事業譲渡については，例えば，河野玄逸「特殊な換価手法（Ⅰ）―破産手続における事業譲渡」新・裁判実務大系(28)274頁以下参照。
(16)　一問一答83頁，基本構造と実務273～274頁〔小川秀樹発言〕。
(17)　中間試案124頁。
(18)　以上につき，一問一答83～84頁。
(19)　中間試案124頁。

4 継続的給付を目的とする双務契約に該当する契約

(1) 継続的給付を目的とする双務契約

2で確認したような経緯を経て成立した継続的給付を目的とする双務契約に関する規定は、当初、更生手続における電気・ガス等の継続的給付を目的とする双務契約の処理をめぐる問題の解決を意図したものであった。しかし、立法の過程で、その対象は法令又は契約により継続的給付を目的とする双務契約一般へと広がり、いかなるものが継続的給付を目的とする双務契約に該当するかは解釈に委ねられることになった。

電気、ガス、水道等の供給契約がその代表例であるが[20]、そのほか、原材料供給契約、制作者が自身の所有する材料を用いて制作した物品を供給する継続的な製作物供給契約、運送契約、ビルの清掃、エレベーターの保守管理やビル警備を目的とする契約などもこれに当たると解されている[21]。

他方、賃貸借契約（賃貸人破産の場合）は、前期の対価の支払がないことを理由として後期の給付の履行を拒絶することが想定されないため、継続的給付を目的とする双務契約には含まれない[22]。同様の理由から、ファイナンスリース契約（リース会社破産の場合）にも適用はないと解される[23]。

また、給付が分割して行われる場合であっても、契約の性質又は当事者の意思により、個々の部分給付すべてが履行されなければ契約の目的を達し得ない場合―個々の給付に独立性がない場合―は、継続的給付を目的とする双務契約には当たらないと解される[24]。例えば、ビルの新築工事に必要な建材一式を供給する契約において、供給者は工事の進捗状況に応じて建材を供給し、代金については供給者が支払を請求する時で毎月末にそれまでに供給された建材に応じて支払うとの約定がなされている場合は、その一部のみが履行されたとしても建物の完成には至らず、新築工事に必要な建材一式を供給するという契約目的を達成できないため、かかる契約は、継続的給付を目的とする双務契約には当たらないと考えられる。

裁判例では、監査契約に基づく報酬債権が旧会社更生法104条の2第2項の共益債権となるかが争われた事案がある。東京高判昭51・12・1判タ349号246頁・判時842号110頁[25]は、「反覆的・回帰的給付を内容とする契約であって

も，契約の性質又は当事者の意思により，個々の給付がすべて履行されなければ契約をした目的を達しえないような給付に可分性のない場合」には，このような契約に当たらないと解すべきであるとして，監査契約は一種の請負契約ではあるが，更生会社のある一定の期の監査を目的とするものであって，反覆的・回帰的な給付を目的とするものではなくまたその給付に可分性がないため，継続的給付を目的とする双務契約には当たらず，報酬債権は共益債権には当たらないと判示した。

なお，雇用契約は明文により継続的給付を目的とする双務契約には含まれないとされている（破55条3項）。使用者破産の場合，手続開始後に履行を拒絶できないという規律が労働契約に適用されるとすれば，労働者のストライキ権を奪うかのように誤解されかねず，また，労働債権の一部を財団債権とする規定（破149条）との競合が生じかねないためである[26]。

継続的給付を目的とする双務契約は，相手方に法令又は契約により給付が義務づけられていなければならない。継続的売買契約であっても，倒産した者が必要のつど，品質・数量等を指定して注文することになっている場合は，給付が義務づけられているとはいえない[27]。このような場合は注文ごとに別個の契約が成立すると考えられる。

(20) しかし，旧会社更生法立法直後には，電気等の供給契約はこれに該当しないとする見解もみられた。兼子一「継続的供給関係と破産・会社更生―逐次引渡契約と反復債務関係との区別」松田判事在職四十年記念『会社と訴訟（下）』（有斐閣，1968）751～752頁・764～765頁。すなわち，一括で供給物の一定量を買い付け，その引渡しを数回に区切って行い，その対価もこれに合わせて一定時期ごとに支払う関係（逐次引渡契約）と，将来に向かって一定期間又は一定量について，黙示的にせよ，契約締結の繰り返しにより次々と新たに発生する債務関係（反復債務関係）とを区別し，旧会社更生法104条の2が適用されるのは，狭義の継続的供給契約である一括買付け方式の一体的逐次引渡契約に限られ，水道・電気・ガス等に係る契約については，それが反復的債務関係と目される限り，同条の適用外となるとする。
(21) 破産法について，竹下・大コンメ226頁〔松下淳一〕，坂田・前掲注（2）198頁，山本ほか・概説〔第2版〕226頁〔沖野眞已〕。会社更生法について，宮脇＝時岡・前掲注（4）188～190頁，条解更生法（中）332～333頁，谷口・188～189頁，民事再生法について，全国倒産処理弁護士ネットワーク編『通常再生の実務Q&A120問』（金融財政事情研究会，2010）118頁〔池上哲朗〕，オロ千晴＝伊藤眞監修／全国倒産処理弁護士ネットワーク編『新注釈民事再生法（上）〔第2版〕』（金融財政事情研究会，2010）275頁〔中島弘雅〕参照。
(22) 破産法について，竹下・大コンメ226頁〔松下〕，中島Ⅰ・248頁，坂田・前掲注（2）198頁。会社更生法について，宮脇＝時岡・前掲注（4）188～189頁，条解更生

第5章　契約関係の処理

法(中)332〜333頁，谷口・189頁，内田実「更生手続開始と継続的給付の義務を負う双務契約」山本克己ほか編『新会社更生法の理論と実務〔臨増判タ1132号〕』(2003)104頁，条解再生法215頁〔西澤宗英〕，民事再生法について，才口＝伊藤監修・前掲注（21）274〜275頁〔中島〕参照。
(23)　破産法について，竹下・大コンメ226頁〔松下〕。民事再生法について，才口＝伊藤監修・前掲注（21）275頁〔中島〕。
(24)　条解更生法(中)333頁参照。
(25)　本件の紹介として，下飯坂常世＝廣田壽德＝馬瀬隆之編「会社更生法第104条の2にいう『継続的給付を目的とする双務契約』の意義」商事法務767号附録（1977）判例868頁がある。
(26)　破産法について，竹下・大コンメ226〜227頁〔松下〕，山本ほか・概説〔第2版〕226頁〔沖野眞已〕，中島I・249頁。会社更生法について，宮脇＝時岡・前掲注（4）196頁。
(27)　破産法について，坂田・前掲注（2）198頁。会社更生法について，宮脇＝時岡・前掲注（4）189頁，条解更生法(中)334頁，谷口・189頁，民事再生法について，全国倒産処理弁護士ネットワーク編・前掲注（21）118〜119頁〔池上〕，才口＝伊藤監修・前掲注（21）275頁〔中島〕。

(2)　継続的給付を目的とする双務契約の相手方

旧会社更生法104条の2の立法過程では，継続的給付を目的とする双務契約の相手方は，電気・ガス等を供給する公益事業ないし独占企業に限定すべきであるとの見解も強く主張されていたが，条文上，そのような限定が付されなかったのは前述のとおりである。これに対しては，当時，本立法は，もともとその履行を拒絶されると更生会社の事業を維持できないという特殊な地位にある債権者が，その地位を利用して独善的満足を図ることを防止することに主眼があるのであり，これによって更生会社に特別の恩典を与えようとするものではない。その趣旨からすれば，継続的給付を目的とする双務契約の相手方とは，電気・ガス・水道その他これに類する公益的又は独占的な地位にある者に限るべきであるとの批判があった[28]。しかし，その後，公益的事業あるいは独占事業を行う相手方に限るべきとの見解はみられなくなり，現行破産法にもそのような限定は付されていない。

(28)　青山善充「会社更生法改正の方向とその内容―法律案要綱の検討〔I〕」商事法務研究412号（1967）24頁。

5　供給義務者による履行拒絶

破産者に対して継続的給付を目的とする双務契約の相手方は，破産管財人が

当該契約の履行を選択した場合には，破産手続開始申立て前の給付に係る破産債権について弁済がないことを理由として，破産手続開始後にその義務の履行を拒むことはできない（破55条1項）。このことは，次の2つの意味を有する。

(1) 手続開始申立て前の給付に対する支払がないことを理由とすること

　供給義務者が履行を拒むことができないとされているのは，破産手続開始申立て前の給付に係る破産債権につき弁済がないことを理由とする場合である（破55条1項）。したがって，手続開始申立て後の給付に係る対価が支払われないことを理由とする場合には，手続開始前の給付に係るものであっても，供給義務者が手続開始後に履行を拒絶することは否定されていない[29]。もっとも，申立て後の給付に係る部分は財団債権となるから（同条2項），手続開始後に弁済がなされれば，履行を拒絶することはできない[30]。実際のところ，破産手続開始申立てから手続が開始されるまではそれほど期間があるわけではなく，かかる事態はそもそも生じにくいとされる[31]。

(29)　破産法について，竹下・大コンメ227頁〔松下〕。会社更生法について，条解更生法（中）335頁，民事再生法について，条解再生法215頁〔西澤〕，詳解再生法〔第2版〕278頁〔徳田和幸〕，才口＝伊藤監修・前掲注(21) 276頁〔中島〕参照。
(30)　竹下・大コンメ227頁〔松下〕。
(31)　山崎栄一郎「継続的給付を目的とする双務契約」破産・再生の実務〔新版〕（上）258頁。同論文によれば，東京地方裁判所破産再生部においては，義務の履行拒絶が問題となった事例は見あたらなかったという。

(2) 給付義務者が手続開始後に履行を拒絶すること

　給付義務者は，破産手続開始後，破産管財人が契約の履行を請求した場合には，履行を拒絶することができない（破55条1項）。破産管財人が契約を解除した場合には，相手方の給付義務は消滅する。よって，①破産手続開始時に契約が有効に存続していることが破産法55条を適用する前提となる。それ以前に，契約が解除されている場合には，本条1項は適用されない[32]。また，上記の反対解釈として，②手続開始申立てから申立てについての裁判がなされるまでの間は，給付義務者が申立て前の給付に係る債権についての弁済がないことを理由として履行を拒むこと[33]は否定されていない[34]。弁済禁止の保全処分（破28条1項）が発令されている場合でも，手続開始前であれば相手方は履行を

第5章 契約関係の処理

拒めるかについては争いがある。かつてより，旧会社更生法104条の2の解釈をめぐり，相手方の履行拒絶を認める見解と認めない見解とが対立していた。手続開始前には，相手方がその後になすべき給付に係る債権が確実に支払われるという保障はなく，このことは弁済禁止の保全処分が発令されていても変わりがないとして，相手方にはなお履行拒絶権を認めるのが公平であると解する見解が多数である[35]。なお，申立て後手続開始までの間に，申立て前の給付に係る債権についての弁済がないことを理由として，給付義務者が履行を拒絶したとしても，後に破産手続が開始され，破産管財人から履行の請求がなされた場合には，給付義務者は，申立て前の部分につき支払がないことを理由として履行を拒絶することはもはやできない。

(32) 会社更生法について，宮脇＝時岡・前掲注（4）192頁，条解更生法(中)336頁，谷口・189頁参照，民事再生法について，条解再生法215～216頁〔西澤〕，才口＝伊藤監修・前掲注（21）276～277頁〔中島〕参照。
(33) 会社更生の事案では，申立て後から手続開始までの供給停止を背景に，申立て前の給付に係る対価について支払を求める場合もあったとされる。内田・前掲注（22）106頁。
(34) 後藤巻則「継続的供給契約」櫻井孝一ほか編『倒産処理法制の理論と実務』（経済法令研究会，2006）286頁，竹下・大コンメ227頁〔松下〕。民事再生法について，条解再生法215頁〔西澤〕，詳解再生法〔第2版〕278頁〔徳田〕，才口＝伊藤監修・前掲注（21）276頁〔中島〕参照。
(35) 会社再生法について，条解更生法(中)336頁，中田裕康「更生手続と継続的供給契約」金判554号（1978）63頁，谷口・190頁，吉永順作「継続的供給契約」金判719号（1985）80頁，民事再生法について，条解再生法215頁〔西澤〕，才口＝伊藤監修・前掲注（21）276頁〔中島〕参照。

6 財団債権となる範囲の拡張

(1) 申立て後手続開始前の給付に係る債権の財団債権化

可分的給付を内容とする継続的給付を目的とする双務契約に基づき，手続開始申立て後手続開始前にした給付に係る請求権は，破産手続開始前に原因があることから，本来は破産債権となるはずである（破2条5項）が，破産法55条2項はこれを特に財団債権とした。これは，①電気，ガス，水道等の，いわゆる供給規定により供給を停止することについて厳格な要件が定められていて直ちには供給を停止することができない場合に，相手方の保護を図る必要から，また，そうでない場合においても，②継続的に供給がなされることで破産者の運

営上必要な物資やサービスが維持され，破産財団ひいては破産債権者の利益につながると考えられるためである(36)。加えて，③その部分を財団債権とすることにより，申立てがあっても供給者から安定的に供給が受けられることを側面から支援する機能も期待される(37)。

　元来，継続的給付を目的とする双務契約に係る規律が，当初は，電気やガス，水道といった法令上容易に供給を停止することができない契約を念頭に置いていたこともあり，①の理由が重視されていた（**2**(2)(c)参照）。しかし，法は，継続的給付を目的とする双務契約の相手方を限定しないとの立場を採用したため，共益債権化ないし財団債権化の理由を①だけで十分に説明することは難しい。そこで，②や③の理由づけが意味をもってくることになる。

(36)　竹下・大コンメ227頁〔松下〕，坂田・前掲注（2）198頁。民事再生法について，条解再生法215頁〔西澤〕参照。谷口・191頁は，会社更生手続において申立後開始決定前の給付に係る対価が共益債権化する理由として，本文中の①から③を挙げ，また破産手続でも旧会社更生法104条の2と同様の処理を行うべきであるとするが，同時に，申立て後開始決定前の給付に係る対価は財団債権とはならないとする。
(37)　山本ほか・概説〔第2版〕225頁〔沖野〕。谷口・191頁参照（前掲注（36）も参照）。

(2)　**破産法55条2項括弧書の趣旨**

　継続的給付の対価の額が一定期間ごとに算定される場合には，その申立日の属する期間内の給付に係る請求権全体が財団債権となる（破55条2項括弧書）。これは，継続的給付の義務を負う者は，必ずしも相手方が倒産手続開始を申し立てた日を確実に知ることができないことを考慮した規定である(38)。これにより，破産手続開始申立日を基準として，請求額を財団債権部分と破産債権部分に分ける必要がなくなり，計算の合理化が図られることになる(39)。例えば，月々10日締めで請求額が算出される場合，1日に破産手続開始申立てがなされると，1日以後の利用に対応する部分のみが財団債権となるのではなく，前月の11日から申立てのあった月の10日分までが財団債権となる。

(38)　宮脇＝時岡・前掲注（4）186〜187頁・194〜195頁。
(39)　平成17年の破産法改正以前，破産法でも，継続的給付を目的とする双務契約に関して，この計算方式を導入することが切望されていたことが法制審議会資料の議事録からみてとれる。法制審議会倒産法部会破産法分科会第1回会議議事録（平成13年5月18日（金）開催）24頁以下，法制審議会倒産法部会破産法分科会第8回会議議事録

(平成14年1月18日（金）開催）23頁以下参照。

(3) 契約の解除と財団債権化
(a) 破産管財人による契約解除
　手続開始申立て後開始決定前の債権を財団債権とする規律は，条文の文言上，破産管財人が当該契約につき履行を選択した場合と解除を選択した場合とを区別していない（破55条2項）。法制審議会では，破産管財人が履行を求める意思がないにもかかわらず，なお申立てから開始決定までの給付の対価分が財団債権になるのかといった点につき議論があったようである[40]が，特に立法的な手当てはなされなかった。そのため，同規律は破産管財人が当該契約を解除した場合にも適用されると解されている[41]。
　しかしながら，破産管財人が解除を選択した場合についても，開始申立てから開始決定までの給付に係る債権を財団債権とすることは，破産財団ひいては破産債権者の利益とならないものにつき優先的な弁済を行うことを意味するため，その帰結に疑問がないわけではない[42]。そこで，破産法55条2項の「前項の双務契約」とは，同条1項が前提とする破産管財人が履行を選択したものをいうと解し，破産管財人が開始決定直後に解除したものは除かれると解する可能性を示唆する見解[43]や，さらに進めて，破産法55条が，一定の継続的給付義務の履行が管財業務の遂行や破産手続の進行に必要であるという趣旨から規定されたことを考慮し，同条2項は破産管財人による履行の請求が選択された場合の規定であると明言する見解[44]もみられる[45]。もっとも，このように同条2項が適用される範囲を限定した場合，供給義務者が，手続開始後に破産管財人が契約を解除することによって申立て後開始決定前の給付に係る債権が破産債権となることを懸念し，履行を拒絶するおそれが生じる可能性もある[46]。

(b) 申立て後手続開始前の契約解除
　旧会社更生法の下では，更生手続開始に至るまでに契約が解除されて終了した場合にも，開始申立て後開始決定までの給付に係る対価が共益債権になるとの規定が適用されるという見解もあった[47]。破産法の下でも同様に解するかどうかは定かでないが[48]，破産法55条1項は，破産手続開始時に契約が有効

に存続していることを前提としていることからすれば（前掲**5**(2)参照），破産手続開始前に契約が解除されている場合には，同条2項の適用はなく，財団債権にはならないと解される。

(40) 基本構造と実務275～276頁〔沖野眞已発言〕。
(41) 破産法について，竹下・大コンメ227頁〔松下〕，山本ほか・概説〔第2版〕224頁〔沖野〕。会社更生法について，条解更生法(中)337頁，中田・前掲注（35）63頁，谷口・191頁。
(42) 竹下・大コンメ228頁〔松下〕参照。
(43) 竹下・大コンメ228頁〔松下〕，条解破産法411頁。民事再生法について，才口＝伊藤監修・前掲注（21）278頁〔中島〕。基本構造と実務275頁〔伊藤眞発言〕も，管財人が履行を求める意思がないにもかかわらず，申立てから開始決定までの給付の対価分が財団債権になることに疑問を呈している。
(44) 山崎・前掲注（31）258頁。
(45) 民事再生事件で，東京地裁は携帯電話契約に関し，管財人が履行の請求をした場合にのみ民事再生法50条2項を適用するという処理を行っているようである。全国倒産処理弁護士ネットワーク編・前掲注（21）119頁〔池上〕。
(46) 竹下・大コンメ228頁〔松下〕。
(47) 宮脇＝時岡・前掲注（4）195頁，谷口・191頁，中田・前掲注（35）63頁。
(48) 谷口・191頁は，そもそも破産手続の場合には，財団債権化自体が生じないとする。前掲注（36）参照。

7 「継続的給付の義務を負う双務契約」の範囲・再考

継続的給付を目的とする双務契約に関する規律は，旧会社更生法下において，電力供給等の公共性の強い契約を念頭において立案され，当初は，適用対象を公益事業や独占事業に限定することも検討されていた。その背景には，倒産手続の開始を理由に供給者の履行拒絶を認めないとすることは，供給者の権利の制約を意味する(49)ことから，たまたま継続給付を約した私企業一般にかかる規律を拡大するとすれば，相手方に酷な場合を生じるため(50)，相手方についてできるだけ限定すべきではないかという考えがあった。ところが，前述のように，立法過程において，履行拒絶に関する同種の問題は広く継続的給付を目的とする双務契約一般に生じる可能性があること，また，私企業の場合には，供給者が契約を解除又は解約することにより供給者にとって酷となる結果を回避できることを理由として，旧会社更生法104条の2第1項は，継続的な給付を目的とする双務契約一般を対象とする形での立法となった。同条2項は，元々，電力会社等の公共性が強く，供給停止や解約が容易ではない者の立

第5章 契約関係の処理

場に配慮して，供給を義務づけられる側の保護を図るために，申立て後開始前の給付に係る対価を共益債権として優遇したものであったが，同条1項が対象となる契約を拡張するにあたって，同条2項の適用範囲について特に検討が加えられることはなかった。かかる立法経緯の結果，対象となる契約の範囲及び2項の共益債権化の根拠につき，若干の議論が生じることとなった。なお，現在では，同趣旨の規定が，民事再生法，会社更生法，及び破産法に置かれ，問題は各法で広く共有されている。

　通常，供給者は手続開始申立て前の未払いがあれば，その時点で契約の解除や履行の拒絶を含む何らかの対応をとると考えられる。破産法55条2項（民再50条2項，会更62条2項）により，手続開始申立て後開始決定までの給付に係る対価が財団債権（共益債権）になるとはいえ，手続開始後のものも含めて財団債権（共益債権）が実際に支払われるかどうかは未知数であって，供給者が不安を覚えるのも当然のことであり，供給者は，そもそも当該取引を維持するかどうかにつき改めて検討することになろう。再建型の倒産手続の場合には，申立て後開始決定前までに行われた原材料の購入等，債務者の事業の継続に欠くことができない行為がなされた場合には，その行為によって生じた相手方の請求権を裁判所の許可を受けて共益債権とすることができ（会更128条2項，民再120条1項），また，商取引債権あるいは少額債権の弁済許可制度（民再85条2項〜5項，会更47条2項〜5項）を背景として，取引の継続が志向されることもあるかもしれない。その意味で，再建型倒産手続の場合には，一般の継続的給付を目的とする双務契約については，本規定以外の制度によって対応が可能であると考えられる。他方，破産手続の場合にはこのような制度はないが，受給者の未払いを契機に既に供給が停止され，場合によっては契約を解除されている場合が多いのではないかと考えられる。そのように考えると，破産事件では，実際上，破産手続開始時までに多くの契約は解除又は解約されており，「継続的給付の義務を負う双務契約」に関する破産法55条の規律が機能する場面はそれほど多くはなく，実際には電気，ガス，水道といった供給停止や解約が容易ではない継続的給付を目的とする双務契約のみが問題になると思われる。昭和42年の旧会社更生法改正当時，私企業の多くは解除等を選択し，旧会社更生法104条の2の適用を受けるのは結果的にほとんど公益事業・独占事業に限られるで

あろうと指摘されていた(51)ことが思い出される。

　供給者が，倒産手続開始申立て前の供給拒絶あるいは契約の見直しや解除，さらに倒産手続上の他の制度により自身の損失回避が可能であるとすれば，申立て後開始決定までの給付に係る対価を特別に財団債権あるいは共益債権とする根拠及びその意義についても改めて検討する必要がある。そこで，その根拠について考えてみると，財団債権や共益債権への支払が十分になされるかどうかに関する懸念が払拭し切れないことや，手続開始後の履行拒絶が認められないことが，契約を解消する方向へと供給者の意識を進めることになるとすれば，財団債権化・共益債権化の規定が，供給を奨励するという機能（前掲**6**(1)の③）を十分に果たし得るかどうかは疑問である。また，必ずしも財団あるいは倒産債権者の利益となる契約が維持されているとは限らず，そもそも通常の売買契約でも破産財団の利益となる場合があることを考慮すると，継続的な給付がなされることにより財団ひいては倒産債権者の利益に繋がるという理由（**6**(1)の②）も，財団債権化・共益債権化を正当化する根拠としては必ずしも十分ではない。そうすると，供給者がただちに供給を停止することができないこと（**6**(1)の①）のみが財団債権化・共益債権化の正当化根拠ということになりそうである。

　この財団債権化・共益債権化の根拠から，改めて「継続的給付の義務を負う双務契約」の範囲を考えてみると，契約当事者の一方が一定の種類のものを一定期間又は期間を定めずに継続して供給する義務を負い，他方の当事者がそれに対し各給付ごとにあるいは一定の期間を区切ってそれに対する対価を支払う義務を負う契約であって，契約が一体として扱われるものではなく，法令又は契約により容易に供給の停止あるいは解除又は解約が認められない契約のみが，その対象になると解することもできよう(52)。

(49)　位野木ほか・前掲注（11）102頁〔三ケ月章発言〕参照。
(50)　宮脇＝時岡・前掲注（4）186頁。
(51)　位野木ほか・前掲注（11）102頁〔宮脇発言〕，宮脇＝時岡・前掲注（4）190頁。
(52)　「継続的給付の義務を負う双務契約」の範囲を考えるにあたり，供給者の契約解除が制限されていることを要件に挙げる見解として，中田・前掲注（35）62～63頁参照。

第5章　契約関係の処理

〔中島　弘雅＝村田　典子〕

Ⅱ　市場相場のある商品の取引に係る契約

1　市場相場がある商品の取引に係る契約の破産法上の処理

(1)　はじめに

　破産法58条は，「取引所の相場その他の市場の相場がある商品の取引に係る契約であって，その取引の性質上特定の日時又は一定の期間内に履行をしなければ契約をした目的を達することができないものについて」，その履行期が破産手続開始後に到来する場合には，破産手続開始の効果として，当該契約は当然に解除されたものとみなすと定めている（破58条1項）。したがって，この種の取引については，双方未履行双務契約に関する破産法53条の適用が排除され，破産管財人には選択権は認められない。そして，契約の相手方が契約の解除により損害を受けたときは，相手方は，「履行地又はその地の相場の標準となるべき地における同種の取引であって同一の時期に履行すべきものの相場と当該契約における商品の価格との差額」を損害賠償額として，損害の賠償につき破産債権者として権利を行使することができるとされている（破58条2項・3項）。ただし，かかる解除及び損害賠償額の算定方法について，取引所又は市場に別段の定めがあるときはその定めに従う（同条4項）。

　破産法58条は，民事再生法51条及び会社更生法63条で準用されており，再建型倒産手続の場合でも同様の処理がなされることになる。

　破産法58条は，旧破産法61条と同趣旨の規定であり，従来の内容を引き継いだものといえる。もっとも，破産法58条は，対象となる取引を，「取引所の相場のある商品の売買」から「取引所の相場その他の市場の相場がある商品の取引」へと拡大しており，また，同条5項で，新たに一括清算ネッティングの有効性を確認している。

(2)　趣　　旨

　市場相場のある商品の取引を行っている一方当事者に破産手続開始決定がな

された場合に，破産手続開始の効果として当該契約が解除されること，及び損害賠償額について差額決済が定められていることの趣旨をめぐっては議論がある。

　かつては，簡易・迅速な処理を図る必要があることがその理由として挙げられていた(53)。しかし，この理由づけに対しては，一口に確定期売買といっても，履行期の到来までの期間は様々であり，また破産手続といっても一定の期間を要するから，その間に履行期が到来する契約であって，それを履行した方が破産財団にとって有利なものの履行請求の余地を破産管財人から奪う理由を十分に説明できていないとの批判がある(54)。また，破産法58条が民事再生法51条及び会社更生法63条において準用されている点にかんがみ，現行法下では，債務者の法人格が存続する可能性があるため，本来の履行期をもって履行をすれば足り，その意味で権利関係の迅速処理の必要性が低い再建型倒産手続に同様の規律があることを説明できないという難点があるとの指摘もある(55)。

　かかる指摘を受け，現在では，以下の2つの考え方が有力となっている。第1は，取引所の相場のある商品の取引について，一方当事者が履行期前に破産手続開始決定を受けた場合には，その履行は破産財団の状況に依存する不確実なものとなるため破産管財人に履行を義務づけることはできず，また，破産財団の状況が履行を許すとしても，破産法53条1項に基づき破産管財人に履行期前の投機的選択を迫るのは酷な面があるため，破産管財人の選択権を排除したというものである(56)。この見解を基礎に，さらに具体的に問題となる状況を検討するものもある。すなわち，破産管財人の予想に反して相場が変動したときは，破産財団の状況によっては破産管財人が債務を履行できない場合もあり得，その場合に相手方に予想し難い損害を強いるのは適切ではないし，このような事態が多数生じれば，取引界を混乱させることに繋がりかねない。また，破産管財人が契約解除を選択する場合には，破産管財人は相手方の損害賠償請求の額をできるだけ少なくするよう，解除の時期をうかがわなければならないとして，破産法の規律は破産管財人が選択権を行使することに伴う不都合を回避するための規定であるとする(57)。もっとも，これらの見解に対しては，確定期売買の買主破産の場合を例に挙げて，買主が確定期売買の締結時に，その

目的物を転売する先渡契約を締結していたならば履行の選択により破産財団に損失が生じることはなく，たとえそうでなくても，破産管財人は先渡市場における選択時の相場価格で目的物を転売しておけば，その後の価格下落の危険は容易にヘッジできるから，かかる取引につき破産法53条の適用を認めても，破産財団が破産管財人による投機により損失を被るわけではないとする有力な批判もある[58]。

そこで，以上の見解に代わるものとして，第2に，破産法58条の趣旨として，契約の相手方の保護に求める見解が主張されている。すなわち，定期取引ほど目的物の恒常的な，しかも激しい価格変動にさらされているものはなく，破産者が将来の履行期に引渡し又は受領する義務を負う商品の相場は，破産手続開始から履行期までの間に，千変万化するのが普通である。これらの取引を破産管財人に選択権を認めた破産法53条の規律の対象とすることは，契約の相手方及び破産財団にとって大きな弊害が生じることになる。破産管財人が履行と解除とを選択できるという不確実さと，破産管財人が履行請求しても実際に目的物が給付されるかという不確実さは，契約の相手方にとって重大な弊害となる。定期取引は同種の取引の連鎖の一環をなしていることから，一方当事者が破産することによって，契約の相手方は，解除されるか履行請求されるかが未確定な状態に置かれることにより，結果的に無駄となるバックアップ取引によって損害を被ったり，直ちにバックアップ取引によりカバーし得た損失よりも大きな損失を被ったりすることになるため，破産管財人に解除と履行の選択権を与えることは，相場が変動する商品の確定期売買の本質にそぐわない。そこで，こうした契約の運命については，即時かつ一義的な決定が取引の安全の見地から必要であるとする見解である[59]。

そこで，いずれの見解を採るべきかが問題となるが，破産法58条の規定が，民事再生法51条や会社更生法63条でも準用されていることをも考慮すると，後者の見解が述べるように，解除の擬制は，破産管財人や再生債務者等，更生管財人の選択権行使による地位の不安定から，契約の相手方を保護するための規定と解するのが妥当ではなかろうか[60]。

(53) 中田・102〜103頁，山木戸・121頁，谷口・178頁，霜島・体系394頁など。
(54) 山本弘「破産法61条考」竹下古稀818〜819頁。

(55) 竹下・大コンメ244頁〔松下〕。
(56) 基本法コンメ破産法94頁〔宮川知法〕。
(57) 新堂幸司「スワップ取引における一括清算条項の有効性—1987年版ISDA基本契約について」新堂幸司＝佐藤正謙編『金融取引最先端』（商事法務，1996）159〜160頁（以下，新堂「スワップ取引」として引用）（初出，「スワップ取引の法的検討(上)(下)」NBL523号・524号（1993）），新堂幸司「金融派生商品取引における一括清算条項の有効性—1992年版ISDA基本契約について」新堂＝佐藤編『金融取引最先端』192〜193頁（以下，新堂「金融派生商品」として引用）（初出，「金融派生商品取引の倒産法的検討(上)(下)」NBL552・553号（1994））。
(58) 山本・前掲注（54）820頁。
(59) 山本・前掲注（54）821〜825頁。
(60) 以上につき，竹下・大コンメ244〜245頁〔松下〕，条解破産法428〜429頁参照。

(3) 商法525条との関係

　ところで，商法525条は，商人間の定期売買において履行遅滞があった場合には，原則として契約の解除をしたものとみなす旨を定めている。同条の趣旨につき，通説は，契約を解除するか否かを相手方の意思表示に係らしめると，相手方が解除するかどうかが明確にならないうちは，履行遅滞をした当事者が履行と解除の両方を準備しておかなければならないという不安定な地位に置かれ，また，解除をする側の当事者が，履行遅滞をした当事者の危険において不当な投機をなす危険があるためであると説明している[61]。そうであるとすれば，破産法58条の規定と商法525条の規定とでは，保護される当事者が異なっており，破産法58条を商法525条の延長線上に置くことは適切ではないと考えられる[62]。

(61) 江頭憲治郎『商取引法〔第7版〕』（弘文堂，2013）24頁。
(62) 竹下・大コンメ245〜246頁〔松下〕，条解破産法429〜430頁。破産法58条（旧破61条）と商法525条の関係を詳細に検討するものとして，山本・前掲注（54）818〜820頁。

2　対象となる取引

　破産手続開始の効果として，契約の当然解除，差額決済という処理がなされる取引は，①取引所の相場その他の市場の相場がある商品の取引に係る契約であり，②取引の性質上特定の日時又は一定の期間内に履行をしなければ契約をした目的を達することができないものであって，③履行期が破産手続開始後に到来すべきものである必要がある（破58条1項）。

第5章 契約関係の処理

(1) 取引所の相場その他の市場の相場がある商品の取引

「取引所の相場その他の市場の相場がある商品の取引に係る契約」(破58条1項)といえるためには,例えば,取引所の相場がある商品[63]の売買のように,①激しい価格変動にさらされる可能性があること,②その中にあって,需給を統合し,客観的かつ公正に価格を形成する「場」が存在すること,③その「場」を通じて代替取引が可能であるという特徴を備えている必要がある。そして,このような契約に該当するか否かは,「取引所と遜色ないほどに取引が集中し,公正な価格形成機能が実証されている市場の相場がある商品の取引」といえるかどうかにより判断されることになる[64]。②の前提として,取引所・市場の参加者の間で需給に関する情報が広く共有されることが求められる[65]。

取引所とは,金融商品取引所や商品取引所のように,法令にその設立の根拠を有するか,又は法令に基づく規制の対象となる取引の場所をいう[66]。その他の市場とは,上記①から③の要件を基準に判断することになろうが,外国為替市場,銀行間取引市場,店頭市場などがこれに該当するものとして挙げられている[67]。また,「相場」とは,取引所や市場において形成される価格をいう。

「商品」とは,取引所や市場において取り扱われる商品全般を指し,有体物に限られない。したがって,金融商品取引所で取引される株式や社債のような有価証券,商品取引所で取引される金属や穀物,原油などのような有体物のほか,金融先物取引所で取引される通貨や金利あるいはデリバティブ商品のような金融商品もここに含まれる[68]。

また,「取引」には,売買のほか,スワップ取引などの交換契約やデリバティブ取引なども含まれる。デリバティブ取引の当事者の信用リスクに対処するために,デリバティブ取引によって生ずる債権を担保する目的で行われる担保取引が,ここでいう取引にあたるかどうかについては議論がある。すなわち,このような担保取引が,定期行為性の要件をみたすのか,また当然解除から発生する相手方の担保目的物あるいはその価格の返還請求権が破産法58条2項の損害賠償請求権といえるのか,疑問が残るため,かかる取引は直接破産法58条

の対象とはならないとの指摘がある[69]。そのうえで、担保取引には、金銭又は有価証券の貸借又は寄託の形式をとるもの、有価証券の譲渡の形式をとるものなど様々なものがあり、また一括清算法（金融機関等が行う特定金融取引の一括清算に関する法律）は担保取引も対象としているように（一括清算法施行規則1条各号）、基本契約と不可分の場合もあり、当然解除及び差額決済という破産法58条の取扱いを適用することが可能かつ適切な場合もあるので、個別的に判断する必要があるとの見解が示されている[70]。また、貸借であれ、寄託であれ、対象となる商品に関するなんらかの権利移転とその対価たる価値を観念し得るものは、破産法58条の取引に含まれるとする見解もある[71]。

(63) 取引所における商品の取引の具体例については、注解破産法(上)300〜301頁〔吉永順作〕が詳しい。
(64) 一問一答100頁。
(65) 竹下・大コンメ246頁〔松下〕。破産法58条の「市場」に該当するか否かを判断するにあたって、情報が共有されていることの必要性を指摘するものとして、竹内康二『倒産実体法の契約処理』（商事法務、2011）139頁。
(66) 旧破産法61条は、対象となる取引を「取引所の相場のある商品の売買」と定めていたが、ここでいう取引所を法律に根拠のある取引所や法律に行政規制上の根拠のある取引所に限らず、その範囲を拡大し、外国為替市場のようなその業界に属する者が統一して参加している影響力の強い市場であって、相場の変動が迅速・容易に報告されるものについては、ここでいう取引所に含めるとする見解があった。竹内康二「取引所の相場のある商品売買および交互計算」実務と理論250頁。
(67) 竹下・大コンメ246頁〔松下〕、条解破産法430頁。
(68) 一問一答101〜102頁、論点解説(上)171頁〔江幡奈歩〕、竹下・大コンメ246頁〔松下〕、条解破産法430〜431頁、竹内・前掲注(65)140頁。
(69) 基本構造と実務321頁〔松下発言〕、竹下・大コンメ247頁〔松下〕。
(70) 一問一答102〜103頁、論点解説(上)175頁〔江幡奈歩〕、竹下・大コンメ247頁〔松下〕。
(71) 条解破産法431頁。

(2) 定期行為性

破産法58条の対象となる取引が、「取引所の相場のある商品の売買」（旧破61条）から「取引所の相場その他の市場の相場がある商品の取引に係る契約」（現行破58条1項）へと拡大したため、取引所の相場以外の市場の相場がある商品についても、一方当事者の破産手続開始による契約の当然解除及び差額決済という処理が行われることになった。また、商品の売買だけでなく、スワップのような交換取引もその対象となることになった。このように、現行破産法下で対

象となる取引の範囲が広がる一方で，通常の商品取引や不動産取引，中古車取引なども広く破産法58条の対象に含まれるのかといった点に疑義が示され，その範囲を制限する必要性が認識されるに至った。そこで，現行破産法は，対象となる取引の範囲を広げる一方で，その取引が確定期の行為であるということを重視し，定期行為性については性質上の定期行為である必要があることを明らかにしている(72)。

対象となる取引は，「取引の性質上特定の日時又は一定の期間内に履行をしなければ契約をした目的を達することができないもの」である必要がある（破58条1項）。当事者の破産手続開始による契約解除と差額決済による損害賠償という処理は，取引所の相場その他の市場の相場がある定期的な商品の取引が，恒常的な激しい価格変動にさらされており，また，同種の取引の連鎖の一環をなしていることを前提とするものであるから（前述Ⅱ1(1)参照），定期行為性は，当該契約が当事者の個別具体的な事情を基礎とするのではなく，取引の性質という客観的な属性に基づき判断されなければならない(73)。取引所あるいは市場でその取引が行われている限り，取引の参加者がどういう動機でそこに参加しているか，つまり，実際に自身がその目的物を使うことを目的としているのか（例えばメーカーが綿市場で綿を購入するなど），投機目的なのかはここでは問題とならず，あくまで市場の相場があり，性質上の定期行為があれば，破産法58条の対象となる取引に該当することになる(74)。例えば，鉄のスクラップ取引についても定期行為性を肯定する見解が有力であるが，中古車市場や不動産市場における中古自動車や不動産の売買は，定期行為性の要件を満たさないとする見解も有力である(75)。

(72) 基本構造と実務315頁〔小川発言〕。
(73) 一問一答101頁，竹下・大コンメ247頁〔松下〕。
(74) 基本構造と実務318頁〔沖野発言〕。
(75) 一問一答100〜101頁，竹下・大コンメ247頁〔松下〕，基本構造と実務316頁〔伊藤発言〕。条解破産法431頁も同旨か。

(3) 破産手続開始後に履行期が到来すること

当該取引の履行期が，破産手続開始後に到来すべきものであることが必要である（破58条1項）。取引所の相場その他の市場の相場がある商品の取引につい

て，当然解除と差額決済という処理が妥当とされるのは，破産手続の開始から契約の履行期が到来するまでの価格変動による破産財団あるいは契約相手方に対する不利益の発生の防止を理由とするから，破産手続開始時に当該契約の履行期が未だ到来していないことが要件となる。破産手続開始時に既に履行期が到来していれば，相手方は必要に応じて契約解除などの手段をとり得たはずであるから，かかる場合には，破産法53条の一般原則に従い，破産管財人が契約を履行するか解除するかの選択を行うものとしても，問題は少ないと考えられる。

3 損害賠償額の算定及び損害賠償請求権の行使

破産法58条に基づく契約解除により，契約当事者に損害が生じる場合がある。この場合の損害賠償額は，実際に生じた損害の額に関係なく，「履行地又はその地の相場の標準となるべき地における同種の取引であって同一の時期に履行すべきものの相場と当該契約における商品の価格との差額によって定め」られる（破58条2項）。このようにして算定される賠償額は法定のものであり，破産者の相手方あるいは破産管財人がその損害額を増減することは認められない[76]。

この「同一の時期」をいつと解すべきかについては争いがある。具体例に則してみてみよう。例えば，東京証券取引所で取引されているC社の株式1000株を，AがBに1株1万円で3月末に引き渡す旨の売買契約が締結されていたとする。売主Aについて3月1日に破産手続開始決定がなされた場合に，破産手続開始時にC社の株式は1株2万円であった。他方，3月1日時点に想定される3月末時点でのC社の株式の予想価格が1株3万円であった。この場合に，いったいどの時点での価格を基準に，損害賠償額を算定すべきかという問題である。この点につき，多数説は，差額決済による損害賠償額算定の基準となる「同一の時期」を破産手続開始時と解している[77]。この見解によると，売主Aについて破産手続が開始された3月1日時点でのC社の株価は2万円であるから，Bは1株あたり1万円，合計で1000万円の損害賠償請求権を取得することになる。

しかし，これに対しては，本来，将来の時期における相場を想定した契約

が，破産手続開始時の相場を基準とする取引に変更される理由はなく，また条文の文言との関係からしても，破産法58条2項にいう「同一の時期」とは，本来の契約で予定された時期を意味し，破産手続開始時に想定される予定時期の時点での相場が差額決済の基礎になるとする見解が有力に主張されている(78)。この見解を上記具体例にあてはめると，売主Aについて破産手続が開始された3月1日時点での3月末におけるC社の予想株価が1株3万円であったとすれば，Aの破産手続開始時のC社の1株あたりの価格が2万円であったとしても，Bは1株あたり2万円，合計で2000万円の損害賠償請求権を取得することになる。後者の見解は，破産法58条の母法である旧ドイツ破産法18条（現行ドイツ倒産法104条3項）における解釈に比較的近い見解であるが，後者の見解が妥当であろう。いずれにしても，破産手続開始による契約の解除により，相手方が損害賠償請求権を取得した場合には，相手方は，その損害賠償請求権を破産債権として行使することになる（破58条3項）。

他方，相場の変動により，破産財団の側が損害賠償請求権を有する場合もある。上記の例において，売主Aについて破産手続が開始された3月1日時点での3月末におけるC社の予想株価が1株あたり5000円になっていたとすれば，1株あたり5000円，1000株で500万円の損害賠償請求権がAの破産財団に帰属し，Aの破産管財人がBに対して500万円の損害賠償請求権を行使することになる。

(76) 加藤・要論134頁，竹下・大コンメ248頁〔松下〕。
(77) 「同一の時期」を破産手続開始時と解するものとして，注解破産法（上）302頁〔吉永順作〕，竹下・大コンメ248頁〔松下〕。
(78) 青木徹二『破産法説明（実体規定）』（厳松堂，1923）151頁，加藤・要論133頁，基本法コンメ破産法94頁〔宮川〕，伊藤・294頁（なお，第2版において改説された），条解破産法432〜433頁。

4 取引所あるいは市場における別段の定め

一方当事者の破産手続開始による契約の解除と差額決済という処理が適用される契約について，当該取引が行われる取引所又は市場において，異なる規律が設けられている場合には，破産法58条1項・2項は適用されず，そのような取引所又は市場の定めに従う（破58条4項）。これは，取引所における定めは，

その定款につき官庁による認可等が行われ，それを通じてその適正さを一定程度確保する措置がとられた特定の取引社会の自治規範であり，そのような適正さを備えた自治規範を承認し，実際に行われている取引慣行に法的基礎を与え，また，市場における別段の定めも取引所における別段の定めに準じるものとしてこれに法的基礎を与える趣旨である[79]。

　いかなるものが「市場における別段の定め」にあたるかは解釈に委ねられているが，ISDA（International Swaps and Derivatives Association, Inc.）の標準契約書等がこれに当たるものと解されている[80]。

(79)　一問一答103〜104頁。
(80)　一問一答104頁，竹下・大コンメ249頁〔松下〕。

〔中　島　弘　雅〕

Ⅲ　一括清算ネッティング

1　導入に至る経緯

　一括清算ネッティング条項とは，いわゆる基本契約書の定めに基づき，通貨のスワップ取引等の，いわゆるデリバティブ取引などを行っている当事者の一方が倒産した場合に，相殺のように債権者がその旨の意思表示をしなくても，当該基本契約書に基づいて生じるすべての金融取引（履行期や引き渡す通貨等を異にするものも含む。）を倒産時に引き直すことにより一括して清算（ネットアウト）し，一本の債権にまとめる旨の合意のことを指す[81]。

　一括清算ネッティング条項の効力が認められると，その対象となる個々の金融取引から生じる債権債務は包括的な担保となるため，差引決済される部分については債権の優先的回収が可能となる。他方，かかる条項の効力が認められないとすれば，個々の取引について，破産管財人が破産財団にとって有利なもののみを履行選択し，その他は解除する事態（cherry picking〔つまみ食い〕）が生じる可能性がある。また，当該契約について契約の解除及び差額決済という処理がなされた場合に，差額決済が相殺制限（破71条・72条参照）に該当し，その効力が認められない可能性もある。このような状況は，デリバティブ取引等

の金融取引において，一方当事者の倒産リスクを高め，与信の範囲あるいはリスクの範囲を拡大させ，取引の幅を大幅に制約するおそれがある[82]。

以上のことから，一括清算ネッティング条項の有効性を認めることが実務上強く要請されていた。特に，国際金融市場においては，スワップ契約の国際的ひな形にネッティング条項が挿入されていたところ，そのひな形の条項が日本法の下でも有効か否かは日本の金融機関が海外に向けて説明する必要があり，実際上の困難が生じていた。いわゆる新堂意見書がネッティング条項の日本における有効性を主張し[83]，実務的にはその有効性がかなり確立されていたが，解釈により有効性が認められるというだけでは，対外的にはなかなか納得を得られなかった。そこで，平成10年に，「金融機関等が行う特定金融取引の一括清算に関する法律」(いわゆる一括清算法) が施行され，一括清算ネッティング条項の有効性が正面から認められることになった[84]。

しかし，一括清算法は，あくまで「金融機関等が行う特定金融取引」を対象とするものであったため (一括清算法1条・2条2項)，金融機関等に該当しない商社，事業会社，外国金融機関，清算機関等の間の取引については，一括清算ネッティング条項の有効性を正面から確認する立法がなく，その有効性を確認する立法的手当てが必要であるとの指摘がなされていた。

(81) 神田秀樹「ネッティングの法的性質と倒産法をめぐる問題点」金法1386号 (1994) 10頁，山名規雄「一括清算ネッティング法の概要」金法1520号 (1998) 17頁など参照。
(82) 中間試案119～120頁。
(83) 新堂・前掲注 (57)「スワップ取引」137頁。この論文が公表された後，ISDAの契約書が1992年版になったことから，さらに新しい契約書の下における有効性を論証する論文が公表された。新堂・前掲注 (57)「金融派生商品」177頁。
(84) ネッティングをめぐる実務上の対応及び一括清算法の立法に至る経緯については，道垣内弘人「民法を担う―ネッティングを例として」法教248号 (2001) 25頁が詳しい。

2 趣旨 (破58条5項)

そこで，破産法58条5項は，取引所の相場その他の市場の相場がある商品の取引を継続して行うためにその当事者間で締結された基本契約において，その基本契約に基づいて行われるすべての取引に係る契約について生じる損害賠償の債権又は債務を差引計算して決済する旨の定めをしたときは，請求すること

ができる損害賠償額の算定については，その定めに従う，と規定した。これにより，デリバティブ取引等の一括清算ネッティング条項が破産管財人の履行又は契約解除の選択権（破53条）を不当に制限するものではないこと，一括清算ネッティング条項に基づく差引決済による最終的な損害賠償債権の決定が相殺禁止（破71条・72条）に反するものでないことが明確にされることになった(85)。

　一括清算ネッティング条項を含む基本契約においては，破産等の倒産手続開始時よりも前の倒産手続開始申立て等を効力発生時と定めるのが一般的である（一括清算法2条4項参照）。破産法58条5項は，破産手続開始決定直前までに生じた債権債務を差引決済しても構わないとする定めを置くことにより，破産等の倒産手続開始前を効力発生時とする一括清算ネッティング条項の有効性を下支えするものである。デリバティブ取引等の金融取引は，今後も新しいものが登場することが予想されるため，一般法である破産法がこれらの取引につき具体的な定めを置くことは困難である。そこで，破産法58条5項は，取引所・市場の相場がある商品に係る契約の取扱いを基礎として(86)，一括清算ネッティング条項の中核となるべき要素を抽出して，その有効性を確認している(87)。一括清算ネッティング条項により，基本契約の範囲に含まれる複数の債権債務は相互に包括的な担保として扱われることになる。

(85)　一問一答98頁。
(86)　なお，一括清算条項は交互計算と性質決定すべきであると主張するものとして，柴崎暁「一括清算の対抗力・更改力」早稲田法学84巻3号（2009）69頁以下がある。
(87)　一問一答98〜99頁，竹下・大コンメ250頁〔松下〕。

3　規律の内容

　破産法58条5項が適用されるためには，取引所の相場その他の市場の相場がある商品の取引を継続的して行うために当事者間で締結された基本契約があり，破産手続開始の効果として損害賠償の債権又は債務を差引決済する旨の定めがあることが必要である。そして，同条5項が適用されることにより，その基本契約の定めに従い，一方当事者の破産手続開始時点で存在している当事者間の複数の債権債務が一つの債権又は債務として扱われることになる。

　同条の規律は，二当事者間における一括清算ネッティング条項に適用される

第5章 契約関係の処理

ものであり，多数当事者間ネッティングには直接適用されるものではないとされている[88]。多数当事者間ネッティングを倒産手続上どのように扱うかに関しては，更なる検討が必要である。

(88) 神田秀樹「清算機関とネッティング」SFJ 金融・資本市場研究1号（2010）9頁。同論文は，清算機関設置の必要性を説く。

〔中島 弘雅〕

第6章

否 認 権

否認権総論

I　はじめに

　否認権に関する規律は，現行の破産法の制定によって旧法のそれから大きく改正された。最も基本的な相違は，否認権の基本類型について，旧法における故意否認及び危機否認という分類から，詐害行為否認及び偏頗行為否認という分類に改めた点である。これによって，旧法下の分類がもたらしていた矛盾や疑義を基本的に解消するとともに，かねてより解釈上の議論があったいくつかの問題について，新しい否認類型と合わせる形で立法的な解決を図った。

　そこで，本項目では，現行法下における新しい否認類型の意義や相互関係について検証を行うことを主たる目的とし，あわせて旧法下で解釈上の議論があった問題群が新しい否認類型の下でどのように位置づけられるかを，現行法下の規律についての筆者なりの解釈を交えながら確認していくことにする。さらに，いわゆる否認の一般的要件が，現行法の否認権の規律の下で同様の議論になじむのかどうかについても，検討を加えることにする。

　なお，否認要件の特則については，本項目では取り上げない。手形支払の否認と執行行為の否認は基本的に旧法と同じであり，解釈についても基本的に旧法時代の議論が妥当する。また，対抗要件の否認については，本書の別項目（本章「**20**　対抗要件否認」）で詳しく論じられるからである。ただし，転得者に対する否認は，本書の他の箇所ではあまり言及されないものと思われるので，本項目において取り上げることにする。

第6章 否認権

II 否認権の基本類型

1 詐害行為否認と偏頗行為否認

現行法は，否認権制度の基本類型を「詐害行為否認（破160条）」と「偏頗行為否認（破162条）」の2つに分けて規律するという大きな方針を採用している。ここにいう「詐害行為」とは，債務者の支払能力が不足しているときに，その財産を第三者に無償で贈与する行為（無償贈与）や適正価格よりも低い廉価で売却する行為（廉価売却）のように，債権者全体に対する責任財産を絶対的に減少させる行為をいう。他方，「偏頗行為」とは，債務者の支払能力が不足しているときに，特定の債権者のみに対して債務を弁済する行為（債務消滅行為）や担保を設定する行為（担保供与行為）のように，債権者平等の原理に反する行為をいう。

旧法下において，否認権の類型として一般に挙げられていたものには，故意否認と危機否認のほかに「無償（行為）否認（破160条3項）」がある。「無償行為」とは，無償による贈与，債務免除，権利放棄など，破産者が対価を得ないで財産を減少させ，又は債務を負担する行為である。これらは，債務者の責任財産を絶対的に減少させる行為の典型であり，その本質における分類上は，詐害行為にほかならない。したがって，現行法下では，無償否認は，基本類型である詐害行為否認の一部として位置づけるべきである。また，現行法は，相当の対価を得てした財産の処分行為の否認について独立の規定（破161条）を設けた。これは，後述するように，旧法下で財産が適正価格で売却されたときに詐害行為否認の余地があるかどうかについて考え方の対立があったので，明文で解釈を統一したものである。すなわち，詐害行為否認の特則である。

このように，現行の破産法は，否認の対象となる行為の類型に着目して，詐害行為否認と偏頗行為否認の2つを否認権の基本類型とし，原則的に両者の関係を排他的なものとして位置づけることを前提として，規律を設けるという態度をとっている。

2　現行法と旧法の分類思想の差異

　こうした否認権の分類の仕方は，旧法における規定振りとは大きく異なっている。旧法も否認権を2つに分けて規定していたが，その規定振りは，破産者の害意を要件とする故意否認（旧破72条1号）と破産者の害意を要件としない危機否認（同条2号）という，否認の対象となる行為を行った破産者の主観に着目したものであった。もっとも，旧法の文言を見る限り，故意否認は主として詐害行為を想定しており，危機否認は主として偏頗行為を想定していた。したがって，旧法の立法時の本来の意図は，現行法と同じく行為類型の差異を主として念頭に置いていたものと思われる。

　しかし，その後の判例や学説の展開の中で，偏頗行為の故意否認や詐害行為の危機否認を認める議論が行われるようになり，行為類型と主観要件の交錯が生じるようになった。すなわち，故意否認＝詐害行為及び危機否認＝偏頗行為という図式を維持することが不可能になり，ひいては破産者の主観を基準とする否認類型の立て方の合理性に疑いが生じることとなった。そこで，現行法では，破産者の主観類型と行為類型を結びつける考え方を捨て，端的に行為類型に着目して基本類型を再構築する方針をとった。このように，否認権の基本類型を抜本的に組み替えることによって，行為類型と主観要件の交錯から生じる混乱を解消し，さらに新たな否認類型に合わせて解釈上の疑義のいくつかに立法的な解決を与えることにより否認の可否についての予測可能性を高め，これによって否認の萎縮的効果や否認リスクが減少することを意図したものである[1]。

（1）　基本構造と実務374頁〔小川秀樹発言〕・377頁〔田原睦夫発言〕等参照。

3　一元論と二元論

　否認対象行為における行為の有害性の本質，すなわち否認の根拠をどのように体系的に位置づけるかについては，一元論と二元論という考え方の対立があるとされる[2]。一元論は，詐害行為と偏頗行為のいずれも，破産債権者のための責任財産の減少をもたらす行為であることは共通であり，両者は一元的に把握することができるものと考える。これに対し，二元論は，詐害行為は破産

債権者のための責任財産の減少をもたらす行為であるが,偏頗行為は破産債権者の平等を害する行為であるとして,否認の根拠を二元的に理解する。

一元論が,偏頗行為もまた責任財産の減少行為であるとする理由は,債権の実価が下落しているときに額面で弁済等を受ける場合には,実価と額面の差額分については責任財産の減少にほかならないので,その実質において詐害行為と異ならないと把握するところにある。しかし,二元論は,そうした差額分については,実質的には破産財団からの流出という側面があることは否定しないとしても,特定の債権者が抜け駆け的に差額部分を得ることで生じる債権者平等の原則の違反に,それ固有の有害性を認める考え方である。つまり,一元論の考え方が理論的に成り立たないわけではないが,二元論には,総債権者のための責任財産の充実のほかに,債権者平等も否認権の保護法益とするという思想が盛り込まれているものといえる(3)。

したがって,立法政策的には,一元論の思想の下に,詐害行為否認と偏頗行為否認を分けて規定しないことも,考えられないではない。また,詐害行為否認と偏頗行為否認を類型として分けつつ,その要件において同一行為につき両類型の競合を広く認めることも,立法論としてあり得ないというわけではない。しかし,現行法は,否認の基本類型として,詐害行為否認と偏頗行為否認を明確に区別し,さらに,既存の債務に関する担保供与行為と債務消滅行為のみを偏頗行為否認の対象とする一方,詐害行為否認の対象から明示的に担保供与行為と債務消滅行為を除外して,基本的に詐害行為否認と偏頗行為否認の重複が生じないようにした。すなわち,立法における思想上の選択として,明示的に二元論を採用したものである。

このように,一元論と二元論は,基本的には立法における思想上の差異の問題に帰着するが,現行法の下でも一元論に基づく解釈が可能であるとする見解もある(4)。この見解によれば,偏頗行為も責任財産の減少行為であり,減少は実価と額面の差額分について生じるのであるから,偏頗行為否認を定めた破産法162条によって否認できるのは,原則としてこの差額分だけであるということになる。また,対価的均衡を欠く債務消滅行為の否認を定めた破産法160条2項についても,過大な給付の価額は,消滅した債務の額面ではなく実価との差し引き計算で算出すべきことになる。

しかし，立法の経緯や規定の構造から考えて，このような解釈を採ることは妥当ではない。旧法時代以来，弁済などの偏頗行為の否認は，その全体についてできることに異論はなかった。現行法において，こうした考え方や運用を変えることは，立法の過程において想定されていないことである。その意味では，旧法下においても，二元論の考え方が暗黙の前提であったともいえよう。また，破産法160条2項は，破産債権を額面で捉えることを前提として，新たに立法された規定である。むしろ，この規定の存在をもって，現行法が二元論を採用した明らかな証拠とみる見解もある(5)。

(2) 山本克己「否認権(上)(特集 破産法改正と倒産実体法の見直し)」ジュリ1273号(2004) 76頁，宗田親彦「新法における否認制度」櫻井孝一＝加藤哲夫＝西口元編『倒産処理法制の理論と実務〔別冊金判〕』(2006) 230頁等参照。
(3) 基本構造と実務376頁〔山本和彦発言〕参照。
(4) 宗田・前掲注(2) 232頁。
(5) 基本構造と実務380頁〔山本克己発言〕参照。

III 基本類型と個別規定

現行法は，様々なタイプの否認権を規定しているが，以下の整理に明らかなように，そのすべては詐害行為否認と偏頗行為否認という2つの大きな基本類型に属する下部類型又は特別類型である。このように，故意否認と危機否認に大別されていた旧法の分類を再定義することにより，旧法下の分類がもたらしていた矛盾を解消するとともに，かねて解釈上の疑義があったいくつかの問題に立法的な解決を与えている。以下，具体的にみていくことにしよう。

1 詐害行為否認

詐害行為否認（破160条1項）は，破産者の行為の時期に応じて，さらに2つの下部類型に分けられている。

(1) 詐害行為否認第1類型（破160条1項1号）

第1の下部類型は，破産者の行為の時期を問わず，破産者が破産債権者を害することを知ってした行為を，広く詐害行為否認の対象とするものである（以下，「詐害行為否認第1類型」(6)という。）。こうした詐害行為否認第1類型は，破産

者の「詐害行為」と「詐害意思」を積極要件とし,「受益者の善意」を消極要件とする。旧法下での呼称にならえば,破産者の「詐害意思」を要求するので故意否認ということになる。「詐害行為」と「詐害意思」については破産管財人が証明責任を負い（積極要件),「受益者の善意」については受益者が証明責任を負う（消極要件)。「詐害行為」は,財産の廉価売却のように,破産者の責任財産を絶対的に減少させる行為である。

　もっとも,債務者の財産状態が危機状態でないときは,たとえ責任財産を絶対的に減少させる行為であっても,債権者になんら不利益を与えることはないので「詐害行為」ではない。したがって,廉価売却などの財産減少行為が詐害性を帯びるのは,破産原因である支払不能や債務超過（破15条・16条）が現に生じているか,あるいはその発生が確実に予測される時期,すなわち実質的危機時期の到来後である[7]。このように,詐害行為否認第1類型については,破産者の行為の時期は特に問われないといっても,行為の時期とまったく無関係に第1類型の詐害行為が成立するわけではなく,危機時期が形式的に定められていないだけである。

　すなわち,危機時期の到来は,あらゆる否認権に共通する不可欠の要件であり,詐害行為否認第1類型においても要件であることに変わりはない。ただし,破産者の多様な詐害行為を広くカバーするために実質的危機時期が採用されており,その実質的危機時期概念は,「詐害行為」の本質的要素として「詐害行為」概念に吸収されているものと考えるべきである。

（6）　伊藤・383頁参照。
（7）　実質的危機時期をどのように捉えるかについては議論がある。本文の記述は,伊藤・384頁の立場による。こうした立場を支持する見解として,基本構造と実務385頁〔山本和彦発言〕参照。債務超過が現に発生している場合に限るものとする見解として,基本構造と実務360頁〔山本克己発言〕参照。

(2)　**詐害行為否認第2類型**（破160条1項2号）

　第2の下部類型は,支払の停止[8]又は破産手続開始の申立て（破産法160条1項2号括弧書は,両者を合わせて「支払の停止等」と呼ぶ。）があった後,すなわち,形式的危機時期（後述する「支払不能型形式的危機時期」と区別する場合は,「支払停止型形式的危機時期」という。）に破産者の行為が行われた場合に,破産者の「詐害

意思」を要件とすることなく，詐害行為否認を認めるものである（以下，「詐害行為否認第2類型」(9)という。）。すなわち，詐害行為否認第2類型は，形式的危機時期における破産者の「詐害行為」を積極要件とし，「受益者の善意」を消極要件とする。前者は，破産管財人が証明責任を負い，後者は，受益者が証明責任を負う。形式的危機時期における否認類型であるから，旧法の呼称を用いれば，詐害行為の危機否認ということになる。

　こうした第2類型と第1類型との相違であるが，形式的危機時期の後になされた詐害行為については，破産者の「詐害意思」の証明を不要とするところにある。その理由について，立案担当者は，次のように述べている(10)。形式的危機時期の指標である「支払の停止」は，弁済能力の欠乏のために弁済期が到来した債務を一般的かつ継続的に弁済することができない旨を，外部に表示する債務者の行為である。つまり，破産者の行為であると同時に外形的に明らかな状態であるので，このような状態における財産減少行為について，当の破産者自身が，破産債権者を害することを知らなかったということは，通常は考えられない。したがって，「詐害意思」の立証を不要として，否認の要件を緩和したものである。

　したがって，詐害行為否認第2類型において「詐害意思」が明文上の積極要件とされていないのは，破産者の主観的認識を離れて純粋に客観的状態を要件とするものではなく，証明負担の転換を図る趣旨であると解される。換言すれば，「支払の停止等」を前提事実とし，「詐害意思」の存在を推定事実とする一種の法律上の事実推定であると解される。このように「支払の停止等」は「詐害意思」を推定する事実であるとすると，詐害行為否認第2類型における形式的危機時期として，支払不能型形式的危機時期（破産法162条が定める偏頗行為否認は支払不能型形式的危機時期を採用している。）ではなく，支払停止型形式的危機時期が採用された理由が理解できる。すなわち，支払不能は実質性を伴う概念であるので推定規定における前提事実としてはふさわしくないのに対し，支払停止は外形的概念であるので挙証者の立証負担を緩和するし，詐害行為否認第2類型も原理的には「詐害意思」を必要とするので，破産者の行為と直接的に結び付く支払停止を要件とする方が，妥当であるからである(11)。

　したがって，実務的にはほとんど存在しない事態であろうと思われるが，理

論的には，「支払の停止等」の後であっても「詐害意思」が存在しなかったことが証明されれば，詐害行為否認第2類型は成立しないことになる。また，この場合の形式的危機時期は，あくまでも事実上の推定における前提事実であるから，やはり理論的には，「支払の停止等」の後であっても実質的危機時期が到来していなかったことが証明されれば，詐害行為否認第2類型は成立しないものと解される。

(8) 「支払停止」とは，債務者が支払能力を欠くために一般的かつ継続的に債務の支払をすることができない旨を明示的又は黙示的に外部に表示する行為であり（最判昭60・2・14裁判集民144号109頁・判タ553号150頁・判時1149号159頁），債務を一般的に支払えない旨が書かれた店頭表示，廃業ないし夜逃げ，資金不足による手形の不渡りなどが，その典型例であるとされるが，最判平24・10・19裁判集民241号199頁・判タ1384号130頁・判時2169号9頁は，「債務者が単なる給与所得者であって広く事業を営むものではないなどの事情の下では，債務者の代理人である弁護士が債権者一般に対して債務整理開始通知を送付した行為も支払停止に当たる」としており（同判決は，破産法162条1項1号イ・3項の「支払停止」に関するもの），近時の判例は，「支払停止」概念をやや弾力的に捉える傾向がみえる。
(9) 伊藤・383頁参照。
(10) 一問一答220頁，基本構造と実務384頁〔小川発言〕参照。
(11) 一問一答221頁は，「破産者の主観的要件を問題にすることから，偏頗行為の否認の時期的要件である『支払不能』ではなく『支払の停止等』を基準としたのです」と説明している。

2　詐害行為否認の特別類型

現行破産法は，詐害行為否認につき，上述した基本類型に加えて，3種類の特別類型を定めている。すなわち，(1)対価的均衡を欠く債務消滅行為（破160条2項），(2)無償行為（同条3項），(3)適正価格による財産処分行為（破161条）である。ここでは，これらの詐害行為否認の特別類型と基本類型との関係を中心にみていくことにする。

(1) 対価的均衡を欠く債務消滅行為（破160条2項）

代物弁済等の方法による債務消滅行為は，一方で財産の流出を伴うが他方でそれに対応して債務が消滅するため，通常は責任財産の絶対的な減少をもたらさない。したがって，偏頗行為否認の対象にはなり得ても，詐害行為否認の対象にはならないはずである。しかし，債務額を超過する価値を有する物による代物弁済のように，対価的均衡を欠く債務消滅行為の場合は，その超過部分に

関する限りは，詐害行為の性質を有する。そこで，破産法160条2項は，破産者がした債務消滅行為のうち，債権者の受けた給付の価額が当該行為によって消滅した債務の額より過大であるものについては，当該超過部分について，詐害行為否認第1類型又は第2類型のいずれかに該当すれば，それぞれの要件の下で否認することができるものとした。他方，債務額を超過しない部分は，要件を満たせば偏頗行為否認の対象となる。つまり，この限度において，一部否認を認めたものである。また，後述するように，超過部分と非超過部分をあわせた全体について，偏頗行為否認をすることもできるものと解される。このように，同条2項という新設規定の下では，詐害行為と偏頗行為の両概念が交錯することになる。それでは，同条2項が前提とする両概念と，基本類型である同条1項が定める詐害行為の概念及び破産法162条が定める偏頗行為の概念とは，互いにいかなる関係にあるのであろうか。

　第1に検討すべきは，現行法の立案担当者が，破産法160条2項の解釈について，「代物弁済に供した目的物の価額が消滅した債務額よりもわずかでも高ければ直ちに否認の対象になるという性質のものではない」という解説をしている点である[12]。理論的に考えれば，債務額を超過する部分は，たとえそれがわずかであっても責任財産の絶対的な減少をもたらすので，同条1項にいう詐害行為といえる。したがって，この立案担当者の解説は，同条2項の詐害行為の概念が同条1項の詐害行為の概念と相違する，という考え方に基づいて書かれているように読めなくもない。しかし，同条2項は，同規定に基づく否認の要件として「債務者の受けた給付の価額」が「当該行為によって消滅した債務の額」より「過大」であることを要求しており，上述の解説は，「過大」の解釈として書かれているものであると解される。つまり，立案担当者は，ここにいう「過大」は単なる計数上の概念ではなく規範的な概念であるとして，2つの額の間に一定程度以上の開きがあることを要するとするものである[13]。このように解するとすれば，同条2項における詐害行為の概念と同条1項における詐害行為の概念との間に，本質的な相違があるものとはいえないことになる。

　第2として検討すべきは，破産法160条2項の対象から担保提供行為が除外されている点である。偏頗行為には債務消滅行為と担保供与行為があり，破産

法162条はその両者を対象としているのに対し、破産法160条2項の対象は債務消滅行為のみである。したがって、両規定の間には、偏頗行為の概念について齟齬があるようにみえなくもない。しかし、同条2項が債務消滅行為のみを対象としているのは、債務額を超える債務消滅行為がなされれば超過部分が破産財団から逸出するのに対して、担保供与行為については、供与された担保が仮に過大であっても、一般的に実体法上の清算義務が課されているために、超過部分はなお破産財団に保持されるものと考えることができることによるものである(14)。すなわち、対価的均衡を欠く担保提供行為が実体法的に考えにくいからであり、偏頗行為の概念について破産法162条と異なる立場を採るからではないものと解することができる。

以上の検討から明らかなように、対価的均衡を欠く債務消滅行為の否認を定めた破産法160条2項は、詐害行為否認の基本類型と異なる規律を設けるものではない。むしろ、同項の規律内容は、基本類型の解釈によっても導くことは可能であり、その意味では破産法160条1項の解釈に関する確認規定の性格を有するものともいえよう。

(12) 一問一答221頁参照。
(13) 一問一答221頁参照。
(14) 一問一答221頁参照。

(2) 無償行為の否認 (破160条3項)

無償行為否認は、贈与 (民549条)、債務免除 (民519条)、権利放棄など、破産者が対価を得ないで責任財産を減少させる行為の否認である。無償行為は最も典型的な詐害行為であり、債権者を害する程度が特に著しいので、通常の詐害行為否認よりも要件が緩和されている。すなわち、「支払の停止等〔破160条1項2号括弧書〕があった後又はその前6月以内」に破産者が行った「無償行為及びこれと同視すべき有償行為」は、それだけで否認の対象となる。詐害行為否認の基本類型における主観的要件である破産者の「詐害意思」及び支払停止等があったことについての「受益者の認識」は必要とされない。これらの点について、旧法からの実質的な改正はない。

このように、無償行為否認は、破産者及び受益者の主観的要件を不要とする純粋な客観主義に立脚する否認類型である。また、無償行為否認において否

ができる時期は，基本類型の第2類型（破160条1項2号）と比べると，支払の停止等の前6月以内に前倒しされている。このような一連の要件の緩和は，破産者の行為の有害性が高いこと，及び受益者も無償で利益を得ているので要保護性が低いことが理由であり，詐害行為否認としての本質は，破産法160条1項が定める基本類型と異なるところはない。したがって，現行法における詐害行為否認と偏頗行為否認という分類体系の枠内に収まるものである。すなわち，現行法の下における無償行為否認は，詐害行為否認の特別類型として整理することができる。

　いずれにせよ，上記のように，旧法からの実質的な改正はないので，旧法下で議論されてきた理論上の問題も，現行法下に引き継がれることになる。ちなみに，無償行為否認に関して古くから最も大きな議論があるのは，他者の債務の保証や他者のための担保供与が保証料などの対価を得ずになされた場合に，それを無償行為として否認することができるかという問題である。具体的には，例えば，A会社に対してBが融資をする際に，A会社の経営者であるCがその債務を連帯保証し，かつC所有の不動産に抵当権を設定したが，Cは保証料などの経済的利益を受け取っていない場合に，その後にCが破産すると，Cの破産管財人は，この保証債務や設定された抵当権を否認することができるか等が議論されてきた。この場合，受益者を基準にして無償性を考えると，Bは，Cの保証や抵当権の設定と引換えにA会社に対して融資を行っているのであるから，Bの得た債務保証や抵当権の利益は無償によるものではないともいえる。

　しかし，最判昭62・7・3民集41巻5号1068頁・判タ647号113頁・判時1252号41頁は，上記と同様の事案について，破産者であるCが対価としての経済的利益を受けない限り，義務なく行った保証や抵当権の設定は無償行為に当たり，そのことは，たとえA会社が同族会社であってCがA会社の経営者であっても妥当すると判示した。つまり，無償行為否認における無償性は，受益者ではなく破産者のみを基準とすべきものとする立場であり，実質的には取引の安全よりも破産債権者の利益を重視する考え方である。学説も，判例の立場に賛成するものが多数である[15]。そして，現行法の施行後も，こうした立場は基本的に維持されている。例えば，近時の裁判例としては，大阪高判平22・

2・18判時2109号89頁・金法1895号99頁があるが，上記の昭和62年最判と同じ立場をとっている。

(15) 伊藤・408頁注(182)，松下淳一・判例百選〔第5版〕70頁等参照。

(3) 相当価格処分行為の否認 (破161条)
(a) 立法の経緯と規定の意義

旧法下では，債務者の財産が適正価格で売却されたときに，それが詐害行為として否認の対象となり得るか否かについては，議論があった。財産が適正価格で売却された場合には，当該財産は責任財産から逸出するが，その対価として得た財貨が責任財産に組み入れられるので，計数上は責任財産の絶対的な減少はない。したがって，その意味では詐害行為には該当しないはずであり，旧法下でも，動産の適正価格による処分は否認できないと解されていた[16]。これに対して，不動産については，たとえ適正価格による売却であっても，否認の余地があるとするのが，旧法下の一貫した判例[17]及び通説[18]であった（詐害行為取消権による取消しについても，同様の議論がなされてきた。）。その理由として，不動産は，債権者に対する責任財産として最も確実かつ価値の高いものであるが（責任財産として堅固），不動産が売却されて金銭化されると債務者による消費や隠匿がしやすくなり（責任財産として脆弱），実質的に責任財産を減少させることにつながるということが挙げられていた。

しかし，このような考え方に対しては，問題点も指摘されていた。適正価格による売却でも否認の可能性があるとすると，必然的に買主の地位は不安定になる。こうした否認リスクは，不動産の流動化を阻害する要因となり，不動産等の資産を利用した資金調達にも悪影響を及ぼす。さらに，経済的危機に瀕した債務者が，財産を換価して事業継続や経済的再生を図ることが妨げられる。したがって，旧法下の判例でも，不動産の適正価格による売却が，それだけで否認の対象となるとされていたわけではない。実際に，否認又は詐害行為取消権による取消しが認められたのは，売買代金が「有用の資」以外に充てられたという事案のみであるとされる[19]。反対に，代金として受け取った金銭が保管されている場合や他の財産に変形して存在する場合などは，否認は認められないと考えられてきた[20]。しかし，このように成立範囲を限定するとして

も，判例や学説に委ねているだけでは要件が明確でなく[21]，取引の安全は保障されないという状況であった。

　そこで，現行法は，旧法下における判例及び学説に依拠しつつ，相当価格による財産の処分行為の否認について，否認の要件を明確にし，成立範囲を実質的に限定し，証明責任の分配にも配慮することを目的として，破産法161条の規定を新設した[22]。同条は，詐害行為否認の特別類型として位置づけられており，相当価格による財産の処分行為については，同条が定める特別要件がすべて具備されている場合に限って，詐害行為否認が認められることになる。特別要件は，①財産種類の変更によって破産者が財産を隠匿するなどのおそれが現に生じていること（以下，「破産債権者を害する処分」という。同条1項1号），②破産者が行為の当時において隠匿等をする意思を有していたこと（以下，「隠匿等の意思」という。同条1項2号），③相手方が行為の当時において破産者の隠匿等の意思を知っていたこと（以下，「相手方の悪意」という。同条1項3号）である。さらに，③の要件については，相手方が内部者である場合には，破産者の隠匿等の意思について悪意であることが少なくないので，相手方の悪意が推定されている（同条2項）。

(b)　基本類型との関係

　破産法161条は，詐害行為否認の特別規定とされるので，一般規定である破産法160条と重畳的に適用され，161条が優先する部分のほかは160条の規律が働くはずである。しかし，この点については，異なる見解が存在する。そこで，以下，160条と161条との関係について，検討すべきいくつかの場面をみていくことにする。

　第1に，破産法160条が規律する「詐害行為」の概念と，161条が前提としている「詐害行為」の概念が，同一であるのかどうか，換言すれば，161条は160条の「詐害行為」概念を用いているのか，それとも「破産債権者を害する処分」の構成要素として「詐害行為」概念を自立的に規定しているのか，という問題がある。一つの見解は，161条における「詐害行為」概念も160条の場合と異なるところはなく，財産の処分行為の客観的性質から判断すべきであるとする（以下，「160条適用説」という。）。この見解は，処分前後の事情は「詐害行為」とは関係がなく，「詐害意思」の間接事実として考慮すべきであるという[23]。

第6章 否認権

これに対するもう一つの見解は、財産の処分行為に対価として取得された財産の隠匿や費消等の行為も加えた全体としての行為を161条における「詐害行為」と捉える立場（以下、「161条自立説」という。）である[24]。例えば、161条における「詐害行為」性の判断では、処分前後の事情や財産の種類の変更などから隠匿等が行われたことが推認される場合でなければならないとする見解がある[25]。たしかに、160条と161条を統一的に把握するためには、160条適用説の方が望ましいであろうし、立法時における立案担当者の意思も、あるいはそうであったかもしれない。しかし、相当の対価を得てした処分行為は、当該行為自体による責任財産の減少は認められないのであるから、財産の処分行為のみを取り上げれば、詐害性は認められないはずである。したがって、処分行為の客観的性質のみから判断するべきであるとする160条適用説は、フィクションであるとの誹りを逃れることはできない。むしろ、161条は、独自の「詐害行為」概念を定立するものとする161条自立説の考え方を、正面から認めるべきであると思われる。こうした立場に立てば、「詐害行為」概念については160条の適用はないことになる。

第2は、第1の問題とも関連するが、対価として取得した金銭が保管されている場合や他の財産に変形して破産財団に存在する場合には否認は否定されるとする旧法下の判例などで採られていた考え方が、現行法の下でも妥当するかどうかという問題である。上述の160条適用説に立てば、「破産債権者を害する処分」は破産法160条の「詐害行為」の場合と同じく財産の処分行為のみから客観的に判断されるものであり、破産者の事後の行為が詐害性を阻却することはないので、旧法下の判例とは異なり、詐害行為否認は許されることになる[26]。他方、161条自立説を採れば、処分後の事情も含めて「破産債権者を害する処分」であるかどうかが判断され、上記のような事情があれば、全体としての詐害性が否定されることになるので、旧法下の判例と同じく否認は許されないことになる。相当の対価による処分行為の保護と破産債権者の保護の適切なバランスが161条の立法趣旨であることを考えれば、後者の立場が妥当であろう[27]。なお、160条適用説に立っても、対価が破産財団に組み込まれた場合には、否認の一般的要件である「有害性」が欠けるので、否認は許されなくなるとする立論があるかもしれない[28]。しかし、こうした考え方は、結局は処

分前後の事情を含めて「破産債権者を害する処分」ないし161条の「詐害性」を判断しているのであり，実質的には161条自立説を採るものといえよう。

　第3は，詐害行為否認の主観的要件である破産者の「詐害意思」（形式的危機時期を要件としない場合）及び「受益者の認識」が破産法161条に基づく否認でも必要であることに疑いはないところ，これらの要件が160条の重複適用から導かれるのか，それとも161条が定める主観的要件に取り込まれているのか，という問題がある。すなわち，これらの主観的要件についても160条適用説と161条自立説の対立が問題となる。もっとも，前者の「詐害意思」については，160条を根拠とするものと考えようと，161条1項2号の「隠匿等の意思」に含まれているものと考えようと，実質的な相違が生じるわけではない。しかし，後者の「受益者の認識」については，破産者が対価として得た金銭について隠匿等の処分をする意図であることを受益者は知っていたが，破産者の財産状況は知らなかったという場合には，160条適用説によれば，破産者の財産状況を知らなかったという事実は受益者が証明責任を負うのに対し，161条自立説によれば，いずれの事実も破産管財人が証明責任を負うことになり，実質的な相違が生じる[29]。そこで，どちらの見解を採るべきかが問題となるが，隠匿等の処分の意思と破産者の財産状況の認識は，抽象的には別個のものとして観念し得るが，現実には分かちがたく結び付いているのが普通であろうから，証明責任の所在を異にするとの解釈は不自然である。さらに，相当価格による処分行為はそれ単独では詐害行為とはいえないことを考えると，狭義の「詐害意思」も含めて破産管財人に証明責任を負わせるのが妥当であると思われる。したがって，ここでも161条自立説が妥当であろう。

(c)　問題となる事件類型

　破産法161条による否認の対象は，財産種類の変更行為であって，それによって隠匿，無償の供与，その他の破産債権者を害する処分を破産者がするおそれを現に生じさせるものであるが，典型例以外にどのような場合がこれに当たるかは，必ずしも判然としないところがある。そこで，以下，同条の適用の可否が問題となる事件類型を，いくつか検討することにする。

　第1に問題となるのは，破産法161条の客観的要件であり主観的要件の対象でもある「破産債権者を害する処分」に該当する行為として，具体的に例示さ

れている「隠匿」と「無償の供与」のほかに、どのような場合があり得るかである。ギャンブルに費消する場合などが、これに当たることについては争いがない。しかし、他の破産債権者への弁済など、それ自体が偏頗行為否認の要件を満たす行為については議論がある。すなわち、例えば代金を特定の債権者への弁済に充てるために不動産を適正価格によって売却する行為などは、「破産債権者を害する処分」に該当するかどうかという問題である。もちろん、この場合、弁済自体を偏頗行為否認することもできるので、それで否認の目的が達成できる場合には、議論の実益は少ない。しかし、弁済の受益者に資力がない場合には、売却の方を否認することができれば、より破産財団の充実を期することができる。そこで、弁済を受けた債権者が債務者と共謀して財産を隠匿したと評価できるような場合には、161条による否認を認めてもよいとする見解がある(30)。これに対し、161条に例示されている行為は特に悪性が高い行為であるのに対して偏頗行為否認の対象となる行為は必ずしもそうではないことや、否認リスクを縮減して資金調達の方途を確保することが161条の主眼であることなどを理由として、否定的に解する見解もある(31)。思うに、相当の対価を得てする処分行為はそれ自体としては詐害行為ではなく、これが詐害性を帯びるためには責任財産の実質的な減少に直接的に結び付く状況が付加されることが必要であるところ、偏頗行為と結び付く状況は基本的にはこれに該当しないと解すべきである。ただし、債務者、財産処分の相手方、弁済を受ける債権者の三者が共謀して財産の隠匿を図るなど、その悪性が極端な場合については、例外的に付加的状況が詐害性を帯びることになって161条による否認の余地が出てくるのではないかと考える(32)。

第2に、不動産の売却代金債権と既存の債務との相殺が破産法161条の「破産債権者を害する処分」に該当するかどうかについても、検討しておく必要がある。旧法下で、不動産の適正価格による売却が実際に否認されたのは、まさに売却の相手方が破産者の債権者であり、当該債権者の有する債権と売買代金債権とを相殺する約定でなされた売買であった(33)。したがって、旧法下の判例・通説を基礎とする破産法161条の下においても、否認を認める見解も考えられないではない。しかし、既存の債務と売買代金を相殺する旨を約してなされる不動産の売買は、それが相当価格による場合には、実質的には債務額と対

価的均衡を有する不動産による代物弁済である。したがって，偏頗行為否認の余地はあるとしても，対価的均衡を欠く債務消滅行為の否認を定めた160条2項にも該当しないのであるから，詐害行為否認の特別類型である161条に基づく否認はできないと解すべきである。また，売却代金を特定の債権者に対する弁済に充てる場合と実質的に同じであるということもできようから，その観点からも161条による否認はできないと解すべきである。

　第3に検討しておくべきは，相当（担保に見合った額）の融資を新規に受けて担保権を設定する行為が，破産法161条における「財産を処分する行為」に該当して，否認の対象になるかどうかという問題である。これについては，立法の過程において，当初は売却だけを念頭に置いて議論されていたところ，担保設定も含めるべきであるとの指摘があり，それをふまえて「処分」という文言になったという経緯に照らして，当然に161条に基づく否認の対象になるとの指摘がある[34]。実質に即して考えてみても，融資のために不動産等の確実な責任財産に担保権を設定して実際に融資を受けるということは，その財産の交換価値を隠匿や費消などがしやすい金銭に変換することを意味し，融資を受けた金銭について隠匿等の意思が認められるときは，責任財産に対する詐害の経済的な状況は売却の場合と基本的に同等であるといわざるを得ない。したがって，担保設定行為を含むものと解釈すべきであろう（以下「肯定説」という。）。ただし，次の3点を確認しておく必要がある。

　まず，破産法161条は詐害行為否認の特則であるところ，原則規定である160条1項柱書中の括弧書は詐害行為否認の対象から「担保の供与」に関する行為を除外しているので，両規定の整合性が問題となる。しかし，この点については，上述したように，161条に定める「詐害行為」概念は160条の「詐害行為」概念を前提とするものではなく，161条において自立的に「詐害行為」概念が定立されているものと考えられるので（161条自立説），私見の立場では，肯定説を採ったとしても，整合性の問題は生じないことになる。

　次に，対価的均衡を欠く債務消滅行為の否認を定めた破産法160条2項との関係である。160条2項は，上述したように，明文で担保提供行為を除外している。したがって，新規融資のための担保設定行為に対する詐害行為否認の可否については，160条2項に基づく否認としては認められないが，肯定説によ

第6章 否認権

れば，161条に基づく否認は認められることになる。しかし，160条2項に基づく否認が認められないのは，上述したように，担保設定行為については，法定の典型担保はもちろんのこと，非典型担保についても現在の判例・学説の下では一般的に清算義務が課されていると考えられるため，融資金に比して過大な担保の提供であっても，最終的には清算によって対価的均衡を得ることになり，対価的均衡を欠くことを理由とする詐害行為の余地がないことが理由である。他方，肯定説は，財産の種類を堅固なものから脆弱なものに変更することによって，実質的に責任財産を減少させることにつながるということが理由であり，立法趣旨を異にする。したがって，規定相互に齟齬や矛盾はない。

最後に，新規融資のための担保設定行為は「同時交換的行為」でもあるので，同時交換的行為について定める破産法162条との関係も整理しておく必要がある。162条は，偏頗行為否認の一般規定であるが，同条1項柱書中の括弧書において新規融資についての同時交換的行為を明文で除外している。したがって，破産者が第三者から新規に融資を受けて，その担保のために担保権を設定する行為は，偏頗行為否認の対象にならない。しかし，肯定説によれば，161条の要件を満たす場合には，同じ行為が詐害行為否認の対象になり得る。したがって，相当の融資を新規に受けて担保権を設定する行為は，基本的には162条によっても否認されることはないが，責任財産として堅固な不動産などを脆弱な金銭に変換して隠匿するなどの現実の危険性と意図をもった担保設定行為のみは，161条に基づく詐害行為否認の対象となり得るということになる。

(16) 大判昭7・12・23法学2巻845頁，大阪高判昭43・12・25判タ230号197頁・判時558号65頁。
(17) 大判昭8・4・15民集12巻637頁，大判昭9・4・26新聞3702号9頁。詐害行為取消権につき，大判明39・2・5民録12輯136頁。
(18) 山木戸・186頁，谷口・249頁，基本法コンメ破産法114頁〔池田辰夫〕，注解破産法〔上〕433頁〔宗田親彦〕など。
(19) 最判昭46・7・16民集25巻5号779頁・判タ266号170頁・判時641号57頁参照。詐害行為取消権につき，大判明44・10・3民録17輯538頁。
(20) 大判昭8・4・15民集12巻637頁の傍論。
(21) 判例に現れた「有用の資」の概念により否認の限界を画するとしても，どのような場合をもって「有用の資」に充てたとみるかは，なお不明確である。
(22) 一問一答222頁，基本構造と実務391頁〔小川発言〕等参照。
(23) 山本和彦「相当対価処分と否認」山本ほか・理論と実務256頁。
(24) 山本ほか・概説〔第2版〕282頁〔沖野眞已〕は，「対価として取得された財産が費

消されて初めて破産債権者を害する行為が行われたと捉える」立場と,「そのような費消の予定された責任財産の危殆化・脆弱化をもって破産債権者を害する行為が行われたと捉える」立場とがあり得るとする。
(25) 伊藤・388頁参照。もっとも,伊藤教授が破産法161条の「詐害行為」概念を160条のそれと異なるものと捉えているかどうかは判然としない。
(26) 基本構造と実務397頁〔小川発言〕は,基本的には,行為時に担保価値が減少する危険が高まったということで判断すべきであるとする。
(27) 議論の実益につき,山本ほか・概説〔第2版〕282頁〔沖野〕参照。
(28) 基本構造と実務398頁〔小川発言〕,伊藤・388頁(注)159参照。
(29) 山本ほか・概説〔第2版〕284頁〔沖野〕参照。
(30) 基本構造と実務400頁〔田原発言〕参照。
(31) 山本ほか・概説〔第2版〕283頁〔沖野〕参照。
(32) 基本構造と実務399頁〔花村良一発言〕参照。
(33) 前掲注(19)最判昭46・7・16。
(34) 基本構造と実務394頁〔松下淳一発言〕参照。

3 偏頗行為否認 (破162条)

(1) 立法の経緯と規定の意義

　偏頗行為否認の要件は,①破産者が支払不能[35]になった後又は破産手続開始の申立てがあった後の行為であること(以下,「形式的危機時期(の到来)」又は「支払不能型形式的危機時期(の到来)」[36]という。)(破162条1項1号本文),②既存の債務に対する担保の供与又は弁済等の債務の消滅に関する行為であること(以下,「偏頗行為」という。)(破162条1項柱書中の括弧書),③受益者である債権者が支払不能もしくは支払停止又は破産手続開始申立てがあったことについて悪意であること(以下,「受益者の悪意」という。)(破162条1項1号ただし書)である。詐害行為否認とは異なって破産者の「詐害意思」を要件とせず,主として破産者の財産状態に着目して否認の可否を決する客観主義に立脚した否認類型である。

　旧法下では,形式的危機時期の到来を要件とする客観主義に立脚した否認類型は,「危機否認」として構築されていた(旧破72条2号)。危機否認における形式的危機時期は支払停止又は破産申立てであり(支払停止型形式的危機時期),担保供与行為及び債務消滅行為のほかに,その他の破産債権者を害する行為も対象とされていた。しかし,これに対しては,実質的偏頗行為を捉えるためには否認対象行為の時期をより遡らせるべきであるとの批判や,あるいは破産債権者を害する行為をも対象とすることは詐害行為と偏頗行為との境界を曖昧にす

るものである等の立法論的な批判がなされていた。

　そこで，現行法は，こうした立法論的批判をふまえ，形式的危機時期を画する基準として「支払停止」に代えて「支払不能」概念を採用し（「支払不能型形式的危機時期」概念の新設），否認の範囲を拡大した。他方において，形式的危機時期到来後の客観主義に基づく否認の対象行為を偏頗行為に限定して（破160条1項柱書中の括弧書），詐害行為否認と偏頗行為否認の機能的な峻別を明確にした。そして，旧法下で危機否認の対象とされた詐害行為は，現行法下では，詐害行為否認第2類型（同条1項2号・2項）の対象とされることになった。

　(35)　「支払不能」とは，債務者が支払能力を欠くために弁済期にある債務の支払を一般的かつ継続的にすることができないと判断される客観的状態である（破2条11項）。このように，弁済期の到来した債務の支払可能性にかかわる概念であるので，弁済期が到来していない債務を将来において弁済できないことが確実に予想されても，支払不能には該当しない（東京地判平22・7・8判タ1338号270頁・判時2094号69頁参照）。ただし，それが現在の支払能力の一般的な欠乏と同視すべき状況がある場合は，「支払不能」とみてよいであろう（伊藤・80頁注（51）参照）。

　(36)　偏頗行為否認の要件としての「支払不能（破162条1項）」と破産手続開始原因としての「支払不能（破15条）」とが異なる概念かどうか，また，偏頗行為否認の要件としての「支払不能」が実質的危機時期と同義であるかどうかという問題は，本項目では取り上げない。本項目では，前者については破産手続開始原因としての支払不能とは異なる概念と考える余地も十分にあり，後者については実質的危機時期とは異なる概念と考えることも十分に可能であるとの前提の下に，とりあえず「支払不能型形式的危機時期（の到来）」という言葉を用いている。

(2)　同時交換的取引の除外

　偏頗行為否認の対象は，「既存」の債務についてされた担保供与行為及び債務消滅行為に限られる（破162条1項柱書中の括弧書）。したがって，「新規」に借り入れた融資のために担保権を設定する場合のように，債務負担とそれに対する担保供与が「同時交換的」に行われる場合は，偏頗行為否認の対象とはならない。偏頗行為否認は，危機時期における債権者平等を害する行為を否認するものであるが，既存の債務に対して担保が供与された場合には，担保権を有しない一般債権者に担保を供与することによって債権者平等を害したといえるのに対し，担保の供与が債権の発生と「同時交換的」である場合には，債権者は一度も一般債権者の地位に立っておらず，当初から既存の債権に優先して担保権を得ていたと考えられるからである[37]。また，現実の問題としても，同時

交換的取引が偏頗行為否認の対象となるとすると，経済的危機に瀕した債務者が救済融資を受けることができなくなるという不都合がある。

　そこで，現行法は，明文で同時交換的取引を偏頗行為否認の対象から除外し，旧法下における議論に終止符を打った。具体的には，①新規の債務負担と担保権の設定が同時になされた場合，及び，②担保権の設定が新規の債務負担に先行する場合は，危機否認の対象とならない[38]。「同時交換的」かどうかは，取引通念に照らして，債務負担と担保設定が一体とみられるかどうかで判断される。借入れが先行しており，さらに担保設定までに一定の時間差がある場合であっても，取引通念からみて担保提供を前提とした融資であるといえるときは，「同時交換的」と評価し得る。また，担保提供行為は，対抗要件の具備まで含めて判断される。

　ある担保設定が新規融資のみならず既存債務をも担保する場合は，両者が可分である場合は既存債務を担保した部分のみが否認の対象となるが，不可分な場合は全体が否認の対象となるという見解が有力である[39]。しかし，一部否認に伴って生じる理論上及び実務上の困難な問題を理由として，疑問を呈する見解もある[40]。また，担保設定及びその前提としての被担保債権の可分性について，これを実体法的にどのように捉えるのかという問題もある[41]。例えば，支払不能後に既存債務と新規債務の両方を担保する根抵当権が設定された場合，被担保債権が流動的であることを考えると，既存債務の担保部分と新規債務の担保部分は不可分であり，したがって，少なくとも，こうした例のように一部否認に困難な問題が生じる場合には，一部否認はできないと考えるべきであろう。

　このように，同時交換的取引は，偏頗行為否認の対象とはならないが，上述したように，破産法161条の要件を満たせば，相当価格処分行為に対する詐害行為否認の対象にはなり得る。ただし，偏頗行為否認から除外される同時交換的取引は担保提供行為としての側面を問題とするものであるのに対し，161条は不動産等の堅固な責任財産を脆弱な財産に変換する行為としての側面を問題とするものであり，経済的には同一の行為であっても，法的には異なる性質の行為として捉えられる。したがって，161条によって同時交換的取引を否認した場合は，消費貸借契約などの融資契約と担保権設定契約の双方が失効するこ

とになるものと考えられる(42)。

(37) 一問一答229頁参照。
(38) 一問一答230頁参照。
(39) 山本ほか・概説〔第2版〕294頁〔沖野〕、伊藤・392頁等参照。
(40) 基本構造と実務410頁〔花村発言〕参照。
(41) 基本構造と実務410頁〔花村発言〕参照。
(42) 一問一答231頁参照。

(3) 偏頗行為否認に関して問題となる事件類型
(a) 借入金による弁済

　債務者が、特定の債権者に弁済する目的で第三者から金銭を借り入れ、その借入金によって既存の債権者に弁済をした場合、この弁済が偏頗行為否認の対象となり得るかという問題がある。借入れと弁済を分離して考えれば、いったん破産者の責任財産に組み入れられて破産財団を構成することになる資金によって、特定の債権者だけが不公平な形で満足を得たことになるから、偏頗行為として否認の対象になるとも思われる。しかし、借入れと弁済を一体として考えれば、実質的には当該債権者から第三者に債権譲渡が行われたにすぎず、責任財産の実質的な流出があるわけではないとみることもでき、そのように考えれば否認の対象にはならないとも思われる。

　このようなことから、この問題をめぐっては、古くから議論が重ねられてきた。旧法下の判例は、初期には実質的には債権者の交替にすぎないとの理由で否認を否定したものがあるが(43)、その後は、否認を認める判例が主流となった(44)。学説は、考え方が分かれるが、実質的に債権者が入れ替わったものと評価し得るような場合については、否認は否定されるとする立場（限定的否定説）が有力である(45)。この立場では、借入れにあたって受益者への弁済目的が明らかにされていて、時期的にも借入れと弁済が密着していることや、借入金がいったん他の債権者のための共同担保になったとみられるような事情がないことが必要である。反対に、借入れによる新債務の内容が利率などの点で旧債務より重い場合には、否認の対象となり得るとされる(46)。

　そこで、現行法の下における新しい否認類型である偏頗行為否認との関係で、この問題をどのように考えるかであるが、結論としては、旧法下における

限定的否定説と同様の考え方が現行破産法162条の下でも妥当するものと思われる。すなわち，162条1項柱書中の括弧書は，担保供与行為のほかの偏頗行為否認の対象を「債務消滅行為」に限定しているが，実質的に債権者が交替したにすぎないと評価し得る場合は，ここにいう債務消滅行為とはいえない[47]。これと反対に，借入金がいったん責任財産に帰属して他の債権者のための共同担保となったとみられる事情が存在する場合には，そこからの弁済はまさに債務消滅行為といい得るからである。同様の結論を「有害性」の概念を用いて説明する見解もあるが[48]，基準として不明確な「有害性」概念に頼るよりも，162条の要件の解釈論として考えるべきであろう。

(b) 代物弁済

代物弁済は，破産法162条1項柱書中の括弧書にいう債務消滅行為であるから，偏頗行為否認の対象になることは当然である。さらに，同条2項2号は，偏頗行為が非義務行為である場合には，受益者の主観的要件の証明責任を転換しているので，特別の約定等がないにもかかわらず本来の弁済に代えて代物弁済がなされた場合は，受益者の悪意が推定され，受益者の側で善意の証明が必要になる。非義務行為としては，①行為それ自体が破産者の義務に属しない場合，②方法が破産者の義務に属しない場合，③時期が破産者の義務に属しない場合があるが，代物弁済は②に該当する[49]。なお，非義務行為の一部については，同条1項2号で偏頗行為否認の時期が「支払不能になる前30日以内」にまで前倒しで拡大されているが，同条2項2号と異なって「方法」が破産者の義務に属しない場合が除外されているので，同条の適用はないことになる[50]。立法趣旨は，「方法」が義務に属しない程度で支払不能になる前30日以内に遡って否認を認めるのは，行きすぎであると考えられたためである[51]。

(c) 対価的均衡を欠く代物弁済

また，消滅する債務に比べて代物弁済に供された物の価額が過大である場合は，上述したように，破産法160条2項が定める対価的均衡を欠く債務消滅行為に該当するので，超過部分は詐害行為否認の対象になり得る。他方，消滅債務額を超過しない部分は，支払不能後に行われたなどの偏頗行為否認の要件を満たしていれば，偏頗行為否認の対象となる。したがって，対価的均衡を欠く代物弁済がなされた場合には，一個の行為の一部に対する詐害行為否認と，そ

第6章 否 認 権

の残部に対する偏頗行為否認が，それぞれ認められるということになる。

さらに，対価的均衡を欠く代物弁済が偏頗行為否認の要件を満たせば，その超過部分と非超過部分の全体を偏頗行為否認することもできるものと解される[52]。分析的に考えれば，超過部分は詐害行為であって偏頗行為ではないということもできようが，他方で，一個の代物弁済行為として全体を偏頗行為と考えることもできるからである。このように考える場合には，対価的均衡を欠く代物弁済における超過部分は，詐害行為として評価され得ると同時に偏頗行為としても評価され得ることになる。この場合，破産管財人は，超過部分は詐害行為否認による部分否認を行うものとするか，それとも全体を偏頗行為否認するかを選択することができる[53]。詐害行為否認よりも偏頗行為否認の方が一般に破産財団に有利なので，基本的には全体に対する偏頗行為否認が選択されることが多いであろう[54]。

ところで，既にみてきたように，現行法は，旧法時代のような形での詐害行為と偏頗行為の混交的な取扱いを認めず，原則として両者を区別している（破産法160条1項柱書中の括弧書と162条1項柱書中の括弧書の対比）。上記のような考え方は，こうした法の建前に反するのではないかとの疑問が生じ得る。しかし，現行法の建前は，詐害行為否認の機能と偏頗行為否認の機能が不合理に重複したり混用されるのを防ぐ趣旨であり，一個の行為が詐害行為と偏頗行為の両方の性質を帯びることが場合によってはあり得ることまでを否定するものではないと考えられる。したがって，現行法の基本的な思想と抵触するものではないものと解する。

代物弁済の全体に対する偏頗行為否認が選択された場合には，受益者が代物弁済の目的物を返還すれば，受益者の債権が復活する（破169条）。この場合に，目的物がなくなっていれば，金銭による返還になるところ，債務に対応する金額（超過部分を差し引いた額）でよいのか，超過部分を含む全額の返還をしないと債権は復活しないのか，考え方が分かれ得る。学説としては，一体としての代物弁済の目的物に代わる金銭であるので，全額の返還が必要であるとの見解が唱えられているが[55]，そのように解すべきものであろう。

(43) 大判昭8・4・26民集12巻753頁。
(44) 大判昭10・9・3民集14巻1412頁，大判昭15・5・15新聞4580号12頁。下級審裁判

例として，大阪高判昭37・5・28判時311号17頁，横浜地判昭38・12・25金法365号7頁，大阪高判昭61・2・20判時1202号55頁・金法1147号38頁，東京高判昭61・3・26判時1196号120頁・判例744号15頁・金法1138号35頁等。
- (45) 旧法下の学説の状況については，上野泰男・判例百選〔第4版〕55頁，伊藤・391頁など参照。
- (46) 旧法下における故意否認の判例であるが，最判平5・1・25民集47巻1号344頁・判タ809号116頁・判時1449号91頁は限定的否定説の立場を採用した。
- (47) 新・裁判実務大系(28)483頁〔岡正晶〕参照。
- (48) 伊藤・391頁参照。
- (49) 一問一答232頁参照。
- (50) 基本構造と実務414頁〔小川発言〕参照。
- (51) 基本構造と実務414頁〔小川発言〕，伊藤・395頁参照。
- (52) 一問一答233頁参照。
- (53) 一問一答233頁。
- (54) 破産財団にとって有利な全体に対する偏頗行為否認の方を選択しないと，破産管財人の善管注意義務違反になるとする見解もある。基本構造と実務390頁〔田原発言〕参照。
- (55) 基本構造と実務390頁〔山本克己発言〕参照。

Ⅳ　否認の一般的要件

　否認の一般的要件とは，すべての否認類型に共通する要件である。こうした一般的要件に関する明文の規定は，旧法及び現行法のいずれにおいても存在せず，否認権の本質に由来する普遍的な不文の要件として，旧法の時代から，学説及び裁判例において論じられてきた。具体的には，旧法下では，否認権の基本類型は，故意否認，危機否認，無償否認の3類型として整理され，それぞれに固有の要件が定められていたが，これら3類型を通して一般的に適用される要件として，①行為の有害性（以下，単に「有害性」という。），②行為の不当性（以下，単に「不当性」という。），③行為の主体（以下，「行為主体」という。）が挙げられていた[56]。これに対し，現行法は，否認類型を詐害行為否認と偏頗行為否認に再定義すると同時に，旧法下において解釈上の疑義があったいくつかの事案類型について明文規定を新たに設け，立法的な解決を図った。そこで，現行法の下で，旧法下で議論されてきた否認の一般的要件が，どのように位置づけられるのかが問題となる。

- (56) 櫻井孝一「否認の一般的要件（否認の対象）」実務と理論90頁，注解破産法(上)431頁〔宗田〕等参照。

第6章 否 認 権

1 有 害 性

(1) 「有害性」の意義

　否認権は,破産債権者の正当な利益を実現するための強行的な手段である以上,否認権の対象となる破産者の行為は,破産債権者の利益を害するという意味で,有害な行為でなければならない。ここにいう「破産債権者の利益を害する有害な行為」とは,すべての債権者の共同担保となるべき責任財産を絶対的に減少させる詐害行為と,他の債権者に対する公平な満足を低下させる偏頗行為の両方を含む。これが,これまで論じられてきた「有害性」概念の最大公約数的な説明である。こうした意味における有害性は,旧法下及び現行法下のいずれにおいても,基本的には,否認権の各類型において,それぞれの要件として取り込まれているはずである。すなわち,否認権の類型ごとに定められている要件は,いずれも破産者の有害な行為とそうでない行為を仕分けるために設けられているのであるから,「有害性」概念は,否認権の対象行為に不可欠の要素として内包されていなければならない[57]。

　それにもかかわらず,旧法下の解釈論において,有害性が否認の一般的要件とされてきたのは,否認要件の形式的な適用では不都合が生じ得る場合に,妥当な結論を導くための一種の調整弁として,有害性の概念が必要であると考えられたことによる。具体的には,①否認要件を形式的に適用すると否認することができない行為について,否認権の行使を可能にするための理論的道具として(肯定根拠としての機能),又は,これと反対に,②否認要件を形式的に適用すると否認の対象となる行為について,否認権の行使を否定するための理論的道具として(否定根拠としての機能),利用されてきた[58]。

　したがって,否認の一般要件としての有害性は,一般条項としての信義則や権利濫用などと機能的には近く,考え方によっては,これらの概念でも十分に代用可能である。もちろん,文字どおりの一般条項である信義則や権利濫用に比べれば,否認権の本質に根ざす有害性の概念の方が,調整弁の機能を営む概念としては,なお適切であるとはいえよう。しかし,他方において,要件としての抽象性の程度は大差なく,当事者の予測可能性を低下させる点では変わりはないともいえる。

(57) したがって,「有害性」という概念は,各否認類型の要件の立法趣旨を説明する文脈や解釈論を展開する文脈でも使用されることがあるが,それは,ここにいう否認の一般的要件としての有害性とは別の話であり,とりたてて問題にする必要はない。
(58) 伊藤・378頁参照。

(2) 「有害性」概念の機能

旧法下において,「有害性」概念が否認権の一般的要件として機能する形で問題とされてきたのは,おおむね以下の場合である(59)。

(a) 本旨弁済と故意否認

旧法下において,本旨弁済（履行期の到来した債務の本旨に従った弁済による債務消滅行為）が,形式的危機時期の到来を要件とする危機否認（旧破72条2号）の対象になり得ることについては疑問の余地がなかった。これに対し,故意否認（同条1号）の対象になるかどうかについては議論があり,これを認めるのが通説・判例であった。その根拠として,実質的危機時期の到来後であれば,もはや平常時とはいえないから,特定の債権者に対しての本旨弁済は他の債権者に対する関係で有害性をもつことが理由とされてきた。つまり,実質的には,危機否認の時期的制約を乗り越えるための理論的道具として,有害性の概念が論じられてきたのである。すなわち,この場合における「有害性」概念は,否認の肯定根拠として使われたことになる(60)。

(b) 借入金による弁済

上述したように,債務者が第三者から借り入れた資金を使って特定の債権者に弁済（いわゆる本旨弁済）した場合に,これが否認の対象になるかどうかについて,旧法下の学説及び判例において議論があった。しかし,次第に,借入金による弁済も一般的には偏頗行為として否認の対象になるが,一定の事情がある場合には否認は否定されるとの立場が有力になっていった。例えば,借入金を特定の債務の弁済にあてることが,貸主,債務者,当該債権者の三者間で協定され,かつ新債務の態様が旧債務よりも重くない場合には,実質的に債権譲渡や第三者弁済と同視することができるので有害性を欠くなどの見解である(61)。つまり,この場合における「有害性」概念は,否認の否定根拠として使われた。ただし,こうした事情がない場合には,むしろ原則として有害性があるとして,否認を肯定するためにも使われたので,肯定根拠としての機能も

431

(c) 不動産の適正価額による売却

　これも既に上述したところであるが，不動産の適正価額による売却は，総債権者の堅固な共同担保を消費しやすい脆弱な責任財産である金銭に換える有害性のある行為として，原則として否認の対象となるが，売却代金が何らかの形で保管され，又は他の財産に変形して現存している場合や，売却が総債権者の指導の下に行われるなど，特に公正な方法による場合などには，有害性を欠くことになり，否認の対象にならないという考え方が，旧法下の裁判例及び学説の有力な立場であった。したがって，この場合も，「有害性」概念は，局面に応じて，肯定根拠と否定根拠のそれぞれの機能を営むものとして，使われてきたといえよう。

(d) 担保目的物による代物弁済

　別除権の対象となる担保権については，担保権者は破産手続外で担保権を実行して被担保債権の回収を図ることができるため，担保目的物はその限度において，実質的に一般債権者のための責任財産を構成しない。したがって，破産手続開始前に，債務者が担保目的物を担保権者に代物弁済したとしても，被担保債権の弁済期が到来しており，被担保債権の金額と担保目的物の価額が均衡している限りは，破産者の行為は有害性を欠くものであり，否認を認めるべきではないとする議論が旧法下において有力であった[62]。すなわち，この場合における「有害性」概念は，否定根拠として機能することになる。

(59)　櫻井・前掲注(56)90頁，注解破産法(上)433頁〔宗田〕等参照。
(60)　伊藤眞『破産法〔全訂第3版補訂版〕』(有斐閣，2001) 343頁，谷口・250頁等参照。なお，山木戸・181頁は，「不当性」の問題とする。
(61)　当時の裁判例及び学説の状況については，注解破産法(上)435頁〔宗田〕参照。
(62)　伊藤・379頁参照。

(3) 現行法と「有害性」概念

(a) 現行法における立法的解決

　このように，旧法下において，否認の一般的要件としての「有害性」概念がその機能を発揮してきた分野は，主として，当時の否認要件をめぐって裁判例又は学説において議論の対立がみられた問題群であったが，そのうちのいくつ

かに関しては，既にみてきたように，現行法の下では立法的な手当てがなされている。

第1に，本旨弁済と故意否認（上記(2)(a)）であるが，これについては，否認類型を詐害行為否認と偏頗行為否認に再構成し，一方で詐害行為否認の対象から「債務消滅行為」が除かれることを明示するとともに（破160条1項柱書中の括弧書），他方で偏頗行為否認の対象が「債務消滅行為」と担保提供行為に限られることを明示して（破162条1項柱書中の括弧書），本旨弁済を含む債務消滅行為の取扱いについての疑義を払拭した。同時に，偏頗行為否認の要件としての危機時期について「支払不能」基準（支払不能型形式的危機時期）を採用することにより，支払停止より前の段階における偏頗行為否認の可能性確保という要請にも応えた。したがって，この問題との関係では，否認の一般的要件としての「有害性」概念に依拠する必要はなくなった。

第2は，借入金による弁済（上記(2)(b)）についてである。現行法の否認類型の下において，弁済は，破産法162条1項柱書中の括弧書にいう「債務消滅行為」として偏頗行為否認の対象となる。しかし，上述したように，借入金による弁済の状況や態様が，債権者が交替したにすぎないと評価することができる場合には，実質的には「債務消滅行為」とはいえない。他方，これと反対に，借入金がいったん責任財産に帰属したとみられる場合には，その責任財産からの弁済は「債務消滅行為」と評価できるので，偏頗行為否認が可能であると解される。このように，この問題についても，現行法の下では，偏頗行為否認の明文上の要件である「債務消滅行為」の解釈として考えればよく，「有害性」概念を独立の要件として持ち出す必要はない。

第3に，不動産の適正価額による売却（上記(2)(c)）であるが，これについても，現行法においては，詐害行為否認の特則として，相当価格処分行為の否認に関する規定が設けられており（破161条），行為の有害性の問題は破産法161条の要件に取り込まれている。したがって，有害性に関する解釈上の問題が生じた場合も，同条の解釈として考えればよく，それとは別の独立した要件としての「有害性」概念に頼るべきではない。

(b) **現行法下における「有害性」の存在意義**

このように，旧法下において「有害性」概念が担ってきた役割の多くについ

第6章 否 認 権

ては，現行法の下では立法的な手当てがなされており，そうした立法の趣旨の説明や解釈の文脈で「有害性」概念が用いられることは別論として，個別の否認要件とは独立した一般的要件として「有害性」概念に依拠しなければならない局面が大幅に減少したことは疑いを容れない。また，こうした立法的手当てを含む現行法の改正経緯をふまえると，「有害性」のように法文に規定がなく，しかも抽象性が高く，さらに否認の肯定根拠にも否定根拠にも自在に使えるような便宜性の高い概念を，不文の一般的要件として用いることは相当ではないとの考え方もあり得よう[63]。

　それでは，現行法の下では，「有害性」概念は不要であるといえるのか。現行法下において「有害性」概念による処理の必要性が問題になり得る場合としては，担保目的物による代物弁済（上記(2)(d)）の場合がある。現行法においても，一定の担保権（破2条9項）は別除権として破産手続によらない行使が認められており（破65条1項），その限度において一般債権の引当てとならないことは旧法下と同様であるが，こうした担保目的物による代物弁済の否認可能性については，立法的な解決を図るための新たな規定は設けられなかった。したがって，現行法の下でも解釈に委ねられており，旧法下の有力な見解と同様の結論を採ろうとすれば，なお不文の一般的要件としての「有害性」に依拠することが考えられる。また，担保目的物による代物弁済のほかにも，なお一般的要件である「有害性」概念に依拠する必要がある場合が皆無であるとはいい切れない。

　ただし，現行法は，担保権の処遇について旧法には存在しなかった担保権消滅制度を設けており，このことに留意しておく必要がある。すなわち，破産管財人は，担保権の目的である財産を強制執行の手続によらずに任意に売却する場合に，裁判所の許可を得て，当該財産に付されたすべての担保権を消滅させ，さらに，任意売却により取得することができる金銭の一部を担保権者の弁済に充てずに破産財団に組み入れ，破産債権者への配当の原資とすることができるものとされている（破186条〜191条）。したがって，こうした担保権消滅制度を考慮すると，別除権の対象といえども一般債権の引当てとならないと言い切ることはできず，否認の可能性を完全に否定することは妥当ではない[64]。しかし，担保権消滅許可を考慮しなくてよい事案などでは，現行法の下でも，

有害性を欠くものとして否認を否定してよいであろう。

　以上をふまえて、現行法の下における「有害性」の存在意義をどのように考えるかであるが、私見は、以下のとおりである。旧法下において、「有害性」という不文の一般的要件が、立法の不備や隙間を補って妥当な結論を導くために重要な役割を果たしてきたのは紛れもない事実である。それにもかかわらず、現行法の下で「有害性」を用いることに否定的な見解がみられるのは、こうした抽象性が高い不文の要件を認めることによって取引の安定を阻害し、ひいては債務者の資金調達や経営回復の努力を妨げる要因となるおそれがあるからである。こうしたことを考えれば、否認の肯定根拠としての「有害性」は、これを認めるべきではない。他方、否定根拠としての「有害性」については、これを認めたとしても上記のような弊害は少ないし、担保目的物による代物弁済のように、これを必要とする場合もある。したがって、旧法時代に「有害性」が必要とされた場合の多くが立法的解決をみた現行法の下では、「有害性」は、その機能を否認の否定根拠に狭く限定したうえで、その存在意義を認めるべきである。

(63)　新・裁判実務大系(28)483頁〔岡〕参照。
(64)　伊藤・380頁参照。

2　不　当　性

　旧法下においては、否認の一般的要件として、上述の行為の「有害性」に加えて、行為の「不当性」を挙げる見解が有力であった[65]。もっとも、「不当性」の意味や理解は論者によって必ずしも一致せず、しばしば「有害性」と重複する理解もみられたところである。そうした中で、ほとんどの所説に共通していたのは、行為がなされた目的や動機を考慮して、破産債権者の利益の侵害が不当といえない場合には否認の成立を阻却すべきであり、受益者などの否認の不成立を主張する者が不当性の欠缺について証明責任を負うとの考え方である。しかし、行為の目的や動機が正当な場合に、なぜ否認の成立が阻却されることになるのかについては、次のように見解が分かれる。一つの考え方は、破産債権者の利益と受益者の利益の衡量の問題に還元する立場である[66]。しかし、このように考える場合には、「有害性」との区別が曖昧になり、「有害性」

第6章 否認権

と別個の一般的要件として「不当性」を観念することの意義が問われることとなる。

そこで、近時の有力な見解は、たとえ行為に「有害性」があっても、破産債権者の利益より優先する社会的利益が認められる場合には、破産債権者は不利益や不公平を受忍しなければならないとして、「不当性」の固有の意義を強調する立場である[67]。例えば、伊藤眞教授は、次のようにいう。破産債権者の利益より優先する社会的利益とは、例えば国民の生存権（憲25条）のような憲法的価値、生命や健康の維持を目的とする事業の継続のような社会的価値、地域社会経済に果たしている事業体の役割などである。つまり、「不当性」の概念は、破産法秩序よりも高次の法秩序や社会経済秩序に基づくものであり、破産債権者の利益を犠牲にしても受益者の利益を保持させるべきとの要請に奉仕するものである[68]。このように「不当性」の概念を捉える場合には、「不当性」の有無は否認権の成否を判断する際の必要な考慮要素であり、現行法下でも不文の一般的要件として承認すべきことになる。具体的には、個人の最低限度の生活を維持するために必要な電気料金やガス料金の支払や従業員に対する給料債務の支払などは、「不当性」を欠くものとして否認権の成立は阻却されると解すべきである[69]。また、病院や福祉施設などの公共性の高い事業を維持するための支払や借入れなども、不当性を欠くものと評価し得る場合があると思われる[70]。

これに対しては、「有害性」に対する批判と同様の見地から、「不当性」についても、こうした抽象性の高い不文の要件を認めることは、いたずらに法的不安定を招くとの批判が考えられるところである[71]。しかし、「不当性」概念は、これまで否認権の成立を阻却する方向にのみ働く一般的要件として考えられてきたものであり、上述した否認の否定根拠としての機能のみを有する。したがって、法的不安定を招くとの批判は必ずしもあたらないであろう。

現行法下において、不当性を欠くものと認めることができるか否かが正面から問題になったものとしては、次のような事件がある[72]。Aは、生活保護法に基づく保護費を受給したが、資産を処分するなどして金銭を得たことから、同法63条に定める返還義務の履行として、生活保護の実施機関の長である市長Bに対して150万円余の金銭を弁済した。その後、Aについて破産手続が開始

されたので，破産管財人が162条1項1号に基づく否認権を行使したところ，市長Bから，本件弁済は不当性を欠くので否認の対象とはならない旨の主張がなされた。その理由として，Bは，本件資産は，破産者の最低限度の生活を維持するために活用すべきもので，一般債権の引当てとなることが期待されないものであるが，本件弁済が否認されるとすると，破産債権者は，破産者に対して生活保護が実施されたことによって，本来であれば破産財団を構成することを期待できない資産を原資とする配当を受けることになり，生活保護制度の趣旨に反する事態が生じる旨を述べた。これに対し，裁判所は，市町村等が生活保護費によって形成又は維持された資産から返還義務の履行を受ける場合に，一般債権者の権利行使とは異なる特別の取扱いを認めることは，立法論としては検討する余地があるとしても，租税等のような明文規定が設けられていない現状では，不当性の問題に名を借りて特別の取扱いをすることは認められないとして，本件弁済は否認権の対象となると判示した。上述したように，現行法下でも「不当性」の概念は承認すべきものと解されるが，あくまでも不文の一般的要件であるので，国民の生存権のような憲法的価値や健康に関する事業のような社会的価値など，破産法秩序を上回ることが明らかな利益の保護に限って認めるべきである。本件弁済は，生活保護法に関連するものとはいえ，保護費の返還に関わるものであって国民の生存や生活等に直接的な影響を与えるものではないので，不当性を欠くものではないとした裁判所の判断は妥当であったと解される。

(65) 旧法下において，「不当性」（又は，その反対概念の「相当性」）を論じた主要な文献については，注解破産法(上)439頁〔宗田〕の引用を参照。
(66) 山木戸・190頁参照。
(67) 谷口・253頁，霜島・体系317頁，注解破産法(上)439頁〔宗田〕等参照。
(68) 伊藤・380頁参照。
(69) 櫻井・前掲注（56）92頁参照。
(70) 伊藤・381頁参照。
(71) 新・裁判実務大系(28)483頁〔岡〕参照。
(72) 千葉地判平25・11・27金判1440号54頁。

3　破産者の行為

旧法下において，否認の対象となる行為が破産者の行為に限定されるかどうかについては，考え方の対立があった。仮に，破産者の行為に限られるとすれ

ば，破産者の行為であることが否認の一般的要件となる。旧法下の考え方としては，大別すると，①破産者の行為が必要であるとする説（必要説），②破産者の行為は必ずしも必要ないとする説（不要説），③故意否認では破産者の行為を必要とするが，危機否認では必要ないとする説（折衷説）がみられた。これらのうち，近時では，③の折衷説に分類し得る見解が多数であった。ただし，ある場合には，第三者の行為で足りるとしつつも，同時に破産者の加功行為を必要とするものとする見解や，また，破産者の行為を必要としつつ，第三者の行為であっても破産者の行為と同視し得るものも含まれるとする見解もあるなど，上記の各説のいずれを採るにせよ，その帰結がすべての場合においてクリアに分かれていたわけではない。旧法下の判例の傾向は，基本的には③の折衷説に分類できようが，必ずしも統一されてはいなかった。

　現行法は，この問題に対して立法的な解決を与えていない。また，詐害行為否認を定めた破産法160条及び偏頗行為否認を定めた破産法162条のいずれの規定も，法文の書き振りとしては破産者の行為を対象としている。したがって，現行法の下でも，旧法下と同様に，議論の対立は残っているといえよう。そこで，どのように考えるかであるが，旧法下と比べて基本的な問題状況はなんら変化していない以上，旧法下における学説及び判例の多数の立場であった折衷説をベースとして，現行法の否認類型である詐害行為否認と偏頗行為否認に振り分けていくべきであろう。旧法下における故意否認は，破産者の詐害意思を要件とする否認類型であり，詐害意思を認定する資料としても，破産者自身の行為（破産者の加功行為を含む。）が必要と考えるのが有力な見解であった。現行法の下では，詐害行為否認第1類型（破160条1項1号）及び詐害行為否認の特別類型である相当価格処分行為の否認（破161条）が破産者の詐害意思を要件としているので，これらについては破産者の行為が必要であると解される。他方，詐害行為否認第2類型及び偏頗行為否認は，現行法の下における破産者の主観的要件を不要とする否認類型であり，その点に関する限りは旧法下の危機否認に相当するので，破産者の行為は必ずしも必要ないと解すべきであろう。

V 転得者否認 (破170条)

1 立法過程における議論

　転得者否認は，否認の対象となる行為の受益者から，返還の目的である財産を取得した者又は当該財産上に権利を取得した者，すなわち転得者について，特別の要件の下に認められた否認である。具体的には，受益者から所有権の譲渡を受けた者，用益権の設定を受けた者，担保権の設定を受けた者，差押債権者などが，ここにいう転得者に該当する。また，再転得者やその後の転得者も含まれる（以下の記述では，再転得者等が登場する場合に関しても，受益者及び転得者の例で代表させる。）。転得者否認は，否認の効果が，破産管財人と受益者の間の相対的無効と解されていることと密接に関係する。仮に，受益者に対する否認の効果が絶対的無効であれば，破産管財人は，その無効の効果を転得者にも主張することができることになるので，転得者否認の規定は必ずしも必要ないからである。むしろ，転得者に対する否認が受益者に対する否認とは別に規定されていることが，否認の効果を相対的無効と解する通説・判例の根拠とされており，転得者否認と相対的無効は，少なくとも破産法上は[73]，理論的には相互依存の関係にあるともいえる。

　こうした転得者否認の規定は旧法の時代から存在し，現行法は，旧法の規定をそのまま維持している。転得者否認の要件は，3つの場合に分けて規定されているが，一般的な場合における要件は，①受益者及び中間の転得者のすべてに否認原因が存在し，かつ，②転得の当時において転得者がすべての前者における否認原因の存在について悪意であったことである（破170条1項1号）。しかし，これは過大な要求であって転得者否認の成立を困難にするものであるし，相対的無効を前提にすると，否認権の行使の相手方である転得者についてだけ悪意を問題にすれば足りるとも考えられる。また，詐害行為取消権については，受益者が悪意，転得者が善意，再転得者が悪意の事例において，取消権の行使を認めた判例がある[74]。そこで，現行法の立法時の議論では，転得者否認の要件について，転得者の前者の主観的要件を不要とする方向での検討も行

第6章 否認権

われた[75]。しかし，こうした改正には他方でいろいろと問題点もあるという考慮や，実務において転得者否認は非常に稀であるなどの理由から，結果として転得者否認の要件の改正は見送られた[76]。

詐害行為取消権については，最終の転得者が悪意であるが，受益者又は中間の転得者が善意である場合に取消権の行使が認められるか否かにつき，古くは法典調査会に始まり，長らく議論が戦わされてきたところである[77]。現在でも，なお議論は分かれているが，それぞれの立場の論拠は，整理すると以下のとおりである[78]。取消権の行使を否定する見解（否定説）は，①善意者が登場した後の法律関係を画一的に処理することで，取引の安全を確保すべきである，②善意の受益者が取消しをおそれて，自己の財産処分を躊躇することのないようにすべきである，とする。これに対し，取消しを認める見解（肯定説）は，①悪意の転得者はおよそ保護に値しない，②相対的無効を前提とする以上は，受益者と転得者の間では法律行為は有効であるから，善意の受益者は悪意の転得者から責任の追及を受けることはなく，善意の転得者が不利益を被ることはない，との理由を挙げる。

こうした両説が挙げる論拠のうち，肯定説の論拠には疑問がある。まず，①の論拠であるが，たしかに悪意の転得者は保護に値しない。しかし，否定説が考慮しようとしているのは，悪意の転得者の保護ではなく，取引の安全や善意の受益者の保護であるから，この論拠は否定説の懸念に応えたことにはならない。また，②の論拠については，次の点を考えておく必要がある。相対的無効を前提とすると受益者と転得者の間の法律行為は有効であるから，転得者は受益者に追奪担保責任などを問うことができないというのであれば，その論理は，受益者が悪意の場合にも妥当するはずである。受益者が悪意で転得者が悪意の場合においても，この論理によれば，取消しの効果は取消債権者と受益者の間にしか及ばないことになるからである。そうすると，受益者が悪意の場合に，転得者が詐害行為取消しによって失った利益の保護は，前者に対する追奪担保責任等で図られるものとする一般的な考え自体が成り立たないことになる。もちろん，相対的無効の理論を貫けば，受益者が悪意であろうと善意であろうと，追奪担保責任の追及はできないと解する方が，むしろ理屈にはかなっているともいえる。

しかし，翻って考えれば，相対的無効といっても，それは他者の法律関係にまったく影響を与えないことまでを含意するものではない。転得者を相手方とする詐害行為取消しや否認であっても，取消しや否認されるのはあくまでも債務者の受益者に対する行為であるから，一定の限度でそこに影響が及ぶことは避けられない。悪意の前者に対する追奪担保責任の追及を認めてきた従来の考え方は，既にこのことを暗黙のうちに承認していると考えなければ，説明に窮することになる。そして，このように考えるとすれば，肯定説の②の論拠は，その結論自体は首肯できるとしても，必然的な論理とはいえない。いずれにせよ，転得者否認の問題に立ち返れば，詐害行為取消権の議論における否定説が唱える取引の安全の確保及び善意の受益者の保護の要請に加えて，破産実務において転得者否認に対するニーズがさほど高くないことを考え合わせると，現行法が転得者否認の要件の見直しを行わず，すべての前主についての主観的要件を維持したことは，正しい選択であったと思われる。

(73) 民法上の詐害行為取消権でも相対的無効の考え方が採られているが，詐害行為取消権には転得者否認に相当する規定はないので，詐害行為取消権については，実定規定から相対的無効説が導かれているわけではない。
(74) 最判昭49・12・12裁判集民113号523頁・金判474号13頁・金法743号31頁。
(75) 「破産法等の見直しに関する中間試案」の第3部の第4の1の（後注2）参照。
(76) 転得者否認の要件の改正が見送られた経緯については，基本構造と実務422頁〔小川発言〕参照。
(77) 奥田昌道編『注釈民法(10)』（有斐閣，1987）838頁〔下森定〕参照。
(78) 潮見佳男『プラクティス民法・債権総論〔第4版〕』（信山社，2012）284頁参照。

2 解釈上の問題

転得者否認に関して，前者の行為が偏頗行為である場合にも転得者否認は成立するかという解釈上の問題があることが指摘されている[79]。これは，旧法下でも存在したはずの問題であるが，旧法下ではもっぱら詐害行為を想定して議論がなされており，破産者の受益者に対する行為が偏頗行為である場合については，ほとんど論じられてこなかった。これに対し，現行法は，否認類型として偏頗行為を明確に抽出したため，こうした問題があらためて意識されることとなった。具体的には，例えば対価的均衡のある代物弁済（偏頗行為否認のみの対象となる。）を受けた受益者から代物弁済の目的物を買い受けた転得者に対して，転得者否認をすることができるかという形で問題となる。また，仮に前

第6章 否認権

主の行為が偏頗行為である場合の転得者否認を認める場合には，偏頗行為が否認された場合における相手方の債権の復活を定めた破産法169条がどのように適用されるのか，あるいは相対的無効の論理の下に169条の適用がないのかをめぐっても，議論の余地があるとされている[80]。

　理論的には，たとえ前者の行為が偏頗行為であったとしても，否認の要件をすべて備えており，転得者もそれについて悪意である場合には，転得者否認を否定する理由は見出しがたい。また，破産法170条の法文も，前者の行為が偏頗行為である場合における転得者否認の可能性を排除していない。したがって，この場合にも，転得者否認は認められるべきであろう。破産法169条との関係については，転得者から破産財団に代物弁済の目的物が返還され，又はその価額が償還され，さらに，転得者から受益者に対する追奪担保責任の追及がなされたときは，169条を類推適用して，受益者の債権は復活すると解してよいのではないだろうか。このように考える場合には，否認の相対的無効との関係が問われることになるが，上述したように，相対的無効といっても他者の法律関係にまったく影響を与えないと考えるべきではなく，こうした解釈の限度では相対的無効との抵触はないものと解する。

　(79)　基本構造と実務425頁〔山本克己発言〕参照。
　(80)　基本構造と実務425頁〔山本克己発言〕・426頁〔松下発言〕参照。

〔三　木　浩　一〕

17 詐害行為否認

I 詐害行為否認の概念

否認の対象となる行為は，債権者全体に対する責任財産を減少させる財産減少行為（狭義の詐害行為）と，弁済や担保提供の形で特定の債権者のみを優遇する偏頗行為とに区別される。これら2つの行為類型の区別は，旧法下においても存在したものであるが(1)，旧法下においては，72条1号が故意否認の対象として規定する「破産者カ破産債権者ヲ害スルコトヲ知リテ為シタル行為」と，同条2号が危機否認の対象として規定する「担保ノ供与，債務ノ消滅ニ関スル行為其ノ他破産債権者ヲ害スル行為」との関係について争いがあり，判例上，2号に例示されている偏頗行為もまた1号に規定する行為に含まれるとの解釈が確立されていた関係で(2)，両者の区別が法律上有する意義は，必ずしも明確なものではない状況にあった。これに対して，現行破産法は，「破産債権者を害する行為の否認」（破160条）と「特定の債権者に対する担保の供与等の否認」（破162条）とを区別して規定し，しかも，前者については，その対象となる行為から担保の供与又は債務の消滅に関する行為が除かれることを明文で規定することにより（破160条1項括弧書），両者を要件・効果の面で明確に区別する立場を採用している(3)。本項目の対象となる詐害行為否認とは，このうち，前者の狭義の詐害行為，いい換えれば財産減少行為の否認を指す。

詐害行為否認の要件に関する現行破産法上の規定としては，①財産減少行為に関する一般的な規律である破産法160条1項1号，②支払停止又は破産手続開始申立て後の財産減少行為に関する破産法160条1項2号，③詐害的な債務消滅行為に関する破産法160条2項，④無償行為に関する破産法160条3項，⑤

相当対価による財産の処分行為に関する破産法161条が挙げられる(4)。これらのうち、④の無償行為については、本章「**19 無償否認**」で取り扱うため、本項目では取り扱わない。また、詐害行為否認の効果については、破産法167条・168条に規定が置かれているが、これについても、本章「**22 否認権行使の効果**」で取り扱っており、本項目では取り扱わない。そこで、以下では、上記①から③及び⑤の行為類型について、否認の要件面での規律を中心に検討することになる。具体的には、まず、上記のうち①及び②は、行為の時期及び否認の主観的要件を異にするだけであり、行為の客観的な内容としては同一のものであるので、まずこれらについて検討したうえで（Ⅱ）、順次、③の詐害的な債務消滅行為の否認（Ⅲ）、⑤の相当対価による財産処分行為の否認（Ⅳ）について触れることにしたい。

（1） 例えば、兼子一〔判批〕法協59巻4号（1941）673頁、山木戸・194～195頁、伊藤眞『破産法〔全訂第3版補訂版〕』（有斐閣、2001）335頁などを参照。
（2） 大審院判例として、大判昭7・12・21民集11巻2266頁など、最高裁判例として、最判昭42・5・2民集21巻4号859頁・判タ208号104頁・判時486号41頁を参照。
（3） 現行法が両者を区別した趣旨については、一問一答219～220頁参照。
（4） 本文に掲げたもののほか、執行行為についても、詐害行為否認の対象となり得るが（破165条）、同条は否認の要件及び効果について独自の規律を定めるものではないと解されるため、本項目では立ち入らない。なお、対抗要件具備行為（破164条）については、これを財産減少行為として把握するか、偏頗行為である債務消滅行為として把握するかについて、議論がある。本章「**20 対抗要件否認**」参照。

Ⅱ 一般的な財産減少行為の否認

1 財産減少行為の意義

財産減少行為とは、債務者の責任財産を絶対的に減少させる行為と定義される(5)。責任財産の絶対的な減少とは、当該行為が、債務者の積極財産の流出をもたらす一方で、流出した財産に相当する対価の取得や消極財産の減少をもたらさず、債務者の財産状態を一方的に悪化させることを意味する。その典型例として挙げられるのは、財産の廉価売却や、合理性を欠く価格での物品の買入れなどである(6)。こうした財産減少行為が否認の対象とされるのは、無資力の状態にある債務者がこのような財産処分を行うことは、債権者に対する弁

済原資を減少させ，債権者の受けるべき満足を低下させる結果となるからである。財産減少行為には，この意味で，否認の一般的要件である有害性が認められる[7]。

これに対して，財産の処分を伴う行為であっても，それに伴って相当な対価が取得される場合には，両者を総合すれば，債務者の積極財産の減少は生じないため，財産減少行為にはあたらないはずである。しかし，旧法下の判例は，この場合にも否認の余地を肯定しており，現行破産法では，これについて独自の規律を用意している（破161条）。これについては，Ⅳで後述する。また，財産の処分に伴って，それに対応する消極財産の減少（債務の消滅）を生じさせる行為は，財産減少行為ではなく，偏頗行為に該当する[8]。

財産減少行為と偏頗行為との区別は，前者と異なって，後者においては，積極財産の減少と等価の消極財産の減少を伴う点で，計数上は債務者の財産状態の悪化を生じさせないという点に求められる。また，このような概念上の差異と関係して，財産減少行為と偏頗行為とでは，具体的な行為類型としても，違いが生じる。すなわち，財貨の処分・移転の典型的なプロセスは，①契約など，債権・債務の発生や所有権移転の原因となる行為が行われた後に，②それに従った債権・債務の履行がされる，というものであると考えられるが，これらのうち，財産減少行為として否認の対象とされるのはもっぱら①であるのに対して[9]，偏頗行為として否認の対象となるのは，もっぱら②であるということになる。そして，仮に，債権行為とは別に物権行為を観念するという前提に立つ場合には，ある財産の所有権の移転（逸出）を否認するためには，①原因行為を財産減少行為として否認するか，②原因行為によって発生した債務の履行行為である物権行為を偏頗行為として否認するか，という2つの可能性があることになる。しかし，日本法は，所有権の移転について意思主義を採用し，かつ，原則として，債権行為と別個に物権行為を観念しないという前提に立つことから，否認の対象となり得るのは，原則として①の原因行為（財産減少行為に当たる）だけである。例えば，不動産を廉価で売却した場合，当該不動産を破産財団に回復するためには，不動産所有権移転の原因である売買契約を財産減少行為として否認することとなり，これとは別個に不動産所有権の移転行為を否認の対象とすることはできない[10]。これに対して，偏頗行為が問題

第6章 否認権

となるのは，当初の債権・債務の発生原因行為とは別個に財産の所有権移転行為が観念できる場合であるが，これは，典型的には，原因行為が破産者の側に金銭債務を発生させる場合である(11)。この場合には，原因行為について財産減少行為性が認められれば，原因行為についての否認が認められるとともに(12)，それによって発生した金銭債務の弁済について，偏頗行為否認の可能性が生じることになる。

　以上のように，財産減少行為否認は，債権債務や物権移転の原因行為のレベルに着目しつつ，これを否認することによって取引全体を覆滅させるものであり，その点においても，取引の履行過程に着目し，取引全体からみればその一部分を構成する履行行為の効力を失わせる偏頗行為との違いが見出されるといえる(13)。

（5）　伊藤・〔第3版〕500頁，山本ほか・概説〔第2版〕269頁〔沖野眞已〕など。
（6）　また，他人の負担する債務のために担保を供与する行為も，債務者の責任財産を絶対的に減少させる行為であるから，財産減少行為に当たり得る。具体的には，保証料等の対価をまったく取得しない場合には，破産法160条3項の無償否認が問題となり得るし，対価を取得する場合でも，それが負担するリスクとの関係で過小なものと評価される場合には，同条1項の否認の対象となると解される（これに対して，対価が相当なものと評価される場合には，破産法161条の適用が問題となる。後述Ⅳ参照）。したがって破産法160条1項柱書の括弧書にいう「担保の供与」とは，破産者自身が負担する債務のためにする担保の供与のみを指し，第三者の負担する債務のためにする担保提供は含まないものと解すべきである。
（7）　有害性の内容が財産減少行為におけるのと偏頗行為におけるのとで異なるかどうかについては，従来，学説上，いわゆる一元説と二元説の対立がある。一元説とは，財産減少行為における有害性と偏頗行為における有害性とを一元的に把握し，財産減少行為であれ，偏頗行為であれ，各破産債権者の受けるべき満足を低下させる点では同様であり，その点で有害性が認められる，とする見解であり（山木戸・188頁），二元説とは，財産減少行為と偏頗行為とを峻別し，前者については，一元説と同様に，責任財産の減少をもって有害性の内容と理解するのに対して，後者については，むしろ破産債権者相互間の平等を害する点に有害性の内容を見出す見解である（古いものとして，兼子・前掲注（1）672〜673頁，近年のものとして，中西正〔判批〕法と政治38巻2号（1987）398頁など）。現行破産法は二元説的な理解を前提としているとの見解が有力となっている（山本克己「否認権(上)(特集　破産法改正と倒産実体法の見直し)」ジュリ1273号（2004）77〜78頁，水元宏典「新しい否認権制度の理論的検討（特集　倒産法制整備の評価と展望）」ジュリ1349号（2008）59頁）が，筆者は，一元説が従来前提としてきたいわゆる実価基準説に対する二元説からの批判は正当であるものの，二元説のいう債権者平等の内容は，本質的には配当率の低落に帰着するものであり，その意味では，財産減少行為及び偏頗行為における有害性の間には本質的な違いはないと考えている。この点の詳細については，垣内秀介「否認要件をめぐる若干の考察——有害性の基礎となる財産状態とその判断基準時を前提として」田原古稀

(下)234頁以下参照。
(8) なお，破産法160条1項柱書の括弧書が同項の適用対象から明示的に除外しているのは「担保の供与又は債務の消滅に関する行為」であるが，ここでいう「債務の消滅」とは，債務がその履行によって消滅する場合に限らず，債務者が何らかの形でその債務を免れる場合をすべて含むものと解すべきである。例えば，ある財産の譲渡に伴って，その財産の価格に相当する金額の債務を譲受人が免責的に引き受けるような場合，この行為は債務の履行による消滅をもたらすものではないが，譲渡人との関係では債務の負担を免れる行為であるから，「債務の消滅に関する行為」に該当し，詐害行為否認の対象とはならない。このような行為も，財産処分に伴って，それに対応する消極財産の減少をもたらすという意味では，狭義の詐害行為ではなく，偏頗行為に該当するからである。また，上記の債務引受けが重畳的なものであれば，「担保の供与」が問題となる。この問題に関しては，後述Ⅳ2(2)も参照。
(9) このように，財産減少行為とは債権債務・物権移転の原因行為に対応する，と理解する場合には，これに伴う対抗要件具備行為は，その履行行為として，偏頗行為の一種と理解されることになる。畑瑞穂「対抗要件否認に関する覚書」井上治典先生追悼『民事紛争と手続理論の現在』(法律文化社，2008) 549～551頁参照。
(10) もっとも，意思主義を前提としても，契約によってただちに所有権が移転するのではなく，例えば代金支払と引換えに引渡しがされる時点で所有権が移転する，と構成する場合，後者の段階に何らかの所有権移転行為を観念することができれば，これを偏頗行為として否認の対象とする可能性が生じると考えられる。
(11) このことは，一般に，金銭の所有権は占有の移転があって初めて移転する，と理解されていることと対応する。
(12) 原因行為によって発生した金銭債務が未履行である場合には，当該債権が破産債権として届け出られ，それに対する異議の理由として否認権が主張されることが考えられる。この場合における手続上の諸問題を論じた文献として，平岡健樹「債務の原因となった契約の否認に関する若干の問題」近畿大学法学57巻4号 (2010) 1頁参照。
(13) なお，新注釈再生法(上)〔第2版〕709頁〔中西正〕は，一般には，財産減少行為否認は非信用供与型取引 (同時交換的取引) を対象とし，偏頗行為否認は信用供与型取引を対象とする，と指摘するが，これも，本文に述べた点を別の角度から表現したものと理解し得る。

2 対象行為の時期及び主観的要件

破産法は，一般的な財産減少行為の否認について，否認対象行為の時期及び主観的要件との関係で，2つの類型を区別している (破産法160条1項1号及び2号。以下，それぞれ，「1号否認」，「2号否認」と呼ぶ)。

(1) 1号否認

破産法160条1項1号は，破産者が破産債権者を害することを知ってした行為について否認を認めるとともに，当該行為の受益者が行為の当時破産債権者を害する事実を知らなかった場合についてはその限りではないものとしてい

第6章 否　認　権

る。同項2号と比較して，①対象行為の時期について明示的な定めを置いていないこと，②破産者の側の主観を問題としていることが特徴的であり，旧法下の用語法に従えば，いわゆる故意否認を規定したものである。

(a) 対象行為の時期

　破産法が1号否認の対象行為の時期について明言していないことは，破産債権者を害することを知ってされた行為である以上，支払停止や破産手続開始申立てといった外部的徴表の存否にとらわれることなく，当該行為を否認の対象としてよい，との判断に基づくものと考えられる。したがって，1号否認の場合には，対象行為の時期の問題は，行為の有害性の判断の一環として行われることになる。いい換えれば，ここで問題となるのは，債務者がどのような財産状態にある時期にした行為であれば，債権者を害する行為であると評価できるかである。

　この問題に関しては，論理的には，現に破産手続が開始されている以上，行為の時点における債務者の財産状態のいかんにかかわらず，常に有害性が肯定できる，との立場も想定できないわけではない。すなわち，行為の有害性は，当該行為の時点で当該行為自体から直ちに発生することを要せず，その後の事情が加わって初めて生じるものでも足りる，とするいわゆる間接加害の考え方[14]を採用すれば，現に破産手続が開始され，当該行為の否認により配当率の向上が見込まれる以上は，否認権の行使を認める立場も考えられるからである[15]。しかし，このような見解は，債務者及びその取引の相手方の予測可能性の問題を考慮すると，採用することは困難であると思われる。すなわち，この見解に従った場合，行為時において債務者及び相手方に要求される認識の内容としては，当該取引が対価的均衡を欠く取引である，との認識で足り，債務者の財産状態に関する認識を要しない，ということになりそうである。しかし，債務者の財産状態にまったく問題がない段階においては，たとえ経済的合理性を欠く取引であっても制約を受ける理由はなく，結果的に後に破産手続が開始されたからといって，債務者の財産状態についての認識をおよそ問うことなく否認を認めることは，債務者の財産処分権と取引の安全とを過度に害することになるといわざるを得ない。かといって，対価的均衡を欠くとの認識に加えて，債務者の資力が悪化している，あるいは悪化が確実である，といった事

実の認識を要求するとすれば、それは、とりもなおさず、有害性そのものが、そのような状況において初めて生じるものであることを承認するのにほかならないことになろう。

このように考えると、1号否認についても、その対象行為は、債務者の資力が相当程度に悪化した時期にされたものであることを要すると考えられる[16]。このような時期を実質的危機時期と呼ぶのが一般であるが、その限界をどこで画するかについては、考え方の対立がある[17]。そこでの主たる対立軸は、①資力悪化の指標として、債務超過と支払不能のいずれに着目するか、②現に債務超過又は支払不能が発生していることを要求するか、それとも、それに近接した時期を含むと考えるか、という点である。

第一説は、現に債務超過が発生しているか、当該行為によって債務超過となる状態にある場合に限って有害性が認められるとする[18]。したがって、この見解によれば、債務者が支払不能に陥っている場合であっても、債務超過が認められない限りは、その時点でされた廉価売却等を否認することはできないことになる[19]。上記①の問題点については、民法上の詐害行為取消権との連続性を考えると、支払不能を根拠として否認を認めるのは相当でないこと、②の問題点については、債務超過発生以前の時期を含めると、予測可能性を害することを指摘する[20]。

これに対して、第二説は、支払不能もしくは債務超過状態が既に発生し、又は発生することが確実に予測される時期であれば足りるとする[21]。有害性の内容を最も広く解する見解といえる。①の問題点については、債務超過でなくても支払不能であれば破産手続を開始して債務者の財産処分を拘束できる以上、その時期以降の有害性のある行為は否認の対象とすべきであるとし、②の問題点については、破産原因の発生が確実に予測される時期においては、有害性のある行為に関する限り、債務者の行動の自由が制限されることもやむを得ない、とするほか、現行破産法は、旧法と異なって適正価格による処分行為に対する否認の要件を制限しているので、こうした解釈の適用対象となるのは廉価売却等に限られることとなり、債務者の行動の自由を過度に阻害することにはならないことも指摘される[22]。

次に、第三説として、もっぱら支払不能に着目しつつ、支払不能が既に発生

し，又は発生することが確実に予測される時期を要求するものもみられる(23)。

さらに，第四説として，有害性の前提として債務超過が必要であるとしつつ，さらに，債務者の財産管理処分権への介入を正当化するためには，支払不能又は倒産処理手続開始申立てが確実に予測される状態であったことが要求される，とする見解がある(24)。有害性の内容を最も厳格に解する見解といえる。

そこで，まず①の点について検討すると，確かに，債権者としては，債務者が支払不能である場合には破産手続を開始させて債務者による財産処分を制約できることは事実であるが，このことは，支払不能状態は発生しているものの，なお破産手続そのものは開始されていない段階において，債務者によるあらゆる財産処分が当然に否定されるべきことを意味するわけではないと考えられる(25)。むしろ，第二説の論者も認めるとおり，否定されるべきであるのは有害性の認められる行為に限られるのであり，ここでの問題は，いかなる状況の下における財産処分が有害性を認められるかである。したがって，支払不能が一般的な破産手続開始原因とされていることは，それ自体としては，支払不能を基準時とする理由とはならないと考えられる。そして，財産の廉価売却等によって，債権者に対する配当が減少するという意味における有害な結果が生じるのは債務超過が認められる場合に限られることからすれば，財産減少行為における有害性は，債務超過の存在を前提とするものと考えざるを得ないように思われる(26)。

以上のように考えれば，財産減少行為における有害性の有無の判断は，基本的には債務超過を基準として考えることにならざるを得ず，したがって，第二説及び第三説は採り得ないものと思われる。

次に，第四説については，理論上は十分にあり得る選択肢と思われるが，民法上の詐害行為取消権との連続性を考えた場合に，そこまで限定を課すことが不可欠といえるかどうかについては，疑問の余地があろう。また，後述するように，支払不能等それ自体ではなく，その確実性を基準とすることは，明確性の面で問題をはらむものと思われる。

他方で，基本的に債務超過を基準として有害性を判断するとしても，さら

に，債務超過がどの時点で発生することを要求するか，という問題がある。この問題は，上記②の点，すなわち，有害性の指標となる財産状態が行為時に現に発生していることを要するか，それとも，その発生が確実に予測される段階で足りるか，という問題に関連する。具体的には，否認権行使時における債務超過が必要であることを前提として，さらに，否認対象行為の時点において既に債務超過であったことを要するか，それとも債務超過に陥ることが確実に予測された段階であれば足りるか，という問題である。

　この問題については，理論上は，債務超過が確実に予測される時期において，そのことを認識しつつされた行為について，その後に実際に債務超過に陥ったことを条件として否認の対象とすることは，十分に可能と解される。これは，行為の時点においてはなお有害な結果が生じていないとしても，その後に有害な結果が現実化したことを理由として，当該行為の有害性を肯定する考え方であり，一種の間接加害を認める考え方といえる。しかし問題は，第一説の指摘するとおり，そうした規律が，当該行為の有効性についての予測可能性を過度に害しないかどうかである。すなわち，現に債務超過が発生していない段階において，どの程度債務超過に陥る蓋然性が高ければそれが「確実」といえるのかを画定するのは，相当に困難である。しかも，否認権が行使されるのは，その後実際に債務超過が発生した場合であるが[27]，現に債務超過が発生している以上は，回顧的に評価すれば，すべては必然の流れであったという評価もあり得るところであり，いったいどのような事情が存在すればそれが「確実」でなかったといえるのか自体が困難な問題である。このように考えれば，立法論として，例えば債務超過発生の前1か月以内にした行為，といった明確な限定をするのであれば別であるが，そうでない限り，この局面で間接加害的な考え方を導入することは，問題が大きいように思われる。他方で，日本において現実にどの程度の個人又は法人が債務超過であるのかは必ずしも明らかでないものの，現実に倒産として顕在化する事象の数よりは相当に多いものと推測してよいとすれば[28]，否認対象行為の時期を現に債務超過が発生している場合に限定したとしても，否認による逸出財産回復の可能性を過度に制約するとまではいえないであろう。このように考えると，結論としては，第一説に賛成してよいように思われる[29]。

なお，関連する問題として，有害性の要素のうち，財産減少行為性，すなわち，その行為が対価的均衡を欠くことについての判断の基準時はいつか，という問題がある。この問題についても，行為時，否認訴訟の事実審口頭弁論終結時など，いくつかの考え方があり得るが，後述のように，相当対価による財産処分について否認の要件を明確化し，予測可能性の強化を図るとともに，債務者による財産処分の自由を確保しようとしている現行破産法の立法趣旨から考えれば，行為時に相当対価であれば161条の要件が適用されるものと解すべきであり，したがって，160条1項の否認の要件としての財産減少行為性の判断基準時は，否認対象行為時と解すべきであろう。

(b) **主観的要件**

1号否認の主観的要件としては，破産者側の要件として，破産者が破産債権者を害することを知って行為をしたこと，受益者側の要件として，受益者が行為の当時破産債権者を害する事実を知っていたことが必要である。

(ア) **破産者の詐害意思**　このうち，前者の破産者側の悪意は，「詐害意思」とも呼ばれ，1号否認が，民法424条の定める詐害行為取消しとその趣旨を共通にする故意否認を規定したものであることを示すものである。ここでの悪意の内容が，条文の文言[30]どおり害する事実の単なる認識で足りるのか，それとも，それを超えて債権者を害する積極的な意欲や害する結果の積極的な認容をも要するのかについては，かつて議論が存在したところである。すなわち，この点について，大審院の判例は，民法上の詐害行為取消権に関して，害する結果の認識では足りず，「害する意思」，すなわち，結果を志向する積極的・能動的な心的状態が必要であるとし[31]，破産法上の否認権に関しても，同様の立場を採用するものと理解されていた[32]。しかし，最高裁判所は，この立場を変更して詐害の意図ないし意欲は必要ないものとし[33]，学説上も，旧法下においてもこれを支持する見解が通説となっていたところであり[34]，とりわけ現行法の下においては，本旨弁済が本号による否認の対象から明文で除外され，本旨弁済について故意否認を可能とするという観点から主観的要件を加重する必要性が失われたことから，通説である認識説の妥当性はより強化されたものとされる[35]。

破産者の心的状態を直接に証明することは不可能に近いことから，両説の差

異は，実際上は，どのような客観的状況の下で詐害意思を認定してよいかという点に帰着するものと考えられる(36)。しかし，その点に関する両説の違いは必ずしも明確なものではなく(37)，そうだとすれば，条文の文言を離れてあえて要件を加重する意味は乏しい。したがって，通説である認識説が支持される(38)。

認識の対象に関しては，①当該行為が責任財産を減少させる効果をもつものであることに加えて，②自らが実質的危機時期の状態にあることについての認識が必要と解される(39)。(a)で論じたように，これら①②をともに認識して初めて，当該行為の有害性を認識したといえるからである。

詐害意思は，条文上，否認のための積極的要件として規定されていることから，否認権の行使を主張する破産管財人の側でその主張・証明責任を負うこととなる。もっとも，破産者は自身の財産状態を把握しているのが通常であるから，責任財産を減少させる行為をしている以上，前記①及び②の認識を事実上推認できる場合が多いと考えられる。

(イ) **受益者側の悪意**　以上の積極的要件を充足する場合であっても，受益者が，行為の当時，破産債権者を害する事実を知らなかった場合には，1号否認は認められない。取引の安全を確保する見地から，善意の取引相手方の保護を図ったものである。破産債権者を害する事実とは，対象行為の有害性を基礎づける事実であるから，(ア)で述べた破産者側の詐害意思の場合と同様に，①当該行為が責任財産を減少させる効果をもつものであること，及び，②破産者が実質的危機時期の状態にあることを内容とし，破産者の詐害意思についての認識は問題とならない(40)。受益者側の善意は否認権行使の消極要件であり，①及び②の事実についての善意の主張・証明責任は受益者の側で負うが(41)，①又は②のいずれが欠けても対象行為の有害性は否定される以上，受益者側としては，①又は②のいずれかについての善意が立証できれば，否認権の行使を免れるものと解すべきである(42)。また，①又は②のいずれかの事実について善意であれば，過失があったかどうかは問題とならない(43)。これは，当該行為によって害される破産債権者の地位を考慮したとしても，受益者の側に破産者の財産状態に関する注意義務まで課すのは相当でないと考えられることによる。

第6章 否認権

(14) 間接加害の考え方は、ドイツ法において採用されている考え方である。その内容については、水元・前掲注（7）60〜61頁及びそこに引用されている文献を参照。
　なお、間接加害に関する筆者の理解については、垣内・前掲注（7）215頁以下を参照。また、本文における以下の記述も、同論文221頁以下の分析に依拠したものである。

(15) もっとも、日本の現行破産法の下で間接加害の考え方を採用する可能性があるかどうかについては、とりわけ、破産法161条が、相当の対価を得てした財産の処分行為の否認について、代金の現実の隠匿や処分後の財産価額の高騰などといった行為後の事情に着目するのではなく、あくまで行為時における隠匿等の処分の現実のおそれを要求していることを理由として、疑問視する見解が有力である（水元・前掲注（7）60〜61頁参照）。確かに、予測可能性の観点を重んじる161条のこうした規律は、間接加害に着目した否認を認めることに対する現行破産法の慎重な態度を示唆するものである。とはいえ、161条は、あくまでも相当対価による財産処分という行為類型における否認の可能性を限定するものであると解することも可能であり、そうだとすれば、他の行為類型については別異の考え方を採用する余地もあるように思われる。

(16) 民法上の詐害行為取消権との関係でも、詐害性は当該行為の時点において認められる必要があり、行為後の事情によって債権者を害する結果が生じた場合でも、詐害行為とはならない、とするのが通説及び判例である。我妻榮『民法講義IV新訂債権総論』（岩波書店、1964）184頁、中田裕康『債権総論〔第3版〕』（岩波書店、2013）247頁、大判大10・3・24民録27輯657頁参照。

(17) もっとも、実務上は、もともと早期の段階から財産状態が悪い事案が多いこと、微妙な事案では和解的解決が図られることが多いことといった事情から、本文で論じるような限界線が問題とされる場面はそれほど多くはない、との指摘もみられる（基本構造と実務385〜386頁〔花村良一発言〕）。とはいえ、こうした実務上の感覚は、不動産の適正価格売却についても故意否認の余地を認めてきたことなどに象徴される、有害性要件の伝統的な緩和傾向を反映したものである可能性もあろう。

(18) 基本構造と実務386頁〔山本克己発言、松下淳一発言〕。当該行為によって債務超過となる場合を含む旨を明示するのは松下淳一教授であるが、山本克己教授も、この場合を除外する趣旨ではないものと解される。

(19) 例えば、遊休資産は豊富に存在するため債務超過ではない債務者が、キャッシュフローの行き詰まりにより支払不能に陥って破産したが、破産手続開始前に、支払不能状況の下で遊休資産の一部を廉価で売却していた場合であっても、否認は認められないこととなる。この帰結に賛意を表するものとして、基本構造と実務386頁〔田原睦夫発言〕参照。
　なお、条解破産法1020頁注2は、「支払不能がすでに発生している段階になされた行為が詐害行為とみなされることは、一般に承認されている」とするが、こうした議論状況からみて、疑問があろう。

(20) 基本構造と実務386頁〔山本克己発言〕参照。

(21) 伊藤・〔第3版〕516〜517頁、基本構造と実務385頁〔山本和彦発言〕、竹下・大コンメ627〜628頁〔山本和彦〕。

(22) 基本構造と実務385頁〔山本和彦発言〕、竹下・大コンメ627頁〔山本和彦〕。
　なお、この見解が、否認権行使時においてもなお債務超過状態が存在しない場合であっても否認を肯定するのかどうかについては、必ずしも明らかではない。この場合には、否認権を行使しなくても、破産手続の中で資産を売却すれば、100％の配当が

可能になるはずなのであるから、破産債権者への配当が減少するという意味における有害性は、結果的に存在しないこととなる。この見解が、あくまで「有害性のある行為」についての否認を説くのは、この場合を除外する趣旨とも解し得る。もっとも、通常は、この場合に破産管財人が否認権をあえて行使することは考えにくく、問題は顕在化しないことになろう。

(23) 条解破産法1019頁・1020頁注2。債務超過が発生している時期及び発生が確実になった時期の取扱いについては、「考え方が分かれよう」とする。

(24) 新注釈再生法(上)〔第2版〕715～716頁〔中西〕。

(25) このことと、偏頗行為否認において支払不能が基準とされることとの関係は、さらに説明を要するところである。この点については、筆者は、偏頗行為否認において支払不能が基準とされるのは、支払不能そのものが有害性を基礎づけるからではなく、支払不能到来後は、例えば否認対象行為時に債務超過が認められないとしても、否認権行使時における債務超過を理由とする否認権行使が正当化されるためであり、その意味で、一種の間接加害の法理を認めたものであると考えている。垣内・前掲注(7)234頁以下参照。

(26) こうした理解は、民法上の詐害行為取消権の要件としての無資力が、基本的には債務超過として理解されていることとも対応するものである。例えば、内田貴『民法Ⅲ〔第3版〕』(東京大学出版会、2005)306～307頁参照。

もっとも、詐害行為取消権の要件としての無資力については、単なる計数上の債務超過とは異なり、債務者の信用等も考慮して判断すべきであるとする判例があり(最判昭35・4・26民集14巻6号1046頁・判時223号2頁)、学説上も、これを支持するのが多数説のようである(我妻・前掲注(16)185頁、中田・前掲注(16)239頁注22などを参照)。これは、破産法上の支払不能の発想を一部取り込んだものとも理解できるが、こうした無資力要件の理解と、破産法上の債務超過概念の理解との関係をどのように考えるかについては、なお検討の必要があるように思われる。

(27) そうでなければ、間接加害の考え方によるとしても、当該行為の有害性を認めることはできないからである。

(28) 一般的には、法人について支払不能に加えて債務超過も破産手続開始原因とされていることについては(破16条1項)、実際上、支払不能よりも前の段階で破産手続を開始できるようにする機能を有するものと理解されているところである。例えば、条解破産法117～118頁参照。

(29) さらに、現行法が故意否認の要件として破産者の加害の意欲も、加害の意欲についての受益者側の悪意も要求していないと解されることも、否認対象行為の時期を限定的に解することの根拠となる。すなわち、こうした通謀的な場合に限って故意否認を認めるのであれば、客観的な意味における有害性について要件を緩和することも正当化が可能であるが、そうでない以上、否認の対象範囲の拡張を説明するのは困難だからである。この点に関しては、後掲注(38)も参照。

(30) 旧法72条1号も、「破産者カ破産債権者ヲ害スルコトヲ知リテ為シタル行為」と規定していたところである。民法424条も参照。

(31) 大判昭8・5・2民集12巻1050頁。

(32) 大判昭8・12・28民集12巻3043頁、大判昭15・9・28民集19巻1897頁。これらは、いずれも債務の弁済について故意否認の適用があるかどうかが問題とされた事案である。これらの判決の理解につき、兼子・前掲注(1)672頁参照。

なお、これらの大審院判例の立場においては、受益者側の悪意の内容についても、

債権者を害する事実の認識のみならず，債務者が害意をもって行為したことの認識が要求されていることが注目される。
(33) 前掲注(26)最判昭35・4・26。ただし，詐害行為取消権に関する判例である。
(34) 旧法下の学説として，中田・156頁，山木戸・192頁，谷口・257頁，注解破産法(上)464頁〔宗田親彦〕など。
(35) 竹下・大コンメ628頁〔山本和彦〕，伊藤・〔第3版〕518頁，加藤(哲)・293頁，条解破産法1020頁参照。
(36) こうした客観的な諸条件の正面からの要件化を志向する学説として，つとに，山木戸・192頁，霜島・体系320頁が存在したところである。
(37) 前掲注(31)大判昭8・5・2も，害する結果を認識しながら行為する以上，反証のない限り害する意思もまた認めてよいものとしていたところである。
　　また，母法であるドイツ法においては，現在もなお，「債権者を害する意図(故意)(der Vorsatz, seine Gläubiger zu benachteiligen)」が故意否認の要件とされているが(ドイツ倒産法133条1項)，ここでの「意図」は，解釈上極めて広く理解されているようである。例えば，Uhlenbruck/Hirte/Vallender, Insolvenzordnung, 13.Aufl.(2010), §133, Rn.13 (Hirte) 参照。
(38) もっとも，詐害意思の理解のいかんは，なぜ故意否認の場合には他の場合と比較して広い範囲で否認権の行使が許されるのか，という問題と密接に関連することに注意が必要である。すなわち，行為者に詐害の意欲を要求し，受益者側にも行為者の詐害の意欲についての悪意を要求すること(これがドイツ倒産法133条1項の立場である。)は，少なくとも理論上は，否認対象行為の範囲の拡張を正当化する側面がある。ドイツ倒産法133条1項が有害性について広く間接加害で足りるとしつつ，対象行為の時期についても実質的には限定を課していない(同項は，手続開始申立て前10年間という極めて緩やかな限定しか課していない。)ことも，このことと対応するものとして理解できる。この点については，前掲注(29)も参照。
(39) 竹下・大コンメ628頁〔山本和彦〕，伊藤・〔第3版〕518頁，条解破産法1020頁。
(40) 竹下・大コンメ628頁〔山本和彦〕。ドイツ倒産法133条1項が破産者の詐害意思についての受益者の悪意を要件としているのとは，この点で異なる(なお，悪意の推定につき，同項後段参照)。
(41) 最判昭37・12・6民集16巻12号2313頁。
(42) 竹下・大コンメ628頁〔山本和彦〕。
(43) 最判昭47・6・15民集26巻5号1036頁・判タ279号195頁・判時674号71頁。

(2) 2号否認

　破産法160条1項2号は，破産者が支払停止又は破産手続開始申立て(以下「支払停止等」と呼ぶ。)の後にした破産債権者を害する行為についての否認を定める。2号否認の対象となるのは，1号否認の場合と同様に財産減少行為であるが，行為の時期について，支払停止又は破産手続開始申立て後にした行為が対象となっている点，また，主観的要件に関して，破産者側の詐害意思が要求されていないほか，受益者側の保護要件として，破産債権者を害する事実につ

いての善意に加えて，支払停止等があったことについての善意まで要求されている点に，特色がある。

　(a)　2号否認の立法趣旨

　こうした2号否認の立法趣旨に関しては，①なぜ，1号否認の場合と異なって破産者の側の詐害意思が要求されないのか，②同様に破産者の詐害意思を要件としない否認類型である偏頗行為否認（破162条）の場合には支払不能が原則的な基準時とされているのに対して，なぜ，2号否認の場合には支払停止等が基準時とされているのか，③受益者側の保護要件が1号否認の場合よりも厳格なものとされているのはなぜか，といった問題点が存在する[44]。

　現行法の立案担当者は，これらのうち，①の問題については，「外形的にも明らかな『支払の停止等があった後』という破産直前の状態において財産減少行為をした場合であれば，破産者が破産債権者を害することを知らなかったということは通常は考えられない……ので，この点の立証を不要として，否認の要件を緩和した」と説明するとともに，②の問題については，「このように破産者の主観的要件を問題にすることから，偏頗行為の否認の時期的要件である『支払不能』……ではなく『支払の停止等』を基準とした」と説明する[45]。この説明は，2号否認においても，基本的には破産者の主観が問題となることを前提としつつ，破産者自身が自己の支払不能状態を外部に表明している以上，自己の財産状態の悪化を知っていたことを推定してよいとするものと理解できるが，これに対しては，次のような疑問を提起することができる。第1に，破産者が自ら支払停止をしたのであれば，支払不能の認識は当然にあると認めることが可能であるが，(1)(a)で論じたように，ここでの有害性の基礎が支払不能ではなく債務超過に求められるとすれば，支払不能の認識がただちに有害性の認識につながるわけではない。両者のつながりは，支払停止後の段階にあっては，支払不能に加えて債務超過でもあることが多いから，通常は，後者の認識も推認できる，というにとどまるものである。第2に，ここでは支払停止に加えて破産手続開始申立ても基準とされているが，破産手続開始の申立権者は破産者本人に限られず，これも破産者の認識には直結しない。ここでも，両者のつながりは，開始申立ての大部分が債務者本人によってされている現状を前提にすれば，申立てがある以上，通常は，有害性の認識も肯定できる，という

にとどまる(46)。このように考えると，立案担当者の説明に依拠する限り，支払停止等の後の財産減少行為について破産者の詐害意思を一切問題にしないことには疑問の余地があり，詐害意思の積極的な立証は不要であるとしても，受益者の側で詐害意思の不存在の立証に成功したような例外的な事例においては，否認権の行使を否定するのが相当であるとも考えられる。しかし，破産法160条1項2号は，その文言上，破産者の詐害意思の存在を否認権行使の消極的要件とはしておらず，そうした帰結を解釈論として認めることは困難であろう(47)。そうだとすれば，2号否認の規律を破産者の主観と結びつけて理解することは困難であり，したがって，2号否認は，故意否認を定めたもの（又は故意否認を部分的に含むもの）ではなく，危機否認の一種を定めたものと理解せざるを得ない。

(b) 対象行為の時期

2号否認においては，否認対象行為は支払停止又は破産手続開始申立ての後にされたものであることが必要である。先行して他の倒産手続が存在する場合には，その開始申立てがあったときに破産手続の開始申立てがあったものと擬制される（民再252条1項・3項，会更254条1項・3項，会社574条3項）。また，支払停止後の行為であることを理由として否認権を行使する場合，その行為が破産手続開始申立ての1年以上前にされたものであるときは，否認の対象とならない。

(a)で述べた理解を前提とすれば，ここでの支払停止への着目を破産者の詐害意思の徴表として説明することはできず，別の説明が必要となる（前記②の問題）。そこで，この点については，新たな取引行為を対象とする財産減少行為の場合には，偏頗行為の場合におけるよりも取引の安全を保護する必要がより大きいため，支払不能よりも外形的・客観的により明確な基準が採用された，との説明がされる(48)。もっとも，(c)で述べるように，2号否認における受益者の保護要件は極めて厳しいものであり，2号否認が全体として取引の安全を尊重して否認の範囲を限定しているとの評価は困難であると思われる。むしろ，支払停止等への着目は，主観的要件面における保護要件の厳格化，いい換えれば，1号否認と比較した場合における否認権行使の容易化を正当化するために，対象行為の時期について，破産者の財産状態の悪化が顕在化した時期

に限定したもの，とみるべきであろう。

　なお，支払停止は支払不能を外部に表示する行為であるから，支払停止があれば支払不能も認められるのが通常であるが，2号否認においては支払不能ではなく支払停止自体が否認の要件とされていることから，行為当時支払不能でなかったことが仮に立証されたとしても，否認を妨げることはできないと解される(49)。

　これに対して，(1)(a)で述べたように，財産減少行為における有害性の基礎として債務超過を想定する場合，「破産債権者を害する行為」といえるために，行為の当時に債務超過であったことが必要となるのではないかが問題となる。しかし，2号否認の対象行為の時期が支払停止等の後かつ開始申立て前1年未満という形で明確に定められていることを考えると，それに加えて債務超過の立証まで要求する(50)のが破産法の趣旨とは考えにくい。また，理論的にみても，こうした破産手続開始直前の時期にされた行為であることを前提とすれば，そうした時期的限定を欠く1号否認の場合とは異なって，行為時にただちに有害な結果が生じていなくても，その後に破産者が債務超過に陥って有害な結果が現実化した場合には否認を認めるものとすることは，十分に合理性を有するといえる。したがって，2号否認の場合には，行為当時における債務超過は必要でないものと解される。結果として，2号否認における「破産債権者を害する行為」とは，否認権行使時に破産者が債務超過に陥っている限り，行為当時における債務超過の有無を問わず，対価的な均衡を欠き，債務者の責任財産の絶対的減少をもたらす行為をすべて含むものと解されることになる。

(c)　**主観的要件**

　破産法160条1項2号ただし書は，受益者が，行為の当時，支払停止等があったこと及び破産債権者を害する事実を知らなかった場合に，否認権の行使を否定している。したがって，受益者としては，支払停止等についての善意と破産債権者を害する事実についての善意の双方を立証しなければ，否認権の行使を免れることができないこととなる。もっとも，この規律に関しては，なぜ2号否認の場合には1号否認の場合と比較してこのように受益者の保護要件が加重されているのか，という問題が存在する（(a)で述べた③の問題）。この問題については，支払停止等の後という債務者の財産状態の悪化が顕在化した時期に

第6章 否 認 権

おいて,客観的に債務者の責任財産を積極的に減少させる行為がされている以上,支払停止等又は行為の財産減少性のいずれかについて悪意であれば否認を認めるべきであるし,またそうした状況の下では悪意を推定して差し支えない,との立法政策的判断に基づくものといわざるを得ない[51]。

ここで,「破産債権者を害する事実」とは,その行為が対価的均衡を欠く行為である事実を意味し,(b)で述べたとおり,行為当時破産者が債務超過であった事実を含まない。したがって,受益者としては,債務超過についての不知を立証しても無意味であり,対価が相当なものであると認識していた旨を立証する必要がある。

なお,(a)で論じたとおり,2号否認は故意否認を定めたものとは解されないから,破産者の側の詐害意思は要件とならないし,詐害意思の不存在を立証しても,否認を免れることはできない。

(44) これらの問題点と関連して,2号否認が故意否認と危機否認のいずれに属するか,という議論があり,これを危機否認に属すると解する説のほか(竹下・大コンメ629頁〔山本和彦〕,新破産法の理論と実務251頁〔山本研〕),故意否認と危機否認の双方を一つの規定でまとめて定めたものとする説が有力に主張されている(論点解説(上)185頁〔中西正〕,水元・前掲注(7)62頁,新破産法の理論と実務247頁〔水元宏典〕。なお,議論状況の整理として,山本ほか・概説〔第2版〕279～280頁〔沖野〕参照)。
こうした議論に対しては,現行法の下では実際上の意義に乏しいとの批判が存在する(条解破産法1022頁注8参照)。確かに,破産法160条1項2号が定める規律を所与の前提と考えれば,それを故意否認と呼ぼうと危機否認と呼ぼうと差異を生じるものではない。しかし,本文で示した①ないし③のような問題点について検討し,同条の規律を支える理論的な根拠を明らかにするためには,故意否認か危機否認か,という分析視角は,なお一定の意義を有するものと考えられる。
(45) 一問一答221頁。
(46) もっとも,破産手続の開始申立ては,支払不能を原則的基準時とする偏頗行為否認においても基準として採用されているものであり(破162条1項1号ロ),そこでも類似の問題は存在する。したがって,この点については,債務者の認識に結びつけて理解するよりも,むしろ,事件が裁判所に係属することにより一種の保全処分的な効果が当然に発生するものとして位置づけることも考えられる。もっとも,この点に関して新注釈再生法(上)〔第2版〕718頁注27〔中西〕は,同様の説明を示唆しつつ,その理論的正当性に疑問を呈する。筆者自身は,手続開始申立ては,間接加害的規律を許容する限界を画する時点の1つであると理解するのが,こうした規律の理解として最も適切であると考えている。垣内・前掲注(7)239頁参照。
(47) 同旨を説くものとして,竹下・大コンメ629頁〔山本和彦〕がある。
(48) 竹下・大コンメ629頁〔山本和彦〕。
(49) 竹下・大コンメ630頁〔山本和彦〕,条解破産法1022頁注9。もっとも,反対説とし

て，山本ほか・概説〔第2版〕279頁〔沖野〕がある．
(50)　もし仮に行為当時の債務超過が必要だと考えた場合，これは，対象行為についての「破産債権者を害する行為」との評価を基礎づける事実であるから，破産管財人の側で主張・立証することが必要であると考えられる．
(51)　これに対して，2号否認を故意否認と危機否認をまとめて規定したものと解する見解（前掲注（44）参照）は，この問題について，故意否認を免れるために破産債権者を害する事実についての善意が要求され，危機否認を免れるために支払停止等についての善意が要求される，と説明し，こうした説明を可能とする点に同見解の優位性を見出すものである．たしかに巧みな説明であるが，(a)で論じたように，2号否認が故意否認を定める部分を含むとする前提に疑問があり，採用できない．

Ⅲ　詐害的な債務消滅行為の否認

1　意　　義

　破産法160条2項は，破産者がした債務の消滅に関する行為であって，債権者の受けた給付の価額が消滅した債務の額に比して過大であるものは，その過大な部分について，同条1項1号又は2号の要件の下で否認の対象となる旨を規定している．このような行為は，債務消滅の効果を生じさせる範囲内においては偏頗行為の性質を有するが，消滅する債務の額を超過する部分の給付については，計数上も責任財産の減少をもたらすこととなり，財産減少行為の性質を有するからである．この規律は，債権債務の発生原因行為ではなく，むしろ債務の履行行為のレベルで財産減少行為否認を認めるものである点，また，行為の一部についての否認を認めるものである点で，特徴的なものといえる．

　現行法の立案過程においては，この種の行為に関して，給付行為全体を否認の対象としつつ，消滅した債務と同じ額の財団債権を相手方に付与する，との規律(52)も検討の対象となったが，消滅した債務が破産債権に係るものである場合には，破産債権が財団債権に変ずるかのような印象を与えるといった理由から採用されなかったものとされる(53)．

(52)　このような構成は，債務の消滅を代物弁済に対する反対給付と位置づけたうえで，破産法168条1項2号を適用してその回復を求める地位を財団債権として保護するのと同様の考え方であると評価することができる．結果として，過大な給付部分に相当する価額が破産財団に回復されるという意味では，その実質は現行法の規律と大きく異なるものではないが，この構成による場合には，代物弁済に供した目的物全体の返

第6章 否 認 権

還を求めるのが原則的な処理となることから，現行法の一部否認の規律を前提としつつ，否認の対象となる超過額の算定基準時を代物弁済時ではなく否認訴訟の事実審口頭弁論終結時とする場合と，ほぼ同様の帰結が導かれることとなろう。
(53) 山本・前掲注（7）78頁。加えて，注（52）に述べたように，この構成は，債務の消滅を代物弁済に対する反対給付と同視することを意味するが，現行破産法は，一般に，債務の消滅を財産減少行為における反対給付とは把握しない立場を採用しているものと理解することができ（Ⅱ1参照），その点でも，現行法の採用した構成の方が適切であったと思われる。

2 対 象 行 為

(1) 債務の消滅に関する行為

　破産法160条2項の否認の対象行為は，債務の消滅に関する行為であり，破産法162条では債務消滅行為と並んで偏頗行為否認の対象とされている担保の供与は，対象とされていない。したがって，担保に供された目的物の価額が被担保債権額に対して過大である場合でも，本項による否認の対象とはならない。これは，担保の場合には実体法上一般的に清算義務が課される結果，差額部分が最終的に担保権者に帰属することはないため，「過大」な担保提供というものは想定できないことによるものとされる[54]。もっとも，例外的に，流質などにおいて清算義務が排除される場合には，本項の対象に含まれるとする見解がある[55]。こうした場合には，被担保債務が履行されない場合に目的物の全体が債権者に帰属することが確定しているのであるから，担保の目的を有するものであるとしても，本項との関係では，担保供与ではなく条件付の代物弁済と性質決定されるべきものであり，したがって，本項の定める債務消滅行為に含まれることになると解される[56]。
　債務消滅行為の典型例は代物弁済であるが，代物弁済と同様の効果を生じる行為はすべてこれに含まれる[57]。
　また，代物弁済等によって消滅する債務は，通常は破産債権に係る債務と考えられるが，財団債権に係る債務であっても差し支えない[58]。本項による否認の対象は，給付のうち債務の消滅に対応しない過大部分であり，債務の消滅に対応する部分が債権者平等に反するものかどうかにかかわらず，財産減少行為としての有害性が認められるからである。

(54) 一問一答222頁。このことに加えて，担保権には実体法上不可分性があり，同一目的物のうち被担保債権額を超える部分のみについての否認ということが想定しがたいという事情も，担保供与を対象から除外する理由となり得るように思われる。
(55) 竹下・大コンメ631頁〔山本和彦〕。
(56) 条解破産法1023頁。
　なお，既に担保に供されている目的物を代物弁済に供する場合，目的物の価額と被担保債権額とが均衡している限りでは有害性が否定され，否認の対象とはならないが（最判昭41・4・14民集20巻4号611頁・判タ191号77頁・判時448号33頁，最判昭53・5・25金法867号46頁参照。ただし，伊藤・〔第3版〕505〜506頁は，現行法の下では否認の余地があるとする。)，目的物の価額が被担保債権額を超過する場合には，破産法160条2項による否認の対象となり得る。
(57) 例えば，目的物を廉価で売却してその代金請求権と既存の債務とを相殺する行為についても，代物弁済に準じる行為として，破産法160条2項による否認の対象としてよいと考えられる。
(58) 山本・前掲注（7）78頁，竹下・大コンメ631頁〔山本和彦〕，新破産法の理論と実務253頁〔山本研〕，条解破産法1023頁。

(2) 給付の過大性

　給付の過大性とは，給付の価額と消滅した債務の金額との間の乖離が「破産債権者を害する」といえる程度に大きいということを意味し，給付目的物の価額が消滅した債務額よりも少しでも高ければただちに否認の対象となるわけではない[59]。この判断は，規範的な要素を含むものであり，一義的に明確な基準を定立することは困難であると解されている[60]。このように解する場合には，規範的な評価の対象となる事情として，もっぱら金額上の乖離の程度[61]のみを考えるのか，それとも，他の事情をも考慮するか，後者の立場を採用する場合には，どのような事情を考慮の対象とすべきか，といった点が問題となり得る。具体的には，①代物弁済等の場合には，一般の財産減少行為とは異なって，受益者は既に信用を供与している者であり，取引安全保護の要請が相対的に低いと考えられるという事情のほか，②行為者の主観的悪性の程度[62]，③行為当時の財産状況の悪化の程度（支払不能との時期的な近接の程度）などを考慮するかどうかが問題となろう。これらのうち，①のような一般的な事情は考慮に値すると思われるが[63]，この点に照らしても，乖離の金額が，目的物の評価額の誤差の範囲を超えて過大である場合には，有害性を認めて差し支えなく，②，③といった他の事情については，破産法160条1項1号・2号の定める主観的要件や時期的要件の適用において考慮されれば足り，過大性の判断に

463

第6章 否認権

あえて反映させる必要はないように思われる。その意味では、過大性の判断が規範的な要素を含むという点を過度に強調するのは、適当ではないことになろう。

　以上のように、過大性の判断に際しては、その前提として、給付目的物の価額評価及び消滅した債務の金額の確定が必要となる。そのうち、前者の基準時については、代物弁済等の行為がされた時点とする見解が多数である[64]。Ⅱ2(1)(a)で述べたように、廉価売却等の場合における財産減少行為性の判断基準時も行為時であることを前提とすれば、この場合にも行為時と解するのが整合的といえる。なお、破産法160条2項による否認が認められる場合における償還額を算定するためにも、超過額の算定が必要となるが、この場合の目的額評価額の基準時に関しては、否認対象行為時とする見解[65]、否認請求についての決定時ないし否認訴訟の事実審口頭弁論終結時とする見解[66]が対立している。目的物滅失等の場合の価額償還請求権については、否認権行使時を基準時とする旨の判例法理が存在することから[67]、それと同様に考えるとすれば、否認権行使時とする立場も考えられるところであるが、この見解の根拠が、否認の効果として目的物が破産財団に復帰すれば換価できたであろう価額の算定として問題を把握するところに存するとすれば、本項の否認の場合には、そもそも目的物全体の返還は問題とならないことから、この見解を採る必然性はなく[68]、また、同様の理由から、現物返還の場合との均衡を重視する事実審口頭弁論終結時説を採る必要もないと解される。他方で、手続の簡明さ、取引当事者の予測可能性の点を考慮すると、この場合に関しては、否認対象行為時を基準とする見解を支持してよいと考えられる[69]。

　消滅した債務の金額については、行為当時の債務の経済的実価ではなく、名目額が基準とされる[70]。

(59)　一問一答221頁。
(60)　一問一答221頁、竹下・大コンメ631頁〔山本和彦〕、新破産法の理論と実務253頁〔山本研〕、条解破産法1024頁注10。
(61)　金額の乖離の程度についても、絶対的な金額に着目するか、乖離の相対的な割合に着目するかで、結論は異なり得る。例えば、100万円の債務のために1000万円相当の目的物による代物弁済をする場合（乖離は900万円）と、10億円の債務のために10億1000万円相当の目的物による代物弁済をする場合（乖離は1000万円）とでは、後者の方が絶対的な乖離額は大きいから、その意味では有害性が強いといい得るが、目的

の評価額における1％程度の差異は誤差の範囲内と考えられるとすれば，逆の結論となろう。このように考えると，金額の乖離の程度の評価に際しては，当該目的物の性質に照らして，価額の客観的評価がどの程度の精度をもって可能であるか，という事情が重要な意味をもつことになる，と考えられる。例えば，評価額について上下2，3％程度の誤差はあり得ると考えられる場合には，その範囲内にとどまる過大給付については，たとえ差額が絶対的な金額としては大きい場合でも，否認の対象とするのは相当でないであろう。このような場合には，債務者又は受益者における詐害性の認識が否定されることが多いと思われるが，過大性の要件そのものについても否定されるべきものと解される。

(62) この関係では，破産法160条1項1号の要件による場合と，2号の要件による場合とで，過大性の有無の評価が異なることがあるかが問題となり得る。もっとも，実際には，2号否認の要件を満たす場合は，行為が全体として偏頗行為否認の要件を満たす場合がほとんどであると考えられ，問題が顕在化することはないかもしれない。
(63) 竹下・大コンメ631頁〔山本和彦〕は，このことなどを根拠として，破産法160条2項による否認の場合には，同条1項の一般的な適用事例の場合と比較して，厳格な評価をする余地がある，とする。
(64) 新破産法の理論と実務253頁〔山本研〕・275頁〔増市徹〕，条解破産法1022頁。
(65) 田原睦夫「価額償還請求の価額決定の基準時」今中古稀63～64頁・70頁，山本和彦・判例百選〔第4版〕58頁。なお，旧法下の議論として，田原睦夫「破産手続における相当性を超える処分行為と否認」金法1402号（1994）16～17頁も参照。
(66) 中井康之「否認権」NBL792号（2004）27頁。
(67) 最判昭41・11・17金法467号30頁，最判昭42・6・22判時495号51頁，最判昭61・4・3裁判集民147号489頁・判タ607号50頁・判時1198号110頁。
(68) 田原・前掲注（65）金法1402号17頁参照。
(69) なお，給付の目的物が可分であって，そのうちの1個の価値全体が過剰な給付となっている場合には，価額償還ではなく当該物件の現物返還を求めることができると解されている（山本克己・前掲注（7）78頁，竹下・大コンメ632頁〔山本和彦〕，条解破産法1023頁）。この場合，価額償還請求権の算定基準時を否認対象行為時と解する本文の見解を前提とすると，例えば，1000万円の債務のために，行為時の評価額700万円，300万円，500万円の物件a，b，cを代物弁済に供したが，否認訴訟の事実審口頭弁論終結時における各物件の評価額がそれぞれ500万円，200万円，400万円となっていたような場合，受益者としては，行為時を基準として過大部分500万円を償還する必要があることになる。そして，その後の物件の価額低下の結果として，現物返還を求める場合には，管財人としては，物件aの返還を求めるか，あるいは物件b又はcの返還に加えて，500万円に不足する部分を金銭で請求することになるものと考えられる。
(70) 山本克己・前掲注（7）78頁，新破産法の理論と実務253頁〔山本研〕。仮に実価を基準としたとすれば，破産法162条1項・2項2号に定める，方法が義務に属しない債務消滅行為の否認の規律を設けた意味が失われることになりかねないであろう。

3　行為の時期及び主観的要件

破産法160条2項の否認の対象となる行為の時期的要件及び主観的要件は，同条1項各号に定めるところによるから，Ⅱ**2**で述べたところがそのまま当て

第6章 否 認 権

はまることとなる。対象行為が破産法162条に定める偏頗行為否認の要件をも満たす場合には，破産管財人としては，いずれを主張するかを選択することができるものと解されるが(71)，後者の方が効果としては破産財団に有利であるから，原則として，まずこちらを主張すべきである(72)。実際には，主位的に破産法162条の適用を主張し，予備的に破産法160条2項の否認を主張することが考えられよう(73)。

(71) 一問一答233頁，基本構造と実務389頁〔山本克己発言〕，新破産法の理論と実務253頁〔山本研〕，条解破産法1023頁。
(72) 一問一答233頁，基本構造と実務390頁〔田原発言〕，竹下・大コンメ631～632頁〔山本和彦〕，新破産法の理論と実務276頁〔増市〕，条解破産法1023頁。特に，破産法160条1項2号に該当する場合には，同時に行為の全体が破産法162条に定める偏頗行為否認の要件を満たすのが通常であろう。
(73) 条解破産法1024頁。

Ⅳ 相当対価による財産処分の否認

1 意 義

Ⅱ1で述べたように，財産の処分をした場合でも，それに伴って相当な対価が取得される場合には，計数上，当該行為による積極財産の減少は生じないから，その行為は有害性を欠き，否認の対象とはならないはずである。しかし，旧法下の判例は，不動産の売却について，不動産を金銭に換えることは，財産の消費・隠匿を著しく容易にし，債権者のための共同担保を害するものであるとして，否認を認めており(74)，学説上も，否認の可能性を肯定する見解が多数説を形成していた(75)。もっとも，こうした判例法理に対しては，不動産等の流動化に対する阻害要因となっているとの取引界からの批判も存在したことから(76)，現行法においては，この場合における否認の可能性を正面から認めたうえで，その要件を条文上明確化し，限定を加えるとともに，受益者の主観的要件等に関する証明責任の分配にも配慮する形で規定を整備している（破161条）(77)。

破産法161条では，否認の客観的要件として，①債務者の財産処分行為であって，②相手方から相当の対価を取得していること（破161条1項柱書）のほ

か，③当該処分行為が，財産の種類の変更により財産隠匿等の処分のおそれを現に生じさせるものであること（同項1号）が要求されており，否認の主観的要件として，④破産者の隠匿等の処分の意思（同項2号），⑤相手方の隠匿等の処分の意思についての悪意（同項3号）が要求されている。

(74) 大判昭8・4・15民集12巻637頁。もっとも，同判決は，対価として受領した金銭がなお保管され，又は別の財産に形を変えてなお現存することが証明された場合には，否認を免れるものとしていた。
これに対して，動産の場合には，適正価格で売却されている限り，否認の対象とならないとするのが判例であった。大判昭7・12・23法学2巻845頁。
(75) 判例を基本的に支持する見解として，谷口・249頁，注解破産法（上）433頁〔宗田〕などがあったほか，代金の消費・隠匿の目的が認定できる場合には否認が可能とする見解として，山木戸・186頁，伊藤・前掲注（1）343頁があった。
(76) このような視点から現行法に対して積極的な評価をするものとして，基本構造と実務393頁〔田原発言〕参照。
(77) 一問一答222～223頁。また，立案の過程については，山本・前掲注（7）79頁も参照。

2 客観的要件

(1) 財産処分行為

破産法161条の否認の対象となるのは，破産者の財産処分行為である。ここでいう財産処分行為とは，目的物の経済的価値の全部又は一部を第三者に移転する行為をいう(78)。典型例としては，売買が挙げられるが，対価が金銭に限定されていないことから，交換による所有権の移転もこれに含まれる。また，次に述べるように，担保権の設定や賃借権などの用益権の設定も，これに含まれるものと解される。

(a) 担保権の設定

自己の負担する債務のためにする担保権設定は，一般には偏頗行為に属するものであることから，財産減少行為の否認と偏頗行為の否認とを峻別する現行法の下において，破産法161条の否認の対象となるかどうかについては，疑問の余地がないわけではない。しかし，同条が「譲渡」ではなく「処分」の文言を採用しているのは，担保権の設定も同条の適用対象に含めるべきであるとの立案過程の議論を背景にしたものであることからすれば(79)，担保権の設定も「処分」に含まれるものと解される(80)。もっとも，既存の債務についてする担保権の設定については，相当な対価の取得を想定することができないから，

「処分」には含まれるとしても、同条の適用はない。したがって、同条の対象となる担保権の設定としては、新規融資と同時交換的に行われる担保権の設定(81)のほか、第三者の負担する債務のために相当の対価を得てする担保権の設定が考えられる。

(b) **賃借権などの用益権の設定**

賃借権の設定に関しては、賃料増額請求（借地借家11条・32条）などによって経済的な対価の相当性を回復する手段が認められていることから、破産法161条の適用対象とならないとする見解がある(82)。しかし、同条による否認は、対価が相当性を欠くことを理由にするものではないことから、このような理由で「処分」該当性を否定することは困難であると考えられる(83)。したがって、賃借権が破産財団に対抗できるものであって(84)、目的物の経済的価値の処分に該当する限りは、同条にいう「処分」に該当するものと解される。

(78) 条解破産法1028頁参照。
(79) 基本構造と実務394頁〔松下発言〕参照。
(80) 山本・前掲注（7）80頁、竹下・大コンメ637頁〔山本和彦〕、条解破産法1028頁。破産法160条がその対象行為から担保の供与を明文で除外しているのに対して、161条は、そのような除外規定を置いていないことから、文言上も、このように解することに障害はないといえる。
(81) 新規融資と同時交換的に行われる担保権設定である限り、相当対価性は常に肯定される。実体法上の清算義務を前提とすると、担保権の設定が債務に対して「過大」であることは想定できないからである（**Ⅲ2(1)**参照）。
(82) 竹下・大コンメ637頁〔山本和彦〕、新注釈再生法（上）〔第2版〕725頁〔中西〕。
(83) 条解破産法1028頁。
(84) 賃借権が対抗要件を備えていない場合には、破産法53条1項によって契約を解除することによる対処が可能である。

(2) **対価の相当性**

破産法161条が適用されるのは、「行為の相手方から相当の対価を取得しているとき」である（同条1項柱書）。ここにいう「対価」とは、処分を直接の原因として破産者が取得する財産上の利益のうち、破産者の積極財産の増加をもたらすものに限り、処分を原因とする財産上の利益であっても、消極財産の減少である場合には、同条にいう「対価」には該当しないものと解すべきである。財産処分に伴って消極財産の減少をもたらす行為は、偏頗行為に該当し、破産法161条ではなく、162条等の要件の下で否認の対象となるからである(85)。し

たがって，例えば，財産の処分に伴って，相手方が破産者の債務を免責的に引き受ける場合，破産者の側に財産上の利益が生じることは否定できないが，それは，消極財産の減少にすぎないから，同条にいう「対価」には該当しない(86)。

このような積極財産の増加は，金銭の交付(87)には限定されないが，(3)で述べる隠匿等の処分のおそれの要件との関係で，隠匿等が相対的に容易なものに限られる。

相当の対価が何を意味するかについては解釈に委ねられているが，合理的な市場価格であることを前提としつつ，現実の社会経済情勢の下で合理的と考えられる条件を満たす市場で形成されるであろう市場価値を表示する適正な価格としての正常価格(88)に限られるものではなく，処分の時点における債務者の状況や処分の目的によっては，いわゆる早期処分価格でも相当の対価と認められる場合があるとする見解が有力である(89)。この見解に従えば，相当の対価には一定の幅があることになり，処分目的の相当性といった事情と対価の相当性とは相関的な関係に立つことになろう(90)。

対価の相当性の判断の基準時は，処分の時点である。処分後の価格の高騰によって相当性の判断が左右されるというのでは，関係者の予測可能性の確保を図った破産法161条の立法趣旨に反することになるからである。この判断は，一般的な財産減少行為の場合における対価的均衡の欠如の判断と裏表の関係にあり，通常は，破産管財人としては，主位的に対価的均衡の欠如を理由として160条による否認を主張し，予備的に161条による否認を主張することになると考えられる。そして，161条の否認の要件としての対価の相当性については，形式的には破産管財人が主張・証明責任を負うことになるが(91)，160条における対価的均衡の欠如の要件と161条における対価の相当性の要件とは法律上択一的な関係にあると解されるから，裁判官の心証としては，一方を否定する場合には当然に他方を肯定すべきものであり，同一手続内において双方ともに真偽不明として否認権の行使が阻却されることはないものと考えられる(92)。

(85) このように解しないと，偏頗行為の典型例である本旨弁済もまた，相当対価による財産処分に該当することになってしまうであろう。これに対して，竹下・大コンメ638頁〔山本和彦〕は，債務の消滅についても破産法161条にいう対価に含む趣旨とも見受けられる。

469

第6章 否 認 権

(86) このことが具体的に問題となる事例として，近時議論の多い詐害的な会社分割の例が挙げられる。例えば，債務超過に陥っているＡ社が新設分割によりＢ社を設立し，Ｂ社の全株式を取得したうえで，Ａ社の事業及び重要資産をＢ社に移転するとともに，それと同額の債務もＢ社に移転する場合を考えると，Ｂ社に移った債権者が十分な弁済を受けることができるのに対し，Ａ社に残された債権者はほとんど弁済を受けられない，という状況が生じる。そこで，こうした会社分割を否認できないかどうかが問題となる。この場合において，仮に，Ｂ社による債務の引受けを事業及び重要資産取得の「対価」と構成する場合には，破産法161条による否認が問題となり得ることになるが，本文に述べたように，債務の引受けは同条にいう「対価」と解することはできないし，Ｂ社の株式が移転した資産と等価であるとは考えられないから（内田博久「倒産状態において行われる会社分割の問題点」金法1902号（2010）59頁参照），上記会社分割を，相当対価による財産処分と評価することはできない。むしろ，この場合のように，積極財産の処分に伴う消極財産の移転ないし消滅行為は，その性質上偏頗行為であり，既存の債務に対する一種の非典型担保の供与といえるものであるから，その否認については，本来破産法162条の規定によるべきである（井上聡「濫用的会社分割における問題の本質」金法1903号（2010）7頁）。このように解すると，とりわけ相手方の悪意の要件（破162条1項1号）の認定について困難な問題を生じるが，実際に会社分割の当事者となっているのはＢ社であることから，民法101条を類推して，Ｂ社の個々の債権者についてではなく，Ｂ社自身について主観的要件の存否の判断をすることが考えられる。

　（追記）この問題に関しては，平成23年1月に本項目を脱稿した後，校正段階までに多数の文献が出現したほか，判例，立法の面で重要な進展があった。
　まず，学説に関しては，上記のような考え方に対する重要な批判として，伊藤眞「会社分割と倒産法理との交錯——偏頗的詐害行為の否認可能性」NBL968号（2012）16～17頁がある。会社分割が偏頗行為の経済的実質を有するとしても，法形式上弁済や担保提供と評価することが困難であることなどを理由とする。この見解は，偏頗行為の実質をもつ行為について，偏頗行為否認の規定を直接的に適用することが困難であることをふまえて，詐害行為として再構成しようとするものである点で，旧破産法下における本旨弁済の故意否認を認める見解と通ずるところがある。これに対して，判例法上，詐害的会社分割を担保設定行為と評価する可能性はなお排除されていない，とする見解として，森田修「契約複合と詐害行為取消権」NBL996号（2013）19頁参照。
　次に，判例においては，詐害的会社分割が民法上の詐害行為取消権の対象となるとした判例として，最判平24・10・12民集66巻10号3311頁・判タ1388号109頁・判時2184号144頁が出現した。もっとも，この判決は，本注において問題としているような詐害性の実質について正面から判断したものではない。森田・前掲同16～17頁参照。
　最後に，この問題に対する立法的な対応として，平成26年6月27日法律第90号による会社法改正に伴い，分割債権者が残存債権者を害することを知って会社分割をした場合には，残存債権者は，吸収分割承継会社又は新設分割設立会社に対して，承継した財産の価額を限度として債務の履行請求ができるものとされた（会社法759条4項・764条4項。持分会社の場合につき，同761条4項・766条4項）。もっとも，この請求権は，分割会社について破産手続開始決定があった場合には行使できなくなるから，否認権行使に関する問題がこの立法によって解決されたというわけではない。また，手続開始前にこの権利を行使した株主を否認権行使との関係でどのように扱うか

などの問題についても，解釈論に委ねられている。

　なお，民法（債権関係）の改正に関する要綱仮案（平成26年8月26日決定）第16においては，民法上の詐害行為取消権に関しても，債務消滅行為・担保供与についての特則等を設けることを予定している。したがって，これが実現した場合には，民法の解釈論としても，詐害的会社分割をどのような行為として取消しの対象とするのかにつき，破産法上の否認権におけるのと同様の検討を，正面から迫られることになろう。

(87)　新規融資に伴う担保権設定の場合にも，融資に係る金銭の交付により，当該金銭の所有権を債務者が取得することになるから，これをもって対価と評価することができる。

(88)　国土交通省「不動産鑑定評価基準」第5章第3節Ⅰ・1参照。

(89)　論点解説(上)232〜233頁〔佐々木宗啓〕，基本構造と実務393頁〔田原発言〕，条解再生法584頁〔畑宏樹〕，竹下・大コンメ637頁〔山本和彦〕，伊藤・〔第3版〕522頁注226，条解破産法1028頁，新注釈再生法（上）〔第2版〕725〜726頁〔中西〕。

(90)　例えば，事業の運転資金を緊急に調達する必要があるといった場合には，正常価格よりも低い早期処分価格での処分も相当対価による財産処分と評価される一方，隠匿等を目的とする悪質な場合には，正常価格が要求されたうえで，なお破産法161条の要件による否認の余地が認められる，ということになろう。その限度で，対価の相当性の要件は，旧法下において議論されていた不当性の要件と類似の機能を果たすことになる。

(91)　論点解説(上)232〜233頁〔佐々木〕。

(92)　なお，破産法160条による否認の主張に対し相手方が対価の相当性を主張する場合には，破産法161条の否認の主張との関係で，相手方に先行自白が成立するので，161条との関係では対価の相当性が当然の前提となる，とする説明が見られる（論点解説(上)234頁〔佐々木〕，竹下・大コンメ637頁〔山本和彦〕参照）。しかし，破産管財人の側に主位的主張・予備的主張の形式で内容的には矛盾する主張を許容する以上は，相手方にも，双方ともに争うという対応を認めない理由はないように思われる。したがって，160条の関係で対価の相当性を主張したからといって，161条の関係で当然に先行自白が成立すると解するのは相当でなく，本文のように，あくまで裁判官の心証の問題として，160条が否定される場合には当然に161条の対価の相当性要件が満たされるものと理解すべきであろう。

(3)　隠匿等の処分のおそれ

　相当対価による財産処分を否認するためには，その行為が，当該処分による財産の種類の変更により，破産者において隠匿，無償の供与その他の破産債権者を害する処分（隠匿等の処分）をするおそれを現に生じさせるものであることが必要である（破161条1項1号）。相当対価による財産処分がなされた場合，債権者を直接的に害するのは，その後にされる代金の隠匿や費消といった行為であるが，破産法161条は，財産処分がそうした有害な行為の具体的な危険を発生させる場合に，一定の要件の下で財産処分自体についての否認を認めたもの

第6章 否認権

である。

(a) 財産の種類の変更

上記のような具体的な危険を発生させる処分を、破産法161条1項1号は、「財産の種類の変更」と表現している。同号が例示しているように、不動産の金銭への換価がこれに該当することには異論がないが、その他、いかなる財産をいかなる財産に変更した場合にこれに該当することになるのかが問題となる。判断の要素としては、費消の容易化という観点からは処分の容易性、隠匿の容易化という観点からは財産保有の公然性が挙げられる[93]。具体的には、変更前の財産としては、不動産のほか、動産であっても、自動車のように登記・登録を要し、公然性の高いものや、工場に設置された大型の工作機械など、処分が容易でないものについては、含まれる余地があるが、それ以外の一般の動産や有価証券は、公然性、処分の容易性の点で金銭と大きな違いはなく、含まれないものと解される[94]。また、非金銭債権や知的財産権についても、含まれる場合があるとする見解が有力である[95]。これに対して、金銭債権については、含まれないとする見解と、含まれる場合があるとする見解とが対立している[96]。

変更後の財産の種類については、金銭のほか、有価証券、貴金属などの動産が含まれるほか、預金債権等の金銭債権も含まれる余地があるとする見解がある[97]。

破産法161条の立案過程においては、中間試案の段階における「不動産その他の重要財産」の処分との文言が広すぎるとの指摘を受けて、現在の文言に改められたという経緯があることから、こうした立法趣旨を重視し、新規融資や証券化に対する萎縮効果を防ぐという観点からは、財産の種類の変更に該当するかどうかについて厳格な立場をとるべきことになろう。しかし、同条の規定の文言自体は特定の種類の財産を除外するものではないことから、例えば金銭債権などがカテゴリカルに同条の適用対象から除外されると解するのは困難と思われる[98]。

(b) 破産債権者を害する処分のおそれ

隠匿、無償の供与その他の破産債権者を害する処分の内容に関しては、費消ないし浪費、経済的な合理性を欠く投機などがこれにあたると解されるが、対

17　詐害行為否認

価として取得した金銭を一部の債権者に対する弁済に用いることが含まれるかどうかについては，議論がある(99)。破産法161条による否認の根拠が，①処分行為それ自体としては計数上財産減少行為性を欠く場合であっても，②その後の隠匿等の処分のおそれをも考慮する場合には実質的に財産減少行為性を認め得るという点に求められることからすれば，後者の隠匿等の処分は，それ自体として財産減少行為性を有するものに限られ(100)，しかも財産減少の程度が相当に大きいことが要求されるものと解すべきであろう(101)。

　破産法161条の否認の要件は，隠匿等の処分のおそれが現に存在することであり，処分が現実に行われたことは要求されない。もっとも，破産者の取得した対価が一般財産から分別して保管され，破産手続開始後も現存している場合には，上記②で予定されている有害な結果が現実化しなかったことになるため，同条による否認は認められないと解すべきである(102)。この場合，対価の現存は，否認の主張に対する抗弁を構成することになる。

(93) 基本構造と実務396頁〔山本克己発言〕。
(94) 基本構造と実務395頁〔小川秀樹発言〕，条解再生法584頁〔畑〕，竹下・大コンメ639頁〔山本和彦〕，条解破産法1029～1030頁。これに対して，新注釈再生法(上)〔第2版〕726頁〔中西〕は，有価証券や貴金属の換金も含まれるとする。
(95) 竹下・大コンメ639頁〔山本和彦〕，条解破産法1030頁，新注釈再生法(上)〔第2版〕726頁〔中西〕。
(96) 含まれないとする見解として，山本・前掲注（7）79頁，新注釈再生法(上)〔第2版〕726頁〔中西〕参照。含まれる余地があるとする見解として，基本構造と実務298頁〔沖野眞已発言・田原睦夫発言〕（将来の賃料債権を挙げる。），竹下・大コンメ639頁〔山本和彦〕（診療報酬債権を挙げる。），条解破産法1030頁がある。
(97) 条解破産法1030頁。預金債権等も含まれるとするのは，竹下・大コンメ639頁〔山本和彦〕。
(98) このように解したとしても，実際に否認が認められるためには，隠匿等の処分をする意思やそれについての受益者の悪意が必要であるから，否認の対象が過度に拡大することは考えられない（基本構造と実務397頁〔山本和彦発言，松下淳一発言〕参照)。
(99) 非本旨弁済，本旨弁済の双方について破産法161条の「破産債権者を害する処分」に該当する余地を認める見解として，新注釈再生法(上)〔第2版〕726頁〔中西〕，偏頗行為は含まれないとする見解として，山本・前掲注（7）80頁，竹下・大コンメ640頁〔山本和彦〕，伊藤・〔第3版〕522頁注225，条解破産法1030頁。
(100) 山本・前掲注（7）80頁参照。破産法161条1項1号が例示する隠匿，無償の供与がいずれも偏頗行為ではなく財産減少行為に位置づけられることも，このように解する手掛かりとなる。中間試案の段階では非本旨弁済が「害する処分」にあたるとの整理がされていたのが改められた経緯につき，山本・同所を参照。
　　なお，債務の弁済であっても，破産者の内部者に対する弁済であって，弁済の相手

473

方が無資力であるなどの事情の下では、「隠匿」や費消に該当するものとして破産法161条による否認の余地があるとする見解が有力である（基本構造と実務400頁〔山本克己発言〕、竹下・大コンメ640頁〔山本和彦〕、伊藤・〔第3版〕522頁注225、条解破産法1030頁）。もっとも、その種の事案で破産法161条による否認が実際に認められるのは、財産の処分の相手方もそうした事情について悪意の場合であるが、そのような場合には、むしろ、債務者、財産処分の相手方、弁済の相手方の三者間で行われた債務消滅行為として（その実質は、代物弁済に第三者を関与させたものと評価できる。）、財産処分自体を偏頗行為否認の対象とすべきではないかとも考えられる。

(101) 一問一答224頁参照。
(102) 山本・前掲注（7）81頁、基本構造と実務398頁〔山本克己発言、小川秀樹発言〕、伊藤・〔第3版〕522頁注227、条解破産法1030～1031頁。
　これに対して、この場合にも否認を肯定する見解として、竹下・大コンメ640～641頁〔山本和彦〕がある。確かに、処分後に目的物の価格が上昇した場合を考えると、対価が現存していたとしても、処分がおよそいかなる意味でも有害性を欠くとはいい切れない。しかし、破産法161条が想定する有害性は、処分後に別の財産減少行為がされる危険が発生するという意味における有害性であって、そこでは、行為後の価格の上昇というような意味における間接加害的な要素は想定されていないものと解される。この問題については、垣内・前掲注（7）226頁以下も参照。

3　対象行為の時期

　破産法161条の否認の対象となる財産処分行為がなされた時期に関しては、一般に、隠匿等の処分は、財産減少行為として有害なものでなければならないから、そのおそれが現に生じるといえるためには、その当時債務者が実質的危機時期に陥っていることが必要であるとされる(103)。

　しかし、ここで注意を要するのは、**4**で述べるように、破産法161条においては、受益者側の主観的要件について、破産者が隠匿等の処分をする意思を有していたことについての悪意が要求されており（破161条1項3号）、破産法160条1項1号の場合とは異なって、破産者の財産状況及び隠匿等の処分の客観的なおそれの認識だけでなく、破産者の詐害意思についての悪意まで要求されているという点である(104)。この点に着目すると、破産法160条1項1号の場合とは異なり、このような具体的認識を有する関係人間の行為についてであれば、行為当時に債務超過であったとはいえない場合でも、それを予測して行為している以上、否認権行使時までに債務超過に至っていた場合には、否認が可能であると考える余地は十分にあるように思われる(105)。このように考えれば、破産法161条の否認の場合には、対象行為がされた時点における破産者の財産状態を、有害性の観点から独自に問題とする必要はなく、その点は、隠匿

(103) 山本・前掲注（7）80〜81頁，基本構造と実務402頁〔山本克己発言〕，竹下・大コンメ639〜640頁〔山本和彦〕，条解破産法1029頁参照。
(104) この点で，破産法161条の規律は，間接加害を広く認めるドイツ倒産法133条1項以上に，具体的かつ限定的なものといえる。
(105) これは，その限りで，間接加害的な規律を導入するものといえる。この点については，垣内・前掲注（7）229頁参照。

4 主観的要件

(1) 隠匿等の処分をする意思及び相手方の悪意

　破産法161条の否認のための主観的要件としては，まず，破産者が，当該行為の当時，対価として取得した金銭その他の財産について，隠匿等の処分をする意思を有していたことが必要である（破161条1項2号）。詐害意思の一類型ということができるが，自己の財産状況の認識に加えて，**2**(3)(b)で述べた「破産債権者を害する処分」をする意思が要求される点で，破産法160条1項1号の場合と異なる。

　また，相手方については，破産者が隠匿等の処分をする意思を有していたことについての悪意が要求される（破161条1項3号）。破産法160条1項1号の場合と異なり，破産者の財産状況及び隠匿等の処分の客観的なおそれの認識だけでなく，破産者の詐害意思についての悪意まで要求される点に特徴がある。これは，破産法161条が取引の相手方に萎縮的効果をもたらすことを防ぎ，債務者の再建の途を確保するという趣旨から，受益者側の主観的要件を限定したものである(106)。

　これらの主観的要件についての証明責任は，いずれも破産管財人が負担するが，後述のように，行為の相手方が内部者の場合については，特則が設けられている。

(106) 一問一答224頁。

(2) 内部者に関する証明責任の転換

　行為の相手方が内部者である場合には，相手方の悪意が推定され，受益者側の主観的要件についての証明責任が転換される（破161条2項）。内部者は破産者

第6章　否　認　権

と密接な関係があり，破産者の意思を知っていた蓋然性が高いこと，また，隠匿等を目的とする処分は，内部者を相手方として行われることが少なくなく，否認の必要性が高いことによるものである[107]。

具体的には，①個人である破産者の親族又は同居者（破161条2項3号）のほか，②法人である破産者の理事等又はこれに準ずる者[108]（同項1号），③株式会社である破産者の総株主の議決権の過半数を有する者（同項2号イ），④株式会社である破産者の親法人であって，単独では議決権の過半数を有しないが，その子株式会社が有する議決権と合算すると過半数に達するもの（同項2号ロ），⑤株式会社以外の法人である破産者について，③又は④と同様の地位にある者（同項2号ハ）が内部者とされる。旧法下においても，危機否認の主観的要件について，親族又は同居者の場合には証明責任を転換する旨の規定が置かれていたが（旧破72条3号），経済社会の実情をふまえて法人の内部者についても同様の規律を及ぼすこととしたものである。

証明責任の転換が認められるのは，破産法161条2項に列挙された者が相手方となっている場合であるが，これらに該当しない場合であっても，法人の実質的支配者等類似の状況にある者の場合には，経験則に基づく事実上の推定が働くことが考えられる[109]。

(107)　一問一答225頁参照。同旨の推定規定として，破産法162条2項1号がある。
(108)　「これに準ずる者」に何が該当するかについては議論があるが（基本構造と実務401頁参照），破産法161条2項2号ハの趣旨からすれば，法人の運営に関する重要な情報を把握し，その意思決定に参画し得る地位にある者を指すと考えられる（条解破産法1032頁）。
(109)　竹下・大コンメ643頁〔山本和彦〕。

〔垣　内　秀　介〕

18 偏頗行為否認

I　はじめに

　現行破産法は，危機時期（原則として，債務者の支払不能又は破産の申立て後，破産手続開始まで）においてなされた担保の供与又は債務の消滅に関する行為を偏頗行為否認の対象にしている（破162条1項）。また，破産法は，詐害行為否認の対象から「担保の供与又は債務の消滅に関する行為を除く」とし（破160条1項柱書），詐害行為否認と偏頗行為否認を相互に独立した否認類型とする立場をとる[1]。

　以上のような詐害行為との区別の明確化という点のほか，現行法は，支払不能を危機時期の始点とすることにより，旧法（支払停止又は破産申立てが始点とされた。）よりも，偏頗行為否認の対象期間を実質的に拡張した。支払不能時を危機時期の起算点とする根拠は，債務者は支払不能になることにより自力による債権者への弁済は不可能な状態になるから，その状態で特定の債権者のみ満足を得させることは債権者間の平等を害することに求められた。また，破産法立法時に，偏頗行為否認を支払不能によって画する問題点として指摘されたのは，支払不能概念という不明確な概念が，偏頗行為否認の要件とされることにより，信用供与に対する萎縮的効果が生ずるおそれがある点であったが，これに対しては，弁済期に来た債務を弁済できている限り支払不能とはいえないから必ずしも不明確な概念とはいえないこと，新規融資については否認対象からいわゆる同時交換的行為を除外する（破162条1項柱書参照）ことによって相当程度解消されることなどを根拠に，懸念されるような事態は生じないものとされた[2]。

477

第6章 否認権

　受益者たる債権者の主観的要件及びその証明責任の原則（偏頗行為否認の一般原則としては，管財人に悪意の証明責任が課され，ただ，義務に属しない偏頗行為等については受益者たる債権者に善意の証明責任が課される。）は，旧法の危機否認に関する規律（旧破72条2号～4号）が基本的に維持されたが，証明責任の転換の範囲については，法人の内部者や関係者を加えるなど，旧法よりも拡大又は整備された（破162条2項・161条2項参照）。

　本項目では，否認の一般的要件及び偏頗行為の基本的要件に関する問題点を取り上げた後に，いくつかの具体的論点について検討を加える。

(1)　現行破産法における偏頗行為否認の位置づけ等については，畑瑞穂「偏頗行為否認」新破産法の理論と実務258頁以下参照。なお，民事再生法127条の3，会社更生法86条の3も破産法と同様の偏頗行為否認を定めている。

(2)　一問一答228頁以下参照。支払不能が時期的要件を画する重要な概念とされていることは，相殺の制限（破71条1項2号・72条1項2号参照）の場面でも同様である。債務者の支払不能により，破産債権の実質的価値が低下していることから，その時期以降の債務負担や破産債権の取得に基づく相殺を認めると，破産債権者間の平等を害することが，相殺制限の根拠である（一問一答114頁参照）。

II　否認の一般的要件と偏頗行為

　否認権には，各否認類型における要件のほかに，すべての否認類型に共通する一般的要件があると考えられてきた。偏頗行為の否認の観点からみると次のとおりである。

　まず，有害性の要件がある。この要件は，偏頗行為の否認においては，外形的には偏頗行為として否認要件を満たすようにみえても，具体的状況から破産財団又は一般債権者の利益を害さないときに，否認可能性を否定する根拠として利用されてきた（したがって，少なくとも偏頗行為否認の場合は，否認の相手方である債権者が有害性を欠くことの証明責任を負う。）。例えば，破産手続において別除権の目的物となる特定の財産により代物弁済をしたときは，担保目的物の価額が被担保債権額を超えない限度において，一般債権者を害するものとはいえない。別除権目的物の価値は，別除権者によって優先的に把握されており，その財産により担保権者が優先弁済を受けても，一般債権者の利益を実質的に害することにはならないからである[3]。

また，不当性を欠く行為も，否認の一般的要件を欠くとされる。この不当性の要件とは，有力説によれば，法律上の否認要件を満たし，かつ，有害性があっても，国民の生存権（憲25条）や人の生命・健康を維持するための事業の社会的価値，さらには地域社会経済に果たしている事業体の役割など（破産法秩序より高次の法秩序や社会経済秩序）を考慮して，否認の成立可能性を阻止するための概念であるとされる[4]。偏頗行為との関係では，個人債務者の生活費や事業者の運転資金調達のための担保権設定などが，不当性を欠く例として挙げられるが，不当性を欠くことの認定（証明責任は，受益者又は債権者側にある。）は，厳格になされるべきものとされる[5]。

　さらに，破産者の行為であることが必要か，という論点がある。学説は，この問題について，旧法以来，詐害意思を必要とする詐害行為否認（破160条1項1号。旧法では72条1号の故意否認）では破産者の行為又は破産者の加功行為が必要となるが，破産者の詐害意思が要件ではない否認類型（破160条1項2号・162条1項。旧法では72条2号の危機否認）では，第三者の行為であっても，その効果において破産者の行為と同視できるものは，否認の対象となると解されてきた[6]。判例も，執行行為の否認（旧破75条，現破165条）について，執行行為につき破産者が強制執行を受けるにつき害意ある加功をしたことを必要とするものではないとしている[7]。また，公務員が破産した場合において，第三者（公務員の給与支払機関）によって債権者（公務員共済組合）への払込みがなされたケースについても，給与支払機関の払込みは，「組合に対する組合員の債務の弁済を代行するものにほかなら」ないとして債務者の行為との関連性を維持するかの説示を加えつつ，その関連性を実質的には大きく緩和する立場を採っていると解される[8]。もっとも，破産者による債権譲渡についてなされた第三債務者の承諾（対抗要件充足行為）が否認できるかが問題となった事例で，最高裁は，対抗要件否認行為に関するいわゆる制限説（対抗要件充足行為も否認の対象になるが，その特殊性に鑑みて特別の要件の下で否認が可能となると考える説）に立ちつつ，対抗要件否認（旧破74条，現破164条）の否認対象も，「破産者の行為又はこれと同視すべきもの」に限るとして債務者の承諾の否認可能性を否定している[9]。学説からは，その効果において破産者による対抗要件具備行為（確定日付ある通知など）と同視できるのであれば，否認対象とし得るとして，批判が強

第6章 否 認 権

い(10)。
　（3）　最判昭41・4・14民集20巻4号611頁・判タ191号77頁・判時448号33頁参照。その他，後に取り上げる借入金による弁済の否認に関しても，有害性がないとして，否認可能性が否定されるのが一般である。
　（4）　伊藤・391頁参照。
　（5）　不当性の要件に関しては，少なくとも現行法の下では，不当性を否認の一般的要件として認める必要はないとする有力説もある（山本・倒産処理法〔第4版〕100頁以下）。その理由としては，旧法下で不当性が最も問題とされた適正価格売却の否認については，破産法161条で明文の規定が設けられたこと，及び仮に破産法秩序を上回る利益が観念できる場合でも，権利の濫用や公序良俗などの一般法理で否認可能性を否定すればよいことが挙げられる。
　（6）　伊藤・393頁，山本ほか・概説〔第2版〕275頁〔沖野眞已〕等参照。
　（7）　最判昭48・12・21判時733号52頁，最判昭57・3・30判タ468号83頁・判時1038号286頁。
　（8）　最判平2・7・19民集44巻5号837頁・判タ737号81頁・判時1356号88頁，最判平2・7・19民集44巻5号853頁，最判平2・10・2判タ743号105頁・判時1366号48頁。
　（9）　最判昭40・3・9民集19巻2号352頁・判タ175号106頁・判時407号29頁。最高裁は，その後，仮登記仮処分命令による仮登記（旧不登33条。現不登108条）につき，「その効力において共同申請による仮登記と何ら異なるところはなく，否認権行使の対象とするにつき両者を区別して扱う合理的な理由はないこと，実際上も，仮登記仮処分命令は，仮登記義務者の処分意思が明確に認められる文書等が存するときに発令されるのが通例であることなど」を考慮すると，仮登記仮処分命令に基づく仮登記も，破産者の行為があった場合と同視し，これに準じて否認することができるとした（最判平8・10・17民集50巻9号2454頁・判タ934号227頁・判時1596号59頁。評釈として，田頭章一・平成8年度重解解（ジュリスト1113号）131頁等がある）。この判決自体は，上記昭和40年判決の判断枠組みに従い，破産者の行為と同視すべき行為として，仮処分命令に基づく仮登記を否認対象とする形をとっている。
　（10）　徳田和幸・判例百選〔初版〕81頁，条解破産法1054頁等参照。

Ⅲ　偏頗行為否認の基本類型とその要件

1　偏頗行為否認の通則

　偏頗行為否認の対象となるのは，原則として，支払不能又は破産申立てから破産手続開始決定までの間の，「既存の債務についてされた担保の供与又は債務の消滅に関する行為」である（破162条1項1号）。もっとも，支払不能等の事実につき，受益者たる債権者が悪意の場合に限る（同号ただし書。なお，同条2項による証明責任の転換については，後述する。）。債務の消滅に関する行為又は担保の

供与は，支払不能等の後になされたことにより偏頗行為否認の対象となり，破産者の主観的要件は不要である。上記の時期に，偏頗的な弁済等を行ったこと自体が，破産財団の減少を招き，かつ債権者平等を害する不当な行為と評価されるのである。

(1) 偏頗行為否認の対象となる行為

債務の消滅に関する行為としては，民法上，弁済（民474条）のほか，更改（民513条），免除（民519条）などが挙げられる。もっとも，免除については，債権者の意思表示により，債務者（破産者）の負担なしに債務を消滅させるものであるから，偏頗行為否認の余地はない。更改については，新債務が旧債務より破産者に不利なときには，更改の債務消滅部分を否認する（その結果，更改自体が無効となる）意義が認められる。もっともそのような理解に対しては，新債務が旧債務より破産者に不利な場合には，更改を詐害行為として否認すればよいとする見解もある[11]。思うに，新債務が破産者に不利な内容である場合には，過大な新債務（対価）をもって，債務の消滅行為を行うという意味で，対価的均衡を欠く代物弁済と類似の状況とみることができよう。そこで，管財人に対して，状況に応じ，偏頗行為否認により債務消滅行為全体を否認するか，破産財団の負担増の部分（例えば債務額が増額しているときは，増額分のみ）を詐害行為として否認するか（破160条2項類推）の選択肢を認めてよいと考える（もっとも，管財人は前者を優先的に考慮することになろう。）。

さらに，相殺（民505条以下）も債務の消滅に関する行為であり，債権者平等を害し得る行為であることは確かである。しかし，その意思表示は破産者の行為ではなく，また破産法71条以下の相殺制限の規律とは別に，否認で律する必要があるかという問題もある。通説・判例[12]は，相殺の否認可能性を否定する。否定説が妥当であるが，その根拠としては，破産者の行為ではないという点よりも，現行法では相殺制限の時的範囲が拡張され，またそれで対処できないケースは相殺権の濫用の法理があり得ること，相殺を否認しても相殺適状が復活するだけで，破産手続開始後の再度の相殺を免れないことなどの点が重視されるべきであろう[13]。

他方，担保の供与とは，抵当権や質権のような典型担保か譲渡担保や所有権

留保などの非典型担保かを問わず、実体上担保設定行為とされるすべての行為が含まれる。ファイナンスリース契約の締結も、その性格につき担保的構成をとれば、担保の供与に含まれることになるが、通常は、ファイナンスとの同時交換的取引（後述）になることから、偏頗行為否認の成立することはないといえる(14)。担保の供与に関しても、第三者の行為が偏頗行為否認の対象になるかどうかが問題となる。最近の裁判例には、破産債権の担保として、形式的には第三者が自己名義の定期預金債権に対してした質権設定につき、破産管財人の否認（旧破産法72条1号の故意否認）の対象になるかが問題となったケースがある(15)。裁判所は、本件定期預金の原資は破産者が出捐したものであるという認定に基づいて、本件質権設定行為は破産管財人による否認権行使の対象となると判示しつつ、括弧書において、「なお、仮に、本件質権設定行為をS〔第三者〕の行為として行ったものと見たとしても、その実質は上記説示〔破産者が出捐した預金債権に対して自ら行った質権設定との認定〕のとおりであり、A〔破産者〕の財産について、Aの代表者が自ら加功してした行為であるから、A自身による質権の設定と異なるところがなく、原告〔破産管財人〕による否認権行使の対象となるものと解するのが相当である」とする。この判断内容を敷衍していけば、保証人の代位弁済の原資を破産者が出捐したような場合にも、偏頗行為否認の可能性が認められることになろう。

(11) 竹下・大コンメ618頁〔山本和彦〕。
(12) 最判平2・11・26民集44巻8号1085頁・判タ765号169頁・判時1392号149頁。
(13) 佐藤鉄男・判例百選〔第4版〕77頁、条解破産法1017頁等参照。
(14) 条解破産法1038頁参照。
(15) 東京地判平20・6・30判時2014号96頁（控訴審でも支持された。東京高判平21・1・29金法1878号51頁）。前述のように（注(9)参照）、債権譲渡担保の設定に関連して第三債務者の承諾（民467条）が否認の対象となるかという問題もあるが、この点の検討は、対抗要件の否認に関する論考に委ねる。

(2) 「同時交換的行為」の否認対象からの除外

破産法162条1項柱書は、偏頗行為否認の対象を「既存の債務」への弁済等に限定することによって、救済融資に伴う担保設定などいわゆる同時交換的行為は否認対象から除外している。偏頗行為否認の目的は、債権者平等の確保であるが、新規に出捐（金銭を貸与）して担保を取得する債権者について、既に信

用リスクが現実化して割合的弁済しか受けられない地位にある既存の債権者との平等を考慮する必要がないからである。もっとも、新規信用供与と担保権の設定等が厳密な意味で「同時」になされる必要はない。例えば、過去に根抵当権が設定された状況で、新規融資がなされ、それによる債権が被担保権とされた場合も、新規信用供与に対する担保権の設定とされる[16]。また、信用供与の方が先行している場合でも、それが危機時期における担保権の設定と一体の取引であると判断できるときは、例外的に同時交換的取引としてよい場合もあり得よう。

その他、同時交換的行為に関連しては、次のような問題点が議論されている[17]。

① 新規融資に際して担保設定契約を締結したが、対抗要件を具備するのが後れて危機時期になされた場合、同時交換的行為といえるか。
② 危機時期前の売買契約の買主が破産した場合について、買主が危機時期において、目的物の引渡しと同時に代金を支払った場合、新規債務についての弁済として同時交換的取引といえるか。
③ 新規融資を受ける際に、それによる新規債務についてだけでなく、既存の債務についても、担保を設定する場合、同時交換的行為といえるか。

①については、対抗要件具備行為が独立の「担保の供与」であるとすると、既存の債務についての担保設定として[18]、同時交換的取引性を否定する余地が出てくる。しかし、前述した観点から、新規融資と対抗要件具備とが一体的な取引関係の中で行われたと判断できるのであれば、同時交換的取引と認めるべきであろう（なお、破産法164条の適用問題は別論である。）。

次に、②の事例は、新規債務が発生したのは売買契約時であるから同時交換的取引とはいえないように思えるが、売主の同時履行の抗弁権の存在を考慮に入れれば、売主（受益者）の売買目的物引渡し等と引換えに弁済がなされているのであるから、買主の弁済と売買契約との関連性、一体性を根拠に、同時交換的取引としての性格を認めるのが適当であろう。

最後に、③に関しては、理論的帰結として、既存の債務に対する担保設定については、同時交換的取引としての性格を否定し、否認の対象とすべきことには異論はない。ただ、担保設定が一個の行為としてなされる場合には、新規債

務と既存債務に分けて，既存債務分についてだけ否認することが，法技術的に必ずしも容易でない場合がある。例えば，新規債務と既存債務が合算されて，(根)抵当権の被担保債権となっている場合である。この場合，否認の効果として，被担保債権減額の変更登記をするという提案もあるが，それは困難であるという批判もある(19)。そこで，このような一部否認ができないときは，担保提供全体を偏頗行為として否認する考え方もあるところである(20)。

(16) 山本克己「(破産法改正と倒産実体法の見直し)否認権(下)」ジュリ1274号(2004)127頁，中島Ⅰ・348頁，条解破産法1039頁等参照。
(17) 現行法の立法過程での議論をふまえて問題点を検討する論考として，川田悦男「同時交換的行為(救済融資等)と否認」新破産法の理論と実務262頁以下参照。
(18) 竹下・大コンメ649頁〔山本〕，川田・前掲注(17) 263頁等参照。山本和彦教授は，肯定説の根拠として，第三者対抗要件が具備されてはじめて別除権が認められるのであるから，当該担保権者が一般債権者としての信用リスクを負っているかどうかは，対抗要件具備を基準として判断されると説かれる。
(19) 条解破産法1040頁参照。
(20) 条解破産法1040頁参照。

(3) 偏頗行為否認の時期

既に述べたように，偏頗行為は，破産者が支払不能又は破産手続開始申立て後になした行為のみが否認対象となるのが原則である(破162条1項1号本文。例外として，同項2号がある。)。破産手続開始申立ての時期は手続的に明らかにしやすいが，支払不能については，破産法2条11項の定める破産者の客観的財産状態を証明するのは，困難な場合が考えられる。そこで，破産法162条3項は，同条1項各号が定める支払不能に関して，支払の停止があった後は，支払不能であったものと推定するとの規定を置いている。破産手続開始原因としての支払不能についても同様の規定(破15条2項)があるが，ここでは，偏頗行為否認の時期的要件に関連して，同様の推定規定が置かれているのである(21)。この推定規定の存在にかかわらず，管財人は，支払不能の事実を直接立証することができることはいうまでもない。

(21) ただし，前提事実としての支払停止は，破産手続開始の申立て前1年以内に生じたものに限る(破162条3項括弧書)。それ以前の支払停止は破産手続との関連性が薄くなることから，それによる支払不能の推定は，否認の相手方である債権者の過大な不利益となることが考慮されたものといえる。その趣旨は，破産法166条(破産手続開始の申立ての日から1年以上前にした行為は，支払停止後であること等を理由にして

否認できない。）と共通であるが，166条は，否認対象行為の時期を問題にしている点が異なる。その結果，支払停止が申立てから1年を越える時期に生じているが，破産者の行為は申立てから1年未満になされているときは，当該行為は否認の対象となる（破166条不適用）ものの，支払不能の推定はなされない（破162条3項不適用）から，管財人は支払不能自体を証明しなければ否認をすることはできないことになる（条解破産法1041頁注9など参照）。なお，破産法162条1項1号イ・3項のいう支払停止について，個人債務者の代理人弁護士がした債務整理開始通知がこれに当たるとする判例（最判平24・10・19集民241号199頁・判タ1384号130頁・判時2169号9頁）がある。もっとも，本判決の法廷意見では，破産者が「単なる給与所得者」であることが強調されているし，さらに，須藤裁判官の補足意見では，「一定規模以上の企業，特に，多額の債務を負い経営難に陥ったが，有用な経営資源があるなどの理由により，再建計画が策定され窮境の解決が図られるような債務整理の場合において，金融機関等に『一時停止』の通知等がされたりするときは，『支払の停止』の肯定には慎重さが要求されよう」と述べられている。詳細は，田頭章一「否認権（その1）」法教406号（2014）138頁参照。

(4) 受益者たる債権者の悪意

　偏頗行為否認の要件としての受益者たる債権者の悪意は，次のように整理されている。

　(a)　偏頗行為が支払不能後になされた場合には，債権者が破産者の支払不能又は支払停止につき悪意でなければならない（破162条1項1号イ）。支払停止についての悪意でも足るとされたのは，支払不能についての債権者の認識の証明が困難であることを考慮した結果であり，支払停止（前述のようにこれにより支払不能が推定される。）が存在するときには，その認識をもって支払不能の認識に代えるものとしたのである。

　(b)　偏頗行為が破産手続開始申立て後の行為であるときは，申立てについて悪意でなければならない（破162条1項1号ロ）。

　以上の債権者の悪意の証明責任は，管財人が負担するのが原則である。しかし，以下の場合には，当該事実について債権者の悪意が推定（法律上の推定）されるから，債権者の方で，善意を証明しなければ，否認を免れることはできない。

　(ア)　債権者が破産者の内部者又は関係者である場合である（破162条2項1号・161条2項各号）。例えば，破産者が法人であるときの取締役，理事等，破産者が個人であるときの親族又は同居者などが，否認の相手方である場合である。このような内部者・関係者は，破産者の財政状況に通じていたものと推定

される（又はそう推定されても仕方がない）から，上記(a)の場合は，支払不能及び支払停止に関する善意を，(b)の場合には，開始申立てに関する善意を証明させるのが，公平に適うと考えられたのである。

　(イ)　否認対象行為が，①破産者の義務に属せず，又は②その方法もしくは③時期が破産者の義務に属しないものである場合である（破162条2項2号）。これらの広い意味での非義務的行為の場合には，債権者平等原則を侵害する度合が強いことを考慮し，悪意要件について推定規定を置いたものである。①と③は，次に述べる破産法162条1項2号の（狭義の）非義務的行為と重なるが，②の方法が破産者の義務に属さない行為（代物弁済が典型である。）については，同号の適用範囲ではない。したがって，代物弁済については，その弁済期が既に到来している場合には，1項2号による支払不能前30日間の危機時期の特則は適用されず，1号の時期的要件の下で，2項2号による債権者の主観的要件に関する証明責任転換の規律だけが適用されることになる。

2　破産者の義務に属せず，又はその時期が破産者の義務に属しない偏頗行為の否認（破162条1項2号）

　偏頗行為のうち，「破産者の義務に属せず，又はその時期が破産者の義務に属しない行為」については，いわば詐害性を有する偏頗行為として，否認要件が緩和される。すなわち，義務がないのにした担保の設定（単に債務が存在するだけでは，担保提供義務があったとは認められない。）や，期限到来前にした弁済行為などは，債権者の平等を意図的に侵害する行為である。そこで，支払不能になる前30日以内になされた行為についても，否認の対象にされ（破162条1項2号本文），受益者たる債権者の主観的要件の証明責任が転換される（同号ただし書）。債権者の善意・悪意の対象は，当該行為の当時，他の破産債権者を害する事実であるが，この事実は，具体的には，その行為から30日以内に支払不能の発生が確実に予測されたことを意味すると解される[22]。

　既に述べたように，代物弁済のような「方法」が義務に属しない場合は，破産法162条1項2号の適用はないから，1号に基づいて支払不能後の行為だけが否認の対象となり，ただ2項2号によって債権者の悪意に関する証明責任の転換が認められるという限度で1項2号との共通点が認められるにとどまる。

(22) 山本・前掲注（16）126頁，条解破産法1043頁等参照。

Ⅳ　偏頗行為否認に関する重要問題

1　借入金による弁済と偏頗行為否認

　借入金による弁済が，否認（偏頗行為否認）の対象になるかについては，従来から争われてきた問題である。かつて大審院は，債権者間の平等に反するという理由で，借入金の弁済の否認を認めた(23)。戦後の下級審裁判例においても，この傾向は維持されたが，最高裁は，旧法の故意否認（旧破72条1号。現行破産法では，162条1項1号に該当する部分）が問題となった事案で，一定の要件の下では否認の対象にはならないという立場に転換した(24)。

　この事案は，債務超過状態にある債務者が，証券取引に由来する債務を弁済するために，日本証券業協会等から「投資家保護」のための特別融資基本契約に基づく融資を受け（計5億円），その借入金によって特定の債権者（「本件債権者」）に本旨弁済をしたケースである。債務者は，銀行支店で特別融資の小切手を受け取るとすぐに，上記債権者の口座に振込みの手続をとった。当該債務者の破産手続開始後，管財人が，弁済を受けた債権者に対して否認訴訟（旧破72条1号。現行破産法では162条1項1号に対応する部分）を提起したのが本件である。否認を否定する第1審及び原審判決に対して管財人が上告したが，最高裁は次のように述べて上告を棄却した。

　「本件各貸主からの借入前と本件弁済後とでは，破産者の積極財産の減少も消極財産の増加も生じていないことになる。そして，破産者が，借入れの際，本件各貸主との間で借入金を被上告人〔本件債権者〕に対する特定の債務の弁済に充てることを約定し，この約定をしなければ借入れができなかったものである上，本件各貸主と被上告人〔本件債権者〕の立会いの下に借入後その場で直ちに借入金による弁済をしており，右約定に違反して借入金を他の使途に流用したり，借入金が他の債権者に差し押さえられるなどして右約定を履行できなくなる可能性も全くなかったというのであるから，このような借入金は，借入当時から特定の債務の弁済に充てることが確実に予定され，それ以外の使途に用

第6章 否 認 権

いるのであれば借り入れることができなかったものであって，破産債権者の共同担保となるのであれば破産者に帰属し得なかったはずの財産であるというべきである。そうすると，破産者がこのような借入金により弁済の予定された特定の債務を弁済しても，破産債権者の共同担保を減損するものではなく，破産債権者を害するものではないと解すべきであり，右弁済は，〔旧〕破産法72条1号による否認の対象とならないというべきである。」

本件では，弁済が支払停止等の前になされたから，旧破産法72条1号の故意否認の適用が問題になったが，現行破産法においては，債務の消滅に関する行為として，162条1項1号の適用が問題になる事例である[25]。債権者平等を形式的に捉えれば，他の債権者は破産配当に甘んずるのに対して，本件債権者は優先的な満足を受けているのであるから，本件弁済は，偏頗行為として否認の対象になるはずである。しかし，本判決は，まず，破産者の本件各貸主に対する借入債務は，弁済の対象となった債務より利息などその態様において重くなかった事実を認定したうえで，本件借入金は借り入れ当時から特定の債務の弁済に充てることが確実に予定され，それ以外の使途に用いるのであれば借り入れることができなかったものであること，及び，本件の借入れから弁済までの事情から借入金を他の使途に流用したり，借入金が他の債権者に差し押さえられるなどの可能性はなかったことを指摘し，本件弁済は，「破産債権者の共同担保を減損するものではなく，破産債権者を害するものではない」と判示する。

法的には，債務者の借入れと特定債権者への弁済は別個の行為であり，その弁済は，外形上，偏頗行為となる。しかし，借入れと弁済が「一体」であり，債権者全体のための共同担保（責任財産）となる余地がなかったというのであれば，他の債権者に対する有害性を欠き，否認の対象とはならないという判断と解される。確かに，他の破産債権者にとっては，債権者の一人が弁済を受けた者から，融資をした者に代わるだけで（上述のように，新規融資債権の額等の負担が旧債権のそれを上回らないことが前提であるから，新規融資が担保付のような場合には，破産者の弁済又は担保設定行為が否認されることになろう。），実質的な配当額に影響を受けるわけではない。現在では，学説の多くもこの判例に賛成している[26]。この立場においては，融資が特定債権者への弁済への利用を条件にしていることのほか，融資金の使途について，債務者の裁量が入り込む余地があったか，

また融資金が債務者の管理（名義）下にある時間（本件事案のように，名目的な時間だけか，それとも相当時間が予定されているか）や形態（例えば預金か，分別された現金か，弁護士等の信託的管理か）などの事情を精査して，実質的に共同担保になっているかどうかを判断することになろう。

ところで，否認肯定説が危惧するのは，特定の債権者が，否認を免れる目的で，債務者に第三者（関係者）からの融資金による自己への弁済を求める（強要する）ようなケースである。否認否定説の一部にも，このような問題意識は共有されており，債権者の強要等が介在するケースについては，有害性を否定して，弁済の否認を認める考え方が示されている[27]。しかし，融資金の共同担保性の有無を有害性の判断基準と解する以上，その判断材料は融資金の財産的帰属の性格や他の債権者への財産的影響といった客観的事情に求められるべきであり，破産者，融資者及び当該債権者間の意思や相互関係を重視しすぎることは，避けるべきであろう。第三者が弁済を受領した債権者との関係で，融資の強要等による損失又は損害の回復を求める可能性は別として，破産手続の目的を実現するために存在する否認権の解釈に際しては，上記のような事情を捨象する考え方も成り立つように思われる（なお，借入れによる弁済受領を画策する債権者が，破産者やその関係者に弁済等を求めるために面会等を強要すると，罪〔破275条〕に問われる可能性がある。）。

(23) 大判昭10・9・3民集14巻1412頁，大判昭15・5・15新聞4580号12頁。
(24) 最判平5・1・25民集47巻1号344頁・判タ809号116頁・判時1449号91頁。
(25) もっとも，現行破産法の下では，162条に関して有害性などの一般的概念を持ち出すのは適当でなく，本文で取り上げた平成5年最判の事案のような弁済は，「債務の消滅に関する行為」に含まれないとすることによって対応すべきであるとする見解もある（岡正晶「33 否認権(Ⅲ)」新・裁判実務大系(28)〔新版〕483頁）。
(26) 伊藤・402頁，竹下・大コンメ648頁〔山本〕等参照。
(27) 伊藤・402頁注167,条解破産法1037頁注4参照。

2 担保目的財産による別除権者への代物弁済

既にⅡで述べたように，債務者が抵当権等（破産手続で別除権となる担保権）の目的財産により代物弁済をしたときは，有害性を欠き，偏頗行為否認の対象とはならないと解されている。ただし，目的物の価額が（その代物弁済によって消滅する）被担保債権額を超えるときは，その超過分は，担保権によって把握され

た目的物の価額を超えるから、詐害行為として否認される（破160条2項参照）。例えば、1200万円の価値を有する担保目的物を、1000万円の被担保債権の弁済に供したときは、200万円が詐害行為となる。さらにいうと、この例で担保目的物の価値が1000万円と評価されていれば、常に否認を免れるかというとそうとも断言できない。仮に、担保権消滅請求制度（破186条以下参照）を利用した担保目的物の任意売却により、売却代金の一部財団組入れを見込むことができるならば、管財人は、代物弁済全体を否認できる可能性があろう[28]。

　関連して、動産売買先取特権の目的物を転売した後に、支払を停止した買主が、転売契約を合意解除して当該目的動産を取り戻したうえ、それをもって売主に代物弁済する行為は、旧破産法72条4号（現行破産法162条1項2号に対応）による否認の対象となる、というのが最高裁の判例である[29]。この事案では、まず、買主が動産売買の先取特権の目的物の所有権及び占有を回復したことにより、売主が目的物に対して再び先取特権を行使し得るかどうか（消滅説と復活説）という民法333条に関する解釈問題があった。しかし、本判決は、その問題についての結論は留保しつつ、仮に先取特権を行使し得るとしても、「破産会社が転売契約を合意解除して本件物件を取り戻した行為は、被上告人〔売主〕に対する関係では、法的に不可能であった担保権の行使を可能にするという意味において、実質的には新たな担保権の設定と同視し得る」とし、「本件代物弁済は、本件物件を被上告人〔売主〕に返還する意図の下に、転売契約の合意解除による本件物件の取戻しと一体として行われたものであり、支払停止後に義務なくして設定された担保権の目的物を被担保債権の代物弁済に供する行為に等しい」と結論づけた。

　本判決に関して評価が分かれるのは、売主が転売代金債権につき物上代位権を有していたことである。本判決は、なお書において、物上代位権の行使には法律上、事実上の制約があること、本件代物弁済の時点では本件物件の売買代金債権の弁済期は到来しておらず、売主が現実に転売代金債権につき物上代位権を行使し得る余地はなかったことから、否認の判断につき右物上代位権の存在が影響を与えるものではないと述べる。これに賛成する見解[30]が多数とみられるが、転売代金債権に対する物上代位が可能である限りでは、先取特権は消滅していないともいえ、また、否認によって当該財産を破産財団に取り戻し

ても先取特権に基づく差押えは別除権の行使として可能であるとして，有害性を欠くとする論者(31)もある。

(28)　伊藤・390頁参照。
(29)　最判平9・12・18民集51巻10号4210頁・判タ964号100頁・判時1627号102頁。
(30)　伊藤・389頁注135,条解破産法1038頁注6,田原睦夫・判例百選〔第4版〕61頁等参照。
(31)　竹下・大コンメ651頁〔山本〕，田頭章一〔判批〕民商119巻1号（1998）127頁以下等参照。

3　集合債権譲渡担保契約と偏頗行為否認

(1)　集合債権譲渡担保と偏頗行為否認

　一般に，集合債権譲渡担保について，否認をしようとする場合，譲渡担保設定契約そのもの，対抗要件の具備，譲渡対象に含まれる個別の債権についての担保設定という3つの対象を考える必要があるといわれている(32)。本項目では，2番目の対抗要件具備行為の否認（破164条参照）に関しては，他項目に譲り，譲渡担保契約と個別債権についての担保設定について，以下にコメントを加える。

　譲渡担保設定契約が担保権の設定行為として否認の対象になり得ることは多言を要しないであろう（停止条件付集合債権譲渡担保については，(2)で述べる。）。

　議論があるのは，3番目の個別の債権についての担保設定の否認可能性である。ここでの問題は，破産者が譲渡担保権者の利益のために意図的に譲渡担保の対象となっている売掛債権等を増加させる行為に対して否認の可能性を認めるかどうかという点である。このような否認可能性を認めることについては，譲渡対象たる債権が発生すると当然に担保目的債権に組み込まれるから，そこには債務者から譲渡担保権者への移転を観念する余地がないとする有力な反対があるが(33)，倒産者が危機時期にかかる行為により担保価値を増大させる行為は，実質的には新たな担保の設定とみることができ，偏頗行為否認（破162条1項1号。譲渡担保設定契約自体は既に存在しているから，2号の適用は否定される。）の対象になり得ると考えるべきであろう(34)。

(32)　伊藤・406頁。なお，集合動産譲渡担保における否認対象についても集合債権譲渡担保とパラレルに議論されている。
(33)　田原睦夫「倒産手続と非典型担保権の処遇―譲渡担保権を中心に」福永有利ほか『倒産実体法―改正のあり方を探る〔別冊NBL69号〕』（2002）82頁（もっとも，信義

則の適用により，譲渡担保権者は不当に増加した債権部分を管財人に主張できないなどの対処を示唆する。），小林信明「非典型担保の倒産手続における処遇―譲渡担保権を中心として」佐藤歳二＝山野目章夫＝山本和彦『新担保・執行法講座(4)動産担保・債権担保等，法定担保権』（民事法研究会，2009）223頁参照。
(34) 伊藤・407頁，藤田浩司「集合債権・集合動産譲渡担保と否認」新破産法の理論と実務278頁以下，竹下・大コンメ648頁〔山本〕等参照。

(2) 停止条件付集合債権譲渡担保契約の否認

　停止条件付集合債権譲渡担保契約は，もともと債権譲渡担保の効力発生時から15日経過後の危機時期に対抗要件を具備すると，対抗要件否認（破164条，民再129条，会更88条）の対象となることから，それを避けるために考案された契約方法である。担保権の効力の発生を破産申立てなどの停止条件に係らしめ(35)，かつその停止条件成就後ただちに対抗要件を備えることにより，対抗要件否認の期間要件の充足を避けることができるのである。しかし，このような停止条件付集合債権譲渡担保契約について，最高裁は，次のように述べて，旧破産法72条2号による否認の対象となるものとした(36)。

　すなわち，「債務者の支払停止等を停止条件とする債権譲渡契約は，その契約締結行為自体は危機時期前に行われるものであるが，契約当事者は，その契約に基づく債権譲渡の効力の発生を債務者の支払停止等の危機時期の到来にかからしめ，これを停止条件とすることにより，危機時期に至るまで債務者の責任財産に属していた債権を債務者の危機時期が到来するや直ちに当該債権者に帰属させることによって，これを責任財産から逸出させることをあらかじめ意図し，これを目的として，当該契約を締結しているものである。

　上記契約の内容，その目的等にかんがみると，上記契約は，破産法72条2号の規定の趣旨に反し，その実効性を失わせるものであって，その契約内容を実質的にみれば，上記契約に係る債権譲渡は，債務者に支払停止等の危機時期が到来した後に行われた債権譲渡と同視すべきものであり，上記規定に基づく否認権行使の対象となると解するのが相当である。」(37)

　このように停止条件付集合債権譲渡担保契約による債権譲渡を支払停止等の後に行われた債権譲渡と同視する最高裁の立場によれば，現行法においても，例えば破産法162条1項イの支払停止後の部分及びロに基づく否認権行使を認めることになろう(38)。その結果，同様に前掲注（36）最判平16・7・16の趣

旨が妥当すると解される，いわゆる予約型の集合債権譲渡担保契約を含めて，この種の集合債権譲渡担保契約は，実務上利用価値を失うに至っている(39)。

- (35) 15日の起算日を，権利移転の効果が発生した日とする最判昭48・4・6民集27巻3号483頁・判タ299号283頁・判時714号187頁に依拠する。
- (36) 最判平16・7・16民集58巻5号1744頁・判タ1167号102頁・判時1872号64頁。この第二小法廷の判決は，第三小法廷による最判平16・9・14判タ1167号104頁・判時1872号64頁でも確認されている。
- (37) 本判決の背景には，平成10年に制定された「債権譲渡の対抗要件に関する民法の特例等に関する法律」（法律名は当時）により，債権譲渡の登記制度が整備され，譲渡人の信用不安を回避しつつ対抗要件を具備することが可能になったことがあるといわれている（景浦直人「債権譲渡の否認」破産・再生の実務〔新版〕（上）323頁参照）。本判決の評釈として，山本和彦「停止条件付債権譲渡と否認権－最判平成16・7・16の検討を中心に」NBL794号（2004）40頁など参照。なお，本判決前の下級審裁判例及び学説の状況については，飯島敬子「集合債権譲渡担保契約の否認（民事実務研究）」判タ1108号（2003）20頁が詳しい。
- (38) 松下淳一・判例百選〔第5版〕76頁参照。
- (39) 「予約型」のケースで破産法162条1項1号イによる否認を認めた例として，東京地判平22・11・12判タ1346号241頁・判時2109号70頁がある。

〔田頭章一〕

第6章 否認権

19 無償否認

I はじめに

　破産手続の効力は手続開始決定の時から生ずるものとされており（破30条2項），手続開始決定がなされるまでは，手続開始前の保全処分等による制約は別として，原則的には債権者は個別的権利実行が可能であるとともに，破産者は自己の財産を自由に管理処分することができる。しかしながら，破産手続開始決定前とはいえ実質的な財産危機時期においてなされた，財産減少行為や一部の債権者に対する偏頗的な弁済等を放置するのであれば，破産債権者に対しできるだけ多額かつ平等な配当を実現するという破産手続の目的を達成することは困難になる。そこで，破産法は手続開始前になされた責任財産の減少行為や偏頗行為等の効力を事後的に破産手続との関係で否定することにより，処分・隠匿された財産を破産財団に回復するとともに，破産債権者間の公平を確保するための制度として否認制度を設けている（破160条以下）[1]。
　現行破産法における否認制度は，否認の対象となる行為類型を基準に，債権者全体に対する責任財産を絶対的に減少させる行為を対象とする詐害行為否認（破160条）と，一部の債権者に対する偏頗的な担保供与や債務消滅行為を対象とする偏頗行為否認（破162条）に大別され，それぞれの類型ごとに時的要件や主観的要件について規定している。これに加え，破産法160条3項において，無償行為又はこれと同視すべき有償行為を対象に，破産者及び受益者の主観的要件を要さず，行為の無償性及び行為の時期という客観的要件のみで否認を認める，無償否認の制度を設けている。
　無償否認に関しては，贈与等の典型的な無償行為について問題となることは

19 無償否認

少ないが、破産者が義務なくして他人のためにした保証や担保の供与（以下、「保証等」という。）が無償否認の対象となるかについては、古くから議論のあるところである。すなわち、破産者が保証等をすることを条件に、債権者が主債務者に対して融資等を行っている場合には、債権者の立場からすれば、保証等の対価として出捐をしているともみることができ、その無償性が問題となる。また、保証等をすることにより、破産者は求償権を取得することになるが（民459条・460条・462条）、この求償権が保証等の対価に当たるかも、無償性との関係で問題となろう。さらに、保証等をした破産者と主債務者との間に、例えば同族会社とその実質的経営者等の密接な関係がある場合には、破産者が保証等をすることにより主債務者に融資がなされ、それによって直接的あるいは間接的に破産者自身の財産の維持増殖に資するとみられる場合もあり、このような場合についても保証等の無償性が問題となり得る。

そこで、以下においてはまず、無償否認の位置づけ、要件、根拠等について概観したうえで（Ⅱ）、破産者が義務なくして他人のためにした保証等が無償否認の対象となるかという問題を取り上げ[2]、これについての判例の立場を明らかにするとともに（Ⅲ）、それをふまえて学説を参照しつつ検討を試みることとする（Ⅳ）。

(1) 民事再生法及び会社更生法においても、同趣旨の否認制度が設けられている（民再127条以下、会更86条以下）。民事再生法においては特定の行為について否認権の行使権限を付与された監督委員が否認権を行使する等（民再56条1項）、破産法の場合と若干の差異はあるが、否認権に関する規律の基本構造は破産法と同様であり、本項目において検討する無償否認に関する規律も実質的な内容は同一である（民再127条3項、会更86条3項）。そこで、本項目においては、破産法の条文を引用しつつ検討を進めることとするが、その検討内容は民事再生法及び会社更生法における無償否認についても妥当するものである。なお、清算型の破産手続と再建型の会社更生手続で否認権の行使の在り方が異なるべきかという問題については、清水直『臨床倒産法』（金融財政事情研究会、1981）278頁参照。

(2) なお、既存の債務についての無償の担保供与行為も、その行為自体は無償行為ともいえるが、これについては、詐害行為と偏頗行為を峻別する現行法の趣旨から、破産法160条3項の適用はなく、もっぱら同法162条によって規律され、無償否認の対象にはならないと解されている（竹下・大コンメ633頁〔山本和彦〕、池田靖「無償否認」新破産法の理論と実務267頁参照。高松高判平22・9・28金法1941号158頁も同旨）。

第6章 否認権

II 無償否認概説

1 無償否認の位置づけ

　上述したように，現行破産法における否認制度の基本的枠組みは，否認の対象となる行為類型を基礎に，詐害行為否認と偏頗行為否認に大別される。このような観点からは，無償行為は究極の財産減少行為ということができ，これを対象とする無償否認は詐害行為否認の特殊類型と位置づけられる[3]。これに対し，債務者の詐害意思に着目する故意否認と，行為のなされた時期に着目する危機否認という観点からは，無償否認の位置づけは微妙である。故意否認は，破産者の詐害意思を根拠とするが，否認の相手方の利益保護のため，相手方が破産債権者を害する事実を知らなかったときは否認できないものとしていることから，破産者の詐害意思と，相手方の破産債権者を害する事実についての認識を基礎とするものといえる。これに対し，無償否認は，破産者の詐害意思を要しないこと，及び受益者の主観的要件を要しない点で故意否認との差異が認められる[4]。他方，危機否認は，破産手続開始による債務者財産の管理処分権に関する制約を，破産手続開始前の，債務者の財産状況が実質的危機状態にある一定時期まで前倒しして遡及させるという性格を有するものであるが[5]，否認の相手方に不測の損害を与えないため，危機時期についての相手方の認識をも要件としている。無償否認も，対象行為が一定時期になされたことを要件とし，破産者の詐害意思を要しない点では危機否認と共通するが，他方，支払停止等の前6か月まで対象時期が拡大されている点，及び相手方の主観的要件を要しない点では差異が認められる。そうすると，故意否認・危機否認という軸においては，無償否認をいずれかの否認類型の中に位置づけるのではなく，無償行為の脆弱さという実体法上の性質を反映させた特殊な否認類型と理解し，故意否認・危機否認と並ぶ第三の類型と位置づけるべきであろう。

　（3）　山本ほか・概説〔第2版〕271頁〔沖野眞己〕。これに対し，無償否認を詐害行為否認や偏頗行為否認とは異なる第三の否認類型として位置づける見解として，北秀昭「法人（事業会社）保証と無償否認－新破産法下での保証等の「有害性」について－」椿寿夫ほか編『法人保証・法人根保証の法理－その理論と実務－』（商事法務，2010）

301頁以下・316頁がある。
(4) もっとも、無償否認を無償行為という行為の有害性ゆえに詐害意思が当然に擬制される類型とみれば、その点に故意否認との共通性を見い出すこともできる。例えば、詳解再生法〔第2版〕376頁〔水元宏典〕は、無償否認においては、債務者の詐害意思及び受益者の悪意が擬制されることから、主観的要件が課されていないとしており、これによれば無償否認を故意否認の特殊類型と位置づけることになろう。
(5) 山本ほか・概説〔第2版〕270頁〔沖野〕。

2　無償否認の要件

(1)　行為の無償性

　無償否認の対象とされるのは、破産者がなした無償行為及びこれと同視すべき有償行為に限定される。無償行為とは、破産者が経済的な対価を得ないで積極財産を減少させ、又は債務を負担する行為をいう。具体的には、贈与、権利放棄、債務免除、時効が完成した債務の弁済・承認、使用貸借、無償の地上権の設定、時効中断の懈怠等の私法上の行為のほか、請求の放棄・認諾、訴えの取下げ、裁判上の自白等の訴訟法上の行為も含まれる[6]。また、無償行為と同視すべき有償行為とは、相手方の対価としての出捐が名目的な額にすぎず経済的に対価としての実質を有しない場合を意味する[7]。

(6) 倒産法全書(上)494頁。
(7) 池田・前掲注(2)267頁は、受益者が出捐した金額が目的物件の時価の8分の1程度以下であれば、無償否認の対象となるとし、また、浦和地判昭30・2・26下民6巻2号358頁は、強制執行手続及び国税滞納処分手続において、鑑定による価格は、64万5000円と73万円のものを、それぞれ14万円(21.7%)と12万6860円(17.4%)で買い受けた行為について、無償行為と同視すべき行為であるとして無償否認を認めている。なお、中西正「無償否認の根拠と限界」法と政治41巻2・3号(1990)247頁以下、290頁は、「外形的には対価を伴うものの、当事者の意図からすれば対価を伴うことのない行為を、意味する」とする。

(2)　時的要件

　否認の対象行為が、支払の停止又は破産手続開始の申立て(以下、「支払停止等」という。)があった後、又はその前6か月以内になされていることが要件とされている。また、無償否認については、支払停止を要件とする否認の制限は適用されず(破166条括弧書参照)、破産手続開始の申立てより1年以上前にした行為であっても否認することができる。これは、無償否認については、相手方の取引の安全等を考慮する必要性に乏しく、この場合に否認を制限すると、支

払停止等の前6か月以内の行為に否認の範囲を拡張した制度の意義を没却するおそれがあることによる[8]。以上のように，無償否認については，対象行為のなされた時期についての制限が緩和されていることが一つの特徴といえる。

なお，無償否認の場合についても，行為の当時における債務者の財産状態が，債務超過等の実質的危機状態に陥っていることが要求されるかについては，見解が分かれている。詐害行為否認の場合と同様にこれを必要とする見解は，無償否認における否認要件緩和の意義は，故意否認における主観的要件の存在擬制にあるとの理解を前提に，支払停止等の前6か月以内の無償行為であっても，行為の当時に責任財産が総債権者の債権を弁済するのに十分であったときには否認できないとする[9]。これに対し，無資力要件を不要とする見解は，無償否認は，行為のなされた時期や債務者の財産状態ではなく，無償取得の形態それ自体を基礎とするものであり，通常の財産状態の下でなされた行為であってもなお無償否認の対象となるとする[10]。先に検討したように，無償否認を故意否認・危機否認と並ぶ第三の類型と位置づける限りにおいては，故意否認における主観的要件の存在擬制を前提とする必要はなく，行為の時点において，債務超過等の責任財産の絶対的不足を生じていたことまで要するものではないと解される[11]。

(8) 一問一答234頁。
(9) 詳解再生法〔第2版〕380頁〔水元〕。
(10) 中西・前掲注(7) 287頁。なお，同278頁によれば，ドイツにおいては，無償否認は平常時になされた行為にも当然に妥当すると解されているとのことである。
(11) 名古屋高決平17・12・14（〔平成17年（ネ）第714号〕裁判所ホームページ／LEX/DB文献番号28110378）も，「無償行為またはこれと同旨［ママ］すべき行為については，債権者の利益を害する危険が特に顕著なものと考えられることから，上記期間内のこれら行為を，専ら行為の時期と無償性とに基づいて取消し，再生債務者の財産の回復・復元を図ろうとするものであるから，当該行為の時点において再生債務者が債務超過等責任財産の絶対的不足を生じていたことまでを要するものではないというべきである。」とする。

(3) 主観的要件の排除

無償否認の要件は，行為の無償性と，当該行為が一定の期間内になされたことのみで，破産者の詐害意思及び支払停止等についての受益者の認識といった主観的要件は不要とされている。このように，無償否認については主観的要件

を要さず，緩やかな要件の下で否認が認められる理由として，①有害性の強さ（財産減少行為の中でも危機時期に無償でその財産を減少させる破産者の行為はとりわけ債権者を害する危険性が高いため，否認の必要性が強く認められること），及び，②相手方の要保護性の低さ（無償行為の場合，相手方も無償で利益を得ているため，否認したとしても取引の安全を害する程度は小さく，緩やな要件の下で否認を認めても公平に反しないこと）が挙げられる。一般的には否認要件緩和の根拠につき，この両面から説明されることが多いが，いずれの根拠を重視するかが，保証等の無償否認を肯定するか否かの判断を分かつ重要なポイントとなるため，この点についてはⅣにおいて改めて検討することとする。

なお，緩やかな要件の下で否認を認める無償否認において，善意の相手方に対し全面的な原状回復を求めると，否認の対象とされた無償行為がなかったと仮定した場合以上に相手方に不利益を生じさせる場合があるため[12]，善意の受益者については，現に利益を受けている限度でのみ償還義務を負うものとして，一定範囲でその保護が図られている（破167条2項）。

(12) 中西・前掲注（7）249頁は，無償否認の効果につき，否認の対象は無償契約自体と解されるため，無償行為の相手方は受領したものを返還したうえ，破産財団から何の配当も得ることができない点で，他の否認類型よりも否認の相手方にとって厳しいと指摘する。

(4) 否認の一般的要件―有害性・不当性―との関係

現行破産法は，各行為類型に即して否認の要件を個別に規定しているが，これに加え，各行為類型に共通する否認の一般的要件として，①行為の有害性，②行為の不当性（正当性）が挙げられるのが一般的である[13]。すなわち，いずれの否認類型においても，否認の対象となる行為は手続開始前になされた破産債権者を害する行為であり，否認制度はそれらの効力を否定し原状に復させることにより，破産債権者の利益を保護しようとするものであることから，否認の一般的要件として行為の有害性が挙げられ，また，ある行為が，否認の個別的要件を満たし，客観的には破産債権者にとって有害なものであっても，その行為がなされた状況，行為の内容，目的，動機等に照らすと社会的に必要かつ正当なものと認められ，破産債権者の利益を犠牲にしても，その行為の効力を維持すべき場合，すなわち，否認を認めるべきではない場合があり得ることか

ら，学説においては，このような事情（行為の不当性）の有無を，否認の一般的要件として取り込む見解が一般的である。

　無償否認についても，否認の一類型である以上，これら一般的要件が適用されるため，無償行為であっても，それによって破産財団が減少しその結果一般債権者を害することになったとはいえない場合（有害性がない場合）や[14]，否認対象行為が社会的に相当である（不当性を欠く）と認められるときには，否認することはできないと解される。無償行為であっても不当性を欠くとされる例としては，社会で普通に行われている金額の範囲内でなされる結婚祝いや誕生祝い等が挙げられよう[15]。

(13)　否認の一般的要件については，山本研「否認の一般的要件」新破産法の理論と実務249頁など参照。
(14)　最判平8・3・22金法1480号55頁（後掲判例⑤），大阪地判平8・5・31金法1480号55頁は，既に負担していた保証債務に実質的に重畳する形で新たな保証債務を負担する場合には一般債権者を害しないとして無償否認の成立を否定しており，これらは否認の一般的要件である有害性の欠缺により無償否認を認めなかったものといえる。なお，無償否認を第三の否認類型として位置づけることを前提に（前掲注（3）参照），無償否認における「有害性」については，財産減少行為の「有害性」とは別個独立に捉え，限定的に解すべきとするものとして，北・前掲注（3）322頁がある。
(15)　池田・前掲注（2）267頁。ただし，債務者が企業の場合には，およそ企業によってなされる行為は，法的には無償と評価し得ても，経済的・実質的には何らかの対価を伴うことが多く，慣習上の贈与と呼ばれるものであっても，無償行為の否認の対象外とするのは適切ではないとの指摘がある。この点につき，条解更生法(中)69頁参照。

Ⅲ　保証等と無償否認に関する裁判例[16]

　破産者が義務なくして他人のためにした保証や担保の供与が無償否認の対象になるかという問題について，判例は大審院以来ほぼ一貫して，破産者の保証等に基づき相手方（債権者）が第三者に対して融資等の出捐をした場合であっても，破産者が保証等の対価として経済的な利益を得ていない限り，無償行為として否認の対象となり，破産者が取得する求償権については保証の対価とみることはできないとの立場を採っている。もっとも，下級審裁判例の中には，以上の立場を前提としつつも，事案との関係で，破産者が保証等の対価とみるべき経済的利益を得ていると認定し，無償否認の対象とはならないとした事例

もいくつか存在する。そこで，以下においてはまず，この問題についてのリーディングケースとされる大審院判決，その立場を踏襲したとされる最高裁判決，及び最近の裁判例を参照することにより，判例の基本的立場を確認する。そのうえで，保証等の無償性を否定し，無償否認の成立を認めなかった裁判例を参照することにより，判例はいかなる事情があるときに，保証等の無償性が否定されるとしてきたのかについてみていくこととする。

(16) 無償否認に関しては平成16年の破産法改正（平成16年法律第75号）において実質的な改正はなされておらず，従来の判例や議論がそのまま現行法の下でも妥当すると解されるため，旧法下の判例も併せて参照する。なお，保証等の無償否認に関する裁判例につき，保証等を行った者の受ける「経済的利益」の観点から詳細に分析するものとして，村田典子「破産者による保証または担保の供与と無償否認－裁判例における『経済的利益』概念の検討－」東北学院法学71号（2011）267頁がある。

1 判例の基本的立場——無償否認を肯定する裁判例

(1) 大判昭11・8・10民集15巻1680頁 (以下，「昭和11年大判」という。)

本判決は，保証等が無償否認の対象となるかという問題についてのリーディングケースとされる大審院判決である。事案は，X銀行が荷為替手形の引受人Aの依頼により船荷証券の保証渡しをするにあたり，B銀行がAの契約上の債務について保証をしたが，Aが債務の履行をしないうちにB銀行が破産宣告を受けたため，X銀行が破産債権として保証金債権の届出をしたところ，B銀行の破産管財人Yがこれに対して異議を述べたため，X銀行が債権確定の訴えを提起し，これに対してYが前記保証を無償行為として否認したものである。原審[17]は，保証人が求償権を取得することをもって有償行為といえること，及び，債権者が主債務者に対してなした出捐をもって保証の対価とみることができることを理由に，保証の無償性を否定し，無償否認の成立を認めなかった。これに対し，本件大審院判決は，①無償行為とは，破産者がその財産中よりある出捐をなし，破産者並びに受益者の意思によればその対価が破産者の財産に帰するものでない場合をいい，②当該行為が受益者の立場において無償であるか否かは問題ではなく，保証により債権者が債務者に出捐したとしても，これによって保証人が経済的利益を受けない限り無償行為となり，③保証によって求償権を取得することをもって有償行為とみることはできないとして，原判決を破棄し，原審に差し戻した。なお，本判決は，破産者の保証

により融資がなされ,それによって破産者自らが経済的利益を受けた場合には,当該保証は無償行為に当たらないとし,その例として,①破産者が主たる債務者の扶養義務者であり,破産者の保証によりなされた貸付けによって破産者の扶養義務の履行が緩和された場合,②匿名組合員たる破産者が相手方の営業上の債務につき保証をした場合,③買入れの委託者が売主に対する問屋の代金債務につき保証をした場合を挙げている。

(17) 名古屋控判年月日不詳（民集15巻1682頁参照）。

(2) 最判昭62・7・3民集41巻5号1068頁・判タ647号113頁・判時1252号41頁
(以下,「昭和62年最判」という。)(18)

前記昭和11年大判以降,戦後の下級審判例の多くもこれと同様に保証等が無償行為に当たると解してきたが(19),これに対し,学説においては無償性を否定する見解も有力に主張されていたところ,最高裁としても大審院判決の立場を踏襲することを明らかにしたものであり,これにより判例の立場が確立したと評される最高裁判決である。

事案は以下のとおりである。A社は染色加工業を営むいわゆる同族会社で,Cが代表取締役の一人であり実質的な経営者でもあった。経営が悪化したA社は,従来からの取引先であるY社に対して原材料購入代金の支払猶予と支払手形の立替決済を求め,またA社の子会社であり実質的にCが経営するB社に対しZ銀行から融資を受けたが,その際Y社及びZ銀行に対する一切の債務につき,Cが連帯保証するとともに自己が有する不動産に根抵当権を設定した。なお,この連帯保証及び根抵当権の設定にあたり,Cは保証料等は受け取っていない。しかし,保証及び根抵当権の設定から約3か月後にA社及びCに破産申立てがなされ,それぞれ破産宣告を受け,各破産管財人にXが選任された。さらにその後,上記不動産に対して任意競売が開始され,根抵当権者であるY社とZ銀行に配当する旨の配当表が作成された。これに対し,破産管財人Xは,上記根抵当権の設定及び連帯保証は,旧破産法72条5号にいう無償行為に当たると主張して,配当異議と連帯保証債務の不存在確認を求める訴えを提起し,第1審(20),2審(21)とも否認権行使が認められ,Xが勝訴した。これに対し,Y社が上告したのが本件である(22)。

19 無償否認

　本件最高裁判決には，2つの反対意見が付されているが，法廷意見としては，「破産者が義務なくして他人のためにした保証若しくは抵当権設定等の担保の供与は，それが債権者の主たる債務者に対する出捐の直接的な原因をなす場合であっても，破産者がその対価として経済的利益を受けない限り，破産法72条5号〔平成16年法律第75号による廃止前の旧破産法——筆者注〕にいう無償行為に当たるものと解すべきであり（大審院昭和11年（オ）第298号同年8月10日判決・民集15巻1680頁参照），右の理は，主たる債務者がいわゆる同族会社であり，破産者がその代表者で実質的な経営者でもあるときにも妥当するものというべきである」として，保証等の無償性を肯定し，無償否認の成立を認めた。その論理構成としては，①無償否認は，対象たる破産者の行為が対価を伴わないため，破産債権者の利益を害する危険が顕著であることにより認められるものであることから，無償性は破産者を基準に判断すれば足り，受益者の立場において無償か否かは問わないこと，②保証と債権者の出捐の間には事実上の関係があるにすぎないこと，③求償権も当然には保証の対価としての経済的利益とはいえないことから，破産者が義務なくしてした保証はその対価として破産者が経済的な利益を受けていない限り，無償行為に当たるとし，また，④保証人が主債務者の代表者で実質的な経営者であっても経営者の破産手続は，会社とは別個の破産者個人に対する総債権者の満足のために行われるものであり，上記の事情は，無償性を否定する要素とはならないとするものである。

　この法廷意見に対しては，島谷六郎裁判官と林藤之輔裁判官による2つの反対意見が付されている。まず，島谷裁判官の反対意見（以下，「島谷反対意見」とする。）は，①無償否認は否認を許しても受益者が損失を被ることがないことを前提とするものであり，保証等については，無償否認を認めると債権者は保証がないのに出捐を行ったことになり，その立場が著しく害されること，②破産者は，債権者の出捐を目的として保証を行っており，両者は相互に密接に関連するものであるから，一体として観察されるべきであること，③破産者も保証債務の履行等により求償権を取得し，まったく対価のない無償行為とはいえないこと，④無償否認は否認を許しても受益者に損失を被らせることがない場合に限定的に認めるのが法の趣旨であり，無償行為の範囲を広く解し，保証等につき無償否認を認めると取引の安全を害することを挙げ，保証等については無

償否認の対象とはならないとする。上記②と③は，保証等の無償性それ自体を否定するものであり，また，①と④は無償否認を認めた場合の弊害を指摘するものといえ，この両面から保証等についての無償否認の成立を否定しており，法廷意見に正面から反対するものである。

　これに対し，林裁判官の反対意見 (以下，「林反対意見」とする。) は，「破産者が義務なくして他人のためにした保証若しくは担保の供与は，破産者がその対価として経済的利益を受けない限り，破産法72条5号にいう無償行為に当たると解すべきことは，多数意見の説示するとおりである」とし，基本的には法廷意見を前提としつつも，本件のように同族会社への融資について経営者たる破産者が保証をした場合については，実質的に，破産者が会社に対する善管注意義務ないし忠実義務を履行するとともに自己の出資の維持・増殖を図るため保証等をしたものとみることができ，破産者自身も直接ないし間接的に経済的利益を受け破産財団の保全に資したものとして無償行為には当たらないとする。この見解は，保証等に対する無償否認の適用可能性を認めつつも，破産者と主債務者との密接な関係に着目して無償性を論ずるものであり，実質的な観点からこの問題を検討しようとするものと評されているところである[23]。

　本判決は，当時学説において有力に主張されていた保証等の無償性を否定する見解，及びそれを反映した2つの反対意見との対決のうえで，最高裁が従来の大審院判決の立場を踏襲し，義務なくしてした保証等が無償行為に当たることを改めて確認したものである点に意義が認められるとともに，昭和11年大判の事案では主債務者と保証人との間に特別な関係は存在していなかったところ，主債務者がいわゆる同族会社であり，保証を行った者がその代表者で実質的な経営者であるという密接な関係が存在するような場合にも，債権者の主債務者に対する出捐を原因として保証人が利益を受けたとはみなされず，無償否認の適用が排除されないことを明らかにした点においても重要な意義が認められる[24]。ただし，主債務者たる会社につき法人格否認の法理が適用される場合や，保証人との関係が親会社・子会社の関係にある場合などについては，必ずしも本判決からは明らかではなく，これらの場合に保証人の受ける経済的利益をどう考えるかは，今後に残された課題との指摘がなされている[25]。

(18) 本判決についての評釈は多数に及ぶが，主なものとして，篠原勝美・最判解説民昭和62年度369頁・393頁（補注）に掲げるものを参照。
(19) 神戸地判昭31・8・7下民7巻8号2116頁，東京高判昭37・6・14東高民時報13巻6号84頁・金法316号3頁，東京高判昭56・3・18判タ446号111頁・金法979号53頁，名古屋高判昭60・7・18判時1179号129頁，大阪高判昭60・7・18判タ570号78頁，東京地判昭61・4・23判タ567号177頁・判時1224号127頁など。これら下級審裁判例の詳細については，田原睦夫〔判批〕金法1182号（1988）6頁，篠原・前掲注（18）381頁以下，村田・前掲注（16）278頁以下など参照。
(20) 京都地判昭56・2・25民集41巻5号1097頁。
(21) 大阪高判昭58・3・31民集41巻5号1122頁。
(22) 本件と同一の破産者Cにかかる事件で，Z銀行が子会社B社に対して融資をするにあたりCがなした保証等についても無償否認の対象となるかが争われ，第1審・2審においては本件と併合審理により同一判決で処理されていたが，上告が各債権者から各別になされたため，本件と切り離して判決がされたものとして，最判昭62・7・10裁判集民151号369頁・金法1171号25頁がある。判決内容は本判決とほぼ同じで，島谷，林両裁判官の同様の反対意見が付されている。
(23) 田原・前掲注（19）10頁。
(24) 篠原・前掲注（18）378頁参照。
(25) 篠原・前掲注（18）388頁。なお，親会社・子会社の関係にある場合について判断を示したその後の裁判例として，後掲判例②がある。

(3) 大阪高判平22・2・18金法1895号99頁[26][27]（以下，「判例①」とする。）

　昭和62年最判により判例の立場はおおむね確立したといえ，それ以降の下級審裁判例も基本的にはこれを踏襲しているといえる[28]。そこで，現在における判例の立場を再確認するため，保証等の無償否認について正面から争われた近時の高裁判決として本判決を参照することとする。

　本件は，会社の代表取締役の相続財産破産において，代表取締役が生前に会社の債務についてなした物上保証についての無償否認の成否が問題となったケースであり，事案の概要は以下のとおりである。Bは株式会社A社の代表取締役であったが，A社がY銀行から手形貸付けを受けるにあたり，Y銀行に対して負担する一切の債務を担保するため，B個人が所有する株式に質権又は譲渡担保権（根担保）を設定した（以下，「本件担保設定」とする。）。なお，本件担保設定に際し，Bは保証料等の支払は受けていない。その後，A社に破産手続が開始されるとともに，Bが死亡したことに伴いBの相続財産破産の手続が開始され，破産管財人Xが選任された。Y銀行がその後，担保に供されていた株式を売却し，売得代金を得たことに対し，破産管財人Xは，破産法160

第6章 否認権

条3項により本件担保設定を否認し、原状回復として、株式の売却代金について価格償還請求をしたというものである。原審(29)は、Bが本件担保設定の対価というべき現実的かつ直接的な経済的利益を受けていると評価できるものではないとして、無償否認の成立を認め、Xの請求を認容した。これに対し、Y銀行は、①無償性をもっぱら破産者について決すれば足りるとした昭和62年最判は判例変更されるべきであり、保証ないし物上保証と交換的に対価性のある新たな与信がなされる、いわゆる同時交換的保証は、無償否認の対象とはならない、②主債務者の倒産が即保証人の倒産に連なるような場合には、同時交換的保証の無償性は否定される、③同時交換的保証による主債務者への融資により、保証人の主債務者に対する出資や債権の回収可能性が高まる場合には、有償性が肯定される、④同時交換的保証を無償否認の対象とすると、中小企業への救済融資の道が閉ざされる等を主張して控訴した。Y銀行の控訴理由のうち、①と④は、昭和62年最判の立場を正面から争い、判例変更の必要性を主張するものであり、他方、②と③は、たとえ昭和62年最判の立場を前提としても本件においては事案の内容に照らしてなお無償性が否定されるとの主張であるが、本判決は以下のとおりこれら控訴理由について逐一検討のうえ、判例変更の必要性を否定するとともに、本件事案における担保設定についても無償性を否定する特段の事情はみあたらないとして、無償否認の成立を認めたものである。

まず、①の主張については、無償否認における対象行為の無償性は、もっぱら破産者について決すれば足り、受益者の立場において無償であるかは問わないと解すべきであり、金融機関の与信が破産者による保証ないし物上保証と同時交換的にされた場合であっても破産者のした担保提供行為は無償否認の対象となるとし、また、この部分の判示にあたり「昭和62年最判の多数意見参照」とすることにより、従前の立場を踏襲することを明らかにした。次に、昭和62年最判を前提とする②の主張に対しても、同時交換的に保証をすることにより、会社が倒産を免れ、保証債務の履行を一時的に回避するという経済的利益を受けたとしても、当該利益は間接的ないし事実上のものにすぎず、担保設定の対価というべき直接的な利益とは評価できないため、主債務者の倒産が即保証人の倒産に連なる場合であるというだけでは、無償性を否定すべき特段の事

情には当たらないとし、③の主張についても、本件融資によって破産者の有する株式ないし出資の価値が現実に維持されたとの事実を認めるに足りないとして、有償性を否定した。さらに、④の中小企業金融に対する影響についても、代表者個人による担保設定行為が無償否認の対象となり得るとすることは、中小企業に対する融資を手控えさせる方向で影響を与える可能性がないとはいえないが、中小企業に対する融資について、代表者個人の保証が奨励されるべきものとはいえないという考え方もあり得、現在の金融実務に与える影響があるからといって、昭和62年最判を変更すべき事情があるとはいえないとしている[30]。

(26) 本判決の評釈として、村田典子〔判批〕セレクト2010［Ⅱ］（法教366号別冊）(2011) 35頁、高田賢治〔判批〕速報判例解説［法セ増刊］8号 (2011) 243頁、濱田広道〔判批〕金法1905号 (2010) 60頁、谷健太郎＝伊達高志郎〔判批〕銀法735号 (2011) 60頁などがある。
(27) 本件において、中西正教授（神戸大学）が執筆された意見書を中西教授のご好意により参照させていただいた。一般に公開された文献ではないため、個別的な引用は差し控えるが、本項目を執筆するにあたり多くの示唆を受けた。記して御礼申し上げる。
(28) 東京地判平3・7・25判タ777号236頁・金法1313号30頁、札幌地判平5・3・26判タ847号286頁、東京地判平18・12・22判タ1238号331頁、東京地判平23・3・1判タ1348号236頁（後掲判例②）、東京高判平25・7・16判タ1395号358頁など。
(29) 大阪地判平21・6・4金法1895号105頁。
(30) ①の主張に対する判示部分でも、金融機関としても無償否認の可能性を計算に入れたうえで担保を設定すべきであり、Y銀行が主張するような不都合が生じるとしても、それらは最高裁判例の変更を必要とする事情とはいえず、破産財団の保全を図るという目的に照らし、やむを得ないとする。

(4) 東京地判平23・3・1判タ1348号236頁・判時2116号91頁[31]（以下、「判例②」とする）

以上みてきたとおり、大審院以来の判例の基本的立場は、昭和62年最判により踏襲され、現在においても堅持されているということができるが、この立場を前提に、親会社による借入れに際し、100％子会社が保証料なしで物上保証をした行為が無償否認の対象となるとした、近時の下級審裁判例を参照しておくこととする。

本件は、A社がファイナンス会社Xから借入れを行うに際して、A社の100％子会社であるB社が、自己所有の不動産に抵当権を設定し（B社は保証料等の直

接の対価は得ていない)，その後，順次Ａ社に会社更生手続，Ｂ社に民事再生手続が開始され，Ｂ社の民事再生手続との関係で上記抵当権設定行為が無償否認の対象となるかが争われたケースである。

これにつき，本判決は昭和11年大判及び昭和62年最判を引用して，「再生債務者が義務なくして他人のためにした抵当権設定等の担保の供与は，それが債権者の主たる債務者に対する出えんの直接的な原因をなす場合であっても，再生債務者がその対価として経済的利益を受けない限り，無償行為にあたるものと解すべきである」とし，これについては主たる債務者が再生債務者の100％親会社であるとしても別異に解すべき理由はなく，「本件再生債務者は本件抵当権の設定に際して保証料その他の直接的な対価の支払を受けていないことはもとより，無償性を否定すべき何らかの利益を受けたことを認めることはできない」として，無償行為に該当するとした。また，Ａ社とＢ社は親会社・子会社という経済的に密接な関係にあることから，Ａ社が融資によって受ける利益は，Ｂ社にとっての利益と同視できるとの主張に対しては，「子会社が貸付けを受けるに際して親会社が抵当権設定等の担保提供行為を行う場合であれば，子会社の倒産を回避することが子会社に対する出資等の親会社財産を保全することになるという点をとらえて，親会社にとって無償行為でないと解する余地がある」としつつも，「本件のように，親会社が貸付けを受けるに際して子会社が抵当権設定等の担保提供行為を行う場合には，親会社の倒産を回避することによって子会社の財産が保全される関係にないことは明らかである」として，親会社の倒産が回避されることによって子会社が事実上又は経済上の便宜を受けることがあるとしても，そのことが無償性を否定する根拠とはなり得ないと判示した。

本判決は，昭和11年大判及び昭和62年最判を踏襲した事例判決の一つと位置づけられるが，昭和62年最判の射程が，主債務者と保証人が同族会社とその経営者の関係にある場合のみならず，親会社（主債務者）と子会社（保証人）である場合にも及ぶことを示すとともに，親会社の倒産を回避することによって事実上・経済上の便宜を受けることがあるとしても，直接的に子会社の財産が保全される関係にない以上，無償行為に該当するとしていることから，無償性を否定する対価については，事実上・経済上の「便宜」では足りず，直接的な経

済的利益であることを厳格に要求するものと解される（判例①も同様の立場といえよう）。

(31) 本判決の紹介として，水野信次〔判批〕銀法734号（2011）61頁，黒田直行〔判批〕JA金融法務487号（2011）49頁がある。

2 無償否認の成立を否定した裁判例

上記のとおり，破産者が義務なくしてした保証等については，その対価として破産者が直接的な経済的利益を得ていない限り，無償行為として否認の対象となるとするのが判例の基本的立場といえるが，下級審裁判例の中には，破産者が対価としての経済的利益を得ているとして無償性を否定するなどにより，結論として無償否認の成立を認めなかった事例も散見される。そこで，これらの裁判例においては，いかなる事情の下に，無償否認の成立が否定されたのかについてみていくことにする。

(1) **東京高判昭37・6・7東高民時報13巻6号82頁**（以下，「判例③」とする。）

兄の経営するA社と弟の経営するB社は，工場敷地を貸したり物上保証をするなど相互に密接な関係にあり，B社の再建のため同社が取引先に負う債務につきA社が連帯保証していたが，A社が破産したため，破産管財人が当該保証を無償行為として否認した事案である(32)。これにつき，A社は，上記連帯保証の契約締結の過程を通じて取引先から種々の協力・便宜を受け，自己所有不動産に対する抵当権の実行を猶予されこれを保全したほか，新規取引の開設，手形割引上の便宜，原料購入の斡旋，デッドストックの買取りなど，直接・間接に業務運営上の利益を得ていたことから，保証債務の負担に対し十分経済上の利益を受けたものとして無償性が否定された。連帯保証契約の締結過程を通じて，破産者が相手方から直接・間接に業務運営上の利益を受けたことをもって，保証の対価たる経済的利益の存在が認められたものである。

(32) 事案については，篠原・前掲注（18）383頁による。

(2) **名古屋地判昭60・2・15金判717号31頁**（以下，「判例④」とする。）

破産者が自己の負担する債務の弁済に充てる資金を入手する手段として，主

債務者に依頼し、形式的には主債務者を借主として、破産者の所有する不動産を譲渡担保に供することにより金員を借り受けさせ、その借受けに係る金員の大半を主債務者から破産者がさらに借り受けた事案において、無償否認の成立を否定したものである。この場合、実質的には破産者自身において担保を提供して金員を借り受ける場合と同様に評価できるとして、主債務者から破産者が借り入れた金員をもって担保供与の対価たる経済的利益と認めたものである。

(3) 最判平8・3・22金法1480号55頁[33]（以下、「判例⑤」とする。）

会社の信用金庫取引上の一切の債務につき既に包括根保証をしていた代表取締役が、会社が新たな借入れをするにあたっての信用保証協会による保証に関する求償権につき連帯保証した事案において、当該連帯保証により一般債権者を害するものではないとして無償否認の成立が否定されたものである。代表取締役が既に信用金庫に対する一切の債務を包括的に根保証していたという事情に照らし、信用保証協会の求償権に対する連帯保証は重畳的な保証にとどまり、これによって破産財団が従前以上の負担を負うものではないことから、一般債権者を害するものではないとしたものであり、保証行為の無償性以前の問題として、否認の一般的要件である「有害性」を欠くことにより無償否認の成立を否定した点に特徴がある。

なお、原判決[34]においては、本件連帯保証が有害性を欠くとして無償否認の対象とならないとするとともに、補足的に、本件連帯保証契約に基づく借入れにより、保証人である代表取締役らが直接経済的利益を受けているとして、本件連帯保証契約は、無償行為に当たらないと判示していたが、本判決においては、この部分を非難する上告理由について、判決の結論に影響のない説示部分を非難するものとして排斥するにとどまり、最高裁としての判断は示さなかった[35]。

(33) 大阪地判平8・5・31金法1480号55頁も同旨。
(34) 東京高判平4・6・29金法1348号34頁。
(35) 松下淳一・判例百選〔第5版〕71頁は、このような判断につき、昭和62年最判における林反対意見に親和的な部分を判決の結論に影響のない部分として排斥していることから、本件最高裁判決は、「この点は無償否認否定の決め手にはならない」と考えており、「林反対意見を採用したものではないと思われる」と指摘する。

(4) 東京高判平12・12・26判時1750号112頁・金判1114号14頁（以下，「判例⑥」とする。）

　株式会社の代表取締役であった破産者が，会社に対する融資金債権を担保するために自己の有する生命保険の解約返戻金請求権に根質権を設定した場合において，同社に対する融資の条件として，根質権の対象となる解約返戻金請求権を増額させるために融資金の一部を保険会社に対する借入金の一部弁済に充てることが条件とされ，実際にもそれによって解約返戻金請求権が増額されていた事案において，破産者が解約返戻金請求権の増額部分と同額の経済的利益を受けていたとして，当該増額部分に対する根質権の設定について無償否認が否定されたものである。この増額部分については，もともと破産者による根質権の設定を条件とする融資がなければ，破産者の一般財産に加えられることもなかったものであり，根質権が設定されたとしても，一般債権者が害されることにはならないとして，判例⑤と同様に，否認の一般的要件である「有害性」を欠くことを理由に，無償否認の成立を一部否定したものである。

(5) 大阪高判平13・12・21（平成13年（ネ）第310号）裁判所ホームページ（以下，「判例⑦」とする。）

　会社更生手続との関係で，更生会社がなした保証についての無償否認が争われた事案において，保証が無償行為として否認できるか否かは，更生会社に保証の対価としての経済的利益が帰属したかにかかり，無償否認制度の趣旨に照らすと，義務なくしてなされた保証は，債権者の主たる債務者に対する出捐の直接の原因であっても，直ちに有償行為と認めることはできず，その見返りが対価といえるだけの直接かつ現実的な形で更生会社に帰属することが必要であるとしたうえで，事案における保証に関する契約関係に照らすと，実質的には，更生会社が当該保証により自己の運転資金及び事業資金の直接融資を受けたとみることができ，本件保証と引換えに更生会社の預金口座に直送された金員を保証の対価とみなし得るとして，無償否認の成立を否定したものである。本判決は，昭和62年最判の判断枠組みを前提としつつも，事案における保証契約の実質的内容に照らし，融資された金員が更生会社の口座に直送されている

ことなどから，更生会社自身に対する融資と評価できるとして無償性を否定したものである。

3 小　活

　以上みてきたように，無償否認の成立を否定した判例③～⑦のうち，判例③は，保証契約の締結により破産者自身も業務運営上の利益を受けるという対価たる経済的利益の存在が認められた事案であり，判例④と⑦は，実質的には債務者を迂回して保証人に融資がされたとみることができるとして，融資金それ自体を保証等の対価と認めた事案である。また，判例⑤と⑥は，保証等の無償性以前の問題として，否認の一般的要件たる有害性を欠くことにより無償否認が認められなかったものである。したがって，無償否認の成立が否定された裁判例は，大別すると，破産者が保証等の対価として直接的に経済的利益を受けたとして無償性が否定されたものと，否認の一般的要件たる有害性を欠くとされたものであり，これらはいずれも個々の事案の具体的内容に即して無償否認の成立が否定されたにとどまり，保証等の対価とみられる直接的な経済的利益を得ていない限り，無償行為として否認を免れないとする判例の基本的立場は堅持されているといえる。

　ここで，今一度判例の立場を確認すると，①無償性は破産者を基準に判断すれば足り，受益者にとって無償か否かは問わない，②保証等と同時交換的に融資がなされていても，保証等と債権者の出捐の間には事実上の関係があるにすぎず，これをもって対価とみることはできず，求償権も当然には保証等の対価としての経済的利益とはいえない，③保証人が主債務者の代表者や実質的な経営者であっても，保証等により破産者が直接的かつ現実的な利益を得ていない限り，無償性を否定すべき特段の事情には当たらない[36]，ということになろう。また，近時の裁判例である判例①が「無償行為であるか否かは，あくまで否認の対象となる行為である本件担保設定という行為に着目し，その行為によって現実的かつ直接的な経済的利益を受けていると言えるような場合でなければ，行為を有償と判断する前提となる『対価』と評価できるものではなく，間接的あるいは一般的ないし抽象的な利益を受ける場合についてまで，広くこれを対価と評価することは，無償行為の否認を定める破産法160条3項の趣旨で

はない」とする原審(37)の判決理由を引用していることからみて，保証等の対価については相当厳格に判断されており（判例②も同様の立場と解される），有償性が認められる余地はかなり狭いといえよう(38)。

(36) 篠原・前掲注（18）387頁は，主債務者がいわゆる同族会社であって，保証等をした破産者がその代表者で実質的な経営者でもあるというような関係があっても，それだけでは主債務者の経済的利益をもって保証人の経済的利益であると評価するには足りず，「破産者により現実的かつ直接的な形での経済的利益が帰属しない限り，無償行為性を否定し得ないとの帰結を認めるものにほかならない」とする。また，伊藤眞〔判批〕判評353号（判時1273号）59頁以下・62頁は，判例の立場につき，主債務者と保証人との間の特別な関係，及び保証と引換えになされる主債務者への信用供与は，行為の無償性を否定するための間接事実の一つという役割はもつが，最終的には，主債務者への出捐によって保証人がどのような経済的利益を得たかが他の間接事実によって補強されなければならないと総括する。村田・前掲注（16）292頁も，裁判例の分析結果をふまえ，「主債務者が同族会社であり，保証等を行った者がその実質的経営者であるというだけでは，その他のより具体的な経済的利益を保証人独自の視点から見いだすことができない限り，当該保証等の行為が無償否認の対象となることを免れ得ない」とし，「無償否認を否定するのに必要となる保証等を行った者が得べき経済的利益としては，現実的で明確な利益が要求される」とする。
(37) 大阪地判平21・6・4金法1895号105頁。
(38) 村田・前掲注（16）293頁，同・前掲注（26）35頁参照。

Ⅳ　保証等の無償否認に関する学説と検討

　破産者が義務なくしてした保証等が無償否認の対象となるかにつき，学説においては，当初はこれを否定的に解する見解が有力であったが，昭和62年最判以降，これを肯定し判例を支持する立場が有力となっている。以下においては，保証等の無償否認の成否をめぐり主な争点とされてきた，①無償性について誰を基準として判断するか，②保証債務の履行により取得する求償権を対価とみることができるか，③保証等の無償性が否定されるのはいかなる場合かという点につき，学説を参照しつつ若干の検討を試みることとする。

1　無償性の判断の対象者(39)

(1) 学　　説

　保証等の無償性を検討するにあたり，まず，無償性につき破産者と相手方のいずれを基準として判断するのかが，破産法160条3項が緩やかな要件の下に

第6章 否認権

否認を認める趣旨とも関連して問題となる。これについて学説は，(a)破産者を基準とすべきとする見解，(b)破産者及び相手方の双方を基準とすべきとする見解，(c)両者の折衷的見解に分かれている。

(a) 破産者を基準とすべきとする見解[40]　判例の基本的立場と同様に，無償性はもっぱら破産者について決すれば足り，破産者が無償でなした保証等と債権者の出捐の間には事実上の関係があるにすぎず，相手方の立場において無償であるか否かは問わないとする見解である。

無償否認の根拠との関係につき，破産法160条3項が緩やかな要件の下に否認を認める趣旨は，無償行為は破産者の責任財産を減少させるという意味での有害性が極めて強く，かかる行為から破産財団を保護する必要性が強く認められることにあるとし，その要件の解釈においては，破産者にとっての無償性という破産財団の価値の減少いかんを中心に考えざるを得ないとするとともに，無償否認の機能との関係でも，無償否認は，無償行為によって破産財団から流出した資産を否認によって取り戻し，破産財団の拡充を図るものであることからすれば，無償性の判断は，もっぱら破産者自身についてなされるべきであるとするものである[41]。また，破産者による保証等と債権者の出捐との間には事実上の関係があるにすぎず，破産者にとって，対価としての直接的かつ現実の利益が認められない限り無償否認の対象となるとし，保証等があるからこそ出捐をした相手方の保護については，相手方はあくまで主債務者の信用を基本として出捐すべきものであることからすれば，無償で保証等を取得した相手方よりも保証人の一般債権者の方こそ保護されてしかるべきとする[42]。

(b) 破産者及び相手方の双方を基準とすべきとする見解[43]　無償行為であるためには，破産者のみならず相手方にとっても無償でなければならず，相手方についての無償性は相手方の意思を基準に判断すべきとする見解であり，島谷反対意見と同様の立場である。この見解に立つ場合，相手方たる債権者において，破産者による保証等を得る見返りとして主債務者に融資をするという認識があれば，保証等の無償性が否定され，否認できないことになる。

無償否認の根拠との関係では，破産法160条3項が緩やかな要件で否認を認める趣旨は，ある責任財産が支払不能となった場合に，そこから対価を支払うことなく一定の権利（利益）を取得した者と，債務者に一定の給付を行ったに

もかかわらず反対給付を得ることができなくなった者がいる場合には，前者の得た権利は，後者の得た権利に後れ，前者が得た利益は破産財団に返還して後者の配当に充てるのが公平であることによるものであるとし，否認の相手方にとって有償である場合にはかかる趣旨が妥当せず，無償否認を正当化するための基礎となる公平な結果は生じ得ないことから，無償性は破産者だけではなく，相手方をも基準として判断すべきとする(44)。これは，破産者による保証や担保の供与を前提に，債権者が主債務者に対して融資をした場合，純客観主義的な無償否認を認めると，予測不可能な否認により債権者の合理的な信頼・期待を裏切る結果となり，かかる帰結は，否認の相手方の主観的要件を要求する故意否認や危機否認と比較して，否認の相手方に著しく不公平な結果をもたらすことになることから，正当化することはできないとの考慮に基づくものである。また，破産者による保証等と債権者の出捐との関係については，保証等と主債務者に対する信用供与が別々の法律行為で行われたとしても，保証と引換えに信用を供与しようという一個の意思が，複数の法律行為を手段とすることによってその目的を実現したのであれば，それらの因果関係を単なる事実上のものと決めつけることはできないとする。

(c) **折衷的見解**（伊藤説）(45) 　無償否認の根拠は，破産者と相手方との双方にとっての無償性に求められるが，行為の有害性という意味では，破産者にとっての無償性が基本であり，相手方にとっての無償性は補強的なものにすぎないとして，結論的には保証等の無償否認を肯定する見解である。

(39) 伊藤・前掲注（36）61頁によれば，破産法160条3項の前身である旧破産法72条5号は，ドイツ破産法32条に規定する無償行為の否認を参考にして立法されたものと推測され，このドイツ破産法の規定は，沿革的には，プロイセン破産法以来の贈与否認を対象とするものであった。贈与においては，無償性を破産者について考えるか，あるいは受益者について考えるかという問題はほとんど意識されていなかったが，その後のドイツにおける判例・学説は，無償性の判断にあたり，基本的には破産者を基準として決定するという態度を明らかにしているとのことである。これに対し，中西・前掲注（7）255頁以下は，ドイツ破産法・ドイツ倒産法における無償否認に関する規定の立法理由及び判例・学説について詳細に検討したうえで，ドイツ法の判例・通説は，無償性の判断にあたり，伝統的に破産者と否認の相手方の双方を基準とする解釈を採っているとする。
(40) 谷口・260頁，注解破産法(上)481頁〔宗田親彦〕，宮脇ほか編・注解更生法274頁〔櫻井孝一〕，池田・前掲注（2）266頁，田原・前掲注（19）10頁，田原睦夫「連帯保証と無償否認」金判1060号（1999）120頁，松下・前掲注（35）70頁，塩崎勤〔判

第6章 否認権

批〕金法1187号（1988）13頁，住吉博〔判批〕民商98巻6号（1988）90頁，櫻本正樹〔判批〕法学研究61巻11号（1988）130頁，佐藤鉄男〔判批〕ジュリ905号（1988）81頁など。
(41) 松下・前掲注（35）71頁，田原・前掲注（40）121頁など。
(42) 田原・前掲注（19）10頁。
(43) 山木戸・212頁，中田・164頁，本間義信「無償否認」斎藤＝伊東編・演習401頁，高島義郎「他人の債務の保証と無償行為の否認」宮脇＝竹下編・基礎248頁，菊井維大〔判批〕民事法研究会編『判例民事法〔昭和11年度〕』（有斐閣，1937）431頁，石川明〔判批〕手形研究409号（1988）4頁，中西・前掲注（7）289頁以下，新注釈再生法〔第2版〕（上）722頁〔中西正〕など。
(44) 中西・前掲注（7）287頁以下。中西意見書・前掲注（27）によれば，この場合の破産債権者と相手方の利益調整は，取引行為に関する一般的取扱いに立ち戻り，破産法160条1項1号，161条1項により行われるべきであるとする。
(45) 伊藤・408頁，条解破産法1025頁。

(2) 検　　討

　この問題を検討するにあたっては，否認制度における無償否認の位置づけ，及び，要件が緩和されている根拠を何処に求めるかが，一つのポイントとなる。すなわち，債務者の責任財産を減少させる危険が大きいことを重視するのであれば，破産財団の価値の減少を中心に考え，破産者にとっての無償性を基準とすることになろうし，他方，相手方も無償で利益を得ているのであるから緩やかに否認を許しても公平に反しないことを重視するのであれば，相手方にとっての無償性をも基準とすべきとする見解に傾く[46]。

　無償否認については，前述したように（Ⅱ1），故意否認と危機否認という軸においては第三の類型として位置づけられるとしても，その本質においては，財産減少行為の否認（詐害行為否認）の特殊類型として，対象行為の性格から主観的事情を顧慮することなく純客観主義的な要件の下に否認を認めるものであり，また，無償否認も否認制度の一類型である以上，破産手続開始前の破産者の行為により財団から逸出した財産を回復するとともに，破産債権者間の公平を確保しようとする制度といえる。そうすると，相手方の要保護性の低さも無償否認の根拠であることは否定できないが，その要件の解釈においては破産財団の価値減少を中心に考えざるを得ず，また否認されるべきは破産者の行為であることからも，破産者ないし破産財団以外の事情で無償性を左右することは制度本来の趣旨にそぐわないと解され[47]，無償性については破産者を基準に

判断すべきである。また，こうした無償否認制度の趣旨・目的の前には，取引の安全や利害調整の要請が，破産財団に対する有害性の救済より劣後することも，やむを得ないところといえよう[48]。

(46) ただし，詳解再生法〔第2版〕376頁〔水元〕のように，無償否認の根拠については詐害性の強さを重視しつつ，無償性の判断は相手方も基準とすべきとする見解や，逆に，伊藤説のように，破産者と相手方との双方にとっての無償性（要保護性の低さ）をも根拠としつつも，無償性の判断については破産者にとっての無償性を基本とすべきとする見解もあり，「無償否認の根拠のうち，①詐害性の強さと②要保護性の低さとのいずれを重視するかが，無償性の基準の問題を決するわけではないという状況にある」との指摘もなされている（高田・前掲注（26）245頁参照）。
(47) 篠原・前掲注（18）385頁参照。
(48) 篠原・前掲注（18）386頁，塩崎・前掲注（40）18頁参照。

2　求償権の対価性

(1) 学　　説

破産者を基準に無償性を判断するとしても，保証等によって取得する求償権をその対価とみるのであれば，保証等の無償性は否定されることになる。求償権の対価性については，これを否定する見解が今日においては一般的となっているが，かつては保証等の無償否認をめぐる中心的論点の一つとされ，見解が分かれていたところであり，以下それぞれの見解について確認しておくことにする。

(a) 求償権の対価性を肯定する見解[49]　保証人が取得する求償権は，保証債務と計数的に等価値であり，経済的には保証等に基づく出捐の代償であるとして，対価性を認める見解である。昭和62年最判における島谷反対意見もこの見解を採る。

(b) 求償権の対価性を否定する見解[50]　学説においても，判例同様に求償権の対価性を否定する見解が有力であり，その論拠としては，以下の諸点が挙げられる。①求償権は，原則として，保証債務を履行し又は担保権を実行された場合にはじめて発生する将来の権利であって，保証等によって直ちに発生するものではなく，また，現実には主債務者の返済能力が不足している場合が多いため，求償権が額面どおりの価値を有することは稀であり，その取得をもって対価を得たものとして無償性を否定することはできないこと[51]，②求償

517

権の法律上の性質は，委託による保証の場合は委任事務処理の，委託を受けていないときは事務管理の各費用償還請求権であり，保証の対価とみるべきではないこと⁽⁵²⁾，③求償権は，債権者に対する弁済という出捐を回復するための手段にすぎず，求償権があるからといって保証等により破産者の債務が増加している事実には何ら変わりはないため，保証の対価としての意味をもたないこと，④保証料が支払われていればこれを理由に無償性が否定されるにもかかわらず，保証料の支払がない場合について求償権を保証等の対価とみるのは一貫性を欠くこと⁽⁵³⁾などである。

- (49) 加藤・研究(10)67頁，中田・164頁，菊井・前掲注 (43) 434頁，菅野佳夫〔判批〕判タ658号 (1988) 44頁など。
- (50) 伊藤・408頁，伊藤・前掲注 (36) 63頁，松下・前掲注 (35) 71頁，池田・前掲注 (2) 266頁，谷口・260頁，注解破産法(上)481頁〔宗田〕，宗田・概説378頁，田原・前掲注 (19) 10頁，田原・前掲注 (40) 121頁，竹下・大コンメ633頁〔山本〕，塩崎・前掲注 (40) 19頁，福岡真之介「保証の無償否認」倒産と担保・保証実務研究会編『倒産と担保』(商事法務，2014) 745頁など。
- (51) 求償権の実質的無価値性を論拠とするものとして，松下・前掲注 (35) 71頁，塩崎・前掲注 (40) 19頁，条解更生法(中)69頁などが挙げられる。これに対し，田原・前掲注 (40) 123頁は，求償権の対価性の有無は，その法律上の性質から論ずべきであり，実質的回収可能性の有無から論ずべきではないとする。なお，中西・前掲注 (7) 291頁以下は，保証人が取得する求償権は原則的には無償性を排斥しないと解しつつも，否認権行使時において求償権が完全な経済的価値を有する場合には，そもそも債権者を害する結果が生じないため，無償否認は問題にならないとする。
- (52) 田原・前掲注 (40) 121頁。
- (53) 松下・前掲注 (35) 71頁。

(2) 検 討

これについては，求償権の代償性を形式的に考えるか，あるいは，実際には債務者の資力次第で求償不可能となることが多いという実質に即して考えるか，また，保証当時の状況とその後の債務者の資力の変動をどのように考えるか等が問題となるが，判例はもとより，学説においても求償権の対価性を否定する見解が今日においては一般的である。対価性を否定する見解が指摘するように，求償権は債権者に対する弁済という出捐を回復するための手段にすぎず，また，保証料が支払われていればこれを理由に無償性が否定されるのに対し，保証料の支払がない場合には，求償権を対価と考えるのは一貫性を欠くことから，求償権を取得することをもって保証等の対価とみるべきではないと解

3 同族会社の代表者による保証等をめぐる問題

(1) 学　　説

　破産者が義務なくして保証等をした場合であっても，保証料が支払われている限りは，これを対価として無償性を否定するのが一般的である[54]。問題は，保証料が支払われていない場合であっても，なお無償性が否定されるのはどのような場合であるかである。これについては，昭和62年最判で問題となった主債務者がいわゆる同族会社であって，保証等をした破産者がその代表者であり実質的な経営者でもあるという場合のほか，保証人と主債務者との関係が親会社・子会社の関係にある場合などが問題となるが，まずは，同族会社の場合について，学説を参照しつつ検討を試みる。これについては，同族会社の経済的実質とその評価の問題として，実質的観点から同族会社とその経営者を一体的に捉え，債権者の主債務者に対する出捐を破産者に対する出捐と同視すべきか，また，主債務者に対する出捐が回り回って保証人の利益にもなるという側面をどう捉えるか，さらには，無償否認を認めた場合の中小企業金融実務に及ぼす影響をどのように考えるか等が問題となる。

　(a) 同族会社のケースにつき無償性を否定する見解[55]　この見解は，昭和62年最判における林反対意見と同様の見地から，会社と経営者の経済的一体性ないし運命共同体的な関係に着目し，破産者が会社に対する善管注意義務ないし忠実義務を履行するとともに自己の出資の維持ないし増殖を図るため保証等をしたものといえるときには，破産者自ら直接ないし間接に経済的利益を受け破産財団の保全に資したものと評価できるとし，このような密接な関係が認められる場合には，保証等の無償性は否定されるとする。また，中小企業金融実務に及ぼす影響について，同族会社等の中小企業においては，オーナー経営者の保証等があればこそ，金融機関等の債権者が出捐するという取引形態が普遍的であり，このような場合に無償否認を認めると，相手方である債権者は結果的に保証等なしに信用供与したことになり，会社と経営者の密接な関係を信頼して融資をした債権者に打撃を与え，ひいては中小企業等に対する救済融資の途を閉ざすことになるとする[56]。

第6章 否 認 権

(b) **同族会社であることをもって無償性を否定することはできないとする見解**[57]　この見解は，無償性を否定する見解が指摘する会社と経営者の経済的一体性について，同族会社であっても，法形式的には会社とその経営者とは別個の法人格の主体であって，その財産関係ないし債権者は峻別して捕捉しなければならず，両者がともに破産した場合でも，破産手続は両者各別に進行処理すべきであるとして，会社と経営者の破産手続における峻別の必要性を指摘する。さらに，株式をどの程度保有していれば実質的な経営者として利害の同一性があると認められるのかをはじめとし，会社と経営者の利益の実質的な同一性の有無についての判断基準は明確でなく，無償否認との関係で保証等の無償性が否定されるのは，法人格否認の法理や特別支配会社関係にある場合（会社468条1項括弧書参照）など明確な基準によって，その一体性が判断される場合に限られるとするものである。また，中小企業金融実務へ及ぼす影響については，むしろ経営者等の個人保証に過度に依存した融資のあり方自体が見直されるべきであり[58]，金融機関は，中小企業のオーナー経営者や，同族会社の代表取締役による個人保証については否認される可能性があることをリスク管理の一環として織り込んで融資を実行すべきとの指摘がなされている[59]。

(54)　田原睦夫弁護士（元最高裁判事）は，適正な保証料が徴されている場合に，その無償性が否定されることには異論はなく，無償否認制度の趣旨からして，保証料が不適正であっても，無償と同様と評価されるほど低廉でない限り，無償否認は成立しないとしつつも（田原・前掲注（40）121頁），現実の保証料は微々たる金額であるにもかかわらず，相場程度の保証料を取っていればそれをもって対価とみることが妥当か，また，業として保証を行っている場合は，対価性が低くとも，全体として採算性を勘案しているのでかまわないが，そうでない場合についてまで，単純に保証料の有無により一刀両断することは果たして妥当かとの疑問も呈されている（基本構造と実務391頁〔田原睦夫発言〕）。
(55)　伊藤・408頁，伊藤・前掲注（36）63頁，佐藤・前掲注（40）85頁など。
(56)　菅野佳夫〔判批〕判タ804号（1993）46頁は，昭和62年最判が，中小企業向けの救済融資に対する障壁として，不況に苦しむ中小企業に対する銀行の貸し渋りを助長したとし，わが国においては，経営者の私財を責任財産とする会社債務の保証又は物上保証により，銀行資金を導入するのが一般的な中小企業金融の典型であるとする。その他，中小企業金融実務への影響を懸念するものとして，中西・前掲注（7）250頁，伊藤・前掲注（36）60頁，菅野・前掲注（49）48頁，鈴木正和「救済融資の担保と否認」判タ676号（1988）62頁以下・64頁など参照。
(57)　松下・前掲注（35）71頁，塩崎・前掲注（40）20頁，池田・前掲注（2）267頁など。
(58)　竹下・大コンメ634頁〔山本〕は，たとえ救済融資であっても実現可能性のある事

業再建計画を前提にリスクをとった融資がされるのが筋であり，過度に保証に頼る方向は邪道であるとする。また，塩崎・前掲注（40）19頁も，経営者個人の財産を担保に提供することにより，経営者自身が破産に至るような場合には，経営者として当然とるべき措置であるかどうかは疑問であり，かかる担保の供与が，経営者として会社に対する善管注意義務ないし忠実義務であると解することはできず，救済融資を実行する金融機関としても，ある程度否認の覚悟をして融資をなすべきとする。

(59) 担保力のない企業に，代表者等の保証や物上保証を得て融資する場合の実務的な対策としては，代表者等に保証料を支払うこと，代表者等も連帯債務者とすること，代表者等に直接融資し，同人から会社に融資させること等が挙げられている（田原・前掲注（19）11頁）。これに対し，こうした手法を採ったとしても，否認リスクが存する旨を指摘するものとして，塩崎・前掲注（40）20頁，濱田・前掲注（26）62頁がある。また，菅野・前掲注（49）46頁は，無償否認を回避するために，代表取締役等が高額の保証料を取ることは，会社の損失において代表取締役が利得することにほかならず，取締役の自己取引として制限され，企業倫理にもとると批判する。

(2) 検　　討

まず，会社と経営者の経済的一体性ないし運命共同体的な関係については，同族会社等の場合，実質的にはそのような関係が認められるとしても，前記(b)説の指摘するように，法的には会社と経営者は別個独立の法人格の主体であり，先に検討したとおり無償性については，破産者を基準として判断すべきであることを前提とすると，保証等に基づき会社に融資がなされたとしても，保証人にとっての対価というべき経済的利益が認められない限り，単に同族会社と経営者との関係をもって無償性を否定することはできないと解される。また，かかる場合に無償否認を認めるとすると，中小企業に対する融資の萎縮等，金融実務に対する影響が生じることは否定できないが，判例①も指摘するように，中小企業に対する融資について，代表者個人の保証が奨励されるべきものとはいえないという考え方もあり得，会社の債務につき個人保証をした者が過大な責任を負いがちであるという現状を背景に，個人保証や不動産担保に過度に依存していた従来型の企業の資金調達方法を見直す必要があるとの認識の下，いわゆる動産・債権譲渡特例法（動産及び債権の譲渡の対抗要件に関する民法の特例等に関する法律）（平成16年法律第148号）が制定されたことも考慮すれば[60]，現在の金融実務に与える影響があるとしても，ただちに無償否認を否定すべき事情ということはできず，むしろ，否認リスクを織り込んだ融資の実行，さらには，過度に個人保証に依存した融資からの脱却を目指すべきであろ

う(61)。

(60)　植垣勝裕＝小川秀樹編著『一問一答動産・債権譲渡特例法〔3訂版増補〕』（商事法務，2010）5頁。
(61)　村田・前掲注（16）295頁も，「経営者の個人保証の主眼は経営規律の保持やガバナンスの維持にこそあると考えれば，経営者の個人保証のあり方自体を見直す必要がある」とする。これに対し，経営が悪化している会社の債務を代表者が保証するという慣行に，円滑な金融という観点から一定の評価がなされていることを指摘するものとして，谷＝伊達・前掲注（26）62頁がある。なお，金融実務への影響に関する近時の状況については，福岡・前掲注（50）753頁参照。

4　保証等の無償性が否定される場合

　以上を前提としつつも，個々の事案における融資の実質や，保証人と主債務者との関係，保証人等が受けた経済的利益の内容等により，保証等についての無償性や有償性が否定され，否認が認められない場合もあり得る。学説においても，昭和62年最判が示した無償否認の根拠や，そこから導かれる無償性の判断基準を前提としつつも，いかなる場合に，保証人に対価たる経済的利益が認められ，無償性が否定されるのかを解明しようとするのが現在の多数説の方向性であるといえる(62)。

　これにつき，田原睦夫弁護士は，「義務なくしてかつ保証料等の対価を得ることなく保証がなされた場合に，その保証行為に有償性が認められるのは，主債務者と保証人間に経済的な一体性が認められ，主債務者の経済的な利益が即保証人の経済的利益になるという関係が存する場合のみであろう」(63)とし，具体的には，①保証人が実質上の債務者である場合，②保証人に対して，受益者（債権者）から実質的な対価が支払われている場合，③債務者と保証人との関係が，法人格否認の法理が適用されるかそれと同等程度に密接な場合，④保証による債務者への融資により，保証人の債務者に対する出資や債権の回収可能性が高まる場合を挙げる(64)。そこで，これを参考としつつ，無償否認の成立が否定された裁判例（判例③～⑦）を参照し，若干の類型化を試みることとする。

(62)　こうした方向性について，「保証料以外に無償性が否定される事情とは何かが，現在の多数説の課題となっている」（高田・前掲注（26）245頁），「今後は，法人格が完全に形骸化しているという理由で法人格が否認されるような場合をはじめとして，どのような場合に会社と経営者の利害の同一性が認められるかが問題となろう」（松下・前掲注（35）71頁），「具体的事案において，対価としての経済的利益の具体的内

容を明らかにし，それをどう評価するかが今後に残された課題である」(篠原・前掲注 (18) 387頁) 等の指摘がなされている。
(63) 田原・前掲注 (19) 11頁。
(64) 田原・前掲注 (40) 122頁。そのほか，経済的利益が認められる場合として，保証人の財産の中で主債務者の株式が大きな比重を占め，主債務者の倒産によって保証人の資産状態に顕著な悪影響が生じるような場合を挙げるものや (伊藤・前掲注 (36) 63頁)，破産財団に資するところがあったか否かを基準に判断すべきとするもの (櫻本・前掲注 (40) 136頁) などがある。

(1) 保証等の対価として相当額の保証料が支払われている場合

単純に保証料の有無により一刀両断することは妥当かとの指摘もあるが[65]，保証料と保証債務との金額に差があるとしても，相場程度の保証料が支払われている限りは[66]，なお両者の間に対価関係を認めることができるため，原則として無償性は否定される。

(65) 前掲注 (54) 参照。
(66) 保証の対価として主債務者が保証人に対して保証料を支払うときであっても，なお保証料が名目的なものであるかどうかは問われることになる (伊藤・前掲注 (36) 61頁，佐藤・前掲注 (40) 84頁参照)。また，単に保証料が支払われているだけでは足りず，救済融資を受けるような債務者に保証料を支払うだけの余力があったことも金融機関において立証しなければ，融資額に保証料分が上乗せされているとされ，実質的な対価性が否定されるとするものとして，濱田・前掲注 (26) 63頁参照。

(2) 保証人に対して保証料以外の直接的な経済的利益が供与されている場合

有形無形様々な形態があり得るが，保証人に対して，保証料に代替するような保証の直接の対価とみなし得る経済的利益が供与されている場合である[67]。判例③におけるような，担保権実行の猶予による保証人財産の保全，新規取引や原材料購入の斡旋，手形取引上の便宜供与等の直接的な経済的利益がこれに当たり，保証等をしたことにより，かかる経済的利益が保証人に供与されたとの直接的な因果関係が認められることが必要である。

(67) 田原・前掲注 (40) 123頁は，この利益の供与が，受益者以外の第三者から供与される場合であっても，保証との因果関係が認められる限り，対価性を認めるべきとする。

(3) 実質的には保証人に対する融資であると認められる場合

法形式上は債務者に対する融資の形態をとっているが，実質的には保証人に対する融資と認められる場合である。判例④及び⑦のように，主債務者に対す

る融資の形態をとった迂回融資の場合などがこれに当たる。この場合には，実質的には保証人自身において担保を提供して金員を借り受ける場合と同様に評価でき，借り入れた金員をもって保証等の対価たる経済的利益と認められることによる。

(4) 保証等に基づく融資により保証人が自己の債務を直接的に免れた場合

昭和11年大判が，無償否認を免れる場合として例示する，主たる債務者の扶養義務者である破産者が保証等をすることによって自己の扶養義務の履行を免れた場合や，匿名組合員たる破産者が匿名組合の債務について保証等をした場合がこれに当たる。融資により保証人が直接的に自己の債務を免れた場合には，債務を免れるという経済的利益を保証等の対価とみることができることによる。保証等に基づく融資と保証人の債務減免との間には，直接的な因果関係が存することが必要である。

(5) 保証人と主債務者とを法的に同視することができる場合又はそれに準ずる場合

主債務者である会社とその経営者である保証人との関係につき，法人格否認の法理が適用されるような場合が典型例として挙げられる[68]。この場合には，会社と経営者の利害の同一性を法的に認めることができ，保証人自身に対する融資と同様に評価できることによる。田原弁護士は，これと同程度に密接な関係を有する場合として，親子会社や実質上債務者の一事業部門というべき場合も含むとするが，これらについては，次の(6)の類型において検討すべきものとし，ここでは，法人格否認の法理が適用されるなど，「法的に」同視できる場合，あるいはそれに準ずる場合に限定することとする。法人格否認の法理が適用される場合のほか，合併手続が進行中であるがまだ手続が完了していない場合などが想定される。

(68) 学説においても，法人格否認の法理が適用される事例においては，保証人の経済的利益の存在を肯定する見解が一般的である。例えば，伊藤・前掲注(36) 63頁，佐藤・前掲注(40) 84頁など参照。これに対し，法人格否認を根拠に無償性を否定する見解に疑問を呈するものとして，福岡・前掲注(50) 752頁がある。

19 無償否認

(6) 保証等に基づく融資により，保証人にとっての対価というべき経済的利益が直接的・間接的に生ずることが客観的に期待し得る場合

　保証等の対価たる経済的利益につき，判例は，現実的かつ直接的な経済的利益の存在を要求するものと解されるが[69]，「現実的」かつ「直接的」な経済的利益に限定すべきではなく，間接的であっても対価とみなし得る経済的利益が生じることが，保証等の段階で客観的に期待し得る場合には，なお無償性を否定すべきである。先に検討したように，無償否認については，無償で財産を減少させるという有害性の強い行為から破産財団を保護し，その回復を図るという趣旨から，その要件の解釈においては，破産財団の価値の減少いかんを中心に考えるべきと解されるところ，間接的ではあってもなお破産財団の維持・増殖に資する場合もあり得る以上，直接的な利益に限定する必要はないと解される。また，直接的・間接的に経済的利益を受け破産財団の保全に資する場合には無償性を否定するとした場合，現実にかかる経済的利益が発生したという結果までを要するのか，あるいは，保証等の時点における状況で判断するのかも問題となり得る。これについては，保証等をした以後の状況により否認の成否が左右されることになると，予測可能性が奪われることから，保証等の時点における客観的な期待可能性を基準とすべきと考える[70]。もちろん，単なる期待利益にすぎないものについてまで対価とみることはできないが，保証等の時点において保証人にとっての直接的又は間接的な経済的利益が客観的に期待できるような場合には，対価性を認め，無償否認の成立を否定すべきである。問題とすべきは，保証等によって期待できる経済的利益の実現可能性を保証契約締結の時点でどの程度見込めるかということであろう。したがって，判例①は，主債務者の倒産が即保証人の倒産に連なる場合であるというだけでは，担保提供の無償性を否定すべき特段の事情に当たらないとするが，保証等に基づく融資により主債務者の倒産を回避できることが客観的に相当程度の期待をもって見込まれ，それによって保証人自身の倒産も回避できるような場合には，無償性が否定されるべきと考える[71]。

(69) 昭和62年最判につき，篠原・前掲注 (18) 387頁参照。また，判例①も，「経済的利益を受けたとしても，当該利益は間接的ないし事実上のものに過ぎず，担保設定の対価というべき直接的な利益とは評価できない」としており，直接的な経済的利益の存在を要求するものと解される（判例②も同様）。

(70) 伊藤・前掲注(36)63頁も,「少なくとも行為の時点を基準として考えれば,保証人の財産保全に役立ったと認められる事案であれば,行為の無償性が否定される」とし,無償性については問題となる行為がなされた時点を基準に判断すべきとする。
(71) 田原・前掲注(40)123頁は,「保証後無償否認期間内に破綻したような事例で,保証に伴う新規融資により,債権の回収可能性が高まったと評価し得ることは稀であり,否認が否定される場合はあまりない」とするが,保証等の時点における客観的期待可能性に基づき判断すれば,なお否認が否定される場合はあり得ると解する。また,判例②のような親子会社の関係にある場合についても,子会社が担保を提供することにより親会社に対する融資が実行され,それによって親会社はもとより,経済的に依存関係にある子会社についても倒産を回避することが客観的に相当程度の期待をもって見込まれる場合には,無償性が否定されるべきと考える。

(7) その他

以上が無償性が否定される場合の類型として考えられるところであるが,無償行為であってもそもそも有害性を欠くような場合には,否認の一般的要件を欠くとして無償否認の成立が否定されることは,判例⑤及び⑥についてみたとおりである。

V おわりに

1 本項目における検討結果

保証等と無償否認の関係についての本項目における検討結果をまとめると,以下のとおりである。まず,無償性の判断対象については,無償否認の要件との関係では破産財団の価値の減少を中心に考えるべきであり,否認されるべきは破産者の行為であることからも,破産者を基準に判断すべきである。そして,破産者が義務なくしてした保証等の無償性を否定するには,保証等の対価とみなし得る直接的又は間接的な経済的利益が必要とされるが,求償権については債権者に対する弁済という出捐を回復するための手段にすぎないことなどから,これをもって保証等の対価とみるべきではない。また,単に同族会社とその実質的経営者という関係や,親会社と子会社の関係があることをもって無償性を否定することはできないが,以下の場合については,無償性が否定される。すなわち,①保証等の対価として相当額の保証料が支払われている場合,

②保証人に対して保証料以外の直接的な経済的利益が供与されている場合，③実質的には保証人に対する融資であると認められる場合，④保証等に基づく融資により保証人が自己の債務を直接的に免れた場合，⑤保証人と主債務者とを法的に同視することができる場合等，⑥保証等に基づく融資により，保証人にとっての対価というべき経済的利益が直接的・間接的に生ずることが客観的に期待し得る場合である。なお，無償行為であってもそもそも有害性を欠くような場合には，否認の一般的要件を欠くとして無償否認の成立が否定されることになる。

今後は，判例の枠組みを前提としつつもいかなる場合になお保証等が無償否認の対象外となるかにつき，事例の積み重ねとともに，類型のさらなる精緻化を図ることが必要となろう。

2　その他の問題

本項目においては，保証等についての無償否認の成否を中心に，判例・学説を参照しつつ，若干の検討を試みてきたが，最後に，関連するいくつかの問題について簡単に触れ，稿を閉じることとする。

(1)　保証等の無償否認が認められた場合の相手方の価格償還義務

無償否認の相手方は，否認対象行為がされた当時，支払停止等があったこと及び破産債権者を害する事実を知らなかったときは，その現に受けている利益を償還すれば足りるとされている（破167条2項）。これは，相手方の主観的事情のいかんを問わない無償否認において，善意の相手方が無償行為によって得た財産を費消した後にその価格の償還や返還を求められるという過大な不利益を回避するため，原状回復の範囲を限定する趣旨である[72]。保証等が無償行為として否認された場合における，相手方の価格償還義務の範囲を画するにあたり，保証等により相手方が「現に受けている利益」をどのように捉えるかが問題となるが，これについては保証料相当額と一般に解されている[73]。これに対し，結合企業やグループ企業による物上保証を念頭に，破産会社による物上保証に基づき，主債務者に対する新規融資がなされた場合には，担保余剰が生じていない限り，物上保証を受けた相手方が「現に受けている利益」はないと

して，無償否認の対象とはなるが，否認権行使により返還すべき額はないと解すべきとする見解があり[74]，さらにこれを会社のためにした代表者による物上保証の場合にも敷衍し，代表者による物上保証と新規融資とが同時交換的にされており，主債務者からの債権回収が見込めず，担保余剰がない場合において，支払停止等及び破産債権者を害する事実について融資時に相手方が善意のときは，相手方の「現に受けている利益」はないと解する見解が主張されている[75]。

　この見解は，保証料等の対価を支払わずに済んだという利益が，担保余剰がない状況において主債務者からの債権回収が見込めなくなることによって，事後的に消滅するとみることにより，衡平の観点から利益調整を図り，取引の安全を確保しようとする試みとして傾聴に値しよう。無償否認における行為の無償性や有害性についての判断は，対象行為の時点を基準とすべきと解されているが[76]，破産法167条2項は，原状回復の範囲を画するにあたり，善意の相手方に不測の損害が生ずることを回避するため，事後的な事情（無償行為によって得た利益を費消した等）を取り込んで，否認対象行為の後に相手方の下で生じた減価部分については破産財団への償還を求めないとしていることに照らすと，保証料相当額の利益が事後的に消滅したとして，現存利益はないと解することも許されると考える。もっとも，担保余剰価値がないため融資債権全額の回収ができなかった場合であっても，回収できない金額が保証料相当額を下回る場合には（例えば，主債務者A社に対し，Yが1億円を融資するにあたり，A社の代表者であるXが，保証料（仮に，200万円程度が相場とする）の支払を受けることなく同時交換的に自己所有の不動産（時価9900万円相当）に抵当権を設定し，その後にA社からの債権回収が見込めなくなった場合），その差額部分についてはなお相手方に利益が現存しているとみるべきであろう。したがって，保証料等を支払わずに済んだという利益と，担保余剰価値がないため回収不足額が生ずるという不利益をトータルで衡量することにより実質的な公平を図ろうとする点で，この見解を基本的には支持すべきと考えるが，より厳密には，担保余剰価値がない場合であっても，担保権実行により回収可能な債権額と保証料相当額の合計額が，融資額を超過する場合には，当該超過部分については「現に受けている利益」として償還請求を認めるべきであろう。

(72) 竹下・大コンメ682頁〔加藤哲夫〕, 条解破産法1081頁。
(73) 竹下・大コンメ683頁〔加藤〕, 条解破産法1082頁, 条解更生法(中)183頁。
(74) 岡正晶「結合企業・グループ企業による物上保証と無償否認」清水直編『企業再建の真髄』(商事法務, 2005) 569頁以下・576頁・579～580頁。
(75) 髙田・前掲注 (26) 246頁。中西意見書・前掲注 (27) においても, 最判昭和62年を前提とした場合の解釈論として, BがCに信用を供与する際, AがBに対しB－C間の債権について物上保証をすることが条件とされ, そのとおり融資と物上保証が実行された後, A及びCの両者が支払停止に陥り破産手続開始決定を受けたような場合, 物上保証がなされた時点において, Aに支払停止等があったこと及び破産債権者を害する事実につきBが善意であるときには, Cに対して融資した額と, 担保権実行により回収できた額を比較し, 回収額が下回る限りは, 現存利益はなしとして否認権行使により返還すべき額はないと解すべきとされる。
(76) 前掲注 (70) 参照。

(2) 債権放棄

　債権者は, 対価又は代償を得ることなく, 一方的意思表示によって債権を消滅させることができるが (民519条), 破産者が自己の有する債権を免除する場合も, 一般的には無償行為として否認の対象となると解されている(77)。しかしながら, 債権を放棄することにより, 債務者の再建が可能となり, ひいては債権を放棄した破産者の利益にも繋がる場合等もあり得, このような場合にも無償行為として否認し得るかについては問題となろう。これにつき, 本項目における保証等と無償否認の関係についての検討結果を敷衍すれば, 債権を放棄した債権者と債務者とを実質的に同視することができる場合, 及び, 債権放棄により, 債権者にとっての対価というべき経済的利益が直接的・間接的に生ずることが客観的に期待し得る場合には, 例外的に無償性が否定され, 無償否認が認められないものと考えられる(78)。もっとも, 一般論としては以上のようにいえようが, 具体的には, 保証等の場合と同様に, 親子会社間や同族会社の実質的経営者による債権放棄の場合につき, 「債権者にとっての対価というべき利益が直接的・間接的に生ずることが客観的に期待し得る場合」をどのように捉えるかが問題となろう。私見としては, 債権放棄により, 債務者の倒産を回避できることが客観的に相当程度の期待をもって見込まれ, それによって債権者自身の財産価値の維持がはかられるような場合には, 無償性が否定されると考えるところである。

第6章　否　認　権

(77)　竹下・大コンメ633頁〔山本〕。賃借人である破産者が，保証金の返還請求権を放棄して賃貸借契約を解除した行為が，無償行為に当たるとして，無償否認が認められた事例として，東京地判平23・7・27判時2144号99頁がある。
(78)　債権放棄の代償として有利な取引が提供される場合のように，実質的な対価の存在が認められる場合も，無償性は否定されよう。

〔山　本　　研〕

20 対抗要件否認

20 対抗要件否認

I 制度趣旨論——秘密取引の防止

1 秘密取引の防止

　対抗要件否認の制度趣旨については，「秘密取引の防止」という観点からの趣旨説明が一般化しつつある。例えば，「破産者の属する財産について売買や担保設定などの原因行為がなされたにもかかわらず，対抗要件具備による公示がなされなければ，破産者の一般債権者としては，その取引がなされていないもの，いいかえれば，原因行為の対象財産が責任財産から逸出していないものと信頼する。ところが，破産手続開始前の危機時期に至ってはじめて対抗要件が具備され，権利の移転などの効力が破産債権者に対抗できるものとなるのであれば，この債権者の信頼が裏切られる。そこで法は，原因行為から15日を経過し，かつ，支払停止等後に悪意で対抗要件具備行為がなされたことが，一般債権者の信頼を裏切る秘密取引であり，また債権者平等の理念に反するものとして，原因行為について否認が成立するか否かとかかわりなく，対抗要件具備行為の否認を認めたものである」，という趣旨説明である[1]。

　このような秘密取引の防止という観点は，かつて創設説の論者によって好んで用いられたが[2]，近年では制限説と自己規定する論者によっても援用されている[3]。しかし，以前から指摘されているように，制限説においては，対抗要件具備行為には否認における通常の意味での有害性が既に備わっているはずであるから，秘密取引の防止という観点は，対抗要件否認の根拠としては重ねて援用される必要がなく，対抗要件否認の機能を説明するものとして理解さ

531

れるべきことになる(4)。

もっとも、一般に「制度趣旨」といった場合，制度の根拠と機能のどちらに重点を置くかは，論者によって異なり得るところである。

(1) 伊藤・412頁。同旨，竹下・大コンメ662頁〔三木浩一〕，条解破産法1051頁など。また，秘密取引の防止という観点を再評価するものとして，中西正「対抗要件否認の再構成」新堂幸司先生古稀祝賀『民事訴訟法理論の新たな構築(下)』(有斐閣，2001) 667頁以下，中井康之「対抗要件否認の行方」田原古稀 (下) 292頁以下。なお，初校の段階で，伊藤眞『破産法・民事再生法〔第3版〕』(有斐閣，2014) に接した。同書は第2版と第3版で対抗要件否認に関する叙述が大きく異なるが，本稿は執筆の時点で最新版であった第2版を基準としている。
(2) 例えば，加藤・講義247頁，加藤・要論164〜165頁など。
(3) 伊藤・412頁・416頁。なお，伊藤・前掲注(1)〔第3版〕552頁以下では，制限説の再構成に主眼が移っている。
(4) 畑瑞穂「対抗要件否認に関する覚書」井上追悼560頁注24参照。

2 公示原則における対抗要件主義と効力要件主義

秘密取引の防止という観点は，視点を変えれば，物権変動における公示の必要ないし公示原則を説くものである。周知のとおり，公示原則を実現する手段としては，大きく分けて，登記を対抗要件とする制度（対抗要件主義ないしフランス法主義）と効力要件とする制度（効力要件主義ないしドイツ法主義）が存在する。

対抗要件主義を前提とする倒産法の下では，秘密取引の防止は，①倒産手続開始決定によって対抗問題が生じるという法律構成を通じて実現され，さらに，②危機時期に行われた対抗要件具備行為が否認の対象とされることで貫徹される。わが国の倒産法及びかつてのフランス倒産法の基本的な発想である(5)。ただし，1967年法以後のフランス倒産法は，①の法律構成のみによっている。その理由として，（かつてのフランス倒産法における対抗要件否認類似の制度は抵当権等担保権の設定登記を対象とするものであったところ，）担保権の設定登記は担保権の実行過程であって，担保権の実行は危機時期でも妨げられない，という説明が可能である(6)。

他方で，効力要件主義を前提とする倒産法の下では，秘密取引の防止は，①倒産手続開始決定後の債務者の行為の無効及び②開始決定前の行為の否認の双方について，登記時をもって対象行為が行われた時点と法律構成することで達成できる(7)。ドイツ倒産法の基本的な発想である。もっとも，厳密には，い

くつかの留保が必要である。まず，①については，倒産手続開始当時，既に拘束力のある登記申請が行われていた場合には，手続開始後の登記による物権変動は妨げられない (InsO §91 Abs. 2)。これは，実体法の規律 (BGB §878)，すなわち，物権的合意は，その意思表示が拘束力を生じ登記が申請された後は，権利者の処分権が制限されても，それによって無効とならない，という規律を前提としたものである。これを承けて，②についても，否認対象行為の行為時は，登記時ではなく，拘束力ある登記申請時と規律されている (InsO §140 Abs. 2)。登記が具備される前でも，拘束力ある登記申請によって，倒産手続上はもはや無視できない法的地位が基礎づけられており，否認の必要性が生じている，というのがその理由である[8]。

以上の中間形態として，対抗要件主義の下でも，否認対象行為について，登記時をもって行為時とする法律構成があり得る[9]。この場合には，否認対象行為は原因行為であるが，原因行為の時点は登記時と構成される。このような規律は，対抗要件具備行為が否認対象行為とされるわが国の規律とも，また，物権行為と登記を含む統一的行為 (einheitliche Rechtshandlung od. mehraktige Rechtshandlung) が否認対象行為とされるドイツ法の規律とも異なっている。強いていえば，アメリカ型の規律である。すなわち，合衆国連邦倒産法の否認規定の下では，偏頗行為については，当該行為が当事者間で効力を生じた時から30日より後に完成 (≒登記・登録) した場合には完成時において行われたものとされ (11 U. S. C. §547(e)(2)(B))，詐欺的譲渡については，当該行為の完成時において行われたものとされる (11 U. S. C. §548(d)(1))。偏頗行為について，30日の猶予が与えられているのは，同時交換的取引を保護するためであるといわれている。また，偏頗行為及び詐欺的譲渡のいずれにおいても，行為が手続開始までに完成していなかった場合には，申立書提出日の直前時に行われたものとされる (11 U. S. C. §§547(e)(2)(C)(i)・548(d)(1))[10]。

(5) かつてのフランス倒産法については，条解更生法(中)88〜89頁，西澤宗英「フランス法における『登記の否認』について」城西経済学会誌12巻1・2・3号 (1977) 434頁参照。
(6) 明言されているわけではないが，SOINNE, Traité des procédures collectives, 2ᵉéd. 1995, no 1846. が担保権の公示と担保権の実行を同列に論じていることが注目される。
(7) このように考えると，破産法164条2項が効力要件である登記について対抗要件否

認の規定を準用していることが立法論として問題となる。なお，不動産による代物弁済について登記を効力要件と解する場合には，同様の問題が解釈論のレベルで生じる。
- (8) Balz/Landferman, Die neuen Insolvenzgesetze, 2Aufl. 1999, S. 383.
- (9) 債権者取消権（民424条）について，このような法律構成を解釈論として提示するのは，我妻栄『民法講義IV新訂債権総論』（岩波書店，1964）179頁。その問題提起を再評価する価値があるとするのは，潮見佳男『債権総論II（債権保全・回収・保証・帰属変更）〔第3版〕』（信山社出版，2005）107頁。
- (10) 詳細は，中西・前掲注（1）672頁以下。

II 対抗要件具備行為の性質論――制限説の再構成

1 創設説と制限説の位置づけ

わが国の倒産法は，既述のとおり，対抗要件主義を前提として，倒産手続開始決定によって対抗問題を生じさせ，危機時期に行われた対抗要件具備行為を否認の対象とするものである。しかし，このような法制の下では，「対抗要件具備行為を否認の対象とする」ということの意味が問題となる。

方向性としては二つの立法があり得る。一つは，対抗要件具備行為を一般の否認規定の対象とする法制であり，もう一つは，特別の否認規定の対象とする法制である。わが国の倒産法が後者の立法であることは明らかである。

特別の否認規定を設ける場合には，その「特別の否認規定」の意味がさらに問題となる。立法の方向性としては，対抗要件具備行為が一般の否認規定では否認可能性がないことを前提として特別の否認規定を制度設計するか，否認可能性があることを前提として制度設計するかで，二つの法制に分かれる。前者の法制としては，かつてのフランス倒産法が挙げられる[11]。わが国の倒産法も立法趣旨としては前者の法制に属するが[12]，後者の法制と再定位することもできる[13]。ここに創設説と制限説の対立が生まれ，創設説は，前者の方向から対抗要件否認規定を理解し，制限説は，後者の方向から，しかも否認可能性を「制限」[14]したものとして，対抗要件否認規定を理解する[15]。周知のとおり，判例は制限説の立場にあるといわれている[16]。

- (11) 条解更生法(中)88頁，霜島・体系330頁参照。ただし，異なる理解もあり得る。西澤・前掲注（5）446頁以下。

(12) このような立法理解として，条解更生法(中)88頁，伊藤・416頁参照。なお，加藤・講義247頁以下，青木徹二『破産法説明(全)』(巌松堂，1924) 183頁以下参照。
(13) その嚆矢として，井上直三郎『破産・訴訟の基本問題』(有斐閣，1971) 290頁以下(初出「破産法第74条に就いて」法学論叢9巻2号(1923) 45頁)。
(14) 一般の否認規定による否認可能性を前提として対抗要件備行為に関する特別規定を制度設計する場合，論理的な可能性としては，否認可能性を緩和する方向と制限する方向の2とおりがあり得る。もちろん，制限説は，後者の方向から対抗要件否認を理解し，原因行為から15日という期間を加重要件と捉えている。
　　そうすると，このような制限を課す理由がさらに問題となる。考え方としては，①原因行為の保護ないし尊重を説くか，②登記に要する合理的な期間の猶予と理解するか，など諸説があり得る。議論の詳細は，中西・前掲注(1) 698頁以下，畑・前掲注(4) 555頁以下参照。なお，不動産登記における共同申請主義を前提とすれば，猶予期間として15日は短すぎるという評価もある(山本克己「否認要件に関する考察」福永有利ほか『倒産実体法—改正のあり方を探る[別冊NBL69号]』(2002) 111頁・116頁参照。
(15) ところで，対抗要件具備行為は原因行為と独立して債権者取消権(民424条)の対象とならない，というのが確立した判例の立場である(大判明41・6・20民録14輯759頁，最判昭55・1・24民集34巻1号110頁・判タ409号72頁・判時956号48頁，最判平10・6・12民集52巻4号1121頁・判タ990号130頁・判時1660号60頁)。たしかに，創設説はこの判例の立場と親和的である。しかし，「対抗要件具備行為は偏頗行為であり，偏頗行為は債権者取消権の対象とならない，したがって対抗要件具備行為は債権者取消権の対象とならない」という意味に判例の立場を再構成するならば，制限説(そのバージョンのうち偏頗行為否認を制限したとする後掲第3説)もまたこの判例の立場と整合する。
　　なお，債権法改正(NBL940号)の【3.1.2.11】の提案要旨2においては，対抗要件具備行為については特別の規定を設けない，という記述がある。その評価については，松下淳一「(倒産・再生法実務研究会報告)債権法改正と倒産法」事業再生と債権管理126号(2009) 109頁・111頁。「民法(債権関係)の改正に関する要綱仮案」(NBL1034号)においても，対抗要件具備行為について特別の規定はない。
(16) 最判昭40・3・9民集19巻2号352頁・判タ175号106頁・判時407号29頁，最判昭45・8・20民集24巻9号1339頁・判タ253号160頁・判時606号32頁。しかし，いずれも傍論というべきである。

2　現行破産法の否認規定と制限説の再構成

　制限説は，対抗要件具備行為について，一般の否認規定による否認可能性を前提とするが，問題は，そこにいう「一般の否認規定」の意味である。すなわち，対抗要件否認規定以外の否認規定全般を意味するのか，そうでないとすれば何か，という問題である。

　旧破産法(平成16年法律第75号による廃止前のもの)の否認規定は，故意否認と危機否認に大別されるが，その区別は，否認対象行為の種類ではなく，行為の時

期に着目したものであった[17]。したがって，旧法下の制限説においては，対抗要件具備行為は，その行為の種類とは無関係に，故意否認及び危機否認の双方の否認可能性が前提とされている。そのうえで，対抗要件否認（旧破74条）がその双方の否認可能性（旧破72条全体）を制限した特則なのか，危機否認（同条2号）の否認可能性だけを制限した特則なのかが問題とされ，制限説が前者の立場（以下「前期制限説」という。）から後者の立場（以下「後期制限説」という。）へと変質していったことは，既に指摘されているとおりである[18]。

これに対して，現行破産法（平成16年法律第75号）の否認規定は，否認対象行為の種類に着目した規定であり，財産減少行為と偏頗行為とを截然と区別したうえで，否認の要件効果を各別に構築している[19]。したがって，現行法の下で制限説を採る場合には，対抗要件具備行為が財産減少行為なのか，偏頗行為なのかという性質決定がまず前提となり，そのうえで，対抗要件否認（破164条）が財産減少行為否認（破160条1項1号・2号又は1項2号）の否認可能性を制限した特則なのか，偏頗行為否認（破162条1項）の否認可能性を制限した特則なのかが問題となる。この意味で制限説の再構成が必要となる[20]。

なお，現行法の下でも創設説に立つ場合には，対抗要件具備行為の性質決定は必要でない。対抗要件否認は，財産減少行為否認にも偏頗行為否認にも基礎を置かない，第三の否認規定と位置づけることができるからである。換言すれば，財産減少行為にも偏頗行為にも性質決定できない，と考えるのが創設説の本旨だともいえる。

(17) 山本・前掲注（14）111頁参照。
(18) 伊藤眞「破産管財人に対抗できる登記の範囲」法教53号（1985）74頁。なお，旧商法破産編及び旧破産法における対抗要件否認規定の立法・学説の展開については，稲垣美穂子「対抗要件否認規定における有害性について（1）」北大法学論集63巻2号（2012）355頁に詳しい。
(19) 山本克己「否認権(上)(特集　破産法改正と倒産実体法の見直し)」ジュリ1273号（2004）76〜77頁参照。
(20) 水元宏典「新しい否認権制度の理論的検討(特集　倒産法制整備の評価と展望)」ジュリ1349号（2008）59頁・64頁以下。

3　学説の現況

現行法の下で制限説を再構成する場合，諸説あり得るが，代表的な見解は次の4説である。

20 対抗要件否認

　第1説はこうである。すなわち，対抗要件具備行為の性質は財産減少行為であり，対抗要件否認は財産減少行為の1号否認（破160条1項1号）及び2号否認（破160条1項2号）の双方の否認可能性を制限した特則である，という説である[21]。この説は，対抗要件具備行為が破産者の財産処分を破産債権者に対抗可能にする行為であることから，債務者財産の減少性を肯定しているものと理解できる。そのうえで，対抗要件否認が故意否認と危機否認の双方の否認可能性を制限した特則であるという，旧法下の前期制限説の立場を継受するものと考えられる。

　第2説はこうである。すなわち，対抗要件具備行為の性質は財産減少行為であり，対抗要件否認は財産減少行為の2号否認（破160条1項2号）の可能性だけを制限した特則である，という説である[22]。この説は，第1説の考え方を前提として，対抗要件否認が危機否認の否認可能性だけを制限した特則であるという，旧法下の後期制限説の立場を継受するものである。

　第3説はこうである。すなわち，対抗要件具備行為の性質は偏頗行為であり，対抗要件否認は偏頗行為否認（破162条1項）の可能性を制限した特則である，という説である[23]。この説は，対抗要件具備行為が対抗要件具備請求権という破産債権を満足させる行為と捉える立場である。なお，現行法の偏頗行為否認（特に破162条1項1号）は危機否認の性質を有するから，この説もまた旧法下の後期制限説の立場を継受するものといえる。

　第4説はこうである。すなわち，原因行為が売買のように財産減少行為否認の対象適格を有する場合においては，対抗要件否認は財産減少行為の2号否認（破160条1項2号）の可能性を制限した特則であるが，原因行為が担保権設定のように偏頗行為否認の対象適格を有する場合においては，対抗要件否認は偏頗行為否認（破162条1項）の可能性を制限した特則である，という説である[24]。この説は，対抗要件具備行為の性質を売買型では財産減少行為，担保型では偏頗行為と捉えているものと理解できる。対抗要件具備により破産者の処分が対抗可能となれば，売買型では債務者財産が減少するが，担保型では債権者平等が害される，という考え方である。なお，この説もまた旧法下の後期制限説の立場を継受するものといえる。そうすると，旧法下の後期制限説は，対抗要件具備行為の性質をどう理解するかに応じて，第2説・第3説・第4説に分岐し

第6章 否 認 権

たことになる。

　以上の4説のうち，いずれの立場を採るかによって，具体的な解釈論にも影響が及ぶ[25]。この問題は項を改めて検討するが，その前提として，いくつかの【事例】を次に設定する。

- (21) 加藤（哲）・313～314頁は，この説に位置づけられる。
- (22) 伊藤・416～417頁，中島Ⅰ・356頁は，この説に位置づけられる。ただし，伊藤・前掲注（1）〔第3版〕539～541頁，552～556頁は，第4説に改説した。
- (23) 基本構造と実務424頁以下〔山本克己発言〕，詳解再生法〔第2版〕374頁〔水元宏典〕は，この説に位置づけられる。また，畑・前掲注（4）550～551頁は，この説を暫定的な前提として論を進めている。なお，中西・前掲注（1）697～698頁は，破産管財人の第三者性の法理を危機時期まで遡及させる法的構成として対抗要件具備行為を偏頗行為の危機否認に服せしめることを妥当と論じる。方向性としては，第3説と共通する。
- (24) 条解破産法1052～1053頁・1063～1065頁は，この説に位置づけられる。同旨，伊藤・前掲注（1）〔第3版〕539～541頁，552～556頁。なお，竹下・大コンメ664～665頁〔三木浩一〕は，必ずしも明らかではないが，この説とも理解できる。下級審裁判例ではあるが，東京地決平23・8・15判夕1382号349頁，東京地決平23・11・24金法1940号148頁は，この立場である。賛成する判例研究として，笠井正俊「事業再生ADR手続の申請に向けた支払猶予の申入れ等の後にされた対抗要件具備行為に対する会社更生法に基づく対抗要件否認と詐害行為否認の可否」事業再生と債権管理138号（2012）12頁。
- (25) 概要は，水元・前掲注（20）64頁以下。

4　【事例】の設定[26]

【事例1】　抵当権設定登記に対する対抗要件否認の事例であり，時系列を単純化して示せば次のとおりである。すなわち，──

① 　Aは，Bから1億円の融資を受け，その担保として所有不動産に抵当権を設定したが，登記はされなかった。
② 　抵当権設定契約後20日ほど経過した時点で，Aは支払を停止した。
③ 　Bは，Aの支払停止を知った。
④ 　抵当権設定登記手続が共同申請され，設定登記が行われた。
⑤ 　その3日後，Aは，破産手続開始を申し立て，即日，開始決定がされた。

【事例2】　基本的には【事例1】と同様であるが，②③が支払停止ではなく支払不能の事例である。すなわち，──

20　対抗要件否認

①　Aは，Bから1億円の融資を受け，その担保として所有不動産に抵当権を設定したが，登記はされなかった。
②　抵当権設定契約後20日ほど経過した時点で，Aは支払不能の状態に陥った。
③　Bは，Aが支払不能の状況にあることを知った。
④　抵当権設定登記手続が共同申請され，登記が行われた。
⑤　その3日後，Aは，破産手続開始を申し立て，即日，開始決定がされた。

【事例3】　売買を原因とする所有権移転登記に対する対抗要件否認の事例であり，時系列を単純化して示せば次のとおりである。すなわち，――
①　Aは，所有不動産を1億円でBに売却し，Bは代金を支払ったが，登記はされなかった。
②　売買契約後20日ほど経過した時点で，Aは支払を停止した。
③　Bは，Aの支払停止を知った。
④　所有権移転登記手続が共同申請され，登記が行われた。
⑤　その3日後，Aは，破産手続開始を申し立て，即日，開始決定がされた。

【事例4】　基本的には【事例3】と同様であるが，②③が支払停止ではなく支払不能の事例である。すなわち，――
①　Aは，所有不動産を1億円でBに売却し，Bは代金を支払ったが，登記はされなかった。
②　売買契約後20日ほど経過した時点で，Aは支払不能の状態に陥った。
③　Bは，Aが支払不能の状況にあることを知った。
④　所有権移転登記手続が共同申請され，登記が行われた。
⑤　その3日後，Aは，破産手続開始を申し立て，即日，開始決定がされた。

(26)　本文の【事例】については，条解破産法1057頁以下を参考とした。

第6章 否認権

5 【事例】の検討

(1) 要件論

【事例1】及び【事例3】の対抗要件具備行為は，対抗要件否認が成立する典型例である。しかし，現行法における，前述した制限説の第1説及び第2説の下では，対抗要件否認は財産減少行為否認の制限であると理解されるから，【事例1】及び【事例3】のいずれにおいても，対抗要件具備行為時にAが債務超過（無資力）でないときは，対抗要件否認は成立しないこととなる[27]。なぜなら，資産超過であれば財産減少性が認められないからである[28]。

第4説の下でも，売買型であればこれと同様であるから，【事例3】においては，対抗要件具備行為時にAが債務超過（無資力）でないときは，対抗要件否認は成立しないことになる。

これに対して，第3説の下では，対抗要件否認は偏頗行為否認の制限であると理解されるから，【事例1】及び【事例3】のいずれにおいても，対抗要件具備行為時にAが支払不能でなければ対抗要件否認は成立しないこととなる[29]。なぜなら，支払不能でなければ偏頗行為性が認められないからである[30]。

第4説の下でも，担保型であればこれと同様であるから，【事例1】においては，対抗要件具備行為時にAが支払不能でなければ対抗要件否認は成立しないこととなる。

なお，裁判例の中には，抵当権設定登記の対抗要件否認の事例において，対抗要件具備行為時にAが支払不能でないことをBが立証すればBは否認を免れると判示したものがある[31]。第3説又は第4説の考え方といえる。

(27) 法律構成としては，①破産法164条が単独で対抗要件否認の根拠規定になると考える場合には，同条にいう支払停止は債務超過を前提とした支払停止であると解釈され，②破産法164条と同法160条1項（1号か2号かはともかく）が合わさって対抗要件否認の根拠規定になると考える場合には，同法160条1項の隠れた要件である債務超過要件が充足される必要があると解釈されることになろう。
(28) 財産減少行為の有害性と債務超過の関係については，垣内秀介「否認要件をめぐる若干の考察」田原古稀（下）213頁・220頁以下に詳しい。
(29) 基本構造と実務425頁〔山本和彦発言〕参照。法律構成としては，①破産法164条が単独で対抗要件否認の根拠規定になると考える場合には，同条にいう支払停止は支払不能を前提とした支払停止であると解釈され，②破産法164条と同法162条1項1号が

合わさって対抗要件否認の根拠規定になると考える場合には，同法162条1項1号の支払不能要件が充足される必要があると解釈されることになろう。
(30) なお，偏頗行為否認の要件である支払不能については，債務超過を前提とした支払不能でなければならないとする有力説があり，この立場によれば，さらに債務超過が必要となる。有力説については，論点解説(上)188〜189頁〔中西正〕，松下淳一「新たな否認権と相殺制限の理論的根拠」今中古稀39頁・45〜47頁参照。また，一問一答219頁も偏頗行為否認の時的要件について，「債務超過であることにとどまらず，さらに一定の限定を付すのが相当である」として，同様の考え方を示唆する。さらに近時，垣内・前掲注(28)238頁は，債務超過の存在こそが偏頗行為の有害性を基礎づけると説き，注目される。
　ところで，本文のように考えると，対抗要件否認の時的要件が支払停止と規定されていることの趣旨は，支払不能であっても支払停止でなければ否認できないという制限の付加であると理解され，この制限と，原因行為からの15日経過という制限が合わさって，対抗要件否認は偏頗行為否認を二重に制限したものと構成される（基本構造と実務424頁〔山本和彦発言〕参照）。しかし，支払不能であっても支払停止でなければ否認できないという制限については，その合理性を説明することは困難である（畑・前掲注（4）554頁参照）。
(31) 大阪地判平21・4・16判時2062号92頁・金法1880号41頁。

(2) 効　果　論

【事例1】及び【事例3】において，対抗要件否認が成立した場合，Aの対抗要件具備行為の効力は失われ，否認の登記が行われる（破260条1項後段）。その結果，Bは，その権利変動を破産管財人に対して主張できなくなる。ここまでは異論なく認められている。問題は，その余の効果である。

まず第1説及び第2説の下では，対抗要件否認は財産減少行為否認の制限であると理解されるから，【事例1】及び【事例3】のいずれにおいても，その効果は破産法168条で規律されることになる[32]。したがって，【事例3】において，Bは，財団債権者として売買代金の返還請求権を行使できる（破168条1項2号）（代金隠匿等はないものとする。以下同様。）[33]。他方で，【事例1】においては，融資と担保設定が同時交換的取引に当たる場合を除き，Bの反対給付請求権を観念する余地はない。

第4説の下でも，売買型であればこれと同様であるから，【事例3】においては，Bは，財団債権者として売買代金の返還請求権を行使できる（破168条1項2号）[34]。

これに対して，第3説の下では，対抗要件否認は偏頗行為否認の制限である

第6章 否認権

と理解されるから,【事例1】及び【事例3】のいずれにおいても,その効果は破産法169条で規律されることになる[35]。したがって,Bの登記請求権が復活する。この登記請求権は,破産手続開始前の原因に基づく財産上の請求権であるから,破産債権である(破2条5項)。ただし,非金銭債権であるから評価が必要となる(破103条2項1号イ)。【事例3】では,売買の目的物の価額が基準となるが,【事例1】では,常にゼロ評価とする考え方もあり得る[36]。

第4説の下でも,担保型であればこれと同様であるから,【事例1】においては,Bの抵当権設定登記請求権が破産債権として復活する(破169条・2条5項)[37]。

なお,【事例3】における第3説の帰結に対しては,原因行為である売買契約が財産減少行為として否認された場合よりも相手方の地位が不利であり,バランスを欠くという問題が指摘されている[38]。しかし,対抗要件否認を偏頗行為否認の制限と理解する第3説の下では,同時交換的取引の法理(破162条1項柱書括弧書参照)[39]が妥当する[40]。したがって,売買契約から15日が経過し,支払停止認識後に相手方に登記が移転されたとしても,移転登記が売買代金の支払と同時交換的に行われていた場合には,対抗要件否認は成立しないこととなる。そうすると,移転登記と代金支払を同時交換的に行う一般的な取引の下では,上記問題は顕在化しないともいえる[41]。

(32) 基本構造と実務427頁〔山本和彦発言〕参照。
(33) 反対給付請求権の法律構成としては,①対抗要件具備行為の否認の効果が原因行為にも及び,原因行為が無効となる結果,否認の相手方は原状回復請求権としての反対給付請求権を取得すると考えるか,②対抗要件具備行為の否認の効果は原因行為には及ばないが,否認の相手方は破産法固有の反対給付請求権を法定取得すると考えるか,あるいは両説の中間的・折衷的な理解として,③対抗要件具備行為の否認の効果は原因行為には及ばないが,対抗力が消滅する結果,実質的には原因行為が無効となったのと同様であるから,否認の相手方は原状回復請求権類似の反対給付請求権を何らかの実体法的根拠に基づいて取得すると考えるか,など各説あり得る。債権法改正論議における解除要件論(帰責性不要論)などをふまえて,履行不能による解除権を受益者に認めるという法律構成を検討するものとして,岡正晶「対抗要件否認」ジュリ1458号(2013)65頁・69〜70頁がある。
(34) 条解破産法1066頁。同旨,伊藤・前掲注(1)〔第3版〕556頁。
(35) 基本構造と実務427頁〔山本克己発言〕参照。
(36) 谷口安平『演習破産法』(有斐閣,1984)95頁。
(37) 条解破産法1065〜1066頁。同旨,伊藤・前掲注(1)〔第3版〕555〜556頁。
(38) 基本構造と実務427頁〔山本克己発言〕。

(39) 同時交換的取引の法理については，中西正「同時交換的取引と偏頗行為の危機否認」法学（東北大学）62巻5号（1998）1頁・32頁以下参照。
(40) 畑・前掲注（4）553頁。
(41) 水元・前掲注（20）65頁。

(3) 支払停止等前の対抗要件具備行為の否認

【事例2】及び【事例4】の対抗要件具備行為は支払停止等後の行為ではないから，破産法164条の要件は充足されない。そこで，このような対抗要件具備行為を破産法160条1項1号又は同法162条1項（1号）によって否認できるかが，ここでの問題である。なお，創設説の下では，いずれの否認可能性もないことは明らかである。

まず第1説及び第2説の下では，対抗要件具備行為は財産減少行為と理解されるから，【事例2】及び【事例4】において，破産法162条1項による偏頗行為否認の可能性はそもそもない。他方で，破産法160条1項1号による財産減少行為否認については，第1説では否認可能性はないが[42]，第2説では否認可能性が認められる[43]。なぜなら，第1説は，対抗要件否認が破産法160条1項1号及び同項2号の双方を制限したものと理解するのに対して，第2説は，同項2号だけを制限したものにすぎないと理解するからである。換言すれば，第1説の下で破産法160条1項1号の否認可能性を認めることは，それを制限した破産法164条の趣旨を没却することになる。

第4説の下でも，売買型であれば第2説と同様であるから，【事例4】においては，破産法160条1項1号による否認可能性が認められる[44]。

これに対して，第3説の下では，対抗要件具備行為は偏頗行為と理解されるから，【事例2】及び【事例4】において，破産法160条1項1号による財産減少行為否認の可能性はそもそもない[45]。また，破産法162条1項による偏頗行為否認の可能性もない[46]。なぜなら，第3説は，対抗要件否認が破産法162条1項を制限したものと理解するからである。換言すれば，破産法162条1項の否認可能性を認めることは，それを制限した破産法164条の趣旨を没却することになる。ただし，第3説の下では，偏頗行為否認と平仄を合わせるために，破産法164条の「支払停止」を「支払不能」と読み替える解釈論や立法論はあり得る[47]。

第6章 否 認 権

第4説の下でも，担保型であれば第3説と同様であるから，【事例2】において，破産法162条1項による否認可能性は認められない[48]。

(42) 加藤（哲）・314頁。
(43) 伊藤・405～406頁，中島Ⅰ・356頁。ただし，伊藤・前掲注（1）〔第3版〕は第4説に改説した。
(44) 条解破産法1064～1065頁。同旨，伊藤・前掲注（1）〔第3版〕554頁。
(45) なお，破産法160条2項は，不均衡代物弁済を財産減少行為として再構成し，不均衡部分のみを否認する規定であって，偏頗行為として全体を否認する規定ではない。すなわち，破産法160条が財産減少行為の否認規定であることは，不均衡代物弁済についても貫徹されている。
(46) 基本構造と実務425頁〔山本和彦発言〕参照。
(47) 前掲注（30）参照。
(48) 条解破産法1064頁。同旨，伊藤・前掲注（1）〔第3版〕552～553頁。

Ⅲ　破産手続開始後の対抗要件具備行為の否認

ここで新たに【事例5】を追加する。時系列は以下のとおりである。すなわち，──

① 前掲各【事例】①と同様に，AB間の原因行為（不動産売買又は抵当権設定）と登記留保。
② Aの支払停止とBによるその認識。
③ Aについて破産手続開始の申立てと開始決定。
④ ABの共同申請による登記。

さて，この【事例5】においては，④の登記は破産手続開始後の登記であるから，その効力は破産法49条により規律される。したがって，原則として登記の効力は認められないが（破49条1項本文），Bが④の時点でAの破産手続開始の事実を知らなかった場合には，その効力が認められる（同項ただし書）。手続開始後の登記に関する善意者保護の規律である[49]。

しかし，④の登記が①の原因行為から15日を経過した後に行われていた場合には，Bが破産手続開始について善意であるからといって，保護されてよいかは問題である。なぜなら，BはAの支払停止を認識しており，そのうえで原因行為から15日経過後に行われたAの登記申請行為は，仮に破産手続開始前の行為であったとすれば，対抗要件否認を免れないからである。Aの登記申

請行為が破産手続開始後の行為であることは，Bを保護すべき理由にはならない。むしろ，保護否定の方向に働くはずである。

ドイツ倒産法の否認規定においては，否認対象行為を倒産手続開始前の行為とする明文の規定がある (InsO §129 Abs. 1)。この規定は，原則として，手続開始後の債務者の行為が無効とされ (InsO §81)，債務者の行為によらない権利取得も排除されることから (InsO §91 Abs. 1)，手続開始後の行為については否認の必要がないという考え方に基づいている。しかし，例外的に，登記の公信力 (BGB §§892・893) によって手続開始後の行為が有効となる場合が認められている (InsO §81 Abs. 1 Satz 2)。そこで，このような有効な行為を対象として，手続開始後の行為であっても一般の否認規定に基づいて否認できる旨の規定が特別に用意されている (InsO §147)。かつてのドイツ破産法もまた同様である (KO §§29・42)[50]。

わが国の否認規定においては，否認対象行為を破産手続開始前の行為とする明文の規定はなく，また，手続開始後の行為に関する否認規定も存在しない。他方で，伝統的な理解によれば，否認対象行為は手続開始前の行為と捉えられている。これは，ドイツにおけると同様，手続開始後の行為については別に無効化する規律が用意されていることなどから説明されている[51]。しかし，その無効化の規律の例外として，手続開始後の登記に関する善意者保護規定が存在する。

そこで，上記事例においては，たとえBが破産手続開始について善意であり，破産法49条1項ただし書で保護されるべき場合であっても，④の登記が①の原因行為から15日を経過した後に行われ，Bが支払停止又は開始申立てを認識していたときは，Aの登記申請行為は，破産手続開始後の行為ではあるが，破産法164条によって，なお否認の対象となる，という解釈論が検討されるべきことになる[52]。

他方で，破産法49条1項ただし書については，立法論として疑問が提起されている。なぜなら，当該規定による善意者保護は，登記の公信力を保護するドイツ法に由来するものであるところ，わが国の平時実体法においては，そもそも登記の公信力が認められていないからである[53]。このような視点からは，破産法49条1項ただし書の適用を制限したり，空文化する方向も検討されてよ

第6章 否認権

い(54)。

(49) もちろん,Aの破産手続開始決定の公告後は,Bの悪意が法律上推定される(破51条)。しかし,推定は破られることもある。

(50) 以上,Kirchhof / Stürner / Eidenmüller (Hrsg.), MünchKommInsO, 3 Aufl. 2013, §147Rdn. 1 ; Jaeger / Henckel, KO, 9 Aufl. 1997, §42Rdn. 1. なお,破産の登記は,登記の公信力による権利取得を成立させないための制度と位置づけられている。したがって,動産の善意取得は保護されない。破産の登記によって阻止できないからである(Jaeger / Henckel, §7Rdn. 65.)。

(51) 例えば,板木郁郎『否認権に関する実証的研究』(立命館出版部,1933)228頁は,否認対象行為が手続開始前の行為であることについて,旧破産法1条(現破30条2項)・6条(現破34条)・7条(現破78条1項)・53条(現破47条)等の規定から間接的にではあるが明らかとする。

(52) このような解釈論の可能性については,既に,詳解再生法247頁以下〔中西正〕が展開していたが,その〔第2版〕では割愛されている。この問題についての私見は別稿を予定している。水元宏典「破産手続開始後にした破産者の行為と否認権」高橋宏志ほか編・伊藤眞先生古稀祝賀論文集『民事手続の現代的使命』(有斐閣,2015刊行予定)。

(53) 山本・前掲注(14)117頁。

(54) 伝統的には,登記に否認原因がある限り,破産法49条1項ただし書の善意者保護規定は適用されないと考えられていたようである。井上直三郎『破産法綱要第一巻』(弘文堂書房,1930)188～189頁参照。なお,以上の問題とは異なるが,手続開始後の登記についても,原因行為から15日を経過する前に行われていた場合には保護されるべきかという問題もある。中西・前掲注(1)701頁注105参照。

〔水元 宏典〕

21 否認権の行使方法

I 概　　説

　破産法は，否認権の行使を実効的なものとするために，新たに破産手続開始前の保全処分として否認権のための保全処分の制度を創設している。また，破産管財人が否認権を行使する方法として，否認の請求の制度を新設し，否認権は，破産管財人が，訴え，否認の請求又は抗弁によって行使することとしている。このほか，破産手続開始時に詐害行為取消訴訟が係属している場合には，破産管財人が当該訴訟を受継したうえで否認権を行使することもある。

II　否認権のための保全処分

1　制度趣旨

　否認権は，破産手続開始後に生ずるものであり，破産手続開始前には，否認権の行使による原状回復請求権を被保全権利とする民事保全処分をすることはできないと考えられる。また，旧法の破産宣告前の保全処分の制度（旧破155条）については，否認権のための保全処分は認められないとするのが一般的な考え方であった[1]。そこで，破産法では，否認権の実効性を確保するために，破産法上の特殊保全処分として，否認権のための保全処分の制度を設けている。

　例えば，債務者から第三者に対して不動産が廉価で売却された場合を想定すると，受益者を相手方とする場合と比較して転得者を相手方とする否認権の行

使の要件が厳格なため，目的物の転々譲渡などにより否認権の実効性が阻害されるおそれがあるが，債権者や保全管理人が，否認権の行使による当該不動産についての返還請求権を保全するため，当該不動産について処分禁止の仮処分をし，否認権行使の相手方を恒定することにより，上記おそれを防止することができる。

(1) 旧法の破産宣告前の保全処分の制度（旧破155条）については，受益者あるいは転得者が長く不安定な地位に置かれるなどとして否認権のための保全処分は許されないとする見解として山木戸・62頁，石川・56頁，加藤哲夫『破産法〔第3版〕』（弘文堂，2000）73頁，東京高決昭27・7・14判タ28号56頁，東京高決昭27・8・29高民5巻11号506頁などがあり，他方で，否認権の実効性を高め，もって破産財団の充実を図るべきであるなどとして許されるとする見解として谷口・110頁，青山ほか・概説48頁，伊藤眞『破産法〔全訂第3版〕』（有斐閣，2000）90頁，宗田親彦『破産法概説〔新訂〕』（慶應義塾大学出版会，2001）103頁，野口忠彦「破産宣告前の保全処分」実務と理論37頁などがあった。このほか，旧破産法155条の保全処分としてではなく，民事保全法上のものとしてであれば許されるとする見解として，霜島・体系131頁などがあった。

2　否認権のための保全処分の手続

　裁判所は，破産手続開始の申立てがあった時から当該申立てについての決定があるまでの間において，否認権を保全するため必要があると認めるときは，利害関係人の申立てにより又は職権で，仮差押え，仮処分その他の必要な保全処分を命ずることができる（破171条1項）。申立権者たる「利害関係人」には債務者自身も含まれると考えられる。例えば，否認されるべき行為の後に経営陣の交代があったような場合等が考えられる[2]。保全管理人が選任されているときは，財産の管理処分権がその者に専属するので（破93条1項本文），保全処分の申立権も保全管理人に専属する[3]。

　「否認権を保全するため必要がある」とは，破産財団に属すべき財産について否認対象行為の存在がうかがわれ，処分禁止の仮処分などがされないと，受益者から転得者への譲渡などがされるおそれがあり，破産管財人による否認権の行使が困難になることを意味する[4]。

　具体的な保全処分の内容は否認対象行為の態様によって異なり，例えば，債務者が破産手続開始の申立て直前にその所有する不動産を第三者に廉価で譲渡した場合には処分禁止の仮処分をすることが，占有を移転した場合には占有移

転禁止の仮処分をすることが，第三者が譲り受けた不動産に別の第三者が善意の抵当権を設定している場合には譲受人に対する価額賠償請求権を保全するために仮差押えをすることが，それぞれ考えられる。この点，破産管財人が目的物の返還とその価額や差額の償還とを選択できることを前提として，保全処分の内容として目的物自体を確保するための処分禁止の仮処分を行ったときに，価額償還を求める否認権行使に際して仮処分の効力を仮差押えに転換できるかどうかという議論がある[5]が，消極に解するほかなかろう。

　否認権のための保全処分は，立担保の可能性がない一般の財産保全処分（破28条）とは異なり，担保を立てさせて，又は立てさせないで命ずることができる（破171条2項）。

　裁判所は，申立てにより又は職権で，否認権のための保全処分を変更し，又は取り消すことができ（破171条3項），この保全処分及び当該保全処分の変更又は取消しの申立てについての裁判に対しては，即時抗告をすることができる（同条4項）が，この即時抗告は，執行停止の効力を有しない（同条5項）。この保全処分及び当該保全処分の変更又は取消しの申立てについての裁判並びにこれらに対する即時抗告についての裁判があった場合には，その裁判書を当事者に送達しなければならず，この場合においては，送達代用公告（破10条3項本文）の規定は，適用しない（破171条6項）。これらの裁判は当事者にとって重大な影響を与えるものであるから個別に送達することとしたものである。

　また，否認権のための保全処分は，破産手続開始の申立てがあった時から当該申立てについての決定があるまでの間のほか，破産手続開始の申立てを棄却する決定について即時抗告があった場合にも，認められる（破171条7項）。

　登記又は登録のある権利に関し否認権のための保全処分があった場合，当該保全処分の変更もしくは取消しがあった場合又は当該保全処分が効力を失った場合には，裁判所書記官は，職権で，遅滞なく，その旨の登記又は登録を嘱託しなければならない（破259条1項2号・2項・262条）。

（2）　一問一答239頁，論点解説(上)213頁，伊藤・135頁，条解破産法1104頁。ただし，再生手続について再生債務者は否認権を行使することができないとされていること（民再135条）との均衡などの観点から，若干の議論がある（基本構造と実務431頁）。
（3）　この場合に，破産債権者が詐害行為取消権を保全するために保全処分を申し立てることができるかについては，これを認めるのが有力説であるが（基本構造と実務433

頁），反対説もある（伊藤・112頁）。
(4) 伊藤・112頁。
(5) 基本構造と実務434頁。

3 保全処分に係る手続の続行と担保の取扱い

(1) 制度趣旨

　一般の財産保全処分についてはその効果は破産手続開始の決定の効力に吸収されるが，否認権のための保全処分についてはそのようにいうことはできず，その帰趨は破産手続開始の決定のみならずその後の否認訴訟等の結果を待たねばならない。そこで，否認権のための保全処分については，破産手続開始後もその効果を維持する必要があるが，他方で，相手方の地位の不安定さを解消する必要性や，破産手続開始の決定後においては破産管財人は否認権の行使による原状回復請求権を被保全権利とする民事保全の申立てをすることができるのでこれとの均衡も図る必要性もある。破産法は，これらの点を考慮して，保全処分に係る手続の続行の制度を設けている。

(2) 保全処分に係る手続の続行

　否認権のための保全処分が命じられた場合において，破産手続開始の決定があったときは，破産管財人は，当該保全処分に係る手続を続行することができる（破172条1項）。他方で，破産管財人が破産手続開始の決定後1か月以内にこの保全処分に係る手続を続行しないときは，当該保全処分は，その効力を失う（同条2項）(6)。

　ここにいう「続行」とは，破産管財人が従前の手続を利用して引き続き保全処分を求めることをいうもので，具体的には，①当該保全処分の発令後，即時抗告審の抗告手続が係属している場合には，破産手続開始により中断した手続を受継すること，②当該保全処分の執行手続着手前の場合には，破産管財人が承継執行文の付与を受けて執行手続に着手すること（民保43条1項ただし書・46条，民執27条2項参照），③執行手続着手後完了前の場合には，承継執行文の付された決定書正本を裁判所に提出して執行手続の続行を申し立てること（民保規31条，民執規22条参照），④処分禁止の登記（民保53条）や仮差押えの登記（民保47条）又は命令の送達（民保50条・17条）等の執行手続が既に終了している場合に

は，破産管財人が保全処分の執行の効果を主張することを意味すると考えられる(7)。

なお，保全処分が失効した場合には，申立人は，民事訴訟法を包括的に準用する旨を定めた破産法13条により準用される担保の取消しに関する規定（民訴79条）により，担保の取消しの申立てをすることになる。

(6) 破産管財人は，否認権のための保全処分に係る手続を続行するときは，その旨を裁判所に届け出なければならない（破規55条1項）。破産管財人の続行の有無は，否認権の保全処分の相手方に対し重大な影響を及ぼすことから，破産管財人が否認権のための保全処分を続行した時点を確定するための規定である。なお，この届出は，破産規則1条1項により，書面でしなければならないことになる。また，否認権のための保全処分が，破産財団に属する財産以外の財産を担保として発令された場合には，破産管財人は，否認権のための保全処分に係る手続に続行に先立ち，当該担保を破産財団に属する財産による担保に変換しなければならない（破172条3項）から，破産管財人は担保の変換をしたうえで，上記届出をすることとなる。裁判所書記官は，続行の届出があったときは，遅滞なく，その旨を当該保全処分の申立人及びその相手方に通知しなければならず（破規55条2項），また，当該保全処分について即時抗告に係る手続が係属しているときは，当該届出があった旨を抗告裁判所に通知しなければならない（同条4項）。破産管財人が否認権のための保全処分に係る手続を続行したときは，破産管財人は保全処分の申立人に代わって当該手続の当事者となり，当該保全処分についての即時抗告（破171条4項），保全取消し（破172条4項，民保37条3項・38条1項・39条1項）及び保全抗告（破172条4項，民保41条1項）の手続は，破産管財人を当事者として行われることとなるから，当初の申立人及び相手方並びに抗告裁判所に，続行による当事者の変更があったことを明らかにする必要があるからである（以上につき，条解破産規則133頁）。

(7) 一問一答239頁，基本構造と実務436頁〔小川秀樹発言〕。

(3) 担保の取扱い

破産管財人は，否認権のための保全処分に係る手続を続行しようとする場合において，担保の全部又は一部が破産財団に属する財産でないときは，その担保の全部又は一部を破産財団に属する財産による担保に変換しなければならない（破172条3項）。債権者が立てた担保を早期に解放する必要があるからであり，この場合には，担保の変換の申立て（破13条，民訴80条参照）は，続行により担保提供義務者の地位を引き継ぐ破産管財人もすることができると考えられる(8)。なお，保全管理人がこの保全処分の申立人になっているときは，通常，担保は破産財団に属すべき財産をもって立てられるので，引継ぎの必要はない。

第6章 否 認 権

(8)　裁判所書記官は、否認権のための保全処分の相手方に対して続行の届出があった旨の通知をする場合において、担保の変換がされているときは、当該変換された担保の内容をも通知しなければならない（破規55条3項）。担保の変換は、決定により命じられることとなると考えられる（破13条、民訴80条）が、担保権利者は、変換を命ずる裁判の直接の相手方とはならないと考えられるため、保全処分の相手方が変換された担保の内容を知ることができるようにしたものであり、民事保全規則12条と基本的に同趣旨の規定である（条解破産規則133頁・136頁）。

(4)　民事保全法及び民事保全規則の準用等

　破産管財人が続行する手続に係る保全処分については、民事保全法の保全命令の申立ての取下げ（民保18条）並びに保全取消し及び保全抗告に関する規定（民事保全法第2章第4節・第5節。ただし、本案が家事事件手続法にかかわる事件及び労働審判法にかかわる事件を前提としている規定〔民保37条5項～7項〕を除く。）を準用することとされている（破172条4項）。民事保全規則も同様である（破規55条6項）(9)。否認権のための保全処分は、破産法上の特殊保全処分として位置づけられるものであるが、破産管財人は、破産手続開始の決定後は、否認権の行使による原状回復請求権を被保全権利として民事保全の申立てをすることができるので、続行された保全処分については、このような破産手続開始の決定後に発令された民事保全処分における取扱い（特に、保全処分の相手方の保護についての取扱い）との均衡を図る必要があるからである。もっとも、この場合の不服申立てについては、特殊保全処分においては即時抗告が認められることとの均衡から、保全異議の規定は準用せず、ただちに保全抗告を認めることとしている。

(9)　民事保全規則の準用の具体的内容は、①保全処分の申立て等の取下げの方式（民事保全規則4条1項から3項までの準用）、②保全取消しの申立て又は保全抗告の手続についての調書（民事保全規則7条・8条2項・3項の準用）、③決定書の作成（民事保全規則9条・10条の準用）、④起訴命令の申立ての方式（民事保全規則28条の準用）、⑤保全取消し及び保全抗告の手続（民事保全規則29条・30条の準用）である。なお、上記②について、民事保全規則の準用に伴い、破産規則の他の規定との調整が必要となる事項について、破産規則の規律を一部修正している（破規55条5項）。これらの詳細については、条解破産規則134頁参照。

Ⅲ　否認権の行使方法

1　当　事　者

(1)　行　使　主　体

　否認権は，訴え，否認の請求又は抗弁によって，破産管財人が行使する（破173条1項）。したがって，否認権の行使適格は破産管財人に限られ，たとえ破産管財人が行使しない場合でも，破産債権者がそれを代位行使することはできない。破産財団の管理処分権は，破産管財人の専権に属する（破78条1項）からである[10]。もっとも，破産管財人が否認訴訟の当事者となっているときに，破産債権者が当該訴訟に補助参加をすることは可能である[11]。

　否認権の唯一の行使適格者である破産管財人としては，詐害行為や偏頗行為を漫然と放置して手続を進めるようでは破産手続の適正さに対する信頼が損なわれるのであるから，否認権を適切に行使することが，債権者の利益を保護し，破産手続に対する一般の信頼を維持するうえで不可欠な重要な責務である。

　破産管財人が否認権の行使を怠るような場合には，破産債権者としては，債権者委員会（破144条3項），債権者集会（破135条）又は裁判所を通じて，破産管財人が適切に否認権を行使するよう促すべきである。また，場合によっては，破産管財人の損害賠償義務（破85条2項）が問題となることもある。

　なお，破産債権者は，否認権を行使することができないのみならず，詐害行為取消訴訟を提起することもできないと解される[12]。

---

(10)　この点について，破産管財人が機能不全状態にあり，かつ解任もできない場合には，信託法理の下で受益者提訴の余地があることをふまえ，破産管財人の善管注意義務違反の法効果として破産債権者が破産管財人に代位して否認権を行使することを認めるとの見解がある（基本法コンメ破産法122頁〔池田辰夫〕）。しかし，破産法が明文で否認権の行使主体を破産管財人としていること，機能不全に陥った破産管財人を解任（破75条2項）して別の破産管財人を選任し得ないという事態は実際には想定しがたいこと，否認権の行使に例外的な代位を認めるまでの緊急性に乏しいことなどから，消極に解するのが相当である。

(11)　破産債権者の補助参加を認めたものとして，大阪高決昭58・11・2下民33巻9〜12号1605頁・判タ524号231頁・判時1107号78頁がある。なお，この場合の補助参加につ

第6章 否 認 権

いては，事柄の性質上破産管財人の訴訟行為と抵触する行為を破産債権者に認めることは適切でないとして通常の補助参加と解する見解（本間靖規・判例百選〔第3版〕85頁）と判決の効力が破産債権者に及ぶので共同訴訟的補助参加と解する見解（伊藤・425頁）とがある。
(12) 大判昭4・10・23民集8巻787頁，新堂幸司＝鈴木正裕＝竹下守夫編集代表『注釈民事訴訟法(4)裁判』（有斐閣，1997）585頁〔佐藤鉄男〕，伊藤・313頁，三宅省三＝塩崎勤＝小林秀之編集代表『注解民事訴訟法Ⅱ』（青林書院，2000）618頁〔西澤宗英〕。

(2) 行使の相手方

破産管財人が訴え，否認の請求又は抗弁によって否認権を行使するときの相手方当事者は，否認によって回復すべき財産権に関する当事者適格をもつ受益者又は転得者である。破産者は当事者適格を有しない。

2 訴えによる行使

(1) 法 的 性 質

破産者が行った詐害行為を否認して財産の取戻しを請求するとか，偏頗行為の否認に基づいて金銭の返還を請求する場合には，破産管財人が原告となり，受益者や転得者を被告として訴えを提起する。この訴えの性質に関しては，判決主文において否認の宣言をするという形成訴訟説と，否認の宣言を不要として金銭の支払又は物の返還など否認に基づいて生ずる相手方の義務のみを判決主文に掲げれば足りるとする給付・確認訴訟説との対立がある。かつての判例は形成訴訟説を採っていたが，最近の判例・通説は給付・確認訴訟説を採っており，実務も，認容判決においては否認の結果としての金銭支払等の給付命令（又は権利・法律関係の確認）のみを判決主文に掲げ，否認（取消し）宣言は主文に掲げないものとされており，給付・確認訴訟説に従っている[13]。

給付・確認訴訟説の根拠は，①形成訴訟説では，判決主文に否認の宣言のみが掲げられることになり，破産管財人が現実に財産の返還を受けるためには，さらに給付訴訟などを提起する必要があり，破産管財人に無用の負担をかける，②たとえ形成訴訟と給付・確認訴訟との併合を認めても，理論的には形成判決の確定まで給付・確認判決ができないという不都合が生じる，③否認権は抗弁の形式でも主張が可能であり，その場合には，否認の成否は判決理由中で

判断されるところ，これは形成訴訟と調和しないなどである。

　給付・確認訴訟説に立つと，否認訴訟の訴訟物は否認の効果として生じる権利関係であり，否認の要件の存在及び否認の意思表示がされたことについては，訴訟物を基礎づける攻撃防御方法として判決理由中において判断される。

<small>(13)　形成訴訟説を採るものとして大判昭7・6・2新聞3445号12頁があり，給付・確認訴訟説を採るものとして大判昭14・5・19新聞4448号12頁などがある。近時の通説は，中田・169頁，山木戸・219頁，谷口・265頁，注解破産法(上)511頁〔宗田親彦〕，坂原正夫「否認権の行使」実務と理論115頁など，近時の裁判例は，福岡地判昭47・3・16判タ278号333頁・判時667号64頁，大阪高判昭48・12・4判タ304号169頁・判時736号56頁，大阪高判昭54・11・29下民33巻5～8号1056頁・判タ408号120頁。これに対し，基本法コンメ破産法122頁〔池田〕，霜島・体系339頁などは，形成の訴えを完全に排斥する必要はないとして折衷説を採る。</small>

(2)　否認の訴えの手続

　否認の訴えは，破産裁判所の専属管轄に属する（破6条・173条2項）。破産裁判所とは，破産事件が係属している地方裁判所をいう（破2条3項）。一般の管轄規定によらずに破産裁判所に否認訴訟の専属管轄を認めるのは，否認に関する事件についての管轄を集中させることによって事務処理の効率化を図るためである[14]。旧法では，一般の管轄規定により，地方裁判所又は簡易裁判所が職分管轄をもち，事物管轄及び土地管轄は裁判所法及び民事訴訟法の規定によって定まるものとされていたが，これを変更したものである[15]。

　なお，破産管財人は，否認訴訟を提起するについて裁判所の許可を得なければならない（破78条2項10号。ただし訴額が100万円以下の場合を除く〔同条3項1号，破規25条〕。）。否認訴訟の提起が破産手続の進行に重大な影響を生ずることをふまえて，その成否の判断に慎重を期する趣旨である。

　被告としては，受益者もしくは転得者又はその双方を相手方とすることができるが，双方を被告とした場合でも合一確定の必要はないので，通常共同訴訟（民訴38条）である[16]。また，受益者を被告とする否認訴訟の係属中に転得者が生じた場合には訴訟承継がされるし（民訴49条～51条），口頭弁論終結後の転得者に対しては，受益者に対する判決の既判力が拡張される（民訴115条1項3号）。なお，執行力の拡張（民執23条1項3号）については，破産管財人は転得者に対する承継執行文を得て執行することができるとする見解と，否認の効果が

第6章　否　認　権

相対的とされていること，転得者に対する否認について特別の要件が定められていること（破170条1項）を考慮して承継執行文の手続による執行力の拡張を否定する見解とがある(17)。

　破産管財人は，訴訟係属中に，訴えの取下げ，訴訟上の和解，あるいは請求の放棄などをすることもできるが，訴えの提起の場合と同様に，裁判所の許可を得なければならない（破78条2項11号・12号）。また，訴訟において破産管財人が否認の主張を撤回したり，又は訴えを取り下げたりすれば，否認の効果も遡及的に消滅する。

　なお，訴え等によって否認権が行使されている場合には，破産手続の終了に伴って，当該訴訟は当然に終了するとする見解と，訴訟手続は当然には終了せず，中断・破産者による受継がされることになるが（破44条4項・5項），この場合には否認権の行使を前提とする主張はそれ自体失当となるとする見解とがある(18)。

(14) ただし，現に破産事件を担当している裁判体が否認訴訟を担当することは，否認訴訟の提起などについて裁判所が許可を与えることを考えると，公平中立性の問題があり，可能であれば避ける方が望ましく，裁判所においては現にそのような配慮もされているようであるが，裁判官の数が少ない小規模庁ではやむを得ない場合もある（基本構造と実務429頁〔花村良一発言〕）。

(15) 旧法下では，否認の訴えに管轄の合意の効力が及ぶかが問題となっていたが（札幌高決昭57・7・12下民33巻5～8号927頁・判時1078号87頁参照），否認訴訟が破産裁判所の専属管轄とされたことにより，このような問題は生じなくなった。

(16) 条解更生法（中）202頁，注解破産法（上）545頁〔宗田親彦〕，朝山二郎「破産法上の否認権に就て」司法研究14輯2巻（1931）601頁，大判昭4・5・15新聞3023号9頁。

(17) 前者の見解としては，注解破産法（上）516頁〔宗田〕，吉村徳重「否認訴訟の判決の転得者に対する効力」宮脇＝竹下編・基礎274頁などがあり，後者の見解としては伊藤・427頁がある。なお，吉村・前掲論文は，破産管財人が承継執行文の付与を受けるには，転得の事実だけでなく転得者否認の要件をも証明することが必要であるとする。

(18) 前者の見解として谷口・324頁，兼子一ほか『条解民事訴訟法』（弘文堂，1986）744頁〔竹下守夫〕，秋山幹男ほか『コンメンタール民事訴訟法Ⅱ〔第2版〕』（日本評論社，2006）562頁，小室直人ほか編『基本法コンメンタール新民事訴訟法Ⅰ〔第2版〕』（日本評論社，2003）273頁〔宗田親彦〕，会社更生についてであるが東京高判昭37・1・29下民13巻1号98頁・判時289号16頁，後者の見解として竹下・大コンメ189頁〔菅家忠行〕。

3 抗弁による行使

　破産管財人を被告として，取戻権に基づく物の引渡請求訴訟が提起されたり破産債権者から債権確定訴訟が提起されたりしたときに，防御方法として，破産管財人は，引渡請求権や債権の発生原因たる契約を否認することができる。また，破産管財人が原告となっている訴訟で，再抗弁として否認権を行使することもある。例えば，破産財団に対して債務を負う者に対して破産管財人が履行の請求をし，被告が免除の抗弁を主張したときに，破産管財人が，破産者による免除の意思表示を否認する場合などである。詐害行為取消権については，抗弁による取消権行使は「法律行為の取消しを裁判所に請求することができる」（民424条1項）との条文から許されないとされているが，否認権ではこれが認められている。

　破産管財人が否認権を抗弁又は再抗弁として主張する場合には，裁判所の許可を要しない。これは，抗弁等の防御的性質によるものである[19]。

(19)　伊藤・427頁等。

4 否認の請求による行使

(1) 制度趣旨

　破産法では，破産管財人は，否認の請求の方法によっても否認権を行使することができ（破173条1項・174条），否認の請求を認容する決定に対する異議の訴えの制度を採用している（破175条）。再生手続や更生手続では，従来から，管財人等は，訴え又は抗弁によるだけでなく，否認の請求の方法によっても，否認権を行使することができることとされていたが，旧法の下では，破産管財人は，訴え又は抗弁の方法により否認権を行使することとされ，否認の請求の制度は存在しなかった（旧破76条）。しかし，この点については，破産手続上は，常に訴訟により否認権を行使しなければならないとされていることが破産手続を長期化させる一因となっており，決定手続によって早期に解決を図ることができる制度を設ける必要があるとの指摘がされてきたこと，また，否認権の行使方法について破産手続と再生手続及び更生手続とで取扱いを異にする理由に乏しいと考えられることから，見直しがされたものである。

第6章 否　認　権

(2) 否認の請求の制度の活用

　否認の請求の制度は，否認訴訟を提起する場合と異なり申立手数料が不要であること（民訴費3条1項・別表第1参照），取下げについても相手方の同意を要さず相手方の反論等に応じてただちに申立てを取り下げることが可能であること，否認の請求事件を当該破産事件を担当している裁判官が審理する場合には迅速な対応が期待できることなど，破産管財人にとっては使い勝手のよい制度であるといえる。しかしながら，他方で，否認の請求を認容する決定がされても相手方から異議の訴えが提起される場合には，否認の請求を経たことによりかえって手続の長期化を招く場合もある。そこで，否認の請求の制度を効果的に機能させるには，否認の請求の制度を利用すべき事案と最初から否認訴訟を提起すべき事案とを適切に峻別することが重要である。

　具体的には，①明白な否認対象行為につき速やかに債務名義を取得すべき事案，②相手方の属性等により当初から早期の和解的解決が見込まれる事案等については，短期間のうちに柔軟な形での紛争解決を期待し得る否認の請求を選択し，①相手方が交渉段階から否認権行使の要件を強く争っており，仮に否認の請求が認容されても相手方から異議の訴えが提起される可能性が高い事案，②争点が複雑多岐にわたる事案，③決定書の送達に困難が予想される事案等については，当初から否認訴訟を選択することを検討すべきである。また，否認の請求の申立てに対する相手方の反論等に応じて，仮に否認の請求が認容されても相手方から異議の訴えが提起される可能性が高いと判断される場合には，否認の請求の申立てを取り下げたうえでただちに否認訴訟を提起することも検討されるべきである[20]。

(20)　東京地方裁判所においては，否認請求の申立件数は，平成17年以降年間30件から70件程度であったが，平成25年は33件であり，平成25年の33件のうち27件が同年中に終局しており，終局事由の内訳は，認容16件，棄却0件，取下げ7件，和解8件とのことである。また，否認請求の理由としては，偏頗行為否認（破162条）や無償行為否認（破160条3項）が多いとのことである。なお，否認請求の審理は，原則として，1回の審尋期日又は書面審尋によって速やかに決定するという運用がされているようである（望月千広「東京地方裁判所における破産事件の運用状況」（特集平成25年の破産事件の概況をみる）金法1989号（2014）24頁）。大阪地方裁判所の実情については，釜村健太「大阪地方裁判所第6民事部における否認の請求事件の実情」（曹時64巻9号29頁）に詳しい。

(3) 否認の請求の手続

　否認の請求をするときは，書面でしなければならない（破規１条２項２号）。否認の請求書には，必要的記載事項として，当事者及び法定代理人の氏名（名称），住所，申立ての趣旨を記載する（破規２条１項）ほか，訓示的記載事項として，申立てを理由づける具体的な事実，立証を要する事由ごとの証拠，申立人又は代理人の電話番号等を記載し（同条２項），さらに立証を要する事由についての証拠書類の写しを添付する（同条３項）。また，否認の請求をする者は，当該申立てをする際，申立書と証拠書類の写しを相手方に送付しなければならない（同条４項。破規12条，民訴規47条参照）。申立手数料は不要である。否認の請求をする場合には，破産管財人は，裁判所の許可を得る必要はない[21]。

　否認の請求をするときは，その原因となる事実を疎明しなければならず（破174条１項），疎明は，即時に取り調べることができる証拠によってしなければならない（破13条，民訴188条）。なお，裁判所は，職権で，必要な証拠を取り調べることもできる（破８条２項）。

　否認の請求を認容し，又はこれを棄却する裁判は，理由を付した決定でしなければならない（破174条２項）。決定については，必ずしも理由を記載することは要求されないが（破13条，民訴122条・253条１項３号参照），その特則となる。否認の成否が実体的権利義務に関わるからであり，また，否認の請求を認容する決定に対しては，異議の訴えが認められており（破175条１項），不服申立ての手掛かりを明らかにするためである[22]。

　裁判所は，否認の請求を認容し，又はこれを棄却する決定をする場合には，口頭弁論手続を経る必要はないが（破13条，民訴87条１項ただし書），相手方又は転得者を審尋しなければならない（破174条３項。民訴87条２項参照）。相手方などの利益を重視する趣旨である。書面審尋も可能である。

　否認の請求を認容する決定があった場合には，その裁判書を当事者に送達しなければならず，この場合においては，送達代用公告の規定（破10条３項本文）の規定は適用しない（破174条４項）。他方，否認の請求を棄却する決定については，相当と認める方法で告知することで足りる（破13条，民訴119条）。決定に既判力がなく，また，不服申立ても認められないからである。

第6章 否認権

　なお，否認の請求を棄却する決定があった場合でも，破産管財人は，改めて訴え等によって否認権を行使することはできる。この場合には，決定の効力発生から6か月以内に否認訴訟を提起すれば，否認権行使の期間（破176条）は遵守されたものと解される[23]。他方で，否認の訴えを棄却する判決が確定した場合には，もはや否認の請求をすることはできない[24]。

　否認の請求の手続は，破産手続が終了したときは，終了する（破174条5項）。否認の請求の手続は，破産手続が係属しているときにのみ認められる特殊な手続であるからである。なお，否認の請求手続に関しては，役員責任査定決定手続とは異なり（破178条5項括弧書参照），否認の請求を認容する決定があった後であっても，破産手続が終了したときはその決定の効力は失われるものと解される。

　なお，否認の請求の手続においても，和解をすることは可能であると解される（破13条）。現に，実務では，否認権の行使をめぐる紛争の速やかかつ終局的な解決を図りたい場合に，和解が活用されている[25]。

(21)　運用と書式〔新版〕178頁。破産法78条2項10号を類推適用して裁判所の許可を要するとするものとして伊藤・428頁，条解破産法1113頁。この点は，否認の請求を棄却する決定後に破産管財人が改めて否認訴訟を提起することを原則として許さないと考えるか否かとも関連するのではなかろうか。
(22)　したがって，不服申立ての対象とならない否認の請求を棄却する決定の理由は，比較的簡略なもので足りると解される（竹下・大コンメ715頁〔田頭章一〕，条解更生法（中）143頁，注釈再生法（上）427頁〔三木浩一〕，新注釈再生法（上）793頁〔中西正〕参照）。
(23)　運用と書式〔新版〕181頁。
(24)　竹下・大コンメ714頁〔田頭〕。
(25)　破産・再生の実務〔第3版〕破産編273頁，運用と書式〔新版〕182頁。

(4)　否認の請求を認容する決定に対する異議の訴え

　否認の請求を認容する決定に不服がある者は，その送達を受けた日から1か月の不変期間内に，異議の訴えを提起することができる（破175条1項）。この訴えは，否認の訴えの場合と同様に，破産裁判所の専属管轄に属する（破6条・175条2項）。否認の請求を認容する決定は，否認権の行使によって相手方の法律上の地位を覆滅する効果をもつものであるから，判決手続によって相手方の裁判を受ける権利を保障しようとするものである。これに対し，否認の請求を

21 否認権の行使方法

棄却又は却下する決定に対しては，破産管財人の側から異議の訴えを提起することは認められず，また，抗告も許されないが (破9条前段参照)，改めて否認の訴えを提起することは妨げられない[26]。

出訴期間内に提起された異議訴訟において，出訴期間経過後に相手方から反訴として異議の訴えを提起することは，許されると解すべきであろう[27]。

否認の請求を一部認容する決定に対しては，相手方が異議の訴えを提起することができるのはもちろんであるが，破産管財人も異議の訴えを提起することができるかについては，これを肯定するのが多数説であるが，否定する見解もある。これを否定すると，破産管財人は棄却部分について別訴を提起することになり，判断の矛盾を生ずる可能性があるから，積極に解するのが相当である[28]。

異議の訴えについての判決においては，訴えを不適法として却下する場合を除き，否認の請求を認容する決定を認可し，変更し，又は取り消す (破175条3項)。これらの場合の主文は，訴えの不適法却下の場合は，訴えを却下する旨のものとなり，否認の請求を認容する決定の認可の場合は，異議の訴えにつき請求を棄却するとともに (ただし，請求を棄却する旨を明示しない主文例もある。)，当該決定を認可する旨のものとなり，否認の請求を認容する決定の取消しの場合は，決定を取り消す旨を宣言すればよく，否認の請求に対する応答の裁判は不要である。否認の請求を認容する決定の変更の場合は，相手方からの異議の訴えに対して，一部認容の判決をする場合には，「○○○○との決定を○○○○と変更する。」という主文となり，一部認容決定についての破産管財人からの異議の訴えにつき，認容部分を拡張する場合には，維持する認容部分については認可の主文を，拡張して認容する部分については，否認の訴えの実質を有することから，独立して請求を認容する主文を掲げることになる[29]。

否認の請求を認容する決定を認可する判決が確定したときは，その決定は，確定判決と同一の効力を有する。異議の訴えが，所定の期間内に提起されなかったとき，又は却下されたときも，同様である (破175条4項)[30]。決定内容に従って，既判力や執行力が生じる趣旨である。前者の場合の既判力の基準時は，異議の訴えに係る口頭弁論終結時と解される[31]。

否認の請求を認容する決定を認可し，又は変更する判決については，受訴裁

判所は，民事訴訟法259条1項の定めるところにより，仮執行の宣言をすることができる（破175条5項）。否認の請求を認容する決定に対する異議の訴えの判決は，「財産上の請求に関する判決」（民訴259条1項）に当たると考えられるので，民事訴訟法の包括準用（破13条）により，否認権の行使に基づく給付請求について仮執行宣言を付することができると考えられるが，特に，否認の請求を認容する決定を認可する判決については，判決の主文中に給付文言がなく，これに狭義の執行力（強制執行によって給付内容を実現する効力）に関する仮執行宣言を付することができるかどうかについては，実務上疑義があるとの指摘があったことから，この点を確認的に明らかにする趣旨で規定が設けられたものである。

　異議の訴えに係る訴訟手続は，破産手続が終了したときは，破産法44条4項の規定にかかわらず，終了する（破175条6項）。否認の請求の手続と同様に，異議訴訟の手続も，破産手続が係属しているときのみ認められる特殊な手続であるからである。

(26)　竹下・大コンメ717頁〔田頭〕，条解更生法(中)138頁・143頁，松田・更生法171頁，霜島・体系340頁，条解再生法736頁〔髙地茂世〕。これに対し，理論上は別訴提起が可能であるとしつつも，破産管財人の善管注意義務（破85条1項）や信義則からして否認の請求を棄却する決定がされた後の破産管財人による否認の訴えの提起は例外的な場合に限られるとする指摘もある（伊藤・428頁）。
(27)　竹下・大コンメ718頁〔田頭〕。
(28)　肯定する見解として竹下・大コンメ717頁〔田頭〕，条解更生法(中)146頁，条解再生法736頁〔髙地〕，新注釈再生法(上)796頁〔中西正〕。これに対し，条文の文言と破産管財人による別訴提起を前提とすること自体が不合理であることを理由として，破産管財人による異議の訴えを否定する見解もある（伊藤・429頁）。
(29)　運用と書式〔新版〕182頁。
(30)　訴えが取り下げられ，再訴が不可能になった場合も同様である。条解更生法(中)154頁，新注釈再生法（上）797頁〔中西正〕，伊藤・430頁。
(31)　竹下・大コンメ719頁〔田頭〕，伊藤・430頁。

5　否認権の裁判外行使

　訴え，否認の請求又は抗弁による以外に，否認権の裁判外行使が認められるかどうかについては，争いがある[32]。判例・通説は，破産法173条の文言及び否認要件の存在が裁判によって確定されないことなどを理由として，裁判外の否認権行使を認めず，破産管財人が裁判外で否認の意思表示をし，それに基づ

いて受益者などとの間で和解が成立したときには，和解契約の効力は認められるが，否認の効果は発生しないとする(33)。

なお，不動産の売却許可決定に対する抗告事由として破産管財人が担保の設定を否認することは許されないとする大阪高決昭58・5・2判タ500号165頁がある。

(32) 否認権の行使方法の沿革としては，旧商法破産編において，否認に該当する事由につき旧商法990条が一定の行為を「法律上無効トス」とし，これとは別に同法991条及び996条では「異議ヲ述フルコトヲ得」としていた関係から，否認権はこれを裁判上行使する必要があるか否かにつき対立があったところ，破産法草案96条は「否認権ハ相手方ニ対スル意思表示ニ依リテ之ヲ行フ」として裁判外の行使を認める態度をとり，さらに改めて結局旧破産法76条は，裁判上の行使のみに限る旨を規定したという沿革を有する（注解破産法（上）510頁〔宗田親彦〕）。
(33) 判例としては大判昭5・11・5新聞3204号15頁，大判昭6・12・21民集10巻1249頁，大判昭11・7・31民集15巻1547頁，学説としては竹下・大コンメ713頁〔田頭〕，中田・170頁，山木戸・222頁，谷口・275頁，注解破産法（上）518頁〔宗田〕，基本法コンメ破産法123頁〔池田〕。これに対し，霜島・体系338頁，伊藤・430頁は，裁判外での和解における否認権行使も認められるとする。

Ⅳ　詐害行為取消訴訟の受継

1　詐害行為取消訴訟の受継

詐害行為取消権（民424条）に基づき破産債権者又は財団債権者の提起した訴訟の係属中に破産手続開始の決定がされた場合には，その訴訟手続は中断し（破45条1項），破産管財人がこれを受継することができ，この場合においては，受継の申立ては，相手方もすることができるものとされている（同条2項）。

詐害行為取消訴訟の当事者は債権者及び受益者等であるため，破産者を当事者とする訴訟手続の中断について定める破産法44条の規定は適用されないが，①破産債権者が破産手続開始後に詐害行為取消権を行使することは個別的権利行使禁止の原則（破100条1項）に照らして相当ではないこと，②詐害行為取消権及び否認権のいずれについてもその法的性質に関する理解は様々であるが，債務者の責任財産（破産手続開始後は破産財団）の回復を目的とする点では共通性があり，破産手続開始後は破産財団の管理に関する事項として破産管財人の専

第6章 否認権

権に属すべきものであること，③詐害行為取消権と否認権とは厳密には法律要件が異なるが，訴訟資料には共通性があるのが通常であり，詐害行為取消訴訟における訴訟資料を否認訴訟で利用することができれば，訴訟経済に資すると考えられることによるものである。

上記のような詐害行為取消訴訟を中断させる理由に照らせば，破産手続開始後は破産債権者又は財団債権者が詐害行為取消訴訟を新たに提起することは許されないと解される[34]。

中断する詐害行為取消訴訟は，旧法では，破産債権者の提起したものに限られていたが，新破産法では，財団債権者が提起したものも中断及び受継の対象としている。詐害行為取消訴訟は，本来は，債権者が強制執行の準備のために行うものであるところ，破産手続においては，破産手続開始後は財団債権に基づく強制執行も禁止され（破42条1項），既にされているものは失効する（同条2項本文。ただし，破産管財人が続行することは可能である〔同項ただし書〕。）こととされたからである[35]。

詐害行為取消訴訟の訴訟状態が破産管財人にとって有利な場合は，破産管財人はそれを積極的に受継するが，従来の訴訟状態が破産管財人にとって不利で，むしろ破産管財人が改めて否認訴訟を提起した方が有利と判断されるときに，相手方の受継申立てを拒絶できるかが問題となるが，詐害行為取消訴訟の敗訴判決は債務者を拘束しないこと，一債権者の作った訴訟状態に全債権者の利益を代表する破産管財人を拘束すべきでないことなどから，拒絶権を認める見解が旧法以来の通説及び多数の裁判例であるが，新破産法では相手方の受継申立権が明定されていることを根拠として拒絶権を否定する見解も有力である[36]。

破産管財人が受継した場合においては，相手方の破産債権者又は財団債権者に対する訴訟費用請求権は，財団債権となる（破45条3項）。受継後の破産管財人に対する訴訟費用請求権が財団債権となることは当然である。

破産手続開始により中断した訴訟手続について破産管財人による受継があった後に破産手続が終了したときは，当該訴訟手続は，中断し（破45条4項），この場合には，破産債権者又は財団債権者において当該訴訟手続を受け継がなければならず，この場合においては，受継の申立ては，相手方もすることができ

21　否認権の行使方法

る（同条5項）。

　破産手続開始により中断した訴訟手続について破産管財人による受継があるまでに破産手続が終了したときは，破産債権者又は財団債権者は，当然訴訟手続を受継する（破45条6項）。

　破産手続開始前に詐害行為取消訴訟の判決が確定していた場合については，勝訴判決である場合には破産管財人は判決の効力を援用でき，敗訴判決である場合には破産管財人に敗訴判決の既判力は及ばないとする見解もあるが，いずれの判決についても管財人がその効力を引き継ぐとする見解もある[37]。破産管財人の受継拒絶権を認める見解を前提とすると，前者が妥当であろう。

(34)　大判昭4・10・23民集8巻787頁。新堂ほか編集代表・前掲注（12）『注釈民事訴訟法(4)』585頁〔佐藤〕，伊藤・313頁，三宅ほか編・前掲注（12）618頁〔西澤〕。なお，再生手続につき東京地判平19・3・26判時1967号105頁・金判1266号44頁。

(35)　旧破産法の下では，破産宣告後における財団債権に基づく強制執行が可能であるのか，破産債権に基づく場合と同様に禁止されるのかについては学説上争いがあったが，破産法において，破産手続中は財団債権に基づく強制執行の手続を禁止することとされた。その理由は破産手続においては，財団債権の全額を支払えない事態は希有なこととはいえず，また，財団債権には，全破産債権者の共益的な費用としての性質を有するものだけではなく，政策的に財団債権とされているものも含まれていることからすると，財団債権者間の平等を図るとともに，破産手続を円滑に進行させるためには，財団債権に基づく強制執行を否定する必要性が高いと考えられることからである。これに対し，再生手続や更生手続においては，共益債権に基づく強制執行が可能と解されているので，再生債権者や更生債権者の提起した訴訟のみを中断・受継の対象とすることとされている（民再40条の2・140条・141条，会更52条の2）（基本構造と実務90頁〔小川発言〕）。

(36)　拒絶権を肯定する見解として，山木戸・221頁，谷口・203頁，霜島・体系342頁，斎藤秀夫ほか編著『注解民事訴訟法(5)〔第2版〕』（第一法規出版，1991）312頁〔遠藤功ほか〕，三宅ほか編・前掲注（12）623頁〔西澤〕，東京地決昭49・9・19判時771号66頁，東京地判昭50・10・29判タ334号250頁・判時818号71頁があり，破産法下においてこれを否定する見解として伊藤・313頁，破産・再生の実務〔新版〕（上)138頁〔片山憲一〕，条解破産法358頁がある。このほか，破産管財人は受継を拒絶することはできないが，従前の訴訟状態には拘束されないとする見解もある。基本法コンメ破産法130頁〔本間靖規〕等。

　なお，破産管財人の拒絶権を否定する見解によっても，相手方が受継申立てをしないときには，破産管財人は，中断中の詐害行為取消訴訟を受継せず，新たに否認訴訟を提起することができる。また，詐害行為取消訴訟を受継した場合でも，否認権の行使など，独自の攻撃防御方法を提出できることは当然である。

(37)　前者の見解として条解更生法(中)225頁，後者の見解として注解破産法(上)557頁〔宗田〕，条解破産法360頁。

第6章　否　認　権

2　詐害行為取消訴訟を本案とする民事保全の取扱い

　詐害行為取消訴訟を本案とする仮差押え又は仮処分が破産手続開始前にされている場合には，破産手続開始前にされた本案訴訟を受継し，又は否認の訴えを提起した破産管財人は仮差押債権者又は仮処分債権者の地位を承継し得る[38]。破産手続開始前に未執行であるときの保全執行は破産管財人が承継執行文を得て行う[39]。

(38)　斎藤＝伊東編・演習387頁〔斎藤秀夫〕，山木戸・221頁，福岡高判昭31・3・19高民9巻4号220頁・判時80号18頁。
(39)　判例民事法16巻〔昭和11年度〕（有斐閣，1937）347頁〔菊井雄大〕。

〔世森　亮次〕

22 否認権行使の効果

I　はじめに

　経済状態が悪化し破産が現実問題となってきた債務者は，財産隠しに走ったり，目先の資金繰りのために財産を廉価で売却したり，あるいは懇意にしている債権者にのみ債務の支払をしたりするといった行動に出ることが少なくない。確かに，保全処分が発令される等で管理処分権が制限されていない限り，破産手続の開始決定前は自分の財産をどうしようがそれは債務者の自由といえる (憲29条)。しかし，破産前のこの種の行為をすべて受け入れるほかないとしたら，破産手続はいささか無力にすぎよう。一般実体法において，無資力の債務者の財産減少等の所定の行為を債権者において取り消す手段が与えられている (詐害行為取消権〔民424条以下〕) ところ，こうした要請は破産手続との関係においていっそう大きいものがあり，それは否認権として発展し，破産手続の鍵を握る存在となっている[1]。

　破産手続において，否認権は破産管財人 (以下「管財人」とする) によって行使され (破173条)，破産手続開始前になされた債務者 (後の破産者) の行為を否定することで破産財団を原状に復させる (破167条) ものとされている (形成権と解されている。)。すなわち，債務者と相手方の間でなされた行為を巻き戻すのであるが，現になされた処分や弁済の巻戻しは観念論にとどまらず具体的な実現という問題が出てくる。相手方が存在する事柄であるし，当該行為を前提に新たな法律関係が形成されていることもある。否認権は，破産手続との関係では崇高な使命を帯びたものであるが，一般法との関係では取引の安全を害する側面を有するものであるから，その行使の結果をどのように具体化するかという

第6章 否認権

「効果論」は丹念なフォローを要する一領域をなしている。

(1) 破産手続に限らず，再生手続，更生手続との関係でも同様であり，否認権に関しては，ほぼ同様の規律がなされている（民再127条以下，会更86条以下）。もっとも，法文の規定は同様でも，清算か再建かの違いは否認権行使の運用には大きな違いがあった。ここでは，破産を中心に述べる。なお，特別清算には否認権の制度は存在しない。

II 否認権行使の効果の基本的な考え方

1 破産財団の原状回復

否認権の目的は破産財団を原状回復させることであり，すなわち債権者に対する責任財産の増殖をもたらし，また債権者間に生じた不平等を是正することにある。したがって，否認権が行使されると，その対象となった行為は，破産財団との関係で遡及的に覆滅される扱いである（破167条1項）。その効果の発生時期は，管財人が否認権を行使（主張）した時であり，この時点で破産財団は当該行為がなかった状態に復する（物権的効力）(2)。もっとも，これはまずは観念的に破産財団の回復が図られたというにすぎず，行為によって破産財団から出ていった財産や金銭が当然に元どおり戻ってくるわけではない。したがって，相手方に対し，破産財団回復に向けての義務の履行を求めることが必要となる。この破産財団回復に向けての現実の態様や過程は様々であり，それが本項目の主題である。

さらに問題を難しくしているのは，否認権が本来は有効になされた行為の効力を否定するという意味で取引の安全を害するものである関係から，その影響を必要以上に広げるべきものではないという要請である。このことは，否認の効果の相対性として説かれる考え方となって現われる。すなわち，否認権は破産手続との関係で破産財団を回復させることを目的とするので，否認の効果は破産財団と相手方の関係でのみ生じるものとされ，第三者との関係には影響を及ぼさないとの考えである（相対的効力）。

従来から，通説・判例は否認の効果を物権的・相対的効力と解してきた(3)。この点の修正を促すような改正は先の倒産法改正でもなされていない

が，理論的な意味での物権的・相対的効力が，実際上の破産財団の回復との関係で様々な問題を生じさせる。

(2) 否認権の性質は形成権と解されているが（伊藤・423頁，条解破産法1074頁），否認訴訟は判決主文で否認の宣言が必要な形成訴訟とはされず，物の返還や金銭の支払といった相手方の義務が掲げられれば足りるとされている。義務が命じられるが，観念的には否認権行使によって破産財団は原状に復したこととされ，履行を待って復元するという位置づけではない。ちなみに，詐害行為取消訴訟では，取消文言と義務の双方が主文に掲げられることが多い。

(3) 旧法下の物権的・相対的効力の意義については，櫻井孝一「否認の効果」斎藤＝伊東編・演習468頁以下。現行法の否認権の効果の全体については，高田昌宏「否認の効果」櫻井孝一＝加藤哲夫＝西口元編『倒産処理法制の理論と実務〔別冊金判〕』（2006）260頁以下。ちなみに，詐害行為取消についても類似の議論があるが，滝澤孝臣「詐害行為取消の絶対効と相対効」同『民事法の論点』（経済法令研究会，2006）71頁以下，下森定『債権者取消権の判例総合解説』（信山社，2010）181頁以下。

2 否認権行使の可能性と限界（現物か価額か）

破産財団の原状回復の最もわかりやすい例は，行為によっていったん責任財産から離れた財産を否認権の行使で破産財団に取り戻すことであろう。しかし，現実にこれが常に単純に可能であるとは限らない。目的物が行為の相手方のところに現存していなかったり，はたまた逆に破産財団の方に反対給付が残っていないがために，文字どおりの原状回復に支障があるという場合もあり得よう。また，否認権の目的が破産財団の原状回復であるといっても，破産手続にあっては，最終的には回復した財産を換価して破産配当に供するという流れになることを考えると，実はリアルに目的物を回復することよりその金銭的価値に意味があるともいえる[4]。その意味で，後で述べるとおり，必要以上に現物の回復にこだわることをしないで，否認の効果を価額面で実現できれば足りるとすることが多くなっている。この点は，否認権の相対的効力とも関係してくる問題で，転得者を登場させると説明しやすい。

すなわち，ここで債務者A（後の破産者）がある財産をB（受益者）に廉価で売却した後，それがBのところにとどまっていないでC（転得者）に売却されてしまった状態で否認権が行使されたとしよう。この場合，現物を回復させるには，A・B間の行為のみならず，B・C間の行為も問題としなければならないが，原則として否認が可能なのは破産者が関与している前者だけであり，そこで管財人が勝訴しても後者には影響しない（相対的効力）。したがって，この場

第6章 否認権

合は，否認権行使の限界の一面として，現物の回復はかなわず，Bに対し価額の償還を求めるということになる。

その場合，価額面での否認の効果をどう考えるか，つまり，算定の基準時が問題となってくる。諸説が説かれている状況で，①否認対象行為がなされた時，②受益者が目的物を処分した時，③否認権行使の時，④否認訴訟の判決（口頭弁論終結）時，などが代表的なものである。①〜④の間には数年の開きがあり得るので，価額の変動が誤差にとどまらない不動産では深刻な問題となってくるが，判例で多数を占めているのは，③否認権行使の時である[5]。形成権としての否認権行使の効力の発生時期の理解がその根拠とされる基準時であり学説上も支持が多い[6]。

しかし，上記の例のCのように，転得者が現われれば，現物の返還の可能性がそれだけで皆無になってしまうというのでは，せっかくの否認権も威力不足ということになってしまおう。そこで，例外的に，否認権は，Cのような者，つまり転得者を相手にしても行使できるものとされており，これが転得者否認である（破170条）。その要件はかなり限定されていて，①「転得の当時，それぞれの前者に対する否認の原因があることを知っていた」場合，つまり悪意の転得者，②転得者が内部者の場合，③無償行為による転得者の場合，に限られている。この転得者否認が成立する限りでは，上記の例のような場合でも現物を破産財団に回復させることが可能となってくる[7]。

(4) この点は，換価，配当と流れる破産と，事業の再建を予定する関係で目的物を現実に回復し使用したいという流れになる再生，更生では事情が異なっているかもしれない。しかし，事業の清算と再建は相対化しており，破産でもリアルな現物の取戻しが望ましい場合もあれば，再生，更生でも金銭価値で足りる場合もあろう。
(5) 最判昭61・4・3裁判民集147号489頁・判タ607号50頁・判時1198号110頁。
(6) 学説の状況については，川嶋四郎「破産法における否認の効果」実務と理論117頁，坂本恵三「価額償還請求権」実務と理論123頁。前掲注(5)最判昭61・4・3の解説として，青木哲・判例百選〔第5版〕86頁。
(7) 転得の時期との関係で出てくる否認訴訟の問題，転得者に対する否認訴訟と受益者の問題など，転得者否認の諸問題については，四宮章夫「転得者に対する否認」麻上監修・破産法270頁以下，霜島・体系345頁以下，宗田親彦「転得者の否認」同『破産法研究』（慶應通信，1995）44頁以下，畑瑞穂「転得者に対する否認権・詐害行為取消権行使の効果に関する覚書」田原古稀（上）158頁。

3　否認の効果が及ぶ範囲

　管財人によって行使される否認権では，個別の債権者が行使する詐害行為取消権と違って，行使権者の債権額が観念されていないので，こうした意味での限界は想定されていない。確かに，詐害行為取消権の場合，取引の安全の面からも，債権者が債務者の過去の行為に無制限に容喙できるとすることは望ましくないので，当然の限界といえる[8]。したがって，金額的に取消債権者の債権額を上回る行為を取り消そうする場合は，複数の債権者が共同するなどの工夫がなされたりしている[9]。さらには，取消しの範囲は，目的物の可分・不可分性との関係では微妙ではあるが，最小限にとどめようとする傾向にある[10]。

　これに対して，否認権の場合には管財人が破産手続をいわば代表してこれを行使しているので，債権額といった制約はないのであるが，取引への影響という事情は詐害行為取消権の場合と同様であろう。その意味で，否認の効果が及ぶ範囲が問われる事例が現われた。すなわち，通常は倒産という極度の無資力状態ゆえに否認の効果の範囲という問題が顕在化する余地がなかったところ，会社更生の事案で債務超過の度合が小さいにもかかわらず，問題の行為が300筆近くからなりゴルフ場として利用されていた不動産全部についての根抵当権設定取引というケースであった。第１審が，否認の範囲を債務超過額に絞るという意味で最も評価の低い１筆の土地についてのみ否認権の成立を認めたのに対し，控訴審，上告審では，全不動産についての否認を認めた[11]。もっとも，控訴審と上告審では理由づけが異なり，控訴審が更生事件であることを重視しているのに対し，上告審はむしろ詐害行為取消権との比較で更生手続における否認権をみており，破産や再生にも射程が及びそうな表現とされている。評価の分かれ得る問題であるが[12]，詐害行為取消権におけるような意味で否認の範囲を制限しようとする要請は働いていないので，破産財団にとっての最大利益実現に導く全部否認を基本としておくべきであろう。

　以上を否認権行使の効果の総論として，以下，各論を述べる。

　さて，否認権の基本類型を，従来の故意否認・危機否認・無償否認という三類型から詐害行為否認と偏頗行為否認の二類型に改めた現行否認権体系の下で

第6章 否認権

は，要件もさることながら効果も両者に違いがあるので，区別して述べる必要がある（詐害行為否認→Ⅲ，偏頗行為否認→Ⅴ）。そして，効果論は，原状回復の点と相手方の地位が主要な問題となり，それぞれ場合分けがされる。さらに，特に詐害行為否認との関係で，登記・登録のある権利の原状回復で問題となってくる否認の登記についても独立して述べておく（Ⅳ）。

(8) 奥田昌道編『新版注釈民法(10)Ⅱ債権1』（有斐閣，2011）904頁〔下森定〕。判例として，大判明36・12・7民録9輯1339頁，大判大9・12・24民録26輯2024頁。
(9) 私的整理の過程で，債権者委員長が債権者を代表して詐害行為取消権を行使する場合が典型である（霜島・体系305頁）。また，取消しの効果が総債権者に及ぶとの規定が存在している（民425条）こともあり，他の債権者が配当に加わることが予想される場合には，取消債権者の債権額を超えた取消しが認められることもあった。判例として，大判大5・12・6民録22輯2370頁など。
(10) 目的物が不可分な場合は，取消債権者の債権額に限らず全部について取消しを認めているが（最判昭30・10・11民集9巻11号1626頁・判タ53号37頁），不可分な目的物で価額賠償による場合（最大判昭36・7・19民集15巻7号1875頁・判時266号6頁），共同抵当の目的とされた数個の不動産の場合（最判平4・2・27民集46巻2号112頁・判タ781号78頁・判時1416号42頁）では一部取消しにとどめている。
(11) 最判平17・11・8民集59巻9号2333頁・判タ1198号104頁・判時1916号30頁。
(12) 本件については，中田裕康・判例百選〔第5版〕88頁，細川泰毅・最判解説民平成17年度(下)758頁。細川・同書765頁以下に本件につき提出された意見書の概要が紹介されているが，青山善充，下森定，伊藤眞の各意見書が非限定説，奥田昌道，谷口安平の各意見書が限定説の立場に立って展開されている。

Ⅲ　詐害行為否認の効果

1　詐害行為否認の原状回復

詐害行為が否認された場合の効果としての原状回復は，行為の目的物であった財産が現存しているかどうかで異なってくる。また，無償行為の場合には，その性質に応じた特有の扱いを要することがある。

(1)　財産が現存する場合

詐害行為の目的物であった財産が否認の相手方のところに現存している場合は，否認の効果としての原状回復は次のように理解されている。すなわち，否認により当該行為の効力が破産財団との関係で否定され，目的物である財産は

破産財団に物権的に回復することになるということであり，これは相手方の下に移転してしまった物や権利が観念的にはただちに破産財団へと戻ってくるという意味である。しかし，このことは当然に名実ともに目的物が破産財団に元どおりに納まっていることまでは意味しない。例えば，詐害行為によってとある財産（例えば，動産）が処分されていた場合，現実に相手方からその財産の返還を受けてはじめて名実ともに破産財団が原状回復したといえるのであり，つまり返還という具体的な行為を待つ必要がある。これは，観念的に回復した所有権に基づき，物権的請求権の行使として相手方に返還を迫るということである[13]。

さらに，否認の効果としての破産財団の原状回復は，破産財団と相手方との間での相対的なものにとどまるので，その後の処理との関係では，回復を第三者に対抗できないと困る。当該財産を現実に使用したり換価するには，観念的な原状回復では足りず，それが第三者にも対抗できるようにするべく，不動産であれば登記に反映されること，動産であれば引渡しを受けること，を要するということである。この場合の登記とは，否認の効果を体現する独特のもので，否認の登記（破260条）として，後で述べる。

(13) 詐害行為取消権では，取消しの効果とその後の処理につき，責任説が唱えられているが，否認権でも破産財団の現実の原状回復にこだわらず，責任説による効果のあり方を模索する考えもある，上原敏夫「否認（詐害行為取消し）の効果と受益者の債権者」新堂幸司先生古稀祝賀『民事訴訟法理論の新たな構築（下）』（有斐閣，2001）437頁以下。

(2) 財産が現存しない場合

目的物である財産が，否認に備えて相手方の手元に現存しているという保障はない[14]。動産類であれば物理的に滅失ないし毀損してしまっていることもあるだろうし，何よりも動産か不動産かを問わず取引の連鎖で処分されて手元にない，したがって，現物の返還ということが不可能である場合は少なくない。

前述のように，転得者否認が功を奏し現物の追求が可能な場合もないわけではないが限界があるので，現物返還に代わる否認の効果が検討される必要がある。それが価額面での否認の効果としての価額償還である。すなわち，目的物たる財産の価額相当分を否認の相手方に支払わせることで，破産財団の回復を

図るのである。その場合，価額算定の基準時をどう解するか議論があることは前述のとおりである。

　従来（つまり，現行法以前），現物の返還に代えての価額償還については，このことを明示した条文は見出せなかった。しかし，現行法は，現物の返還が可能な場合においても，破産管財人の選択で否認の効果を価額償還の方法によることができる旨を定めた（破168条4項）ので，財産が現存しない場合の価額償還は当然のものといってよかろう。実務的には，配当に向けていずれ破産財団の換価を必要とする破産では，現物返還が可能な場合も価額償還が選択される場面は多くなるとされている。もっとも，現象としては同じでも，(1)での価額償還と(2)の価額償還は性格を異にしたものであるから，常に同列に扱うべきではない[15]。

　(14)　否認権を保全するための保全処分が特別に設けられている（破171条）のはそのためである。
　(15)　これについては，田原睦夫「詐害行為否認と価額賠償請求」今中古稀68頁。

(3) 無償行為の否認の場合

　現行法は無償行為の否認を詐害行為否認の一類型とした。すなわち，対価を受けることなくされたという意味で一方的に破産財団の減少を来す点で詐害行為にほかならないからである。この場合も，否認された場合の原状回復は基本的には(1)(2)と変わらないはずであるが，無償行為の否認は相手方の主観を問わない客観主義によっているので（破160条3項），相手方が善意である場合もある。かかる善意の場合にも原状回復を厳格に問うてしまうと酷な結果になるので，行為の当時，詐害の事実及び支払停止等の事実を相手方が知らなかった場合は，現に受けた利益の限度で破産財団に償還すれば足りるとされている（破167条2項）。現に受けた利益とは，目的物が現存していればその物がこれに当たるし，その果実や滅失による保険金請求権などのことを指す。ここで善意であることの証明責任は相手方にある。

　以上述べたことは，無償の転得者についてもあてはまる（破170条2項）。

2　詐害行為否認における相手方の地位

　詐害行為否認の効果として破産財団の原状回復が図られるのはよいが，もと

よりこれは相手のある行為であることにも思いを致す必要がある。対価のなかった無償行為の場合は別にして、トータルで破産財団を減少させていたにせよ相手方から破産者に対する反対給付があった点である。例えば、廉価で不動産を譲り受けた場合であれば、相手方が破産者に支払ったその代金である。否認権が行使され、当該不動産を破産財団に原状回復させるからには、反対給付である代金が相手方に返還されなければ公平を欠くことは明らかである。これが相手方の地位を論ずる意味であるが、原状回復自体が一様ではないように、相手方との反対給付の調整もバリエーションがあり（破168条）、この点については旧法に比べ規定が整備されたところである。

(1) 反対給付の返還

　否認権の行使により破産財団は原状に復する（破167条1項）。回復方法は先に述べたとおりであるが、反対給付にも類似の問題がある。

　最も単純な例は、通常の感覚ではありえない話であるが、破産者の持つ高い財産（例えば、ダイヤモンド）と相手方の安い財産（例えば、石炭）が交換されるという詐害行為に見出される。相手方が現物（ダイヤモンド）を破産財団に返還したとあれば、相手方も反対給付（石炭）の返還を破産財団に請求できてしかるべきである（破168条1項1号）。しかし、相手方同様、破産者の方も取引の連鎖の中にあるわけであるから、否認権が行使された時に反対給付が破産財団に現存している保障はない。とはいえ、この場合も反対給付（石炭）に相応する分は返還されてしかるべきであるので、相手方は反対給付分の価額償還を財団債権者として請求することができる（同項2号）。これは、詐害行為が否認され破産財団が原状回復した暁には、反対給付は破産財団の不当利得ということになるので、これを調整するのが公平であるとの考えに基づくものである。

　ところが旧法では、相手方の財団債権としての反対給付の返還は、破産財団に利益が現存する限りでしか認められておらず（旧破78条1項）、利益が現存しない時は破産債権として価額償還請求できるにすぎなかった（同条2項前段）。その意味で、相手方にとって酷な扱いとなっていたので、現行法はこれを改めたのである。

(2) 反対給付によって生じた利益の返還

上に述べたように，反対給付が破産財団に現存しない時は，相手方は価額の償還を求めることができる。しかし，これを常に財団債権としてよいかは吟味の必要がある。

まず基本は，破産財団と相手方の双方にとっての原状回復という意味で，相手方には財団債権としての価額償還請求を認めるということである（破168条1項2号）。しかし，現実には，行為の当時，破産者が対価として取得した財産について隠匿などの処分をする意思を有しており，相手方もそうした破産者の意思を知っていた，というような状況も予想される。こうした場合には，反対給付によって生じた利益の有無で，相手方の地位を，以下のように区別することとした。

第1は，反対給付によって生じた利益が全部破産財団に現存している場合である。前述の例でいえば，交換した石炭をさっさと売って隠匿するつもりが，袋に入れたまま代金が分別されて残っていたような場合で，この場合は隠匿に至ってないので，財団債権としてその利益の返還請求を認める扱いである（破168条2項1号）。

第2は，反対給付によって生じた利益が破産財団に現存していない場合である。破産者による隠匿が現実化しており，相手方においてこれを知っていたのであるから，このような場合にまで財団債権としての価額償還を認める必要はない。したがって，相手方は破産債権者として反対給付の価額の償還請求ができるにとどまる（破168条2項2号）。

そして第3は，上記2つの中間で，反対給付によって生じた利益の一部だけが破産財団に現存しているような場合である。この場合は，相手方の地位も相応のものとされ，つまり，現存分については財団債権として返還請求ができるが，残りの分（反対給付から現存利益分を控除した額）は破産債権にとどまる，という扱いとなる（破168条2項3号）。

ところで，こうした扱いを実際にするについては，詐害行為の相手方の主観，すなわち，破産者が隠匿などの処分をする意思を有していたことを知っていたかどうかが決め手となる。この点については，諸外国の倒産法を参考に用意した内部者規定（破161条2項）が意味をもってくることになる。すなわち，

内部者は詐害行為の相手方とされる例は少なくないし，破産者との距離からして，破産者が隠匿などの処分の意思を有していたことを知っていたものと推定することとしたからである (破168条3項)。具体的には，以下の者が列挙されている。

すなわち，①破産者が法人である場合に，その理事，取締役，執行役，監査役，清算人又はこれらに準ずる者 (破161条2項1号)，②同じく破産者が法人である場合に，破産者たる株式会社の総株主の議決権の過半数を有する者 (同項2号イ)，破産者たる株式会社の総株主の議決権の過半数を子株式会社又は親法人及び子株式会社が有する場合における当該親法人 (同項2号ロ)，株式会社以外の法人が破産者である場合に破産法161条2項2号イ又はロに掲げる者に準ずる者 (同項2号ハ)，そして③破産者の親族又は同居者 (同項3号) である。問題とすべきは行為の当時の主観であるから，この内部者たる地位も行為の時が基準になる。具体的な成り行きとしては，内部者たる地位は資料から明らかな場合が多いので，要は管財人としては破産者の隠匿等の処分意思を証明できるかどうかが決め手となり，その場合にこうした内部者たる地位にある者が処分意思の悪意の推定を覆すことは稀にしかないということになろう。

(3) 差額償還の方法

以上述べたように，詐害行為の否認の効果としての原状回復は，相手方から財産の返還を受けることと，破産財団が受け取った反対給付が相手方に返還されること，の一連の処理が視野に入る，ある意味では煩わしいものである。もちろん，当面の事業継続に当該財産を利用したい場合や他の財産と一体で換価した方が有利な場合は，現物の返還は不可欠である。しかし，一般に清算を想定した破産手続では，要は上記の一連の処理は破産財団を当該行為がなかった状態にするためのものであるから，相手方の不当利得になる分を償還させる，つまり価額面でこれを実現すれば足りる場合が多い。そこで，管財事務の円滑化・合理化という意味で，現行法は管財人に，現物返還かこれに代えて価額償還を求めるかの選択権を与えることとした (破168条4項)(16)。従来，現物返還が不可能な場合の処理と位置づけられていた価額償還の方法を広く利用できるようにしたものである。

第6章 否 認 権

　すなわち，①詐害行為（破160条1項），②無償行為（同条3項），③相当の対価を得てした財産の処分行為（破161条1項）を否認しようとするとき，管財人は，破産財団に復すべき財産の返還に代えて，相手方に対し，当該財産の価額から破産法168条1項から3項の規定により財団債権となる額を控除した額の償還を請求できるものとされている（同条4項）。なお，相手方の反対給付が破産財団中に現存するときは，当該財産の価額から破産者の受けた反対給付の価額を控除した額の償還となる（同項括弧書）。

　簡単な例でこれを示すと，1億円の財産が5000万円で処分されたという場合，現物を返還させても財団債権として5000万円の弁済が必要なのであれば，（一連の原状回復について相殺的処理をして）差額分の5000万円の価額償還にするということである。現象を捉えて差額賠償とも呼び，否認権の効果に関し旧法と大きく変わったところである。なお，差額賠償の処理は管財事務の便宜のためのものであるから，これを選択する権利は管財人にのみあり，相手方から当然にこれを求める権利は認められていない[17]。

　価額面で否認権行使の効果を実現するという点では，差額賠償も，現物返還が不能になった場合と同様であるから，価額算定の基準時が問題となり得る。前述したように，算定の基準時については依然として解釈に委ねられたままであるが，差額賠償に関しては，管財人に現物返還か価額償還かの選択の余地がある点が，現物返還が不可能になった場合とは異なっている。どちらを選択するかは管財人が判断するところであるが，管財人に基準時の選択までさせる趣旨ではなく，この場合も否認権行使時を算定の基準時とするのが簡明であるように思われる。実際にも，否認権を行使したその時点で，現物返還か価額償還かを決め，後者の場合には管財人は金額を明示することになろう。否認訴訟係属中の事情の変動によるリスクはこの場合もあり得るが，破産財団と相手方に必要以上に算定面で有利・不利が生まれるのは望ましくない。ただ，否認訴訟の途中で原状回復の方法の切り換えを認め得るとすれば，事実審の口頭弁論終結時という算定基準時もあり得ようか[18]。差額賠償の今後の利用実態を踏まえて議論を深めていくべき問題であろう。

　　(16)　一問一答237頁。この制度の具体的な検討としては，基本構造と実務440頁以下。現物返還の要否で運用に差は出るであろうが，返還が不要である場合は，この処理は手

- (17) 田原・前掲注(15)54頁以下で立法経緯と問題点が提示されている。また，新破産法の理論と実務293頁〔藤本利一〕。
- (18) 否認訴訟の事実審の口頭弁論終結時も基準時たり得るとするのは，論点解説(上)250頁〔石井教文〕。管財人の投機的選択権行使への警戒については，基本構造と実務443頁〔山本和彦発言，松下淳一発言〕。

Ⅳ　否認の登記

　破産者の行為が否認されると，その行為は効力を失い，逸出した財産の帰属は破産財団に回復し（物権的効力），管財人は相手方に原状回復に向けての具体的な請求をなし得るが，他面で，否認権行使の効果は原則として破産財団と相手方の間でのものにとどまる（相対的効力）。否認対象行為に係る財産が登記・登録の対象となる場合においては，当然，否認権行使の効果も登記・登録に反映されないことにはその効力を確保できない。しかし，こうした独特の効力を登記・登録に体現することは必ずしも容易ではない。旧破産法123条で否認の登記に関する明文規定がおかれたが，これは旧々法[19]にも旧法の母法であるドイツ破産法にも存在しなかった独創条文で，その性質をめぐってかつて判例・学説では種々の見解が唱えられていた。なかでも，これを特殊な登記と理解する特殊登記説が一貫して通説の地位にあり，最高裁もその立場に立っていたことから[20]，改正に際してはこの説を前提に，かつ，その後の換価にも配慮した現行規定へとつながった（破260条〜262条）[21]。

- (19) 旧々法とは，明治23年の旧商法第3編破産を指す。商人破産主義の採用などフランス法系の破産制度であった。第3編は旧商法中，施行された編である。
- (20) 最判昭49・6・27民集28巻5号641頁・判タ311号139頁・判時746号38頁は，否認権の効果としての物権的・相対的効力に対応すべく，特殊な登記として否認の登記があることを確認したものである。上原敏夫・判例百選〔第3版〕86頁，田尾桃二・最判解説民昭和49年度54頁。
- (21) 特殊登記説に立つ現行法の意図については，一問一答356頁，条解破産法1667頁。

1　否認の登記の意義

　不動産などの重要な財産にあって，権利関係を公示し取引の便に資しているのが登記・登録であり，登記・登録制度のある財産については，否認権行使の効果の具体化には登記・登録への反映が不可欠となる。そこで，登記の原因で

ある行為が否認されたとき，あるいは登記そのものが否認されたとき（破164条），管財人は否認の登記の申請をする必要がある（破260条1項前段）。これによって，当該財産の破産財団への回復を公示する意義がある。この場合の登記は登録免許税が課されない（破261条）。すなわち，否認の登記は特定の登記権利者の利害に係るものというより，利害関係者全体の利益に資するという意味で公的な要素が強いことが登録免許税の免除の理由とされる。

以下では，もっぱら登記について述べるが，否認の登記の規定に関しては，登録のある権利についてもすべて準用される扱いである（破262条）。すなわち，破産事件では，自動車や船舶，特許権などの知的財産に関しての登録が問題となってこよう。

2 否認の登記の性質と対応

物権的・相対的効力と解される否認権行使の効果を登記のうえでどのように反映するかについては，話はそれほど単純ではない。すなわち，権利変動の様子を公示する手段として登記制度があるのであり，不動産の処分に対し否認権が行使された際も，権利変動は「破産者から相手方への処分」（否認対象行為），「相手方から破産者（破産財団）への回復」（否認権行使）という経過をたどるが，ただそれは否認権の効果という特質を伴ったものとして存在している。従来からの通説であり，現行法も依拠する特殊登記説は否認権との関連性を意図したものといえる。これに対し，予告登記説は，否認の登記が特殊な効果をもっていることを第三者に予告させることで不測の損害を回避しようと意図した考えであり[22]，各種登記説は，登記の原因は否認権行使であっても，形のうえでは移転登記なり抹消登記がされるので否認の登記といってもこれらの総称にすぎないという考えであった。一長一短はあったものの，現行法は通説・判例に従い特殊登記説の立場を採ったのであるが，合わせて，それまでの否認の登記をめぐり生じていた問題点への対処を図った。

というのも，従来，否認権行使が効を奏し，例えば不動産が破産財団に回復しても，否認の登記の附された不動産とあっては，買い手に不安を与え換価に支障が生じる現実があった[23]。そこで，否認の登記が附された不動産について管財人がこれを任意売却して第三者に所有権移転登記をする際に，関連の登

記が職権で抹消されることとされた。具体的には，①当該否認の登記，②否認された行為を登記原因とする登記又は否認された登記，さらに③上記②の登記に後れる登記を，登記官は職権で抹消することとされたのである（破260条2項）(24)。これにより，否認の登記にまつわる弊害（買手に与える不安）はかなり解消されることになるはずである。

　しかし，この職権抹消はさらに関連する対応を必要ならしめた。すなわち，前述のように，否認権行使の効果は物権的ではあっても相対的な効力にとどまるので，否認対象行為までで取引が終わっていない場合に，それに関する登記をどうするかである。もちろん，転得者否認の余地があれば，それに関する登記も職権抹消の対象になるのであるが，その余地のない，例えば相手方のところに不動産がある段階で善意の第三者のために抵当権が設定されていたところ，否認権行使で相手方が敗訴した場合の扱いである。否認の効果で不動産が破産財団に戻れば，第三者の抵当権は無権利者から設定を受けたことになってしまい取引の安全を害する。しかし，否認権の限界として，こうした善意の転得者の権利を否定することはできないので対応が必要となる。そこで，登記官は，破産手続との関係で効力を主張できる第三者の権利に関する登記があるときには，職権で，否認の登記の抹消に合わせて，否認された行為を登記原因とする登記又は否認された登記に係る権利の破産者への移転の登記をすべき旨の規定が設けられた（破260条3項）。上記の例でいえば，結果的に不動産は破産財団に戻ってきても有効な抵当権が設定された状態になることを意味し，転得者否認が成立しない以上やむを得ず，任意売却の際もこれは引き受けられる。

　このように否認の登記に関連して，抹消される登記（破260条2項3号）と破産者への移転登記により残る権利（同条3項）が区別されることになるが，対応は破産手続に対し対抗できるかどうか（転得者否認の可否）にかかってくる(25)。

(22)　予告登記は，平成16年改正前の旧不動産登記法3条に規定されていたが，現行の不動産登記法にはこうした登記制度がなくなり，予告登記説の基盤は失われてしまった。
(23)　旧法下の否認の登記の問題点と現行法の経緯については，基本構造と実務444頁〔小川秀樹発言〕。
(24)　これによって，否認権行使による権利変動といった経緯は登記簿上から消える。ただ，破産法260条2項3号はこれにも限界があることを示し，転得者が現われ，その

権利(例えば、当該不動産に「抵当権」を設定)が否認権行使に対抗できる、つまり転得者否認が成立しない場合は、その登記は抹消の対象にはならない。
(25) この点に関する詳細な検討として、基本構造と実務446〜452頁。また、新破産法の理論と実務296〜297頁〔高山崇彦〕。

3　否認の登記の効力と抹消

　上に述べたように、否認の登記は、否認権行使の効果を登記に反映させる手段である。その対象となった財産は破産財団への回復を果たしているので、もはや否認の相手方(受益者又は転得者)を登記義務者とする登記はされるべきではない(26)。そして、破産財団に回復した財産が当面の事業継続で利用されているような場合は、なお登記簿には否認の登記がされたままである。

　したがって、前述の職権抹消が具体化するのは、管財人が当該財産を第三者に任意売却したり(破78条2項1号)、競売による売却をする(破184条1項)場合である。破産法260条2項にいう「否認の登記に係る権利に関する登記をするとき」とは、こうして破産財団に回復した財産が第三者の手に渡る際に、否認の登記を消すという意味である。

　否認権の行使、そして否認の登記があった場合でも、その後の破産手続の成り行きは一様ではない。否認権行使の効果は、破産手続との関係での相対的なものであるので、その後の推移いかんで否認の登記が抹消されることもある。すなわち、破産手続開始決定の取消しもしくは破産手続廃止決定の確定又は破産手続終結の決定があったとき(27)、裁判所書記官は、職権で、遅滞なく、否認の登記の抹消を嘱託しなければならないものとされている(破260条4項前段)。また、管財人が否認に係る当該財産を放棄(破78条2項12号)し、否認の登記の抹消の嘱託を申し立てたときも、同様とされる(破260条4項後段)。もはや否認の登記を存続させる意味がないからである。

(26) 旧法下の裁判例として、大阪高判昭53・5・30判タ372号92頁。金判557号23頁・金法875号29頁。その解説として、春日偉知郎・判例百選〔第5版〕82頁。
(27) 旧法下にいう「破産解止」の場合である。否認権の行使が効を奏したようなケースで、取消しや廃止になることは実際には稀であろう。

V　偏頗行為否認の効果

　次に、偏頗行為が否認された場合の効果であるが、この場合も破産財団を当該行為がなかった状態にすること、つまり原状回復を導くこと（破167条1項）は詐害行為否認の効果と変わるものではない。したがって、相手方が破産者から受けた給付が破産財団に返還されるべきことも同じといってよいが、偏頗行為の場合、これによって相手方の債権（破産者からみれば既存の債務）が満足を受けていたので、破産財団の原状回復の見返りとしてこの点への配慮を要する点で異なってくる。すなわち、相手方の地位の問題としての債権の復活に関する独自の規律が存在しているのである（破169条）。

　もっとも、債務の履行行為が否認された際に相手方の旧債権の復活が必要であることは旧法下でも同様であり（旧破79条）、この点に関しては、現行法は口語化されただけで実質改正がされたわけではない[28]。したがって、旧法下の議論はそのまま現行法に継承されると考えてよい。

(28)　実質改正がないことについては、新破産法の理論と実務294頁〔畑瑞穂〕。

1　偏頗行為否認の原状回復

　偏頗行為否認の原状回復は、行為類型によって状況が異なる。

(1)　本旨弁済の場合

　偏頗行為が否認された場合、他の債権者と比べ特定の債権者だけが履行を受けたことが問題なのであるから、これを巻き戻すということは、①相手方が破産者から受けた給付の返還、②それに伴う相手方の債権の復活、という2つの側面をもつ。②は後で述べることにして、まず①からみてみよう。

　ここでは、否認権行使の効果の基本とされる、物権的効力・相対的効力は必ずしもあてはまってこないことを確認する必要がある。すなわち、詐害行為によって逸出した財産であれば、物権的効力としての原状回復が観念的にではあるが否認の登記もあるので認識可能である。しかし、偏頗行為の典型である債務の履行（弁済）で考えればわかるとおり、否認されたからといって、破産者

から相手方に支払われた金銭が当然に破産財団に戻った状態を観念することは意味をもたない。したがって，ここでは，否認権行使の効果は，相手方に破産者から受けた給付の破産財団への返還を義務づけるという形で現われることになる。つまり，破産財団としては，相手方に返還を迫る債権的請求権があるとみるほかない。そして，金銭の返還ということであるから，相手方は，交付を受けた日以後の利息を添えて破産財団に支払う義務が生じる[29]。この場合の利息の利率については，当該弁済行為が商行為に関するものであるときは，年6分の商事法定利率（商514条）によるというのが判例・通説である[30]。

偏頗行為否認では，債務の本旨に従った弁済（本旨弁済）のほかに，代物弁済や担保の供与も問題となってくる。手元資金が不足する危機時期にあっては，本旨弁済が困難なのでやむなく代物弁済や担保の供与で応じてしまうことによる。旧法下の危機否認の裁判例でも代物弁済や担保の供与の事案は少なくなかった。

(29) 否認権行使時ではなく，金銭は交付を受けた時から受領者がこれを運用できるのであるから，起算点は交付日と解されよう。新破産法の理論と実務294頁〔畑瑞穂〕。
(30) 伊藤・433頁，条解破産法1093頁。旧法下の判例として，最判昭40・4・22民集19巻3号689頁・判時410号25頁・金法412号6頁，最判昭41・4・14民集20巻4号611頁・判タ191号77頁・判時448号33頁。なお，否認権行使の効果としての返還債務という意味で，常に法定債務で年5分の民事利率（民404条）が適用されるとの説もある（中田・172頁）。

(2) 代物弁済の場合

代物弁済が偏頗行為として否認された場合はどうなるか。この場合は，本旨弁済と異なり，金銭の交付ではなく何らかの物が債務の弁済として相手方に渡されているので，否認権行使の効果として現物の返還という形による原状回復が観念できるし，現物の返還ができなくなっている場合にも，この現物を基準に価額償還がなされるべきことになる。したがって，代物弁済が偏頗行為として否認される場合の原状回復については，詐害行為否認の場合と類似することになろう。もっとも，後述する相手方の債権の復活の問題があるので，不動産であれば登記への反映（否認の登記），動産であれば引き渡されて管財人の管理下に入るなど，破産財団の原状回復が先行して確保される必要がある。そして，現物の返還ができず価額償還となる場合も，償還金が破産財団に戻ったと

ころで相手方の債権の復活となる。なお，価額償還の算定の基準時に関しては，詐害行為否認の場合と同じく争いのあるところであるが，否認権の行使によって破産財団を回復するという意味で，ここでも否認権行使時としておきたい。

(3) 担保供与の場合

さらに，担保の供与が偏頗行為として否認される場合はどうか。要は，当該担保権がなかったことにすればよく，相手方の債権はまだ担保権の実行前の段階なので，復活の問題はなく，無担保の状態にされるということである。占有型の担保権であれば，担保権者としての占有権限が否定されたことに伴い，目的物を破産財団に返還すべきことになる。非占有型の担保権の場合は，相手方をしてもはや担保権の存在を主張できないようにすればよいので，原状回復は観念的なものとなり，目的物について担保登記がある場合は否認の登記（破260条）による対応がなされることになろう。

2　偏頗行為否認における相手方の地位

詐害行為否認の場合と同様，偏頗行為否認も相手方があってのことであるから[31]，否認権の行使によって，一方で破産財団の原状回復が企図されるからには，他方で相手方も当該行為がなかった状態へと戻すことがなされる必要がある。偏頗行為は既存債務の優遇，すなわち弁済や担保の供与という形で現われているので，相手方たる債権者からその優遇措置を取り除くまでが否認権の目的であり，元の地位より悪くしようというものではない。したがって，担保の供与の場合は，話は単純で，前述したように，相手方たる債権者の得ていた担保権が否定され無担保の債権者に戻るだけで，それ以上でも以下でもない。問題は債務の消滅をもたらす弁済の場合である。

(31)　例えば，危機時期に債務者が自暴自棄になって責任財産を破壊する行為は確実に破産財団を害しているが，否認権によって回復する余地はない。

(1) 相手方の債権の復活

偏頗行為が債務の消滅である場合は，本来であれば破産債権者として破産配

第6章 否認権

当に甘んじるほかなかった者が破産前に弁済を受けていたということであるから，相手方はその行為によって債権の満足を得たことで債権者としての地位を失ってしまっている(32)。そこで，相手方の地位の問題は，詐害行為否認とは違った意味で現われてくる。すなわち，詐害行為否認において反対給付の返還として現われた相手方の地位の問題が，ここでは，相手方の債権の復活という形で現われることになる。破産法169条は，偏頗行為によって消滅した相手方の債権の復活について定めているが，同条は，この相手方の債権の復活を，相手方が受けた給付を返還するか価額を償還するかしたときとしているところに大きな意味がある。すなわち，否認権行使の効果として当然に債権を復活させては，破産財団の回復に相手方からの返還行為を要することに照らし不具合だからである。言い換えれば，相手方の返還ないし償還義務と復活する債権とは同時履行の関係に立つものではなく，相殺による処理にもなじまないということである(33)。したがって，相手方の返還が一部にとどまる段階では，相手方の債権の復活も対応する部分に限られる(34)。

　復活した債権は偏頗行為前の状態に戻るということであるから，制裁として一般の債権者として破産配当を享受する地位まで奪われるものではない。したがって，破産配当を受けるための手続が開かれていなければならない。すなわち，債権届出・調査・確定のルートに乗ることであるが，偏頗行為の否認が効を奏する頃には債権届出期間（破31条1項1号，破規20条1項1号）は確実に徒過してしまっていると思われる。こうした経緯なのに徒過を理由に届出を否定しては債権の復活は画餅に帰してしまうので，復活後1か月の不変期間内の届出が許容されるべきであろう（破112条参照）。また，偏頗行為に対して否認権が行使された際には，復活に備えて予備的な債権届出も許されると解される。

　ところで，復活した債権の債権届出が認められるにしても，配当を受けるには，やはり他の債権者と同様，調査・確定の手続にも服してもらう必要があろう。すなわち，特別調査期日の開催（破119条）を意味するが，否認訴訟を経て復活した債権には，管財人からは異議は出されないであろうが，他の債権者も同じ態度とは限らない。もっとも，こうした建前どおりの処理はかなり迂遠にも思える。その意味で，否認訴訟において和解の機が熟した際には，管財人としては，相手方から全額の返還を求めるのではなく，配当見込み相当額を控除

した返還を受けるにとどめ，相手方も債権の届出をしないという形で一挙に処理する和解が実務では工夫されているようである(35)。ただし，もともと偏頗行為否認が債権者間の公平を確保するための制度なので，その決着のつけ方として他の債権者にも説明のつく和解になっていることが肝要であろう。

(32) 単純化して債権の全額弁済を受けた場合を示しているが，もちろん，当初の債権全額の弁済だけでなく一部の弁済でも，要件を満たす限り偏頗行為否認の対象であることはいうまでもない。ここでの問題の本質は同じで，量が違うだけである。
(33) 相殺が許されないことについては，大判昭11・7・31民集15巻1563頁。
(34) 部分的な復活については，大判昭14・3・29民集18巻287頁。なお，一部復活した債権と残りの返還義務とを相殺することも許されないと解すべきであろう（森勇「否認の相手方の地位」実務と理論126頁）。
(35) 偏頗行為否認におけるこうした和解については，野村剛司＝石川貴康＝新宅正人『破産管財実践マニュアル〔第2版〕』（青林書院，2013）257頁・631頁。

(2) 債権の復活に伴う担保の復活

偏頗行為否認の効果として，相手方が返還義務を果たした場合，いったん消滅した債権の復活が規定されている（破169条）のであるが，その意図するところは，弁済の効力を否定し元の債権者の地位に戻すということであった。そうすると，元の債権に人的・物的担保が付いていた場合，これはどうなるのであろうか。債務の消滅に伴い担保も責任を果たしたことになっていた（附従性〔民448条〕）のであるが，連動してこれも復活すると解しないことには，偏頗行為の相手方は行為前の状態に比べ地位が悪くなってしまう。したがって，旧法の時代から相手方の債権の復活に伴い，人的・物的担保も復活すると解するのが判例・通説であった(36)。しかし，否認権行使の効果は相対的なものであり，否認訴訟の判決効が当然に保証人等に及ぶものでもない。実際，弁済を前提に新たな取引がなされていることも少なくないので（例えば，弁済に伴い抵当権設定登記が抹消された後に，譲渡されたり新たな抵当権が設定されたり），元の人的・物的担保の復活は関係者の地位を不安定にすることを免れない(37)。

困難な問題であるが，偏頗弁済を受けたのは好ましくなかったとしても，無資力に備えあらかじめ担保まではとっていたのであるから，その地位が確保されないことには，偏頗行為否認が必要以上に制裁的なものになってしまいかねない。それゆえ，偏頗行為否認の効果としての相手方の債権の復活の解釈としては担保も復活すると解すべきであろう。そうなると，後日の問題の再燃を回

避するためには，元の保証人等の関係者に訴訟告知する (民訴53条) といった実務上の対応が望まれるところである(38)。

もっとも，弁済後の新たな取引との関係で，物的な担保に関しては，復活が (目的物の譲渡などで) 事実上困難となってしまっている場合も考えられる。こうした場合は，次善の策として，担保権復活と同等の経済的利益を提供する義務が管財人や物上保証人にあるとの理解が示されている(39)。

(36) 大判昭11・7・31民集15巻1547頁（連帯債務の復活），最判昭48・11・22民集27巻10号1435頁・判タ303号142頁・判時728号44頁（連帯保証の復活）。この最判については，高田昌宏・判例百選〔第5版〕84頁。
(37) こうした不安定さについては，前掲注(36)最判昭48・11・22の検討で，鈴木正裕〔判批〕判タ310号（1974）83頁が論じている。第三者の善意・悪意によって区別するのは，加々美博久「債務の弁済否認と保証債務の復活」金判1060号（1999）135頁。
(38) 加々美・前掲注(37) 138頁。前掲注(36)最判昭48・11・22は，破産会社の代表取締役が連帯保証人になっていたケースで，その者が否認訴訟では連帯保証人たることを証言しているので結論は支持できるが，一般論として保証人に無神経すぎるとする（鈴木・前掲注(37) 87頁）。
(39) 条解更生法(中)193頁，伊藤・443頁，竹下・大コンメ694頁〔加藤哲夫〕，条解破産法1095頁。田原睦夫〔判批〕金法1421号（1995）81頁は，物的有限責任の物上保証人について反対する。

Ⅵ 否認権行使の効果の事後処理

前述したとおり，否認権行使の効果は，相手方との間の相対的なものにとどまり，かつ，それは破産手続との関係に限られる。したがって，否認権行使による破産財団の回復も当該破産手続限りのものであるから，仮に換価されないまま財産が残っている状態で破産解止となった場合には，否認の効果の消滅により，否認の相手方に返還すべきことになる(40)。登記に関しても，前述したように，否認の登記は職権で抹消の嘱託がされ (破260条4項前段)，相手方の権利に関する登記の効力が息を吹き返すことになる。

もっとも，否認権行使で回復した財産を管財人が換価してしまえば，その後に破産解止となっても，その換価を巻き戻すことはできず買受人の地位には影響しないと解するほかない。したがって，否認権の相手方には当該財産の換価で得た代金で価額償還されることになると思われる。しかし，換価金を配当に回して使い切っている場合は，否認権の行使は目的を達したと考え，破産財団

限りの有限責任で価額償還の余地はない，という帰結になろう。稀に，否認権行使により不可分の高額の財産が破産財団に回復し，これを換価し配当に供した結果，全破産債権者に対し完済され残余が出るようなことがあれば，その余剰分は相手方に返還されるべきであろう。

残余財産の否認の相手方への返還に関しては，相続財産破産との関係で明文の規定が存在する（破236条）。すなわち，相続財産に関して被相続人，相続人，相続財産の管理人，遺言執行者がした行為が否認された場合，回復した財産を相続債権者に弁済して残余があるときは否認の相手方に価額に応じて分配されるべき，というものである。これは破産財団としての相続財産に関しては相続債権者が受遺者に優先しており（破231条2項），受遺者に相続債権者と同じ地位を与えては相続債権者の利益が害されるからである[41]。

なお，否認訴訟が係属中に破産解止となった場合は，否認権の行使の権限が消失するので否認権行使の効果の消滅とは異なる問題であるが，訴訟は終了する[42]。

(40) 破産者ではなく相手方に返還される（谷口・270頁，霜島・体系348頁）。
(41) 加藤（哲）・334頁，竹下・大コンメ978頁〔中島弘雅〕。236条の立法論的当否については，条解破産法1452頁参照。
(42) 谷口・271〜272頁，霜島・体系348頁。従前の詐害行為取消訴訟が中断し，否認訴訟として受継されていた場合は，再度の中断・受継となる（破45条4項・5項）。

〔付記〕

　脱稿し初校を戻した後，再校までの間に，濫用的会社分割の問題が学説・実務を賑わしたが，詐害行為取消権・倒産法上の否認権は濫用的会社分割への有効な対抗策の一つであった。すなわち，会社分割は，組織法的側面とともに，財産の移転という財産法的側面も有していたところ，分割会社の残存債権者が，あるいは倒産に至った分割会社の破産管財人等が，後者の側面を捉えて詐害行為取消権・否認権の行使を試みる事態が相次いだのである。多くの裁判例が現れ，詐害行為取消権については，最判平24・10・12民集66巻10号3311頁・判タ1388号109頁・判時2184号144頁が新設分割の取り消しを肯定しほぼ決着をみた（否認権の最判はない）。

　これに付随して問題となるのが，取消し・否認の効果が会社分割との関係でどうなるか，まさに本稿に関わる論点である。取消し・否認の効果として原状回復つまり移転した財産の現物返還を命じると，それによって新設会社の事業継続を

第6章 否 認 権

困難ならしめ会社分割そのものを否定することにつながり，このことは分割無効の訴え（会社828条1項10号）を別途認めたこととの均衡がとれないことになる。そこで，会社分割の取消し・否認を認めるとしてもその効果をどうするか，原状回復の方法として，新設会社に承継された不動産の移転登記の抹消を認めたものがある一方で（前掲の最判平24・10・12はその例であり，否認権の事例で否認の登記によったのが，福岡地判平22・9・30判タ1341号200頁・金法1911号71頁），現物の返還に代えて価額賠償によるとしたものも多い（福岡地判平21・11・27金法1911号84頁，東京地判平22・5・27判タ1332号206頁・判時2083号148頁・金法1902号144頁）。

　否認権との関係では，現物の返還にこだわる必要はないとする見解が多い。効果論にも言及したものとして，山本和彦「会社分割と倒産手続」事業再生と債券管理132号（2011）20頁，第一東京弁護士会総合法律研究所倒産法研究部会編著『会社分割と倒産法』（清文社，2012）の伊藤眞「会社分割と倒産法理の交錯」18頁と植村京子「価額賠償請求権をめぐる諸問題」136頁，などがある。否認権行使の効果として価額賠償を柔軟に認める意味で支持し得る。詐害行為取消権でも同様に考えてよい。

〔佐 藤 鉄 男〕

事項索引

あ

相手方に著しく不公平な状況 …359
相手方の受継申立権 …………564
相手方の債権の復活 …………585
相手方の同意 …………………558
預かり金 ………………………216

い

育児休業中 ……………………101
異議の主張ないし受継 …………63
意思表示 ………………………179
　一部放棄の── ……………151
異時廃止 ……15, 31, 33, 40, 47,
　　　　　　　　55, 91, 109
異時破産手続廃止→異時廃止
委託者の権利 …………………216
委託なき保証人 …81, 230, 265,
　　　　　　　　363
一元説 ……………………407, 446
一部代位者の利益 ……………133
一部取消し ……………………572
一部否認 ……413, 425, 462, 484
一部弁済による代位 …………128
一括清算ネッティング条項 …399
一体的な取引関係 ……………483
一般債権者による差押え ……157
一般の財産保全処分 ……549, 550
一般の先取特権間の優先順位
　……………………………104
委任関係 …………………………93
委任契約 ………………………218
インストールメント契約 ……289
隠匿等の処分 …………………317
　──の意思 …………………419
　──のおそれ ………………471

う

迂回融資 ………………………524
請負関係 …………………………94
請負契約 ………………………351
請負人 …………………………
　──の解除権 ………………353

　──の破産 …………………364
　──の報酬請求権 …………353
受戻権 …………………………176
売主の財産権移転義務 ………196

え

延滞税等 …………………… 24, 57

お

オーバーローン不動産 …11, 234
親会社・子会社の関係 ………504

か

害意ある加功 …………………479
買受人の地位 …………………588
解雇予告期間 ……………………75
解雇予告手当 ………………98, 99
　──の財団債権性 …………102
解散事業年度 ……………………60
会社更生(法) …114, 224–226,
　　　　　　229, 232, 236,
　　　　　　245, 298, 314,
　　　　　　334, 354, 360,
　　　　　　379, 390, 495
会社法改正 ……………………470
解除条件 …………………229, 319
　──の成就・未成就 ………226
解除条件成就の利益 …………236
解除条件付債権 …………………19
解除による損害の賠償 ………355
解除の擬制 ……………………392
解約実行請求 ……238, 259, 262
価額償還 ……570, 573, 576, 588
　の算定の基準時 ……578, 585
価額賠償 ………………………590
各種登記説 ……………………580
隔地者間の売買 ………………217
確定売買 ………………………391
確定申告 …………………………77
確定判決と同一の効力 …20, 561
確定日付のある証書 …………183
確答 ……………………………242
確答催告権 ……… 217, 241, 353

隠れた担保裏書 ………………186
加算金 ……………………………34
加算税 ……………………… 34, 59
貸し渋り ………………………520
過失 ……………………………453
勝手保証 ………………………230
借入金による弁済 …… 426, 431,
　　　　　　　　　 433, 487
仮執行の宣言 …………………562
仮専用実施権 …………………346
仮通常実施権 …………………346
仮登記 …………………………300
仮登記担保 ……………………187
　──の対抗要件 ……………188
仮登記担保契約 ………………187
仮登記担保契約に関する法律
　……………………………188
仮登記担保権 ……………188, 190
管財業務の補助者 ………………74
管財人→破産管財人
監査契約 ………………………380
慣習上の贈与 …………………500
間接加害 ………………………448
　──の法理 …………………455
間接加害の規律 …………460, 475
還付金又は過誤納金 ……… 15, 63

き

期間の計算 ………………………56
機関保証 ………………………133
危機時期 ………………………477
　──の起算点 ………………477
　実質的── ………410, 449, 474
危機否認 …………………458, 460, 496
企業の休廃業・解散 …………131
基金の返還 ………………………26
議決権 ………………… 16, 23, 25,
議決権額 ………………………116
期限の到来 ……………………283
基準時 …………22, 114, 116, 153
擬制された停止条件 …………279
偽装請負 …………………………95
帰属清算型 ……………………176

591

事項索引

既存の債務についての無償の担保
　供与行為 …………………… 495
寄託 ……………………… 19, 150
寄託額の返還請求 ……… 230, 232
既判力の基準時 …………… 561
客観的基準 ………………… 120
　──の修正を正当化する論拠
　　　　　　　　　　　……… 127
客観的な期待可能性 ……… 525
旧会社更生法104条の２
　　　　　　　　　　… 373, 376
休業手当 …………………… 99
旧銀行取引約定書４条４項
　　　　　　　　　　… 258, 260
旧債権の復活 ……………… 583
救済融資 …………………… 425
　──に伴う担保設定 …… 482
求償権 ……………… 501, 526
　──と原債権との関係 …… 80
　──の実質的無価値性 … 518
　──の対価性 …………… 517
　──の代償性 …………… 518
求償権者による手続参加の方法
　　　　　　　　　　　……… 118
求償権発生の基礎 ………… 266
求償することができる範囲内
　　　　　　　　　　… 35, 82
求償の機会 ………………… 131
旧商法第３編破産 ………… 579
旧ドイツ破産法 … 124, 128, 140,
　　　　　　　　　145, 398
旧破産法 …… 29, 30, 38, 49, 55,
　　　　　　　91, 119, 238,
　　　　　　　310, 315, 318,
　　　　　　　325, 364, 390,
　　　　　　　407, 415, 416,
　　　　　　　432, 438, 515,
　　　　　　　535, 557, 564,
　　　　　　　575, 583
旧破産法88条 ………… 179, 209
給付・確認訴訟説 ………… 554
給付の過大性 ……………… 463
旧法→旧破産法
給料 ………………………… 14
　──の請求権等 ……… 14, 98
　　休職直前の── ……… 102

給料債務の執行 ……………… 79
共益債権 …………………… 322
　──たる前渡金返還請求権 83
　──に基づく強制執行等 40, 41
共益債権化 …………… 232, 377
　──ないし財団債権化の理由
　　　　　　　　　　… 385, 389
共益費用の先取特権に代位する者
　　　　　　　　　　　……… 90
強行規定 …………………… 269
強制執行等により支払った給与等
　　　　　　　　　　　……… 77
強制執行の準備 ……………… 41
供託 ………………………… 49
共同申請主義(不動産登記) … 535
業務請負契約 ……………… 95
業務運営上の利益 ………… 509
業務の代替性 ……………… 365
業務費 ……………………… 98
極度額 ……………………… 153
既履行の仕事の結果の帰属 … 354
既履行部分の保存 ………… 304
金額の乖離の程度 ………… 464
均衡を大きく損なう大損害 … 294
金銭化 ………………… 17, 227
勤務医 ……………………… 96
金融機関等が行う特定金融取引の
　一括清算に関する法律 395, 400
金融上の便宜 ……………… 197

く

組合契約 …………………… 361
クロスライセンスの増加 …… 346

け

経営者等の個人保証 …… 520, 521
計算の合理化 ……………… 385
形式競売 …………………… 164
形式的危機時期 …………… 410
形成権 ……………………… 567
形成無効 …………………… 268
継続的給付の義務を負う双務契約
　　　　　　　　　　… 328, 389
継続的給付を目的とする双務契約
　　　　　　　　　　… 373, 380
継続的供給契約 …………… 302

継続的取引 ………………… 251
携帯電話契約 ……………… 387
競売優先の原則 …………… 188
契約自由の原則 …………… 331
契約書 ……………………… 289
契約単位 …………………… 288
契約の一部解除 ……… 359, 366
契約の解除と財団債権化 …… 386
契約の解除によって相手方に著し
　く不公平な状況が生じる場合
　　　　　　　　　　　……… 359
原因行為 ……… 445, 537, 542
現在化 ………………… 18, 225
原債権の移転 ……… 36, 80, 88
原状回復による給付の均衡 … 293
原状回復費用 ……………… 147
建設共同企業体 …………… 361
建設業法41条２項 ………… 368
源泉控除 …………………… 106
源泉事務を行うに必要な情報 75
源泉所得税の債権 ………… 69
源泉徴収義務 ……… 66, 68, 71
源泉徴収制度の趣旨 ……… 70
源泉徴収せずに配当等がされた場
　合 ………………………… 76
源泉徴収票の交付義務 …… 77
源泉徴収を「されるべき場合」77
源泉徴収をすべき者としての地位
　　　　　　　　　　　……… 68
現存利益 …………………… 528
現に利益を受けている限度
　　　　　　　　… 499, 527, 574
現物返還 …………………… 465
　──に代えての価額償還 … 574
現有財団 …………………… 203
権利確定の手続 …………… 72
権利質権 …………………… 198
権利実行の手続 …………… 72
権利の放棄 ………………… 294
権利保護要件 ……………… 310
牽連破産 …………… 46, 51, 54

こ

故意否認 ……… 410, 448, 460,
　　　　　　　　461, 496
行為後の価格の上昇 ……… 474

事項索引

行為類型と主観要件の交錯 …307
更改 …481
交換取引 …395
公示 …174
　　――されている担保権 …159
　　――されない担保権 …155
公示原則 …532
工事出来高の確認 …247, 368
工事出来高部分 …366
控除説 …114
更生手続 …321, 565
公正な価格形成機能 …394
拘束力ある登記申請 …533
交付要求 …14, 42, 62
交付要求先着手主義 …57
衡平 …26, 528
公平 …36, 43, 148, 515, 516, 528, 575
抗弁による取消権行使 …557
公法上の義務 …67
公法上の債権 …37
合理的な相殺期待 …227, 237, 239, 241, 248, 255, 258
効力要件主義を前提とする倒産法 …532
国税滞納処分 …14, 62
国税徴収法 …65
国税通則法41条 …83
国税の効力 …83
個人事業主 …94
個人受託者の破産 …213
個人的労務 …365
固定化 …181
固定資産税 …167
個別執行 …65, 72, 320
個別的権利行使禁止の原則 …13, 563
雇用関係 …92
　　――に基づく労働債権 …22
　　――の本質 …94
　　実質的な―― …95
雇用契約 …381
　　――の履行の請求 …76

さ

罪刑法定主義 …67
債権額の割合 …49
債権者間の不平等 …246
債権者代位訴訟 …41
債権者の一般の利益 …243
債権者の強要 …489
債権者の認識の証明 …485
債権者平等 …120, 133, 269, 424, 477, 488, 531
債権者平等原則 …127, 130, 223, 242, 250, 253, 141, 408
債権者優先主義 …122, 123, 130
債権譲渡登記 …183
債権譲渡の対抗要件に関する民法の特例等に関する法律 …493
債権調査 …63
債権届出書 …73
債権の一個性 …135
債権の現在化 …281
債権の効力 …86, 89, 125
債権の特定性 …157
債権法改正提案 …228
債権放棄 …529
　　――の代償 …530
再交渉の機会 …131
最後配当に関する除斥期間 …151
在庫品の換価 …347
債権額以上の配当 …128
財産課税（清算所得に関する課税）…60
財産減少行為 …408, 443, 444, 537
財産減少行為性の判断基準時 …452
財産減少行為否認の制限 …540
財産上の請求権 …7
財産処分契約 …252
「財産の価額」の評価 …143
財産の管理処分権 …67
財産の種類の変更 …472
財産の返還 …573
財産分与 …216
財産保有の公然性 …472
財団からの放棄 …59, 234, 582

財団管理 …275
財団組入金 …143
財団債権 …28, 56, 58, 61, 92, 208, 311, 312, 326, 329, 359, 461
　　――である労働債権 …82, 103
　　――としての反対給付の返還 …575
　　――と破産債権の相対化 …44
　　――に格上げ …11
　　――に対する弁済 …48
　　――に基づく強制執行 …39, 43, 565
　　――に基づく財産開示手続 …39
　　――の根拠 …28
　　――の最終的な義務者 …53
　　――の債務者 …51
　　――の発生の抑制 …277
　　――の弁済 …71
　　――の法的性質 …53
　　――の要保護性 …36
　　――を制限する観点 …306
　　――を被担保債権とする留置権 …162
　　一般の―― …29
　　政策的な―― …33, 35
　　特別の―― …32
　　破産手続終了後の―― …52
財団債権該当性 …100
財団債権間の優先関係 …50
財団債権間の平等 …38, 43, 245
財団債権者の利益 …47
財団債権性 …35
　　――を付与する根拠 …86
財団の円滑な換価 …185
財団不足が明らかな場合 …46, 49
裁判外での和解における否認権行使 …563
裁判官の心証の問題 …471
裁判所書記官 …549, 551, 552, 582
裁判所の許可 …106, 203, 242, 276, 555
　　――による財団債権 …34
裁判による法創造 …132

593

事項索引

債務額を超過する部分 ……… 413
債務者無資力のリスク … 113, 141
債務整理開始通知 … 253, 412, 485
債務超過 ………… 410, 449, 459
　――を前提とした支払停止 540
債務の消滅 ………………… 447
　――に関する行為 … 427, 481, 489
債務の引受け ……………… 470
債務の負担を免れる行為 … 447
債務不履行 ………… 279, 281-285
債務不履行責任 …………… 315
詐害意思 ……… 410, 411, 452, 457
詐害行為 …………………… 406
　――の危機否認 …………… 411
詐害行為取消権 … 416, 439, 454, 470, 535, 549, 571, 589
　――との連続性 …………… 449
詐害行為取消訴訟 … 41, 553, 569
　――の受継 ………………… 563
　――の訴訟状態 …………… 564
　――の判決 ………………… 565
　――を本案とする仮差押え又は仮処分 …………………… 566
詐害行為否認 ………… 316, 443
　――の原状回復 …………… 572
　――の特別類型 …………… 412
詐害行為否認第１類型
　………………………… 409, 447
詐害行為否認第２類型
　…………… 411, 424, 456, 537
詐害性 ……………………… 420
　――を有する偏頗行為 …… 486
詐害の意欲 ………………… 456
差額決済 …………………… 391
差額賠償 …………………… 578
先取特権によって担保される範囲
　…………………………………… 92
先履行部分 ………………… 302
差押え ……………………… 166
産業活力の再生及び産業活動の革新に関する特別措置法 … 345
暫定的事務処理者 ………… 213
算定の基準時 ……………… 570
残余財産の否認の相手方への返還

　…………………………………… 589

し

敷金契約 …………………… 318
敷金による充当 …………… 326
敷金の承継 …………… 234, 324
敷金返還請求権 … 231, 232, 239, 312, 317, 322
指揮命令関係 ………………… 96
指揮命令権 …………………… 95
事業活動 …………………… 273
事業譲渡 …………………… 379
時効消滅 …………………… 243
事後求償権 …………… 81, 230
事実上の推定 ……………… 476
事実上又は経済上の便宜 … 508
市場 ………………………… 160
　――における別段の定め … 399
　――の相場がある商品の取引
　…………………………… 390, 394
下請代金債権 ……………… 362
質権者の取立権 …………… 163
失期特約 …………………… 226
執行機関 …………………… 65
執行による手続上の満足 … 72
実行の意思表示 …………… 194
執行文の簡易付与 ………… 12
執行役員 …………………… 93
　――の実態 ………………… 94
実施登録 …………………… 345
実体債権額 ………………… 120
　――を基礎としない破産配当
　…………………………………… 130
実体的権利の代位による移転 87
実体法上の債権額とのかい離 135
時的基準 …………………… 120
私的整理 …………………… 254
支払（経済的利益の移転）… 66
支払義務 …………………… 106
支払停止 …… 253, 262, 410, 485, 541
支払停止概念を実質化する必要性
　…………………………………… 255
支払停止等前の対抗要件具備行為
　…………………………………… 543
支払能力の外観に対する保護 192

支払不能 …… 249, 255, 423, 449
　――の推定 ………………… 484
　――を前提とした支払停止
　…………………………………… 540
支払不能基準 …… 251, 423, 455
支払不能後の通常取引 …… 266
支払不能状況 ……………… 454
支払をする者 ………………… 64, 69
社会保険料 ………………… 105
社債管理者の設置強制 ……… 33
社内預金 ……………………… 97
集合債権譲渡担保 ………… 183
　――と偏頗行為否認 ……… 491
　――の対抗要件 …………… 183
　――の有効性 ……………… 183
集合債権を対象とした譲渡担保契約 …………………………… 184
集合動産譲渡担保 ………… 180
　――の実行 ………………… 182
集合物としての同一性 …… 181
集合物論 …………………… 180
自由財産 ……………………… 8, 204
　――に所属する財産 ……… 13
　――に対する債務 ………… 240
　――の範囲拡張決定 …… 216
充当指定 …………………… 111
受益債権 ……………………… 7
主債務者の信用 …………… 514
受託者 ……………………… 214
　――の欠格事由 …………… 214
　――の固有財産 …………… 241
主張・証明責任 …………… 453
出捐の直接的な原因 ……… 503
出版権 ……………………… 335
消極財産の減少をもたらす行為
　…………………………………… 468
承継 ………………………… 70
証券化・流動化 …………… 208
商事質権 …………………… 163
使用収益させる義務 ……… 198
商事留置権 …………… 161, 205
　――の消滅請求の制度
　…………………………… 161, 357
　――の留置的効力 …… 161, 357
譲渡禁止特約 ……………… 299
譲渡債権の取立て ………… 184

事項索引

譲渡所得 …………………… 58
譲渡担保 …………………… 174
　――の実行 ……………… 175
　――の対抗要件 ………… 174
　将来債権の―― ………… 185
譲渡担保契約に係る債権の譲渡
　………………………………… 185
譲渡担保権者の破産 ……… 210
譲渡担保権に基づく取戻し … 212
譲渡担保権の私的実行 …… 178
譲渡担保設定者の破産 …… 211
商取引債権への弁済 ……… 254
商人間の定期売買 ………… 393
使用人兼務取締役 ………… 93
消費寄託契約 ……………… 252
情報提供義務 ………… 103, 104
証明責任 ……… 419, 427, 435,
　　　　　　475, 478, 574
　――の転換 …… 411, 476, 486
将来取得すべき求償権の担保 265
将来の求償権 ………… 117, 363
将来の債務不履行 ………… 250
将来の請求権 …… 11, 19, 230
将来の賃料債権の譲渡
　………………… 233, 315, 316
将来の賃料債権の期限の利益 321
将来の賃料債権を事前に相殺する
　こと ……………………… 238
職務上の義務 ……………… 66
書証説 ……………………… 158
職権抹消 …………………… 581
所得課税 …………………… 61
所得税法 …………………… 64
　――にいう「支払」………… 72
所得税を徴収して納付すべき個人
　………………………………… 78
処分意思の悪意の推定 …… 577
処分期間指定申立て … 173, 178,
　　　　　　　　　　190
処分清算型 ………………… 176
処分前後の事情 ……… 417, 454
処分の容易性 ……………… 472
所有権担保 ………………… 172
所有権の構成 ……………… 193
所有権留保 …………… 160, 191
　――の実行 ……………… 194

――の法的構成 ………… 193
自力執行力 ………………… 38
信義則違反 ………………… 27
真偽不明 …………………… 469
新規融資 …………………… 527
審尋 ………………………… 559
真正の譲渡 ………………… 212
信託財産 …………………… 7
信託契約の成立を基礎づける事実
　関係 ……………………… 215
信託行為の定め …………… 26
信託財産 ……………… 204, 213
　――に対する債務 ……… 241
信託の成立 ………………… 367
信託の登記・登録 ………… 215
人的請求権 ………………… 6
人的担保 …………………… 113
　――の機能 ……………… 116
新堂意見書 ………………… 400
新得財産 …………………… 365
信用供与者の信頼 ………… 160
信用供与に対する萎縮的効果 477
信用リスク ………………… 394
信頼関係破壊の法理 ……… 329
信頼利益説 ………………… 356

す

ストライキ権 ……………… 381
スワップ契約 ……………… 400

せ

生活維持の困難性 ………… 107
生活保護法に基づく保護費 … 436
制限説 ………………… 531, 536
　――の再構成 …………… 536
清算 ………… 6, 132, 170, 173
　――の機会 ……………… 178
　――の基準時 …………… 24
清算期間 …………………… 175
清算業務 …………………… 101
清算金との引換給付の抗弁 … 178
清算金の支払 ……………… 176
清算金の支払請求権 … 175, 177
清算事業年度 ……………… 60
清算剰余金返還債務 … 237, 247
誓約条項 …………………… 296

責任財産 …………………… 7
　――の絶対的な減少 …… 444
責任説 ……………………… 573
善意者保護 …………… 311, 453
先行手続の共益債権 ……… 46
前提問題 …………………… 205
全部弁済による代位 ……… 128
占有改定 …………………… 181
占有型の担保権 …………… 585
専用実施権（専用使用権）
　………………………… 334, 336

そ

早期処分価格 ……………… 469
総合建設会社 ……………… 359
相殺 ………………… 43, 170, 245
　――できる金額 …… 225, 227
　――の抗弁 ……………… 268
　――の遡及効 …………… 228
　――の担保的機能・効力
　　　　……………… 224, 244, 248
　――の否認可能性 ……… 481
　財団債権者がする――
　　　　………………… 225, 245
　事務管理に基づく求償権を自働
　債権とする―― ………… 265
　賃料債務との―― ……… 319
相殺禁止 …………………… 401
　――に抵触する相殺 …… 268
　――の解除 ……………… 255
　――の趣旨 ……………… 244
相殺権 ……………… 121, 140, 274
　――の援用 ……………… 243
　――の濫用 …… 249, 256, 370
相殺適状 ………… 117, 224, 240
相殺約款 ……………… 368, 372
創設説と制限説の対立 …… 534
創設説の本旨 ……………… 536
相続債権者 ………………… 589
相続放棄 …………………… 256
相対的無効 …………… 439, 441
送達代用公告 ……………… 549
相当と認める方法 ………… 108
相当の対価 ………………… 469
　――による財産処分の否認
　　　　………………… 316, 466

事項索引

――を得てする担保権の設定
　……………………………422, 468
相当の担保 …………………19
双方未履行 ……………………291
双務契約 ………………………288
　――の柔軟性 ………………274
贈与否認 ………………………515
即時解雇 ………………………99
組織内弁護士 …………………96
訴訟告知 ………………………588
訴訟資料 ………………………564
訴訟費用請求権 ………………564
租税債権 ………………………9
　――と一体とみなされる実体法
　　上の権能 …………………87
　――の属性 …………………89
　――の優先性 ………………86
　――への代位 ……84, 85, 88
　代位行使される―― ………88
租税債権独自の手続 …………83
租税収入の確保 ………………84
租税等の請求権 …29, 44, 46, 56,
　――の特殊性 ………………37
　――の届出 …………………63
租税の公平 ……………………85
続行の届出 ……………………551
その他の財団債権 ……………51
損害金 …………………………283
損害賠償額算定の基準 ………397
損害賠償請求権 ………………9
　――の額の算定 ……………18

た

代位に基づく原債権の行使 …371
代位の対象 ……………………90
代位の附記登記 ………………84
対価が破産財団に組み込まれた場
　合 ……………………………418
対価的均衡を欠く債務消滅行為
　………………………………412
対価的均衡を欠く代物弁済
　………………………………427, 481
対価的均衡を欠く担保提供行為
　………………………………414, 462
対価的均衡を有する不動産による
　代物弁済 ……………………420

対価の現存 ……………………473
対価の相当性の判断の基準時 …469
対価の相当性を回復する手段 …468
代金債権の移転 ………………219
対抗問題 …………………152, 207
対抗要件 ……207, 233, 311, 315
　――を備えた賃借権 ………310
　――を備えた利用権 ………335
対抗要件基準説 ………………339
対抗要件具備行為 447, 534, 535
　――の性質 …………………537
　――の否認の効果 …………542
対抗要件主義を前提とする倒産法
　………………………………532
対抗要件否認 …………………531
第三債務者に対する差押えの通知
　………………………………166
第三債務者の承諾 ……………479
第三者弁済 ………………369, 371
第三者保護規定 ………………207
第三の否認類型 ………………496
対象行為の時期 ………………448
対象行為の無償性 ……………506
代償的取戻権 …………………218
退職金の配当 …………………66
退職手当等の支払をする者 …68
退職手当の財団債権の範囲 …102
退職手当の請求権 ……………100
退職年金 ………………………101
退職前3か月間の給料の総額 …101
代物弁済 ……427, 462, 486, 584
　――に対する反対給付 ……461
代理受領契約 …………………258
多数当事者間ネッティング …402
立替払金求償債権 ……………266
立替払の申請 …………………110
立替払約款 ………………368, 372
建物敷地に対する商事留置権 …357
「棚ぼた」的利益 ……………82
他の振替先口座への振替 ……262
担保
　――の供与 ……………481, 585
　――の取消しの申立て ……551
　――の復活 …………………587
　――の変換 …………………551
担保価値維持義務 …………67, 144

　――の承継 …………………146
担保仮登記 ……………………187
担保権
　――の一部解除の合意 ……151
　――の行使により弁済を受ける
　　ことができない債権の額 150
　――の効力 …………………140
　――の随伴性 ………………81
　――の存在を証する文書 …158
　――の不可分性 ……126, 133
　――の附従性 ………………587
　――の放棄 …………………151
　――の優先弁済権能 ………142
　――への代位 ………………81
賃借権に優先する―― ………312
担保権実行完了特約としての倒産
　解除特約 ……………………212
担保権消滅許可 ………………179
　――の制度 ……11, 134, 143,
　　　　　　　　165, 173,
　　　　　　　　313, 434,
　　　　　　　　490
担保権消滅の申立て …………47
担保権復活と同等の経済的利益
　………………………………588
担保信用 ………………………141
担保的構成 ……………………194
担保目的物の価値変動のリスク
　………………………………142
担保目的物の換価金 ……143, 147
担保目的物の管理費用の負担
　………………………………144
担保目的物の清算価値 ………143
担保余剰 …………………169, 527

ち

逐次引渡契約 …………………381
知的財産権の共有 ……………348
中小企業金融 ……………507, 520
中断の対象 ……………………41
注文者の任意解除権 …………372
注文者の破産 …………………352
超過額の算定 …………………464
重畳的な保証 …………………510
徴税上の公法的な権限 ………89
直接的かつ現実的な利益 ……512

事 項 索 引

直接的な経済的利益 ……………509
賃借権の換価 ………………326
賃借人の破産 ………………325
賃貸借契約……………309, 380
賃貸人が有する解除権 ………328
賃貸人の地位の移転 …………324
賃貸人の破産 ………………310
賃貸物件からの収益 …………321
賃料債権に差押え（物上代位）がなされている場合 …233, 239, 320
賃料相当損害金 ……………326
賃料の前払………………315, 317

つ

追加配当 ……………………227
追奪担保責任 ………………440
通常使用権 …………………334
通常取引 ……………………251
強い振込指定 ………………258

て

定期行為性 …………………396
定期取引 ……………………392
停止条件構成 …………………26
停止条件付債権 ………………19
停止条件付集合債権譲渡担保契約 …………………………492
停止条件の成就（未成就） …………………………230, 237, 247
停止条件不成就の利益…236, 248
抵当権設定登記 ……………166
抵当権に準ずる権利 …………190
抵当権に基づく物上代位 ……166
抵当権の実行 …………………89
抵当権の代位 …………………88
手形の上に存在する商事留置権 …………………………161
手形の隠れた取立委任裏書 …216
手形の譲渡担保 ……………186
手形の取立て ………………186
手形の取立委任 ……………258
手形割引契約 ………………266
適正価格による売却 …416, 432, 433
適法な占有権原 ……………206

手続開始後の共益債権化 ……30
手続開始後の劣後合意 ………26
手続開始時現存額主義 ………………16, 113, 114, 121, 135
手続参加資格 ………………120
手続的制約 ……………………87
手続の失効 ……………………14
デリバティブ取引 …………394
転得者 ……………439, 547, 555
転得者否認 ……439, 570, 581
前主の行為が偏頗行為である場合の—— …………………441
転売契約の合意解除 …………490
転売代金債権性 ……………158
転売代金債権に対する物上代位 …………………………490
電力供給契約 ………………375

と

ドイツ倒産法 ………………515
——133条1項 ………………456
——の否認規定 ……………545
ドイツにおけるライセンサー倒産 …………………………343
投機的選択 …………………391
登記の公信力 ………………545
東京地方裁判所 ……………558
動産及び債権の譲渡の対抗要件に関する民法の特例等に関する法律 …………………………521
倒産解除特約 195, 206, 329, 333
倒産隔離 ……………208, 212
動産競売開始許可決定 ………156
動産売買先取特権………154, 191
——に基づく物上代位 ……158
同時交換的行為 …267, 305, 422 425, 483, 542
同時交換的保証の無償性 ……506
当事者間の信頼関係…328, 330
当事者適格 …………………554
投資信託に係る解約金返還債務 …………………………237, 259
等質化 …………………………17
同順位以上の他の債権者の利益 …………………………108
同時履行の関係 ………21, 586

同時履行の抗弁権 ……279, 284, 327, 373, 483
当然充当 ……………232, 318, 319
当然対抗制度 ………335, 343, 344
同族会社の経済的実質 ………519
同族会社への融資 …………504
登録 …………………………334
登録制度のない知的財産権 …349
登録免許税 …………………580
特殊登記説 …………………579
独占的公益事業 ……………376
特定 …………………………219
特定性 ………………………215
特定通常実施権許諾契約登録制度 …………………………345
特に密接な関係 …68, 70, 73, 75
特別支配会社関係 …………520
特別清算 ……………………568
特別調査期日の開催 ………586
特別徴収制度 ………………105
独立行政法人労働者健康福祉機構 …………………………36, 110
土地重課税 ……………………58
届出名義の変更 ……………118
取消債権者の債権額 ………571
取締役の自己取引 …………521
取立ての効力 ………………320
取引所における定め ………398
取引の安全…263, 392, 415, 417, 458, 503, 567
取引の安定 …………………435
取引の継続 …………………388
取戻権 …173, 177, 182, 274, 354
——と別除権の交錯 ………208
——の基礎となる権利 ……206
——の消極的機能 …………204
——の成否 …………………189
——の存在意義 ……………208
一般の——（狭義の取戻権） 203
売主の—— …………………217
危機時期に作出される—— 206
広義の—— …………………204
特別の—— …………………217
取戻権目的物 …………………9
取戻しの対象財産 …………215

597

事項索引

な

内部関係 …………………… 124
内部者 ………… 476, 485, 577,
　――たる地位 ………… 577
　――に対する弁済 …… 473
中西意見書 ………… 516, 529

に

二元説 ………… 407, 409, 446
二分説 …………………… 364
日本弁護士連合会弁護士職務基本
　規程 ……………………… 96
任意換価 ………………… 163
任意売却 ………… 149, 164, 580
任意弁済 …………………… 13
認識説 …………………… 452

ね

根担保仮登記に係る仮登記担保
　………………………… 189
根抵当権 ………… 152, 425
　――の元本 …………… 165

の

納期限 …………………… 57
納税猶予 ………………… 56

は

売却条件 ………………… 313
配当 ………………… 64, 150
　――にかかる源泉所得税の還付
　………………………… 79
　――を前倒しにする必要性 108
　――一般破産債権に対する―― 109
配当行為の性格 ………… 73
配当受領資格の規律 …… 130
配当手続の代替手段 …… 109
配当表 …………………… 72
配当要求 ………………… 42
売買契約を解除する旨の意思表示
　………………………… 193
売買目的物の完全な所有権 … 194
破産解止 ………… 582, 588
破産開始の申立ての時点 … 188
破産管財業務 ……… 368, 379

破産管財人 …… 14, 62, 65, 108,
　　207, 213, 326,
　　550
――が受けた反対給付 … 219
――が締結する契約 …… 31
――からの相殺 ………… 243
――としての社会的責任 … 361
――に知れていない財団債権者
　………………………… 48
――による異議の訴え … 562
――による解除権の内在的な制
　約 ……………………… 340
――による受継 ………… 564
――による担保目的物の売却
　………………………… 159
――による否認権の行使 … 548
――の過誤 ……………… 103
――の管理処分権 ……… 164
――の源泉徴収義務 … 65, 105
――の行為 ……………… 246
――の証明 ……………… 110
――の職務 ……………… 145
――の善管注意義務（違反）
　……… 48, 103, 334, 348, 429
――の選択権 ……… 327, 353
――の損害賠償義務 …… 553
――の第三者性 155, 207, 538
――の地位 ………… 70, 214
――の投機的選択権行使 … 579
――の不作為 …………… 326
――の不法行為 …… 30, 159
――の報酬 …………… 49, 69
管理機構としての―― … 52, 78
個人の破産事件の―― … 78
破産法上の機関である―― 71
破産管財人管理機構説 … 52
破産管財人報酬の「支払をする
　者」 …………………… 78
破産債権 ………………… 5
――としてしか行使できない抗
　弁 ……………………… 85
――としての権利行使 … 187
――に先立って ………… 28
――の個別的権利行使 … 223
――の順位 ……………… 21
――の届出 ……………… 104

一般の優先権がある―― … 21
確定しないまま破産手続が終了
　した―― ……………… 20
他人の―― ……………… 264
破産債権額 ………… 116, 120
破産債権者相互の優先劣後関係
　………………………… 134
破産債権者の一般の利益 … 47
破産債権者の共同担保 466, 488
破産債権者の補助参加 … 553
破産債権者表の記載 …… 20
破産債権者を害する処分
　……………… 419, 467, 473
破産財団 … 6, 186, 216, 247, 514
――に属する財産 ……… 177
――に対する不当利得 … 117
――の価値の減少 … 516, 525,
　　526
――の換価 ……………… 313
――の原状回復 ………… 569
――のための事務管理 … 81
――の不当利得 ………… 575
――を構成する財産 …… 139
破産財団財産について生じた費用
　………………………… 167
破産事件を担当している裁判体
　………………………… 556
破産者 …………………… 554
――が受けるべき制裁 … 24
――から受けた給付 …… 584
――にとっての無償性 … 514
――による隠匿 ………… 576
――の一般承継人 ……… 147
――の加功行為 ………… 438
――の契約関係 ………… 76
――の行為 …… 437, 479, 516,
――の行為又はこれと同視すべ
　きもの ………… 479, 480
――の財産の所有権 …… 157
――の生活保障 ………… 32
――の不履行による解除権 298
――への移転登記により残る権
　利 ……………………… 581
破産条項 ………… 286, 298
破産宣告前の保全処分の制度 547
破産手続 ……… 6, 132, 144, 145,

事項索引

――における財団債権者の地位 …………………………………45
――による行使 …………12
――の終了 ………………556
――の目的 ………………494
破産手続開始（決定）
――以降の労働 …………74
――後の破産者の不履行 ……9
――後の立替払い ………371
――後の登記 ……………544
――後の被担保債権の利息 …149
――後の不履行 …………24
――時…8, 100, 114, 290, 311, 371, 383, 397,
――時の相場 ……………398
――前3か月間の給料 …92, 100
――前の行為 ……………545
――前の出来高 …………360
――前の保全処分 ………40
――前の未払給与 ………74
――申立て …………255, 263
――申立権者 ……………45
――申立て前の給付 ……383
破産手続外の行使 ………12
破産手続観の変容 ………132
破産手続遂行の費用 …34, 168
破産手続廃止決定 ………268
破産法………………………
――49条1項ただし書 …………………545, 546
――53条 …………………196
――161条における「詐害行為」………………417
――の基本原則 …………124
――の特別規定 …………275
――の目的 ………………136
破産法等の見直しに関する要綱 ……………………337
破産免責の効果 …………293
破産免責の申立て ………13
反対給付によって生じた利益 …………………………576
反対給付の請求権 ………218
反対給付分の価額償還 …575
反復債務関係 ……………381
反覆的・回帰的な給付 …381

ひ

非義務行為 …………427, 486
非控除説 ……………114, 121
ビジネスジャッジメント基準 ……………………299, 341
非代替的な債務 …………299
被担保債権………………………
――たる原債権の移転 …88
――の確定（元本の確定）…153
――の可分性 ……………425
――の縮減の合意 ………152
――の「接ぎ木」 ………84
――の登記 ………………152
――の弁済による受戻し …210
非典型担保 ……………145, 170
――の私的実行 …………194
否認………………………………
――の一般的要件 …429, 478, 499
――の効果の相対性 ……568
――の効果の範囲 ………571
――の根拠 ………………407
――の請求の制度 …557, 558
――の請求を一部認容する決定 ……………………561
――の請求を棄却する決定 …560
――の請求を認容する決定 ……………………559, 560
――の宣言 ………………554
――の登記 ……573, 579, 585
――の登記の附された不動産 ……………………580
――の登記の抹消 ………582
――の否定根拠 …………436
否認権 ……………………567
――行使の期間 …………560
――行使の容易化 ………458
――の基本類型 …………405
――の行使適格 …………553
――の裁判外行使 ………562
――の性質 ………………569
――のための保全処分 …547
――の保護法益 …………408
――の目的 ………………568

否認請求の審理 …………558
否認制度 ……………494, 499
否認訴訟の専属管轄 ……555
否認訴訟の訴訟物 ………555
否認対象行為の時期 …485, 497
否認要件緩和の根拠 ……499
否認リスク ………………521
非本旨弁済 ………………473
秘密取引の防止 …………531
非免責債権性の承継 ……37
評価額の誤差の範囲 ……463
表見所有権（reputed ownership）………………210
平等弁済の原則 …………39
費用分担の調整 …………146

ふ

ファイナンス・リース契約 ………197, 339, 380, 482
フルペイアウト方式による―― ……………………197
複数口の被担保債権 ……135
救助料債権 ………………7
扶助料の制度 ……………32
不足額責任主義 …………148
不足額の確定 ……………149
附帯税 ……………………34
不代替的作為請求権（不作為請求権）……………………8
負担付遺贈 ………………10
物権行為 …………………445
物権的・相対的効力 ……568
物上代位権 ………………156
物上保証責任 ……………241
物上保証人 ……115, 118, 126
物上保証の本来的性質 …126
物的担保としての性質 …171
不動産工事の先取特権 …358
不動産の流動化 …………416
不当性 ……………………435
――の固有の意義 ………436
――の要件と類似の機能 …471
不当利得 …………………13
不当利得返還請求権 …159, 219
不変期間内の届出 ………586
不法行為に基づく損害賠償請求権

事項索引

..................18
振込依頼 252
振込指定の合意 257
分割無効の訴え 589
分析論 180
分別管理の方法 215

へ

米国破産法 ...278, 281, 282, 284, 285, 301, 303, 338, 342
　──365条(n)項 341
　──の否認規定 533
平成22年税制改正 61
別除権 121, 134, 139, 170, 173, 178, 182, 189, 195, 274, 297
　──として扱うことの効果 172
　──に対する制約 209
　──の根拠 141
　──の保護の対象（被担保権）..................143
　──の目的財産に関して生じた費用 167, 168
別除権者だけの利益 167
別除権者のための費用 146
別除権者への代物弁済 432, 434, 489
弁護士の業務に関する報酬 69
弁済額の寄託 229–231, 233, 234, 318, 320
弁済許可制度 15, 106
弁済許可の申立権 108
弁済禁止の保全処分 383
弁済金の執行官による受領 ...79
弁済による代位 35, 80, 118, 264
弁済の理論的意義 129
弁済ノ割合 119, 122
偏頗行為 406, 445, 535, 537
偏頗行為否認 224, 244, 250
　──の制限 540

ほ

包括執行 62
防御方法 557
法人格否認の法理 504, 520, 524
法人受託者 214
法人税 60
　──の申告義務 61
法人地方税 59
法人の内部者 476
法定財団 203
法定担保権 160
法定の原因 256
保証等の対価 500, 501
　──としての経済的利益 503, 511
保証等の無償性 501
保証人の債務減免 524
保証料 519, 523, 526
　──なしで物上保証をした行為 507
　──の支払がない場合 518
保全管理人 50, 220, 548
　──による管理 278
保全処分 374
　──に係る手続の続行 550
　──の内容 549
　──の申立権 548
本旨弁済の故意否認 ...431, 433, 470

ま

前に生じた原因 ...257, 262, 363, 369, 371
前払金返還請求権 367, 368

み

未完成の仕事の完成 365
未払賃金立替払制度 110
未払のリース料債権 198
身元保証金 97
未履行部分 304, 366
民事再生（法）...28, 114, 224–226, 229, 230, 232, 236, 244, 261, 298, 314, 321, 334, 354, 360, 379, 390, 495, 565
民事保全規則の準用 552
民事保全の申立て 552
民事留置権 162, 205, 358

民法（債権関係）の改正に関する中間試案 353, 355
民法（債権関係）の改正に関する要綱仮案 471, 535
民法304条1項ただし書の差押え 156
民法333条 155
民法394条1項 149
民法502条1項 122
民法旧621条 ...325, 326, 352, 356

む

無催告解除 328
無償行為 406, 496, 497, 501
　──と同視すべき有償行為 497
無償性 415
　──を否定すべき特段の事情 506
　──を否定するための間接事実 513
無償否認 406, 414, 494
　──における「有害性」...500
　──の機能 514
　──の効果 499
　──の根拠 514
　──の要件 497
　物上保証についての── ...505
無資力 455
無資力要件 498

め

免責 5, 53
　──の対象 42
免責許可決定 17
免責手続中についての個別執行禁止効 42

も

目的物の完全な所有権 198
目的物の使用権 198
目的物の引渡請求 219
目的物を受け戻す可能性 173
専ら相殺目的 252

事 項 索 引

や
役員及び執行役 …………………93
役員責任査定決定手続 ………560
約定劣後破産債権 ……………25

ゆ
有害性 ……*418, 427, 430, 432,*
　　　　　435, 445, 446, 478,
　　　　　488, 491
　──の認識 ………………*457*
融資の条件 ………………………*511*
優先順位権の代位行使 …………*90*
優先的地位の承継・移転 ………*89*
優先的破産債権 ………*21, 57, 71*
　──としての届出 …………*107*
有用の資 …………………………*416*

よ
要保護性の欠如 …………………*314*
予告登記 …………………………*581*
予告登記説 ………………………*580*
予測可能性 ………………………*449*
予定不足額 ………………………*149*
予納法人税 …………………………*61*
予備的な債権届出 *236, 269, 586*
予約型の集合債権譲渡担保契約
　……………………………………*493*
弱い振込指定 ……………………*257*

ら
ライセンサー …………………*331*
　──の義務 …………………*335*
　──の破産 …………………*334*
ライセンシー …………………*331*
　──の破産 …………………*333*
　──の保護の必要性 ………*337*
ライセンス契約 …………*331, 332*
　──上の権利 ………………*348*
　──上の守秘義務 …………*333*
　──の承継 …………………*350*
　──の双方未履行性 ………*339*
　──を含む営業・事業譲渡
　　………………………………*347*
濫用的会社分割 …………*470, 589*

り
リース契約 ……………………*297*
利益金配当 ……………………*362*
利益の調整 ……………………*142*
利害関係人間の調整 …*129, 136*
履行拒絶権 ……………*375, 384*
履行請求 ………………………*384*
　──の余地 …………………*391*
履行選択と解除とのハイブリッド
　……………………………………*277*
履行選択の条件 ………………*298*
履行不能 ………………………*315*
　──による解除権 …………*542*
履行補助者 ……………*364, 367*
履行利益 ………………………*303*
履行利益説 ……………………*356*
利息 ……………………………*282*
　開始決定後の── ……………*23*

る
流動集合動産譲渡担保 ………*181*
留保所有権の設定 ……………*196*
料金計算期間 …………………*376*

れ
劣後化 ……………………*27, 123*
劣後的破産債権 …*10, 23, 57*
　──による相殺 ……………*228*
劣後ローン ……………………*125*
連鎖倒産 …………………*131, 369*

ろ
労働協約 ………………………*377*
労働債権 …………………*44, 91*
　──に対する配当 …………*104*
　──の典型例 …………………*97*
代位取得した── ……………*111*
労働者の雇用継続 ………………*75*
労働者派遣 ………………………*95*
労働者保護 ………………………*91*

わ
和解 ………………………*560, 586*
「枠」理論 ………………………*125*
割合的な破産配当 ……………*129*

A〜
BIS 規制 …………………………25
cherry picking〔つまみ食い〕
　…………………………*302, 399*
DIP ファイナンスの保護 ……51
IPBPA（Intellectual Property
　Bankruptcy Protection
　Act） ……………………*341, 342*
ISDA（International Swaps
　and Derivatives Associa-
　tion, Inc.） …………………*399*
JV→建設共同企業体
JV 協定書 ………………………*362*
JV 構成員の連帯債務 …………*362*

601

判 例 索 引

大判明36・12・7民録9輯1339頁	572
大判明39・2・5民録12輯136頁	422
大判明41・6・20民録14輯759頁	535
大判明44・10・3民録17輯538頁	422
大判大5・12・6民録22輯2370頁	572
大判大9・12・24民録26輯2024頁	572
大判大10・3・24民録27輯657頁	454
大判大15・12・23新聞2660号15頁	247
大判昭2・10・10民集6巻554頁	84
大判昭4・5・15新聞3023号9頁	556
大判昭4・10・23民集8巻787頁	554, 565
大判昭5・11・5新聞3204号15頁	563
大判昭6・12・21民集10巻1249頁	563
大判昭7・6・2新聞3445号12頁	555
大判昭7・12・21民集11巻2266頁	444
大判昭7・12・23法学2巻845頁	422, 467
大判昭8・4・15民集12巻637頁	422, 467
大判昭8・4・26民集12巻753頁	428
大判昭8・5・2民集12巻1050頁	455, 456
大判昭8・12・28民集12巻3043頁	455
大判昭9・4・26新聞3702号9頁	422
大決昭9・5・25民集13巻851頁	269
大判昭10・9・3民集14巻1412頁	428, 489
大判昭11・7・31集15巻1547頁	563, 588
大判昭11・7・31集15巻1563頁	247, 587
大判昭11・8・10民集15巻1680頁	501
大判昭13・10・12民集17巻2115頁	211
大判昭14・3・29民集18巻287頁	587
大判昭15・5・15新聞4580号12頁	428, 489
大判昭15・9・28民集19巻1897頁	455
東京高決昭27・7・14判タ28号56頁	548
東京高決昭27・8・29高民5巻11号506頁	548
最昭29・4・8民集8巻4号819頁	256
浦和地判昭30・2・26下民6巻2号358頁	497
最昭30・10・11民集9巻11号1626頁・判タ53号37頁	572
神戸地判昭31・8・7下民7巻8号2116頁	505
東京地判昭34・4・6下民10巻4号706頁・判タ90号59頁・判時187号29頁	265
最昭35・3・11民集14巻3号403頁・判時218号6頁	99
最昭35・4・26民集14巻6号1046頁・判時223号2頁	455, 456
最大判昭36・7・19民集15巻7号1875頁・判時266号6頁	572

603

判例索引

東京高判昭37・1・29下民13巻1号98頁・判時289号16頁 …………………………… *556*
最判昭37・2・28刑集16巻2号212頁 ……………………………………………………… *69*
大阪高判昭37・5・28判時311号17頁 …………………………………………………… *429*
東京高判昭37・6・7東高民時報13巻6号82頁 ………………………………………… *509*
東京高判昭37・6・14東高民時報13巻6号84頁・金法316号3頁 …………………… *505*
最判昭37・12・6民集16巻12号2313頁 ………………………………………………… *456*
横浜地判昭38・12・25金法365号7頁 …………………………………………………… *429*
最判昭39・7・28民集18巻6号1220頁・判タ165号76頁・判時382号23頁 ………… *330*
最判昭40・3・9民集19巻2号352頁・判タ175号106頁・判時407号29頁 …… *480, 535*
最判昭40・4・22民集19巻3号689頁・判タ410号25頁・金法412号6頁 …………… *584*
最判昭40・11・2民集19巻8号1927頁・判タ185号81頁・判時433号30頁 ………… *267*
最判昭41・4・14民集20巻4号611頁・判タ191号77頁・判時448号33頁 … *463, 480, 584*
最判昭41・4・28民集20巻4号900頁・判時453号31頁 ………………………………… *211*
最判昭41・11・17金法467号30頁 ………………………………………………………… *465*
最判昭42・5・2民集21巻4号859頁・判タ208号104頁・判時486号41頁 ………… *444*
最判昭43・6・13民集22巻6号1149頁・判タ224号139頁・判時525号56頁 ………… *34*
最判昭42・6・22判時495号51頁 ………………………………………………………… *465*
大阪高判昭43・12・25判タ230号197頁・判時558号65頁 …………………………… *422*
最判昭44・7・17民集23巻8号1610頁・判タ239号153頁・判時569号39頁 … *234, 325*
東京高判昭44・7・24高民22巻3号490頁・判タ239号175頁 ………………………… *91*
大阪地判昭45・3・13下民21巻3・4号397頁 …………………………………………… *43*
最判昭45・7・16民集24巻7号879頁・訟月16巻9号1085頁 …………………………… *40*
最判昭45・8・20民集24巻9号1339頁・判タ253号160頁・判時606号32頁 ………… *535*
最判昭45・10・30民集24巻11号1667頁・判タ255号159頁・判時613号58頁 ………… *50*
最大判昭45・11・11民集24巻12号1854頁・判タ255号129頁・判時611号19頁 …… *361*
最判昭46・3・25民集25巻2号208頁・判タ261号196頁・判時625号50頁 ………… *175*
最判昭46・7・16民集25巻5号779頁・判タ266号170頁・判時641号57頁 … *422, 423*
福岡地判昭47・3・16判タ278号333頁・判時667号64頁 …………………………… *555*
最判昭47・6・15民集26巻5号1036頁・判タ279号195頁・判時674号71頁 ………… *456*
東京地判昭47・6・28金法660号27頁 …………………………………………………… *229*
最判昭47・7・13民集26巻6号1151頁・判タ280号230頁・判時677号58頁 … *237, 247*
最判昭48・2・2民集27巻1号80頁・判タ294号337頁・判時704号44頁 …… *312, 318*
最判昭48・4・6民集27巻3号483頁・判タ299号283頁・判時714号187頁 ………… *493*
最判昭48・10・30民集27巻9号1289頁 …………………………………………………… *327*
最判昭48・11・22民集27巻10号1435頁・判タ303号142頁・判時728号44頁 ……… *588*
大阪高判昭48・12・4判タ304号169頁・判時736号56頁 …………………………… *555*
最判昭48・12・21判時733号52頁 ………………………………………………………… *480*
最判昭49・6・27民集28巻5号641頁・判タ311号139頁・判時746号38頁 ………… *579*
東京地決昭49・9・19判時771号66頁 …………………………………………………… *565*
最判昭49・12・12裁判集民113号523頁・金判474号13頁・金法743号31頁 ………… *441*
東京地判昭50・10・29判タ334号250頁・判時818号71頁 …………………………… *565*
東京高判昭51・12・1判タ349号246頁・判時842号110頁 …………………………… *380*

判 例 索 引

東京地判昭51・12・14判時845号112頁	*99*
最判昭51・12・17民集30巻11号1036頁・判タ348号191頁・判時848号65頁	*329*
最判昭52・12・6民集31巻7号961頁・判タ359号204頁・判時876号85頁	*263, 269*
最判昭53・5・25金法867号46頁	*463*
大阪高判昭53・5・30判タ372号92頁。金判557号23頁・金法875号29頁	*582*
最判昭53・6・23裁判集民124号141頁・金判555号46頁・金法875号29頁	*354*
最判昭54・2・15民集33巻1号51頁	*181*
大阪高判昭54・11・29下民33巻5〜8号1056頁・判タ408号120頁	*555*
最判昭55・1・24民集34巻1号110頁・判タ409号72頁・判時956号48頁	*535*
最判昭56・2・17裁判集民132号129頁・判タ438号91頁・判時996号61頁	*355, 366*
京都地判昭56・2・25民集41巻5号1097頁	*505*
東京高判昭56・3・18判タ446号111頁・金法979号53頁	*505*
東京高判昭56・5・14高民34巻2号123頁	*297*
大阪高決昭56・9・21判タ465号108頁	*159*
最判昭56・12・22判タ464号87頁・判時1032号59頁	*297*
最判昭57・3・30民集36巻3号484頁・判タ469号181頁・判時1039号127頁	*195, 286, 299, 329*
最判昭57・3・30判タ468号83頁・判時1038号286頁	*480*
札幌高決昭57・7・12下民33巻5〜8号927頁・判時1078号87頁	*556*
名古屋高判昭57・12・22判時1073号91頁	*265, 372*
名古屋高判昭58・3・31判タ497号125頁・判時1077号79頁	*263*
大阪高判昭58・3・31民集41巻5号1122頁	*505*
大阪地判昭58・4・12労判407号23頁	*91*
大阪高決昭58・11・2下民33巻9〜12号1605頁・判タ524号231頁・判時1107号78頁	*553*
最判昭59・2・2民集38巻3号431頁・判タ525号99頁・判時1113号65頁	*156, 157*
最判昭59・5・29民集38巻7号885頁・判タ530号133頁・判時1117号3頁	*37, 81*
大阪高判昭59・9・27金判709号36頁	*197*
東京高決昭59・10・3判タ546号138頁・判時1134号85頁	*159*
最判昭60・2・14裁判集民144号109頁・判タ553号150頁・判時1149号159頁	*412*
名古屋地判昭60・2・15金判717号31頁	*509*
最判昭60・2・26金法1094号38頁	*263*
最判昭60・5・23民集39巻4号940頁・判タ560号117頁・判時1158号192頁	*122*
大阪高判昭60・7・18判タ570号78頁	*505*
名古屋高判昭60・7・18判時1179号129頁	*505*
最判昭61・2・20民集40巻1号43頁・判タ592号71頁・判時1184号53頁	*37, 81*
大阪高判昭61・2・20判時1202号55頁・金法1147号38頁	*429*
東京高判昭61・3・26判時1196号120頁・金判744号15頁・金法1138号35頁	*429*
札幌高決昭61・3・26判タ601号74頁	*212*
最判昭61・4・3裁判集民147号489頁・判タ607号50頁・判時1198号110頁	*465, 570*
東京地判昭61・4・23判タ567号177頁・判時1224号127頁	*505*
最判昭62・4・21民集41巻3号329頁・判タ639号107頁・判時1236号43頁	*34, 61*
最判昭62・4・23金法1169号29頁	*122*
最判昭62・6・2民集41巻4号769頁・判タ665号146頁・判時1275号121頁	*114*

判例索引

最判昭62・7・2金法1178号37頁 …………………………………………………… 114
最判昭62・7・3民集41巻5号1068頁・判夕647号113頁・判時1252号42頁 …… 502
東京高判昭62・10・27判夕671号218頁・判時1256号100頁 ………………………… 97
最判昭62・11・10民集41巻8号1559頁・判夕662号67頁・判時1268号34頁 …… 181
最判昭62・11・26民集41巻8号1585頁・判夕661号113頁・判時1265号149頁 …… 304, 364
最判昭63・10・18民集42巻8号575頁・判夕685号154頁・判時1296号139頁 …… 162, 258
最判平2・3・20民集44巻2号416頁・判夕725号59頁・判時1345号68頁 …… 42
最判平2・7・19民集44巻5号837頁・判夕737号81頁・判時1356号88頁 …… 480
最判平2・7・19民集44巻5号853頁 ……………………………………………… 480
最判平2・9・27家月43巻3号64頁・判夕741号100頁・判時1363号89頁 …… 216
最判平2・10・2判夕743号105頁・判時1366号48頁 ………………………………… 480
最判平2・11・26民集44巻8号1085頁・判夕765号169頁・判時1392号149頁 …… 482
東京地判平3・12・16金判903号39頁 …………………………………………… 27
最判平4・2・27民集46巻2号112頁・判夕781号78頁・判時1416号42頁 …… 572
東京高判平4・6・29金法1348号34頁 …………………………………………… 510
最判平4・10・20裁判集民166号105頁・判夕803号65頁・判時1439号120頁 …… 61
最判平5・1・25民集47巻1号344頁・判夕809号116頁・判時1449号91頁 …… 429, 489
最判平5・6・25民集47巻6号4557頁・判夕855号176頁・判時1500号166頁 …… 227
浦和地判平5・8・16判夕839号257頁・判時1482号159頁 ……………………… 97
最判平6・2・22民集48巻2号414頁・判夕888号114頁・判時1540号36頁 …… 177
東京高決平6・12・19判夕890号254頁・判時1550号33頁 ……………………… 358
最判平7・4・14民集49巻4号1063頁・判夕880号147頁・判時1533号116頁 …… 199, 297
最判平8・3・22金法1480号55頁 …………………………………………… 500, 510
長野地松本支判平8・3・29労判702号74頁 …………………………………… 94
東京高判平8・5・28判夕910号264頁・判時1570号118頁 ……………………… 358
大阪地判平8・5・31金法1480号55頁 …………………………………………… 510
最判平8・10・17民集50巻9号2454頁・判夕934号227頁・判時1596号59頁 …… 480
福岡高決平8・11・18判夕944号163頁・判時1599号94頁 ……………………… 159
最判平8・11・28判夕927号85頁・判時1589号136頁・労判1714号14頁 …… 95
大阪地判平9・3・28労判717号37頁 …………………………………………… 94
最判平9・4・11裁判集民183号241頁 …………………………………………… 177
最判平9・11・28民集51巻10号4172頁・判夕961号123頁・判時1626号77頁 …… 14, 42, 43, 62
最判平9・12・18裁判集民186号685頁・判夕964号102頁・判時1628号21頁 …… 14, 62
最判平10・1・30民集52巻1号1頁・判夕964号73頁・判時1628号3頁 ……… 166
東京地判平10・2・2労判735号52頁 …………………………………………… 94
広島地福山支判平10・3・6判時1660号112頁 ………………………………… 27
最判平10・4・14民集52巻3号813頁・判夕973号145頁・判時1639号122頁 …… 267, 363
最判平10・6・12民集52巻4号1121頁・判夕990号130頁・判時1660号60頁 …… 535
最判平10・7・14民集52巻5号1261頁・判夕991号129頁・判時1663号140頁 …… 357, 535
札幌高判平10・12・17判夕1032号242頁・判時1682号130頁 ………………… 97
最決平10・12・18民集52巻9号2024頁・判夕992号90頁・判時1663号107頁 …… 159
最判平11・1・29民集53巻1号151頁・判夕994号107頁・判時1666号54頁 …… 183

判例索引

最決平11・4・16民集53巻4号740頁・判タ1006号143頁・判時1680号84頁 …………… *163*
東京高決平11・7・23判タ1006号117頁・判時1689号82頁 …………… *358*
東京地判平12・2・24金判1092号22頁 …………… *359*
大阪高判平12・2・25金法1582号35頁 …………… *127*
最判平12・2・29民集54巻2号553頁・判タ1026号110頁・判時1705号58頁
　………………………………………………… *291, 293, 339, 340, 341, 350, 359*
東京高決平12・3・17判時1715号31頁 …………… *159*
大阪高判平12・8・23金法1593号69頁・金判1161号14頁 …………… *127*
東京高判平12・12・26判時1750号112頁・金判1114号14頁 …………… *511*
最判平13・11・22民集55巻6号1056頁・判タ1081号315頁・判時1772号44頁 …………… *185*
大阪高判平13・12・21（平成13年（ネ）第310号）裁判所ホームページ …………… *511*
最判平14・1・17民集56巻1号20頁・判タ1084号134頁・判時1774号42頁 …………… *367*
神戸地判平14・1・23（LEX/DB28071326）…………… *86*
最判平14・3・28民集56巻3号689頁・判タ1089号127頁・判時1783号42頁 …… *234, 318, 321*
最判平14・9・24民集56巻7号1524頁・判タ1106号76頁・判時1802号68頁 …………… *115*
大阪地判平14・9・30金判1173号39頁・金法1672号40頁 …………… *256*
大阪高判平15・3・28金判1173号35頁・金法1692号51頁 …………… *256*
大阪地判平15・10・29労判866号58頁 …………… *94*
最判平16・7・16民集58巻5号1744頁・判タ1167号102頁・判時1872号64頁 …………… *493*
最判平16・9・14判タ1167号104頁・判時1872号64頁 …………… *493*
最判平17・1・17民集59巻1号1頁・判タ1174号222頁・判時1888号86頁 …… *235, 247, 248, 261*
最判平17・1・27民集59巻1号200頁・判タ1173号168頁・判時1887号39頁 …………… *135*
最判平17・2・22民集59巻2号314頁・判タ1175号140頁・判時1889号46頁 …………… *158*
東京高判平17・3・9金法1747号84頁 …………… *38*
東京地判平17・4・15判時1912号70頁・金法1754号85頁 …………… *84*
東京高判平17・6・30金法1752号54頁 …………… *38, 85*
東京高判平17・8・25公刊物未登載 …………… *86*
東京高判平17・10・5判タ1226号342頁 …………… *267, 369*
最判平17・11・8民集59巻9号2333頁・判タ1198号104頁・判時1916号30頁 …………… *572*
最判平18・1・23民集60巻1号228頁・判タ1203号115頁・判時1923号37頁 …………… *13*
東京地判平18・3・28判タ1230号342頁 …………… *297*
東京地判平18・8・30労判925号80頁 …………… *94*
最判平18・10・20民集60巻8号3098頁・判タ1225号187頁・判時1950号69頁 …………… *211*
最判平18・12・14民集60巻10号3914頁・判タ1232号228頁・判時1957号53頁 …………… *239*
最判平18・12・21民集60巻10号3964頁・判タ1235号148頁・判時1961号53頁
　………………………………………………… *67, 71, 76, 144, 146, 163*
最判平19・2・15民集61巻1号243頁・判タ1237号140頁・判時1963号57頁 …………… *185*
東京地判平19・3・26判時1967号105頁・金判1266号44頁 …………… *565*
東京地判平19・3・29金法1819号40頁 …………… *251*
最判平19・6・28判タ1250号73頁・判時1979号158頁・労判940号11頁 …………… *95*
最判平19・11・16判タ1258号97頁・判時1991号・労判952号5頁・157頁 …………… *94*
大阪高判平20・4・25民集65巻1号94頁・金法1840号36頁 …………… *66*

判例索引

大阪高判平20・5・30判タ1269号103頁 …………………………………………… *136*
東京地判平20・6・30判時2014号96頁 …………………………………………… *482*
最判平20・12・16民集62巻10号2561頁・判タ1295号183頁・判時2040号16頁 … *199, 206, 286, 299*
東京高判平21・1・29金法1878号51頁 …………………………………………… *482*
福岡高判平21・4・10判時2075号43 ……………………………………………… *247*
大阪地判平21・4・16判時2062号92頁・金法1880号41頁 ……………………… *541*
大阪地判平21・6・4金法1895号105頁 …………………………………………… *513*
最判平21・7・3民集63巻6号1047頁・判タ1308号120頁・判時2057号16頁 …… *235, 240*
名古屋高金沢支判平21・7・22判タ1312号315頁・判時2058号65頁 ………… *247*
福岡地判平21・11・27金法1911号84頁 …………………………………………… *591*
大阪高判平22・2・18金法1895号99頁 …………………………………………… *505*
最判平22・3・16民集64巻2号523頁・判タ1323号128頁・判時2078号13頁 …… *135*
大阪高判平22・4・9金判1382号48頁・金法1934号98頁 ……………… *239, 259, 261*
東京地判平22・5・27判タ1322号206頁・判時2083号148頁・金法1902号144頁 … *590*
最判平22・6・4民集64巻4号1107頁・判タ1332号60頁・判時2092号93頁 …… *192*
東京地判平22・7・8判タ1338号270頁・判時2094号69頁 ………………… *251, 424*
高松高判平22・9・28金法1941号158頁 …………………………………………… *495*
福岡地判平22・9・30判タ1341号200頁・金法1911号71頁 ……………………… *590*
名古屋地判平22・10・29金判1388号58頁・金法1915号114頁 ………………… *259*
東京地判平22・11・12判タ1346号241頁・判時2109号70頁 …………………… *493*
最判平23・1・14民集65巻1号1頁・判タ1343号96頁・判時2105号3頁 ……… *68*
東京地判平23・3・1判タ1348号236頁・判時2116号91頁 ……………………… *507*
最判平23・3・22民集65巻2号735頁・判タ1345号111頁・判時2111号33頁 … *65, 76*
東京地判平23・7・27判時2144号99頁 …………………………………………… *530*
東京地決平23・8・15判タ1382号349頁 …………………………………………… *538*
最決平23・9・2金法1934号105頁 ………………………………………………… *263*
最判平23・11・22民集65巻8号3165頁・判タ1361号131頁・判時2134号62頁 … *37, 82, 86, 88, 112*
最判平23・11・24民集65巻8号3213頁・判タ1361号136頁・判時2134号67頁 … *37*
東京地決平23・11・24金法1940号148頁 ………………………………………… *538*
名古屋高判平24・1・31判タ1389号358頁・金判1388号42頁・金法1941号133頁 ……… *259, 261*
最判平24・5・28民集66巻7号3123頁・判タ1375号97頁・判時2156号46頁
…………………………………………………………………………… *81, 230, 264, 265, 363*
最判平24・10・12民集66巻10号3311頁・判タ1388号109頁・判時2184号144頁 …… *470, 589*
最判平24・10・19裁判集民241号199頁・判タ1384号130頁・判時2169号9頁 …… *253, 412, 485*
千葉地判平25・11・27金判1440号54頁 …………………………………………… *437*
最判平26・6・5判時2233号109頁・金判1444号16頁 …………………… *239, 261*

破産法大系 (第1巻・第3巻)

■第1巻 破産手続法

第1章 総論
1 破産制度の目的 — 伊藤 眞
2 他の倒産処理手続との関係 — 多比羅誠
3 破産手続における情報開示に関する諸問題 — 林 圭介
4 破産手続における裁判所と裁判所職員の役割 — 三村義幸
5 破産と登記・登録 — 髙山崇彦

第2章 破産手続の開始
6 破産手続開始の申立て — 佐村浩之
7 破産開始の要件 — 花村良一
8 破産手続開始決定前の保全処分 — 島崎邦彦
9 破産手続開始の決定の手続及びその効果 — 佐藤達文
10 破産者の義務 — 瀬戸英雄＝植村京子

第3章 破産手続の機関
11 破産管財人の地位と職務 — 加々美博久
12 破産手続の機関及び債権者その他の利害関係人の手続関与 — 小久保孝雄

第4章 破産財団
13 破産財団の管理（1） — 石井教文
14 破産財団の管理（2） — 小畑英一
15 担保権消滅許可制度 — 笠井正俊

第5章 破産債権の行使
16 債権の届出・調査・確定 — 上野 保
17 配当 — 髙木裕康

第6章 破産手続の終了
18 破産手続の終了 — 石田明彦

第7章 他の手続との関係
19 倒産処理手続相互の移行 — 菅家忠行
20 破産手続と関連訴訟等との関係 — 石田憲一

■第3巻 破産の諸相

第1章 消費者破産
1 消費者倒産処理の手続選択 — 小松陽一郎
2 免責の手続と免責不許可事由 — 内田博久
3 免責の効力と非免責債権 — 杉山悦子
4 資格制限と復権 — 宮下正彦
5 自由財産 — 山﨑栄一郎
6 同時廃止・異時廃止 — 野口宣大

第2章 国際破産
7 国際破産総論 — 村上正子
8 並行倒産 — 片山英二＝米山朋宏
9 破産国際私法 — 横溝 大

第3章 特別財産の破産
10 相続財産破産・相続人破産 — 村松秀樹
11 信託と破産 — 山本和彦
12 証券化と破産 — 林 康司

第4章 破産手続と関連制度
13 破産と労働 — 中井康之＝山本 淳
14 破産と租税—破産者の税務についての破産管財人の地位 — 木内道祥
15 破産とセーフティネット — 三森 仁

第5章 特殊破産事件の実務
16 金融機関と破産 — 深山雅也
17 消費者問題と破産 — 野村剛司

第6章 破産犯罪
18 破産犯罪総論 — 橋爪 隆
19 破産犯罪各論 — 佐藤弘規

〈編集代表〉

竹下　守夫

藤田　耕三

〈第2巻編集委員〉

小川　秀樹

松下　淳一

破産法大系

第2巻
破産実体法

2015年1月30日　初版第1刷印刷
2015年2月20日　初版第1刷発行

編集代表	竹下　守夫
	藤田　耕三
発行者	逸見　慎一
発行所	株式会社　青林書院

電話（03）3815-5897
振替　00110-9-16920
〒113-0033　東京都文京区本郷6-4-7
印刷・藤原印刷株式会社

落丁・乱丁本はお取り替えいたします。
©2015　M・Takeshita　K・Fujita　Printed in Japan
ISBN978-4-417-01646-5

〈JCOPY〉〈(社)出版者著作権管理機構委託出版物〉

本書の無断複写は著作権法上での例外を除き禁じられています。複写される場合は、そのつど事前に、(社)出版者著作権管理機構（電話03-3513-6969, FAX 03-3513-6979, e-mail：info@jcopy.or.jp）の許諾を得てください。